C0-AQI-414

Thilo Alexander Rudnig
Davids Thron

Beihefte zur Zeitschrift für die alttestamentliche Wissenschaft

Herausgegeben von
John Barton · Reinhard G. Kratz
Choon-Leong Seow · Markus Witte

Band 358

Walter de Gruyter · Berlin · New York

Thilo Alexander Rudnig

Davids Thron

Redaktionskritische Studien
zur Geschichte von der Thronnachfolge Davids

LIBRARY

Walter de Gruyter · Berlin · New York

BS
1110
Z37
v.358

∞ Gedruckt auf säurefreiem Papier,
das die US-ANSI-Norm über Haltbarkeit erfüllt.

ISBN-13: 978-3-11-018848-6
ISBN-10: 3-11-018848-1
ISSN 0934-2575

Bibliografische Information der Deutschen Nationalbibliothek

Die Deutsche Nationalbibliothek verzeichnet diese Publikation in der Deutschen
Nationalbibliografie; detaillierte bibliografische Daten sind im Internet
über http://dnb.d-nb.de abrufbar.

© Copyright 2006 by Walter de Gruyter GmbH & Co. KG, 10785 Berlin
Dieses Werk einschließlich aller seiner Teile ist urheberrechtlich geschützt. Jede Verwertung
außerhalb der engen Grenzen des Urheberrechtsgesetzes ist ohne Zustimmung des Verlages
unzulässig und strafbar. Das gilt insbesondere für Vervielfältigungen, Übersetzungen, Mikro-
verfilmungen und die Einspeicherung und Verarbeitung in elektronischen Systemen.

Printed in Germany

Einbandgestaltung: Christopher Schneider, Berlin

Meiner Frau Susanne

Forêt d'Ephraîm où tournent les cormeaux.
Ils ont ceuilli ton fruit qui pendait aux rameaux.
Ton fruit rouge de sang que leurs mains ont froissé.
Ils m'en feront présent pour avoir un baiser.

O du Wald Ephraim,
Vom Rabenvolk verflucht,
Sie pflückten deine Frucht,
Die dort am Zweige hing.
Die Frucht, rot noch von Blut,
Sie beut mir deine Hand.
Mir winkte dieses Gut
Um eines Kusses Pfand.

Arthur Honegger, Le Roi David

Vorwort

Die vorliegende Untersuchung wurde im Sommersemester 2005 von der Evangelisch Theologischen Fakultät der Westfälischen Wilhelms-Universität Münster als Habilitationsschrift angenommen. Für den Druck habe ich sie leicht überarbeitet.

Vielen Menschen möchte ich Dank sagen. Allen voran danke ich Herrn Prof. Dr. Christoph Levin, München, an dessen Lehrstuhl ich bis Anfang 2005 als Wissenschaftlicher Assistent tätig war. Er hat mich zur Bearbeitung dieses Themas angeregt und mein Fortkommen in zahlreichen Gesprächen ebenso konstruktiv wie kritisch begleitet. Danken möchte ich auch Herrn Prof. Tetsuo Yamaga, Herrn Dr. Paul Kübel, Herrn PD Dr. Juha Pakkala, Herrn Dr. Reinhard Müller und nicht zuletzt meiner Frau Dr. Susanne Rudnig-Zelt für die inspirierenden Auseinandersetzungen im Doktorandenkolloquium.

Meinem Freund und akademischen Vater Herrn Prof. Dr. Karl-Friedrich Pohlmann danke ich herzlich für die vielen Jahre der Freundschaft und des wissenschaftlichen Austausches. Manche seiner Anregungen sind in diese Arbeit eingeflossen, und er hat sich gerne bereit erklärt, das Referat zu übernehmen. Herrn Prof. Dr. Rainer Albertz möchte ich für die Übernahme des Korreferates Dank sagen.

Nunmehr als Hebräischdozent an der Theologischen Fakultät der Georg-August-Universität Göttingen tätig, danke ich Herrn Prof. Dr. Reinhard Gregor Kratz und Herrn Dekan Prof. Dr. Hermann Spieckermann für die herzliche Aufnahme und die guten Arbeitsbedingungen, die mir nicht nur Freude an der neuen Tätigkeit, sondern auch weitere wissenschaftliche Arbeit ermöglichen. Großer Dank gebührt außerdem meinem Hebräischdozenten und Freund Herrn Prof. Dr. Ernst Günter Bauckmann, der die Grundlagen für meine Tätigkeit gelegt hat. Mit ihm und seiner Frau Lieselotte Bauckmann verbindet mich eine lange währende Freundschaft. Ebenso danke ich Frau Theresia Loretz und Herrn Prof. Dr. Oswald Loretz herzlich für die jahrelange Verbundenheit.

Meine geliebte Frau Dr. Susanne Rudnig-Zelt hat diese Arbeit in allen Phasen hilfreich und kritisch begleitet. Bereits seit vielen Jahren ist sie mir eine treue Weggefährtin. Deswegen sei ihr die Untersuchung gewidmet. Von Herzen danke ich auch meinen lieben Eltern Anneliese und Werner Rudnig für alle erfahrene Begleitung und Unterstützung.

Großer Dank gebührt Frau stud. theol. et phil. Merlind Börner, die mir bei der Korrektur des Manuskriptes geholfen hat. Dank sagen möchte ich schließlich den Herausgebern, besonders Herrn Prof. Dr. Reinhard Gregor Kratz und Herrn Prof. Dr. Markus Witte, für die Aufnahme der Untersuchung in die Reihe der Beihefte zur Zeitschrift für die alttestamentliche Wissenschaft sowie Frau Monika Müller und Frau Sabina Dabrowski vom Verlag Walter de Gruyter für die gute Zusammenarbeit während der Drucklegung des Manuskriptes.

Göttingen, im Juli 2006

Thilo Alexander Rudnig

Inhaltsverzeichnis

Abkürzungen

Die verwendeten Abkürzungen richten sich nach S. Schwertner, TRE. Abkürzungsverzeichnis, 2., überarb. u. erw. Aufl., Berlin/New York 1994.

Die im Literaturverzeichnis aufgeführten Publikationen werden in den Fußnoten in der Regel durch die Angabe des Autorennachnamens und eines Titelstichwortes oder Reihenkürzels zitiert. Sollte dieser Kurztitel nicht bereits durch den bibliographischen Eintrag ersichtlich sein, so weist gegebenenfalls eine in runde Klammern gesetzte Abkürzung am Schluß des Eintrags auf die entsprechende Zitationsweise. Mehrere Bände einer Publikation mit durchgehender Seitennumerierung haben ein identisches Titelstichwort.

In den textkritischen Anmerkungen und in den Textpräparationen werden außerdem die Apparatabkürzungen von K. Elliger/W. Rudolph (Hg.), Biblia Hebraica Stuttgartensia, Stuttgart 1967/1977, verkleinerte Ausg. 1984 verwendet. Weitere Abkürzungen stehen zu Beginn des Literaturverzeichnisses.

Einleitung

Die Geschichte von der Thronnachfolge Davids ist derzeit einer der umstrittensten Textbereiche im Alten Testament. Noch *Rost* gelang mit seiner 1926 erschienenen Habilitationsschrift eine These, die das Verständnis der Thronfolgegeschichte über etwa vier Jahrzehnte bestimmt hat.[1] Nach ihm wurde sie zum größeren Ruhme Salomos in dessen erster Regierungszeit verfaßt und ist historisch zuverlässig. Ihr Verfasser, ein Angehöriger des Königshofes, verarbeite vorliegendes Archivmaterial; ihr Umfang sei mit II Sam 6,16.20ff; 7,11b.16; 9,1-20,22*; I Reg 1f* zu beschreiben. Sie gilt als eine selbständige Quelle, die dem Samuelbuch zugrunde liegt.[2]

In der weiteren Auseinandersetzung sind jedoch alle zentralen Thesen *Rosts* in die Krise geraten. Abgrenzung, Thematik, Tendenz, Wachstum und Datierung der Thronfolgegeschichte werden heute sehr unterschiedlich eingeschätzt.[3] So ist bereits ein großes Problem, den Umfang der Geschichte zu bestimmen, denn sie hat keinen wirklichen und literarisch befriedigenden Anfang. Einen Beginn suchte man etwa in II Sam 2; 10; 11; 13; 15 oder gab die Suche nach ihm ganz auf.[4] Eine gewisse Einigkeit

---

1   Rost, Überlieferung, v.a.107ff, bes. 126–128. Detaillierte Überblicke über die bisherige Forschung finden sich bei Dietrich/Naumann, Samuelbücher, 169–295; Seiler, Geschichte, 3–25; Veijola, Deuteronomismusforschung, ThR 67, 403ff, Thr 68, 1ff, ferner Keys, Wages, 14–43; Fischer, Hebron, 291–301. Einen Einblick in die derzeitige Diskussionslage bieten zudem die in de Pury/Römer, Thronfolgegeschichte gesammelten Aufsätze.

2   Diesem Modell folgten etwa Alt, Staatenbildung, 34, Anm. 2 u. 3; Noth, Studien, 65; von Rad, Anfang, 159ff u.v.a. Doch schon vor *Rost* wurde entdeckt, daß in II Sam 9-20; I Reg 1f ein eigenständiger, ja quellenhafter Textzusammenhang vorliegt, vgl. etwa Wellhausen, Prolegomena, 259 (‚zweite Geschichte Davids'); Kuenen, Onderzoek 1, 388; Klostermann, Samuel, XXXIIf (andere Abgrenzung), auch Duhm, Jeremia, 2f u.a. Wer in den Samuelbüchern die Pentateuchquellen sucht, ordnet die Thronfolgegeschichte (je als eigene, z.T. übernommene Größe) J zu, so etwa Budde, Bücher, 248; Cornill, Einleitung, 119–121; Eißfeldt, Einleitung, 182–185, 357ff, bes. 371 u.a. sowie auch noch Schulte, Geschichtsschreibung, 138ff, 180.

3   Vgl. die Forschungsberichte von Naumann in Dietrich/Naumann, Samuelbücher, 169ff und Seiler, Thronfolge, 3–25.

4   In II Sam 2,8/12-4,12 (oder eher 5,3) findet etwa Gunn, Story, 66–84 den Beginn, präziser tun es van Seters, Search, 277–291 und Kaiser, Beobachtungen, 168–175 in 2,8-4,12; 5,3a. In dieselbe Richtung wiesen bereits die vorsichtigen Überlegungen von Schulte, Entstehung, 142. Dagegen bestimmt Würthwein, Erzählung, 58, Anm.

besteht allein darüber, daß der Schluß innerhalb von I Reg 2 zu finden ist.
Wo das Ende jedoch genau liegt, hängt davon ab, welche Texte als sekundär eingeschätzt werden.[5] Tatsächlich läßt sich kein literarisch befriedigender Anfang für die Thronfolgegeschichte ermitteln, außerdem
hängt sie in vielerlei Hinsicht mit der Aufstiegsgeschichte Davids zusammen.[6] Und in I Reg 2 ist zwar ein gewisser Schlußpunkt erreicht, aber
I Reg 1f sind zugleich der Auftakt der ab I Reg 3 folgenden Salomoerzäh-
lungen.

Ebenso schwierig wie die Abgrenzung ist, ein einheitliches Thema
festzustellen. Nach *Rost* geht es um die in I Reg 1,20.27 formulierte Frage:
„wer soll auf dem Thron meines Herrn, des Königs, nach ihm sitzen?“,[7]
also strikt um die Thronfolge. Doch der Thronfolger kommt über weite
Strecken gar nicht vor, und die Frage von Davids Erbe wird vor I Reg 1
überhaupt nicht explizit thematisiert.[8] Folglich versuchte man das Thema
anders zu bestimmen: Es gehe etwa um die „neuen komplexen Erfahrungen
politischer Macht und ihrer Gefährdung“[9] oder die Frage nach der Erhal-
tung dieser neuen Macht, die positiv bewertet werde.[10] Oder es gehe um

---

97 den Anfang mit II Sam 10. In gleiche Richtung geht Veijola, David und Meribbaal, 355ff, wenn er die sog. benjaminitischen Episoden in II Sam 9; 16,1-14;
19,17-31 ausscheidet, dazu u. 5.6, 5.7, 7.4 und 7.5. Campbell, Prophets, 82–84 (vgl.
Leimbach, HSAT 3/1, XII) sieht in II Sam 11 und Conroy, Absalom, 1–13 und
passim in II Sam 13 den Auftakt, so auch Flanagan, Court History, 172ff für die
erste Fassung des Textes. Für Langlamet, Pour ou contre Salomon, 519; ders.,
Absalom, 163 ist eine „histoire d'Absalom", die in c.15 beginnt und bis c.20 reicht,
der Ausgangspunkt des Textwachstums; vgl. in ähnliche Richtung schon Mildenberger, Saul-Davidüberlieferung, 87–95, 183ff, der den Anfang der Thronfolge-
geschichte in c.15 findet. Zudem suchen Klostermann, KK 3, 168 und Schnabl,
Thronfolgeerzählung, 133–140 in der Geschichte von der Tötung der Sauliden II
Sam 21,1-14, die sie vor II Sam 9 stellen, den ursprünglichen Beginn des Werkes.
Und schließlich geben Wellhausen, Prolegomena, 259; Hertzberg, ATD 10, 245 und
Whybray, Succession Narrative, 8f die Suche ganz auf.

5   Bildete für Rost, Überlieferung, 107 I Reg 2,46b den natürlichen Schlußpunkt, so
     bestimmen ihn einige Exegeten mit 2,12, wie etwa Cook, Notes, 172f.175; Noth, BK
     IX/1, 39f u.a. Vgl. ausführlich u. 4.1 und 4.6, dort auch weitere Details.

6   Vgl. etwa die Beobachtungen zu den Figuren Joabs oder des Sauliden Meribbaal,
     dazu u. 4.2, 6.3 sowie 5.7, 7.5. Zur Diskussion über Einleitung und Schluß der
     Thronfolgegeschichte vgl. auch Schnabl, Thronfolgeerzählung, 42–112, 160–200.

7   Rost, Überlieferung, 86.

8   Vgl. u. 1.1, dort auch zu II Sam 7.

9   Kegler, Politisches Geschehen, 132.

10   So etwa Seebaß, David, 12, 48f und *passim*; Conrad, Gegenstand, 161ff.

Dilemma und Aporie der Macht.[11] Andere sehen in Person und Charakter Davids das zentrale Thema[12] oder in der „Gestaltungsmöglichkeit ... von Wirklichkeit durch selbstbestimmtes menschliches Handeln".[13] Dieser veränderten Sicht entsprechend sei statt von einer „Thronfolgegeschichte" besser von einer „Court History", also einer „Hofgeschichte"[14] oder einer „Story of King David"[15] die Rede.[16] Die unter 1.1 angestellten Überlegungen werden jedoch zeigen, daß von einer thematischen Geschlossenheit des Textes überhaupt keine Rede sein kann. Die vorgeschlagenen Themenbestimmungen klingen wie die Suche nach einem kleinsten gemeinsamen Nenner.

Auch die Tendenz der Thronfolgegeschichte erweist sich weder als deutlich noch als homogen. Plädiert das Werk für oder gegen David, für oder gegen Salomo? Sagt sein Urteil über diese Personen zugleich etwas über die Dynastie? Wenn etwa *Whybray, Thornton* oder *McCarter* die starke Tendenz zugunsten Davids, Salomos und der Dynastie hervorheben,[17] und *Budde, Delekat* und *van Seters* u.a. das genaue Gegenteil feststellen,[18] zeichnet sich ab, daß eindeutige Festlegungen nicht gelingen.[19] Entsprechend nimmt man Modifikationen vor. *Crüsemann* etwa schätzt die Thronfolgegeschichte als dynastie- und davidfreundlich, aber

---

11 So etwa Dietrich, Ende, 46; Crüsemann, Aporiendarstellung, 100ff.

12 Vgl. z.B. Gunn, Story, 81–84, 87ff; Brueggemann, David's Truth, 1ff.

13 Blum, Anfang, 31.

14 Van Seters, Search, 277–291; ders. Court History, 70ff u.a. in Anlehnung an Flanagan, Court History, 172ff sowie Kaiser, Verhältnis, 134ff für den deutschsprachigen Raum.

15 Gunn, Story, 13ff.

16 Whybray, Succession Narrative, 56–114, vgl. 115ff und Hermisson, Weisheit, 136ff betonen zudem die konstitutive Bedeutung, die weisheitliche Einflüsse für die Erzählung haben, vgl. hierzu auch von Rad, Weisheit, 370; Crüsemann, Widerstand, 189–192.

17 So bereits Rost, Überlieferung, 128 u.a.; mit *Rost* auch (etwas vorsichtiger) Mettinger, King and Messiah, 31. Nach Whybray, Succession Narrative, 50–55 handelt es sich um „political propaganda", nach McCarter, Plots, 355ff; ders., AncB 9, 11–16 um ein „court apologetic" v.a. für David, ähnlich Whitelam, Defence, 61ff. Für Thornton, Solomonic Apologetic, 159ff ist der Text eine Apologie für Salomo; für McKenzie, David, *passim* jedoch für beide.

18 Vgl. Budde in ders./Bertholet, Geschichte, 37f („<u>politische Schmähschrift</u> gegen das Haus David", Unterstrichenes gesperrt); Delekat, Tendenz, 28–31 (Ziel sei der Sturz Salomos); van Seters, Search, 287–291; ders., Court History, 92.

19 So u.a. auch Kaiser, Beobachtungen, 181f, nach dem der Verfasser wie bei Gunn, Story, 61f, 110f zunächst einmal eine spannende Geschichte erzählen wollte.

kritisch gegenüber Salomo ein.[20] Dagegen sehen sie *Ishida* und *Otto* umgekehrt als davidkritisch, gerade weil ihre Grundhaltung dynastie- und salomofreundlich sei.[21] *Nowack* stellt dagegen fest: „Nirgends zeigt sich die Spur irgend einer Tendenz".[22]

Würthwein geht zwar von grundsätzlicher scharfer Kritik an der Dynastie, David und Salomo aus. Diese Kritik werde aber durch eine einschneidende prodynastische Überarbeitung relativiert, die David entlastet, wobei Joab z.T. belastet werde.[23] Er stellt also zwei gegenläufige Tendenzen fest, die verschiedenen Wachstumsstufen entsprechen. Auch andere Forscher ordnen unterschiedliche oder gegenläufige Tendenzen verschiedenen literarischen Schichten der Thronfolgegeschichte zu, insbesondere arbeiten *Veijola* und *Langlamet* die Ideen *Würthweins* weiter aus.[24]

Denn ebenso wird die literarische Einheitlichkeit des Textzusammenhanges II Sam 9-20; I Reg 1f seit langem in Frage gestellt. Zwar gehen im Anschluß an *Rost* auch in neuerer Zeit noch Forscher davon aus, daß mit der Thronfolgegeschichte ein im wesentlichen einheitlicher Text vorliegt.[25] Das tut etwa *Seiler*, der immerhin einige sekundäre Texte konzediert.[26] Doch wurden schon bald nach *Rost* die literarischen Schwierigkeiten seiner Einschätzung entdeckt, die sich bei genauerer Analyse der Texte zeigen. Ein Hauptproblem der These einer literarisch integren Thronfolgeerzählung besteht etwa darin, daß sich mit II Sam 10-12; I Reg 1f auf der einen und II Sam 13-20 auf der anderen Seite zwei Textblöcke zeigen, die völlig unterschiedliche Themen haben. Im ersten Block geht es tatsächlich um die Nachfolge Davids und die Vorgeschichte des Thronfolgers Salomo,

---

20 Crüsemann, Widerstand, 184–188.

21 Ishida, Solomon's Succession, 175ff; ders., Solomon, 145ff; ders., Adonijah, 165ff; Otto, Synthetische Lebensauffassung, 375–387; vgl. ähnlich Blum, Anfang, 23–29. Für Seebaß, David, 48 hegt das Werk weder Sympathie für noch Antipathie gegen Salomo.

22 Nowack, HKAT I/4/2, XXII über die „Geschichtsquelle" II Sam 9-20; I Reg 1f. Gunn, Story, 21–26 ist tendenzkritischen Überlegungen gegenüber grundsätzlich skeptisch.

23 Würthwein, Erzählung, 49–59 und *passim*. Die Grundschicht datiert er ähnlich wie *Rost*, führt sie aber auf den politischen Protest freier Bürger der Nordstämme gegen das davidische Königtum zurück, das sich über das Recht des Volkes hinwegsetze, vgl. a.a.O., 54–59. Die Überarbeitung lokalisiert er a.a.O., 42 dagegen am Königshof.

24 Zu beiden s. gleich im folgenden.

25 Vgl. Rost, Überlieferung, 107ff; für die älteren etwa Budde, Bücher, 247f; Nowack, HKAT I/4/2, XXII.

26 Seiler, Geschichte, 323–326 und *passim*.

im zweiten sind verschiedene Ereignisse aus der Regierungszeit Davids zusammengestellt, als deren wichtigstes der Absalomaufstand (II Sam 15-19) hervortritt.

Diesen Beobachtungen wurde von einigen Forschern durch ein zwei-stufiges Wachstumsmodell Rechnung getragen. So wird nach *Flanagan* eine aus II Sam 8,16-10,5; 11,1; 12,26-20,26* bestehende *Court History* durch die Einfügung von 11,2-12,25*; I Reg 1f* *quasi* in zweiter Auflage zum *Succession Document* gemacht.[27] Ein ähnliches Modell vertritt *Hentschel*; er beschränkt jedoch seine ursprüngliche Hofgeschichte auf II Sam 13-20 und rechnet mit zahlreichen prodynastischen Ergänzungen. Auch *Langlamet* kann *mutatis mutandis* an dieser Stelle genannt werden.[28]

Eine andere literarische Lösung, die mit großen Textblöcken ma-növriert, besteht darin, I Reg 1f ganz vom Samuel-Material abzukoppeln, was *Stoebe* und *Keys* tun.[29] Bei beiden *en-bloc*-Lösungen ist problema-tisch, daß ihre Vertreter primär von der Themenbestimmung her argumen-tieren und wenig mit sprachlichen, stilistischen und literarischen Kriterien arbeiten. Die vorliegende Untersuchung kann außerdem gegen *Stoebe* und *Keys* deutlich machen, daß zwischen II Sam 9-20; I Reg 1f ein komplexerer Zusammenhang besteht, als in diesen Lösungen angenommen wird. Die literarischen Biographien Bathsebas, Joabs oder Šimis etwa zeigen, daß man I Reg 1f nicht einfach von II Sam 9-20 abtrennen kann.[30]

In der aktuellen Forschungslage spielen unterschiedliche Thesen zum Textwachstum eine Rolle. *Veijola* hat die oben dargestellten Ergebnisse *Würthweins* entscheidend weitergeführt. Er rechnet mit einer vor-dtr, david- und salomokritischen Grundgestalt, die vom siebten Jahrhundert v. Chr. an prodynastisch überarbeitet wurde. Spätere prodynastische Eingriffe identifiziert *Veijola* als dtr, genauer DtrH und DtrN. Dagegen attestiert er bei DtrP (vgl. etwa II Sam 12,1-14*) nochmals eine davidkritische Hal-tung.[31]

---

27 Flanagan, Court History, 172ff; vgl. ferner die Überlegungen von Blenkinsopp, Theme, 47f.
28 Hentschel, NEB 33, 34–43, bes. 36f; ders., NEB 34, 36ff *passim*; ders., NEB 10, 5–16, 19ff, 26ff. Langlamet, Pour ou contre Salomon, 522; ders., Absalom, 163–165, dazu gleich im folgenden.
29 Stoebe, Thronnachfolge, 63ff; vgl. ders., KAT VIII/2, 45–52; Keys, 54–99, 213–216; ferner etwa Liver, Acts, 75ff; Häusl, Abischag und Batscheba, 289–293.
30 Vgl. dazu im einzelnen u. 2.2, 2.3, 3.3 und 3.4 zu Bathseba, 3.1, 3.2, 4.2 und 6.3 zu Joab sowie 4.4, 5.8 und 7.4 zu Šimi.
31 Veijola, Ewige Dynastie, 16–46, 127–142; ders., David und Meribbaal, 353–361.

Noch differenzierter geht *Langlamet* vor. Ausgangspunkt ist bei ihm die *histoire de la révolte d'Absalom* (II Sam 15-20*), die aus den letzten Regierungsjahren Davids stamme. Diese sei durch die Inklusio II Sam 10-12*; 13f*; I Reg 1,1-2,35* zur *première histoire de la succession* (S1) gemacht worden. Unter dem Eindruck der ersten Maßnahmen Salomos verfaßt, sei S1 dezidiert salomokritisch. Mindestens drei Jahre später (vgl. I Reg 2,39) sei durch die Einarbeitung der Episoden in II Sam 9*; 16,1-14*; 19,17-31*; I Reg 2,36-46* die *deuxième histoire de la succession* (S2) entstanden, die die Salomokritik von S1 noch verstärke.[32] Sowohl die Geschichte vom Absalomaufstand als auch S1 und S2 könnten dabei vom selben Autor stammen. In der späteren Königszeit, zwischen Hiskia und Josia, reagiere eine prosalomonische (auch theologisch-weisheitlich genannte) Redaktion (S3) auf diese Kritik.[33] Dieser Redaktion gehe es um die Legitimation Salomos; ein Priester könne ihr Verfasser sein. Ferner wird mit einer kleineren Zahl von weiteren u.a. dtr Ergänzungen gerechnet.[34] *Langlamet* hat seine Analysen in einer großen Zahl von Aufsätzen vorgestellt, in denen er seine bisherigen Ergebnisse immer wieder relativiert und modifiziert hat.[35]

Ganz in diesen Spuren bewegt sich *Bietenhard*, die in ihrer Untersuchung der Heerführertraditionen in der vorstaatlichen und frühen staatlichen Zeit dicht den „in ihrer Sorgfalt und akribischen Genauigkeit ihresgleichen suchenden Analysen Langlamets"[36] folgt.

Vermeylen führt die Arbeit *Langlamets* fort, kommt aber zu erheblichen Modifikationen; mit einer Thronfolgegeschichte rechnet er nicht

---

32 S1 und S2 stehen jedoch nicht in Opposition zu David und der Dynastie, vgl. Langlamet, Pour ou contre Salomon, 520ff, 525.

33 Mit vordtr prodynastischen und prosalomonischen Bearbeitungen einer königskritischen Grundfassung der Thronfolgegeschichte rechnet auch Hentschel, NEB 10, 19ff; ders., NEB 34, etwa 48–53 und *passim*. In I Reg 1f nimmt er jedoch zusätzlich eine salomofreundliche mündliche Vorform des Grundbestandes an, vgl. ders., NEB 10, 19.

34 Langlamet, Pour ou contre Salomon, 518ff; ders., Absalom, 163f und zu S3 auch ders., Rez. Würthwein/Veijola, 136f. S2 weise als *histoire de David* über die Grenzen der Thronfolgegeschichte hinaus. Zu II Sam 19,32-41a vgl. ders., Barzillaï, 149ff.

35 So überlegt Langlamet, Maison, 512 etwa, ob er nicht auf die Annahme von S2 ganz verzichten könne; ferner schreibt er in Affinités, 246 den Text II S 13f nicht mehr S1, sondern dem prosalomonischen S3 zu!

36 Bietenhard, Des Königs General, 218. Vgl. etwa ihre Untersuchung des Absalomaufstandes 167ff, 300ff. Eine stark vereinfachte tabellarische Darstellung von *Langlamets* Ergebnissen findet sich a.a.O., 362f.

mehr. Er untersucht den großen Komplex I Sam 8 – I Reg 2, in dem er fünf Dokumente sondiert, deren Grundbestände (*récits anciens/récits primitifs*) noch aus der Zeit Davids oder von kurz nach dessen Tod stammten. Die drei größten dieser Dokumente seien I Sam 11 – II Sam 7*; II Sam 13-20* und I Reg 1f*; ihre Verfasser kämen aus dem Kreis um David. Eine Generation später würden von Salomo nahestehenden Schreibern zwei salomonische Ausgaben des Textmaterials (S1 und S2) erstellt. Ihr Ziel sei die politische Propaganda zur Etablierung von Salomos Herrschaft. S1, der wahrscheinlich bereits in I Sam 1 beginne, arbeite den Text II Sam 11f* ein. Und S2 zeichne nicht nur für I Reg 2,36-46* verantwortlich, sondern erweitere das Textkorpus um I Reg 3-11*. Damit liegt für *Vermeylen* ein Großteil von I Sam 1 – I Reg 11 bereits im zehnten Jahrhundert v. Chr. vor! Den nächsten Redaktionsvorgängen werde der Text dann erst in exilischer Zeit unterzogen, nämlich durch DtrH, DtrP und DtrN. Die Schlußredaktion endlich wirke etwa Anfang des vierten Jahrhunderts v. Chr. im Geiste Esras.[37]

Vor *Vermeylen* haben auch andere Forscher einen Textbereich zur Untersuchung bestimmt, der weit mehr als die klassische Thronfolgegeschichte umfaßt. So definieren etwa *Stolz, Willi-Plein, Kreuzer* und *Klein* die Aufstiegsgeschichte und die Thronfolgegeschichte gemeinsam als *ein* zusammenhängendes Geschichtswerk.[38]

Dietrich kommt zu anderen Ergebnissen. Nach ihm findet sich in I Sam 9 – I Reg 2 (vielleicht sogar I Sam 1 – I Reg 12) ein vordtr Erzählwerk über die frühe Königszeit, das nach dem Untergang des Nordreiches (722 v. Chr.) im achten oder vielleicht siebten Jahrhundert als Verständigungsangebot für Flüchtlinge aus dem Norden enstanden sei. Es sei unter Verwendung alter Einzelerzählungen sowie von Erzählkränzen und Novellen verfaßt und später noch dtr überarbeitet worden.[39] Sein Schüler *Klein*

---

37 Vermeylen, Loi, 469–690 sowie 1ff *passim*. Festzuhalten bleibt, daß S1 mit II Sam 11f* die wohl zweifelhafte Sohnschaft Salomos festschreibe, vgl. a.a.O., 597–599. Ebd. und in David, 493f wird erwogen, der alte König sei im Zuge eines *coup d'état* durch Verschwörer ermordet worden, um eine neue, salomonische Dynastie zu installieren.

38 Nach Stolz, ZBK.AT 9, 18f habe diese prodavidische Dynastiegeschichte ihre Endgestalt zwei bis drei Generationen nach David erhalten. Außerdem Willi-Plein, Davidshausgeschichte, 349ff; Kreuzer, Davidgeschichte, 191–198, wobei I Sam 13 der Anfang der Daviddynastiegeschichte sei. Vgl. bereits o. 1f mit Anm. 4 zum Problem des Beginns, ferner auch Whitelam, Defence, 61ff.

39 Dietrich, BE 3, 229–273; ders., Art. Samuel- und Königsbücher, 5ff; ders., Ende, 38ff. Als Beispiel nennt er BE 3, 253–257 die Bathseba-Salomo-Novelle in II Sam

modifiziert dieses Modell insofern, als ein Verfasser von Vergleichen zwischen Saul und David („V$_v$") der Redaktor des Komplexes I Sam 9 – I Reg 2 sei. V$_v$ habe am Ende des achten Jahrhunderts gewirkt, um den Untergang Samarias zu erklären.[40]

Dietrich nimmt bei seiner These die Überlegungen einer anderen Forschungsrichtung auf, die in kleineren Erzähleinheiten, einzelnen voneinander unabhängigen Quellen („Novellen"), den Ausgangspunkt der Textentstehung sieht. Damit ist die These einer Thronfolgegeschichte aufgegeben. *Caspari* etwa bewertet II Sam 11f (David, Bathseba und Uria); 13f (Amnon und Thamar); 15-20 (Absalom- und Šeba-Aufstand) und I Reg 1 (Salomos Thronerhebung) je als selbständige Novellen, die in verhältnismäßig großer zeitlicher Nähe zu den berichteten Ereignissen stünden, aber nicht von Zeitzeugen stammten. Diese Novellen seien später auch mit den Kriegsberichten II Sam 10; 12,26ff verbunden worden und danach vordtr, dtr und in mehreren Schüben nachdtr bearbeitet worden.[41] Für *McCarter* sind II Sam 13-20 (Amnon und Thamar, Absalom- und Šeba-Aufstand); II Sam 21,1-14; 9,1-13 (Davids Umgang mit den letzten Sauliden) und II Sam 10,1-19; 8,3-8; 11,1; 12,25-31 (Kriege gegen Aramäer und Ammoniter) prodavidische Quellen aus der David-Zeit, während das *Salomonic Apology* I Reg 1f, das für ihn die eigentliche Thronfolgegeschichte darstellt, aus früher salomonischer Zeit stamme. Auf eine vordtr prophetische Redaktion erst gehe die Geschichte von David, Bathseba und Uria II Sam 11,2-12,24 zurück.[42] Dazu, wie er sich den Redaktionsprozeß im einzelnen vorstellt, macht *McCarter* allerdings keine Angaben.

Auch für *McKenzie* besteht kein *succession narrative*, sondern den Texten in Sam und Reg lägen mehrere Quellen zugrunde. In I Reg 1f begegne eine Apologie Salomos, die Dtr zuzuschreiben sei. Ins für David apologetische zweite Samuelbuch seien später, nämlich post-dtr, die antidavidischen II Sam 11f eingeschaltet worden.[43]

11f; I Reg 1f. Zur Datierung ähnlich Müllner, Gewalt, 142.

40 Klein, David versus Saul, 108–144, 194–199 .

41 Caspari, KAT VII, 7–13, 509–512. Vgl. auch die einschlägigen Überlegungen von Luther, Novelle, 189, 195f und besonders Greßmann, SAT 2/1, 163, 181, 193. Später geht noch Häusl, Abischag und Batscheba, 293 in ähnliche Richtung.

42 McCarter, Plots, 361–364; ders., AncB 9, 4–16, 275f. Zudem rechnet er mit geringen Ergänzungen von Dtr[1] und Dtr[2], denn er geht nicht vom Göttinger Modell (*Würthwein, Veijola, Dietrich*), sondern vom Blockmodell (*Cross* u.a.) zur Entstehung des deuteronomistischen Geschichtswerkes aus. Zur Abkoppelung von II Sam10-12 auch Bailey, David, 33–50, 125–130, 142–153.

43 McKenzie, So-Called, 127–135; ders., David, 181–219 und *passim*.

Nach *Fischer* stehen gleichfalls kürzere selbständige Einzelquellen am Anfang der Genese des Samuelbuches. In seiner Untersuchung von II Sam 1-5 findet er keine durchlaufende Grundschicht (etwa eine primäre David-Geschichte), sondern erst die im Jerusalem des siebten Jahrhunderts am Königshof wirkende *David-Redaktion* habe den vorliegenden Darstellungszusammenhang geschaffen. Dieser sei prodynastisch und mit Blick auf das Nordreich konzipiert: Nach dessen Untergang mache Juda den staatenlosen Brüdern aus dem Norden mit einer gemeinsamen Gründungsgeschichte das Angebot einer neuen politischen Heimat. Wie David unter Gottes Führung Sauls Rechtsnachfolge angetreten habe, so sei das Südreich Rechtsnachfolger des Nordreichs geworden.[44] In diesen Einschätzungen beruft sich *Fischer* auf *Kaisers* Überlegungen zur Hofgeschichte, die letzter als vordtr Geschichtserzählung zwischen dem späten achten und der Mitte des fünften Jahrhunderts v. Chr. datiert. Dtr Bearbeitungen machten daraus nach *Kaiser* eine Legitimationsschrift für das davidische Königshaus.[45]

Von den weiteren neueren Arbeiten sind einerseits die Kommentare von *Stoebe* und *Caquot/de Robert* und andererseits die Untersuchungen von *Halpern, Isser* und *Kunz* zu erwähnen.

Dabei gibt auch *Stoebe* die Annahme einer Thronfolgegeschichte auf; vielmehr sei nur II Sam 9-20 vom Deuteronomisten *en bloc* integriert worden. Die Texte stammten aus dem zehnten Jahrhundert v. Chr.; davor sei aber mit lebhaften überlieferungsgeschichtlichen Prozessen zu rechnen.[46] *Caquot/de Robert* stellen dagegen ein Vier-Schichten-Modell vor. Am Anfang stünden *récits primitifs*, die nur noch in ihrer Zusammenarbeit durch die abjatharidische Redaktion greifbar seien. Dieser ‚erste Historiker der israelitischen Antike' habe noch in Davids Zeit bei Hofe gewirkt. Nach der Reichstrennung 926 v. Chr. habe die in ihrer Tendenz gegen Adonia, Joab und Abjathar gerichtete zadoqidische Redaktion (Priesterkreise) eingegriffen, die ein manifestes Interesse an Kult und Königsideologie habe. Schließlich folge dtr Tätigkeit zur Bewältigung der Katastrophe von 587 v. Chr.[47]

Halpern datiert die Texte (I und II Sam, auch I Reg 1-10), für die er keine nähere redaktionskritische Theorie vertritt, unter großem Vertrauen auf ihre historische Aus-

---

44 Fischer, Hebron, 268–329 und *passim*. A.a.O., 288–318 äußert er auch einige Überlegungen zu II Sam 9 – I Reg 1f, wo sich auch kein durchlaufender Grundtext finde. *Fischer* versteht seinen Ansatz als Erneuerung der Fragmenten- und Ergänzungshypothese.

45 Kaiser, Verhältnis, 161–164 sowie ders., Beobachtungen, 179–182.

46 Stoebe, KAT VIII/2, 45–52; vgl. ders., Thronfolge, 63ff.

47 Caquot/de Robert, Samuel, 19f.

wertbarkeit in die (frühe) Salomozeit. Als *royal propaganda* für David und Salomo
verfaßt, brauche man nur das apologetische Gewand abzuheben, um zuverlässige Informationen zu erhalten.[48]

Dagegen sind nach *Isser* die Heldengeschichten Davids, die am Anfang der David-
Überlieferung stünden, nicht historisch auswertbar. Einige dieser Geschichten seien
vielleicht noch zu Lebzeiten Davids entstanden, der Prozeß der Traditionsbildung habe
aber bis kurz nach dem Exil angedauert. Doch habe wahrscheinlich schon in später
Königszeit ein zusammenhängender Zyklus, ein *fixed legend* über David, existiert, auf
das Dtr zurückgreifen konnte. Dieses *legend* sei der säkularen Heldenliteratur anderer
Kulturen vergleichbar; Dtr habe es durch Auswahl und Verkürzung der Texte ein-
schneidend redigiert: „Second Samuel 13-20 is probably Dtr's mixture of several
traditions about politics, allies, and battles with the dramatic tale of David and Absalom."[49] Zudem sei ein nachdtr Bearbeitungsprozeß bis ins fünfte Jahrhundert v. Chr.
anzunehmen, wodurch die Aufnahme persischer und griechischer Stoffe erklärt werden
könne.[50]

In seiner Arbeit über die Frauengestalten um David untersucht schließlich *Kunz* die
Komplexe II Sam 10-12; I Reg 1f. Dabei hätten die Kriegsberichte in c.10; 12,26ff eine
literarische Grundlage in der Königszeit; dagegen datierten II Sam 11f und der Grundbestand von I Reg 1f um die Wende vom 6. zum 5. Jahrhundert v. Chr.[51]

Folglich ist auch in redaktionsgeschichtlicher Hinsicht *Rosts* Theorie aus
verschiedenen Richtungen vehement bestritten worden. Mit den redak-
tionsgeschichtlichen Fragen geht das Problem der Datierung einher. Bei
Rost und in seiner Nachfolge *von Rad* u.a. bereitet die Einschätzung der
israelitischen Geschichtsschreibung im 10. Jahrhundert v. Chr., deren
Hauptdokumente der Jahwist und die Thronfolgegeschichte seien, im
Lichte der neueren Forschung größte Schwierigkeiten. Nach *von Rad* ist
diese Geschichtsschreibung „mit einem Male da, und zwar gleich in einem
Zustand der Reife und künstlerischen Vollendung, der den Gedanken an
eine weitere Vervollkommnung in gleicher Richtung ausschließt."[52] Eine

---

48 Halpern, David's Secret Demons, 14–72 und *passim*. So findet er etwa a.a.O.,
    77–103, 391–406 heraus, David sei ein Massenmörder und Uria der tatsächliche
    Vater Salomos gewesen. Zur gesamten These vgl. Dietrich, Der historische David,
    108ff.
49 Isser, Sword, 164. Dtr wirke ab Ende des siebten, v.a. aber im sechsten Jahrhundert
    v. Chr.
50 Vgl. insgesamt Isser, Sword, 52–54, 72–99, 148ff, 180–184. In I Reg 1f finde sich
    die Apologie von Salomos Thronfolge (a.a.O., 166–170).
51 Kunz, Frauen, 170–193, 210ff, Tabelle 218–220. Zur weiteren Diskussion vgl. u.
    1.2, 1.3, 2.2, 2.4, 3.2, 3.3, 3.4 und 3.5.
52 Von Rad, Geschichtsschreibung, 176.

solche Sicht ist jedoch nicht mehr aufrecht zu erhalten. Denn für die Annahme eines Goldenen Salomonischen Zeitalters müßte man nicht nur mit einer rasanten geistesgeschichtlichen Entwicklung des Alten Israel *quasi* „von Null auf Hundert" rechnen. Sondern dadurch, daß J zunehmend später datiert oder in seiner Existenz überhaupt in Frage gestellt wird, entfällt auch der andere Kronzeuge für diese These. Ihre materiale Basis aber schwindet dadurch, daß direkte archäologische Zeugnisse für ein *golden age* unter Salomo fehlen.[53] Insbesondere hat sich ergeben, daß die Keramik der bisher für die Salomozeit veranschlagten Strata in Hazor, Megiddo und Gezer später zu datieren ist.[54] So ist man, was die Frage nach dem historischen David und seiner Zeit betrifft, eindeutig auf die Analyse der Texte gewiesen.[55] Die Kritik an einer Datierung dieser Texte ins zehnte Jahrhundert gilt nicht nur allen, die *Rost* folgten, sondern auch denen, die wie *Vermeylen* und *Halpern* substantielle Anteile der ganzen Samuelbücher so früh ansetzen, auch wenn sie wie *Vermeylen* mit komplizierten redaktionellen Vorgängen rechnen.

Aber auch eine Datierung von großen Textflächen ins neunte (*Eißfeldt, Campbell*),[56] ins späte achte/siebente (*Dietrich*), siebente (*Fischer*) oder sechste Jahrhundert (*van Seters*) v. Chr. erscheint als fundamentales Problem. Dabei ist nicht entscheidend, ob es sich um einen Grundtext (*Eißfeldt, van Seters*) oder das Produkt einer Redaktionsarbeit (*Dietrich, Fischer* u.a.) handelt. Denn bei diesen Modellen wird die Komplexität der Texte übergangen, die eine genauere redaktionskritische Aufarbeitung erfordert. Flächenhafte Datierungsvorschläge, seien es frühe, seien es späte (*Carlson, van Seters*),[57] greifen grundsätzlich zu kurz. Eine weitere Schwierigkeit besteht darin, daß Tendenz und Theologie zahlreicher Texte in II Sam 9–20; I Reg 1f deutlich gegen eine vorexilische Ansetzung sprechen, wie die Analyse zeigen wird.

---

53   Kenyon, Archäologie, 244; Dietrich, BE 3, 112–133. Für die Gegenposition vgl. etwa Mazar, Archaeology, 368–402; Schmitt, Herrschaftsrepräsentation, 69f, 90.

54   So mit Dietrich, BE 3, 124–126; Finkelstein, The Bible Unearthed, 141f, vgl. 123–145, 340–344, die ins frühe neunte Jahrhundert v. Chr. gehen.

55   So auch McCarter, Historical David, 117: „The quest for the historical David, therefore, is primarily exegetical. ... It follows that the historian must first be a literary critic ..."

56   Eißfeldt, Einleitung, 187–188; nach Campbell, Prophets, 1, 17–123, 203–208 liegt in I Sam 1,1 – II Reg 10,28 ein *Prophetic Record* vom Ende des neunten Jahrhunderts zugrunde.

57   Zu *Carlson* s. gleich im folgenden.

Für eine späte (oder spätere) Datierung der Texte sind bis jetzt nur wenige Vorschläge gemacht worden. Nach *Carlson*, der nicht mit einer Thronfolgegeschichte rechnet, wurde in I und II Sam ein altes David-Epos so stark dtr überarbeitet, daß die vorliegende Komposition nun faktisch vom in der exilischen Zeit wirkenden *D-group* stamme.[58] *Gunn* sammelt Indizien für eine Datierung der *story of king David* einige Jahrhunderte nach den Ereignissen, legt sich aber nicht fest. *Terminus ad quem* sei die dtr Redaktion im sechsten Jahrhundert v. Chr.[59] *Kaiser* setzt, wie gesehen, seine vordtr Hofgeschichte zwischen dem späten achten und der Mitte des fünften Jahrhunderts an.[60] Und für *van Seters* datiert die *court history* nach Dtr, was er mit einer Analyse von I Reg 2,1-12 begründet: V.5-9 seien von den dtr V.1-4.10-12 abhängig. Gegen das dtr Bild Davids als eines idealen Königs wendet sich die *court history* mit ihrem Plädoyer gegen eine Wiederbelebung der Monarchie.[61]

Zusammenfassend läßt sich die anfangs bereits geäußerte Beobachtung wiederholen, daß die zentralen Thesen *Rosts* in die Krise geraten sind. Außerdem hat eine beträchtliche Zahl von Forschern verschiedener Richtung die Annahme einer Thronfolgegeschichte überhaupt aufgegeben.[62]

Bis jetzt hat sich keine literar- und redaktionskritische Lösung zur Thronfolgegeschichte als überzeugend erwiesen. Die redaktionskritischen Modelle, die vorgeschlagen wurden, sind alle in mehrfacher Hinsicht problematisch.

---

58 Carlson, David, 41–193.

59 Gunn, Story, 30–34, 37–62, 87–111. Problematisch ist dabei, daß er a.a.O., 32 f bei vorausgesetzter Einheitlichkeit der Geschichte Stellen wie II Sam 12,20; 18,18 als Indizien für eine spätere Datierung angibt. Denn 18,18 ist eine eindeutige Glosse (s.u. 6.3), und 12,20 steht innerhalb eines späten Abschnitts (s.u. 2.3). *Gunns* Einschätzung von II Sam 13,18 ferner beruht auf einer Emendation. Zu dem von ihm a.a.O., 33 erkannten Problem des Israelbegriffes in den Texten vgl. u. 6.1, 7.3 und 7.7.

60 Kaiser, Verhältnis, 161–164 sowie ders., Beobachtungen, 179–182. In Grundriß, 120 nennt er II Sam 2,12ff; 11f; 13; 15-19*; I Reg 1f* als eigenständige zugrundeliegende Erzählblöcke. Zum vordtr Quellenmaterial vgl. ferner Na'aman, Sources, 170ff.

61 Van Seters, Search, 277–291; ders., Court History, 70ff. Daß die literarischen Verhältnisse in I Reg 2,1-12 viel komplizierter liegen, wird die Analyse u. 4.1 und 4.6 zeigen. Zu *van Seters'* These vgl. ferner die Theorie von Budde, Bücher 264–268; ders., KHC 8, XXII, die deuteronomistische Redaktion habe II Sam 9-20; I Reg 1; 2,1-9.13ff ausgeschieden, und eine spätere Redaktion sie wieder sukzessive eingearbeitet; ähnlich auch Nowack, HKAT I/4/2, XXV.

62 So etwa Carlson, David, 41–193; McCarter, Plots, 361–364; ders., AncB 9, 4–16, 275f; Stoebe, KAT VIII/2, 45–52; Dietrich, BE 3, 229–273; ders., Art. Samuel- und Königsbücher, 5ff; ders., Ende, 38ff; Vermeylen, Loi, 469–690; Klein, David versus Saul, 108–144, 194–199; Frolov, Succession Narrative, 81ff; Isser, Sword, 52–54, 72–99, 148ff, 180–184 etc.

Die Blockmodelle von *Flanagan* auf der einen und *Stoebe* sowie *Keys* auf der anderen Seite erscheinen als zu großflächig, denn sie werden dem komplexen Charakter der Texte nicht gerecht. *Würthwein, Veijola* und *Hentschel* gehen mit ihren Analysen in die richtige Richtung, doch konnten sie erst einige große Linien aufzeigen, und ihre Arbeiten bedürfen der weiteren Ergänzung. *Langlamet* und *Vermeylen* haben zwar differenziertere Theorien entwickelt, bleiben aber oft exakte literarische Beweise schuldig; denn ihre Entscheidungen beruhen vorrangig auf tendenzkritischen Beobachtungen.[63] Ein weiteres Problem besteht darin, daß *Langlamet*, besonders aber *Vermeylen* mit seinen prosalomonischen Redaktoren S1 und S2 den überwiegenden Teil der theologischen Traditionsbildung und Auseinandersetzung ins zehnte Jahrhundert datiert, obwohl diese bereits auf eine ganz komplexe Problemlage reagieren.[64]

Außerdem konnte die bisherige Forschung nicht zur Klärung der zentralen Probleme von Abgrenzung, Thema, Tendenz und Datierung der Texte beitragen. Die skizzierten offenen Fragen und Probleme sowie der komplexe literarische Befund legen es nahe, die Thronfolgegeschichte erneut zu untersuchen und dabei insbesondere die Problematik ihres Wachstums neu aufzurollen. Die vorliegende Untersuchung geht außerdem den Fragen nach, ob es überhaupt eine Thronfolgegeschichte gibt und wie es mit deren Historizität steht. Sie sucht zu ermitteln, ob den Texten alte Quellen zugrunde liegen und wie diese beschaffen sind. Welche Konsequenzen ergeben sich für die Historiographie und Sozialgeschichte Israels sowie für die Literargeschichte des Alten Testaments? Und läßt sich aus dem Wachstum des Textes etwas über Prozesse theologischer Auseinandersetzung eruieren?

Auch wenn es möglicherweise keine Thronfolgegeschichte in *Rosts* Sinne gibt, erscheint es als pragmatisch, für die Untersuchung von seiner Themenbestimmung auszugehen. Er hat richtig gesehen, daß Salomos Thronfolge in II Sam 9-20; I Reg 1f eine erhebliche Bedeutung hat.

Dieser Zielrichtung entsprechend werden zunächst (in Kapitel 1-4) die Texte untersucht, in denen Thronfolger und Thronfolge eine zentrale Rolle spielen, also gewissermaßen die Rahmenstücke II Sam 10-12; I Reg 1f. Danach (in Kapitel 5-7) steht der Absalom-Aufstand (II Sam 15-19) im

---

63 Vgl. etwa u. 2.1 zur Analyse von II Sam 11,19-22.23-25.
64 Vgl. z.B. die u. in 8 gesammelten Beobachtungen zu den nachdtr Schichten. *Hentschel* macht zur zeitlichen Verortung seiner prosalomonischen Redaktion keine genauen Angaben; *Langlamet* datiert seinen prosalomonischen S3 in die spätere Königszeit.

Zentrum, denn er ist der Kern und das Hauptkorpus der dazwischenliegenden Davidüberlieferung.[65] Außerdem geht es in ihm um Figuren, die auch in I Reg 1f eine Rolle spielen, wie etwa um Šimi oder Joab. Auch zahlreiche weitere Bezüge[66] legen nahe, daß sich die Untersuchung auf diese beiden Brennpunkte der Überlieferung konzentrieren muß. In der Analyse von II Sam 15-19 wird zugleich geprüft, ob ein literarischer Zusammenhang zu I Reg 1f besteht und ob sich das dort erarbeitete Modell der Textentstehung als zutreffend erweist. Ein Schlußkapitel (8) faßt die wichtigsten Ergebnisse zur Redaktionsgeschichte zusammen, erhebt Profil und Datierung der Schichten und deckt die Implikationen für Geschichte und Theologie Israels auf.

---

65 Stellungnahmen und Analysen zu II Sam 9; 13f; 20 werden im Laufe der Untersuchung vorgenommen.

66 Vgl. z.B. die Expositionen von Absaloms wie Adonias Erhebung in II Sam 15,1; I Reg 1,5.

1. Die Eroberung von Rabba

1.1 Ansätze für die redaktionskritische Untersuchung der sog. Thronfolgegeschichte

Für *Rost* spielte die Bestimmung des Themas eine tragende Rolle, um II Sam 6,16.20ff; 7,11b.16; 9,1-20,22*; I Reg 1f* als eigenständige und weitgehend einheitliche „Überlieferung von der Thronnachfolge Davids" zu erheben. In diesem Textbereich gehe es um die in I Reg 1,20.27 explizit gestellte Frage, wer nach David auf dessen Thron sitzen solle, d.h. wer der erste Thronfolger der neu gegründeten davidischen Dynastie sei.[1]

Doch tatsächlich hängen nur wenige Texte im zweiten Samuelbuch mit dem Thronfolgethema zusammen. II Sam 9-20 beziehen sich gar nicht darauf, ebensowenig II Sam 6,16.20ff. Die Problematik „Thronfolge" wird also weder in den Texten angesprochen, in denen es um dynastiefähige Nachkommen Sauls geht, wie um Meribbaal[2] und seinen Sohn Micha II Sam 9,1ff.12a,[3] noch in den Erzählblöcken, in denen die Davidsöhne Amnon (II Sam 13f) und Absalom (II Sam 15-19)[4] eine zentrale Rolle spielen. Daß Amnon, Absalom, aber auch Adonia (I Reg 1f) als jeweils älteste Söhne Davids direkte Thronanwärter seien, kann nur aus der Genealogie II Sam 3,2-5 erschlossen werden.[5] Diese hat jedoch sicher nicht zum ursprünglichen Textbestand gehört, da sie den mit II Sam 3,1.6b gegebenen

---

1   Rost, Überlieferung, 86ff.

2   Zu Meribbaal vgl. noch II Sam 4,4; 16,1-4; 19,25-31; 21,7.8; I Chr 8,34; 9,40. Die Aussage Meribbaals II Sam 16,3bγ „Heute gibt mir das Haus Israel die Königsherrschaft meines Vaters zurück" bezieht sich auf den Wechsel von Saul zu David und den potentiellen Sturz Davids durch den Rebellen Absalom, vgl. u. 5.7 und 7.5. Festzuhalten ist außerdem, daß in II Sam 21,8 ein gewisser Armoni neben Meribbaal als Sohn Sauls und Rizpas auftaucht.

3   Vgl. auch die Notiz von der Kinderlosigkeit der Saultochter Michal II Sam 6,23.

4   Die Exposition des Absalomaufstandes II Sam 15,1, die sich fast genau mit I Reg 1,5b (Thronanspruch Adonias) deckt, beginnt auffälligerweise nicht mit einer Notiz über einen potentiellen Thronanspruch Absaloms wie I Reg 1,5a אני אמלך „ich will König sein".

5   Vgl. Gunn, Story, 83: „we get little if any hint that we are to view either Amnon or Absalom as *Solomon's* rivals, nor that what is taking place in chapters 13-20 is a steady movement bringing us significantly nearer to the point where only Adonijah (‚the remaining rival candidate') will stand between Solomon and throne." Vgl. ferner Dietrich/Naumann, Samuelbücher, 182f.

Zusammenhang (Krieg zwischen Sauliden und Davididen, Abner als der starke Mann im Hause Sauls) unterbricht und mit V.6a sekundär verklammert wurde.[6] Kilab, der nach 3,3 Davids Zweitgeborener war, spielt außerdem im folgenden Kontext überhaupt keine Rolle mehr. Auch in II Sam 8 und dem Bericht von Šebas Aufstand II Sam 20 steht die Thronfolge nicht im Blick.

Deutlich wird allein in der Nathanverheißung II Sam 7 die Frage der davidischen Dynastie und ihrer Kontinuität thematisiert (vgl. V.11b.12. 13b.14a.16). Doch hier geht es eben nicht um die Problematik, *wer* David nachfolgen soll, sondern der Text zielt auf den ewigen Bestand der Dynastie.

Exkurs: Zu II Sam 7

Die einschlägigen Notizen II Sam 7,11b.12.13b.14a.16 reagieren auf eine Grundschicht (V.1-3), die nach *Levin* bereits Pᵍ voraussetzt,[7] und reflektieren damit den Jahrhunderte zurückliegenden Untergang der Dynastie. Nach 7,1-7 verwehrt Nathan dem David im Namen Jahwes seinen Wunsch, einen Tempel zu bauen, sagt ihm dann aber die Dauer von Haus und Königsherrschaft עד־עולם zu (V.8-17). Den Tempel werde der זרע Davids bauen. Auch wenn im Alten Orient Königtum und Kult eng zusammen gehören,[8] ist der hier begegnende Zusammenhang zwischen Kultätiologie und Dynastieverheißung für David literarisch anders einzuschätzen. Im AT ist er ein deutlicher Hinweis auf ein spätes Davidbild, vgl. Jer 33,14-26; Ps 132.[9] Im Verbund mit II Sam 6* und 24,18ff* verfolgen II Sam 7,1-17* das deutliche Interesse,[10] Plan und Vorbereitung zum Tempelbau noch im Leben Davids zu verankern. David hat mit der Überführung der Lade nach Jerusalem nicht nur die Zeit des (Wüsten-)Zeltes definitiv beendet, sondern auch den späteren Tempelplatz erworben, der damit nicht auf heidnischem Gebiet errichtet wurde.

---

6   Zum literarischen Befund auch Budde, KHC 8, 208, der das Material allerdings für alt hält, sowie Hentschel, NEB 34, 13; Caquot/de Robert, Samuel, 387f; Vermeylen, Loi, 658 (Schlußredaktion) etc.

7   Levin, Verheißung, 252, der auf den Begriff יריעה „Zeltdecke" (V.2b), die Wendung ישב בתוך „wohnen inmitten" (2b) und die Ruheformel (1b) verweist. Anders etwa Albertz, Religionsgeschichte, 178 oder Pietzsch, Sproß, 27, 30f.

8   Kaiser, Gott 1, 196ff. Dabei erklärt der Hinweis auf die ägyptische Königsnovelle (Herrmann, Königsnovelle, 133ff) nur einzelne Aspekte von II Sam 7; das gilt auch für die von Laato, Second Samuel 7, 244ff aufgezeigten Parallelen zur assyrischen Königsideologie.

9   Zur späten Datierung von Jer 33,14ff vgl. Schmid, Buchgestalten, 56–66, 323–327 (2. Jahrhundert v. Chr.). Zu Ps 132 Spieckermann, Heilsgegenwart, 95f (spätexilisch).

10 Davids Gebet ab V.18ff gehört anerkanntermaßen nicht zum Grundbestand, nach Dietrich, EdF 287, 155 „ist ab V.18 kein vor-dtr Satz mehr zu finden."

Da diese Intention auf das Davidbild der Chronikbücher hinarbeitet, kann sie als proto-
chronistisch bezeichnet werden.

Dagegen, daß II Sam 7 zum Grundbestand gehört, spricht außerdem, daß an keiner
Stelle in der Thronfolgeerzählung auf eine früher ergangene Dynastieverheißung Bezug
genommen wird. Doch „gerade beim Regierungsantritt Salomos hätte sich dies angebo-
ten."[11] Aber: „Unbestritten ist, daß Nathan nach der Darstellung der Thronfolgegeschichte bei der Thronbesteigung Salomos die ihm zugeschriebene Verheißung noch
nicht kennt ..."[12] Die von *Otto* als Beweis für eine Zugehörigkeit von II Sam 7 zur
Thronfolgeerzählung angeführten I Reg 1,37.47; 2,24 sind keine direkten Bezugnahmen
und werden sich ferner als sekundär erweisen.[13]

Während noch *Rost* V.11b.16 als alten Kern von II Sam 7 veranschlagte,[14] gehört
nach *Veijola* nichts mehr zum Grundbestand der Samuelbücher. Denn er sieht in 1a.2-5.7
und 8a.9.10.12.14.15.17 zwei vordtr Orakel, die nicht zur alten Erzählung gehörten.
DtrG überarbeite sie mit 8b.11b.13.16.18ff*, um die göttliche Legitimation des davidischen Königtums hervorzuheben.[15] Ihm folgt neuerdings *Waschke*, der wie *Renaud,
George* u.a. den ausschlaggebenden Charakter der dtr Endgestalt von II Sam 7 hervorhebt.[16] Nicht zuletzt zeigt sich in II Sam 7 ein völlig anderes Bild Nathans als in I
Reg 1, dem entscheidenden Schlüsseltext für das Thema „Thronfolge": Hier ist er ein
treuer Jahweprophet, dort initiiert er eine böse Intrige.[17]

Ende des Exkurses

Explizit spielt die Problematik von Davids Nachfolge nur in I Reg 1f eine
Rolle, und nur hier steht die Frage, wer nach David auf dem Königsthron
sitzen soll,[18] wirklich im Zentrum.[19] Angesichts von Davids nahem Tod

---

11 Seiler, Geschichte, 286, ähnlich Waschke, Der Gesalbte, 31. Zu I Reg 2,4.24 s.u. 4.6
    und 4.1 (115f). 2,4 ist anders als die Verheißungen in II Sam 7 mit Bedingungen
    versehen.

12 Albertz, Religionsgeschichte, 178.

13 Otto, Synthetische Lebensauffassung, 379, Anm. 38. Zu I Reg 1,37.47 s.u. 3.6; zu I
    Reg 2,24 s.u. 4.1, vgl. auch Albertz, Religionsgeschichte, 178, Anm. 27.

14 Rost, Überlieferung, 72–74. Neuerdings identifiziert Pietsch, Sproß, 27, 30f in
    V.11b.12*.14a.15a.16 ein älteres, vorexilisches Dynastieorakel.

15 Veijola, Ewige Dynastie, 68–81. Wellhausen, Composition, 262 und Gese, David-
    bund, 25f sehen in II Sam 7 den Einfluß von Dtn, datieren den Text aber vorexilisch.

16 Waschke, Der Gesalbte, 53–61; Renaud, Prophétie, 5ff; George, Fluid Stability,
    17ff; McKenzie, Typologie, 173ff. Nach Smend, Entstehung, 131 läßt sich ein
    vordtr Kern von II Sam 7 überhaupt schwer ausmachen.

17 Vgl. auch Rudnig, Art. Nathan, 59f. Zu II Sam 12,1-15a vgl. u. 55–57, 220f.

18 Vgl. I Reg 1,13.17.20.24.27.30.35.46.48.

19 Mit Recht setzt daher Rost, Überlieferung, 82ff in seiner Analyse bei I Reg 1f ein;
    II Sam 9; 13,1-20,22 sind für ihn „Vorgeschichte der Thronfolge" und II Sam 10-12
    „Vorgeschichte des Thronfolgers" (a.a.O., 104).

haben sich hinter den beiden Thronprätendenten Adonia und Salomo zwei
Parteiungen gebildet; Salomo setzt sich schließlich durch (II Reg 2,46b).

Also verbleiben I Reg 1f. Deutlich ist aber auch, daß die beiden Kapitel für sich noch keine Thronfolgeerzählung ergeben.[20] Der einzige Textbereich, zu dem ganz deutliche thematische Verbindungen bestehen, ist II Sam 10-12, weil dort mit Bathseba, Nathan und Salomo[21] (die) zentrale(n) Handlungsträger von I Reg 1f auftreten: Thronfolger, Gebira und ein exponierter Parteigänger Salomos. Zudem wird nur hier in den Samuelbüchern ausdrücklich von der Geburt eines David-Nachkommen berichtet (II Sam 11,27a*; 12,24*). Bei der Frage nach der Entstehung der sog. Thronfolgegeschichte ist daher zu klären, in welcher Weise II Sam 10-12 und I Reg 1f zusammenhängen. Besteht die Verbindung von vorneherein oder wurde sie später erstellt? Liegen den Texten Quellen zugrunde, und was läßt sich über redaktionelle Prozesse ausmachen?

Daß II Sam 10-12 eine in sich abgeschlossene größere Einheit darstellen, ist leicht zu erkennen. Durch die Notiz 9,13a, die Meribbaals ständige Versorgung in Jerusalem festhält, und die Bemerkung über seine Lahmheit V.13b war die Begegnung Davids mit dem Sauliden beendet. In II 10,1 beginnen, eingeleitet mit der Wendung ויהי אחרי כן „und es geschah danach",[22] Berichte über kriegerische Auseinandersetzungen Israels mit Ammonitern und Aramäern. II Sam 10,1-6a erklären zu Beginn den Anlaß eines Krieges Davids und Joabs mit den Ammonitern, und der Bericht von der Eroberung der ammonitischen Hauptstadt Rabbat Ammon 12,26-31 schließt den thematischen Spannungsbogen ab. Mit Davids Rückkehr nach Jerusalem 12,31b endet der Bericht; in 13,1 beginnt, wieder mit ויהי אחרי כן eingeleitet, die Erzählung von Amnon, Thamar und Absalom. Mit den Ammoniter- und Aramäerkriegsberichten ist die Geschichte von David, Bathseba und Uria (II Sam 11f*) verzahnt. Bei der Schlußnotiz 12,31b ist David mindestens zweier Probleme ledig: der Ammoniter[23] und Urias.

---

20   Für McCarter, AncB 9, 13f stellen sie bereits das komplette „succession narrative"
     dar.
21   Der Name „Salomo" fällt allerdings nur in der kurzen Geburtsnotiz II Sam 12,24bα.
22   Die im AT in Jdc 16,4; I Sam 24,6; II Sam 2,1; 8,1 par I Chr 18,1; 10,1 par I Chr
     19,1; 13,1; (15,1;) 21,18; II Reg 6,24 belegte Wendung hat ihren deutlichen Schwer-
     punkt im hier untersuchten Textbereich. Sie ist nicht einer bestimmten Redaktion
     zuzuordnen, etwa Dtr nach Bailey, David, 54-57; vgl. u. am Anfang von 6.1.
23   Und auch der Aramäer, vgl. 10,6b-14*; 10,15.16-19*.

Die Belagerung Rabbas und die Bathseba-Uria-Affäre fallen nicht nur zeitlich zusammen, sondern die Auseinandersetzung um die Hauptstadt der Ammoniter erscheint für David auch das geeignete Mittel, Uria aus dem Wege zu räumen. Doch tatsächlich wird aus II Sam 11,2-12,25* selbst nicht klar, in welchem kriegerischen Konflikt Uria zu Tode kommt. Lediglich die späte Glosse 12,9b[24] lastet David die Liquidierung Urias בחרב בני עמון „durch das Schwert der Ammoniter" an. Die Einordnung der Uria-Geschichte in den Ammoniterkrieg erfolgt vielmehr über eine redaktionelle Verzahnung. Daß die Kriegsberichte 10,1-11,1*; 12,26-31* thematisch zusammengehören, hatte bereits *Rost* zutreffend gesehen. Nach ihm liegt in 10,6b-11,1; 12,26-31 ein für das Staatsarchiv bestimmter Kriegsbericht und damit eine selbständige Quelle vor, nämlich der „Ammoniterkriegsbericht".[25]

Klar gliedern sich diese Kriegsberichte in vier verschiedene Einheiten. II Sam 10,1-5 beschreiben den angeblichen Anlaß: Eine Delegation Davids zum ammonitischen Thronfolger Hanun, die ihm zum Tod seines Vaters kondolieren soll, wird von den Ammonitern schroff brüskiert. Damit sollen die in 11,1; 12,26-31 geschilderten Vorgänge (Belagerung und Eroberung Rabbas durch Joab und David) gerechtfertigt werden. Allerdings findet sich in 10,6-14 zunächst die Darstellung von Joabs Sieg über eine ammonitisch-*aramäische* Koalition, an die sich in 10,15-19 der Sieg, nun Davids, über die *Aramäer* von עבר הנהר unter Führung Hadadesers fügt.

Wie der folgende Abschnitt 1.2 zeigt, liegen diese vier Einheiten gegen *Rost* weder auf einer literarischen Ebene noch beschreiben sie ein fortlaufendes Kampfgeschehen oder mehrere Phasen eines einzigen Konfliktes. Denn bei II Sam 11,1; 12,26-31 handelt es sich um einen selbständigen und in sich abgeschlossenen Bericht, in dem die Eroberung der Ammoniterhauptstadt Rabba bzw. Rabbat Ammon aus sich heraus als unbedenkliche Aktion dargestellt wird. Die Frage nach einer ethischen Rechtfertigung stellt sich nicht. Dagegen haben 10,1-5, 6-14 und 15-19 allesamt die Tendenz, David zu entlasten, indem sämtliche militärischen Konflikte von II Sam 10-12 als Verteidigungskriege dargestellt werden.

---

24 Sie wiederholt und präzisiert eine Aussage von 9a im seinerseits nachgetragenen Abschnitt 12,7bff*, vgl. dazu etwa Seiler, Geschichte, 260f u.a.

25 Rost, Überlieferung, 74–83. Der Verfasser der Thronfolgequelle habe den Anfang dieses Kriegsberichts durch eine eigene Einleitung (10,1-6a) ersetzt. Ähnlich leitet McCarter, AncB 9, 275f II Sam 10,1-19; 8,3-8; 11,1; 12,25-31 aus annalistischem Material der Davidszeit ab.

Insbesondere paßt das unvermittelte Auftreten der Aramäer in 10,6-14 und
gar der Aramäer alleine in 10,15-19 nicht zu 11,1; 12,26-31.

Zunächst ist zu klären, ob trotzdem Material aus c.10 für den Grundbestand des Eroberungsberichtes in Frage kommt. Dabei sind allein V.1-5
genauer zu untersuchen, da nur sie die direkte Vorgeschichte von 11,1;
12,26-31 sein könnten.

1.2 Die Motivierung (II Sam 10,1-5)
und die Schlachtberichte 10,6-14.15-19

Nach 10,1-5 hat David dem Ammoniterkönig Hanun Boten geschickt, die
ihm zum Tode seines Vaters kondolieren sollten, jedoch am ammonitischen Hof unter Spionageverdacht gerieten. Hanun ließ ihnen daraufhin
die Hälfte des Bartes scheren und das Gewand zur Hälfte abschneiden.
Dieser Vorfall eignet sich nicht als Anlaß der in V.6-14 genannten
Schlacht, denn in ihr geht nach V.6b.8 die Offensive von den Ammonitern
aus.[26] Nicht der Beleidig*te*, sondern die Beleidig*er* rüsten hier also zur
Schlacht.[27] Die in der Szene V.1-5 genannten Personen vom ammonitischen Hofe treten im folgenden nicht mehr auf; auf den ganzen Vorfall
wird überhaupt kein Bezug mehr genommen. Allenfalls könnten V.1-5
Vorgeschichte von 11,1; 12,26-31 sein: Da David der Beleidigte ist, hätte
er Grund zum Angriff. Jedoch unterscheiden sich 10,1-5 als breite sze-
nische Ausmalung einer Einzelsituation von dem knappen Eroberungsbericht 11,1*; 12,26-31*. Auch die handelnden Personen sind andere:
Hanun und seine Obersten (שרי בני עמון) auf der einen, David und seine
Knechte auf der anderen Seite. Hanun und seine Obersten werden im
Kontext nicht mehr erwähnt.[28] Wenn ein primärer literarischer Zusammenhang von 10,1-5; 11,1; 12,26-31 bestünde, wäre aber in 11,1; 12,26-31 eine

---

26 Auch im folgenden David-Aramäer-Konflikt ist nach 16a.17b Aram der Aggressor.

27 Nur die redaktionelle Überleitung V.6a („Und die Ammoniter sahen, daß sie sich bei
    David verhaßt gemacht hatten") dient dazu, einen sekundären Zusammenhang von
    V.1-5 und V.6ff herzustellen, indem sie offensichtlich die ab V.6b berichtete
    ammonitisch-aramäische Aushebung als Beginn eines Präventivkrieges deutet. 6a
    und b stehen durch die doppelte Nennung ihres Subjekts in Konkurrenz zueinander.

28 Der Name חנון begegnet im AT nur in II Sam 10,1.2.3.4 par I Chr 19,2*bis*.3.4.6; die
    Verbindung שרי בני עמון ist nur II Sam 10,2 par I Chr 19,3 belegt. Vgl. noch die
    Erwähnung eines Königs von Gaza mit Namen Hanun bzw. Hanno in Tiglatpilesers
    III. erstem Palästinafeldzug, dazu Alt, KS II, 157 und Mayer, Politik und Kriegs-
    kunst, 308f.

Notiz über ihren Verbleib bzw. Davids Verfahren mit ihnen zu erwarten. Lediglich in 12,30 wird von einem anonymen König (מלכם)[29] gesprochen. Wenig plausibel ist weiterhin, daß die in V.4 skizzierte „Schändung" einen hinreichenden Kriegsgrund darstellen soll. Zwar gilt nach Herodot, Historien II 121 die halbe Rasur des Bartes als schwere Beleidigung, und der *Codex Hammurabi* sieht in §127 eine Halbrasur[30] als Strafe für falsche Beschuldigung einer *entu*-Priesterin oder Bürgergattin vor. Doch die Begründung eines Feldzuges gegen Rabba mit der in 10,1-5 beschriebenen Behandlung der Boten gehört eher in den Bereich der Anekdote. Zwischen der Botenszene und dem Schlachtbericht besteht demnach ein sachliches Ungleichgewicht.[31]

V.1f skizzieren die Ausgangssituation. Zunächst wird der Thronwechsel von einem namenlosen Ammoniterkönig zu seinem Sohn Hanun festgehalten (V.1).[32]

David reagiert, indem er Boten sendet (V.2). Sein Motiv wird dabei gleich zweimal und zudem unterschiedlich charakterisiert (V.2aα.β). Auf Davids Absicht, חסד „Loyalität" zu erweisen (V.2aα), kommt der Kontext nicht weiter zurück, wohl aber auf seinen Wunsch zu kondolieren (V.2aβ).[33] Außerdem fällt auf, daß die Person Nahaš im Text nur schwach verankert ist. Der Name[34] begegnet allein in V.2aα, im Kontext bleibt

---

29 Die Lesart der LXX (ohne lukianische Rezension) Μελχòλ (= Milkom) τοῦ βασιλέως αὐτῶν ist durch ihre offensichtliche Doppelwiedergabe von מלכם verdächtig; vgl. u. 33.

30 Die entsprechende Wendung lautet *gullubu[m] muttata[m]*; es ist also nicht klar, ob es sich um die Rasur des Bartes oder des Kopfhaares handelt, vgl. Borger, AnOr 54/1, 27. Zur Entblößung bis zum Gesäß (שׁת) vgl. Jes 20,4.

31 Bereits Rost, Überlieferung, 78 scheidet, allerdings aus stilistischen Gründen, V.1-6a aus dem „Ammoniterkriegsbericht"; ähnlich Hübner, Ammoniter, 172f. Für die Abtrennung des Stückes V.1-5 plädiert nur noch Hentschel, Kriege, 55f. Bailey, David, 78f unterteilt ohne literarkritische Begründung in eine Quelle V.2b-4 und die Überarbeitung durch DtrH V.1-2a.5-6a. Kunz, Frauen, 134, 136 sondert V.2-6a aus, auf dessen Erzähler auch die Bathseba-Geschichte zurückgehen könnte. Vgl. ferner Bietenhard, Des Königs General, 362f.

32 Die Formulierung „und es starb (וימת) A, und es wurde König (וימלך) sein Sohn (בנו) B an seiner Statt (תחתיו)" hat nur noch in II Reg 13,24 eine exakte Parallele, wo der Thronwechsel von Hasael zu Ben-Hadad notiert wird. Sehr ähnlich sind auch die genealogischen Notizen in Gen 36,33-39 par I Chr 1,44-49 gestaltet, einem Anhang an die zweiten Toledot Esaus.

33 Die Formulierung לנחמו ... אל־אביו „um ihn über seinen Vater zu trösten" wird in V.3a מנחמים „Tröster" wieder aufgenommen.

34 Ein נחשׁ ist außer in I Chr 19,1.2 (par) nur noch in I Sam 11,1*bis*.2; 12,12; 17,25.27 belegt. Der hier Genannte ist wohl mit dem נחשׁ von I Sam 11,1ff identisch.

Hanuns Vater namenlos. Als direkte Rede Davids ohne Adressaten unterbricht V.2aα den Handlungsablauf, denn V.1.2aβb ergeben einen stringenten Text.[35] V.2aα ist also nachgetragen. Davids Absichten leuchten ohne ihn ein und brauchen nicht weiter erläutert zu werden; der Einschub V.2aα soll dagegen Davids Handeln vorab erklären.

Wenn von חסד עשׂה „Loyalität erweisen" die Rede ist, wird eine Beziehung, wenn nicht sogar Gegenseitigkeit der beiden חסד-Partner vorausgesetzt.[36] Der Nachtrag V.2aα schreibt zwar fest, daß Nahaš David gegenüber Loyalität erwiesen hat, doch wissen wir von einer Bekanntschaft der beiden nichts. Unter der stillschweigenden Voraussetzung, daß Sauls Feind wohl Davids Freund gewesen sein muß, identifiziert V.2aα Nahaš, der in I Sam 11,1f nur „Nahaš der Ammoniter" genannt wird, als König (vgl. I Sam 12,12) und hält nach dem Vorbild von II Reg 13,24 eine Filiation Nahaš – Hanun fest.

Davids Boten geraten bei Hofe unter Spionageverdacht, Hanun entehrt sie, und David reagiert, indem er ihnen eine weitere Delegation entgegenschickt (V.3-5a). In V.3bα ist ולרגלה ולהפכה „und um sie auszukundschaften und zu zerstören" sekundär. Die beiden Infinitive klappen nach ihrem Objekt „die Stadt" nach und werden mit ל statt wie im Kontext mit בעבור konstruiert. Die erste Aussage wiederholt einfach nur den Grundtext. Das Ende von V.5a „denn die Männer waren sehr beschämt" stellt Pointe und Ziel der Einheit dar; der sekundäre V.5b ergänzt, wie David weiter mit den Boten verfuhr. Das Subjekt wechselt von דוד zu המלך „der König", unvermittelt setzt eine direkte Rede des Königs an die Boten ein (vgl. V.2aα). Bis ihr Bart nachgewachsen ist, sollen sie sich in Jericho aufhalten, das auf dem Rückweg nach Jerusalem liegt.[37]

Fazit: Der älteste Bestand von 10,1-5 ist also V.1.2aβb.3*(ohne ולרגלה ולהפכה in V.3bα).4.5a. Er dient dazu, David zu entlasten: Nach einer solchen Kränkung hätte er Grund zum Angriff. Anders sondert *Bailey* 1.2a.5.6a als dtr aus. Als Grundbestand verbleibt bei ihm 2b-4, das die von Dtr benutzte Quelle sei.[38] Doch mit 2b kann die Episode nicht beginnen, es fehlt jegliche Exposition des Konfliktes.

---

35 Vgl. auch die redundante Nennung des Subjekts „David" in V.2aα.β. Dagegen ist die Rede der Hofbeamten (V.3) im Kontext verankert; für ihre Ausscheidung gibt es keine literarischen Gründe.

36 I Sam 20,8.14; II Sam 2,5.6; 3,8; 9,1.3.7; I Reg 2,7 u.ö., vgl. Zobel, Art. חסד, 51ff.

37 Vgl. außerdem die Rolle Jerichos in II Chr 28,15.

38 Bailey, David, 53–61, 78.

Ein weiterer Text dient dazu, den Feldzug gegen Rabba zu motivieren. Es ist der Bericht von Joabs Sieg über eine Koalition aus Ammonitern und verschiedenen Aramäerstaaten (V.6-14).[39] Die Aktion ist mit der Flucht Arams und der Ammoniter (V.13f*) erfolgreich beendet, bleibt aber politisch folgenlos. Die Stadt Rabba spielt hier keine Rolle;[40] umgekehrt nimmt der Bericht von Rabbas Eroberung 11,1*; 12,26ff* keinen Bezug auf den Koalitionskrieg. Die beiden Texte gehören also nicht zusammen.[41]

V.15-19 tragen schließlich eine Auseinandersetzung nur mit den Aramäern nach, von den Ammonitern ist nicht mehr die Rede.[42] Der Text rechnet mit einer monolithischen Größe Aram von עבר הנהר „jenseits des Euphrat", das anders als nach 10,6b nicht mehr in Lokalreichen organisiert ist. Aber eine „aramäische Zentralmacht östlich des Euphrat hat in der Zeit Davids mit Sicherheit nicht existiert."[43] Die kollektive Größe „Aram" rückt unter einem nicht näher eingeführten Hadad-Eser[44] an und wird von David (nicht Joab!) und ganz Israel im Ort Helam[45] besiegt. V.15-19 sprengen damit gänzlich den Rahmen des Kapitels. Bereits *Cook* bezeichnet V.15-19a als „open to suspicion", und *Flanagan* überlegt, ob V.6-19 insgesamt nachträglich vor die Eroberung Rabbas gestellt wurden.[46]

In welcher Reihenfolge sind die verschiedenen Schlachtberichte entstanden? 10,15-19 sind ohne V.6-14 undenkbar, da der Leser nichts über den Anlaß der Schlacht erführe, vgl. V.15. Also datieren V.15-19 nach V.6-14, weil sie sie voraussetzen. Ebenso setzen V.6-14 die V.1-5a* voraus, ohne die sie unverständlich wären. Und V.1-5a* hatte sich als

---

39 Zum Anmieten fremder Truppenkontingente als Kriegsgrund vgl. Kunz, Hintergrund, 139–145.

40 Vgl. allenfalls die Lokalisierung „am Eingang des Tores" (V.8a); doch welches Tor ist gemeint?

41 Zur Problemlage insgesamt s. Hentschel, Kriege, 49ff; Hübner, Ammoniter, 170–179; Kunz, Hintergrund, 145ff; ders., Frauen, 129ff; ferner Bietenhard, Des Königs General, 362f.

42 V.19b ist ein redaktionelles Verbindungsstück.

43 Kunz, Frauen, 137.

44 Der Name begegnet in II Sam 8,3.5.7.8.9.10*bis*.12; 10,16*bis*.19 par I Chr 18,3.5.7. 8.9.10*bis*; 19,16.19 sowie I Reg 11,23. Vgl. auch den Adad-Idri von Aram im Baghdad-Text Salmanassars III. (TGI 50, TUAT I, 360f), dazu Kunz, Hintergrund, 146. Die Analogien, die Kunz, a.a.O., 139ff insbesondere zu neuassyrischen Texten sieht, sind nicht so stark, daß sie sichere Datierungshinweise abgäben. Er selbst wertet sie ja auch als typologisch.

45 Identität mit dem ostjordanischen Alema (I Macc 5,26)?

46 Cook, Notes, 157, auch Nowack, HKAT I/4/2, XXII (ähnlich Fischer, Hebron, 305 mit Anm. 98 und Kunz, Frauen, 130f); Flanagan, Court History, 176.

nachgetragene Motivierung des Berichts über die Eroberung von Rabba erwiesen. Der Text ist daher in den folgenden vier Stadien angewachsen: erstens 11,1a*; 12,26-31*, zweitens 10,1-5*, drittens 10,6-14 und viertens 10,15-19.[47] Nur in II Sam 11,1; 12,26-31 kann daher nach altem Textbestand gesucht werden.

1.3 Die Eroberung der Hauptstadt (II Sam 11,1; 12,26-31)

Das Fazit II Sam 10,19b beschließt die beiden Schlachtberichte V.6-14.15-19 mit der Feststellung, daß „Aram" den Ammonitern nicht mehr half. Arams Rolle in den kriegerischen Auseinandersetzungen ist beendet. In 11,1 beginnt, eingeleitet durch ויהי und eine doppelte Zeitangabe, der Bericht über die Belagerung und Einnahme der Stadt Rabba. Doch bereits nach der Aussage, daß David Joab und eine Elitetruppe zur Belagerung der Stadt ausgesandt hat, wird der Bericht unterbrochen und die Perspektive auf die Geschehnisse zwischen David und Bathseba sowie David und Uria in Jerusalem gelenkt. Erst nach der Notiz über die Geburt und Benennung des späteren Thronfolgers Salomo (12,24bα) nimmt 12,26-31 die Kampferzählung wieder auf. Sinn dieser bewußten Einschaltung ist zunächst, David während der ab 11,2 berichteten Ereignisse in Jerusalem zu wissen. Er zieht scheinbar erst nach geraumer Zeit zur endgültigen Eroberung gegen die Stadt Rabba (12,29), die Joab bereits sturmreif gemacht hat (12,26-28). Auf Notizen über die Beute Davids und die Fronarbeit der Bevölkerung (V.30.31a) folgt in 12,31b der Schlußvermerk über Davids Rückkehr nach Jerusalem.

Der Text II Sam 11,1; 12,26-31 zeigt deutliche Wachstumsspuren. Zunächst fallen in 11,1 nach dem einleitenden ויהי zwei parallele Zeitangaben auf. Beide sind mit der Präposition ל und einer folgenden Cstr.-Verbindung formuliert: לתשובת השנה „zur Wiederkehr des Jahres" und לעת צאת המלכים[48] „zur Zeit, da die Könige ausziehen". Der Text läßt sich

---

47 Ähnlich auch schon Hentschel, Kriege, 49ff. Daß der Bericht über die reine Aramäer-Schlacht nach seinem vorhergehenden Kontext zu datieren ist, haben auch Langlamet, Rez. Bailey, 735f (15-19a dtr) und Vermeylen, Loi, 284–291, 630,659 (1-14 DtrH, 15-19 Schlußredaktion) erkannt.

48 So mit vielen Mss, dem Qere sehr vieler Mss, den Versionen (Peschitta sing.) und der Parallele I Chr 20,1 statt Ketib המלאכים „die Boten", das wohl auf dem Versuch beruht, die Botenszene von 10,1-5 enger in ihren Kontext einzubinden; vgl. aber auch 12,27.

nur mit der zweiten Zeitangabe aus sich heraus verstehen; und nur diese ist hier selbständig: Sie bezeichnet einen nicht näher bestimmten Zeitpunkt im Frühjahr oder eher Frühsommer, der sich für den Beginn von Schlachten eignet, nämlich für die normalen Feldzüge, die die Herrscher regelmäßig unternehmen:[49] „Feldzüge pflegten gewöhnlich im Frühsommer zu beginnen".[50] Dagegen schließt die Angabe לתשובת השנה deutlich an ein vorhergehendes Geschehen an.

In I Reg 20,22.26[51] wird mit dieser Formulierung die Rede über erneute Aktionen der Aramäer nach einem Sieg Ahabs über Benhadad angefügt; II Chr 36,10 spricht über die Deportation Jojachins wenige Monate nach seiner Inthronisation. *O. Kaiser* postuliert, daß die Formulierung an allen Stellen „den Jahresbeginn im Rahmen des Frühjahrskalenders bezeichnet",[52] doch ist diese Verwendungsweise als unabhängige Datumsangabe allenfalls für II Chr 36,10 zu konzedieren, indem es dort mit der Datierung der Eroberung Jerusalems am 2. Adar 597 v. Chr. durch die Babylonische Chronik (V, Rs. 11) konvergiert.[53] Wenn jedoch (wie etwa in II Sam 10,6.16) absolut gebrauchtes שלח der *terminus technicus* für eine Truppenaushebung ist, dann bezieht sich das Datum in II Chr 36,10 auf den Monat Kislew als dem Beginn von Nebukadnezars Feldzug, liegt also ca. ein Vierteljahr früher. Dafür spricht, daß V.10 die Perspektive wieder auf Nebukadnezar lenkt, der nach V.7 nach Babel zurückgekehrt war, also noch nicht als in Jerusalem anwesend vorgestellt wird, zumal er nach II Reg 24,10f erst anrückt, nachdem seine Pioniere die Stadt bereits belagern. *Kaisers* Deutung von לתשובת השנה[54] ist folglich nicht gesichert; zumindest erübrigt sich die Spekulation, ob II Sam 11,1* den Herbst- oder Frühjahrskalender voraussetzt.

Während keine Gründe für eine sekundäre Einfügung der Zeitangabe לעת צאת המלכים ausgemacht werden können,[55] dient לתשובת השנה (etwa

---

49 Ähnlich Vermeylen, Loi, 292. Zu vergleichen ist auch Gen 24,11 לעת צאת השאבת „zur Zeit, als die Wasserschöpferinnen auszogen".

50 Mayer, Politik und Kriegskunst, 435; vgl. etwa auch de Vaux, Lebensordnungen I, 306f.

51 I Reg 20,26 gehört nach Würthwein, ATD 11/2, 235ff zum vordtr. Bestand des Reg-Buches. Die nachdtr. Prophetenrede V.22-25 verbindet die beiden ursprünglich selbständigen Kampferzählungen von V.1-21a und V.26-43.43*.

52 Kaiser, Thronnachfolgeerzählung, 180. Diese Überlegung hat Konsequenzen für seine a.a.O., 181 vorgestellte Datierung der Gesamterzählung in die Zeit zwischen Hiskia und Jojakim. Mit *Kaiser* geht Fischer, Hebron, 155, Anm. 212, 303.

53 Zitiert nach TGI, 74.

54 Bailey, David, 77 stellt zutreffend fest: „all three of these occurrences relate to wars and activities of kings in battle."

55 Versteckte Kritik an David ist in der Formulierung nicht zu sehen, da er nach dem Grundtext des Berichtes später selber gegen Rabba zieht (12,29); s. im folgenden.

„ein Jahr später") zur Einbindung des mit המלכים צאת לעת ויהי beginnenden selbständigen Eroberungsberichtes in einen weiteren redaktionellen
Zusammenhang. Es scheint zwar, daß die Wendung den Anschluß an die in
c.10 enthaltenen Schlachtberichte herstellt, doch muß das nicht ihre ursprüngliche Funktion gewesen sein.

Die folgende Aussage: „da sandte David Joab und seine [*sc.* Davids]
Knechte mit ihm" gehört zum Grundbestand. Die Eroberung Rabbas beginnt mit der Entsendung von Feldhauptmann und Elitetruppe des Königs.
Obwohl עמו עבדיו ואת nachzuklappen scheint, ist es im Kontext fest
verankert, was die Pluralform der verbalen Prädikate beweist (vgl. bes.
V.1aβ). Doch das folgende ישראל כל ואת „und ganz Israel" ist eindeutig
ein Zusatz.[56] Es schießt über die mit der suffigierten Präposition עמו been-
dete Aufzählung der Objekte hinaus und paßt nicht zu dem Eroberungsbericht, weil nach V.28.29.31 העם (das „Kriegsvolk") den korrekten Terminus für die größere Gruppe in militärischen Aktionen darstellt. Der
Zusatz fingiert, „ganz Israel" sei am Schlachtgeschehen beteiligt gewesen.[57] Da für die effektive Belagerung einer Stadt nur „eine verhältnismäßig geringe Zahl von Spezialisten erforderlich" ist, „die allerdings über
ein beträchtliches Fachwissen ... und über ein entsprechendes Organi-
sations- und Führungstalent verfügen mußten",[58] genügen Feldhauptmann
und Elitetruppe („Pioniere"), um Rabba einzuschließen (צור).

Während V.1aβ „und sie belagerten Rabba" das Ziel der Aussagen im
Grundtext bildet, ist das vorangehende עמון בני את וישחיתו „und sie
vernichteten die Ammoniter" eine redaktionelle Klammer.[59] Sie nimmt
zunächst das Ergebnis der Belagerung vorweg – die Aussage könnte erst
nach der gelungenen Eroberung gemacht werden – weitet aber zusätzlich
die Perspektive von der Stadt auf alle Ammoniter hin aus und reagiert
damit auf den literarisch späteren Schlachtbericht II Sam 10,6-14, der von
einer Aktion der Ammoniter (עמון בני) gegen David und Joab ausgeht.

Die bisher eruierte Grundschicht 11,1a* („Und es geschah zur Zeit, da
die Könige ausziehen, da sandte David Joab und seine Knechte mit ihm,
und sie belagerten Rabba.") wird in II Sam 12,26-31* fortgesetzt; mit der
folgenden Geschichte von David und Bathseba (II Sam 11f) ist sie erst
sekundär verbunden worden. In den Grundbeständen beider Stücke (II Sam

---

56   So auch Fischer, Hebron, 200, Anm. 126.
57   Vgl. etwa auch Jos 8,21.24; 10,15.29.31.34ff.
58   Vgl. Mayer, Politik und Kriegskunst, 470(ff).
59   Sie wird von einer MT-Handschrift und der Peschitta nicht gelesen.

11,1a*; 12,26-31* und II Sam 11,2-12,25*) liegen zwei kurze und voneinander unabhängige Quellen vor, die sich jeweils durch ihre Abgeschlossen-
heit und ihren knappen Stil als eigenständige Textbestände zu erkennen
geben. Sie wurden erst nachträglich miteinander verbunden, und zwar dadurch, daß man die Geschichte von David und der Frau durch den Bericht
von der Eroberung Rabbas einschachtelte. Wie groß die inhaltlichen Unterschiede beider Quellenstücke sind, wird sich im folgenden Kapitel bei der
Untersuchung von II Sam 11f zeigen. Vor allem wird deutlich, daß im
Grundbestand von II Sam 11,2-12,25 ein militärischer Konflikt keine Rolle
spielt, so daß auch keine thematischen Berührungen zwischen den Quellenstücken bestehen.

In 11,2 liegt mit der Formulierung ויהי לעת הערב „und es geschah zur
Abendzeit" der Beginn einer selbständigen quellenhaften Einzelerzählung
vor.[60] Diese ist auch für sich verständlich, denn in 11,2-4 findet sich eine
vollständige Exposition; und die Notiz von Salomos Geburt (12,24bα*),
auf die die Geschichte abzielt, bildet ihren Endpunkt: Nach c.12 wird auf
die Ereignisse nicht mehr zurückgekommen.[61] Daß im knappen Eroberungsbericht 11,1a*; 12,26-31* ebenfalls eine Quelle vorliegt, zeigt bereits
die Tatsache, daß beide Texte keinen Bezug aufeinander nehmen und
lediglich durch Einschachtelung eher lose miteinander verbunden
wurden;[62] eine fiktive nicht quellenhafte Eroberung Rabbas wäre wahrscheinlich in c.11 sekundär eingetragen worden.

Beide Texte werden durch eine Redaktion miteinander verbunden, die
noch vor der dtr. Redaktionsarbeit wirkt[63] und die vorhandenen Einzel-
überlieferungen über David in Zusammenhang bringt. Dabei kommt dieser
Erstredaktion entgegen, daß beide mit der Wendung ויהי לעת und folgendem *nomen rectum* beginnen, also eine Stichwortverbindung möglich ist.[64]
Denn 11,2 ist ohne seine einleitende Zeitangabe undenkbar, und in 11,1
wurde eindeutig *nicht* ein ursprüngliches לתשובת השנה durch die folgende
Datierung an 11,2 angepaßt. Wie eine solche sekundäre Angleichung
aussähe, zeigt I Chr 20,1 ויהי לעת תשובת השנה. Das Wirken der Redak-

---

60 Dazu u. 2.2.

61 Die in LXX fehlende Bemerkung I Reg 15,5bβ ist ein Zusatz, vgl. Würthwein, ATD
    11/1, 184 Anm. 2.

62 Zu weiteren Argumenten für die Quellenhaftigkeit des Berichtes s. im folgenden die
    literarische Analyse von 12,26ff.

63 Vgl. u. 47, 334–336.

64 Zur Zeitangabe לעת הערב vgl. u. 47 sowie Gen 8,11; 24,11; Jos 8,29; Jes 17,14;
    Sach 14,7, ferner Jos 10,27.

tion ist auch in II Sam 11,1b greifbar. Der sekundäre Umstandssatz ודוד יושב בירושלם „David aber blieb in Jerusalem", der von seinem Kontext absticht, unterbricht die Erzählfolge und leitet zu 11,2 über. Doch 11,1b dient nicht nur der Verknüpfung zweier Texte, sondern er hält auch fest, daß David, der zur Einnahme Rabbas erst ab 12,29 in Erscheinung tritt, während der Belagerung zunächst in Jerusalem bleibt und damit für die ab 11,2 folgenden Geschehnisse „frei" ist. Der Redaktion kommt der zweistufige Prozeß des Eroberungsberichtes (Belagerung durch Joab – Einnahme durch David) zupaß, indem sie die Bathseba-Geschichte genau zwischen diese beiden Schritte placieren kann. Der zuständige Redaktor streicht Davids Erfolg *in love and war* heraus, zeichnet ihn als Kriegshelden und fruchtbaren Dynastiegründer. Wahrscheinlich geht auch die Zeitangabe לתשובת השנה in V.1a auf ihn zurück, mit ihr bindet er die Erzählung an einen vorangehenden Kontext, d.h. andere quellenhafte Stücke.

In 12,26-31 liegt die Fortsetzung des Eroberungsberichtes vor. Die Einnahme der Stadt wird durch die Aussage וילכדה „und er nahm sie ein" am Ende von V.29 besiegelt, V.30.31a schildern verschiedene Maßnahmen des Siegers, und V.31b schließt mit dem Vermerk über die Rückkehr Davids und des Kriegsvolkes nach Jerusalem die Darstellung ab. Doch zunächst zu V.26-29. Es scheint, als werde die Eroberung der Ammoniterhauptstadt in mehreren Stufen geschildert. Erst habe Joab gegen Rabbat Ammon gekämpft und die „Königsstadt" (עיר המלוכה) eingenommen (V.26), dann Boten zu David mit der Bitte geschickt, der König möge selbst zur Belagerung der Stadt anrücken, damit nicht Joab sie einnehme und sein Name über ihr ausgerufen werde (V.27f). David kommt schließlich, kämpft gegen Rabba und erstürmt es (V.29). Doch der Text wirkt nicht nur stark redundant – das zeigt allein schon die dreimalige Verwendung der Wurzel לחם ni. (V.26.27.29) und die fünfmalige Verwendung von לכד (V.26.27.28a.b.29) –, sondern stellt den Leser auch vor erhebliche Verständnisprobleme. Es wird nicht klar, wie die Aufgabenverteilung zwischen Joab und David bei der Eroberung genau vorzustellen ist; ebenso unklar bleibt das Verhältnis von „Königsstadt" (V.26) und „Wasserstadt" (V.27) zu Gesamt-Rabba. Bezeichnen die Begriffe *parte pro toto* die ganze Stadt oder näher eruierbare Teile? Deutlich begegnen mit V.26-28 einerseits und V.29.31b andererseits zwei verschiedene Handlungslinien: das Vorgehen Joabs und das Vorgehen Davids.[65] Während Davids Taten für

---

65   Von V.30.31a ist als späteren Auffüllungen abzusehen, s. im folgenden.

Hergang und Textstringenz unentbehrlich sind, irritieren V.26-28 nicht nur den Ablauf, sondern sind auch literarisch auffällig.

Es entspricht einer gängigen strategischen Praxis, wenn zunächst der Feldhauptmann mit spezialisierten Pionieren die Stadt einkesselt, und dann nach einer Zeit ggf. der König zu weiteren militärischen Aktionen anrückt. So sendet Sanherib im Jahre 701 v. Chr. von Lachiš aus den *rab šāqê* zur Belagerung Jerusalems (II Reg 18,17);[66] und von Nebukadnezar wird in II Reg 24,10f berichtet, daß erst seine עבדים Jerusalem einschließen, bevor er selbst nachrückt.[67] Wenn der neuassyrische Bericht vom Sanherib-Feldzug (III, 27ff)[68] und die babylonische Chronik (V, Rs. 11) je nur von Handlungen des Großkönigs sprechen, so liegt das an deren historiographischer Gepflogenheit.[69] Jedenfalls begegnet die Abfolge „Belagerung durch Spezialisten" und „Eroberung durch den König" auch stringent in II Sam 11,1a*; 12,29. Der Verdacht, daß hier der Grundtext zu suchen ist, bestätigt sich im Blick auf den literarischen Befund am Text. Denn V.26, der vom Kampf Joabs gegen „Rabbat der Ammoniter" und seiner Eroberung der „Königsstadt" weiß, ist durch die abweichende Benennung der Stadt als רבת בני עמון verdächtig, während der Kontext einfach von „Rabba" (11,1a*; 12,27.29) spricht.[70] Die Einnahme der Königsstadt (עיר המלוכה) steht in sachlichem Widerspruch zum folgenden Kontext, da die Wurzel לכד einen endgültigen Vorgang der Inbesitznahme beschreibt. Wenn mit der עיר המלוכה – der Begriff ist *hapax legomenon* – die ganze Hauptstadt gemeint ist,[71] so wird eine militärische Aktion Davids wie in V.29 unnötig. Dafür, daß die ganze Stadt gemeint ist, spricht ein Blick auf das verwandte עיר ממלכה, das in Dtn 3,10 (vgl. Jos 13,31); Jos 10,2; I Sam 27,5) jedenfalls ganze Städte, in Jos 10,2; I Sam 27,5 Hauptstädte bezeichnet. Wenn aber עיר המלוכה nur die Zitadelle bzw. einen Teil von ihr, am wahrschein-

---

66 Der *Turtānu* und der *(rab) ša rēši* sind hier nachgetragen, vgl. Würthwein, ATD 11/2, 415. Nach Mayer, Politik, 361 wurde Jerusalem im Jahre 701 v. Chr. nicht direkt belagert.

67 So mit MT; LXX und Peschitta haben den Hergang mißverstanden.

68 Vgl. Borger, AnOr 54/1, 75.

69 Vgl. Mayer, Politik und Kriegswesen, 54f.

70 Die Rede von „der Stadt" (V.28a.b) ist Mit-Indiz für andere Eingriffe, s.u. Den vollen Ausdruck רבת בני עמון lesen noch Dtn 3,11; II Sam 17,27; Jer 49,2 und Ez 21,25.

71 Die Konjektur von „Königsstadt" in die „Wasserstadt" von V.27 (Wellhausen, Text, 185f; Stoebe, KAT VIII/2, 312f u.a.) hat in der Überlieferung keinen Anhalt und verdrängt nur literarische Widersprüche. Zum Begriff מלוכה vgl. HAL, 556.

lichsten die Oberstadt bedeutet,[72] so erstaunt, daß V.29 die Aktion Davids nicht näher spezifiziert, sondern einfach von der Erstürmung Rabbas spricht. Außerdem wäre mit der Einnahme der Zitadelle faktisch die ganze Stadt gefallen; d.h. V.26 und V.29 sind in jedem Falle unvereinbar. Die Möglichkeit schließlich, daß – unter Voraussetzung der Gleichung Königs-stadt = Hauptstadt – der Bericht mit V.26 beendet ist, die Eroberung also allein auf Joabs Konto geht, scheidet aus, da hier noch kein befriedigender Abschluß eines Eroberungsberichtes erreicht ist. Zumindest eine Meldung des Sieges an David wäre zu erwarten.[73] Auch im Blick auf die unter-schiedlichen Bezeichnungen Rabbas kann V.26 nicht die Fortsetzung von 11,1a* sein.

Was V.27 betrifft, so ist er im Zusammenhang mit V.28 zu sehen, weil beide eine Redeeinheit bilden; V.27 bleibt ohne 28 ein Torso. Joab sendet Boten an David mit der Nachricht, er habe gegen Rabba gekämpft und die „Wasserstadt" erobert (V.27). David solle den Rest des Kriegsvolkes sammeln, Rabba belagern und es einnehmen, damit nicht Joabs Name über der Stadt ausgerufen werde. Deutlich ist V.27bβ eine Glosse, die mit גם (nach vielen MT-Handschriften, Peschitta und mehreren Targum-Hand-schriften ואף/וגם) und folgender Perfektform angeschlossen wurde.[74] Wenn in ihr allein die Einnahme der „Wasserstadt"[75] Joab zugeschrieben wird, so stellt sie einen Ausgleich dar, der die mit V.26b entstandene Irritation sekundär entschärft. Die Aussage Joabs „ich habe gegen Rabba gekämpft" (V.27bα) verlangt nach einer Fortsetzung, die in V.28 vorliegt.[76]

V.27bα.28 stellen die vollständige Botschaft Joabs dar, mit der er David zur Sammlung des Kriegsvolkes sowie zur Belagerung und Ein-nahme der Stadt auffordert. Wenn David nach V.28a den „Rest des Kriegs-volkes" (את יתר העם) mobil machen soll, so stößt sich das eindeutig mit V.29 את כל העם „das ganze Kriegsvolk". Da die Belagerungspioniere nicht zum gewöhnlichen Kriegsvolk gerechnet werden dürfen, liegt in

---

72 Zum archäologischen Befund Burdajewicz/Segal, Rabbath-Ammon, 1246ff.

73 Vgl. Bietenhard, Des Königs General, 31ff, die für atl. Schlachtberichte die vier Glieder 1. Auszug zum Krieg, 2. Schlacht, 3. Erfolgs-/Niederlagenanzeige 4. Sie-gesmeldung/Rückkehr herausarbeitet.

74 Die Vulgata vermittelt: „et capienda est urbs aquarum".

75 עיר המים ist *hapax legomenon*. Zwei MT-Handschriften (vgl. Peschitta und Targum) lesen in Angleichung an V.26 auch hier עיר המלוכה. Möglicherweise handelt es sich bei der „Wasserstadt" um das Wasserversorgungssystem der Zitadelle, vgl. Burdaje-wicz/Segal, Rabbath-Ammon, 1247.

76 Das voranstehende ועתה leitet zum eigentlichen Redeinhalt über, vgl. Kronholm, Art. עת, 475.

V.29 die sachgemäße Terminologie vor, V.28a zählt unkorrekt die עבדים
zum עם.[77] Weil V.29 ohne V.28, umgekehrt V.28 aber nicht ohne V.29
funktioniert, liegt in der Formulierung „Rest des Kriegsvolkes" von V.28a
der Versuch einer (wenn auch falschen) Präzisierung vor. Noch zwei
weitere Beobachtungen bestätigen, daß V.28 sekundär ist. Einerseits wird
hier als Terminus für die Belagerung der Stadt statt der Wendung צור על,[78]
wie sie im Grundtext 11,1a* begegnet, das in dieser Bedeutung seltener
belegte חנה על[79] benutzt. Andererseits wird Rabba im Wechsel mit der
namentlichen Nennung (V.27bα) zweimal als „die Stadt" (V.28a.b) bezeichnet.

Der folgende mit פן eingeleitete negierte Finalsatz V.28b stellt klar,
daß nicht Joab, sondern David als der Eroberer Rabbas zu gelten hat.
Offensichtlich reagiert er auf die durch V.26 hervorgerufene Irritation.
Seine Sorge gilt dem Ziel, ein regelrechtes Besitzverhältnis Joabs über
Rabba zu vermeiden, was durch die Ausrufung von Joabs Namen besiegelt
würde. Hierfür bedient er sich der Wendung קרא שם פ׳ י׳ על ni., die einen
formalen Rechtsakt kennzeichnet. Sie ist „terminus technicus bei Eigen-
tumswechsel jeder Art"[80] und nur hier und in Jes 4,1 mit Bezug auf Menschen überliefert, ansonsten ist sie ein charakteristischer Begriff für das
Besitzverhältnis Jahwes, etwa seinem Tempel oder seinem Volk gegenüber. Ihre allesamt späteren Belege haben einen deutlichen Schwerpunkt
bei Jeremia.[81]

V.29 setzt dagegen 11,1a* in einfacher Narrativkette fort. Wie er
nennt er die Ammoniterhauptstadt kurz רבה; Rückbezüge auf die Stadt
werden mit dem Suffix der 3. pers. fem. sing. (vgl. V.29b) formuliert.
David sammelt das Kriegsvolk (כל העם), rückt an, kämpft gegen Rabba

---

77 Gegen Bietenhard, Des Königs General, 46.48, die bei ihren Begriffsanalysen mit
    linearer Textauswertung arbeitet.
78 Dtn 20,12; I Reg 15,27; 16,17; 20,1; II Reg 6,24f; 17,5; 18,9; 24,11; Jes 29,3; Jer
    21,4.9; 32,2; 37,5; 39,1; Ez 4,3; Dan 1,1; vgl. ferner Dtn 20,19 (mit אל); I Chr 20,1
    (mit את); Jes 21,2 (absolut).
79 Jos 10,5.31.34; Jdc 6,4; I Sam 11,1; II Reg 25,1 par Jer 52,4; Jes 29,3; Jer 50,29; II
    Chr 32,1; vgl. noch Jdc 9,50 (mit ב).
80 Van der Woude, Name, 957.
81 Dtn 28,10; I Reg 8,43; Jes 4,1; 63,19; Jer 7,10.11.14.30; 14,9; 15,16; 25,29; 32,34;
    34,15; Am 9,12; Dan 9,18.19; I Chr 13,6; II Chr 6,33; 7,14. Zu Jes 4,1 vgl. Becker,
    Jesaja, 163. Zur Wendung „das Haus, über dem mein Name ausgerufen ist" (I Reg
    8,43; Jer 7,10.11.14.30; 32,34; 34,15) vgl. Thiel, Die deuteronomistische Redaktion
    II, 94, auch Weinfeld, Deuteronomy, 325. Dem Nachtragscharakter von V.28
    entsprechend berichtet der Grundtext auch nicht davon, daß Davids Name über der
    Stadt ausgerufen wurde.

und nimmt es ein. An diesen Grundbestand V.29, der lapidar von der erfolgreichen Eroberung der Hauptstadt berichtet, hat sich der vorhergehende Kontext V.26-28 schrittweise herankristallisiert.

Zunächst wird der davidkritische V.26 hinzugesetzt, der Joab die Eroberung der „Königsstadt" zuschreibt. Er steht in der Tendenz der massiven antidavidischen Bearbeitungen in II Sam 11 und knüpft an die herausragende Rolle Joabs beim Tod Urias an. V.26 geht es aber auch um die nochmalige Verdeutlichung der Situation, die mit 11,1f* gegeben ist.

Doch der Widerspruch, der zwischen V.26 und V.29 zustande kam, war so stark, daß man einen redaktionellen Ausgleich geschaffen hat. V.27abα.28 entschärfen nicht nur die krasse Alternative von V.26 und V.29. Sondern sie verbinden auch die beiden Texte von der Eroberung Rabbas und von David, Bathseba, Uria (II Sam 11f) noch enger miteinander, was nach dem beiderseitigen komplizierten Wachstum notwendig geworden war.[82] Denn nachdem die in den Eroberungsbericht eingeschaltete Geschichte von David und der Frau weiter fortgeschrieben worden war, waren zusätzliche Klarstellungen nötig, um einen verständlichen Text zu erhalten. In II Sam 11,2-12,25* ist nämlich nur von der Belagerung einer „Stadt" die Rede, die nicht näher spezifiziert wird.[83] Mit der Rahmung durch II Sam 11,1*; 12,26-31* erhielten aber die im gerahmten Text erwähnten nicht näher bestimmten Kriegshandlungen eine historische Einbindung. Im Zuge der weiteren Fortschreibungen lenken 12,27abα.28 auf die Situation von 11,1a* zurück: Joab erobert das belagerte Rabba und bewegt David dazu, selber einzuschreiten. Damit wird die Spannung von 11,1b „David aber blieb in Jerusalem" aufgelöst. Aber auch die גם(1)-Glosse V.27bβ reagiert harmonisierend auf den Widerspruch: Joab habe nur die „Wasserstadt" anstelle der „Königsstadt" eingenommen.

V.30.31a schildern anschließende Maßnahmen Davids. Sämtlich stellen sie eine Anzahl von Nachträgen dar, die sukzessive an V.29 herangewachsen sind.[84] V.30a weiß zunächst davon, daß David die Krone des nicht mit Namen genannten Königs von Rabba[85] von dessen Kopf genommen und sich damit gekrönt habe.

---

82 S. o. 1.2 und im folgenden 2.1-2.4.
83 12,9b, wo die Ammoniter erwähnt werden, ist Glosse.
84 Zur Begründung s. im folgenden.
85 Das Nominalsuffix der 3. pers. masc. plur. bezieht sich auf die Einwohner der Stadt.

Ist das Ketib מלכם als Name des ammonitischen Hauptgottes Milkom zu deuten?[86] Die LXX-Lesart „die Krone ihres Königs Μελχόλ" ist eine Doppellesart und scheidet deshalb als Alternative aus; viel eindeutiger ist das Zeugnis der LXX in den parallelen Fällen Jer 49,1.3; Zeph 1,3 (nur lukianische Rezension), wo ein מַלְכָּם des MT mit Μελχομ übersetzt wird.[87] Zwar sehen die Ausleger i.d.R. auch in Μελχόλ, das zudem in der hexaplarischen und lukianischen LXX-Rezension von II Sam 12,30 fehlt, die Wiedergabe von „Milkom",[88] doch wird damit ansonsten der Name der Saultochter Mikal übersetzt (vgl. I Sam 14,49; 18,20.27; 19,11ff etc.). Weder wird in II Sam 12,30 Milkom als Gott der Ammoniter eingeführt (vgl. aber I Reg 11,5.(7.)33; II Reg 23,13), noch ist von einem Heiligtum die Rede, in dem eine Götterkrone vorzufinden gewesen wäre. Die Deutung des Ketib als Göttername ist folglich abzulehnen.

Auf das weitere Schicksal des in V.30a genannten Königs wird jedoch nicht zurückgekommen. Dies verwundert, da er doch präsent zu sein scheint. Dadurch und durch sein Interesse am Detail der Krone gibt sich V.30a* als Zusatz zu erkennen. Er veranschaulicht Davids Übernahme des ammonitischen Königtums *quasi* durch Kronenwechsel „von Kopf zu Kopf".

War dieser Zusatz mit zwei Narrativen formuliert, so wurden in ihn noch weitere Details zunächst mit dem Umstandssatz ומשקלה ככר זהב „und ihr Gewicht betrug ein Talent Gold" hineinglossiert. Wenn Gewicht und Material der Krone ein Talent Gold gewesen sein soll, liegt darin eine Übertreibung, da ein Talent mindestens ca. 34 kg (oder ca. 41 kg) betragen hat.[89] Das folgende, nochmals sekundäre ואבן יקרה „und Edelstein", das syntaktisch nicht eingebunden ist, trägt zudem einen Edelsteinbesatz der Krone nach. Die Lesarten von LXX, Peschitta, Targum und Vulgata, auch I Chr 20,2, binden die Glosse in den Satzbau ein.

Der anschließende V.30b „und die Beute der Stadt brachte er heraus: sehr viel" ist durch Inversion als Nachtrag gekennzeichnet. Außerdem wird Rabba העיר genannt; die Wendung שלל העיר/הערים ist (abgesehen von I Chr 20,2) nur noch Dtn 2,35; 3,7; Jos 8,27; 11,14, und damit deutlich nach DtrH belegt,[90] ähnlich die Verbindung von שלל und הרבה, die sich nur noch II Chr 14,12 findet. Mit einer weiteren Inversion und der Aufnahme

---

86　So etwa Wellhausen, Text, 186; Budde, KHC 8, 258 u.v.a.

87　Vgl. auch jeweils die Versionen. Die Parallele I Chr 20,2LXX (ohne lukianische Rezension) liest μολχολ, was die Vulgata mit „Melchom" wiedergibt.

88　Vgl. etwa Stoebe, KAT VIII/2, 313.

89　Strobel, Art. Maße und Gewichte, 1166f.

90　Die Texte stehen im Dienste einer dezidierten Bann-Ideologie, wenn der Bann auch nicht auf Vieh und Beute ausgedehnt ist (vgl. Dtn 13,16f; Jos 6,21ff).

des Prädikats הוציא aus V.30b knüpft in V.31aα* wieder eine Ergänzung an, die anders als V.30b nicht einen summarischen Vermerk, sondern eine detaillierte Aufzählung darstellt. Nicht nur die Beute, sondern auch das (Kriegs-)Volk der Stadt brachte David heraus und zwang sie zur Fronarbeit an Steinsäge(n), Eisenpicken,[91] und Eisenschneider(n). Diese Einleitung der ersten drei Fronarbeiten durch David war mit dem Narrativ וישם formuliert, der an das Perfekt הוציא angeschlossen hatte. Darauf folgt in והעביר אותם במלכן „und er führte sie durch die Ziegelform"[92] eine weitere Glosse, die durch Anknüpfung im *perfectum consecutivum* und Wechsel der Verbalwurzel von שיםqal zu עברhi. auffällt. Sie fehlt in der Parallele I Chr 20,3, während I Chr 20,2f die Handlungsabfolge von II Sam 12,30f linear wiedergeben. Ein Nachtrag liegt auch in V.31aβγ vor, der – in Inversion und mit durativem Imperfekt angefügt – Davids Fronmaßnahmen gegen Rabba auf alle Ammoniterstädte überträgt, ohne daß von ihrer Einnahme berichtet worden wäre. Der Zusatz fingiert einen Sieg Davids über Gesamt-Ammon, was nur in Reaktion auf 10,6-14 verständlich ist. Möglicherweise dient der Nachtrag sogar der Verklammerung des Eroberungsberichts mit dem Bericht vom Absalomaufstand.

All diese Ergänzungen liegen nicht auf einer Linie, sondern sind schrittweise an V.29 herangewachsen. Der abschließende, im Narrativ formulierte V.31b gehört jedoch zum Grundbestand. David und das ganze Kriegsvolk kehren nach Jerusalem zurück. Der Narrativ ist Kennzeichen der Grundschicht; in ihm sind alle Verbalaussagen gehalten. Das Subjekt „David und das ganze Kriegsvolk" entspricht genau den Handlungsträgern von V.29. Mit ihrer Rückkehr nach Jerusalem ist der mit 11,1a* anhebende Spannungsbogen beendet; erst damit ist der kurze Eroberungsbericht befriedigend abgeschlossen. Über Joab und die עבדים wird keine eigene Bemerkung gemacht; möglicherweise bleiben sie vor Ort und damit für weitere Maßnahmen abrufbar.

Neuere redaktionskritische Lösungen zu II Sam 11,1; 12,26-31 legen *Bailey, Bietenhard* und *Vermeylen* vor. Nach *Bailey* geht II Sam 11,1aα(bis המלכים); 12,27-28 auf Dtr zurück, während 11,1a*.b(ab וישלח); 12,26.29-31 aus einer Quelle stamme.[93] Abgesehen von der Problematik leichtfertiger Zuweisungen an „den Deuteronomisten" bleibt damit der

---

91   Fehlt in wenigen Mss, LXX-Handschriften (darunter B); vgl. Peschitta.

92   Lies mit vielen Mss und Qere; vgl. LXX und Vulgata מלבן (vgl. Jer 43,9; Nah 3,14) statt MT מלכן; Verwechselung von ב und כ.

93   Bailey, David, 72-81.

volle Widerspruch zwischen 12,26 und 12,29 bestehen, wie sogar explizit eingeräumt wird.[94] Der literarischen Überladenheit von 12,27f.29-31 wird außerdem keine Rechnung getragen. *Bietenhard*, die die Analysen *Langlamets* aufnimmt und weiterführt, sieht in II Sam 11,1a*.b; 12,26f den ursprünglichen Bericht von S1; 12,28-31 stamme entweder vom Thronfolgeerzähler (S2) oder bereits vom prosalomonischen S3.[95] Doch in beiden Schichten bleiben erhebliche Stringenzprobleme. Kann mit 12,27 ein ursprünglicher Eroberungsbericht abgeschlossen werden? Daß zudem Joabs Rede in V.27 nicht ohne V.28 zu denken ist, hat die Analyse gezeigt. Nach *Vermeylen* stellen 12,29-31 eine alte Quelle dar („il peut remonter au temps de David lui-même"),[96] während 11,1aα.b; 12,26-28[97] auf DtrH zurückgingen. *Mutatis mutandis* gilt die oben über *Bailey* geäußerte Kritik. Bei *Bailey* wie *Vermeylen* fehlt zudem eine Exposition des Grundbestandes. Alle drei Genannten gehen von einem literarischen Zusammenhang der Schichten mit erheblichen Textanteilen von II Sam 10-12 aus, was sich bereits als unzutreffend herausgestellt hat.[98] Wenn schließlich *Kunz* in 10,1*.6b-14a; 12,26-31 den ursprünglichen Bericht sondiert,[99] scheitert das an den unter 1.2 geäußerten Überlegungen zu V.6b-14a, außerdem wäre ein Übergang von 10,14a zu 12,26 zu schroff.

1.4 Fazit

Mit II Sam 11,1a*;[100] 12,29.31b ließ sich eine alte Quelle eruieren, die in einer einfachen Narrativkette von der Eroberung der Ammoniterhauptstadt Rabba berichtet. Ihr geht es – ohne ethische Reflexion – nur um den erfolgreichen Feldzug, d.h. die Einnahme der Stadt. Für ihren Quellencharakter spricht zunächst ihre Einfachheit und Geschlossenheit; sie ist außerdem literarisch deutlich von den Überarbeitungen und Ergänzungen zu unterscheiden. Das ganze Volk der Ammoniter, geschweige die Fiktion eines davidischen Großreiches, spielt keine Rolle. Der Text stellt nicht nur den

---

94 A.a.O., 74.
95 Bietenhard, Des Königs General, 147–161, 274–291, 362f, vgl. Langlamet, Rez. Bailey, 729ff.
96 Vermeylen, Loi, 294.
97 A.a.O., 284–294, 625–672.
98 Vgl. o. 1.1.
99 Kunz, Frauen, 129ff.
100 Ohne השנה לתשובת und ohne ואת־כל־ישראל und עמון את־בני וישחתו.

Kristallisationspunkt für die Entstehung der in II Sam 10 gesammelten
Einheiten dar, sondern dient auch als historischer Rahmen für die Erzählung von David und der Frau (II Sam 11f*), deren Grundbestand ebenfalls
eine alte Quelle ist.[101] Mit dieser Erzählung wurde sie durch eine Redaktion, auf die 11,1b zurückgeht, verbunden.[102] Die alte Quelle II Sam
11,1a*; 12,29.31b wurde nach ihrer Verbindung mit dem Grundbestand
von 11,2-12,25 mehrfach überarbeitet. II Sam 12,26 ist ein davidkritischer
Eingriff, den V.27abα.28 nachträglich zu harmonisieren versuchen.[103]
David wird vom impliziten Vorwurf entlastet, er habe Joab die königlichen
Aufgaben übernehmen lassen. Auch binden V.27abα.28 die bereits fort-
geschriebene Geschichte von David und Bathseba enger mit dem Eroberungsbericht zusammen. In 12,30.31a haben sich verschiedene weitere
Nachträge gesammelt. Festzuhalten ist, daß in 11,1a eine späte Ergänzung
(„und ganz Israel") den Feldzug zu einer Aktion ganz Israels macht.[104]
Ähnlich soll nach der Ergänzung 12,31aβγ David alle Städte der Ammoniter erobert haben.

---

101 Vgl. u. 2.5.

102 Sie zeichnet auch für die Einfügung von „zur Wiederkehr des Jahres" in 11,1a
    verantwortlich.

103 12,27bβ ist eine Glosse.

104 Vgl. ferner den Nachtrag „und sie vernichteten die Ammoniter" am Ende von 11,aα.

2. David und die Frau
II Sam 11f

Im vorhergehenden Kapitel wurde festgestellt, daß ein kurzer quellenhafter Bericht von der Eroberung der Ammoniterhauptstadt Rabba durch David (11,1a*; 12,29.31b)[1] mit der Erzählung von David und der Frau (II Sam 11,2-12,25*) verklammert wurde. Der jetzt vorliegende Text wirkt so, als hätten sich sämtliche Ereignisse von 11,2-12,25 während der Belagerung von Rabba abgespielt. Im nun folgenden Kapitel wird die Geschichte von David und der Frau untersucht. Nicht nur ist ihr Wachstum für die Redaktionsgeschichte des gesamten Textbereiches aussagekräftig. Sondern ihre Untersuchung hat auch eine herausgehobene Bedeutung für die Frage, ob es überhaupt eine Thronfolgegeschichte gibt. Denn: „In 2.Sam 11f kommt Salomo zur Welt, in 1.Kön 1f auf den Thron."[2] Die Untersuchung muß also bei einem dieser beiden Texte ansetzen, denn davor und dazwischen spielt Salomo keine Rolle. Weil der Thronfolger im Grundbestand von I Reg 1 nicht eigens eingeführt wird, empfiehlt es sich, mit II Sam 11f zu beginnen. Denn hier finden sich die Informationen, die notwendig sind, um den Handlungsablauf zu verstehen, und um zu wissen, wer Salomo ist. Bisher deutete man II Sam 11 von vornherein als Erzählung von Davids Ehebruch und von seinem Mord an Uria. Zusammen mit II Sam 12 entsteht dabei eine paradigmatische Erzählfolge mit dem Thema „Schuld und Vergebung". Doch diese Einschätzung trifft nicht von Anfang an zu.

Der Handlungsstrang in 11,2-12,25 reicht von Davids erster Begegnung mit der Frau bis zur Benennung Salomos. Dabei enthalten 11,2-5 die Exposition: David schwängert eine Frau, die V.3 als „Bathseba, ... die Frau des Hethiters Uria" identifiziert. V.6-18 handeln von Davids Versuchen, sich der Verantwortung durch eine List zu entledigen. Zunächst soll das Kind Uria untergeschoben werden (V.6-13). Als sich Uria standhaft weigert, mit seiner Frau zu schlafen, läßt ihn David über Joab in der Schlacht beseitigen (V.14f.16-18). Dazu sendet er durch Uria einen Brief an Joab mit dem Inhalt: „Bringt Uria an die vorderste Front der heftigen Schlacht und zieht euch hinter ihm zurück, damit er erschlagen wird und stirbt"

---

1 S.o. 1.2 und 1.3; vgl. ähnlich auch Cook, Notes, 156; Rost, Überlieferung, 74–83.
2 Dietrich, David, 103.

(V.15). In V.19-22 gibt Joab einem Boten Ratschläge, wie er sich im Gespräch mit David verhalten soll, und V.23-25 referieren den entsprechenden Teil des Gesprächs zwischen dem Boten und David. Nach V.26f nimmt David die Frau in sein Haus auf, sie wird auch formalrechtlich seine Frau und gebiert ihm einen Sohn. In 12,1-15a folgt der Auftritt des Propheten Nathan mit Nathanparabel (V.1-7a) und anschließenden Gerichtsworten gegen David und sein Haus (V.7b-15a); indem dieser prägnant seine Schuld eingesteht, erreicht er Vergebung. Allein das aus dem Ehebruch hervorgegangene namenlose Kind muß stellvertretend für David sterben (V.14.15b-23). Der vorliegende Textzusammenhang will so verstanden sein, daß danach Salomo als zweites Kind der Verbindung von David und Bathseba geboren wurde (V.24f).

2.1 Urias Tod

Zunächst zu II Sam 11. Mehrere logische Brüche und Dubletten kennzeichnen den Ablauf des Kapitels. Der Spannungsbogen hebt damit an, daß ein Konflikt geschürt wird, reicht über die beiden Versuche Davids, ihn zu lösen, und endet mit dem Erfolg des zweiten Versuchs. Mit V.18 ist die Aktion zum Abschluß gekommen: „Und Joab sandte und teilte David alle Ereignisse der Schlacht mit", also auch den Tod Urias. Trotzdem wird neu angesetzt, um die Szene V.19-22 anzufügen.V.19ff greifen zeitlich vor V.18 zurück[3] und antizipieren wie in einer Detailaufnahme einen einzelnen Zug aus dem Gespräch zwischen Joab und dem Boten, der vorher gar nicht aufgetreten war. Dasselbe Schema begegnet mit der nächsten Szene (V.23-25). Die Aussagen „und der Bote ging und er kam und teilte David alles mit, worin ihn Joab gesandt hatte" (V.22) schließen den Handlungsablauf ab, Ergänzungen sind nicht mehr nötig.[4] Gleichwohl greifen V.23-25 vor V.22 zurück, denn sie berichten davon, wie der Bote seinen Auftrag ausführt, was nach V.22 aber schon längst geschehen ist. Doch nicht nur diese beiden Nachholungen (V.19.23) zeigen, daß zunächst V.19-22 an V.1-18*

---

3   So mit Bailey, David, 94: „... since v. 18 states that David had already been informed, the instructions in this material appear to be after the fact."

4   V.19.22 formulieren beide die Botenrede mit der Wendung ... ‏וינד לדוד את כל‎, die vom Inhalt her je unterschiedlich ausgeführt wird.

und danach V.23-25 an V.1-22* angefügt worden sind.[5] In die Überlegungen ist auch der Uriasbrief (V.14f) miteinzubeziehen.

Mit V.15, V.16-18 und V.23-25 finden sich im Text nicht weniger als drei verschiedene Versionen davon, unter welchen Umständen Uria zu Tode gekommen ist. Nimmt man V.19-22 hinzu, so begegnen auch drei unterschiedliche Fassungen der Schlacht. Nach V.16-18 wacht Joab über „die" Stadt und setzt Uria dort ein, wo er wehrhafte Männer weiß. Als die Männer der Stadt einen Ausfall machen, fallen mehrere vom Kriegsvolk, darunter auch Uria. Ohne diese Informationen über den Tod Urias wäre der Text unvollständig und unverständlich; der kurze Bericht V.16-18 ist daher im Grundgerüst der Uria-Handlung fest verankert. Dagegen erweist sich V.15, der Inhalt des Uriasbriefes, als sekundär. Dabei ist ausschlaggebend, daß sich V.15 von V.16-18 inhaltlich und formal unterscheidet.[6] Der Übergang von V.14 zu 16 geht in Ordnung, V.15 greift nachholend vor den Schluß von V.14 zurück:[7] „(14) Und es geschah am Morgen, da schrieb David einen Brief an Joab und sandte (ihn) über Uria. (15a) Und er schrieb in dem Brief folgendermaßen: ...". Der Brief ist bereits abgeschickt, da erst wird sein Inhalt referiert. Für das Verständnis der Erzählung ist V.15 nicht erforderlich; was in dem Brief gestanden haben muß, ist aus dem weiteren Hergang evident.[8] Wie schon erwähnt, unterscheidet sich V.15 außerdem von V.16-18 inhaltlich wie formal. Uria soll nach V.15 in die vorderste Front einer Schlacht gebracht werden, der Rest soll sich hinter ihm zurückziehen, damit er stirbt. Doch in V.16-18 ist von solch einem hinterhältigen Rückzug aus der Deckung für Uria nicht die Rede, Uria stirbt zusammen mit anderen Soldaten, sein Tod wirkt fast wie der reguläre Tod eines Offiziers im Kampf. So wird „aus einem heimtückischen Mord-

---

5   Hier wie Seiler, Geschichte, 242 einfach einen primären nachholenden Stil feststellen, ignoriert die literarischen und inhaltlichen Indizien für die Entstehung des Textes.

6   Dazu gleich im folgenden.

7   Vgl. Seiler, Geschichte, 242: „In V.14 wird von einem Brief berichtet, den David an Joab sendet; erst in V.15 erfährt der Leser, was der König darin schreibt."

8   Zum Motiv des Todesbriefes, den ein argloser Bote überbringt, existieren einige antike Parallelen, s. Gunkel, Märchen, S.132; Fischer, David und Batseba, 56f und Schaack, Ungeduld, 33, 37–42. Bei den antiken Parallelen (Homer, Ilias VI, 160–170; Thukydides I, 132,5, vgl. Diodor XI, 45,1f), fällt auf, daß der Inhalt der Botschaften nicht zitiert wird. Nach Alster, Note, 169ff ist das Motiv zudem schon in einer in sumerischer Sprache überlieferten Legende über Sargon enthalten, so auch Edzard, Geschichte, 77f. Vgl. ferner Caquot/de Robert, Samuel, 473, nach dem V.14f so lakonisch gehalten ist, daß das Genre „Todesbrief" nicht zu veranschlagen sei. Zu V.15 vgl. auch I Reg 21,9f.

befehl ... ein zwar tragisches, letztlich aber nicht unerwartetes Soldaten-schicksal",[9] wäre nicht der Kontext. *Stoebe* bemerkt diese inhaltlichen Diskrepanzen, erklärt sie aber überlieferungsgeschichtlich: „Von dem Inhalt dieses Befehls [*sc.* V.15] unterscheidet sich die tatsächliche Aus-führung [*sc.* V.16-18] so stark, daß man berechtigt ist, hier die Spuren einer selbständigen Überlieferung und den Niederschlag historischer Ereignisse zu sehen."[10] V.6-13.14f seien dagegen eine fiktive Schil-derung.[11] Literarische Konsequenzen zieht *Stoebe* nicht. Nach V.15 soll Joab den Uria offenbar in eine bereits länger im Gange befindliche Schlacht einsetzen, nach V.16f kommt es erst dann zur Schlacht, nachdem Uria schon eingesetzt ist. Auch in sprachlicher Hinsicht zeigt sich, daß V.15 und V.16-18 nicht zusammengehören. Denn in V.16 wird die Postie-rung Urias mit der Wurzel נתן, in V.16 mit יהב*[12] formuliert. Seinen Tod drückt V.17 mit einer Kombination der Verben נפלq.[13] und מותq., V.15 aber הכהni. und מותq. aus. Ferner wird die Stadt von V.16 in V.15 nicht erwähnt; der Ort, wo Uria eingesetzt wird, heißt in V.16 „מקום, Ort, von dem er [*sc.* Joab] wußte, daß da tapfere Männer waren", in V.15 מול פני המלחמה החזקה „vorderste Front der heftigen Schlacht". V.15 macht David hinterhältiger und entlastet Joab in seinem eigenverantwortli-chen Teil bei der Beseitigung Urias. Wegen dieser Tendenz ist in V.15 mehr als eine Glosse zu sehen, die den Inhalt des Uriasbriefes vermißt hat.

Deutliche Unterschiede zur Version von V.16-18 zeigen aber auch die beiden Episoden V.19-22 und V.23-25. In V.19-22 beauftragt Joab den Boten, der David über die neuesten Entwicklungen unterrichtet. Der Feld-herr unterstellt David eine ganz bestimmte Reaktion, aber „Joab kon on-mogelijk weten dat David met de woorden van vs 20-21a reageren zou."[14] Nach dieser Variante hätte sich Joab offensichtlich der Stadt erst jetzt zum Kampf genähert, was aus V.16 nicht hervorgeht.[15] V.20f* konstruiert

---

9 Stoebe, David und Uria, 390.
10 Stoebe, KAT VIII/2, 287. Cook, Notes, 156 fragt im Blick auf die Unterschiede von V.15 und V.17.24 andersherum: „Has a glossator endeavored to minimize David's treachery?"
11 Stoebe, David und Uria, 393.
12 Zu יהב* mit persönlichem Objekt vgl. Dtn 1,13; Jos 18,4.
13 Mit unbestimmtem partitiven Subjekt „vom Volk."
14 Van den Born, BOT IV/1, 170.
15 Dort ist anscheinend an eine längere Belagerung gedacht, obwohl gegen Stoebe, David und Uria, 390, die Wurzel שמר kein militärischer Fachausdruck „belagern" ist; mit עיר begegnet sie nur noch Ps 127,1 in der Bedeutung „bewachen".

folgende Situation: David könnte zornig werden und Joab seine Taktik vorwerfen, sich der Stadt zu nähern, denn von der Mauer (חומה) werde ja geschossen. An diesem Punkt soll der Bote den Tod Urias ins Gespräch bringen. Dadurch entsteht eine ganz andere Version von dessen Tod als in V.16f. Er stirbt durch einen Schuß von der Mauer statt durch den Ausfall der Feinde an einen מקום, also in einer offenen Feldschlacht. Wenn man V.14-18* berücksichtigt, erscheinen die Befürchtungen Joabs, die Davids Reaktion vorwegnehmen,[16] völlig unberechtigt; denn Joab hat nach Befehl gehandelt. Aus allen genannten Gründen ist der Abschnitt V.19-22 sekundär; V.22b wiederholt V.18b in einer abgewandelten Form. Die Botschaft von V.19-22 ist so formuliert, daß der Bote Verdacht schöpfen muß; er wird „zo geïnstrueerd ... dat hij wel begrijpen kan, dat de dood van Uria David welkom is."[17] Ähnlich wie V.15 belastet der Zusatz (V.19-22) den David: Um Uria zu beseitigen, nahm er Verluste in Kauf.[18] Sein Zorn über sie verschwindet, sobald er vom Tod Urias erfährt.

Die Rede, die Joab dem David in V.20αβb.21a in den Mund legt, ist überladen. Der Feldherr unterstellt dem König nicht nur eine bestimmte Reaktion, sondern er will auch im voraus wissen, daß David ein historisches Beispiel nennen wird: den Tod Abimeleks bei der Belagerung von Tebez nach Jdc 9,52-54. „Dass Joab schon das Exempel Abimeleks in Davids Munde vorausgesehen hätte, ist geradezu ungereimt."[19] Obwohl dem Kontext angeglichen,[20] paßt das Beispiel nicht zur Situation Urias. Während V.20b an Mauerschützen (ירהq.) denkt, wirft (שלךֵ hi.) nach V.21a eine Frau einen Mühlstein von der Mauer. Und anders als Uria hatte sich Abimelek nach Jdc 9 schuldig gemacht. Der Nachtrag V.21a wurde nach dem Prinzip der Wiederaufnahme verklammert. Der wiederaufnehmende Satz למה נגשתם אל־החומה „warum habt ihr euch der Mauer genähert?" verknüpft die Frage מדוע נגשתם אל־העיר „warum habt ihr euch der Stadt genähert ...?" aus V.20αγ mit dem Stichwort חומה aus V.20bβ. Doch

---

16 Zu Recht macht Bailey, David, 83f darauf aufmerksam, daß außer in V.20a in der Geschichte nicht von Emotionen die Rede ist.

17 Goslinga, COT 9, 209.

18 Nach Hentschel, NEB 34, 44 ist es Joab, der zusätzliche Verluste in Kauf nimmt. Von V.15 her gelesen, könnte es tatsächlich so aussehen. Hat er sich taktische Fehler vorzuwerfen, vgl. Stoebe, David und Uria, 393; McKenzie, David, 188?

19 Budde, KHC 8, 253.

20 In Jdc 9,52-54 ist etwa nicht von einer Mauer die Rede, sondern vom Turm (מגדל), den Abimelek verbrennen will. Als der Mühlstein ihn getroffen hat, läßt er sich von seinem Waffenträger durchbohren (vgl. dagegen II Sam 11,21a).

V.21a ist mehr als ein schriftgelehrter Verweis oder eine „sehr überflüssige historische Gelehrsamkeit"[21]. Auch *Bietenhards* Deutung als königskritischer Nachtrag von DtrN überzeugt nicht, denn sie sieht das *tertium comparationis* beider Geschichten darin, daß der König von einer Frau er- oder geschlagen wird.[22] *Vermeylen* ahnt den Sinn des Nachtrags, wenn er fragt: „Ne serait-ce pas une manière de placer l'épisode de la mort d'Urie sous le signe d'une mystérieuse volonté divine?"[23] Leider verwirft *Vermeylen* diese Erwägung sofort wieder, es lohnt sich aber, sie etwas weiter durchzuspielen. Denn wenn der göttliche Wille hier nicht „mysteriös" genannt würde, dann könnte man folgern: So wie Abimeleks Tod im Kontext von Jdc 9 seine Richtigkeit hatte und Gottes Willen entsprach, so wird es letztendlich auch mit dem Tod Urias sein. Damit verankert V.21a die Vorstellung göttlicher Gerechtigkeit im Text.

Der Botenbericht V.23-25 repräsentiert eine noch spätere Wachstumsstufe als V.19f.21b.22. David wird gar nicht zornig, es wirkt vielmehr so, als falle der Bote gleich mit der Tür ins Haus, wie um Anfragen zu verhindern. Summarisch schickt er voraus: „Fürwahr, die Männer waren uns überlegen (נבר על)",[24] um eine dritte Version vom Schlachtverlauf zu berichten. Die Männer seien zu ihnen aufs Feld herausgezogen, Israel habe ihnen bis zur Toröffnung nachgesetzt, dann hätten die Schützen von der Mauer auf sie geschossen. Unter den Toten sei auch Uria. Schon aus der Inhaltsbeschreibung ist deutlich, daß V.23-25 die Versionen von V.16-18 und V.19f.21b.22 kombiniert, um ihre Unterschiede zu nivellieren. Indem Israel seine Feinde verfolgt, werden die offene Feldschlacht und der Kampf an der Mauer zu zwei Phasen eines Geschehens. Diese Verbindung zeigt sich auch in der Terminologie. V.23 wiederholt die Begriffe יצא und אנשים aus V.17, der „Ort" aus V.16b wird durch die Angaben פתח השער „Toröffnung" (V.23b) und חומה „Mauer" (V.24a, vgl. V.20b) spezifiziert.

---

21 Wellhausen, Composition, 259. Zur Einschätzung von V.21a als Nachtrag vgl. auch Budde, Bücher, 249; Cook, Notes, 156; Stolz, ZBK.AT 9, 237 u.a. Nach Caquot/de Robert, Samuel, 474 stammt V.21aα von einer zadoqidischen Redaktion.

22 Sie selber räumt ein, daß dabei die Grenze zwischen Täter und Opfer verwischt wird und die Rolle Bathsebas eine ganz andere als im ursprünglichen Bericht ist, vgl. Bietenhard, Des Königs General, 286f und zudem Werner, Studien, 300: DtrP.

23 Vermeylen, Loi, 299.

24 Schulz, EHAT 8/2, 122 schätzt V.23aβ nicht als zusammenfassende Einleitung, sondern als Beginn des Schlachtverlaufs ein. So offensichtlich auch Vulgata: facto impetu. Dann wäre es natürlich korrekt, zu fragen, warum Israel nicht sofort fliehen mußte, vgl. ebd.

Auch im einzelnen sind folgende Differenzen zwischen V.23-25 und den beiden anderen Versionen vom Schlachtverlauf festzuhalten. Die Wertung „Fürwahr, die Männer waren uns überlegen" (V.23aβ) ist durch keine der anderen Fassungen gedeckt. Das Subjekt „die Männer" begegnet hier absolut und nicht in einer *Cstr.*-Verbindung wie אנשי־חיל „tapfere Männer" (V.16b) oder אנשי העיר „die Männer der Stadt" (V.17a). Die Aussage ויצאו „und sie zogen aus" (V.17a) ergänzt und verdeutlicht V.23aγ durch die Adverbialen אלינו השדה „zu uns aufs Feld". Soweit die Anteile aus V.16-18. Der Satz „und wir setzten ihnen bis zur Toröffnung nach" (V.23b) verbindet die beiden vorliegenden Versionen zu einem Verlauf und ist deshalb in ihnen nicht belegt; er dient aber dazu, Davids Frage „warum habt ihr euch der Stadt genähert, um zu kämpfen" (V.20a) zu beantworten. Anstelle des Satzes וילחמו את־יואב „und sie kämpften mit Joab" (V.17a) schiebt V.24 nun die zweite Variante ein. Das Prädikat ירו „sie schießen" wird zusammen mit der Adverbiale מעל חומה „von der Mauer" (V.20b) übernommen und in den Narrativ ויראו gesetzt, aber noch mit dem Subjekt המוראים „die Schützen"[25] (statt eines unpersönlichen Subjekts) und mit der Bestimmung על־עבדך „auf deine Knechte" verse-hen. Mit dem substantivierten Partizip המוראים wird zusätzlich auf I Sam 31,3, das Ende Sauls, angespielt; eine engere Parallele im Qal (וירו הירים) findet sich in II Chr 35,23.[26] Das Ergebnis, der Tod einer bestimmten Zahl von Kriegern, wird in V.24aβ anders als in V.17aβ formuliert: es steht וימותו מעבדי המלך „und es starben von den Knechten des Königs" (24aβ) gegen ויפל מן־העם „und es fielen vom Volk" (17aβ). Narrativ und partiti-ves Subjekt bleiben, das Prädikat aber wird im plur. statt im sing. und mit der Wurzel מות statt נפל formuliert. Subjekt sind die „Knechte des Königs" und nicht das „Volk". Dies ist einem Glossator aufgefallen, der in V.17aβ hinter „vom Volk" asyndetisch מעבדי דוד „von den Knechten Davids" einarbeitet. Der Wechsel von המלך zu דוד ist durch den Kontext (V.14.18) bedingt. Die Aussage über den Tod Urias V.24b zitiert den Nominalsatz V.21b, in V.17b steht sie im Narrativ und ohne das Attribut עבדך „dein Knecht". In der Antwort Davids (V.25) paßt die Wendung vom fressenden Schwert nicht zum Tod Urias durch einen Schuß von der Mauer.[27]

---

25 Zur Form המוראים ויראו vgl. Ges/K § 75rr. Es handelt sich um eine Analogiebildung zu den Verba tertiae Aleph und damit um einen Aramaismus, vgl. Wagner, Aramais-men, 138.

26 Dazu im folgenden. Ein Partizip Hi. von ירה I ist in I Sam 20,36; 31,3bis; II Sam 11,24; I Chr 10,3 belegt, ein Partizip Qal in Prov 26,18; I Chr 10,3; II Chr 35,23.

27 So auch Schulz, EHAT 8/2, 134.

Aus allen genannten Gründen können V.23-25 nicht einfach die Fortsetzung von V.16.17a*.b.18 sein, wie *Bailey* meint.[28] Andere Lösungen
präsentieren *Schulz, van den Born, Langlamet, Werner, Bietenhard* und
Vermeylen. Schulz rekonstruiert einen ursprünglichen Bericht in V.18.23a.
24aβb.25, der Rest sei ein Einschub, der den Nahkampf an der Mauer
eintrage.[29] Nach *van den Born* gehört auch V.22 noch zum Grundtext.[30] Für
Langlamet sind sowohl V.19-22 als auch V.23-25 dtr.[31] *Werner* nimmt
V.20b.21a.24aα heraus, die vermutlich von DtrP stammten.[32] Nach *Bietenhard* wurden V.19f.21b-25 vom Thronfolgeerzähler S2 in den ursprünglichen Bericht eingetragen, V.21a stamme von DtrN.[33] Für *Vermeylen*
stammt der Grundtext im wesentlichen von S1,[34] DtrH füge V.19-20a.21b-
23aα.24b-25, und DtrN V.20b.21a.23aβ-24a an. Allen genannten Lösungen ist gemeinsam, daß sie nur inhaltlich, nicht literarisch begründet
werden. Außerdem bleiben bei allen Vorschlägen jeweils mehrere der
beobachteten logischen Brüche und sprachlichen Disgruenzen.

Eine negative Reaktion des Königs, wie sie Joab befürchtet hatte,
bleibt in V.23-25 aus.[35] Der Bote fügt vielmehr den Tod Urias, der nach
V.21a als Pointe zur Beruhigung Davids gedacht war, gleich an den
Schlachtbericht an. Das Zitat „(und) auch dein Knecht, der Hethiter Uria
ist tot" (V.21b) wird in V.24b wörtlich wiederholt, jedoch ganz anders
erklärt. Sein Tod erscheint hier, ähnlich wie in V.16.17a*.b.18, wie der
Soldatentod eines höheren Militärs; hörte man allein diesen Botenbericht,
so käme beim Leser nicht der geringste Argwohn auf. Der Unterschied
liegt aber nicht nur in den verschiedenen Schlachtverläufen, sondern in

---

28 So Bailey, David, 94ff. V.19-22 sei ein dtr Zusatz.
29 Schulz, EHAT 8/2, 122–124.
30 Van den Born, BOT IV, 170.
31 Langlamet, Fils, 23; ders., Editions, 355 und ders., Rez. Bailey, 749. Nach Fischer,
    Hebron, 306 sind V.20b-21 dtr.
32 Werner, Studien, 230–232, 300.
33 Bietenhard, Des Königs General, 281–287, 362f.
34 Vermeylen, Loi, 294–310, vgl. 551, 630 und 652. Zu den Versuchen, die Ungereimt-
    heiten des Textes durch Umstellungen zu heilen, vgl. Seiler, Geschichte, 242.
35 Die LXX glättet harmonisierend diesen Bruch, wenn sie nach V.22 einen Satz
    einfügt, der V.20.21a in Abwandlung zitiert: Nach LXX wird David wirklich zornig;
    MT hat also die *lectio difficilior.* Ganz zu Recht weist Seiler, Geschichte, 242 (mit
    Anm. 5) die Harmonisierungsversuche von Budde, KHC 8, 252f; Greßmann, SAT
    2/1, 151; McCarter, AncB 9, 283 u.a. ab, die durch Textumstellungen eine logisch
    stringente Abfolge konstruieren wollen. Nach Wellhausen, Text, 182, der wie
    Thenius/Löhr, KEH 4,156 der LXX folgt, ist im MT durch bewußte Kürzung eine
    Lücke entstanden.

einer anderen Interpretation von Urias Tod. Für diese liefert die tatsächliche Reaktion Davids nach V.25 den Schlüssel.

David reagiert nämlich auf diesen Bericht, indem er dem Boten antwortet: „So sollst du zu Joab sagen: ‚Diese Angelegenheit sei in deinen Augen nicht schlecht, denn bald so, bald so frißt das Schwert. Mach deinen Kampf gegen die Stadt stark und verwüste sie." (V.25).[36] In dieser Reaktion sieht man entweder den Ausdruck von „beispiellosem Zynismus"[37] oder „eine fast modern anmutende Beurteilung des Krieges und seiner Opfer nach den Kategorien menschlicher Pläne und Ziele ..."[38] Aber ist das wirklich der Sinn von Davids Aussage? Der Kontext des Abschnitts weist auf etwas anderes hin. Nimmt man die Aussagen von V.23-25 beim Wort, so könnte der Passus zu mehr als nur dazu dienen, die beiden divergierenden Schlachtversionen V.16.17a*.b.18 und V.19f.21b.22 miteinander auszugleichen. Urias Tod lag, so der Text, in der tatsächlichen Überlegenheit des Gegners. Die Männer der fremden Stadt zogen gegen Israel zu Felde, so daß es genötigt war, ihnen עד־פתח השער „bis zur Toröffnung" nachzusetzen. In der Adverbiale liegt offensichtlich eine Anspielung auf Jdc 9,40 vor, den einzigen weiteren Beleg im AT. Dort verjagt Abimelek Gaal, der ihn angegriffen hatte; und viele fallen erschlagen bis zur Toröffnung von Sichem. Wie V.21a zitiert V.23-25 also die Abimelek-Geschichte. Weil die Stadt schuld am Tod von Uria ist, gibt David schließlich den Befehl, sie zu vernichten: „Mache deinen Kampf gegen die Stadt stark und verwüste sie!" (V.25*) Der Befehl setzt einen vergeltungstheologischen Akzent. Frappant ist auch die Parallele II Chr 35,23. Nach V.20ff stellt sich König Josia dem Pharao Necho, der nach Karkemisch zieht, gegen Gottes erklärten Willen (V.21f) in den Weg. Die Beschreibung von Josias Tod wird mit dem Satz וירו הירים „und es schossen die Schützen" eingeleitet, vgl. II Sam 11,24. Auf diesem Hintergrund und in ihrem Kontext erscheint die Aussage „Diese Angelegenheit sei in deinen Augen nicht schlecht,[39] denn bald so, bald so frißt das Schwert" in einem anderen Licht.

---

36 Zum letzten Wort von V.25 (וחזקהו) s. die nächste Seite.

37 Stolz, ZBK.AT 9, 238, vgl. auch Goslinga, COT 9, 211; Seiler, Geschichte, 254.

38 Stoebe, KAT VIII/2, 290; vgl. ders., David und Uria, 393.

39 Zur geprägten Wendung אל־ירע בעיניך את־הדבר הזה vgl. Gen 21,11; I Sam 8,6; 18,8; II Sam 11,27; ferner Gen 21,12; 38,10; 48,17; Num 11,10; 22,34; Jos 24,15; Jes 59,15; Jer 40,4; Prov 24,18; I Chr 21,7. Eine Nähe zu den dtr. Frömmigkeitsurteilen ist nicht zu verkennen. Hinweisendes את ist ein Charakteristikum des späteren biblischen Hebräisch, vgl. Ges/K § 117i, ferner Meyer, Bemerkungen, 137ff.

In ihr drückt sich weder Fatalismus[40] noch Aufklärung noch Zynismus aus, sondern die Zuversicht, daß Urias Tod dem Willen Jahwes entsprochen hat. Alles andere wäre ein zu neuzeitlicher Gedankengang. Da V.23-25 implizit die Frage beantworten, warum Jahwe den Tod Urias zuließ, kann man hier den Eingriff einer Bearbeitung veranschlagen, die ich als „Theodizee-Schicht" oder „Theodizee-Bearbeitung" bezeichne. Ihr ist u.a. daran gelegen, nachzuweisen, daß alle Geschehnisse, von denen berichtet wird, im Einklang mit Jahwes Gerechtigkeit stehen. Dieses Anliegen war auch für V.21a festzustellen, den ich deshalb auch zur Theodizee-Schicht rechne.

Das letzte Wort von V.25 וחזקהו „und ermutige ihn [sc. Joab]" ist ein Zusatz, der sich durch den Wechsel des Subjekts, des Objekts und des Adressaten als sekundär erweist. Das Zitat von Davids Rede an Joab ist beendet, und der Befehl „und ermutige ihn" richtet sich direkt an den Boten.

Zwischenfazit: Die ursprüngliche Fassung von Urias Tod findet sich also in V.14.16.17a*[41].b.18. David ist für diesen Tod verantwortlich, indem Joab in seinem Auftrag den Uria bewußt so einsetzt, daß er stribt. Gleichwohl bleibt sein Tod ein Soldatentod. Erst der gegenüber V.14.16. 17a*.b.18 nachgetragene Inhalt des Uriasbriefes V.15 macht aus diesem Tod einen Mord, belastet David also noch schwerer. An V.14.16.17a*.b.18 wuchsen zunächst V.19f.21b.22 mit ihrer starken Davidkritik an, danach V.21a.23f.25a.b*, die zur Theodizee-Schicht gehören.[42] In V.25b* ist das letzte Wort וחזקהו „und ermutige ihn [sc. Joab]" ein Zusatz.[43] In V.23-25* wird zudem festgehalten, daß die Verteidiger der Stadt den Angreifern wirklich überlegen waren: in diesem Zusammenhang ist Urias Tod zu verstehen. Wenn David zum Schluß die Vernichtung der Stadt befiehlt, wird damit ein vergeltungstheologischer Akzent gesetzt.

---

40 Vgl. II Sam 12,23, dazu u. 59f.

41 Ohne מעבדי דוד „von den Knechten Davids" in V.17aβ.

42 Hentschel, NEB 34, 45, sieht immerhin, daß zuerst V.19-22, dann V.23-25 angefügt worden sind. Allerdings motiviert er sehr thetisch V.19-22 nur als Dramatisierung und V.23-25 als Ausgleich der Fassungen. Den Abimelek-Verweis scheidet er nicht aus. Nach a.a.O.,45f ist 15bβ sek., ohne daß literarische Gründe angegeben werden.

43 Vgl. o. unmittelbar im vorhergehenden.

2.2 Bathseba, die Frau des Uria

Auf der Suche nach dem Grundbestand in c.11 sind nun V.1-18.26f in Augenschein zu nehmen. Wie gesehen, ist V.1a* (ohne „zur Wiederkehr des Jahres") der Auftakt eines kurzen Berichtes über die Belagerung Rabbas 11,1a*; 12,29.31b, der von einer vordtr Redaktion um die Geschichte von David und der Frau gelegt wurde. Beide Berichte nehmen keinerlei Bezug aufeinander.[44] Der sekundäre Umstandssatz 11,1b, der auf diese Redaktion zurückgeht, hält fest, daß David vorerst in Jerusalem bleibt und damit für die ab 11,2 folgenden Geschehnisse „frei" ist. Die Einleitung 11,2 entspricht 11,1a*: Beide Zeitangaben beginnen mit der Wendung ויהי לעת „und es geschah zu der Zeit ..." und folgendem *nomen rectum*. Die Zeitangabe לעת הערב ist im Sinne von „irgendwann einmal zur Abendzeit" zu verstehen, kaum ist der Tag gemeint, an dem der Feldzug gegen die Ammoniter beginnt.[45]

Betrachtet man 11,2ff* als Ganzes, dann fällt auf, daß die Erzählungen von David und der Frau sowie David und Uria zwei ganz unterschiedliche Texte sind. Die Perspektive schwenkt von der Frau alsbald zu Joab und Uria; die Frau gerät nun völlig aus dem Blick. Denn mit der Erklärung „ich bin schwanger" (V.5) ist eine Zäsur erreicht; der Handlungsfaden wird erst in V.26f wieder aufgenommen. Ab V.6 geht es um die Frage, wie David mit Uria verfährt. Hier tritt dann auch Joab auf den Plan, diese drei Figuren stehen ganz im Vordergrund. Literarische Beobachtungen unterstützen diesen Befund. Denn während V.2-5(.26f) kurz und knapp gehalten sind, werden die Episoden dazwischen ausführlicher und sehr viel breiter erzählt, dazu gehört auch der häufige Einsatz direkter Rede. Die Handlung wird duch die zwei Versuche Davids, Uria zum Verkehr mit seiner Frau zu bewegen, und den anschließenden Uriasbrief „erheblich dramatisiert"[46]. *Stoebe* erkennt in V.2-5.26.27, V.6-14, V.15-17 und V.18-25 vier Abschnitte der Erzählung, die voneinander sehr verschieden sind. „Zunächst ist zu beachten, daß die Versündigung Davids mit Bathseba, die das ganze unglückliche Geschehen in Bewegung bringt, im Verhältnis zu den anderen Teilen sehr kurz erzählt wird. ... [Es] bleibt die Diskrepanz zu der sehr

---

44 Erst die Glosse 12,9b lastet David die Liquidierung Urias בחרב בני אמון „durch das Schwert der Ammoniter" an.

45 Zur Wendung vgl. Gen 8,11; 24,11; Jos 8,29; Jes 17,14; Sach 14,7; ferner Jos 10,27. Oder hat hier die Erstredaktion V.2 bewußt zur analogen Einleitung V.1a* gestaltet, ähnlich Werner, Studien, 224?

46 Werner, Studien, 223.

viel breiterer Ausführung in den Abschnitten 2-4 so auffallend, daß man dahinter eine Absicht, zugleich einen besonderen Weg der Überlieferungsbildung erkennen darf."[47] Der Befund wird also wiederum überlieferungsgeschichtlich erklärt. Etwas weiter geht *Werner*, wenn er „angesichts der häufig belegten stereotypen Wendung ותהר ותלד" vermutet, „v. 27 (ohne ויעבר האבל) habe ursprünglich den unmittelbaren Anschluß zu v. 5a gebildet"[48], immerhin sei dann das Rechtsparadigma 12,1-4 adäquat. Der sekundäre Eintrag von V.6ff sei aber deswegen nicht denkbar, weil die spätere Zeit David idealisiert. Doch mit diesen tendenzkritischen Erwägungen sind die Beobachtungen zum Unterschied von V.2-5 und V.6ff nicht erledigt.

Weiterhin fällt nämlich auf, daß der Name „Bathseba" im Samuelbuch nur in 11,3 und 12,24 begegnet, während er in I Reg 1f fest verankert ist: 1,11.15.16.31; 2,13.18.19.[49] In 1,11; 2,13 wird Bathseba als אם־שלמה „Mutter Salomos" eingeführt. In der „klassischen" Bathseba-Geschichte II Sam 11 wird der Name also nur ein einziges Mal, nämlich in V.3 genannt. Sonst ist von (ה)אשה „(die) Frau" die Rede (11,2*bis*.3.5); die Wendung „Frau des Uria" steht in 11,3 neben dem Namen Bathseba, in 11,26;[50] 12,10.15 steht sie alleine.

Daß die Identifikation dieser namenlosen Frau mit Bathseba (V.3) sekundär ist, zeigt nicht allein die Verteilung des Namens in c.11f, sondern auch die Literarkritik von 11,2-5. Eines Abends nach der Siesta ergeht sich David, so die Exposition in V.2, auf dem Dach seines Palastes und sieht eine Frau beim Bade. Sie ist wunderschön (2b).[51] Mit dieser Aussage gehört der Umstandssatz V.2b zum Grundgerüst der Erzählung. Dann sendet David und erkundigt sich nach der Frau (V.3), danach sendet er nochmals und läßt sie holen (V.4). Bei V.3 und 4 fällt nicht nur die Doppelung von וישלח דוד „und David sandte"[52] auf, sondern auch ein logischer Bruch: David erkundigt sich zunächst, ohne daß eine Antwort vermerkt

47 Stoebe, KAT VIII/2, 285. Vgl. auch Conrad, Gegenstand, 171: „Im Vordergrund der Darstellung steht ja gar nicht der Ehebruch als solcher, sondern die hinterhältige Beseitigung des Ehemannes der verführten Frau ..."

48 Werner, Studien, 222(f).

49 Vgl. noch Ps 51,2 und בת־שוע in I Chr 3,5.

50 Vgl. auch noch 11,11 „meine Frau" in der Antwort Urias; in V.11.26 wird sie also in c.11 nur über ihren Mann Uria identifiziert.

51 Zum Ausdruck טוב מראה vgl. Gen 24,16; 26,7; Est 1,11; 2,2.3.7; Dan 1,4. Zu den sexuellen Konnotationen der Wurzel רחץ s. Kunz, Frauen 157ff.

52 In V.4 im volleren Ausdruck „und David sandte Boten".

würde. Dem וידרש (V.3) entspricht keine Ausführungsnotiz, und Davids
Frage (V.3b) wird nicht beantwortet, also verläuft die Aktion.[53] Außerdem
zeigt diese mit הלוא eingeleitete rhetorische Frage V.3b, daß David ohnehin schon weiß, wen er da gesehen hat. V.2 und 4 ergeben einen glatten
Übergang. V.3 dagegen schiebt sich störend in diesen stringenten Ablauf;
er ist nachgetragen. Die in V.3 geschilderte Maßnahme hat also lediglich
den Sinn, festzuschreiben, daß mit der „Frau" der Grunderzählung „Bathseba, die Tochter Eliams,[54] die Frau des Hethiters Uria" gemeint ist. Dabei
überrascht ihre breite Einführung als Tochter des X, Frau des Y, wie sie im
AT nur noch Gen 36,16; 38,12; II Chr 22,11 begegnet.[55] Ohne V.3 handelt
die Geschichte von David und einer namenlosen Frau, von der nicht gesagt
wird, ob sie verheiratet war. Nach V.4 läßt David sie holen, sie kommt zu
ihm, er schläft mit ihr, und sie kehrt zurück zu ihrem Haus. Damit kann das
Haus ihres Vaters, aber auch ihr eigenes gemeint sein, denn Frauen sind als
Hausbesitzerinnen belegt.[56] Von Uria als Hausbesitzer ist hier jedenfalls
nicht die Rede, vgl. aber V.8-13. Der Satz ותבוא אליו „und sie kam zu
ihm" gehört zum Grundtext, denn בוא אל ist nur mit masc. Subjekt *terminus technicus* für einen Geschlechtsakt,[57] für ein fem. Subjekt ist diese
Bedeutung nicht belegt. Also entsteht hier keine Doppelung mit der Aussage וישכב עמה „und er schlief mit ihr", der Satz „und sie kam zu ihm"
bezeichnet den bloßen Ortswechsel. Entsprechend wird in V.4b notiert,
daß die Frau in ihr Haus zurückkehrt. In V.4aγ stört eine Parenthese das
Gleichgewicht des Satzes, nämlich der Part.satz והיא מתקדשת מטמאתה
„und sie heiligte sich von ihrer Unreinheit". Der Satz unterbricht die Kette
der Narrative und sprengt die Handlungsfolge; er erklärt nachträglich,
warum sich die Frau gewaschen hat (V.2). Wenn mit der „Unreinheit" eine

---

53 Das gilt auch, wenn man wie Kunz, Frauen, 154, Anm. 9, 157 die Wurzel דרש mit
   „fordern, bitten" übersetzt. Mit a.a.O., 153 ist zudem David in V.3b redendes
   Subjekt, so etwa gegen Stoebe, KAT VIII/2, 278, 280.
54 Nach II Sam 23,34 ist ein Sohn des Giloniters Ahitofel namens Eliam einer der
   dreißig Helden Davids. Ob er mit dem Vater Bathsebas identisch ist, kann nicht
   gesagt werden. Ob Bathseba die Enkelin Ahitofels (vgl. 15,12) gewesen sei, scheint
   mir eher fraglich.
55 Vgl. ferner I Sam 25,44; I Chr 1,50.
56 Vgl. etwa den um die Mitte des 5. Jahrhunderts v.Chr. zu datierenden aramäischen
   Papyrus AP 13 (Cowley, Aramaic Papyri, 37ff). Es handelt sich bei ihm um eine
   Urkunde, mit der ein Vater seiner Tochter ein Haus übereignet.
57 Vgl. etwa Dtn 22,13; II Sam 16,21.22 etc. Die LXX liest hier καὶ εἰσῆθλεν πρὸς
   αὐτὴν „und er ging zu ihr ein".

Verunreinigung durch Geschlechtsverkehr[58] gemeint ist, handelt es sich um eine schriftgelehrte Glosse. Wahrscheinlich will der Nachtrag aber mehr, denn die „Unreinheit" bezeichnet nach gängiger Auffassung Bathsebas Menstruation.[59] Wenn Bathseba nach dem Ende ihrer Regel Kontakt mit David hatte, dann bedeutet die Notiz über ihre Reinigung hier, daß sie bisher nicht schwanger war, und David zweifellos der Vater des Kindes ist, das geboren wird. Bathsebas Menstruation ist gerade vorbei;[60] für *Krause* ist zudem deutlich, „daß der Satz [*sc.* 11,4aγ] erklären will, warum Batseba nach einmaligem Beischlaf gleich schwanger wurde und sich hinter dieser Erklärung das Wissen um ein Befruchtungsoptimum verbirgt".[61] Wenn Davids Vaterschaft auf diese Weise eindeutig gemacht wird, steht V.4aγ mit einer schon in V.3 greifbaren Überarbeitung in Zusammenhang, die die einfache Geschichte über die Zeugung des Thronfolgers zum Ehebruch und David verantwortlich für den Tod Urias macht, indem sie die Frau des Grundtextes mit Bathseba, der Frau Urias, identifiziert und die Szenen mit David, Joab und Uria einführt. V.4b.5 gehören wieder zum Grundbestand.[62] Die Frau wird schwanger und sendet zu David (vgl. das umgekehrte Pendant in V.4), um es ihm mitzuteilen. Der abschließende Satz in V.5 „ich bin schwanger" sticht als wörtliche Rede hervor und bildet eine erste Klimax der Erzählung. Zu Recht sieht *Blenkinsopp* in ihm eher einen Triumphschrei als ein SOS-Signal.[63] Wenn zudem *Kunz* betont, daß der Frau in der Darstellung von V.2.4.5 durchaus eine gewisse Handlungsautonomie gelassen wird,[64] liegt er richtig.

Ab V.6 wird mit einem neuen Auftakt (אל־יואב) וישלח דוד (vgl. V.1.3.4.27) die Uria-Passage eingehängt, deren primärer Bestand im Text bis V.18 zu suchen ist.[65] Für die Fortsetzung der Geschichte vom Thronfol-

---

58 Vgl. Lev 15,18; Num 5,13.19f. Zu den mit V.4 verbundenen Reinheitsvorstellungen vgl. auch Wright, Felix Coniunctio, 217ff.

59 Lev 15,19-24; 18,19 etc. Vgl. etwa McCarter, AncB 9, 286, dort weitere Zeugen.

60 Die Ovulation findet etwa 10–14 Tage nach Ende der Regel statt. V.4aγ müßte dann plusquamperfektisch übersetzt werden: „und sie hatte sich von ihrer Unreinheit gereinigt"; die Parenthese steht dann auch außerhalb einer zeitlich logischen Abfolge.

61 Krause, Konzeptionsoptimum, 436f. Anders Müllner, Gewalt, 89f, die den literarischen Charakter der Parenthese V.4aγ verkennt.

62 Ist am Ende von V.2 מעל הגג „vom Dache aus", das על הגג (ein paar Worte vorher) dupliziert und in der Peschitta fehlt, eine Glosse?

63 Blenkinsopp, Theme, 52f.

64 Kunz, Frauen, 161f.

65 Vgl. o. 2.1.

ger kommen erst wieder V.26f und c.12 in Frage. In V.27a entspricht der Narrativ „und David sandte" Bathsebas Mitteilung in V.5, die er beantwortet.[66] Nach den bewegten, detailreichen Szenen V.6-18*.19-22*.23-25*, die mit viel wörtlicher Rede gestaltet sind, gehen hier die einfachen Narrative weiter. David nimmt die Frau in sein Haus, und die anschließende Aussage ותהי־לו לאשׁה „und sie wurde ihm zur Frau" kennzeichnet den Vorgang als formalen Rechtsakt.[67] Dann folgt die Notiz von der Geburt eines Sohnes.

Der abschließende V.27b „aber die Sache, die David getan hatte, war schlecht in den Augen Jahwes" gehört zu den drei sog. theologischen Deutestellen der Thronfolgegeschichte.[68] Sein sekundärer Charakter ist fast allgemein anerkannt.[69] Die Deutung faßt das Geschehen von c.11 zusammen und wechselt die Perspektive, indem sie eine Wertung durch Jahwe einbringt, eine Dimension, die im Kapitel generell fehlt. Dort begegnet weder der Name Jahwes noch ein weiterer Gottesname. Durch seine breitere, an V.25aα erinnernde Formulierung sticht V.27[70] von der stilistisch knapp gehaltenen Narrativkette im Kontext ab. *Dietrich* sieht in ihm „eine dem Kontext angepaßte Fassung der Formel vom ‚Tun des Bösen in den Augen Jahwes'", die von DtrP stamme;[71] רעhi. in dieser Verwendung sei eindeutig dtr.[72] Doch die Wurzel רע steht hier im Qal, und die Formulierung lautet eben nicht ויעשׂ הרע בעיני יהוה (vgl. I Reg 11,6; 14,22; 15,26.34 etc.), sondern וירע הדבר אשׁר־עשׂה דוד בעיני יהוה. Eine ganz ähnliche Wendung wie in 11,27b begegnet aber in Gen 21,11; I Sam 8,6; 18,8; II Sam 11,25; auch I Chr 21,7. Gegen eine vorschnelle Einschätzung des Halbverses als dtr[73] wendet sich zu Recht *Fischer*.[74] Er betont, „daß

---

66 Zu ויעבר האבל am Anfang von V.27a vgl. u. 2.3.

67 Vgl. Gen 20,12; 24,67; Dtn 21,13; 22,29; 24,4; I Sam 25,42.43; II Sam 12,10; I Reg 4,11; II Reg 8,18 etc.

68 Vgl. noch 12,24bβ; 17,14b. Eine tragende Rolle spielen sie für v. Rad, Anfang, 159ff.

69 Vgl. etwa Cook, Notes, 156f; Langlamet, Fils, 23; ders., Editions, 355; Caquot/de Robert, Samuel, 475 etc.; vgl. auch die folgenden Anmerkungen.

70 Vgl. etwa die Wendung רעע בעיני qal.

71 Dietrich, Prophetie, 132; mit ihm Würthwein, Erzählung, 24; Veijola, Ewige Dynastie, 113 Anm. 43.

72 A.a.O., 131 Anm. 92.

73 So etwa auch Crüsemann, Widerstand, 183; Werner, Studien, 255, 300 (DtrP); Bailey, David 104f, 122; Bietenhard, Des Königs General, 287, 363 (DtrP); Vermeylen, Loi, 301, 306, 630 (DtrH).

74 Fischer, David und Batseba, 55f; ihm folgt Seiler, Geschichte, 249–252.

statt einer Person oder eines Kollektivs eine konkrete Tat das Subjekt bildet. Während mit den deuteronomistischen Wendungen ein geradezu pauschales Urteil über eine Person oder Personengruppe gefällt wird, bewertet V.27b ein bestimmtes Verhalten Davids als Unrecht gegen Jahwe."[75] Außerdem hänge V.27b inhaltlich und sprachlich mit V.25a zusammen: „Der Erzähler setzt die David in den Mund gelegte Verharmlosung seines schändlichen Vergehens in den ausdrücklichen Kontrast zu ihrer göttlichen Beurteilung."[76] Ein Zusammenhang zwischen den beiden Aussagen ist nicht zu leugnen, doch sie stammen nicht von derselben Hand.[77] Denn 11,27b leitet zu c.12 über, wo wie in 11,27b ein negatives Urteil über Davids Handeln fällt.[78] V.23f.25a.b*(ohne ויחזקה) gehören jedoch zur späten Theodizee-Bearbeitung. Wenn man den Sinn von V.25 betrachtet, dem jede Verharmlosung oder jeder Zynismus fern steht,[79] wird deutlich, daß V.25 das harte Urteil von V.27b *e contrario* imitiert und dadurch im voraus entschärfen will: Jahwes Wille steht hinter den Ereignissen.

2.3 Salomo, der Erstgeborene

Doch wie sieht der Grundbestand von II Sam 11,26.27a aus? Wie oben gezeigt, gehört in 27a der Text von „und David sandte" bis „und sie gebar ihm einen Sohn" dazu. Der ganze V.26 und V.27aα1(האבל ויעבר „und die Trauer ging vorüber") scheint wie in Zeitraffer oder zur Überbrückung einer längeren Zeitspanne dazwischengeschaltet[80] und hat die Funktion,

---

75 A.a.O., 55.

76 A.a.O., 56.

77 Gegen Seiler, Geschichte, 251f.

78 Als redaktionelle Naht verbindet 11,27b das Kapitel mit dem sekundären Auftritt Nathans 12,1-15a*. Zum überleitenden Charakter von 11,27b vgl. Dietrich, Prophetie, 132; Caquot/de Robert, Samuel, 475 und Werner, Studien, 300. Ähnlich zieht Anderson, WBC 11, 157ff V.27b zu 12,1ff. Die doppelte Nennung Jahwes sowohl in 11,27b als auch in 12,1a dient dazu, dessen Eingreifen zu unterstreichen. Gegen eine ursprüngliche Zusammengehörigkeit von 11,27b und 12,15b-23, wie sie etwa Cook, Notes, 156f; Budde, KHC 8, 254 u.a. annehmen, spricht, daß dieser Abschnitt jünger als 12,1-15a ist, vgl. u. 55–60.

79 Vgl. o. 45f.

80 Wie lang die Trauerzeit (אבל) gedauert hat, kann nicht eindeutig gesagt werden. Nach de Vaux, Lebensordnungen I, 104 betrug die strenge Trauer normalerweise sieben Tage, vgl. Gen 50,10; I Sam 31,13. Jedoch ist Dtn 34,8 auch eine monatliche Dauer überliefert, nach Gen 50,3 währt sie siebzig Tage, nach Gen 37,34; II Sam

den Grundtext von V.27a* auf die Szenerie zwischen David, Joab und Uria
sowie die Gleichsetzung der namenlosen Frau mit Bathseba einzustellen.
Für diese Überlegung sprechen folgende Beobachtungen: Zunächst lenkt
der Nachtrag (V.26.27aα1[האבל ויעבר]) die Perspektive von den Ereignissen, die sich um den Tod Urias ranken (V.6-18*), zurück nach Jerusalem,
wo die Geburtsgeschichte fortgesetzt wird. Daher erklärt sich auch seine
stilistische Nähe zu den Narrativen des Grundbestands. Weiterhin fällt
eine klare chiastische Struktur in V.26a auf, denn der Halbvers lautet:
אישה אוריה מת־כי אוריה אשת ותשמע „und die Frau Urias hörte, daß tot
war Uria, ihr Mann". Der Name Bathseba wird nicht genannt; mit der
Aussage מת־כי als Zentrum steht אוריה אשת gegen אישה אוריה. Dadurch
wird nahezu beschworen, daß die „Frau" des Grundtextes mit der „Frau
Urias" identisch ist. V.26b nennt deren Trauer und bezeichnet Uria mit
dem formalen Titel בעלה „ihr Eheherr", um in Reaktion auf den bereits
vorliegenden V.27a* „und er nahm sie zur Frau" zu unterstreichen, daß
jener Vorgang einen korrekten Rechtsakt darstellen wird: mit Davids
Eheschließung hat das Besitzverhältnis gewechselt. V.26.27aα1* gehören
also zu der Schicht, die die namenlose Frau mit Bathseba, der Frau des
Uria, gleichsetzt und die Uria-Geschichte einführt (= vorläufig „Bathseba-
Schicht"). Für diese Entscheidung spricht auch, daß der Grundtext
V.2.4aαβ.b.5.27* ein Strukturschema reflektiert, das aus Schwangerschaft,
Geburt und Namengebung besteht und durch die Wurzeln הרה, ילד und
(שם) קרא repräsentiert wird.[81] Dieses Schema würde durch V.26.27aα1*
erheblich irritiert. Schon *Werner* hat hier Richtiges gesehen, als er „angesichts der häufig belegten stereotypen Wendung ותהר ותלד" erwog, „v. 27
(ohne האבל ויעבר) habe ursprünglich den unmittelbaren Anschluß zu v. 5a
gebildet".[82] Er verwirft diese Vermutung jedoch sofort, weil ihm ohne die
Herauslösung von V.3 die literarische Grundlage fehlt. Zudem vermutet
Bailey, daß die Geschichte von einer ursprünglich namenlosen Frau, allerdings Urias, handelt.[83]

13,38; 14,2; I Chr 7,22 eine unbestimmte längere Zeit.

81 Vgl. Gen 21,2f; 29,32.33.34.35; 30,5f.7f.17f.19f.23f; 38,3.4; I Sam 1,20; 4,19-21;
    Jes 8,3; Hos 1,3f.6.8f; I Chr 7,23, auch Rt 4,13-17; zum Schema auch Bailey, David,
    101.121. Statt der Wurzel קרא wird in Gen 4,17 der bloße Name genannt.

82 Werner, Studien, 222.

83 Bailey, David, 177 Anm. 71. In 11,3; 11,24 sei der Name „Bathseba" jeweils se-
    kundär. Leider kann *Bailey* seine Vermutung nicht literarisch plausibel machen.
    A.a.O., 88, 170 Anm. 9 geht er ferner wegen der Qal-Formen, die in V.2-5 für
    Bathseba verwendet werden, nicht von einer Vergewaltigung aus.

Zwischenfazit zu c.11: Nach den vorangehenden Ergebnissen liegt in
V.2.4aαβ.b.5.27a*(ab וישלח) der Grundbestand der Geschichte von David
und der Frau vor. In ihm wird durchaus positiv von der Geburt eines Königssohnes berichtet, dessen Mutter eine namenlose Frau ist.[84] Eine in
V.3.4aγ.6-18*.26.27aα1(ויעבר האבל) greifbare Überarbeitung identifiziert die namenlose Frau des Grundbestandes mit Bathseba, der Frau Urias,
und macht auf diese Weise einen unverfänglichen Vorfall zum Ehebruch
mit Bathseba und zur vorsätzlichen Beseitigung Urias. V.19f.21b.22 bela-
sten David noch schwerer:[85] Nach dieser Fassung nimmt er sogar strategi-
sche Fehler in Kauf, damit Uria beseitigt werden kann. In V.21a.23f.
25a.b*(ohne וחזקה) begegnet schließlich eine Bearbeitung, die die Idee im
Text verankert, daß auch Urias Tod im Einklang mit Gottes Gerechtigkeit
steht („Theodizee-Bearbeitung").

Nun verlangt der Grundtext in V.27a*, der von der Heirat Davids mit
der Frau und der Geburt des Sohnes berichtet, nach einer Fortsetzung:
„zunächst erwartet man, mindestens den Namen des Sohnes zu hören, der
dem David damals geboren wurde."[86] „Denn normalerweise wird in Geschichten, die über die Geburt eines Kindes berichten, auch die Namengebung mitgeteilt."[87] Tatsächlich sind im Alten Testament nur zwei Fälle
überliefert, wo von der Geburt eines Sohnes berichtet wird, ohne daß sein
Name genannt würde. In I Reg 3,16-28 findet sich die bekannte Erzählung
über Salomos Urteil. Die beiden Söhne, um die es geht, bleiben namenlos.
Namenlos bleibt auch das Kind der Šunemiterin, das Elisa ihr verheißt und
später vom Tode auferweckt (II Reg 4,8-37).[88] Beide Erzählungen haben

---

84   Vgl. auch die namenlose *entu*-Priesterin als Mutter und den unbekannten Vater in
     der berühmten Herkunftslegende Sargons von Akkad (ca. 2350–2294 v. Chr.), s.
     RTAT, 123f; TUAT Erg., 55–57; Hallo, Context I, 461. Im folgenden wird sich
     herausstellen, daß es sich bei dem Königssohn um den späteren Thronfolger, also
     Salomo, handelt.

85   Vgl. ferner das sekundäre Zitat das Uriasbriefes V.15.

86   Greßmann, SAT 2/1, 156.

87   Veijola, Salomo, 231. Vgl. etwa Gen 4,25; 16,15; 17,19; 19,37.38; 35,16-18; Ex
     2,22; Jdc 8,31; 13,24; I Chr 7,16 (formuliert mit den Wurzeln ילד und קרא). Aus der
     Betrachtung ausgenommen sind Angaben, die summarisch, gleich ob mit oder ohne
     Zahlenangabe, von der Zeugung oder Geburt von „Söhnen und Töchtern" reden, vgl.
     Gen 5,4ff; 11,11ff; Ex 21,4; Jer 29,6bis; Ez 23,4; I Chr 14,3; II Chr 11,21; 13,21;
     24,3 etc.

88   In II Reg 4,8ff haben auch die Eltern des Kindes keine Namen. Ferner wird in Mo-
     ses' Geburtsgeschichte das Kind nicht unmittelbar nach seiner Geburt (Ex 2,2)
     benannt, sondern erst, nachdem es entwöhnt und zur Tochter des Pharao gebracht
     worden ist (V.9f). Hebräische Eltern konnten keinen ägyptischen Namen vergeben,

paradigmatischen Charakter. Geht es in der ersten um die Weisheit des Königs Salomo, so in der zweiten um Wundertätigkeit Elisas. Nach *Noth* liegt die Anonymität der Geschichte vom salomonischen Urteil daran, daß sie aus „wanderndem Volkserzählungsgut" stammt.[89] Ähnlich begegnet in II Reg 4,8ff eine „Anekdote", die „vermutlich in Kreisen ... um einen Gottesmann" entstanden ist.[90] Ein biographisches Interesse ist bei beiden Texten nicht zu veranschlagen.[91] Ganz anders steht es in II Sam 11f. Wenn auch die Mutter im Grundbestand selbst nicht mit Namen genannt wird, haben wir doch mit David einen äußerst prominenten Vater vor uns. Daß, wie im vorliegenden MT, der Erstgeborene Davids mit dieser Frau nicht benannt würde, verwundert sehr. Wenn das ganze c.12 zum Grundbestand gehörte, wäre sehr rätselhaft, daß die Geburtsgeschichte Salomos, also des *Thronfolgers*, in 12,24 allzu knapp und wie in Zeitraffer dargestellt würde: „Und David tröstete Bathseba, seine Frau. Und er ging zu ihr ein und schlief mit ihr. Und sie gebar ihm einen Sohn und er nannte seinen Namen Salomo". Zu einem präzisen Anfang wie 11,2.4aαβ.b.5.27a*(ab וישלח) paßte diese Art der Darstellung nicht; und die Zeitraffer war ein Kennzeichen der sekundären Überarbeitung V.26.27aα1(ויעבר האבל).

Dafür, daß die Fortsetzung des Grundbestandes 11,2.4aαβ.b.5.27a*(ab וישלח) direkt in 12,24bα*(nur: „und er nannte seinen Namen Salomo") und nicht in den dazwischen liegenden Texten zu suchen ist, sprechen zahlreiche Argumente. Zunächst wird 11,27aβ ותלד לו בן „und sie gebar ihm einen Sohn" am Anfang von 12,24bα mit dem Satz ותלד בן sekundär wiederaufgenommen. Der in 12,24bα folgende Satz ויקרא את־שמו שלמה „und er nannte seinen Namen Salomo" setzt den unvermittelt endenden und unvollständigen 11,27aβ fort.[92] Die Einheiten nach 11,27a und vor 12,24b sind also sekundär und wurden nach dem *Kuhlschen* Prinzip der Wiederaufnahme verklammert. Vor allem im Anschluß an *T. Veijola* setzt sich allmählich die Auffassung durch, daß sowohl 12,1-15a als auch

---

vgl.Veijola, Salomo, 233 Anm. 11. Zur Aussetzungsgeschichte Ex 2,1-10 vgl. die engen strukturellen und motivlichen Analogien in der Sargon-Legende (s.o. Anm. 8 und Anm. 84).

89 Noth, BK IX/1, 47.

90 Würthwein, ATD 11/2, 292.

91 Vgl. ähnlich Veijola, Salomo, 231f. Er macht darauf aufmerksam, daß in II Reg 4,16f die Pointe dort liegt, daß der Knabe exakt zu dem von Elisa angekündigten Zeitpunkt zur Welt kommt, und nicht auf dem Namen des Kindes.

92 Vgl. o. das Schema von Schwangerschaft, Geburt und Namengebung. Ähnlich Veijola, Salomo, 233, der betont, daß einem Kind der Name unmittelbar nach seiner Geburt gegeben wurde; vgl. auch Noth, Personennamen, 56.

12,15b-23/24a sekundär sind und Salomo der Erstgeborene Davids mit dieser Frau ist.[93] Außerdem besteht darüber, daß die Nathanszene 12,1-15a nicht zum Grundbestand gehört, mittlerweile ein breiter Konsens. Sie ist nur locker in ihren Kontext eingebunden, der Prophet Nathan tritt völlig abrupt auf. Und erst die Nathan-Szene macht das Uria-Ereignis zum Anlaß einer Beispielerzählung mit dem Thema der Vergebung. Auch die Rolle Nathans in 12,1-15a erweckt Zweifel: Denn er war von Hause aus Hofprophet und wurde erst im Laufe der biblischen Traditionsgeschichte zum Träger der Schlüsselprophetien II Sam 12 und 7. In I Reg 1 ist Nathan in seiner Funktion als Hofprophet viel fester als in den beiden anderen Texten verankert:[94] Hier steht er nämlich im Streit um die Thronnachfolge zusammen mit dem Söldnerführer Benaja und dem Priester Zadoq auf der Seite Salomos gegen die Partei Adonias. Mit Hilfe von Bathseba fädelt er bei David eine Intrige ein, die Salomo auf den Thron bringt; an dessen Salbung ist Nathan beteiligt. Ein anderes Bild Nathans begegnet in II Sam 12,1-15a. Hier hält er David einen fingierten Rechtsfall vor (sog. Nathanparabel, V.1-7a), um seine Reaktion zu provozieren, und überführt ihn prägnant mit den Worten „Du bist der Mann" (V.7a). Auf sein Schuldbekenntnis hin erfährt David Vergebung: er muß nicht sterben (V.13).[95] Die Szene V.1-13.15a ist ihrerseits geschichtet.[96] In V.7b-10.11f folgen nochmals nachgetragene[97] Schuldaufweise und verschiedene Unheilsansagen, die die Zukunft des Hauses David betreffen. Spätere prophetentheologische Reflexionen bestimmen in 12,1-15a das Bild Nathans: Er firmiert als Bußprediger und Gerichtsprophet; geschichts- und sühnetheologische Aspekte prägen den Text. Zudem paßt die Parabel (V.1-4) überhaupt nicht zur Situation von II Sam 11.[98] Es scheint nur um den Ehebruch zu gehen, ein „Mord" an Uria spielt keine Rolle; erst in den späteren Überarbeitungen (V.9a.b) wird er angedeutet. Doch genau betrachtet, handelt die Para-

---

93   Veijola, Salomo, 233ff.

94   Vgl. Gunkel, Art. Nathan, 419; Dietrich, Art. Nathan, 18f.

95   Zum Schuldbekenntnis חטאתי ליהוה (13aβ) vgl. Jos 7,20. Für עבר hi. als Vergebungsterminus (13b) existieren nur späte Belege: II Sam 24,10 par I Chr 21,8; Sach 3,4; Hi 7,21 (dort jeweils mit עון).

96   Der mit אפס כי „nur daß" eingeleitete V.14 dient der redaktionellen Verknüpfung mit 12,15b-24a, vgl. Werner, Studien, 240, 243, 250, 300; Schulte, Entstehung, 157f; Dietrich, David, 28f; Hentschel, NEB 34, 50; ders., Verhältnis, 209f.

97   Ähnlich auch Hermisson, Weisheit, 144 u.a. Zu weiteren Einzelheiten der Analyse s.u. den Exkurs „Die Haremsfrauen" in 5.9.

98   Vgl. etwa auch Vermeylen, Loi, 311.

bel nicht von Ehebruch, sondern von Habgier; in V.4 hinkt der Vergleich, weil das gestohlene Schaf für ein Gastmahl verwendet wird. Seine Darstellung als völlig unschuldiges Opfer ist nicht durch c.11 gedeckt. Ab V.7b setzt der Text nochmals an; die Ansagen gleichen die Prophetie mit den weiteren Entwicklungen in II Sam ab, vgl. besonders V.11f.

Während einige Forscher nur in 12,1-15a einen Einschub sehen,[99] werten andere auch 12,15b-23/24a als sekundär, meist im Anschluß an *Veijola*.[100] Bereits *Cook* hält ganz 11,27b-12,24a.25 für späteren Einschub:[101] Salomos Geburt solle dadurch so fleckenlos wie möglich erscheinen. Eine erste Ergänzungsschicht liege mit 11,27b; 12,15b-24a vor, dann werde 12,1-15a.25 eingefügt; 11,27a sei also mit 12,24b zu verbinden. *Veijola* beruft sich auf *Cook* und führt dessen Ergebnisse maßgeblich weiter.[102] Ganz 11,27b-12,24* ist für *Langlamet* eine Hinzufügung, später spezifiziert er 12,16-23 als zu seiner vordtr prosalomonischen Schicht S3 gehörig.[103] Ihm folgt *Bietenhard*, die V.15b-24 S3 und V.1-15a DtrP zuschreibt.[104] Nach *Dietrich* wurde zunächst die weisheitliche Lehrerzählung 12,15b-23 eingefügt und danach der aus anderer Quelle stammende Nathanauftritt durch DtrP be- und eingearbeitet.[105] *Werner* sieht in 12,1-5.7*.8.13 die erste Erweiterung von 11,2-27a*, die DtrP mit 11,27b; 12,11f überarbeite.[106] 12,9a.10.14.15-25 schreibt er einer Redaktion zu, „die in ihrer Grundtendenz der chronistischen Vergeltungstheologie nahesteht."[107] Für *Bailey* ist V.16-23 dtr.[108] Und nach *Vermeylen* stammt ein kleiner Grundbestand in 12,1-15* von DtrP, die Überarbeitungen und V.15b-24a von DtrN.[109]

---

99 Schwally, Quellenkritik, 153–157; Budde, KHC 8, 254; Nowack, HKAT I/4/2, XXI; Smith, ICC, 322; Ackroyd, CNEB, 133; Anderson, WBC 11, 165 u.v.a (vgl. Schnabl, Thronfolgeerzählung, 119). Nach Caquot/de Robert, Samuel 489f stammt 12,1-15a von einem zadoqidischen Historiker. Für Fischer, Hebron, 306 ist der Text dtr.

100 Vgl. Veijola, Salomo, 233ff.

101 Cook, Notes, 156f.

102 Veijola, Salomo, 233ff. Vgl. auch vor ihm Würthwein, Erzählung, 31f, erwägungsweise.

103 Langlamet, Fils, 23; ders., Editions, 355; ders., Rez. Bailey, 741.

104 Bietenhard, Des Königs General, 284ff, 362f.

105 Dietrich, David, 28–30, 103–136; ders., Prophetie, 127ff.

106 Zur Rolle der Sonne in V.11f vgl. Arneth, Sonne, 7, 139; van Wolde, Words, 259ff.

107 Werner, Studien, 244–261, Zitat 300.

108 Bailey, David, 113–116, 122.

109 Vermeylen, Loi, 310ff, 319ff, 644, 652.

Vieles spricht für die Überlegung, daß die Geschichte vom Tod des
Kindes 12,15b-24a nicht die ursprüngliche Fortsetzung von 11,27a war,
also den Angaben über Davids Eheschließung und die Geburt des Kindes,[110] sondern nach der Erzählung vom Auftreten Nathans in 12,1-15a zu
datieren ist. Weil die Geschichte von David und der Frau schon früh mit
dem kurzen Bericht über die Belagerung und Eroberung Rabbas verbunden
war,[111] ergäben sich Schwierigkeiten, wenn 12,15bff von Anfang an da-
zugehört hätte. Wenn sich die Ereignisse von II Sam 11 während der Belagerung abspielen sollten, müßte diese so lange dauern, daß man darin zwei
Schwangerschaften unterbringen konnte. Damit ist das zeitliche Konzept,
das durch die Verbindung des Grundbestandes 11,1a*; 12,29.31b mit der
Geschichte von David und der Frau entstanden ist, deutlich überstrapa-
ziert.[112]

Wenn, wie einige Ausleger annehmen, 12,1-15a später als V.15b-24a
datiert, dann hätte man in der Nathanperikope einen deutlicheren Reflex
auf den Tod des „ersten" Kindes erwartet: Diese Geschichte ließe sich
gerichtsprophetisch oder sühnetheologisch gut auswerten. Doch ein solcher Reflex findet sich nur ganz marginal, nämlich im sekundären[113] mit
כי אפס „nur daß" eingeleiteten V.14, der die beiden Geschichten redaktionell verklammert und die Vergebung einschränkt, die Nathan dem David
zugesagt hat. Daß andersherum in 12,15b-24a kein Bezug auf die Nathanperikope begegnet, liegt daran, daß der Horizont dieser Geschichte vom
Tod des Kindes weit über die Frage der Buße oder der Schuld und Strafe
Davids hinausgeht. Denn der Text hat nicht nur die Aufgabe, „von Salomo
den Makel" zu nehmen, „daß er als Frucht eines ehebrecherischen Verhält-
nisses geboren sei",[114] oder auch den Verdacht auf eine Vaterschaft Urias
zu beseitigen,[115] sondern er ist ein theologisches Paradigma mit anderen
Akzenten, das Produkt einer späten Zeit. Jahwe schlägt das Kind, daß es

---

110 So aber etwa Schwally, Quellenkritik, 153–157; Budde, KHC 8, 254, vgl. o. Anm.
　　99.

111 Vgl. o. 26–28.

112 Zum Problem auch Veijola, Salomo, 237ff.

113 Vgl. etwa Werner, Studien, 240, 243, 250, 300; Schulte, Entstehung, 157f; Dietrich,
　　David, 28f; Hentschel, Verhalten, 209f; ders., NEB 34, 50.

114 Auerbach, Wüste, 241 Anm.1.

115 Vgl. Bietenhard, Des Königs General, 285f, 362f. Nach ihr möchte S3 mit dem
　　Einschub von V.15b-24a.b-25 zudem den dubiosen Eindruck Salomos und Zweifel
　　an seiner Legitimität ausräumen, wie sie sich aus I Reg 1f ergeben. Ferner Veijola,
　　Salomo, 235ff, 248.

krank wird (V.15b), und David fastet, betet und vollzieht Trauerriten
(V.16f). Als es gestorben ist, geht David ganz ohne weitere Trauerriten zur
Alltagsnormalität über (V.21f). Nach *Werner* steht die Episode chronisti-
schem Vergeltungsglauben nahe.[116] Er verweist auf das Beispiel Manasses
nach II Chr 33,1ff und argumentiert mit dem Sprachgebrauch[117] und dem
Interesse der Geschichte an der Verbindung Davids mit dem Tempelkult,
wie er sich in seinem Tempelbesuch nach V.20[118] und der Formulierung
„Jahwe/Gott suchen" (שׁקבּpi., V.16) ausdrückt. Doch auch von chronistischer Vergeltungstheologie her gedacht, erschiene Davids Verhalten rätselhaft. Die Akzente sind m.E. anders gesetzt. Denn: „Nach dieser Legende
benimmt sich David ja *vor* dem Tod des Kindes wie man sich gewöhnlich
nach dem Tod zu benehmen pflegt."[119] Den Schlüssel liefert Davids eigene
Erklärung nach V.22f: „Und er sprach: als das Kind noch am Leben war,
habe ich gefastet und weinte ich, denn ich dachte: wer weiß: Jahwe erbarmt
sich meiner und das Kind bleibt lebendig. Aber jetzt ist es tot. Warum nur
soll ich fasten? Kann ich es noch zurückholen? Ich gehe zu ihm, aber es
wird nicht zu mir zurückkehren."[120] Nach dem Tod des Kindes wäre eine
Selbstminderung nicht mehr sinnvoll, David fügt sich in Jahwes Ratschluß. Der Horizont der Aussage geht weit über das Thema „Vergeltung"
hinaus. Denn eine Frage, die mit יודע מי „wer weiß" und einer anschließenden Hoffnungsäußerung gebildet ist, Jahwe möge das beschlossene
Gericht zurücknehmen, begegnet im AT nur noch Joel 2,14 und Jona 3,9.
Die Problematik weist in die Spätzeit alttestamentlicher Theologie, denn
sie setzt eine längere Reflexion über Jahwes Strafhandeln und die Entwicklung einer Umkehrtheologie voraus. In Ton und Tenor erinnert II Sam
12,23 deutlich an den zur Theodizee-Schicht zu rechnenden II Sam 11,25*,
besonders an den Satz „Diese Angelegenheit sei in deinen Augen nicht
schlecht, denn mal diesen, mal jenen frißt das Schwert.". II Sam 12,23 ist
eine Variante der Theodizeefrage: Der Tod des Kindes hat seine Richtig-

---

116 Werner, Studien, 250–255.

117 Vgl. etwa die Wurzel נגף, die für Jahwes Strafhandeln an einem Einzelnen nur noch
   in I Sam 25,38; 26,10; II Chr 13,20; 21,18 begegnet. Die Samuelstellen sind nach
   Veijola, Salomo, 245 sekundär. Zur ganzen Thematik vgl. auch Nutkowicz, Mort
   d'un enfant.

118 Hier liegt übrigens ein Anachronismus vor.

119 Veijola, Salomo, 241. Hentschel, Verhalten 212 macht unter Verweis auf Hi 14,7-
   22; Koh 3,19-21; 9,1-6 etc. auf den weisheitlichen Charakter von Davids Umgang
   mit dem Tod aufmerksam.

120 Zu möglichen Deutungen vgl. Veijola, Salomo, 241f oder Naumann in Die-
   trich/Naumann, Samuelbücher, 254.

keit, weil er von Jahwe beschlossen ist. Aber der Verfasser dieses Textes
geht einen Schritt weiter: Vielleicht läßt sich Jahwe ja noch einmal zur
Gnade bewegen,[121] nachdem David schon einmal Vergebung erlangt hat.
Vielleicht bewegt ihn Davids Selbstminderung, in der sich erneut die
Umkehr des Königs ausdrückt, zur Rücknahme der Strafe. Wegen der
beobachteten Tendenzen sind große Textanteile in II Sam 12 für die
Theodizee-Bearbeitung zu veranschlagen, deren Wirksamkeit man sich
wahrscheinlich in mehreren Arbeitsgängen vorzustellen hat.

Salomo ist also der Erstgeborene der Verbindung von David und der
unbekannten Frau aus 11,2ff*. Wie gesehen, setzt 12,24bα2 den
unvollständigen 11,27a* fort: שלמה שמו את־ויקרא. David gibt seinem
Sohn den Namen Salomo.[122] Daß der König selber den Thronfolger benennt, ist für den Text konstitutiv.[123] V.24a und die Wiederaufnahme durch
בן ותלד in V.24bα gehören zur Episode vom Tod des ersten Kindes
(12,15b-24a). Ihrer Konzeption entsprechend fügt sie schnell Zeugung und
Geburt eines zweiten Kindes ein, denn das erste ist für Davids Schuld
gestorben. Erst dann kann der Handlungsfaden des Grundtextes wieder
aufgenommen werden, der mit der Benennung Salomos endet. Ganz betont
wird in V.24aα von „Bathseba, seiner [sc. Davids] Frau" gesprochen. Die
Doppelung der Aussagen עמה וישכב אליה ויבא „und er kam zu ihr und er
schlief mit ihr" (24aβ) erklärt sich aus einer falsch verstandenen Analogie
zur Aussage in 11,4 עמה וישכב אליו ותבוא.[124] Mit der Benennung Salomos
ist der Grundbestand abgeschlossen, denn V.24bβ.25 sind sekundär. Ab
V.26 wird schließlich der Ammoniterkriegsbericht fortgeführt.

Der invertierte Verbalsatz אהבו ויהוה „und Jahwe liebte ihn" V.24bβ
hängt als theologisches Werturteil in der Luft. Plötzlich firmiert Jahwe als
Subjekt; die Narrativkette wird unterbrochen. Außerdem ist die Rede von
Jahwes Liebe (Wurzel אהב) zu einem Einzelnen im AT erst spät belegt: Jes

---

121 Vgl. die Funktion des אולי „vielleicht" in Am 5,15; Zeph 2,3; Thr 3,29b; Ex 32,30.

122 Wie HAL, 1425f zeigt, ist die Deutung von Salomo als Ersatzname, auf die Stamm,
Name, 284ff; Veijola, Salomo, 235f abheben, überhaupt nicht zwingend. Vgl. ferner
Noth, Personennamen, 165 (Vertrauensname) und Gerlemann, Wurzel, 13.

123 Daher wird mit K ויקרא gelesen; Q, einige Mss, Peschitta und Targum haben ותקרא
„und sie nannte". Im AT ist beides belegt: Sowohl Mütter (Gen 4,25; 29,32ff; I Sam
1,20 etc.) als auch Väter (Gen 4,26; 38,3; Ex 2,22; Jdc 8,31; Jes 8,3) geben Kindern
ihre Namen. Gegen Herner, Athalja, 137–141 läßt sich nicht einfach ein zeitliches
Nacheinander von „matriarchalischer" und „patriarchalischer" Sitte in der Namengebung behaupten.

124 Vgl. dort den Subjektunterschied, dazu o. 48–50.

41,8; 48,14.[125] V.25 setzt V.24bβ fort: Der Prophet Nathan wird, legitimiert durch Jahwe, zum Erzieher Salomos. Diese Funktion wurde aus seiner Rolle in I Reg 1 abgeleitet;[126] zugleich beschwichtigt die Aussage den Verdacht, der wegen I Reg 1 gegen Salomo und Nathan aufkommen könnte. Wenn Nathan seinen Schützling in ידידיה „Liebling Jahwes" (vgl. Dtn 33,12) umbenennt, so entspricht das der Bemerkung V.24bβ. Die Aussage ist bewußt in exakter Parallele zur Benennung mit dem ersten Namen durch David (V.24bα*) gestaltet worden.[127] Der Name Jedidjah kommt im Folgekontext nicht mehr vor. Die Überlegung, es könne der Name des ersten Sohnes gewesen sein,[128] hat keinen literarischen Anhalt am Text. V.25b „um Jahwes willen" erklärt die Benennung.[129] Daran, daß V.24bβ.25 nicht zum Grundtext gehören, besteht auch in der neueren Forschung kein Zweifel.[130] Es sind Theologisierungen angesichts der faktischen Thronfolge Salomos, die II Sam 7,12ff nicht fern stehen und deswegen spät zu datieren sind.[131]

Zwischenfazit: Der Grundbestand der Geschichte von David und der Frau liegt in 11,2.4aαβ.b.5.27a*(ab וישלח);[132] 12,24bα2(„und er nannte seinen Namen Salomo") vor. In c.12 wurde erst die Nathangeschichte (V.1-15a*),[133] dann die Episode vom Tod des Kindes (V.15b-24abα1[nur

---

125 Neh 13,26 zitiert II Sam 12,25.

126 Vgl. auch Würthwein, Erzählung, 30 Anm. 47.

127 V.25 ist insgesamt nicht einwandfrei verständlich, vgl. Würthwein, Erzählung, 30 Anm. 47; Stoebe, KAT VIII/2, 300 und Seiler, Geschichte, 271f.

128 So etwa Budde, KHC 8, 257, der die Benennung hinter 11,27a stellt.

129 Nach Stoebe, KAT VIII/2 297, 301 ist V.25b eine Glosse.

130 Für sekundär halten V.24bβ.25 etwa van den Born, BOT IV/1, 174; Würthwein, Erzählung, 29–31; Veijola, Salomo, 237; Langlamet, Fils, 23; ders, Editions, 355; ders., Rez, Bailey, 749; Seiler, Geschichte, 271f. Für Werner, Studien, 260f.300 gehen sie auf die Redaktion zurück, die chronistischer Vergeltungstheologie nahesteht; anders Bietenhard, Des Königs General, 285f, 362f: S3. Nach Caquot/de Robert, Samuel, 487 stammen V.24f ganz vom zadoqidischen Redaktor, nach Dietrich, David, 108 sind nur 24bβ.25b ein Nachtrag. Allein 24bβ ist nach Cook, Notes, 157 Anm. 31 und Budde, KHC 8, 257 (dtr.) sekundär.

131 II Sam 7 bringt David im Anschluß an die Überführung der Lade nach Jerusalem möglichst nahe mit dem Tempelbau in Verbindung. Damit rückt die Konzeption in deutliche Nähe zum chronistischen Bild Davids als eines Kultgründers, vgl. o. 16f.

132 11,4aγ „und sie heiligte sich von ihrer Unreinheit" gehört zur davidkritischen Bathseba-Schicht.

133 Deren Grundbestand liegt in V.1-5.7a.13 vor; in V.7b-10.11f finden sich Nachträge, und V.14 dient der redaktionellen Verknüpfung mit V.15b-24a*.

בן ותלד]) eingefügt. Die theologischen Urteile 12,24bβ.25 gehören zu den späten Eingriffen in den Samueltext.

2.4 David und Uria

Zurück zu II Sam 11. Dort begegnet im Grundbestand ein kurzer Bericht, der mit positivem Akzent von der Geburt des Thronfolgers Salomo handelt (11,2.4aαβ.b.5.27a*[ab וישלח]; 12,24bα2[„und er nannte seinen Namen Salomo"]).[134] Eine erste Überarbeitung in II Sam 11 macht die unbekannte Frau zu Bathseba, die mit dem hohen Militär Uria verheiratet ist (= die „Bathseba-Schicht" in V.3.4aγ.26.27aα1[ויעבר האבל]). Mit dieser Identifikation hängt aber die ganze Uria-Geschichte V.6ff* zusammen, die sekundär in die bestehende Folge von V.2.4aαβ.b.5.27a*(ab וישלח) eingeschaltet worden ist. Der Grundbestand der Uriageschichte gehört also ebenfalls zur Bathseba-Schicht, deren Tendenz hier in extrem scharfer Kritik an David besteht. Wie in 2.1 gesehen, liegt die ursprüngliche Fassung von Uriasbrief und Urias Tod in V.14.16.17a*.b.18 vor; V.19f.21b.22 und V.21a.23f.25a.b*(ohne ויחזקהו) sind Nachträge. Also gehören V.14.16.17a*.b.18 zur davidkritischen Bathseba-Schicht; nach deren weiterem Bestand in c.11 nun zu suchen ist.

V.6-13 handeln von den Versuchen Davids, Uria das Kind mit Bathseba unterzuschieben. Er beauftragt Joab, Uria zu ihm zu senden, was Joab ausführt (V.6). David fordert Uria auf, nach Hause zu gehen und „sich die Füße zu waschen",[135] doch Uria geht nicht nach Hause (V.8*.9b). Da lädt ihn David ein, bewirtet ihn mit Speise und Trank, macht ihn betrunken, trotzdem geht Uria wieder nicht nach Hause (V.13). Schließlich besinnt sich David eines letzten Mittels: Er schreibt einen Brief an Joab und schickt ihn durch Uria (V.14). Joab weiß, was er zu tun hat: Uria fällt in der Schlacht (V.16.17a*.b.18). Signifikant ist, daß Uria in V.3.6 mit der vollen Bezeichnung אוריה החתי „der Hethiter Uria" genannt wird,[136] denn

---

134 Der Bericht korrespondiert mit dem Grundbestand I Reg 1,5.7f*.38-40*, wo knapp und wiederum positiv von Salomos Inthronisation erzählt wird, vgl. u. 3.1, 3.2 und 3.5.

135 Diese Wendung ist gegen McCarter, AncB 9, 286 u.a. keine Aufforderung zum Geschlechtsverkehr: vgl. Gen 18,4; 19,2; 24,32; 43,24; Ex 30,19.21; 40,31; Jdc 19,21; I Sam 25,41; Cant 5,3. Nach Budde, KHC 8, 251 bedeutet sie hier „mach es dir bequem". Vgl. auch Werner, Studien, 226, ferner Bailey, David, 174f Anm. 53.

136 Vgl. noch 11,17.21.24; 12,9.10; 23,39 par I Chr 11,41; I Reg 15,5.

das sind die Scharnierverse, mit denen die Bearbeitung in den Grundbestand eingehängt werden.

Deutlich wurde in die davidkritische Bathseba-Schicht in V.6-14*
später noch einmal sekundär eingegriffen, und zwar mit V.7.9a.10b-12, die
eine zusammenhängende Überarbeitung darstellen. Eindeutig sekundär ist
V.7. Er stört den glatten Übergang von V.6 zu V.8. Obwohl in V.6b gesagt
wird, daß Joab den Uria zu David sendet, er also schon dort sein muß,
vermerkt V.7a als Doppelung noch zusätzlich: „Und Uria kam zu David."Auch fällt auf, daß Uria Davids Frage (V.7b) nicht beantwortet, der
Redegang also abgebrochen ist.[137] Eine volle Redeeinführung, nämlich die
ursprüngliche, findet sich erst in V.8: „Und David sprach zu Uria." Ferner
sticht in V.7b sofort ein stilistisches Trikolon ins Auge: „Und David fragte
nach dem שלום Joabs, nach dem שלום des Volkes und nach dem שלום des
Krieges."[138] Solche Dreierstrukturen begegnen auch in V.10-12.

Ein weiterer Nachtrag dieser späten Bearbeitung ist V.9a, der sich
durch die Wiederholung des Subjektes „Uria" und die Doppelung des
Begriffes בית המלך „Königspalast" verdächtig macht. V.9a reißt außerdem die prägnante Antithese der Bathseba-Schicht V.8bα.9b auseinander:
„Und Uria ging aus dem Königspalast hinaus, aber in sein Haus ging er
nicht hinab." V.8bβ ist Glosse.[139] Ein paralleler Fall begegnet in V.13: dort
gehört die Angabe, daß er mit den Knechten seines Herrn übernachtet, zum
Text der Bathseba-Schicht. Sie ist mit der Inf.-Konstruktion לשכב במשכבו
„um auf seinem Lager zu schlafen" angeschlossen und stört die Antithese
nicht. In V.9a aber unterscheidet sie sich charakteristisch von V.13b: Sie
ist als eigener Narrativ formuliert, und die Ortsangabe „am Eingang des
Königspalastes" (V.9a) steht gegen das nicht näher lokalisierte „Lager"
(V.13b); die Rede von diesem Lager setzt V.11 nicht voraus. Statt „mit den
Knechten seines Herrn" (V.13b) begegnet in V.9a „mit allen[140] Knechten
seines Herrn". Somit vereindeutigt und verschärft V.9a Aussage und

---

137 Gegen Yee, Fraught, 247f kann ich daraus nicht schließen, die Frage sei nicht ernst
gemeint.

138 Die Verbindungen sind sämtlich *hapax legomena*. Zu dreimaligem שלום vgl. I Sam
25,6 und II Reg 4,26 (dort noch ein viertes Mal in der Antwort).

139 V.8bβ „Und das Geschenk des Königs ging hinter ihm heraus" ist eine Glosse. Auf
dieses Geschenk wird nicht weiter zurückgekommen; auch ist unklar, was mit ihm
gemeint ist. Störend wirkt die Massierung von המלך im Kontext von V.8b und 9.
Das Prädikat ותצא wurde bewußt parallel zum voranstehenden ויצא gestaltet.

140 כל „alle" fehlt in LXX; Vulgata: cum aliis servis domini sui.

Situation von V.13b: Uria wird als ein loyaler Diener seines Herrn Joab und als ein fairer Waffenbruder dargestellt.

Der letzte und größte Eingriff dieser Schicht ist in V.10b-12 zu finden, einem längeren Dialog Davids mit Uria.[141] Er zeichnet sich durch breitere Ausführung in Stil und Inhalt gegenüber einem knapperen Kontext aus. Zu Recht weist *Fischer* auf einen Szenenbruch zwischen V.10a und 10b hin: David wird mitgeteilt, daß Uria nicht in sein Haus hinabgegangen ist (10a), und dann spricht er direkt zu ihm, ohne daß die Begegnung durch eine Notiz ermöglicht würde, die Urias erneutes Kommen zu David festhält.[142] Außerdem stoßen sich die Aufforderung Davids an Uria, bei ihm zu bleiben (V.12) und die Einladung in V.13, durch die eine Doppelung entsteht. Das entspricht auch Beobachtungen zum Handlungsablauf. Wenn V.10b-12 ausgeschieden werden, ergibt sich eine klare Struktur: an drei Tagen versucht David je einmal, sein Problem mit Uria zu lösen: zunächst durch eine einfache Aufforderung, nach Hause zu gehen (V.8a), dann indem er ihn betrunken macht (V.13), und schließlich mit dem Uriasbrief (V.14). Die Zeitangaben im sekundären V.12 jedoch irritieren diesen stringenten Ablauf, indem sie eine Dauer von zwei oder drei Tagen zwischen den ersten und zweiten Versuch einschalten. Gegen *Fischer* bildet V.13 einen einwandfreien Anschluß an V.10a; לו (V.13) bezieht sich klar auf „Uria" (V.10a) zurück.[143] In der davidkritischen Bathseba-Schicht wurde also David lediglich über Urias Handeln informiert (V.10a) und lud ihn daraufhin ein (V.13). Schließlich spielt der Inhalt von V.10b-12 im folgenden Kontext keine Rolle mehr. Doch dafür, daß hier ein Nachtrag vorliegt,

---

141 V.10b-12 sind nach Fischer, David und Batseba, 52–56 sekundär, nach ders., Hebron, 306 dtr. Bailey, David, 9f, 122 schlägt V.10b-11 seinem Dtr zu. Bietenhard, Des Königs General, 281f, 362f führt V.11b.12abβ* (ביום ההוא וממחרת) auf den Thronfolgeerzähler S2 zurück, der sie in den ursprünglichen Bericht einarbeitet. Für Vermeylen, Loi, 295–310 gehen V.10-12 auf DtrH zurück, DtrP zeichne für einen Eintrag in V.11a verantwortlich.

142 Vgl. die Verwendung von ות/שלח in V.3.4.5.6.14 sowie ויקרא in V.13; zum Argument auch Fischer, David und Batseba, 52. A.a.O., 54f hebt er zudem die Fixierung auf eine Einzelperson und deren moralische Integrität als ein Element hervor, das im Kontext nicht begegnet. Gegen den Szenenbruch führt Seiler, Geschichte, 245 ein vermeintliches Stilmittel des Thronfolgeerzählers ins Feld.

143 Vgl. Fischer, David und Batseba, 52 u. ebd. Anm. 6. Ein Beginn וממחרת ויקרא־לו „und am folgenden Tage lud er ihn ein" (vgl. L^115, S^A), ist gegen Wellhausen, Text, 182; Seiler, Geschichte, 245f nicht nötig. Es wird betont, daß Uria über Davids Anordnung hinaus noch einen Tag länger bleibt. Ehrlich, Randglossen, 297; Driver, Notes, 290; McCarter, AncB 9, 281; Stoebe, KAT VIII/2, 282 u.a. greifen weiter in den Text ein.

sprechen noch weitere Einzelheiten. Zunächst ist festzuhalten, daß es keine literarischen Argumente für die Ausscheidung des Satzes הארון וישׂראל ויהודה ישׁבים בסכות „die Lade und Israel und Juda wohnen in (den) Hütten" in V.11a gibt.[144] Im Gegenteil, diese Änderung würde die planvolle Kompositon des Textes von V.11a stören, die auf Dreierstrukturen beruht. V.11 ist Urias Antwort auf die Frage Davids, warum er nicht in sein Haus hinabgegangen sei, wo er doch von einer Reise komme: „Da sagte Uria zu David: ‚Die Lade und Israel und Juda wohnen in (den) Hütten, und mein Herr Joab und die Knechte meines Herrn lagern auf dem Felde – da soll ich in mein Haus (hinein)gehen, um zu essen und zu trinken und mit meiner Frau zu schlafen? Bei deinem Leben und beim Leben deiner Seele: diese Sache tue ich nicht!'" Urias Aussagen einschließlich der rhetorischen Frage stellen ein erstes Trikolon (im Sinne der Stilform einer Dreierstruktur in Prosa) dar, das aus drei Sätzen, nämlich „Lade-Satz", „Joab-Satz", „Ich-Satz", besteht (V.11a). Die Sätze bilden eine detailreiche Klimax aus zwei Nominalsätzen, die mit Partizipien konstruiert sind, und anschließendem invertierten Verbalsatz („da soll ich ..."). Der Schwur V.11b überbietet sie eindrücklich. Zwei weitere Trikola begegnen in V.11a im ersten und im letzten Satz: einerseits die Subjekte „die Lade und Israel und Juda", andererseits die mit ל konstruierten Inf. cstr., deren letzter erweitert ist: „um zu essen und zu trinken und mit meiner Frau zu schlafen". Der mittlere Satz hat nur zwei Subjekte, bei ihm bilden Ortsbestimmung und Partizip einen kunstvollen Chiasmus zum ersten Satz. Vielleicht sind diese Dreierstrukturen von den drei Versuchen Davids beeinflußt, von denen die Bathseba-Schicht berichtet.[145] Nimmt man ferner V.10b mit den vorliegenden V.9b.13 zusammen, dann wird dreimal erwähnt, daß Uria nicht in sein Haus hinabgestiegen ist. Jedenfalls ist deutlich, daß die sekundären V.7.9a.10b.12 mit verschiedenen Trikola (im Sinne der Stilform) arbeiten.[146] Wegen dieser gemeinsamen Stilfigur liegt nahe, hier eine einzige Schicht anzunehmen; dies werden die Überlegungen zur Tendenz bestätigen.

---

144 Diese Worte sind sekundär nach Kegler, Politisches Geschehen, 170f; Werner, Studien, 226–229, 300 (DtrP) sowie Vermeylen, Loi, 297f, 644 (DtrP). Budde, KHC 8, 252 beläßt „die Lade" noch im Grundtext, und bei Cook, Notes, 156 besteht die Glosse nur aus „wohnen in Hütten".

145 Will die Überarbeitung dadurch die moralisch fragwürdigen Versuche theologisch entschärfen?

146 V.9a tut das, indem er auf V.9b reagiert.

Doch auch in anderer Hinsicht hebt sich der Nachtrag V.10b-12 von seinem Kontext ab. Er entspricht einem höheren Reflexionsniveau und zeigt Einflüsse später Sprache und Theologie. Zunächst begegnet die Wendung בסכות ישב „wohnen in Hütten" (V.11a) nur in späteren Texten.[147] סכה/סכות wird nirgends im AT mit der Lade in Verbindung gebracht; zu ihrer Unterbringung dient vielmehr der אהל (vgl. Ex 30,26; 31,7; I Reg 8,4 etc.). Außerdem findet sich eine Zusammenstellung der Lade mit Israel *und* Juda im AT nur hier; mit Juda wird sie grundsätzlich nicht verbunden.[148] Der Begriff סכה ist in einem militärischen Kontext nur noch I Reg 20,12.16 belegt, wo er das königliche Zeltlager Benhadads im Felde bezeichnet.[149] Mit seinem ersten Trikolon „die Lade und Israel und Juda" weitet V.11a deutlich die Perspektive aus, der Heerbann tritt zur Spezialtruppe („die Knechte meines Herrn [*sc.* Joabs]"). Daß dadurch aber ein beschränkter Waffengang zu einem Jahwekrieg gemacht wird, wie *Werner* und *Fischer* vermuten,[150] kann nicht gesagt werden. Wohl ist *Fischer* mit der Beobachtung im Recht, daß die Lade in den Kriegsberichten von II Sam, insbesondere im Ammoniterkrieg nicht erwähnt wird.[151]

Auffällig ist, daß V.7.9a.10b-12 in Tendenz und Ton der Theodizee-Bearbeitung in V.21a.23f.25a.b*(ohne וחזקהו) entsprechen, dem Verweis auf Abimelek und der Reaktions Davids auf Urias Tod. In V.7 erkundigt sich David freundlich nach dem Ergehen des Heeres und der Schlacht. Uria wird loyal gegenüber seinem Heerführer und seinem König gezeichnet: er bleibt einen Tag länger, als David ihm geboten hat (V.12b) und hält seiner Truppe und deren Befehlshaber Joab die Treue. Wie könnte er nach Hause gehen und sich amüsieren, wenn diese auf dem Feld lagern (V.9a.11a)?[152] Nicht zuletzt erklärt die Bearbeitung, warum die Dinge genau so kamen,

---

147 Lev 23,42.43; Neh 8,14.17 je mit Bezug auf das Laubhüttenfest, ferner Hi 38,40 mit סכה im sing.

148 Lediglich I Chr 13,6 nennt Juda in einer Ortsangabe im Zusammenhang mit der Lade.

149 Nach Kegler, Politisches Geschehen, 170f, 364 Anm. 508 ist סכה ein später Terminus. Der von Seiler, Geschichte, 248f als Gegenargument eingeführte Beleg Gen 33,17 wurde von Levin, Jahwist, 257 als Jˢ erwiesen. McCarter, AncB 9, 287 versteht Sukkoth als Ortsnamen = Tell Deir Alla, was vom Kontext her schwer verständlich wäre.

150 Vgl. Werner, Studien, 226–228; Fischer, David und Batseba, 54f. Daß „V.11 auf Kriegsaskese anspielt" (Fischer, a.a.O., 53), „läßt sich ... nicht am Text belegen." (Seiler, Geschichte, 246).

151 Vgl. Fischer, a.a.O., 53.

152 Die Wendung חנה על־פני השדה kommt nur hier vor.

wie sie kamen (vgl. V.21a.23f.25a.b*[ohne וַיְחַזְּקֵהוּ]), speziell, warum Uria zu Tode kommen mußte.[153] Nach V.10b-12 bemüht sich David ernstlich, die Sache zu regeln, ohne daß Uria sterben muß. Die Schicht hat die Neigung, das Verhalten beider theologisch zu motivieren. Genau wie Uria für seine Entscheidung, nicht nach Hause zu gehen, nachvollziehbare und theologisch vertretbare Gründe hat, so auch David für seinen Versuch, den Fall Bathseba/Uria ohne Blutvergießen zu erledigen. Deshalb sind auch V.7.9a.10b-12 für die Theodizee-Bearbeitung zu veranschlagen; V.6.8abα. 9b.10a.13 verbleiben für die Bathseba-Schicht. Die Art der theologischen Motivierung in 7.9a.10b-12 erinnert deutlich an Davids Trauerverhalten nach 12,15b-24abα1, das sicher auch der Theodizee-Bearbeitung zuzuschlagen ist.[154]

Erste Überlegungen zu Datierung und Trägerkreisen des Grundbestandes von II Sam 11f und der davidkritischen Bathseba-Schicht ergeben Folgendes: Eine Datierung des Grundbestandes II Sam 11,2.4aαβ.b.5.27a* (ab וַיִּשְׁלַח); 12,24bα2 („und er nannte seinen Namen Salomo") in späterer Zeit ist schwer vorstellbar. Dagegen sprechen sein offensichtliches historisches Wissen und seine Detailkenntnisse. Außerdem trägt er keine Zeichen fortgeschrittener theologischer Traditionsbildung. Ich datiere ihn in die Zeit Salomos. Denn über die Geburt des Thronfolgers zu berichten, war im Interesse der Dynastie bzw. des Königshofes. Es liegt deshalb nicht fern, beim Grundbestand mit einem Quellenstück aus den Archiven des Hofes zu rechnen.

Was die Überarbeitung („Bathseba-Schicht") betrifft, ist die Sachlage schwieriger. In jedem Fall handelt es sich bei ihr um massive Kritik an David. Da diese Schicht auch in anderen Teilen des zweiten Samuelbuches und von I Reg 1f festzustellen ist, in denen Bathseba nicht begegnet, und da diese Schicht weiterhin auch Salomo einer fundamentalen Kritik unterzieht, nenne ich sie ab jetzt „dynastiekritische Bearbeitung". Verrät das Wissen um Uria und Bathseba historische Nähe? Doch warum tauchen diese Namen erst jetzt und nicht schon im Grundbestand auf? Auch könnte es sich bei den Namen um alte Reminiszenzen handeln, die später aufge-

---

153 Damit verstärkt sie einen Zug, der bereits in den vorliegenden V.14.16.17a*.b.18 angelegt ist. Denn nach ihnen ist David zwar für Urias Tod verantwortlich, der aber immer noch ein Soldatentod bleibt. Zum regelrechten Mord wird der Fall Uria schließlich erst durch den nachgetragenen Briefinhalt V.15, der nach V.14.16. 17a*.b.18 zu datieren ist.

154 Wie bereits gesehen, muß man sich deren Wirksamkeit in mehreren Arbeitsgängen vorstellen; für genauere Informationen s.u. ab 4.2 und Kapitel 8.

griffen wurden.[155] Gerade im Samuelbuch begegnet Bathsebas Name nur in
II 11,3; 12,24.[156] *Bailey* vermutet sogar, „that there was originally a ‚wife
of Uriah' tale concerning an unnamed woman taken by David which has
been secondarily adapted by the addition of the name Bathseba the daughter of Eliam in 11.3 and Bathseba the wife of David in 12.24."[157] Zugleich
fällt die höhere erzählerische Fertigkeit der dynastiekritischen Bearbeitung
mit ihren ausgefeilten Szenenwechseln und Dialogen gegenüber dem
knappen und einfachen Grundbestand auf. Wer könnte Interesse an einer
negativen Zeichnung der ursprünglichen Quelle und des Bildes von David
und Salomo haben? Die Frage, wann genau die dynastiekritische Bearbeitung zu datieren ist, kann erst nach der Berücksichtigung ihrer relativen
Chronologie in I Reg 1f und im Absalomaufstand beantwortet werden. Es
ist jedoch festzuhalten, daß Kritik an David (und Salomo) zu verschiedenen Zeiten sinnvoll ist. An der Figur Davids (und seines ersten Nachfolgers) läßt sich der Stellenwert der Dynastie und ihrer Nachkommen ganz
grundsätzlich diskutieren. Ein solcher Diskussionsprozeß wäre nicht nur in
den Jahrhunderten der Königszeit, sondern etwa auch von der zweiten
Exilshälfte an vorstellbar.[158] Gegen eine frühe Datierung von V.14 (auch
V.15) scheint ferner zu sprechen, daß „eine staatstragende, lese- und
schreibfähige israelitische Elite im eben erst entstandenen Staatswesen
noch nicht entwickelt sein konnte".[159]

Daß ein großer Teil der in II Sam 11f zusammengestellten Texte keine frühe Datierung
verlangen, zeigt die Analyse von *Kunz*.[160] Allerdings hält er sowohl die Erzählung von
Ahab und Naboths Weinberg I Reg 21 als auch die frühdemotische, aus dem Übergang
vom 6. zum 5. Jahrhundert v. Chr. stammende, fiktive Geschichte des Magiers Merirê
für direkte literarische Vorlagen. Ganz II Sam 11f ist nach *Kunz* literarisch homogen,
weil es I Reg 21 nachgestaltet sei.[161] Doch handelt es sich m.E. hier um motivliche und
strukturelle Ähnlichkeiten, die auf literarische Topoi zurückgeführt werden können;

155 Ähnlich McKenzie, So-called, 127–135; ders., David, 204ff sowie Kunz, Frauen,
    170ff.
156 Vgl. dagegen I Reg 1,11.15.16.31; 2,13.18.19.
157 Bailey, David, 176f Anm. 71. Zu Uria vgl. ferner II Sam 23,39.
158 Vgl. u. 337–341, ferner Rudnig, Heilig, 157ff.
159 Schaack, Ungeduld, 33. Nach a.a.O., 34 hat die Episode mit dem Brief historisch
    daher kaum etwas für sich.
160 Kunz, Frauen, 170–193; zur Merirê-Erzählung auch ders., II Samuel 11f, 302ff.
161 Zu gewissen Analogien Kunz, Frauen 180–182, aber auch schon Rand, David and
    Ahab, 90ff; Chinitz, Two Sinners, 108ff; Schaack, Ungeduld, 32–36, 60–64. Zu I
    Reg 21 s. die Analyse von Minokami, Revolution, 46ff.

insgesamt „sind die wörtlichen Bezüge zu gering und die Texte in ihrer gesamten Anlage zu unterschiedlich."[162] Noch viel weniger kommt die Geschichte von Merirê, die einen Pharao als Ehebrecher kennt, über Motivparallelen hinaus. Gleichwohl sei auf *Kunz'* Datierung von II Sam 11f zur Wende vom 6. zum 5. Jahrhundert v. Chr. hingewiesen.

2.5 Fazit

Der Grundbestand der Geschichte von David und der Frau liegt in II Sam 11,2.4aαβ.b.5.27a*(ab וישלח); 12,24bα2(„und er nannte seinen Namen Salomo") vor. Er ist ein altes Quellenstück, das mit dem kurzen Bericht über die Eroberung Rabbas redaktionell durch Einschachtelung verbunden wurde. Im alten Bestand wird positiv über die Geburt Salomos berichtet: er ist Sohn des Königs und einer namenlosen Frau. Der Text wurde von einer deutlich dynastiekritischen Bearbeitung fortgeschrieben, nämlich durch II Sam 11,3.4aγ.6.8abα.9b.10a.13f.16.17a*.b.18.26.27aα1 (ויעבר האבל).[163] Salomos Mutter erhält in ihr den Namen Bathseba; sie ist die Frau des Hethiters Uria, für dessen Tod David verantwortlich gemacht wird. Die ursprüngliche Fassung von Urias Tod findet sich in V.14.16.17a*.b.18. Der nachgetragene Inhalt des Uriasbriefes (V.15) ist ein Zusatz, der David zusätzlich belastet: Aus dem von David veranlaßten Soldatentod wird ein Mord. An V.16.17a*.b.18 wuchsen zunächst V.19f.21b.22 mit ihrer weiteren massiven Davidkritik an, danach V.21a.23f.25a.b*,[164] die zur Theodizee-Schicht gehören. Diese Bearbeitung griff mit 7.9a.10b-12 auch in die Uria-Überlieferung ein. Sie stellt klar, daß die Ereignisse im Einklang mit Jahwes Gerechtigkeit stehen.

In II Sam 12 wurde erst die Nathangeschichte (V.1-15a*),[165] dann die Episode vom Tod des Kindes (V.15b-24abα1[nur ותלד בן]) eingefügt. Die Fragen nach Schuld und Vergebung sowie die weiteren Reflexionen über Jahwes Strafhandeln und die Umkehr des Menschen machen eine Zugehörigkeit von II Sam 12,1-24* zur Theodizee-Bearbeitung plausibel. In unterschiedlichen Arbeitsgängen schafft sie hier einen paradigmatischen

---

162 Schaack, Ungeduld, 36; vgl. Lyke, King David, 145–158.
163 V.8bβ ist eine Glosse, ebenso מעבדי דוד „von den Knechten Davids" in V.17aβ.
164 In V.25b ist das letzte Wort וחזקהו „und ermutige ihn [*sc.* Joab]" ein Nachtrag, der durch plötzlichen Subjekt-, Objekt- und Adressatenwechsel absticht. Das Zitat von Davids Rede an Joab ist beendet; der Befehl richtet sich nun direkt an den Boten.
165 Deren Grundbestand liegt in V.1-5.7a.13 vor; in V.7b-10.11f finden sich Nachträge, und V.14 dient der redaktionellen Verknüpfung mit V.15b-24a*.

Erzählzusammenhang, in dem Grundsatzprobleme verhandelt werden. Die theologischen Urteile 12,24bβ.25 schließlich gehören zu den späten Eingriffen in den Samueltext.

3. Salomo wird König
I Reg 1

Das erste Kapitel des Königebuches handelt davon, wie Salomo dem David auf dem Thron nachfolgt. Der Spannungsbogen, der mit II Sam 11f anhebt, kommt hier zu seinem Ende. In der Thronfolgegeschichte nach *Rost* wird die Frage, wer David auf dem Throne folgt, nur in I Reg 1 explizit gemacht, vgl. V.13.17.20.24.27 etc.; die Untersuchung steht demnach hier vor ihrem Herzstück. Entsprechend wird für *Rost* „dieses Kapitel zum Schlüssel für das Verständnis des Ganzen."[1]

Eine einleitende Episode (V.1-4) zeichnet König David krank und altersschwach. Auf den Rat seiner Knechte hin tritt die schöne Abišag von Šunem als סכנת „Pflegerin"[2] in seinen Dienst. Der König schläft nicht mit ihr. Der folgende größere Block (V.5-40) beginnt mit der Skizze des Konfliktes zwischen den beiden Thronanwärtern und endet mit dem Bericht von Salomos Salbung. Im einzelnen werden zunächst die Parteiungen vorgestellt (V.5-10): Adonia tritt wie sein Bruder Absalom als Thronprätendent auf,[3] der Feldherr Joab und der Priester Abjathar unterstützen ihn. Dagegen sind der Priester Zadoq, der Kommandant Benaja, der Prophet Nathan und andere nicht auf seiner Seite. Adonia feiert ein Opferfest, zu dem er Nathan, Benaja und Salomo nicht einlädt. Dadurch spitzt sich die Lage zu: Das Fest scheint die Entwicklungen von I Reg 1 auszulösen. Mit V.11 wechselt die Szene. Nathan fragt Bathseba, ob sie nicht gehört habe, daß Adonia ohne Davids Wissen König geworden sei, und schickt sie zu David. Sie soll den König an einen Eid erinnern, mit dem er Salomos Nachfolge zugesichert habe, und noch währenddessen werde Nathan hinzukommen, um ihre Worte zu vervollständigen (V.11-14). Bathseba führt diesen Auftrag aus, berichtet zudem von Adonias Fest und betont, daß dadurch Handlungsbedarf entstanden ist (V.15-21). Dann kommt Nathan hinzu, und zwar mit einem neuen Argument (V.22-27). Da bei dem Fest

---

1 Rost, Überlieferung, 86. Zu seiner These insgesamt s.o. 1.

2 Vgl. HAL, 713. Mulder, Versuch, 53 deutet den Begriff als „Verwalterin bestimmter Rechte der Hauptfrau".

3 Zu I Reg 1,5b vgl. II Sam 15,1aβγb. Dort werden als Ausstattung מרכבה וססים „ein Streitwagen und Pferde" statt רכב ופרשים „Streitwagen [kollektiv] und Rosse" genannt. Außerdem fehlt bei Absalom die dezidierte Erklärung אני אמלך „ich will König werden" (vgl. I Reg 1,5a).

schon der Inthronisationsruf „es lebe der König Adonia" erklungen sei, sei
die Sache wohl mit Davids Billigung geschehen, der seine Knechte[4] dann
nicht informiert hätte (V.24.27). Daraufhin schwört David vor Bathseba
einen Eid, daß Salomo ihm auf dem Thron nachfolgen werde (V.28-31)
und gibt Zadoq, Nathan und Benaja genaue Instruktionen, wie sie bei der
sofortigen Königssalbung vorgehen sollen (V.32-37). Anschließend wird
von der Ausführung berichtet: Salomos Inthronisation an der Gihon-Quelle
(V.38-40). Ein Bote, nämlich Jonathan,[5] der Sohn des Priesters Abjathar,
übermittelt die Ereignisse an Adonias Festgesellschaft; die Geladenen sind
schockiert und zerstreuen sich (41-49). Adonia aber sucht Asyl am Altar,
Salomo läßt ihn unter Bedingungen vorerst leben (V.50-53). Diese letzte
Szene gehört thematisch schon zu I Reg 2, wo in V.13 der Handlungsfaden
aufgenommen wird und mit V.25 zum Abschluß kommt.[6]

I Reg 1 wird von vielen Seiten als „eine sehr gute historische Quelle"[7]
oder als ein historisch zuverlässiger Bericht eingeschätzt, der auf alten
Informationen basiert.[8] Für *Rost* ist er Teil einer Thronfolgeerzählung, die
in maiorem gloriam Salomonis verfaßt wurde,[9] auch andere sehen in ihm
eine klare prosalomonische Tendenz.[10] Ein weiterer Teil der Ausleger
bewertet den Text als adoniafreundlich bis extrem salomokritisch, hier
begegne „ein schonungsloser Bericht über den zweifelhaften Werdegang
Salomos".[11] Dabei erkennen manche speziell im Vorgehen Nathans eine
Intrige, die mit „einer uns fast boshaft vorkommenden Aufrichtigkeit ...
erzählt"[12] wird, und zwar so, „dass jetzt fast mit Absicht der Schein er-

---

4   In V.27 ist mit K plur. zu lesen; gemeint sind Nathan, Zadoq, Benaja und Salomo
    (vgl. V.26). Das Q „dein Knecht" hat nur Nathan im Blick.
5   Vgl. die Rolle Jonathans in II Sam 15,27ff; 17,17ff.
6   Vgl. auch das Schicksal Joabs nach I Reg 2,28-34.
7   Wellhausen, Composition, 259.
8   Vgl. etwa Thenius, KEH 9, 1; Benzinger, KHC IX, 1; Kittel, HKAT I/5, 1; van den
    Born, BOT IV/2, 15; Stoebe, Überlegungen, 98. Mit früher mündlicher Tradition
    rechnet Hentschel, NEB 10, 19ff. Ganz anders ordnet Werlitz, NSKAT 8, 36 c.1f in
    den Bereich der Fiktion ein.
9   Rost, Überlieferung, 128.
10 So etwa Mettinger, King and Messiah, 31; Jones, Nathan Narratives, 55f; Cogan,
    AB 10, 167.
11 Bietenhard, Des Königs General, 250. Vgl. auch Benzinger, KHC IX, 1. Mit einer
    kritischen Grunderzählung, die überarbeitet wurde, um Salomo zu legitimieren,
    rechnen Würthwein, Erzählung, 11ff; ders., ATD 11/1, 25–27 (mit etwas anderen
    Akzenten); Veijola, Dynastie, 16–18; Langlamet, Pour ou contre Salomon, 329ff,
    481ff; Bietenhard, a.a.O., 211ff; Vermeylen, Loi, 519ff.
12 Wellhausen, Composition, 259, ähnlich schon ders., Prolegomena, 259.

zeugt wird, Natan habe Wesentliches erfunden."[13] Wie kommt es zu derart unterschiedlichen, ja konträren Einschätzungen? Die Antwort gibt das Wachstum von I Reg 1, der gegen den ersten Augenschein kein stringenter und einheitlicher Text ist.

3.1 Die Königserhebung (I Reg 1,38-40)

Die Überlegungen müssen vom Inthronisationsbericht V.38-40 ausgehen, denn auf ihn läuft die Erzählung hinaus; sein noch zu erhebender Grundbestand ist also fest im Grundtext von I Reg 1 verankert. Nach ihm läßt eine Gruppe um Zadoq, Nathan und Benaja den Salomo auf das Maultier des Königs David aufsitzen und bringt ihn zum Gihon (V.38). Der Priester Zadoq salbt ihn (V.39a), darauf erklingen der Proklamationslärm und die Proklamation „Es lebe der König Salomo!" (V.39b).[14] Die anschließende Königsfreude wird hyperbolisch so beschrieben, daß sich die Erde vom Lärm der Gruppe spaltete (V.40). Damit sind wesentliche Aspekte des Königszeremoniells genannt. Auch wenn die Hervorhebung Zadoqs bei der Salbung eine Ausnahme ist,[15] sprechen gegen Zugehörigkeit von V.39 zum Grundtext keine literarischen Gründe, denn im „praktischen Vollzug [sc. der Salbung] handelt ein einzelner im Auftrag der Gruppe."[16] Wahrscheinlich ist nur מן־האהל „aus dem Zelt" eine Glosse, die mit II Sam 6,17 ausgleicht, oder „Zelt" fungiert als unspezifischer Heiligtumsbegriff.[17] Eine Ergänzung begegnet auch im Umstandssatz V.40aβ והעם מחללים בחללים „und das Volk blies auf Flöten".[18] Er unterbricht den Zusammenhang der narrativischen Aussage „und das ganze Volk stieg hinter ihm her hinauf" (V.40aα) mit dem Nominalsatz, der die Königsfreude bezeichnet (V.40aγ). Diese Königsfreude stellt den Begleitumstand der Handlung von V.40aα dar; durch die Ergänzung V.40aβ wird die Satzstruktur überladen, indem zwei Nominalsätze aufeinanderfolgen, die je einen Begleitumstand an-

---

13 Kittel, HKAT I/5, 1.
14 Zu diesem Ausruf vgl. I Sam 10,24; I Reg 1,25.34.39; II Reg 11,12 par II Chr 23,11 bei der Königsinvestitur, ferner II Sam 16,16*bis*; I Reg 1,31; Neh 2,3, auch Dan 2,4; 3,9; 5,10; 6,22.
15 Levin, Sturz, 92.
16 A.a.O., 91f. Vgl. auch Stade, Kleinigkeit, 186 sowie II Reg 9,3.6.
17 Vgl. das ugaritische *ahl* und Ps 15,1; 27,5.6 etc. Zu קרן השמן „Ölhorn" vgl. sonst nur noch I Sam 16,13 (vgl. 16,1).
18 Zu חליל „Flöte" vgl. noch I Sam 10,5; Jes 5,12; 30,29; Jer 48,36; Sir 40,21.

geben. V.40b schließt den ursprünglichen Bericht mit einem Narrativ ab. Außerdem steht im Zusatz einfaches הַעָם „das Volk"[19] gegen das כָל־הָעָם „das ganze Volk" des Grundtextes (V.39b.40aα); in V.40a entsteht dadurch eine Subjektdoppelung. Der kurze Bericht V.38-40* (genau: 38.39a* [ohne מִן־הָאֹהֶל].39b.40aαγb) bewertet das Geschehen deutlich positiv. Gerade die Königsfreude des Volkes soll propagandistisch auf „die breite Akzeptanz der Königssalbung Salomos"[20] hinweisen.

3.2 Die Ausgangslage (I Reg 1,1-4.5-10)

Doch wie kommt es zur Inthronisation Salomos, welche Voraussetzungen sind für die Darstellung konstitutiv? Da der Narrativ וַיֵּרֶד „und er stieg herab" in V.38 keinen selbständigen Beginn darstellt, ist der Bericht auch in literarischer Hinsicht nur als Fortsetzung zu verstehen. Von den Einheiten in I Reg 1 haben nur V.1-4 und V.5-10 einen selbständigen Anfang, bei V.1aα handelt es sich um einen invertierten Verbalsatz,[21] bei V.5aα um einen Nominalsatz, dessen Subjekt vorangestellt ist. Unbedingt muß V.5ff zum Grundtext gehören, denn ohne den Thronanspruch Adonias und die Nennung seiner Parteigänger wären die Ereignisse von I Reg 1 nicht verständlich.

Bei der Abišag-Szene (V.1-4) ist dagegen aus mehreren Gründen wahrscheinlich, daß sie nicht zum ursprünglichen Bestand gehört. Trotz ihrer nahezu dramatischen Einführung spielt die schöne Abišag von Šunem keine weitere Rolle in I Reg 1.[22] Dagegen steht sie in I Reg 2,13ff wieder im Blick, wo Adonia über Bathseba bei Salomo um Abišags Hand bittet. In I Reg 1 wird sie nur noch in V.15b erwähnt, und diese Erwähnung ist sekundär. Denn V.15f berichten, wie Bathseba Davids Kammer betritt und sich niederwirft, um in Nathans Auftrag ihre Rede zu beginnen. Eintritt (V.15aα) und Proskynese (V.16a) Bathsebas sind mit Narrativen formuliert; ab V.16b wird die Narrativkette fortgesetzt. V.15aβb unterbrechen jedoch die Narrative durch einen invertierten Verbal- und einen Nominalsatz und zerreißen auch logisch den organischen Zusammenhang von

---

19 Fehlt in LXX, die hier glättet.

20 Häusl, Abischag und Batscheba, 261, vgl. 264f; mit ihr Hentschel, Natan, 183f.

21 Interpretiert man das זָקֵן als Verbaladjektiv und nicht als Perfekt, dann ist auch V.1aα ein Nominalsatz.

22 Für Kunz, Frauen, 211 ist sie dort „völlig funktionslos".

Eintreten und Niederwerfen. Die neuerliche Nennung des Subjekts „Bathseba" in V.16 wird durch den Nachtrag evoziert. Der Umstandssatz V.15aβ bringt das hohe Alter Davids ins Spiel, V.15b nennt als weiteren Begleitumstand der Szene, daß Abišag dem König dient.[23] Offenbar soll durch diesen sekundären Eintrag die Situation von V.1-4, also Alter und Schwäche Davids berücksichtigt werden, aber das kommt im folgenden gerade nicht zum Tragen. Denn während David in V.1-4 krank und vor allem sehr passiv dargestellt wird, so entwickelt er im Dialogteil (V.11ff) deutliche Aktivität und übernimmt schließlich fest die Initiative (V.32ff). „Das Unerwartete geschieht: Der König rafft sich überraschenderweise zu einem Entschluß auf";[24] wie *Stoebe* hat auch *Kittel* diese Unstimmigkeit beobachtet, wenn er vor Davids Tod eine Notiz über den weiteren Progreß der Krankheit, etwa vor V.9, erwartet.[25] Auch ein Szenario, nach dem sich David in Verhandlung mit namenlosen עבדים befindet (V.1-4), begegnet nicht mehr im folgenden Kontext, da ab V.11 die Gesprächspartner namentlich vorgestellt werden.[26] Thema und Terminologie der Abišag-Episode finden sich in I Reg 1 also nicht mehr; V.1-4.15aβb sind nachgetragen. *Buddes* Eindruck, V.1-4 schienen überflüssig, rührt daher, daß V.1-4 und V.5ff literarisch und thematisch nicht zusammen passen. *Cook* rechnet V.1-4.15b zu einer vordtr Redaktion.[27] Auch *Noth* scheidet V.1b-4.15b aus, erklärt dies aber lediglich durch den Zusammenhang mit den Nachträgen in 2,13-46*.[28] Eine Abfolge 1,1a.5a wäre aber literarisch nicht befriedigend, weil dadurch zwei selbständige Anfänge oder Begleitumstände direkt hintereinander zu stehen kämen.

---

23 Auch nach Budde, Bücher, 263 ist V.15aβb ein Zusatz; Cook, Notes, 173 und Greßmann, SAT 2/1, 192 bewerten V.15b als sekundär.
24 Stoebe, Überlegungen, 98.
25 Kittel, HKAT I/5, 2. Zudem äußert er eine bemerkenswerte Vermutung: „Ich überlasse es den Freunden kühner Konjekturen, aus dem Fehlen einer ausdrücklichen Notiz über Davids Krankheit den Schluss zu ziehen, es sei am Ende mit Davids Tode nicht alles richtig zugegangen." (Ebd). Vermeylen, Loi, 530ff führt diese Überlegung weiter, wenn er fragt: „David a-t-il été assassiné?" (a.a.O., 599).
26 Der Begriff עבדים findet sich noch in 1,9 als Apposition zu den „Männern Judas", und in 1,33 spricht David *über* sie als Teilnehmer von Salomos Salbung.
27 Cook, Notes, 175. Häusl, Abischag und Batscheba, 95, 244f, 286ff isoliert V.1-4* als selbständige Einheit; zum Handlungsablauf verweist sie auf I Sam 16,14-23. Vgl. zudem Klein, David versus Saul, 189–191; Kunz, Frauen, 216f.
28 Noth, BK IX/1, 11. Gegen diese Argumentation zu Recht Seiler, Geschichte, 57f.

Mit V.5 „Und Adonia, der Sohn der Haggit, erhob sich mit folgenden Worten: ‚Ich will König sein!²⁹'" beginnt die Exposition des Konfliktes zwischen Adonia und Salomo, und damit das Thema von I Reg 1. Adonia, der außer in I Reg 1f nur noch in II Sam 3,4 par I Chr 3,2 genannt wird, wird neu eingeführt.³⁰ Mit Streitwagen, Pferdegespannen und Läufern stattet er sich als Thronprätendent aus. Sein Verhalten wird ähnlich wie Absaloms Verhalten nach II Sam 15,1 dargestellt,³¹ darüber hinaus aber als Selbsterhebung³² und Thronanspruch präzisiert (V.5b). An V.5 schließt sich V.7 an, dessen Narrative den Narrativ von V.5b fortsetzen. V.6 unterbricht die Narrativkette mit drei Nachträgen.³³ Denn V.5 zeigt, wie Adonia seinen Anspruch erhebt, und V.7 beschreibt seine Partei und gehört damit auch inhaltlich zu V.5. Aber V.6 lenkt den Blick auf andere Aspekte. V.6a stellt eine Nachholung dar, deren verneinte AK auch im Blick auf die Adverbiale מימיו „seit seinen Tagen" als Plusquamperfekt zu übersetzen ist. Wenn, wie der Nachtrag festhält, David nie den Adonia getadelt hatte, fällt auf diesen ja geringere Schuld, wird der im מתנשא als Hitpaʻel implizite Vorwurf der Überheblichkeit wieder halb zurückgenommen. Ich schlage V.6a der Theodizee-Bearbeitung zu, denn er entschuldigt Adonias Verhalten.³⁴ *Hermisson* sieht wohl richtig, daß dabei ein weisheitliches Motiv verarbeitet wird, nach dem ein umsichtiger Vater seinen Sohn zurechtweist (Prov 13,24; 23,13f).³⁵ Die וגם-Glosse V.6bα vermerkt dagegen Adonias Schönheit;³⁶ wahrscheinlich hat man diese Analogie zu Absalom vermißt, vgl. II Sam 14,25. Rätselhaft ist der invertierte Verbalsatz V.6bβ: „Und ihn hatte sie nach Absalom geboren." Er klingt, als sei nicht Haggit, sondern Absaloms Mutter Maacha auch Adonias Mutter. Dieser Nachtrag

---

29 Die Formulierung אני אמלך ist *hapax legomenon*. איש רץ „Läufer" (5b) findet sich nur noch in II Sam 18,24.26bis.

30 „Adonia, Sohn der Haggit" nur in II Sam 3,4 par I Chr 3,2; I Reg 1,5.11; 2,13. Zu II Sam 3,2-5 s.o. 15f.

31 Zu den Unterschieden s.o. Anm. 3.

32 Zu נשׂאhitp. vgl. Num 16,3; 23,24; 24,7; Ez 17,14; 29,15; Prov 30,32; Dan 11,14; I Chr 29,11; 32,23.

33 V.6 ist insgesamt sekundär nach Häusl, Abischag und Batscheba, 85, 94f. Langlamet, Pour ou contre Salomon, 482f rechnet V.6a zu S3; für Vermeylen, Loi, 439ff, 553 gehört V.6a und vielleicht auch V.6bβ zu S1.

34 Vgl. o. 2.1 und 2.4. Auch in II Sam 11 war der Theodizee-Bearbeitung daran gelegen, das Verhalten der einzelnen Aktanten zu motivieren und nachvollziehbar zu machen.

35 Hermisson, Weisheit, 144, vgl. ferner Prov 16,18.

36 טוב־תאר „schön von Erscheinung" ist *hapax legomenon*.

soll in erster Linie festhalten, daß er nach Absalom der „nächstübriggebliebene Erstgeborene" ist und nach dem Prinzip der Primogenitur für die dynastische Thronfolge in Frage käme,[37] worüber der Grundtext schweigt. V.7f stellen die Konfliktparteien vor. Inhaltlich und als zusammenhängendes Satzgefüge gehören sie zum Grundtext. Zunächst nennt V.7 mit Joab und Abjathar diejenigen, die Adonia unterstützen, was der Narrativsatz V.7b nochmals unterstreicht. Ihnen stellt V.8 als invertierter Verbalsatz mit sechs Subjekten die gegenüber, die nicht auf Adonias Seite sind, ohne daß hier schon Salomo erwähnt würde. Die Inversion in V.8 ist sachlich bedingt. Fast alle Parteigänger werden hier voll eingeführt, entweder mit ihrer Berufsbezeichnung, so die Priester Abjathar und Zadoq, der Prophet Nathan, oder mit dem Namen ihrer Mutter, so Joab, bzw. ihres Vaters, so Benaja, beides Feldherrn. Šimi und Reï (V.8) sind ansonsten unbekannt. Denn רעי ist *hapax legomenon*, und dafür, daß שמעי mit dem Sauliden Šimi identisch wäre, der nach I Reg 2,36ff durch Salomo beseitigt wird, gibt es keine Argumente. Immerhin würde Salomo dann gegen seinen eigenen Parteigänger vorgehen; überdies müßte man dessen spätere Abtrünnigkeit stillschweigend voraussetzen.[38] Ob er mit dem Šimi, dem Sohn des Ela, aus I Reg 4,18 gleichzusetzen ist, bleibt ebenfalls fraglich. Die Formulierung הגבורים אשר לדוד „die Helden, die David hatte" (V.8aβ) begegnet noch in II Sam 23,8; I Chr 11,10.11. Wahrscheinlich sind diese drei Worte auch wegen ihrer späten Parallelen als zusammenfassende Glosse zu erklären.

Über die Beobachtung hinaus, daß Zadoq, Benaja und Nathan erst in Jerusalem erscheinen, sind aus der Kontur der Parteien m.E. keine weiterreichenden soziologischen und theologischen Schlüsse zu ziehen. „La concurrence pour le pouvoir royal suffit à expliquer les antagonismes."[39] So kann nicht behauptet werden, hier wirke sich ein Gegensatz zwischen israelitischer und kanaanäischer Religion aus, oder im Sieg der Salomo-

---

37 Die Primogenitur, von der etwa Cogan, AncB 10, 167 ausgeht, ist aber weder für den Alten Orient, noch für Israel/Juda als zwingendes Prinzip belegt, vgl. etwa Mayer, Politik, 217 für Assyrien.

38 Otto, Synthetische Lebensauffassung, 380–383, geht dagegen von der Identität aus und schließt, daß Salomo im Gegensatz zu David als der gezeichnet wird, der den Tun-Ergehen-Zusammenhang zur Erfüllung bringt.

39 Vermeylen, David, 486 Anm. 12.

partei hätten sich die Jebusiter unter Nathan durchgesetzt,[40] denn „there is no clear evidence for the Jebusite origin of Solomon's supporters."[41]

V.9f berichten von einer neuen Entwicklung. Adonia feiert ein Schlacht- oder Opferfest am Stein Sohelet[42] (V.9a). Ein größeres Satzgefüge nennt seine Gäste (V.9b) und die, die nicht eingeladen sind (V.10). Dadurch entsteht eine auffällige Dublette zu V.7.8aαb. Nicht nur sind beide Abschnitte fast parallel aufgebaut: ein Narrativ leitet die Nennung der Adonia-Partei ein (V.7.9b),[43] und die Gegenpartei wird im invertierten Verbalsatz mit mehreren Subjekten (V.8.10) dagegengestellt. Die Parteienkonstellation steht damit nicht nur ohne Grund *zweimal* hintereinander. Sondern die Aufzählungen der beiden Parteien unterscheiden sich auch erheblich. Bei der Adonia-Partei fehlen Joab und Abjathar, während V.10 die entsprechenden Würdenträger der Gegenpartei nennt. Adonia lädt all seine Brüder, die Königssöhne,[44] ein; parallel dazu werden alle Männer Judas,[45] die Knechte des Königs, genannt (V.9b). Beide Objekte sind als Cstr.-Verbindung mit כל „Gesamtheit" und folgender Apposition konstruiert. Die Apposition ist wiederum eine Cstr.-Verbindung, deren *nomen rectum* in beiden Fällen המלך „des Königs" lautet.[46] Außerdem hätte man die „Knechte des Königs" aus V.9b umgekehrt auch in V.7 erwartet. Bei der Gegenpartei (V.10) werden Zadoq, auch Šimi und Reï (vgl. V.8) nicht erwähnt, und anders als der Prophet Nathan (V.8.10) wird Benaja nicht mit seiner vollen Bezeichnung „Benaja, der Sohn des Jehojada" genannt.[47] Salomo, den die Liste klimaktisch an ihrem Schluß aufführt, fehlt in V.8. Den Unterschieden beider Reihen tragen auch *Hentschel* und *Vermeylen*

40 So etwa Jones, Nathan Narratives, 44–46, 53–57. Zu Nathan vgl. auch Rudnig, Art. Nathan, 59f.

41 Ishida, Solomon's Succession, 176, vgl. 177.

42 אבן זחלת etwa („Schlangenstein") ist *hapax legomenon*. Zur Lokalisation an der Quelle Rogel vgl. Jos 15,7; 18,16; II Sam 17,17.

43 Ein Pendant zu V.7b „und sie hielten zu Adonia" fehlt in V.9b.

44 בני המלך fehlt in LXX.

45 Zu den אנשי יהודה als Volksvertretung bei einer Inthronisation vgl. II Sam 2,4.

46 Wegen dieser eindeutigen Parallelität halte ich den Wechsel von der *nota accusativi* zur Präposition ל in der Rektion für keinen ausreichenden Grund, V.9bβ als sekundär auszuscheiden, so jedoch Häusl, Abischag und Batscheba, 53, 94f (dagegen Seiler, Geschichte, 45 Anm. 88). Es ist nicht wahrscheinlich, daß nur von einer Einladung an die Königssöhne die Rede war; zudem lesen etwa 10 Mss die *nota accusativi* statt ל.

47 Seiler, Geschichte, 45f Anm. 88, scheidet ובניהו in V.10a wegen des fehlenden את aus. Noth, BK IX/1, 19 rechnet mit sekundären Textverlusten in V.10.

Rechnung, jedoch machen sie in V.9f den Grundtext und in V.7f die sekundäre Erweiterung aus.[48] Doch V.9f wären ohne die in V.7.8aαb genannten Voraussetzungen nicht verständlich. Das Ziel des Opferfestes wird ja in V.9f nicht genannt. Vor allem müßte dargelegt werden, wie ein Fest und die Tatsache, daß Salomo und die Seinen nicht dazu eingeladen waren, gleich Hals über Kopf zur Inthronisation Salomos geführt haben kann, denn auch V.5f* gehören bei *Hentschel* nicht zum Grundtext,[49] und bei *Vermeylen* verbleiben nur V.5aα.6bα,[50] die für sich genommen völlig unklar sind. Folglich sind V.7.8aαb primär und V.9f sekundär. Kommt man vom Grundbestand V.5.7.8aαb her, so erscheinen die Aussagen über ein Fest oder eine konkrete Initiative Adonias unvermittelt. Denn V.5.7.8aαb sind abgeschlossen und reichen als Exposition für den Konflikt. Das Fest Adonias geht hier also auf literarische Fiktion zurück.

Zwischenfazit: Für den Grundbestand von I Reg 1 ließen sich also bis jetzt V.5.7.8aαb.38.39a*(ohne מִן־הָאֹהֶל).39b.40aαγb (einfacher: 5.7f*.38-40*) veranschlagen. Der Bericht von Adonias Fest (V.9f) wurde später eingearbeitet. Gehört die in V.11ff anhebende Intrigenerzählung auch zum Grundbestand?

3.3 Die Intrige (I Reg 1,11-37)

Ein ausführlicher Bestandteil des Textes (V.11-37) legt dar, wie es nun zur Inthronisation Salomos gekommen ist. Nathan und Bathseba im Zusammenspiel „erinnern" David an einen Eid, den er im Blick auf Salomos Thronnachfolge geschworen habe. Die Erwähnung von Adonias Fest unterstreicht, daß jetzt dringender Handlungsbedarf besteht; daraufhin gibt David konkrete Anweisungen.

Viele Beobachtungen sprechen dafür, daß in diesem großen Textblock nichts zum Grundbestand von I Reg 1 gehört. Ab V.11 wechseln Thema und Szenario vollständig. Völlig abrupt treten Nathan und Bathseba auf; ebenso unvermittelt beginnt Nathans Rede an Bathseba. Anders als in der

---

48 Hentschel, NEB 10, 19ff; ders., Natan, 187f; Vermeylen, Loi, 445f, 553. Zu den Unterschieden der Listen vgl. auch Hentschel, David, 484 Anm. 9, ferner Klostermann, KK 3, 263f.

49 Nach ihm besteht die alte (salomofreundliche!) Erzählung aus V.9f.32-34.38-40.41-45.49-51*.53, die zunächst in mündlicher Überlieferung weitergegeben wurden, vgl. Hentschel, NEB 10, 19ff; ders., Natan, 187f.

50 Vermeylen, Loi, 444, 553, vgl. Langlamet, Pour ou contre Salomon, 482ff.

einfachen und v.a. im Narrativ gehaltenen Darstellung in V.5.7.8aαb.38-40* folgen hier bunte und detailreiche Episoden im und um das private Schlafgemach Davids. Sie sind in breiter szenischer Ausmalung und mit viel direkter Rede gestaltet. Ferner ist die Rede vom Fest Adonias (V.19ff) nur durch V.9f gedeckt, die nicht zum Grundbestand gehören.[51]

Für den Nachtragscharakter von V.11-37 gegenüber V.5.7f*.38-40* gibt es weitere Beweise: Denn deutlich unterscheidet sich die Tendenz von V.5.7f*.38-40* auf der einen und V.11-37* auf der anderen Seite. Denn der einfache Bericht V.38-40* stellt Salomos Erhebung positiv dar,[52] und die Prätention und Überheblichkeit Adonias (V.5.7.8aαb) läßt das Vorgehen der Salomopartei als durchaus angebracht erscheinen. Bei V.11-37 hingegen kann auch ein positiv voreingenommener Leser nicht umhin, unlauteres Vorgehen und die Vorspiegelung falscher Tatsachen zu attestieren. Um Bathsebas und v.a. Nathans Handeln zu charakterisieren, wird von einer breiten Mehrheit der Exegeten der Begriff „Intrige" verwendet.[53] Dem schließe ich mich an. Denn Nathans Plan besteht darin, David über Bathseba einzureden, daß sich Adonia gerade ohne königliches Placet zum König hat erheben lassen (V.11.18), was einem Eid zuwiderläuft, den David zugunsten Salomos geschworen habe (V.13.17). Die Information, Adonia sei König geworden, ist weder durch den Grundtext V.5.7.8aαb noch durch die knappe sekundäre Erzählung vom Opferfest V.9f gedeckt. Klar ist auch, daß David einen Eid wie in V.11.18 nie geleistet hat. Denn sonst könnte Bathseba sich an ihn erinnern, und Nathan bräuchte ihn ihr nicht neu vorzustellen (V.13). „Aber ein derartiges Versprechen Davids existierte tatsächlich nicht, und Natan rät der Bathseba, dem König einzureden, dass er ein solches gegeben".[54] Hätte David wirklich einen solchen Eid geschworen, so erwartete man, daß dieser in V.5 erwähnt würde. Auch liegt hier keine primäre Nachholung vor, denn: „Ein solcher nachholender Erzählstil ist für die Davidgeschichten völlig untypisch."[55] Und schließlich ist zu überlegen, was ein Schwur des Königs wert wäre, wenn

---

51 S.o. die 3.3 unmittelbar vorangehenden Überlegungen; vgl. ferner V.1-4.

52 S.o. 3.1.

53 Vgl. etwa Wellhausen, Composition, 259; Benzinger, KHC IX, 1; Greßmann, SAT 2/1, 192; van den Born, BOT IV/2, 15; Würthwein, Erzählung, 11ff; Ishida, Solomon's Succession, 179; Hentschel, Natan, 187 etc.

54 Ehrlich, Randglossen 7, 214; vgl. Greßmann, SAT 2/1, 192. Nach Klostermann, KK 3, 264 ist der Bericht über einen solchen Schwur ausgefallen, und nach Šanda, EHAT 9/1, 11 hätte David der Bathseba *privatim* eine Zusicherung gegeben.

55 Kunz, Frauen, 211.

er selbst seine Einlösung neu beschwören muß? Der König erschiene dann als vollends unglaubwürdig. Auf jeden Fall schwört David in V.29f* den Eid das erste Mal, denn der erste und der dritte כי-Satz in V.30 sind sekundär.[56] Denn auch wenn alle כי-Sätze primär wären, was wegen ihrer Häufung völlig unplausibel ist, würde der Eid hier logisch sekundär nachgetragen, da von ihm vorher nie die Rede war. Also: „Mit einer uns fast boshaft vorkommenden Aufrichtigkeit ist die Palastintrige erzählt, wodurch es erreicht wird, dass Salomo statt Adonias von David zum Nachfolger ernannt wird."[57] Der Verfasser „legt ... den Verdacht nahe, daß jenes Versprechen Davids an Bathseba, das ja längst alles entschieden hätte, wenn es wirklich ergangen wäre (Bathseba hätte es gewiß nicht als Geheimsache behandelt), dem ... König suggeriert wurde".[58] Salomo kommt durch Intrigenspiel und Betrug Davids an die Macht. Die Intrigenerzählung hat folglich eine deutliche salomokritische Tendenz, die sich auch gegen seine Anhänger richtet.

Dem entspricht, daß Nathans Rolle in V.11-37* eine ganz andere als in V.38-40* ist. Dort „spielt Natan eine positive Rolle, tritt aber hinter Zadok zurück, der als Priester Salomo salben darf."[59] Hier aber firmiert er als Kopf und Initiator der Aktion, auf dessen Plan alles zurückgeht. Daß Bathseba als Mutter Salomos mitzieht, um ihren Sohn zu protegieren, versteht sich fast von selbst.

Was das Wachstum von V.11-37 betrifft, ist festzuhalten, daß V.32-34 unbedingt zum ältesten Bestand von V.11-37 gehören müssen. Denn ohne sie ist die ganze Intrigenerzählung unvollständig und sinnlos, sie stellen nach dem Hergang von V.11-37 die Voraussetzung für V.38-40* dar. Davids Eid (V.30*) alleine wäre als Erklärung für das Geschehen in V.38-40* kaum ausreichend. Die Darstellung zielt ja gerade auf die Sanktionierung von Salomos Inthronisation durch David ab, wenn diese auch durch das geschickte Eingreifen Nathans und Bathsebas veranlaßt wurde. Also gehören V.32-34 unbedingt zu V.11ff. Und auch mit Blick auf V.32-34 zeigt sich, daß in V.11-37* nichts dem Grundbestand von I Reg 1 zugeschlagen werden kann. Denn V.32-34(35)[60] erweisen sich als sekundär

---

56   Dazu u. 4.5; vgl. auch Veijola, Ewige Dynastie, 17f und mit ihm Langlamet, Pour ou contre Salomon, 524f; Vermeylen, Loi, 445, 553.

57   Wellhausen, Composition, 259.

58   Würthwein, Erzählung, 14.

59   Hentschel, Natan, 187.

60   Ab V.35 folgen mehrere Zusätze, s.u. 3.6.

gegenüber V.38-40*.[61] Die Beschreibung von Salomos Inthronisation nämlich begegnet insgesamt an drei Stellen im Text: V.32-34(35), 38-40* und 43-45. Bereits diese Dreifachüberlieferung erregt Verdacht. Doch nun zu den Texten im einzelnen.

In V.32-34(35) gibt David in Reaktion auf das Eingreifen Nathans und Bathsebas den Auftrag, Salomo zum König zu salben; und in V.43-45 unterrichtet Jonathan als Bote die Festgesellschaft Adonias von den aktuellen Ereignissen. Beide Fassungen zeigen deutliche Unterschiede zu V.38-40*, und zwar Jonathans Botenbericht noch mehr als Davids Beauftragung.

Zunächst zu V.32-34(35), die mit V.38-40* weitgehend parallel aufgebaut sind.[62] Nach V.32 läßt David die drei Hauptpersonen Zadoq, Nathan und Benaja zu sich rufen, mit deren Aktion der Bericht in V.38 beginnt. Nachdem ihr Erscheinen vor dem König vermerkt wird, setzt ab V.33 der Auftrag ein. Sie sollen die עבדי אדניכם „die Knechte eures Herrn"[63] mit sich nehmen; die Kreter und Pleter, die in V.38 an deren Stelle genannt werden und nicht erst geholt werden müssen, spielen hier keine Rolle. Beim Befehl, Salomo auf das königliche Maultier aufsitzen zu lassen, ist in V.33 der Name Salomo mit der Apposition בני „mein Sohn" versehen; ein Pendant in V.38 fehlt. Anders als im Bericht wird das Maultier nicht durch ein *nomen rectum* „das Maultier des Königs David" (V.38) bzw. Suffix, sondern durch einen אשר-Satz „das Maultier, das mir gehört" näher bestimmt. Salomos Verbringung zum Gihon formuliert V.38 mit הלך hi. und der Präposition על, V.33 mit ירד hi. und אל: „und *bringt* ihn zum Gihon[64] *hinab*". Wenn Salomo hinabgebracht werden muß, ist impliziert, daß er vorher in der königlichen Burg (Residenz) auf dem Tempelberg war. So wird er förmlich als Kronprinz vorgestellt. Da weiterhin V.38 mit dem Narrativ וירד „und da stiegen herab"[65] beginnt, begeben sich Zadoq, Nathan und Benaja dort *erst* ins Kidrontal herab, lassen Salomo aufsitzen und führen ihn *dann* zum Gihon. Nach V.33 dagegen sollen sie ihn aufsitzen lassen und direkt herabbringen; das ist anscheinend eine glättende Korrek-

---

61 Eine Beauftragung ohne die anschließende Durchführung wäre in diesem Kontext sinnlos.

62 Bestimmte Unterschiede, die an der abweichenden Sprechsituation liegen, brauchen hier nicht eigens vermerkt zu werden.

63 Welche Gruppe gemeint ist, läßt sich nicht genau ausmachen, es handelt sich aber wahrscheinlich um Salomos und nicht Davids Knechte (anders Rüterswörden, Die Beamten, 12).

64 Peschitta und Targum lesen „Siloah".

65 Auf das sing. Prädikat folgen mehrere Subjekte.

tur der etwas umständlichen Darstellung von V.38. Eine Entsprechung für die Aussage, daß Zadoq das Ölhorn nimmt (V.39a) fehlt in V.34, der sofort knapp und mit der zusätzlichen Ortsangabe שם „dort" von der Salbung berichtet. Diese vollzieht nach V.39 Zadoq alleine, nach V.34 sind es Zadoq und Nathan gemeinsam.[66] Außerdem schießt in V.34 die Angabe למלך על־ישראל „zum König über Israel" über. כל־העם „das ganze Volk" (V.39.40) wird in V.32ff nicht genannt, auch vermißt man die Königsfreude (V.40). Bei ihr handelt es sich ja nicht um den Ausbruch spontaner Emotionen, sondern um einen Bestandteil des Zeremoniells.[67] David hätte folglich den Auftrag zu ihr geben können. Eine Beschreibung ihrer Auswirkung wie in V.40b erwartet man dabei freilich nicht. Nur wenige Formulierungen also entsprechen einander genau: die Nennung der drei Hauptakteure (V.32.38), der Hornstoß und der Inthronisationsruf (V.34.39). Der Bericht (V.38-40*) und die Beauftragung (V.32-34[35]) können deshalb nicht von derselben Hand stammen. Da der Bericht zum Grundtext gehören muß, ist die Beauftragung sekundär. Darauf deutet auch die Beobachtung, daß V.34 die Bewegungsaussagen von V.38 strafft und die präzisierende Bestimmung „zum König über Israel" einfügt. Ziel von V.32-34(35) ist es jedenfalls, die Salbung Salomos als Willen und Befehl Davids zu deklarieren. Das Ziel der Beauftragung ist mit dem Inthronisationruf in V.34 erreicht, ab V.35 folgen mehrere sekundäre Zusätze.[68]

Noch klarere Unterschiede zu V.38-40* begegnen in der Botenrede Jonathans V.43-45. Ab V.41 wird der Blick auf die Festgesellschaft gelenkt. Adonia und alle Geladenen wundern sich über den Lärm und hören auf zu essen (V.41a). Noch während Joab den Schall des Hornes irrtümlich mit dem Lärm der Stadt identifiziert (V.41b),[69] kommt Jonathan, der Sohn des Priesters Abjathar (V.42a). Adonia hält ihn für einen Freudenboten

---

66 Die Salbung durch zwei Personen ist im AT singulär: „Zwei bestimmte Personen sind niemals Subjekt der Salbung", Seiler, Geschichte, 43. Entweder handelt ein einzelner oder eine Gruppe, vgl. Stade, Kleinigkeit, 186f; Seiler, a.a.O., 42f. Für eine Ausscheidung von „und der Prophet Nathan" in V.34 und „der Priester Zadoq und der Prophet Nathan" in V.45 (so Stade, ebd., ferner Schmidt, Erfolg, 176f, Seiler, a.a.O., 43) gibt es keine literarischen Gründe. Ein plur. Subjekt kann mit sing. Prädikat konstruiert werden, so in V.34. B- und A-Text der LXX sowie die Peschitta lesen das Prädikat im plur.

67 Vgl. Levin, Sturz, 92.

68 Vgl. auch Veijola, Dynastie, 16ff; Langlamet, Pour ou contre Salomon, 494–498, 525; Vermeylen, Loi, 553. Zum Problem von V.35 s.u. 3.6. Die Antwort Benajas V.36f gehört nicht mehr zum Ablauf der Salbung.

69 Zur Konstruktion von עוד mit Suffix und folgendem Partizip vgl. V.14.22.

(V.42b),[70] Jonathans Antwort aber belehrt ihn eines Besseren. Summarisch
schickt er voraus, „unser Herr, der König David" habe Salomo zum König
gemacht (המליךhi.), eine Aussage, die in den anderen beiden Texten fehlt.
Zwar läuft auch der Botenbericht mit ihnen weitgehend parallel ab, doch
eine genaue Entsprechung findet sich überhaupt nur bei der Benennung der
vier Aktanten einschließlich der Kreter und Pleter, vgl. V.44 mit V.38.
Kaum präzise Übereinstimmungen begegnen mit V.32-34(35). Das Königsmaultier wird in V.38 פרדת המלך דוד, in V.44 dagegen פרדת המלך
genannt. Eine Aussage, wie Salomo zum Gihon gebracht wird, vermißt
man in V.43-45 völlig, statt ihrer wird die Salbung straffend durch die
Bestimmung למלך בגחון „zum König in Gihon" (V.45) erläutert. Nicht nur
Zadoq (V.39), sondern Zadoq und Nathan gemeinsam (V.45, vgl. V.34)
salben Salomo zum König. Aber anders als in V.34 steht das Prädikat
וימשחו nun im plur. Das erscheint als eine Korrektur von V.39 anhand von
V.34. Weiterhin strafft V.45, wenn er die Angabe ויעלו כל־העם אחריו
„und das ganze Volk stieg hinter ihm her hinauf" mit ושמחים שמחה גדולה
„und sie freuten sich mit großer Freude" (V.40) zu ויעלו משם שמחים „und
sie sind von dort in Freude hinaufgestiegen" zusammenzieht. Das Subjekt
כל־העם „das ganze Volk" (V.39.40) begegnet auch hier nicht. Die Auswirkung der Königsfreude wird abweichend von V.40 „und die Erde spaltete sich von ihrem Lärm (בקולם)" mit ותהם הקריה „und die Stadt dröhnte"
(V.45) umschrieben, vgl. dazu die Frage Joabs הומה מדוע קול־הקריה
„warum dröhnt das Geräusch der Stadt?" (in V.41b).[71] Mit Jonathans
Aussage „das ist der Lärm (הקול), den ihr hört" (V.45b) ist der Botenbericht abgeschlossen, auf ihn folgt als Reaktion die panikartige Flucht der
Geladenen (V.49). Drei jeweils mit וגם angefügte sekundäre Erweiterungen
(V.46.47.48) unterbrechen diesen organischen Zusammenhang; sie dienen
der theologischen Legitimation Salomos.[72] Entsprechende Aussagen fehlen
im einfachen Salbungsbericht. Es handelt sich um Ereignisse, die sich im
Palast abgespielt haben, ihre Einschaltung bereitet logische Probleme.[73]
Mithin ist deutlich, daß V.43-45 weder aus der Hand des Autors von V.38-

---

70 Vgl. die Szene II Sam 18,21ff, bes. V.27. Zu בשׂרpi. mit טוב als Objekt vgl. Jes 52,7.

71 Zur Konstruktion vgl. I Reg 14,6; Cant 5,2; Gen 3,8, zur Terminologie vgl. Jes 22,2.

72 Mit einer einzigen Erweiterung V.46-48 rechnen Veijola, Ewige Dynastie, 16
    (DtrH), mit ihm Würthwein, ATD 11/1, 5, 19 (dtr); dann Langlamet, Pour ou contre
    Salomon, 490–494, 525 (S3) und mit ihm Bietenhard, Des Königs General, 228,
    362. Vermeylen, Loi, 439ff, 553, 603 veranschlagt V.46.47b.48 für S1 und V.47a
    für S2.

73 Dazu ausführlich u. am Anfang von 3.5.

40* noch von V.32-34 stammen können. Weil V.43-45 offensichtlich die beiden anderen Texte systematisiert und strafft, erscheint die Reihenfolge erstens V.38-40*, zweitens V.32-34 und drittens V.43-45 plausibel.[74] Jedenfalls hat Adonias Fest den Sinn, das überstürzte Vorgehen Salomos, seiner Partei und auch Davids zu rechtfertigen. Wenn Adonia wirklich ein Fest gefeiert hat, dessen Anlaß seine Inthronisation sein sollte (vgl. V.11.19ff.24ff), dann bestand ja auch eine reale Gefahr für seine Gegner, bestand also konkreter Handlungsbedarf! Insgesamt ist festzuhalten, daß nur der kurze Bericht V.38-40*[75] zum Grundtext gerechnet werden kann.

Zwischenfazit: Die literarische Form, eine starke thematische Digression, die deutlichen Unterschiede zwischen V.32-34 und V.38-40*, die Tendenz der Darstellung und Rolle Nathans haben gezeigt, daß nichts in V.11-37* zum Grundtext gehört; es gibt also einen Salbungsbericht ohne Intrigenerzählung! Ähnliche Ideen hatte bereits *Hentschel* entwickelt, er verzichtet aber auf literarische Begründungen. Wenn er in V.9f.32-34.38-40.41-45.49-51*.53 den Grundtext ermittelt, so sprechen dagegen alle hier aufgeführten Beobachtungen zur Stringenz und literarischen Einheitlichkeit.[76] Dasselbe gilt für den Entwurf *Häusls*, die in V.1-4*, V.11-31* und V.5-10.32-49* drei ursprünglich voneinander unabhängige Einheiten feststellt.[77] Einen Grundtext ohne Intrige kennt schließlich *Kunz*, der in V.1-4.11-22a.23.30aα.b.31 die sekundäre Überarbeitung von I Reg 1 ausmacht.[78] Für ihn gilt dieselbe Kritik wie für *Hentschel*. Außerdem stört in *Kunz'* Grundschicht erheblich, daß in V.32 eine erneute Redeeinleitung mit Nennung des Subjektes „David" steht, obwohl David ja nach V.29 noch im Redefluß ist.[79]

---

74 Diese Überlegung wird durch den redaktionskritischen Befund in 3.5 und 3.6 bestätigt.

75 Als sekundäre Zusätze sind allein מן־האהל in V.39aα und והעם מחללים בחללים „und das Volk blies auf Flöten" (V.40aβ) zu identifizieren.

76 Hentschel, NEB 10, 19ff und Natan, 187f. Ihm folgt im wesentlichen Klein, David versus Saul, 189–191. Nach McKenzie, David, 215 ist die Intrige fiktiv: Im Rahmen prosalomonischer Apologie soll gezeigt werden, daß Salomos Usurpation auf eine Anordnung Davids und nicht auf eine Palastrevolte zurückgeht.

77 Häusl, Abischag und Batscheba, 92ff, 286ff.

78 Kunz, Frauen, 210ff, Tabelle 218–220. Der Grundtext stamme entweder vom selben Erzähler wie II Sam 11f oder sei diesem nachgestaltet, datiere also frühestens um die Wende vom 6. zum 5. Jahrhundert v. Chr.

79 Ebenso wird Nathan neu herbeigerufen, obwohl er nach V.22b noch anwesend sein müßte, dazu gleich 3.4 und u. 4.5. Den Übergang V.10.22b, der durch das Aufeinanderfolgen von zwei Inversionen sehr schroff ist, motiviert *Kunz* zudem nicht.

3.4 Die ursprüngliche Intrigenerzählung

Doch was ist der ältere Bestand von V.11-37? Literarische Form und
Verlauf, so wie sie jetzt vorliegen, lassen mehr als eine Frage offen. Zunächst fallen zwei deutliche Brüche im Handlungsablauf ins Auge. Denn
zuerst geht Bathseba zu David in dessen Schlafgemach (V.15), und während sie noch redet, kommt Nathan hinzu (V.22f), um ihre Worte zu „vervollständigen" (vgl. V.14), also seinen Teil der Rede vorzubringen. Dem
Hergang nach stehen nun beide vor dem König, um ihr Anliegen durch-
zusetzen. Dann aber antwortet David, nachdem Nathan geendet hat: „Ruft
mir Bathseba!" (V.28aβ). Die hätte nach V.15-27 doch dabei sein müssen!
Ein ähnliches Problem begegnet im folgenden Redegang. Dort schwört der
König Bathseba seinen Eid, und Bathseba reagiert mit einer tiefen Proskynese (V.28-31). Der Szenerie entsprechend ist Nathan gleichfalls anwesend. Dann aber spricht David: „Ruft mir den Priester Zadoq, den Propheten Nathan und Benaja, den Sohn Jehojadas!" (V.32). Aber Nathan war
doch schon da! Wie sind diese schweren Disgruenzen zu erklären? Warum
muß David Bathseba und Nathan rufen, wenn sie doch schon anwesend
sind? Während *S.A. Cook* diese Szenenbrüche ernst nimmt,[80] vermuten
viele, daß Bathseba und Nathan jeweils den Raum verlassen: „Bei Nathans
Eintritt muss nach V.28. Bathseba, und bei deren Wiedereintritt nach V.32.
jener als *abtretend* gedacht werden".[81] Davon steht aber nichts im Text.
Und eine entsprechende literarische Genauigkeit wäre zu erwarten, denn
die Auftritte Nathans und Bathsebas, ihre Proskynesen etc. werden schließlich auch minutiös geschildert. Auch wenn der zitierte Erklärungsversuch
von *Thenius* von vielen anderen Exegeten getragen wird, befriedigt er
nicht, da er auf reinen Mutmaßungen beruht. Vielmehr kann nur einer der
beiden Redegänge ursprünglich sein. Wie gesehen, gehören V.32-34 unbedingt zum Kern von V.11-37*;[82] also ist von diesem Text auszugehen und
nach einem stringenten Ablauf zu suchen. Wenn Nathan erst in V.32 geru-

---

80 Cook, Notes, 175: „The double entrance of Bathsheba ... and Nathan ... may arise
    from the fact that the original sequel to Adonijah's revolt has been replaced by vss.
    28 *sqq*." Aber wie stellt sich das *Cook* literarisch im einzelnen vor? Neuerdings ist
    auch Kunz, Frauen, 211,215f auf diese Brüche aufmerksam geworden. Zu den
    Problemen seiner Literarkritik s.o. direkt am Ende von 3.3.

81 Thenius, KEH 9, 6, Hervorhebung im Original. Ähnlich Benzinger, KHC IX, 6;
    Kittel, HK I/5, 8; Šanda, EHAT 9/1, 15; Greßmann, SAT 2/1, 192; van Gelderen,
    KV 10/1, 31, 34, 36; Noth, BK IX/1, 22f; Brongers, POT 10, 29f, Hentschel, NEB
    10, 22 u.a.

82 Vgl. o. am Anfang von 3.3.

fen wird, kann er vorher nicht aufgetreten sein. Also ist allein Bathseba vor dem König erschienen, um den Plan auszuführen. Man muß die erste Fassung der Intrige folglich zunächst in V.11-21.32-34 suchen, V.22-31, der Text ab Nathans erstem Auftritt, gehören einer Überarbeitung an.[83]

Folgende Beobachtungen stützen dieses Ergebnis. In V.22-31 läuft der Gesprächsgang auf den Eid in V.30 hinaus, den David der Bathseba schwört. Dessen Form unterscheidet sich von den Formulierungen in V. 13.17. Dort lautet der Eid כִּי־שְׁלֹמֹה בְנֵךְ יִמְלֹךְ אַחֲרַי וְהוּא יֵשֵׁב עַל־כִּסְאִי „Fürwahr, dein Sohn Salomo soll nach mir König werden und auf meinem Thron sitzen."[84] Hier in V.30 heißt der zweite Teil וְהוּא יֵשֵׁב עַל־כִּסְאִי תַּחְתָּי „und er soll auf meinem Thron sitzen an meiner Stelle" (vgl. auch V.35),[85] was nicht die Nachfolge, sondern die sofortige Ablösung anzeigt.[86] Es gibt keinen literarischen Grund, תַּחְתָּי hier herauszulösen.[87] Außerdem wird in V.20.27 die Formel vom Sitzen auf dem Thron abweichend verwendet: מִי יֵשֵׁב עַל־כִּסֵּא אֲדֹנִי־הַמֶּלֶךְ אַחֲרָיו „Wer soll auf dem Thron meines Herrn, des Königs, nach ihm sitzen?" Auch das Auftreten Bathsebas und Nathans, besonders ihre Proskynesen, werden anders dargestellt. Heißt es in der Erstfassung von Bathseba „und Bathseba neigte sich und warf sich dem König nieder" (V.16), so fällt in der Überarbeitung jeweils eine devotere Wendung auf. Über Nathan wird in V.23bβ gesagt: „und er warf sich dem König nieder auf sein Angesicht zur Erde (עַל־אַפָּיו אַרְצָה)", und Entsprechendes wird von Bathseba berichtet, als sie auf Davids Schwur reagiert: „Da neigte sich Bathseba mit dem Angesicht zur Erde (אַפַּיִם אֶרֶץ) und warf sich dem König nieder" (V.31a).[88] Außerdem redet Nathan nach V.24, anders als Bathseba nach V.16, unaufgefordert zum König. Besonders aber sticht ins Auge, daß Nathan in der Überarbeitung V.22-31 vollkommen anders argumentiert, als er es in seinem Plan V.11-14 vorsieht, den Bathseba mit ihrem Auftritt vor David (V.15ff) auszuführen beginnt. Denn in der Erstfassung der Intrige soll dringender Handlungsbedarf unterstrichen werden mit der Aussage, daß Adonia König geworden sei. Die Pointe der

---

83 Vgl. u. 3.6.

84 V.24 zitiert V.13.17.

85 Eine ähnliche Wendung begegnet im AT nur noch I Chr 29,23.

86 Vgl. die Wendung „und es wurde König (וַיִּמְלֹךְ) sein Sohn X an seiner Statt (תַּחְתָּיו)" in den Rahmentexten der Reg-Bücher (I Reg 11,43; 14,20.31 etc.)

87 Das tun jedoch Veijola, Ewige Dynastie, 16f; Würthwein, ATD 11/1, 4; Jones, Nathan Narratives, 39 u.a.

88 Daß sie als Frau des Königs nicht wie Nathan in V.23a zu antichambrieren braucht, versteht sich allerdings von selbst.

Argumentation aber ist die Behauptung, daß David dies nicht weiß
(V.11.18). Dadurch wird er massiv bei seiner Ehre gepackt. In der Überarbeitung V.22-31 jedoch spielt Nathan mit seiner Stellung im Hofstaat.
Sein Argument lautet hier: David hat offensichtlich *angeordnet*, daß Adonia König werden soll (V.24), und hat damit seine Knechte[89] und Getreuen
nicht informiert (V.27). Als Beleg für diese Behauptung dient ein Fest
Adonias, zu dem Nathan, Zadoq, Benaja und Salomo[90] nicht eingeladen
worden seien (V.25f). Auf diesem Fest sei der Inthronisationsruf „es lebe
der König Adonia" (V.25bβ) bereits ergangen. Aber das Fest gehört nicht
zur ursprünglichen Intrige, denn Nathan spricht zu Bathseba nicht von ihm
(V.11-14).[91] Ein früherer Eid Davids spielt in der Argumentation in V.22ff
keine Rolle, die Handlung *läuft* erst auf den Schwur *hinaus* (V.29f*).[92]
Folglich kommen nur V.11-21* als Text in Frage, den V.32-34 fortsetzen.

Nach V.11 redet Nathan Bathseba ein, Adonia sei König geworden,
und der Gipfel des Ereignisses sei, daß David es nicht wisse, wie es der
invertierte Verbalsatz V.11b (ebenso V.18b) formuliert. Die Inversion
unterstreicht bewußt den Gegensatz. Bathseba wird als שלמה־אם „Mutter
Salomos" (V.11a)[93] eingeführt, aber auch Adonia wird mit seinem vollen
Namen „Adonia, Sohn der Haggit" (V.11a, vgl. schon V.5) bezeichnet.

Daraufhin fordert Nathan Bathseba auf, zum König zu gehen (V.12f).
Deutlich wurde innerhalb dieser beiden Verse ein Nachtrag nach dem
Kuhlschen Prinzip verklammert: Es handelt sich um V.12* ohne die ersten
beiden Worte und das כי „geh" aus V.13.[94] Zwischen die beiden Imperative ובאי לכי „geh und tritt ein" wird ein erläuternder Satz in PK einge-
schoben: „einen Rat möchte ich dir raten", um dann im Imperativ anzufü-
gen: „und rette dein Leben und das Leben deines Sohnes Salomo!". Wenn
nach einer Thronfolge Adonias für Bathseba und Salomo wirklich Lebens-
gefahr besteht, dann ist ja auch Nathans Handeln gerechtfertigt: Nathan
und Bathseba müssen aktiv werden, geht es doch um ihre Haut. Niemand,

---

89 Plur. mit K.
90 In V.26, vgl. V.19 bezeichnet Nathan Salomo gegenüber dem König als עבדך „dein
    Knecht".
91 Das fällt auch van Gelderen, KV 10/1, 30 auf: „Dat vs. 11-14 hier niets van zegt,
    verklaar ik uit de neiging van de schrijver om nodeloze herhalingen te vermijden."
92 Zu den literarischen Verhältnissen in V.29f vgl. u. 4.5.
93 Der Ausdruck בת־שבע אם־שלמה findet sich nur noch in I Reg 2,13.
94 So auch Langlamet, Pour ou contre Salomon, 484–486 (S3); Bietenhard, Des Königs
    General, 228, 363 (S3); Vermeylen, Loi, 444, 553 (S1).

der das nicht begreifen könnte. V.12* gehört daher zur Theodizee-Bearbeitung.[95]

V.13 (ohne לכי) setzt die ursprüngliche Rede Nathans an Bathseba fort. Sie soll zu David gehen, ihn an seinen Eid „erinnern" und abschließend fragen, warum Adonia dann König geworden sei. Bemerkenswert ist, daß hier und in V.17.30 David zu Bathseba über Salomo nur als בנך „dein Sohn" spricht oder gesprochen haben soll.[96]

Der folgende V.14 bringt Nathans Auftritt bereits im Plan unter und hängt mit der Überarbeitung der Intrige, bes. V.22ff zusammen, die vor Nathans ursprüngliches Erscheinen vor David (V.32ff) noch einen zusätzlichen Auftritt einschaltet. V.14 arbeitet mit derselben Formulierung, mit der auch V.22ff in die Szenerie eingeschaltet wird. Das ist zunächst ein Nominalsatz mit הנה,[97] der aus fem. suffigiertem עוד und dem fem. Partizip von דבר pi. mit der Bestimmung עם־המלך „mit dem König" besteht.[98] Dann folgt ein invertierter Verbalsatz, der Nathans Eintreten mit der Wurzel בוא angibt.

Die Narrative in V.15aα.16a beschreiben Bathsebas Eintritt in die königliche Kammer und ihre Proskynese.[99] David fordert sie zum Reden auf (V.16b). Dann (V.17) zitiert Bathseba den Eid gleichlautend wie in V.13, nur macht sie die rhetorische Frage „hast du ... nicht deiner Magd geschworen ...?" zu einer Aussage, die durch Inversion betont wird, und fügt „bei deinem Gott Jahwe" hinzu. V.18 führt gegen diesen Schwur prägnant zwei „Tatsachen" an: V.18a behauptet, angefügt mit ועתה und als invertierter Verbalsatz hervorgehoben, daß Adonia König geworden ist; und als Pointe hält V.18b ebenfalls im invertierten Verbalsatz fest, daß David davon nichts weiß.[100] Die beiden Inversionen unterstreichen prägnant die antithetische Parallelität der Aussagen.

Wie gesehen, gehört das Fest Adonias nicht in die ursprüngliche Intrigenerzählung.[101] Entsprechend schießt der Text bereits ab V.19 über

---

95 Zum Begriff vgl. die Überlegungen in 2.1 und 2.4.

96 בננו im AT nur Dtn 21,20; בני im Munde Davids in II Sam 13,25; 16,11; 19,1quater.5ter; I Reg 1,33.

97 Viele Mss, vgl. ein Fragment aus der Kairener Geniza und Vrs lesen והנה.

98 Das שם „dort" aus V.14a fehlt in V.22; V.14bβ hat naturgemäß kein Pendant.

99 V.15aββ ist sekundär, vgl. o. 3.2.

100 In V.18b ist zu Beginn mit etwa 250 Mss, den Sebirin und den Versionen ואתה „und du" statt MT „und nun" zu lesen.

101 Vgl. o. 3.2 und 83–85. Auch der Bericht V.9f ist sekundär, vgl. o. am Schluß von 3.3.

die erste Konzeption hinaus, denn der Satz „und du, mein Herr König, weißt es nicht!" stellt Klimax und Abschluß von Bathsebas Rede dar, und das Fest war in Nathans Plan (V.11-14) nicht enthalten. V.19 aber berichtet von Adonias Fest, er gehört nicht zur älteren Intrigenerzählung, sondern dient dazu, die Intrige durch einen neuen fiktiven Aspekt zu legitimieren. V.20.21 setzen V.19 fort. Durch die Wendung וְאַתָּה אֲדֹנִי הַמֶּלֶךְ „und du mein Herr König" sticht V.20 als Doppelung zu V.18b ins Auge.[102] Das Unwissen Davids wird umgekehrt: ganz Israel wartet auf ein Machtwort des Königs, denn noch sei die Lage zu retten. V.21 aber ist nochmals sekundär, indem er sich mit וְהָיָה und im *Perfectum consecutivum* an V.20 anschließt. Er geht deutlich über die Situation hinaus: Nach Davids Tod werden Bathseba und Salomo zu חַטָּאִים. Wie V.12* betont V.21 die reale (Lebens-)Gefahr, die von Adonia für die beiden ausgeht, und gehört daher zur Theodizee-Bearbeitung, die die Handlungsweisen der Hauptfiguren nachvollziehbar machen will: Dann hätten die beiden Grund zur Aktion.[103]

V.32-34 gehören jedoch zur Erstfassung der Intrige, die mit dem Inthronisationsruf „es lebe der König Salomo" ihren Höhepunkt erreicht hat. V.35-37 sind zu verschiedenen Graden sekundär.[104]

Zwischenfazit: Folglich besteht die ursprüngliche Intrigenerzählung aus V.11.12a*(nur וְעַתָּה לְכִי).13(ohne לְכִי).15aα.16-18.32-34. Die Träger dieser ersten Fassung der Intrige üben scharfe Kritik an Salomo, indem sie behaupten, daß er durch eine perfide Intrige an die Macht gekommen ist, mit der der alte König schwer hinters Licht geführt wurde. Die ursprüngliche Intrigenerzählung gehört deshalb zur dynastiekritischen Bearbeitung. Diese Erzählung wurde durch V.14.19f.22-25.26*.27.28-30*.31 zu einer zweiten Fassung der Intrige fortgeschrieben.[105] V.12(ohne וְעַתָּה לְכִי). 13aα*(nur לְכִי).21 sind der Theodizee-Bearbeitung zuzurechnen.

---

102 Freilich ist V.20 kein invertierter Verbalsatz, sondern eine *Pendens*-Konstruktion, dazu ferner Mulder, Koningen I, 61. Ca. 120 Mss, eine Targum-Handschrift und Vulgata lesen in Angleichung an V.18 zu Beginn וְעַתָּה „und nun", was stilistisch glättet.

103 Langlamet, Pour ou contre Salomon, 484f rechnet V.12aβb und V.21 zu seinem prosalomonischen S3.

104 S.u. 3.6.

105 Zu weiteren Einzelheiten über diese redaktionelle Zweitfassung s.u. 4.5.

3.5 Grundschicht und erste Fassung der Intrige

In I Reg 1 ließ sich eine Grundschicht V.5.7.8aαb.38.39a*(ohne מן־האהל).
39b.40aαγb (einfacher: 5.7f*.38-40*) und eine erste Überarbeitung durch
V.11.12a*(nur ועתה לכי).13(ohne לכי).15aα.16-18.32-34 identifizieren. Es
gibt also einen Inthronisationsbericht ohne Intrigenerzählung. Die *Grundschicht* arbeitet mit einer einfachen Narrativkette, die nur an zwei expo-
nierten Stellen von kurzer direkter Rede unterbrochen wird: beim Thronanspruch Adonias am Anfang (V.5a) und beim Inthronisationsruf für
Salomo am Schluß (V.39b). Die Prätention Adonias und die Skizze der
beiden Parteien stellen eine angemessene Ausgangslage dar, die ein Aktiv-
werden der Salomo-Anhänger, mithin die Erhebung Salomos zum König
plausibel werden lassen.[106] Diese Inthronisation wird positiv und mit
Freude am Geschehen dargestellt. Literarisch und von seiner Tendenz her
entspricht der Text seinem Pendant in II Sam 11,2.4aαβ.b.5.27a*(ab
וישלח); 12,24bα2("und er nannte seinen Namen Salomo"), das von Salomos Geburt berichtet. Das historische Wissen und die Detailkenntnisse
von I Reg 1,5.7f*.38-40* legen eine frühe Datierung nahe; Spuren theologischer Traditionsbildung fehlen. Die Grundschicht kann deshalb nicht in
allzu großer Ferne von den Ereignissen stehen. Über die Inthronisation
Salomos zu berichten, lag im Interesse der Dynastie und des Königshofes.
Es handelt sich wie bei seinem Pendant um ein Quellenstück aus den
Archiven des Hofes. Da aus dem Text selber nicht deutlich wird, wer
Salomo ist, steht er in enger Verbindung zu II Sam 11,2.4aαβ.b.5.27a*;
12,24bα2. Beide Texte liegen literarisch auf einer Linie und bilden zusammen einen kurzen Bericht über Salomos Herkunft und Erhebung zum
König. Auffälligerweise ist im alten Quellenstück von I Reg 1 von David
selber nicht mehr die Rede. Man weiß deshalb nicht, ob er überhaupt noch
lebt, geschweige denn etwas mit Salomos Inthronisation zu tun hat. Die
Tatsache, daß es einen solchen Inthronisationsbericht gibt, zeigt, daß
Salomos Thronerhebung eine spürbare Unregelmäßigkeit darstellt. Denn
explizite und ausführliche Inthronisationsberichte liegen im AT nur noch
dort vor, wo es gilt, einen mit Gewalt herbeigeführten Thronwechsel oder
andere Unregelmäßigkeiten in der dynastischen Folge zu rechtfertigen. Das
zeigen besonders die Texte über die blutige Revolution Jehus, der seinen
Vorgänger Joram von Israel und dessen Gattin Isebel sowie Ahasja von
Juda umbringt (II Reg 9), oder die Usurpation und Ermordung der Königin

---

106 Literarisch ergeben V.8.38 einen guten Übergang.

Athalja, als deren Nachfolger Joaš auf den Thron gehoben wird (II Reg 11). Im Falle von Sauls Königserhebung ferner geht es um die Neueinrichtung des Königtums und bei Davids Salbung (II Sam 2,1-4; 5,1-3) um den Abbruch der saulidischen Linie.[107]

Daß diese Zusammenhänge richtig beobachtet werden, legt auch der Blick auf altorientalische Parallelen nahe. In ihnen werden Usurpationen sehr oft dadurch gerechtfertigt, daß man Thronwechsel explizit zum Thema macht. Als Beispiel sei zunächst ein hethitischer Text genannt, nämlich die Apologie des Königs Ḫattušiliš III. (ca. 1275-1245 v. Chr.).[108] In ihr rechtfertigt der Großkönig mit einer ausführlichen Darstellung der Ereignisse aus seiner Perspektive, daß er seinen Neffen und Vorgänger Urhi-Tešup (ca. 1282-1275 v. Chr.) völlig besiegt und abgesetzt hat. Daß ferner der hethitische Thronfolgeerlaß des Telipinu, der Ende des 16. Jahrhunderts v. Chr. nach einer Zeit blutiger Auseinandersetzungen die Erbfolge des ältesten Königssohnes festlegt,[109] ebenfalls eine Usurpation entschuldigt,[110] ist dagegen nicht so deutlich.

Weitere Einsichten, die auch für die Redaktionskritik von I Reg 1f auswertbar sind, ermöglicht ein neuassyrischer Text: das Prisma Ninive A des neuassyrischen Königs Asarhaddon (681-669 v. Chr.).[111] Es dient dazu, die Inthronisation Asarhaddons zu rechtfertigen; im Hintergrund stehen dabei auch die mysteriösen Umstände der Ermordung seines Vaters und Vorgängers Sanherib (705-681 v. Chr.). Nach der Babylonischen Chronik I, III 28, vgl. die Babel-Stele Nabonids I 35-41, ist Sanherib durch einen nicht näher genannten Sohn ermordet worden.[112] Diesen identifiziert man etwa als Arda-Mulišši.[113]

---

107 Auch wenn Texte wie I Sam 16,1-13 als historische Nachrichten nicht in Betracht kommen (so Levin, Sturz, 91, Anm. 2), gilt für sie dasselbe.

108 Übersetzung von Heinrich Otten in TUAT I, 481–492 (mit Kommentierung von Hans Martin Kümmel), vgl. ferner Hallo, Context I, 199ff.

109 Übersetzung von Hans Martin Kümmel in TUAT I, 464–470, vgl. auch Hallo, Context I, 194–198.

110 So Ishida, Succession Narrative, 166–168.

111 Lesung, Übersetzung und Kommentierung von Borger, Inschriften Asarhaddons, 36–50, vgl. ders. in TUAT I, 393–397.

112 TUAT I, 402; TGI, 69 und zur Babel-Stele Nabonids TUAT I, 407.

113 Vgl. Mayer, Politik, 378; Borger, TUAT I, 391f und ferner die Notiz von II Reg 19,37 par Jes 37,38. Gleichwohl bleibt für Borger, a.a.O, 392 „zweifelhaft ..., ob Asarhaddon wirklich ganz unschuldig am Tode seines Vaters gewesen ist", auch wenn er selber zu der Zeit außer Landes war.

Nach dem Ninive Prisma A setzt Sanherib seinen jüngeren Sohn Asarhaddon unter Übergehung der älteren Brüder zum Kronprinzen ein (I 8-22, bes. 21f). Die Einwohner Assyriens schwören einen enstprechenden Loyalitätseid (*adê*, I 50.80). Die übergangenen Brüder verleumden Asarhaddon beim Vater, verfeinden dessen Herz gegen ihn; trotzdem hält Sanherib an der einmal beschlossenen Thronfolge fest (I 24-31). Asarhaddon flieht jedoch an einen geheimen Ort (I 38-40). Von dort marschiert er auf Ninive an (I 63-80), die Rebellen (*lúḫammā'ē*), die den Aufruhr angezettelt haben, fliehen (I 81-86); ihren Anstiftern wird schwere Strafe (*annu kabtú*) auferlegt (II 8-11). Was mit ihrer Nachkommenschaft geschieht, ist nicht ganz klar. Die Aussage *uḫalliqa zêršun* (II 11) kann bedeuten, daß Asarhaddon sie vernichtet hat, es kann aber auch lediglich an eine Verbannung gedacht sein (D-Stamm *ḫalāqu*). Asarhaddon selber aber setzt sich auf den Thron seines Vaters (I 87-II 7). Seine Brüder hat er jedenfalls nicht getötet.

In einer historischen Rekonstruktion folgert *Mayer*, daß Arda-Mulišši an der Spitze der Prinzen gestanden hat, die sich durch die Bevorzugung Asarhaddons übergangen fühlte. Als sie Sanherib von seinem Entschluß nicht durch Intrigen abbringen konnten, ermordeten sie ihn. Hinter ihnen standen Teile der Armee, der Beamtenschaft und der weiteren Bevölkerung. Bestimmte Truppenteile gingen jedoch vor der entscheidenden Schlacht zu Asarhaddon über. Die gegnerische Verschwörergruppe um Asarhaddon mußte die Absetzung des Kronprinzen befürchten. Zu ihr gehörte auch Asarhaddons Mutter Naqi'a/Zaqûtu. Daß sie bereits bei Asarhaddons Designierung Einfluß genommen hatte, wird zwar als recht wahrscheinlich angesehen,[114] läßt sich aber aus den Quellen nicht direkt belegen. „Ob nun Arda-Mulissi einem Anschlag Asarhaddons nur zuvorgekommen ist, ob er sich nur von Naqi'a/Zaqûtu und Asarhaddon hat manipulieren lassen oder ob Asarhaddon den Anschlag hat ausführen und ihn Arda-Mulissi in die Schuhe schieben lassen, ist anhand der bisherigen Quellen nicht zu ermitteln.“[115] In jedem Fall dient dieser ausführliche Bericht über die Ereignisse um den Thronwechsel zu Asarhaddon dazu, eine Usurpation zu rechtfertigen.

---

114 Borger, Eheglück, 7; Mayer, Politik, 377; Edzard, Geschichte, 218 u.a. Vgl. auch den Loyalitätsvertrag der Naqi'a/Zaqûtu (669 v.Chr.).

115 Mayer, Politik, 379f, vgl. zum Hergang insgesamt a.a.O., 377–380 sowie Edzard, Geschichte, 218f. Falls Naqi'a wirklich für Asarhaddons Thronbesteigung mitverantwortlich war, entspricht sein Schweigen darüber in Prisma Ninive A dessen propagandistischer Tendenz.

Zurück zu I Reg 1. Salomo ist also mindestens ein Usurpator, der sich zu legitimieren hat. Die Tendenz der Darstellung in I Reg 1,5.7f*.38-40* ist entsprechend deutlich zu Salomos Gunsten. Daß allerdings der alte David im Zuge eines *coup d'état* von den Verschwörern ermordet wurde, wie *Vermeylen* vermutet,[116] läßt sich nicht beweisen. Jedenfalls bleibt im Grundtext die Frage offen, ob David überhaupt noch lebt.

Die *Überarbeitung* macht aus der Salbungsgeschichte einen intriganten Coup, in dem der alte David überlistet wird. Der Kopf der Intrige ist der Hofprophet Nathan. Die Überarbeitung ist mit viel Dialog und in bewegten Szenen gestaltet, die in Davids Schlafgemach stattfinden. Daß Adonia König geworden ist und David es nicht weiß (V.18), löst seine Befehle aus (V.32-34).[117] Die Erzählung hat eine sehr kritische Tendenz gegenüber Salomo und dem Hergang seiner Inthronisation. Von dieser Tendenz her, der scharfen Kritik am König, sowie in ihrer szenischen Lebendigkeit und Detailfreude ist sie der ersten Überarbeitung in II Sam 11,3.4aγ.6.8abα.9b.10a.13f.16.17a*.b.18.26.27aα1(האבל ויעבר) vergleichbar, die den Bericht von Salomos Geburt zu einer Geschichte von Davids Ehebruch und Urias vorsätzlich herbeigeführtem Tod macht. In beiden Eingriffen wird zudem die Figur Bathsebas in den Text eingeführt.

Was Bathsebas Funktion bei der Intrige betrifft, könnte man auf die mutmaßliche Rolle von Asarhaddons Mutter Naqi'a/Zaqûtu bei dessen Herrschaftsantritt verweisen,[118] auch wenn es für ihre Einflußnahme keinen expliziten Beleg gibt. Ferner spielt Bathseba in der Intrige um Salomos Thronbesteigung nur die zweite Geige nach Nathan.

Zudem wird es in der altorientalischen Literatur oft eindeutig negativ bewertet, wenn die Königin(mutter) mit unlauteren Mitteln in die Thronfolge eingreift. So steht zwar für Ägypten fest, daß die „ägypt. Königin ... eine Schlüsselstellung für die königliche Erbfolge" besitzt und „vor allem beim Wechsel von einer Dynastie zur anderen als Trägerin der Legitimität zur beherrschenden Gestalt" wird.[119] Doch Intrigen werden nicht geduldet. So sind mit dem sog. juridischen Turiner Papyrus Akten eines Hochverratsprozesses über eine Verschwörung gegen Ramses III. (1184-1153 v.

---

116 Vermeylen, David, 493f; nach a.a.O., 490 handelt es sich dann um die Neuetablierung einer „salomonischen Dynastie".

117 V.18.32 ist ein überzeugender Übergang. In der ersten Intrigenfassung spielt Davids Eid (V.29f) noch keine Rolle.

118 Borger, Eheglück, 7; Mayer, Politik, 377; Edzard, Geschichte, 218 u.a.

119 Hornung, Einführung, 77f.

Chr., Neues Reich) erhalten, die vom Harem ausging.[120] Nach diesem Papyrus ist es der Königin Teje gelungen, eine Reihe von Hofbeamten und Offizieren auf ihre Seite zu ziehen, um ihren Sohn Pentaweret auf den Thron zu bringen. Die Verschwörer beseitigen den König Ramses III.; trotzdem kann sich anstelle von Pentaweret der rechtmäßige Thronfolger durchsetzen und als Ramses IV. (1153-1146 v. Chr.) den Thron besteigen. Den Verschwörern wird der Prozeß gemacht. Den Vornehmsten wird der Selbstmord gestattet, die Mitläufer werden mit dem Abschneiden von Nase und Ohren bestraft.[121]

Und im ugaritischen Text RS 17.352:4-11 ist davon die Rede, daß zwei Prinzen, die eine schwere Sünde (*ḫitáta*) gegen ihren Bruder, den König, begangen haben, von der Königinmutter Aḫat-milku ihr gesamtes Erbteil ausgezahlt worden ist. Diese Transaktion wird von *Kunz* so gedeutet, daß die Königin in die Erbfolge eingegriffen hat, indem sie ihre beiden Söhne gegen deren Bruder unterstützte.[122] In beiden Fällen unterliegt die unrechtmäßige oder intrigante Einflußnahme der Königinmutter einer Negativkritik.

Wie die genannte Überarbeitung in II Sam 11f* rechne ich die erste Fassung der Intrige I Reg 1,11.12a*(nur לכי ועתה).13(ohne לכי).15aα.16-18.32-34 zur dynastiekritischen Bearbeitung.[123] Angaben über ihre Datierung sind erst möglich, wenn weitere Ergebnisse zur relativen Chronologie der Schichten vorliegen. Gegen die Historizität der Intrige spricht allerdings, daß nur David, Nathan und Bathseba von ihr gewußt haben können. Der Erzähler müßte also eine dieser drei Personen direkt oder indirekt als Informationsquelle gehabt haben. Das ist schon deshalb unwahrscheinlich, weil alle drei daran interessiert gewesen sein müßten, daß über die Intrige nichts bekannt wird.

---

120 Text in Hallo, Context III, 27–30 (Übersetzung von R.K. Ritner).

121 Zum Hergang vgl. auch Meyer, Geschichte 2/1, 599–603; Hornung, Grundzüge, 117; Wolf, Das Alte Ägypten, 153.

122 Kunz, Frauen, 227f, Anm. 51, vgl. Aboud, Rolle, 114f; van Soldt, Studies, 14f.

123 Vgl. o. am Schluß von 2.4. Man ist auf die Informationen des Grundtexts von II Sam 11f angewiesen, wo deutlich wird, daß Salomo Davids Sohn ist. In der dynastiekritischen Bearbeitung wird er zusätzlich über seine Mutter Bathseba vorgestellt (I Reg 1,11 etc.), vgl. dazu die Vorstellung Adonias über Haggith in I Reg 1,5 (Grundtext) und 1,11 (Bearbeitung).

3.6 Das Fest (I Reg 1,9f.41-49) und I Reg 1,35-37

Die Texte in I Reg 1f berichten über das Gelingen von Salomos Thronnachfolge.[124] In einer alten Quelle, nämlich 1,5.7f*.38-40* liegt der Grundbestand von c.1 vor, der festhält, wie Salomo König wird. I Reg 1,40aαγb schließt mit seiner hyperbolischen Beschreibung der Königsfreude diese Quelle ab. Ist dies das letzte Quellenstück in c.1f, oder findet sich hier noch weiteres Material?

Nachdem sich gezeigt hat, daß der Anfang 1,1-4 und die Intrigenerzählung in ihren Fassungen (1,11-37*) jedenfalls sekundär sind,[125] stehen noch die Adonia-Sequenz in 1,41-49.50-53 sowie die Episoden von I Reg 2 zur Diskussion. Dort enthalten 2,1-9 letzte Aufträge Davids an Salomo, kurz vor seinem Tod. V.10-12 liefern Notizen über Davids Tod und Begräbnis. V.13-25 handeln davon, wie Salomo Adonia, V.28-35 wie er Joab und V.36-46 wie er Šimi beseitigt. Dazwischen notiert V.26f die Verbannung Abjathars. V.46b zieht die Schlußbilanz dieser ersten Regierungsmaßnahmen: „Und das Königtum war fest gegründet in der Hand Salomos."[126]

Doch zunächst zu Adonia. Er ist der Rivale um den Thron. 1,41-49 haben folgende Situation vor Augen: Adonia ist mit seiner Festgesellschaft noch am Stein Sohelet versammelt, als der Lärm der Königsfreude zu ihnen durchdringt. Da kommt Jonathan, der Sohn Abjathars, als Bote und berichtet, daß Salomo zum König gesalbt worden ist. Kurz nennt er die Ereignisse von V.38-40. Der primäre Bestand der Episode ist mit V.41-45.49 zu bestimmen. V.46.47.48 sind drei jeweils mit וגם angefügte sukzessive Erweiterungen,[127] die der theologischen Legitimation Salomos dienen; V.48 fällt zusätzlich durch die auf וגם folgende Zitationsformel

---

124 Die überwiegende Mehrheit der Exegeten sieht in ihnen folglich den Abschluß jenes größeren Textzusammenhanges, der in II Sam begonnen hat („Thronfolgegeschichte", „Court History" etc.). Eine Gegenposition, die I Reg 1f von II Sam 9-20 vollständig abkoppelt (vgl. Stoebe, KAT VIII/2, 45–52; Keys, Wages, 54–99, 213–216 u.a.), hat sich nicht durchgesetzt.

125 S.o. 3.2 und 3.3; zu 1,5-10 s. ebenfalls 3.2.

126 Vgl. aber schon V.12b, auch V.35LXX.

127 Mit einer einzigen Erweiterung V.46-48 rechnen Veijola, Ewige Dynastie, 16 (DtrH) und Würthwein, ATD 11/1, 5, 19 (dtr); dann Langlamet, Pour ou contre Salomon, 490–494, 525 (S3) und Bietenhard, Des Königs General, 228, 362; weiterhin Hentschel, NEB 10, 19ff; Kratz, Komposition, 180 (DtrS). Vermeylen, Loi, 439ff, 553, 603 veranschlagt V.46.47b.48 für S1 und V.47a für S2. Nach Cook, Notes, 172 ist allein V.47b sekundär.

כֹּה אמר המלֶך „so hat der König gesagt" auf. Mit V.45b ist der in V.41 mit Joabs Frage nach der Ursache des Lärms anhebende Spannungsbogen definitiv abgeschlossen. Die Nachträge unterbrechen den engen Zusammenhang zwischen dem Ende des Berichtes V.45b, also der Antwort auf die Frage Joabs, und der panikartigen Flucht der Gäste als Reaktion (49). Sie weisen nicht nur deutlich über die Situation hinaus, sondern bereiten auch logische Probleme. Denn die in V.46.47.48 genannten Vorfälle können sich einerseits so schnell nicht in einer Zwischenzeit ereignet haben, die nach V.42 äußerst knapp ist.[128] Andererseits kann Jonathan nicht von ihnen wissen, da sie im Palast und an Davids Krankenbett stattgefunden haben. Der etwa von *Long, Conroy* und *Schäfer-Lichtenberger* vertretene Standpunkt, im dreifachen וגם äußere sich der bewegte Stil der Botenrede und V.46-48 gehörten daher zum Grundtext, scheitert an diesen Überlegungen.[129]

Doch auch der verbleibende Bestand V.41-45.49 kommt als alte Quelle nicht in Frage, wie mehrere Beobachtungen zeigen. Vorauszuschicken ist, daß die Episode nicht allein funktioniert, sondern nur im Zusammenhang mit V.9f. Die V.41-45.49 sind nur dann verständlich, wenn vorher auch erzählerisch von einem Fest Adonias die Rede war, und nicht nur indirekt im Munde Bathsebas oder Nathans. Gegen einen literarischen Zusammenhang von V.9f mit V.41-45.49 erheben sich keine Bedenken.[130]

Die bisherigen Überlegungen sprachen dafür, daß die Idee eines Festes weder im Grundbestand noch in der dynastiekritischen Bearbeitung, also der ersten Fassung der Intrigenerzählung in I Reg 1,11.12a*(nur ועתה לכי). 13(ohne לכי).15aα.16-18.32-34 verankert ist. Erst die redaktionelle Zweitfassung der Intrige V.14.19f.22-31*,[131] die durch den Argumentationsgang

---

128 Vgl. עודנו מדבר „während er noch redete" zu Beginn von V.42; zur Formulierung vgl. auch noch V.14.22 sowie Gen 29,9; II Reg 6,33; Est 6,14. In dieser extrem knappen Zeit kann Jonathan auch nicht mehr durch Informanten am Hof auf die Höhe der Ereignisse gebracht worden sein, so aber van Gelderen, KV 10/1, 44; Brongers, POT 10, 35.

129 Long, Darkness, 80f; Conroy, Analysis, 59–61; Schäfer-Lichtenberger, Josua und Salomo, 243f.

130 Allerdings fehlen Zadoq sowie die Kreter und Pleter aus V.44 in V.10, umgekehrt die „Helden" aus V.10 in V.44. „Benaja" in V.10 wird in V.44 „Benaja, der Sohn Jehojadas" genannt. Diese leichten Unterschiede erklären sich daraus, daß sich V.43-45 auf V.38-40 bezieht und von ihm die Akteure übernimmt. Der Priester spielt eine tragende Rolle beim Salbungsakt, und die Kreter und Pleter zeigen hier (V.43-45) als persönliche Truppe Davids, daß das Geschehen durch den alten König legitimiert wird.

131 Zusätze begegnen in V.26a*(nur אני־עבדך).28bβ.30aα.b, vgl. u. 4.5.

der Intriganten, die Einführung des Eides und einige terminologische Unterschiede (wie etwa die Formulierung von Bathsebas und Nathans Proskynesen) von der ursprünglichen Intrige abweicht,[132] führt das Fest im Zuge eines neuen Beweisganges Nathans ein. Denn in der Erstfassung wurde damit argumentiert, daß Adonia ohne Davids Wissen König geworden ist (V.11.18), wodurch nicht nur dringender Handlungsbedarf behauptet, sondern auch David bei seiner Ehre gepackt wird. Hier aber heißt es *e contrario*, David habe wohl angeordnet, daß Adonia König werden soll, ohne seine Knechte zu informieren. Als Beleg dafür dient das Fest Adonias, zu dem die Salomopartei nicht eingeladen wurde (V.26). Nathan bringt also seine und der anderen Parteigänger Stellung bei Hof ins Spiel.[133] Auch die Tatsache, daß Nathan nach V.11-13 Bathseba gegenüber ein Fest verschweigt, zeigt, daß der Gedanke keinen Platz in der ursprünglichen Intrigenerzählung hat.

Aber die Episode V.41-45.49 (die „Festerzählung", zu der auch V.9f gehören) ist auch nicht einfach die Fortsetzung der durch V.14.19f.22-31* überarbeiteten Intrige, denn diese ist ebenso wie der Grundbestand und die erste Bearbeitung mit V.40 zu ihrem Ziel gekommen. Drei weitere Argumente zeigen, daß die Festerzählung und die Zweitfassung der Intrige von verschiedenen Händen stammen. Erstens taucht die Ortsangabe „beim Stein Sohelet, der neben der Quelle Rogel ist" (V.9a) in der überarbeiteten Intrige nicht auf. Das wäre aber zu erwarten, denn alle sonstigen Angaben sind vollständig und genau. So werden nicht nur die Personen, die bei Adonia eingeladen und nicht eingeladen sind (V.19.25f), sondern auch die Opfertiere präzise aufgezählt. Diese aber unterscheiden sich zweitens in der Festerzählung und der Intrige: צאן ובקר ומריא „Kleinvieh und Rinder und Mastvieh" (V.9) steht gegen doppeltes שור ומריא וצאן לרב „Stier(e) und Mastvieh und Kleinvieh in Menge" (V.19.25). Und drittens begegnen in V.9f und V.19.25f unterschiedliche Gästelisten,[134] vgl. v.a. V.10 mit V.26.

---

132 S.o. 3.4. Vgl. auch die Terminologie der Thronfolge in V.29f.

133 Das wird umso deutlicher, wenn man in V.27 statt K עבדיך „deine Knechte" mit Q, vielen Mss und den Vrs עבדך „dein Knecht" liest. Auch die nachträglich eingefügte Parenthese אני־עבדך „ich bin dein Knecht" (in V.26aα) hebt diese Sicht hervor: Nathan pocht auf seine Stellung.

134 Dabei ist V.19 die Kurzfassung und V.25f die ausführliche Fassung der Liste in der überarbeiteten Intrigenerzählung (vgl. V.26). Warum es in V.25 „die Heeresobersten" statt „den Heeresobersten Joab" (V.19, auch LXX[L] in 25) heißt, kann nicht geklärt werden. Kittel, HKAT I/5, 8 und Thenius/Löhr, KEH 9, 6f erklären den plur. aus V.9.

Aber könnten V.9f.41-45.49 nicht doch einfach zum Grundtext gehören? Dagegen steht einerseits, daß die Gästeliste V.9f eine auffällige Dublette mit Unterschieden zur Parteiliste in V.7.8aαb darstellt,[135] die (bereits) dem Grundtext zuzurechnen ist. Andererseits hatte sich unter 3.3 gezeigt, daß Jonathans Bericht von Salomos Inthronisation V.43-45 die anderen beiden Salbungstexte voraussetzt, systematisiert und strafft. Er ist in einer ganz anderen Terminologie gehalten; sprachlich finden sich kaum Übereinstimmungen, und nur die Handlungsträger (Zadoq, Nathan und Benaja sowie die Kreter und Pleter)[136] werden genau aus V.38.39a*(ohne מן־האהל).39b.40aαγb übernommen. Der Grundtext in I Reg 1 und V.9f.41-45.49 stammen deshalb nicht vom selben Verfasser. Ähnlich schätzt *Dietrich* V.41b-48 als sekundär ein.[137]

Zwischenfazit: Erstens: V.9f.41-45.49 gehören nicht zum Grundbestand von I Reg 1. Zweitens: Die Idee von Adonias Fest begegnet erst ab der Zweitfassung der Intrige (V.14.19f.22-31*[138]). Drittens: Diese Zweitfassung und V.9f.41-45.49 gehen nicht auf dieselbe Hand zurück, sondern die Festerzählung datiert nach der Zweitfassung der Intrige.

Die Festerzählung entstammt vielmehr der Notwendigkeit, das Fest auch tatsächlich im Handlungsablauf zu verankern, nachdem es Bathseba (V.19f) und Nathan (V.25ff) behauptet haben. Wenn Adonia wirklich ein Fest gefeiert hat, dann sind Nathan und Bathseba ja nicht im Unrecht, wenn sie jetzt selbst die Initiative ergreifen, versucht Adonia doch offensichtlich Fakten zu schaffen. Die Festerzählung gehört daher zur Theodizee-Bearbeitung in I Reg 1f. Diese trägt auch V.12*.21 ein, um zu zeigen, daß für Bathseba und Salomo reale Gefahr von Adonia ausgeht: Sie sind חטאים „Sünder" (V.21) bzw. mit dem Tode bedroht (V.12*), sollte er an die Macht kommen. Das entspricht der Fest-Fiktion.

Die drei mit וגם angefügten Nachträge (V.46.47.48) dienen in verschiedenen Aspekten dazu, Salomos Nachfolge weiter zu legitimieren. V.46 markiert den Thronwechsel (noch zu Lebzeiten Davids) und nimmt damit 2,12 vorweg. Die Formulierung כסא המלוכה „Thron des Königtums" ist zwar *hapax*;[139] jedoch sprechen noch I Reg 1,30.35; 2,12.24; 3,6

---

135 Vgl. o. 3.2 und Hentschel, NEB 10,19ff; ders., Natan, 187f; Vermeylen, Loi, 445, 553.

136 Vgl. V.38 mit V.44.

137 Dietrich, Königszeit, 254f.

138 Zusätze begegnen in V.26a*(nur אני־עבדך).28bβ.30aα.b, vgl. u. 4.5.

139 Vgl. aber כסא מלכות „Thron der Königsherrschaft [*sc.* eines Königs]" in Est 1,2; 5,1; I Chr 22,10; II Chr 7,18. Nach I Chr 28,5 sitzt Salomo auf dem „Thron der

davon, daß Salomo sich auf den Thron (כסא) seines Vaters setzt oder
gesetzt hat. Nach V.47 sind die Knechte des Königs zu David gekommen,
um ihn zu segnen. Gott solle den Namen Salomos besser, seinen Thron
größer als den Davids machen, worauf sich der König auf seinem Bett
verneigt hat (vgl. Gen 47,31). V.48 legt David einen Lobpreis Jahwes in
den Mund: Er darf seinen Nachfolger noch auf dem eigenen Thron sitzen
sehen.[140] Sowohl V.47b als auch V.48 ist daran gelegen, daß David den
sofortigen Thronwechsel selbst noch legitimiert.

Ein vergleichbarer Ergänzungsprozeß begegnet in V.35-37.[141] Der
sekundäre Auftrag Davids, Salomo zum König zu machen (V.32-34), ist
mit dem Inthronisationsruf (V.34aβ) beendet. Die jüngere Aussage V.35a:
er soll sich auf „meinen Thron" setzen und „König sein an meiner Statt"
(vgl. I Chr 29,23; II Chr 1,8) ist zwar wie V.33f im *perfectum consecutivum* formuliert, hat aber kein Pendant in V.38-40*, sondern erst in den
späteren Notizen 1,46; 2,12. Ist es plausibel, daß David seine eigene Ablösung angeordnet hat? Dachten die älteren V.13.17.24, auch V.20.27 an
Nachfolge ([ו]אחרי [מלך]), so steht hier die sofortige Ablösung vor Augen
(מלך תחתי).[142] Das wäre „der einzige im AT überlieferte Fall einer Thronfolge bei Lebzeiten des vorhergehenden Königs"[143] und steht auch gegen I
Reg 2,12. Zudem ist hier die im Text sonst gebräuchliche Reihenfolge von
1. מלך „König sein" und 2. ישב על כסא „auf dem Thron sitzen"
(V.13.17.24.30) umgekehrt. Das Problem des Befehls I Reg 1,35a versucht
man wie *Kittel* entweder durch Krankheit zu erklären: „Dass David hier
geradezu zu Gunsten Salomos dem Throne entsagt, kann doch wohl auch

---

Königsherrschaft (מלכות) Jahwes über Israel". כסא ממלכה „Königsthron", „Thron
des Herrschaftsbereiches" begegnet in Dtn 17,18; II Sam 7,13; I Reg 9,5; Hag 2,22;
II Chr 23,20 (mit Artikel, vgl. par II Reg 11,19 כסא המלכים „der Thron der Könige").

140 Zur Wendung ועיני ראות „und meine Augen sehen (es noch)" vgl. Dtn 28,32; II Sam
24,3; Jer 20,4.

141 Für Veijola, Ewige Dynastie, 16–18 ist V.35-37 ein einheitlicher Zusatz von DtrH,
für Hentschel, NEB 10,19ff ist der Zusatz vordtr. Würthwein, ATD 11/1, 4, 16f
grenzt die auch nach ihm dtr Erweiterung auf V.35aβ-37 ein. Nach Langlamet, Pour
ou contre Salomon, 486 gehören V.35.37 zur prosalomonischen Redaktion und nach
Vermeylen, Loi, 443, 553 gehen V.35.37a auf S1 zurück. Ehrlich, Randglossen 7,
216 hält V.36b für nicht ursprünglich. Zu weiteren Einzelheiten über V.35b s. im
folgenden.

142 Vgl. ferner den Eid in V.30. Die Wendung מלך תחת begegnet regelhaft in den
Rahmennotizen der Reg-Bücher, vgl. I Reg 11,43; 14,20 etc.

143 Machholz, Statthalter, 64. Zu Recht weist er ebd. darauf hin, daß Jotham zu Lebzeiten Usias nur Prinzregent war (II Reg 15,5).

wieder nur so gedeutet werden, dass er nicht allein alt, sondern geradezu todkrank ist ..."[144]. Oder man deutet es wie *Noth* als Mitregentschaft Salomos.[145] Beides sind fragwürdige Erklärungsversuche. Außerdem fällt in V.35a der Subjektwechsel von den Beauftragten zu Salomo ins Auge,[146] der nicht durch die anderen Salbungstexte gedeckt ist. Als Überleitung fungiert der Beginn von V.35 „und ihr sollt hinter ihm her hinaufsteigen, und er soll kommen", der in der LXX fehlt. „There is no need to say that they should go behind him."[147]

Ein weiterer Nachtrag ist V.35b;[148] auch *Schmidt* konzediert seinen nachklappenden Charakter.[149] Mit einer Inversion angefügt, trägt er die Designation Salomos zum „נגיד über Israel und Juda" ein. Diese Zusammenstellung ist im AT singulär, der נגיד-Titel begegnet sonst mit dem Herrschaftsbereich „Israel" (vgl. etwa I Sam 9,16; 25,30; II Sam 5,2 par I Chr 11,2; II Sam 6,21; 7,8 par I Chr 17,7; I Reg 14,7; 16,2 etc.), und nur einmal, in II Chr 19,11 mit „Juda". Dort wird ein gewisser Sebadjah als נגיד des Hauses Juda für Zivilsachen an die Spitze des Jerusalemer Obergerichtes gestellt. Die explizite Nennung von Israel und Juda als Herrschaftsbereich in I Reg 1,35 steht gegen die Terminologie von V.34, wo Salomo zum „König über Israel" gesalbt werden soll.[150] Ferner fällt ein erneuter Subjektwechsel von V.35a (Salomo) zu V.35b (David) ins Auge. „Nur hier setzt ein Mensch und nicht Jahwe zum nagid ein".[151] Zur Verbindung von צוה pi. „befehlen" und נגיד (mit Jahwe als Subjekt) vgl. nur noch I Sam 13,14; 25,30; II Sam 6,21. Nach *Würthwein* wird mit I Reg 1,35 Salomos

144 Kittel, HK I/5, 10.
145 Noth, BK IX/1, 24.
146 Im Anschluß an den Imperativ zu Beginn von V.33 werden die Handelnden in 2. pers. plur. angeredet. Nur der Beginn von V.34 schert aus, indem Zadoq und Nathan allein mit der Salbung beauftragt werden (Prädikat in 3. pers. sing.). In V.35 aber steht das zweite und dritte Prädikat in 3. pers. sing., Subjekt ist Salomo. Der Ruf „Es lebe der König Salomo" (V.34) jedoch war als Zitat im Munde der Beauftragten gedacht, liegt daher nicht auf einer Ebene mit den anderen Subjekten in der Rede Davids.
147 Stade/Schwally, SBOT 9, 62. Ist die Aussage deswegen nochmals nachgetragen?
148 Stade/Schwally, SBOT 9, 2; Šanda, EHAT 9/1, 20; Nübel, Davids Aufstieg, 98f.
149 Schmidt, Menschlicher Erfolg, 161.
150 Kratz, Komposition, 180, Anm. 84 streicht hier allerdings „(zum König) über Israel".
151 Schmidt, Menschlicher Erfolg, 159. Sein Argument (a.a.O., 161), gerade die Abweichungen sprächen für die Originalität von V.35b, basiert auf seinem Formulierungsvorschlag für eine ‚echte Glosse'.

Bestimmung zum נגיד in Analogie zu Saul und David nachgeholt;[152] der
genaue Sinn des Hoheitstitels ist jedoch schwer zu ermitteln.[153] Als *qātīl*-
Bildung von נגד kommt etwa die Bedeutung „Ernannter" in Frage.

Ein Nachtrag liegt ferner mit V.36f vor. Zwar wird er im Narrativ
angeschlossen, doch fallen Tendenz und Vokabular auf. Ausgerechnet
Benaja reagiert mit einer kurzen Rede auf Davids Auftrag, Salomo zum
König zu machen.[154] Er wünscht, Jahwe möge, wie er mit David war, auch
mit Salomo sein und seinen Thron sogar größer als den Davids machen:
dieselbe Idee wie in V.47, und nur an diesen beiden Stellen findet sich
auch die Wendung גדל כסא pi. „den Thron groß machen". Die zweigliedri-
ge Beistandsformel hat in Jos 1,5.17; 3,7 (Wechsel von Mose zu Josua)
und I Sam 20,13 (Wechsel von Saul zu David) eine Parallele.[155] Die Be-
teuerung אמן „gewiß" (nach V.36 im Munde Benajas) begegnet sonst nur
in religiös-sakralem Rahmen, vgl. Num 5,22*bis*; Dtn 27,15ff; Jer 11,5;
28,6; Ps 41,14*bis* 72,19*bis*; 89,53*bis*; Neh 5,13; 8,6*bis* etc.). Das dreifache
אדני המלך „mein Herr König" betont Benajas Loyalität gegen David. Mit
V.35aα ist V.46, und mit V.37b ist V.47a zu vergleichen. Eventuell gehen
sie je auf dieselbe Hand zurück.

Fazit: Bis jetzt hat sich ergeben, daß die Grundschicht in I Reg 1 in
V.5.7.8aαb.38.39a*(ohne מן־האהל).39b.40aαγb (einfacher: 5.7f*.38-40*)
vorliegt. Sie ist ein altes Quellenstück aus den Archiven des Hofes, das mit
II Sam 11,2.4aαβ.b.5.27a*; 12,24bα2(„und er nannte seinen Namen
Salomo") einen Zusammenhang bildet. In diesem Bericht werden Geburt
und Inthronisation des Usurpators Salomo positiv dargestellt. Eine erste
Fortschreibung läßt sich in 1,11.12a*(nur ועתה לכי).13(ohne לכי).15aα.

---

152 Würthwein, ATD 11/1, 17.

153 Die Vorschläge von Lipiński, „Kronprinz", 498f (ähnlich Mettinger, King an Messiah, 151–184; 267f und Albertz, Religionsgeschichte, 189) sowie Machholz, „Statthalter", 62ff scheinen in der Situation von V.35 (Ablösung Davids) vermitteln zu
wollen. Schmidt, Menschlicher Erfolg, 162–165: „Heerbannführer" und Campell,
Prophets, 60f „leader, chief" bleiben konkrete Angaben zur Vorstellbarkeit im Falle
Salomos schuldig. Alle vier entwickeln ihre Vorschläge maßgeblich aus I Reg 1,35
und gehen davon aus, daß hiermit ein sehr alter Beleg vorliegt; dagegen spricht die
obige Argumentation.

154 Der Sinn von V.36b nach MT ist fraglich: „So soll Jahwe, der Gott meines Herrn des
Königs, sprechen!" Statt יאמר lesen drei Mss יעשה „er soll tun", die Peschitta נעבד
„er soll tun". Doch soll mithilfe der MT-Fassung Davids Befehl eventuell als Auftrag Jahwes uminterpretiert werden. Die Prädikation „Gott meines Herrn, des
Königs" ist *hapax*. Nach Stade/Schwally, SBOT 9, 2 ist nur V.37 sekundär.

155 Nach Veijola, Ewige Dynastie, 84 sind die Stellen dtr. I Reg 8,57, wo die Beistandsformel ebenfalls begegnet, ist nach a.a.O. Anm. 22 „spätdtr".

16-18.32-34 ausmachen, die Salomos Thronerhebung auf eine Intrige Nathans und Bathsebas zurückgehen läßt. Wegen ihrer gegenüber Salomo kritischen Tendenz rechne ich sie zur dynastiekritischen Bearbeitung. Mit V.14.19f.22-31*[156] ist die zweite Fassung der Intrige zu bestimmen, die etwa das Fest Adonias in die Argumentation einführt und festhält, daß David einen Eid geschworen hat, der Salomo die Thronfolge zusichert. V.12*(ohne לכי ועתה).13aα*(nur לכי).21 sind der Theodizee-Bearbeitung zuzuschlagen. Zu ihr gehört auch die Festerzählung V.9f.41-45.49, die die Idee von Adonias Fest, welches in der Zweitfassung der Intrige behauptet worden ist, nun auch erzählerisch durchführt und damit zur Rechtfertigung Nathans und Bathsebas beiträgt.[157] In V.35b.36f sowie V.46.47.48 liegen jeweils prodynastische Ergänzungen vor.[158]

---

156 Spätere Überarbeitungen liegen in der Parenthese אני־עבדך „ich bin dein Knecht" in V.26aα sowie in Ergänzungen zum Eid in 28bβ.30aα.b vor, dazu u. 4.5.

157 Vgl. am Anfang von 3.6, ab dem dritten Absatz.

158 Der Zusatz V.35a macht V.30a eindeutiger. Ein Fazit zu I Reg 1f wird in 4.7 gezogen.

4. Salomos erste Maßnahmen
I Reg 2

4.1 Salomo und Adonia (I Reg 1,50-53; 2,10-12.13-25)

I Reg 1,50-53, die letzte Szene von c.1, gehört thematisch bereits zum nächsten Kapitel und findet dort auch erst ihren Abschluß; 1,53 ist eine Retardation. Adonia sucht aus Furcht vor Salomo Asyl am Altar, Salomo läßt ihn holen und schickt ihn nach Hause. Erst 2,25 berichtet von Adonias Tod. Zumindest dieser Vers muß literarisch an den Bestand von 1,50-53* anschließen, denn ohne die Todesnotiz, die diese Episode abschließt, ist 1,50-53* unvollständig und hängt in der Luft. Gleichwohl gehört der Text nicht zum Grundbestand von c.1. Schon *Benzinger* beobachtet: „Die Davidgeschichte fand auch ohne Cap. 2 ihren guten Abschluss mit dem Bericht der Einsetzung Salomos, worauf nur noch die Nachricht von seinem [*sc.* Davids] Tode folgen musste. Die Erzählungen in Cap. 2 gehören eigentlich gar nicht zu einer Davidgeschichte."[1] Salomos Inthronisation ist mit V.40 definitiv abgeschlossen und bedarf keiner weiteren Ergänzung mehr. Organisch schließt sich hier nur noch die Notiz über Davids Tod und den Thronwechsel an (2,10-12*); diese Notiz stammt von DtrH.

Zumindest was V.10f betrifft, „kann sein dtr Gewand nicht ernsthaft in Zweifel gezogen werden."[2] Es handelt sich um die gängigen Rahmenangaben über Tod, Begräbnis und Regierungsdauer des Königs, vgl. die Anfangsnotizen in II Sam 5,4.5.[3] Daß die Zahl der Regierungsjahre in der Schlußnotiz erscheint, hat in I Reg 11,41-43 (Salomo); 14,20 (Jerobeam) und II Reg 10,36 (Jehu) Parallelen. Nur dort findet sich auch jeweils die Wendung הימים אשר מלך „die Tage, die er als König geherrscht hat".[4] Der ganze V.12 aber ist nachgetragen und somit nachdtr. Zu V.12a wäre zwar immerhin die vorgezogene Schlußformel für Joaš II Reg 13,13 zu vergleichen, doch die ist neben der originalen Formel 14,15f sekundär.[5] In

---

1   Benzinger, KHC IX, XI.
2   Veijola, Ewige Dynastie, 23.
3   Zum genauen Verhältnis zu 5,4 (40 Jahre) und 5 (40½ Jahre) vgl. Kaiser, Verhältnis, 161 f und Fischer, Hebron, 90–93.
4   Vgl. sonst nur noch I Chr 29,27 (David).
5   Würthwein, ATD 11/2, 362f.

I Reg 2,12 sticht die Formulierung nicht nur als invertierter Verbalsatz von V.10f ab, sondern Name und Herrschaftsantritt des Nachfolgers werden sonst mit der Wendung בנו תחתיו N.N. וימלך und nicht wie hier mit אביו N.N. ישב על-כסא N.N. angegeben, vgl. I Reg 11,43; 14,20.31 etc. Weil von Salomos Inthronisation schon in I Reg 1,38ff gehandelt wurde, kann mit *Würthwein* die Nennung des Nachfolgers hier im dtr Grundbestand unterbleiben.[6] Ferner erübrigt sich der in den Rahmenangaben des DtrG übliche Verweis auf weitere Quellen, da in den Samuelbüchern ausführlich über David berichtet und damit alles verfügbare Material verarbeitet wurde.

In der Forschung besteht über einen dtr Anteil an 2,10-12 ein breiter Konsens.[7] Dabei schätzen einige Exegeten ganz V.10-12 als dtr ein,[8] andere grenzen die Notiz auf 10f ein.[9] Eine Minderheit, etwa vertreten durch *Rost* und *Langlamet*, werten nur V.11 als dtr,[10] *Seiler* schließlich sieht in V.10-12 keinen dtr Anteil. Bei ihm gehören V.10.12a zur Grunderzählung,[11] V.12b sei sekundär, und V.11 eine Glosse. Gegen seine Einschätzung stehen sämtliche obigen Überlegungen. Der Forschung erscheint also (allein) die Zugehörigkeit von 12 problematisch. Nach *Veijola, Würthwein* und *Hentschel* ist er nachdtr Zusatz; *de Vries* wertet nur 12b als nachdtr, und bei *Kaiser* folgt er in der Grunderzählung auf Notizen, die durch 10f verdrängt worden seien.[12]

---

6   Würthwein, ATD 11/1, 21.
7   Zur Literatur bis ca. 1975 vgl. sehr minutiös Langlamet, Pour ou contre Salomon, 345, Anm. 66.
8   So etwa Thenius, KEH 9, XVII („Auszug"); Budde, Bücher, 263f; Cook, Notes, 172, 175; Kittel, HKAT I/5, 16; Rehm, Könige, 30; van Seters, Court History, 78; Kratz, Komposition, 192; Cogan, AncB 10, 181 u.a. Ferner Montgomery/Gehman, ICC 9, 71 (für 10f.12b) u.v.a. Daneben sind die Stimmen zu nennen, die wie Wellhausen, Composition, 258 oder Schäfer-Lichtenberger, Josua und Salomo, 251 ganz V.1-12 als dtr veranschlagen. Jepsen, Quellen, 30 führt V.10-12 auf die synchronistische Chronik zurück.
9   So etwa Burney, Notes, 16f; Šanda, EHAT 9/1, 37.49; Veijola, Ewige Dynastie, 23; Würthwein, ATD 11/1, 6, 21; Hentschel, NEB 10, 26; Fischer, Hebron, 90, 92 u.v.a, vgl. auch de Vries, WBC 12, 85 (für 10b.11).
10 Vgl. Rost, Überlieferung, 91, 107; Noth, BK IX/1,8 erwägungsweise (anders ders., Studien, 66, Anm. 1: „späterer Zusatz"); Langlamet, Pour ou contre Salomon, 345; Vermeylen, Loi, 453, 632.
11 Seiler, Geschichte, 80–82, 87, vgl. auch Vermeylen, Loi, 452ff, 523.
12 Veijola, Ewige Dynastie, 23; Würthwein, ATD 11/1, 6, Anm. 12; Hentschel, NEB 10, 26 sowie de Vries, WBC 12, 85, ähnlich Seiler, Geschichte, 57; Vermeylen, Loi, 453f (12b ist S1) sowie Kaiser, Verhältnis, 161f.

Wie oben gesehen, ist ganz V.12 ein nachdtr Zusatz. 12a trägt den Thronwechsel nach, und 12b hält im Narrativ fest, daß Salomos Königsherrschaft festen Bestand hatte: מאד מלכתו ותכן. Das ist eine Vorwegnahme der ähnlichen Aussage I Reg 2,46b: שלמה־ביד נכונה והממלכה.[13]

Zwar ist das dazwischen liegende Textmaterial sämtlich nachgetragen, doch sind die Unterschiede von V.12b und V.46 zu groß, als daß eine Verklammerung nach dem *Kuhlschen* Prinzip der Wiederaufnahme vorliegen könnte. V.12b ist ein Verbal-, V.46b ein Nominalsatz, die Adverbiale „in der Hand Salomos" fehlt in V.12b, und zwischen מלכות „Königsherrschaft" und ממלכה „Königtum (= konkreter Machtbereich)" ist ein Bedeutungsunterschied zu veranschlagen.[14]

Die ersten Maßnahmen Salomos, die als Mittel zur Sicherung seiner Herrschaft dargestellt werden, zeigen sich erstens auf der literarischen Ebene als jünger denn V.11f und haben zweitens eine andere Aussageabsicht. Für den literarischen Aspekt ist zunächst die Beobachtung tragend, daß 2,10-12 nach dem jetzigen Leseablauf den Zusammenhang von 1,53 und seiner Fortsetzung in 2,13ff irritiert.[15] Denn die Maßnahme von 1,53 ist kein befriedigender Schluß; es bleibt unklar, warum Salomo Adonia in sein Haus schickt. Nach *Rost* „schreit die Adonja-Episode ... geradezu nach einer Weiterführung",[16] eine Meinung, die die meisten Exegeten teilen. Für den Befund gibt es zwei Erklärungsmöglichkeiten. Entweder hat DtrH mit seiner Schlußnotiz einen bestehenden Zusammenhang unterbrochen. Das wäre allerdings sinn- und analogielos. Oder die Adonia-Geschichte datiert nach DtrH und ist bewußt um die Abschlußnotiz herumkomponiert worden.[17] Das ist die plausiblere Lösung und erfüllte jedenfalls den Zweck, daß Adonia erst nach Davids Tod ums Leben gekommen wäre. Folglich datiert 1,51-53; 2,13ff* auch nach dem Grundbestand von I Reg 1 (V.5.7.8aαb.38-40*), wofür es noch weitere Argumente gibt. I Reg 1,50-53 ist also kein alter quellenhafter Text.

In I Reg 1,50 beginnt mit einem Nominalsatz bzw. invertierten Verbalsatz[18] eine völlig neue Szene, die (nach V.38-40*) die Perspektive überra-

---

13 Vgl. auch II Sam 7,12b. Zum Konkordanzbefund s.u. 145 mit Anm. 221.
14 Dazu Schäfer-Lichtenberger, Josua und Salomo, 249f. Außerdem fehlt in V.46 das מאד aus V.12.
15 Zur Begründung, daß 1,53 durch 2,13ff fortgesetzt wird, s.u. 108–112.
16 Rost, Überlieferung, 86(f).
17 Ähnlich und *mutatis mutandis* auch van Seters, Court History, 79f.
18 Je nachdem, ob man ירא als Verbaladjektiv oder Perfekt auffaßt.

schend auf Adonia lenkt. Statt eines knappen und einfachen Erzählgerüstes
wie im Grundtext wird eine bewegte Szene mit Dialogen und direkter Rede
vorgestellt, deren Charakter sich auch nach der Ausscheidung der gleich
anschließend zu sondierenden Ergänzung (1,51b.52) nicht ändert.[19] Auch
durch die Retardation 1,53 (vgl. mit 2,25) hat der Vorgang etwas sehr
Umständliches.

Nach V.50 ist Adonia vor Salomo zum Altar geflohen und hat asylsu-
chend dessen Hörner ergriffen. V.51a stellt die Verbindung zum König
her: Ihm wird mitgeteilt,[20] daß Adonia ihn fürchtet. Diese Mitteilung wird
mit הנה „siehe" eingeführt; mit einem (weiteren) והנה „und siehe" angehängt, beginnt in V.51b die Ergänzung. Neben dieser Doppelung fällt
auf, daß für Adonias Griff an die Altarhörner (קרנות המזבח) eine andere
Wurzel verwendet wird: חאזqal (V.51b) statt חזקhi. (V.50b). Über einen
Anschluß mit לאמר „folgendermaßen" wird ihm ebenfalls in V.51b in den
Mund gelegt, er verlange nach einer bestimmten eidlichen Zusicherung
Salomos. Dieser soll ihm schwören, ihn nicht zu töten.

Darauf antwortet Salomo in V.52: wenn Adonia sich als ein בן חיל
„tüchtiger Mann"[21] erweise, dann werde ihm nichts passieren, wenn aber
ein Böses (רעה) an ihm gefunden werde, solle er sterben.[22] Wenn hier der
Begriff בן חיל für den friedlichen Bereich verwendet wird (ähnlich vielleicht II Sam 2,7), geht das in Richtung seines chronistischen Gebrauchs,
wo er Torhüter (I Chr 26,7.9.30), Verwalter (I Chr 26,32) und Priester (II
Chr 26,17) charakterisiert. Hierzu ist auch die Verwendung von איש חיל
„tüchtiger Mann" I Reg 1,42 (Theodizee-Bearbeitung) zu vergleichen.
Adonias Ergehen wird in dessen eigene Hand gelegt: An seinem Verhalten
wird sich zeigen, ob er verschont wird. Dies ist ein Grundgedanke der
Theodizee-Bearbeitung,[23] die durch diese Überlegung das Wirken von
Jahwes Gerechtigkeit nachweisen will. Außerdem bereitet es die Abišag-

19 S. im folgenden.
20 ויגד לשלמה „und Salomo wurde mitgeteilt" noch in 2,41, vgl. 2,29 „und dem König
    Salomo wurde mitgeteilt". Die leichte Differenz von V.50 „sich vor Salomo fürch-
    tend" und V.51a „den König Salomo fürchtend" spricht nicht gegen die Einheitlich-
    keit des Textes.
21 Zum Begriff vgl. Dtn 3,18; Jdc 18,2; 21,10; I Sam 14,52; 18,17; II Sam 2,7; 13,28;
    17,10; 23,20; II Reg 2,16; I Chr 5,18; 11,22; 26,7.9.30.32; II Chr 26,17; 28,6. In I
    Sam 18,17 begegnet wie hier die Formulierung היה לבן חיל.
22 Zur Wendung נפל משערה ארצה „vom Haupthaar fällt zur Erde" vgl. I Sam 14,45; II
    Sam 14,11. רעה „Böses" mit מצאni. findet sich nur noch in I Sam 25,28, mit qal I
    Sam 29,6; Jer 23,11.
23 Zum Begriff vgl. auch o. 2.1 und 2.4 und u. 8.

Epsiode (2,13ff) vor, die dazu dient, Adonias Liquidierung über eine
potentielle politische Notwendigkeit hinaus auch moralisch zu rechtfertigen. Merkwürdig ist in V.52 ferner, daß sich die Rede nicht an ihren
Adressaten Adonia richtet; ihr organischer Platz wäre V.53b.

Denn nach V.53, der wieder zum Grundbestand gehört, schickt Salomo überhaupt erst nach Adonia, man holt ihn, und nach dessen Proskynese
richtet Salomo das Wort an ihn: „Geh in dein Haus!" Auffallend ist dabei
nicht nur die Doppelung der Redeeinleitung שלמה (לו) ויאמר „und Salomo sagte (zu ihm)" (V.52.53b), sondern auch die Tatsache, daß Adonia
nach dem jetzigen Verlauf wichtige Informationen vorenthalten scheinen.
Wie soll er nach dem Satz „Geh in dein Haus!" (V.53b) wissen, unter
welchen Bedingungen er am Leben bleibt? Nach Abzug des Nachtrages
V.51b.52 schließt sich V.53 glatt an V.51a an, der als Botschaft an Salomo
ausreicht, um dessen Reaktion (53) zu evozieren. Nach *Hentschel* gehören
V.51bβ.52 zusammen mit V.5.6a.7f*.9*.30*.35-37.46-48 zu einer vordtr
höfischen Bearbeitung, die Salomo entlastet und seine theologische Legitimation einträgt.[24] *Vermeylen* rechnet V.51b.52 seinem prosalomonischen
S1 zu.[25] Im vorliegenden Textbestand 1,50.51a.53 (sowie 2,25) wirkt zwar
die Massierung von Salomos Namen störend, ist aber wegen des häufigen
Subjektwechsels von Adonia und Salomo nötig (vgl. V.51a mit 53aα,
53aα mit aβ und aβ mit b). Dabei ist der Text so konstruiert, daß Adonia
nur in V.50a.51 erwähnt wird und sich die Suffixe in V.53b; 2,25b auf ihn
beziehen; um Eindeutigkeit zu erreichen, muß Salomo jeweils neu erwähnt
werden. Im Mund der Knechte (V.51a) und in der höfischen Szene (V.53;
2,25) wird er המלך שלמה „der König Salomo" genannt.

Die verbleibende Episode setzt nicht nur literarisch nicht einfach den
Grundtext in c.1 fort, sondern hat auch mit einer anderen Thematik, näm-
lich der von c.2 zu tun. Die Szene belastet Salomo, da sie auf die Tötung
Adonias hinausläuft. Wie sich gezeigt hat, wird Adonia ohne weitere
Motivierung schlichtweg als Rivale um den Thron beseitigt, damit keine
Gefahr von ihm ausgehen kann. Das steht klar gegen die prosalomonische
Tendenz des Grundtextes.[26] Deshalb gehören V.50.51a.53 zur dynastiekri-
tischen Bearbeitung. Denn die Beseitigung politischer Gegner ist nicht
einfach die nötige Voraussetzung von Salomos Herrschaft. Einige Exegeten, die die Maßnahmen von c.2 zum Grundtext rechnen, argumentieren

---

24 Hentschel, NEB 10, 19ff.

25 Vermeylen, Loi, 445, 554, ähnlich Langlamet, Pour ou contre Salomon, 500–502.

26 Vgl. o. 3.1, 3.3 und 3.5. Adonias Bitte um Abišag ist sekundär, s.u. 112–117.

zwar entsprechend für deren Notwendigkeit mit den Begründungen, die der Text selber liefert, also der Bitte Adonias um Abišag, dem Fluch Šimis usw.[27] Die Gründe wurden jedoch samt und sonders durch spätere Bearbeitungen eingetragen. Im Blick auf den Grundbestand von Salomos Herrschaftsantritt ist der Blick auf einen bereits genannten assyrischen Text aufschlußreich, der eine ähnliche Situation vor Augen hat. Nach dem in Ninive gefundenen Prisma A des neuassyrischen Königs Asarhaddon (681-669 v. Chr.) kommt es zum Streit Asarhaddons mit seinen älteren Brüdern um den Thron.[28] Zwar ist es bei Asarhaddons Anmarsch auf Ninive zur Flucht der gegnerischen Brüder gekommen, Asarhaddon hat sie jedoch nach gelungener Usurpation nicht getötet. Die Hintermänner bestraft er schwer; was mit deren Nachkommenschaft geschieht, bleibt unklar (I 63-II 11).[29] Die Ausrottung der gegnerischen Partei ist also keine notwendige Maßnahme zur Sicherung der Herrschaft nach einer Usurpation.

Für die oben vorgenommene Abgrenzung sprechen also nicht nur die literarischen Beobachtungen, sondern auch der markante Tendenzwechsel, der von V.5.7f*.38-40* absticht. *Hentschel* erhebt zu Recht für die Grundschicht der Maßnahmen in c.2 unverholene Salomokritik.[30] *Werlitz* beobachtet dazu eine Veränderung in der Rolle Salomos: War er bis zur Thronerhebung deutlich passiv, so zeigt er sich jetzt als willkürlich handelnder Despot.[31] *Campbell* ordnet zumindest V.49-53 den Ergänzungen zu.[32] Doch wo wird die Adonia-Szene fortgesetzt, und lassen sich daraus Schlüsse zum Wachstum von c.2 ziehen?

Die Adonia-Geschichte geht erst in 2,13 mit dem Bericht von seiner Tötung weiter; davor stehen Texte von anderem Charakter. 2,10f enthalten, wie gesehen, die dtr Notizen zum Thronwechsel und Salomos Herrschaftsantritt.[33] Das sog. Testament Davids (V.1-9) wird von einer überwiegenden Mehrheit als sekundär eingeordnet. Dabei klassifizieren einige wenige

---

27 So etwa Thronton, Salomonic Apologetic, 159ff; Seiler, Geschichte, 82–89.
28 Lesung, Übersetzung und Kommentierung von Borger, Inschriften Asarhaddons, 36–50, vgl. ders., in TUAT I, 393–397. Vgl. ausführlich bereits o. 3.5.
29 Lediglich könnte im Text davon die Rede sein, daß Asarhaddon diese ausgerottet hat. In II 11 heißt es: *uḫalliqa zêršun*; doch könnte man *ḫalāqu* im D-Stamm auch mit „verbannen" oder „fliehen lassen" übersetzen.
30 Hentschel, NEB 10, 28. Den Beginn der Adonia-Episode 1,51abα.53 rechnet er a.a.O.,19ff gleichwohl zur vorliegenden mündlichen Tradition.
31 Werlitz, NSKAT 8, 55.
32 Campbell, Prophets, 83f.
33 V.12 ist nachdtr, vgl. o. 105f.

V.1-12 insgesamt als einheitlichen dtr Zusatz,[34] die meisten grenzen aber den dtr Anteil auf V.1-4, 2-4 oder genauer V.3f ein.[35] Differenziertere Lösungen für V.3f vertreten etwa *Veijola*, *Würthwein*, *Anbar* und *Vermeylen*, aber auch *Seiler*.[36]

In V.5-9 lassen sich tatsächlich keine dtr Bearbeitungsspuren feststellen, doch zeigen mehrere Beobachtungen, daß ihr Verhältnis zu V.13ff näher untersucht werden muß. Denn nach V.13-46 läßt Salomo erst Adonia, dann Joab und Šimi beseitigen, der Priester Abjathar wird nach Anathot verbannt. Das Testament Davids berücksichtigt aber nur zwei dieser vier Personen, nämlich Joab (V.5f) und Šimi (V.8f), dagegen werden Adonia[37] und Abjathar nicht erwähnt. Dabei ist Šimis Hinrichtung nicht durch I Reg 1 vorbereitet. Umgekehrt erteilt David nach V.7 den Auftrag, den Söhnen Barsillais eine Mensa am Königshof zu gewähren; die Erfüllung des Auftrags wird aber in V.13-46 nicht berichtet. Weiterhin fällt auf, daß sich die Gründe, warum Šimi getötet wird, jeweils völlig unterscheiden; und in den Begründungen für die Hinrichtung Joabs zeigen sich zumindest deutliche Irritationen. V.8f setzt die Šimi-Episoden aus II Sam 16 und 19 voraus, denn Šimi soll hingerichtet werden, weil er David verfluchte, als er vor Absalom aus Jerusalem floh (vgl. 16,5-13). Dabei sind David die Hände gebunden: Er hatte bei seiner Rückkehr dem Šimi geschworen, ihn nicht zu töten (19,17-24). Doch in I Reg 2,36-46 wird auf diese Ereignisse nicht zurückgekommen, sondern eine neue Konstellation konstruiert. Salomo stellt Šimi in Jerusalem unter Arrest; sobald dieser den Kidron überschreitet, ist er des Todes. Als zwei Knechte Šimis zu Akiš von Gath fliehen, holt er sie zurück. Daraufhin läßt Salomo Šimi töten. Sein Ungehorsam gegen die Auflage des Königs V.36f erscheint hier als einziger Grund für die Exekution. Für die Tötung Joabs wird in V.5f und V.28-34 darauf hingewiesen, daß er Abner (vgl. II Sam 3,22-39) und Amasa (vgl. II Sam 20,9-13) auf dem Gewissen habe.[38] Doch nach V.5

---

34 Wellhausen, Composition, 258; Greßmann, SAT 2/1, 191; Schäfer-Lichtenberger, Josua und Salomo, 251. Nach Eißfeldt, Komposition, 48 stammen sie aus einer Parallelrezension. Jepsen, Quellen, 19 grenzt den dtr Zusatz auf V.1-9 ein (2. Dtr).

35 Vgl. etwa Rost, Überlieferung, 89f sowie Kittel, HKAT I/5, 13f sowie Cook, Notes, 172; Burney, Notes, 14; Noth, BK IX/1, 8.

36 Vgl. Veijola, Ewige Dynaste, 22ff; Würthwein ATD 11/1, 5.20; Anbar, „Mot en vedette", 1ff; Vermeylen, Loi, 449f, 554, 645; Seiler, Geschichte 76–80, 88f; zu Einzelheiten vgl. u. 4.6.

37 Allerdings wird David kaum die Beseitigung seines Sohnes angeordnet haben.

38 Daß er nach II Sam 18,10-14 auch Absalom getötet hat, wird nicht erwähnt; dazu u. 4.6 und 6.3.

erwähnt David diese Vorfälle selber, nach V.32 dagegen habe er von ihnen nicht gewußt.

Es wird sich zeigen, daß die Šimi- und die Joab-Epsiode in I Reg 2 unter namhafter Mitwirkung der Theodizee-Bearbeitung zustande gekommen sind. Denn Šimis Schicksal wird wie das Adonias nach 1,51b.52 in seine eigene Hand gelegt; die Regel, nach der er am Leben bleibt, ist verständlich, und es wird doppelt vermerkt, daß er ihr selber zugestimmt hat (V.38.42). Im Falle Joabs scheinen die zurückliegenden Morde als einsichtige Ursachen für eine Bestrafung, denn sie geschahen beide auf hinterhältige Weise und ohne militärische Notwendigkeit. Eine offene Frage, die man durchaus als eine Variante der Theodizeefrage bezeichnen kann, wird beantwortet: Warum ist Joab noch am Leben, wenn er hinterhältig gemordet hat?[39]

Zurück zu Adonia. Da V.1-4 allgemeine Ratschläge an Salomo sind, findet sich jedenfalls in ganz V.1-12 nichts, was als Fortsetzung der Adonia-Geschichte in Frage käme. Nachdem man sich in Anschluß an 1,53 Adonia in seinem Haus (in Jerusalem) vorstellen muß, wird ab 2,13 mit einem Narrativ eine neue Szene angefügt. Adonia sucht Bathseba auf und bewegt sie dazu, für ihn bei Salomo um die Hand Abišags von Šunem anzuhalten. Als Bathseba der Bitte nachkommt, wittert Salomo eine Revolte und läßt Adonia durch Benaja beseitigen. Der Abschnitt ist mit der Aussage וימת „und er starb" (V.25) abgeschlossen, in V.26 beginnt, durch Inversion abgesetzt, eine neue Episode, die von der Verbannung Abjathars handelt.

Nachdem schon *Cook* V.13-25 als Zusatz der älteren Redaktion eingestuft hatte, zu der möglicherweise auch 1,50-53 gehört,[40] war es v.a. *Noth*, der ab V.13 nur noch sekundäres Material vereinigt sieht, das Salomo ins Unrecht setze. Für ihn ist 2,12 ein Schlußpunkt, der keine weitere Fortsetzung mehr verlangt, und im Zeugnis der lukianischen Septuaginta-Rezension, deren drittes Königebuch erst in 2,12 beginnt, findet *Noth* seine Einschätzung bestätigt.[41] Andererseits war oben deutlich geworden, daß 1,53 dringend eine Weiterführung verlangt, die in 2,13ff zu suchen ist. Doch welcher Textanteil gehört hier genuin zum Bestand 1,50.51a.53?

---

39 Zu weiteren Einzelheiten s.u. 4.2, 4.6 und 6.3.

40 Cook, Notes, 172f, 175.

41 Noth, BK IX/1, 39f. Er datiert einen Großteil des sekundären Materials noch zu Lebzeiten Salomos oder kurz danach. Vgl. ferner Rupprecht, Tempel, 85–87; Klein, David versus Saul, 190f.

Zunächst heben sich V.13-25* literarisch klar von ihrem vorhergehenden Kontext ab. Die Szenen sind sehr lebendig und mit großem Interesse am Detail ausgestaltet. Die ganze Passage besteht aus den Dialogen Adonias mit Bathseba (V.13-18) und Bathsebas mit Salomo (V.19-24), daran fügt sich nur noch die Notiz über Adonias Tötung (V.25), die sich gegenüber den umfangreichen Dialogteilen sehr kurz ausmacht. V.13-18.19-24 sind fast ausschließlich in direkter Rede gehalten; dabei fällt auf, daß es sich nicht um längere Redeabschnitte wie in 1,11ff oder 2,1-9 handelt, sondern um rasche Wechsel von Rede und Gegenrede oder Frage und Antwort, die fast wie ein Ping-Pong-Spiel wirken. Der Redeinhalt von V.16f wird teilweise in V.20f wiederholt. Die Handlungsverben in V.13.16 geben die Ortsbewegungen und den Vollzug des Hofzeremoniells an und dienen lediglich dazu, die folgenden Reden vorzubereiten. Deshalb bleibt als regelrechte Handlungsbeschreibung, die 1,53 fortsetzen könnte, nur V.25. Der Rest ist Redeeinleitung und Redeinhalt. Gegen die Abfolge 1,50.51a.53; 2,25 spricht literarisch nichts, vielmehr gehören sie stilistisch durch ihre knappere Formulierung zusammen. Sie stellen den Grundbestand des Adonia-Abschnitts dar, der auf die dynastiekritische Bearbeitung zurückgeht.

Die Szenen, in denen Adonia über Bathseba um Abišag bittet, sind dagegen nicht nur literarisch sekundär, sondern haben auch eine apologetische Tendenz. Denn betrachtet man den Dialogteil inhaltlich, so fällt ein deutliches Erklärungsbedürfnis auf. Man sucht einen Grund, der die Hinrichtung Adonias rechtfertigen soll. Hier wird erzählt, was Adonia aus der Chance gemacht hat, die Salomo ihm nach 1,51b.52 gegeben hatte, oder wie es dazu kam, daß er Salomos Gewogenheit verspielte. Dadurch wird Salomo entlastet: Er hatte ihm ja eine echte Chance eingeräumt. Diese und weitere Beobachtungen[42] zeigen deutlich, daß 2,13-24 mit 1,51b.52 für die Theodizee-Bearbeitung zu veranschlagen ist.

V.13 vermerkt, daß Adonia die Königinmutter aufsucht;[43] beide werden nochmals mit ihrer vollen Bezeichnung vorgestellt: „Adonia, der Sohn der Haggit" (vgl. II Sam 3,4 par I Chr 3,2; I Reg 1,5.11) und „Bathseba, die Mutter Salomos" (vgl. I Reg 1,11). Schwerlich hat Adonia mit diesem Besuch schon ein Verbot Salomos übertreten, denn 1,53 ist kaum als

---

42 S. gleich im folgenden.

43 Zur Rolle und Funktion der גבירה vgl. Donner, Königinmutter, 1ff; Ihromi, Königinmutter, 421ff; Andreasen, Role, 179ff; Ben-Barak, Status, 23ff; Bowen, Quest, 597ff.

Hausarrest aufzufassen. Bathseba versichert sich, daß Adonia in friedlicher Absicht gekommen ist, was er bestätigt (V.13).[44] Danach beginnt er, eingeleitet mit דבר לי אליך „ich habe eine Sache, dich betreffend"[45] und der folgenden Redeaufforderung Bathsebas (V.14), sein Anliegen vorzutragen. Die Doppelung von ויאמר „und er sagte" (V.13b.14a) indiziert keinen Nachtrag, sondern entspricht dem Zeremoniell: Bathseba ist es, die zuerst redet (V.13), und Adonia antwortet. In V.14 leitet er dann, nochmals „rightly"[46] mit „und er sagte" eingeführt, in einem ersten Redegang sein Anliegen ein, aber bevor er redet, muß ihm Bathseba erst Erlaubnis erteilen. Vielleicht ist auch mit LXX*[47] das ויאמר zu Beginn von V.14 nicht zu lesen.

Der eigentliche Inhalt seiner Rede folgt ab V.15. Bathseba wisse ja, daß *ihm* das Königtum zugestanden hat, und ganz Israel mit seiner Herrschaft rechnete (V15a); diese drei Aussagen sind jeweils in betonter Inversion gestaltet. Aber das Königtum wandte sich und fiel seinem Bruder zu (V.15b). Kein Wort fällt über das Intrigenspiel von 1,11ff*. V.15 ist sprachlich in verschiedener Weise signifikant. Die einleitende Aussage (אתה)ידעת „Du (masc.) weißt" findet sich auch im Testament Davids in V.5.9 als einem Text, der auf unterschiedliche Theodizee-Bearbeiter zurückgeht.[48] Eine Verbindung von מלוכה „Königtum" mit der Wurzel סבב (hier qal, dort hi.) begegnet nur noch in I Chr 10,14, wo Jahwe das Königtum von Saul zu David übergehen läßt.[49] Die Wendung שים פנים „sein Angesicht richten" mit ל und Inf. hat außer in II Reg 12,18 nur noch in Jer 44,12 und Dan 11,17 Parallelen. Mit V.15 behauptet Adonia einerseits seinen rechtmäßigen Anspruch auf den Thron. Im Unterschied zu 1,7f*.9f.19ff wird er hier von כל-ישראל „ganz Israel" gestützt.[50] Daß andererseits sein Bruder König wurde, erkennt er klar als Fügung Jahwes an: כי מיהוה היתה לו „denn von Jahwe wurde es ihm" (V.15bβ), zur Formulierung vgl. Jos 11,20; Ps 118,23, ferner I Reg 12,15 par II Chr

---

44 Zur Formulierung „Bedeutet dein Kommen Frieden?" vgl. I Sam 16,4. Zu שלום mit *He interrogativum* in ähnlicher Situation vgl. etwa II Reg 4,26; 5,21; 9,11.17ff etc.

45 Zur Wendung vgl. Jdc 3,19.20; II Reg 9,5.

46 So Stade/Schwally, SBOT 9, 68.

47 Ohne hexaplarische und lukianische Rezension.

48 Vgl. u. 4.6.

49 Vgl. auch מלכות „Königsherrschaft" mit סבבhi. in I Chr 12,24. Die Verbindung von מלוכה mit היה (I Reg 2,16*bis*) ist *hapax*.

50 Zur Verwendung von „ganz Israel" mit Blick auf die Dynastie vgl. etwa II Sam 3,21; 5,5; 8,15; 15,6; I Reg 1,20.

10,15; 22,7. Wenn diese Aussage für *Werlitz* „einigermaßen gezwungen und wie ein Zugeständnis"[51] wirkt, so hat er nicht gesehen, daß diesem Text eine ganz andere Tendenz innewohnt: Adonia wird nicht als Gegner, von dem Gefahr ausginge, präsentiert, sondern als Frommer, der sich in Jahwes Willen geschickt hat. *Veijola, Würthwein* u.a. scheiden V.15bβ als theologischen Deutesatz aus;[52] doch hinge V.15bα alleine in der Luft. Wie im כי-Satz V.15a dient die Inversion der Betonung (vgl. auch V.23bβ).

Mit V.16 ועתה „und nun ..." beginnt die Folgerung: es ist eine Bitte, die Adonia an Bathseba hat.[53] Nochmals erteilt sie ihm Redeerlaubnis. Zwar wirken V.14 und 16 wie eine doppelte Redeinleitung, doch wäre V.14f ohne V.16-18 unverständlich, ja hinge in der Luft, und V.16-18 schließen nicht glatt an V.13 an, sondern setzen etwas Substantielleres als nur die Antwort שלום voraus. Dabei führt ועתה den eigentlichen Redeinhalt ein, es erscheint „niemals am Anfang einer Ansprache ... Innerhalb der Rede bildet es den Wendepunkt".[54] *Langlamet* und *Vermeylen* rechnen V.14f zur prosalomonischen Redaktion. Doch dafür nehmen sie ohne literarische Begründung in V.16 das einleitende ועתה heraus.[55] Der verbleibende Übergang V.13.16* wäre außerdem zu schroff. V.14-18 ergeben vielmehr eine durchdachte Redestruktur: V.14f bereiten diplomatisch die Argumentationsbasis, mit V.16f folgt im zweiten Redegang das Hauptstück. Adonia bittet Bathseba, bei Salomo für ihn zu intervenieren: Er möchte Abišag von Šunem zur Frau haben (V.17). Adonias umständliche Höflichkeit und seine zweimalige Bitte, ihn nicht zurückzuweisen (V.16 an Bathseba, V.17 an den König) zeigen, daß er bewußt sehr vorsichtig vorgeht.[56] Beim Leser wird der Eindruck erweckt, daß Adonia nichts tut, um zu provozieren, daß vielmehr dieser Wunsch auf dem Hintergrund von V.15 nur gering sowie recht und billig ist. Bathseba verspricht daraufhin, mit dem König zu reden (V.18), damit ist die erste Szene beendet.

---

51 Werlitz, NSKAT 8, 50.

52 Veijola, Ewige Dynastie, 23, 93; Würthwein, ATD 11/1, 6, 21 Anm. 41. Nach Kratz, Komposition, 180 stammt 15aβ.bβ von DtrG.

53 Zur Wendung שאל שאלה vgl. noch Jdc 8,24; I Sam, 1,27; 2,20 und I Reg 2,20.

54 Brongers, Bemerkungen, 298, vgl. Kronholm, Art. עת, 475 sowie grundlegend Lande, Wendungen, 46–52.

55 Langalmet, Pour ou contre Salomon, 505–508 (S3) und Vermeylen, Loi, 454ff, 554 (S1) rechnen V.14f zur prosal. Redaktion. Dagegen zu Recht Seiler, Überlieferung, 59f.

56 Vgl. auch Šanda, EHAT 9/1, 38 zur Einleitung in V.16. Die Wendung שוב פנים hi. „das Angesicht zurückweisen" ist außer in V.16.17.20*bis* nur noch in II Reg 18,24 par Jes 36,9; Ez 14,6; Dan 11,18.19; II Chr 6,42 belegt.

Nach V.19 geht Bathseba zum König, um die Bitte vorzutragen,[57] dafür wird ein ausführliches Hofzeremoniell beschrieben. Anders als in 1,15.31 verneigt sich nicht Batheseba vor dem König, sondern der König steht auf, geht ihr entgegen, verneigt sich vor ihr und stellt ihr, als er selber wieder auf dem Thron Platz genommen hat, zur Rechten einen Thron für die Königinmutter hin,[58] auf den sie sich setzt.[59] Bathseba beginnt (V.20), ihr Anliegen vorzutragen und bedient sich dabei derselben Einleitungsformel, die Adonia in V.16 benutzt hat, nur daß sie aus der „Bitte" eine „kleine Bitte" macht.[60] Der König fordert sie zum Reden auf. Wie in V.16f wird die Formulierung שוב פנים hi. „das Angesicht zurückweisen" zweimal, in Bathsebas Bitte (V.20a) und in Salomos Bestätigung (V.20b) verwendet. V.21 enthält prägnant die Brautforderung.[61]

Die Reaktion Salomos enthalten V.22-24, die deutlich überladen wirken. Aufbrausend fragt er in V.22a, warum Adonia nur Abišag und nicht gleich das Königtum erbitte,[62] schließlich sei er ja sein größerer Bruder. Dieser Hinweis soll Salomos Vorgehen plausibel machen. Gegen *Hentschel* u.a. ist V.22b kein Nachtrag.[63] Denn er hebt wie V.22a die reale Bedrohung Salomos durch die Adonia-Partei hervor und entspricht damit der Tendenz der Theodizee-Bearbeitung. Zwar scheint der MT von V.22b schwierig, doch ist mit den Versionen „für ihn sind der Priester Abjathar und Joab, der Sohn der Zerujah" zu lesen; durch Verschreibung wurde im MT die Präposition ל versehentlich vor die Namen Abjathars und Joabs gesetzt.

Die ganze Szene läuft auf den Schwur V.23f hinaus. Seine ursprüngliche Gestalt ist in V.23abβγδ zu suchen, V.23bα.24 stellen Überarbeitungen dar. Der Schwur wird formal eingeleitet: „Und der König Salomo

---

57 Der Wechsel von דבר אל (V.18) zu דבר ל (V.19) spricht nicht gegen die Einheitlichkeit des Textes.

58 Ein solcher Thron ist im AT sonst nicht belegt.

59 Die LXX nimmt an diesen Ergebenheitsäußerungen Anstoß und liest für וישתחו „er verneigte sich" καὶ [κατ]εφίλησεν αὐτήν (= וישקה „und er küßte sie") und וישם als Hof‛al „und es wurde hingestellt", wohl um Salomos Würde zu wahren.

60 Die lukianische LXX-Rezension liest zur Angleichung in V.16 ebenfalls „eine kleine Bitte".

61 Hinweisendes את (Ges/K § 117i) beim Subjekt nach Qal passiv, zur Formulierung vgl. Num 32,5, ferner Gen 27,42; II Sam 21,11; I Reg 18,13.

62 Die Wendung שאל המלכה ist *hapax*.

63 Vgl. Hentschel, NEB 10, 29 (prosalomonischer Bearbeiter); Rogers, Narrative Stock, 404 (Dtr); Seiler, Geschichte, 60 (Glosse); Kratz, Komposition 180, 192 (DtrS); Vermeylen, Loi, 455, 554 (S1).

schwor bei Jahwe folgendermaßen", die in V.23bα anschließende traditio-
nelle Schwurformel, die sich durch die Gottesbezeichnung אלהים abhebt,
wurde nachgetragen. Daß direkt nach einem Prädikat, das mit שבע‏ni.
gebildet wird, ein Schwur mit כי folgt, ist gebräuchlich.[64] Mit V.23bβγδ ...
כי בנפשו „Fürwahr um den Preis seines Lebens hat Adonia diese Sache
gesagt" ist dessen Schicksal besiegelt.[65] V.24 ist eine sekundäre Dublette
zu V.23, ועתה am Anfang dient hier der ergänzenden Anknüpfung.[66] Nach
einer erneuten Schwurformel „so wahr Jahwe lebt", die mit zwei Relativ-
sätzen erweitert ist, folgt ein erneuter mit כי eingeleiteter Schwur: „Fürwahr, heute soll Adonia sterben", der V.23bβγδ wiederholt und verdeutlicht. Die zwei אשר-Sätze, die Jahwe in der Schwurformel charakterisieren, werten Salomo theologisch auf. Jahwe hat Salomo gegründet (vgl. II
Sam 5,2 par I Chr 14,2) und läßt ihn auf dem Thron Davids sitzen. Die
Wendung ישב‏hi. על כסא begegnet nur noch in II Chr 23,20 (Joaš).[67] Die
Aussage, Jahwe habe Salomo ein Haus, also eine Dynastie, gebaut, ist
singulär, denn II Sam 7,11b bezieht sich auf David.[68]

Fazit: Die Grundfassung der Szene, in der Salomo den Adonia hinrichten läßt, findet sich in I Reg 1,50.51a.53; 2,25. Wegen ihrer antisalo-
monischen Tendenz geht sie auf die dynastiekritische Bearbeitung zurück.
Dabei liegt ein besonderer Hinterhalt Salomos sicher darin, daß er Adonia
zunächst nach Hause schickt, also in Sicherheit wiegt, um ihn dann ermorden zu lassen. Darauf, daß der kurze Bericht eine deutliche Tendenz zu
Salomos Ungunsten hat, deuten auch zwei altorientalische Parallelen.
Zunächst ist ein hethitischer Text zu nennen, nämlich der Thronfolgeerlaß
des Königs Telipinu, der Ende des 16. Jahrhunderts v. Chr. nach einer Zeit
blutiger Auseinandersetzungen die Erbfolge des ältesten Königssohnes
(Primogenitur) festlegt.[69] Telipinu, der nach *Ishida* selber den Thron usur-

---

64 Joüon/Muraoka, § 165 b.

65 Zum ב pretii bei נפש vgl. etwa II Sam 23,17; Prov 7,23; Thr 5,9; vgl. Jos 6,26; I Reg
    16,34.

66 Veijola, Ewige Dynastie 22 (Dtr), so auch Würthwein, ATD 11/1, 6 mit Anm. 14;
    Rogers, Narrative Stock, 399; Dietrich, Königszeit, 254f.

67 Zu כסא דוד „Thron Davids" vgl. noch II Sam 3,10; I Reg 2,12.45; Jes 9,6; Jer 17,25;
    22,2.30; 29,16; 36,30.

68 Langlamet, Pour ou contre Salomon, 505f, 524f und Vermeylen, Loi, 455 rechnen
    V.23 und die Relativsätze von V.24 zur prosalomonische Redaktion. Doch der
    Übergang V.22a.24* wäre viel zu hart. Seiler, Geschichte, 63, 88 hält an der Doppe-
    lung V.23.24 fest, rechnet aber die Relativsätze in V.24 zu DtrH.

69 Übersetzung von Hans Martin Kümmel in TUAT I, 464–470, vgl. auch Hallo,
    Context I, 194–198.

piert hat,[70] sieht von der Tötung seiner Gegner (Huzzijas und seiner Brüder) ab,[71] und erläßt als grundsätzliches Dekret: „Ferner, wer auch König wird und Böses gegen (seinen) Bruder (oder seine) Schwester plant, ihr (seid) Gerichtsversammlung für ihn. Sagt ihm einfach: ‚Das ist eine Sache der Bluttat.'"[72] Daß die Tötung von konkurrierenden Geschwistern nach einem Thronwechsel einen Frevel darstellt, war also deutlich im Bewußtsein.

Sodann berichtet das bereits in 3.5 ausführlich vorgestellte Prisma Ninive A des neuassyrischen Königs Asarhaddon (681-669 v. Chr.)[73] davon, wie dieser im Zuge einer gelungenen Usurpation mit der gegnerischen Partei umgeht. Zwar fliehen die gegnerischen Brüder bei Asarhaddons Anmarsch auf Ninive, er tötet sie jedoch nicht. Die Hintermänner bestraft er schwer, von einer Hinrichtung ist jedoch nicht die Rede (I 63-II 11).[74] Die Ausrottung der gegnerischen Partei ist demnach keine notwendige Maßnahme zur Sicherung der Herrschaft nach einer Usurpation.

Als wichtiges Ergebnis für die relative Chronologie der Schichten bleibt festzuhalten, daß die Adonia-Geschichte sekundär um die Dtr-H-Notiz 2,10f herumkomponiert wurde. Die dynastiekritische Bearbeitung datiert folglich nach DtrH. I Reg (1,51b.52;) 2,13-22.23abβγδ,[75] die von der Theodizee-Bearbeitung vor den älteren dynastiekritischen V.25 eingeschaltet wurden, erklären, warum Salomo Adonia hat beseitigen lassen. Daß man diese Erklärung eher mit Mühe suchen mußte, zeigen mehrere Beobachtungen, was die Bedeutung von Adonias Forderung betrifft. Völlig unklar bleibt die Rolle Abišags. Ist sie nur Dienerin Davids (1,2a.4a) gewesen oder gehört sie zum königlichen Harem? Einige gehen davon aus, daß Adonias Bitte einem erneuten Griff nach dem Königtum gleichkommt.[76] Doch ist einerseits die Vorstellung, daß der „Besitz des Harems"

---

70 Ishida, Succession Narrative, 166–168.

71 AII 26-30. Er ermöglicht ihnen eine Existenz als einfache Bauern.

72 AII 46f, s. TUAT I, 469, auch Hallo, Context I, 197.

73 Lesung, Übersetzung und Kommentierung von Borger, Inschriften Asarhaddons, 36–50, vgl. ders., in TUAT I, 393–397.

74 Lediglich könnte im Text davon die Rede sein, daß Asarhaddon die Nachkommenschaft der Hintermänner ausgerottet hat. In II 11 heißt es: *úḫalliqa zêršun*; doch könnte man *ḫalāqu* im D-Stamm auch mit „verbannen" oder „fliehen lassen" übersetzen.

75 V.23bα.24 sind spätere Fortschreibungen.

76 Vgl. etwa Benzinger, KHC IX, 11; Šanda, EHAT 9/1, 37f.

„einen Rechtsanspruch auf den Thron verleiht"[77], weder im AT noch im Alten Orient belegt.[78] Die beiden gängigen Referenztexte II Sam 12,8; 16,21 sind für sich genommen wenig aussagekräftig und ferner im Kontext je sekundär eingetragen.[79] Andererseits ist Abišag nur *eine* Frau und nicht ein ganzer Harem. In jedem Falle ist aber der hohe Erklärungsbedarf evident, dem die Theodizee-Bearbeitung genügen wollte.

Deutlich setzen 2,13-22.23abβγδ die Szene 1,1-4* (vgl. 1,15aβb) voraus, denn Abišag wird nicht neu eingeführt, sondern als bekannt behandelt; grundsätzlich wird sie mit ihrer vollen Bezeichnung „die Šunemiterin Abišag"[80] genannt. Wenn *Mettinger* meint, Abišag sei nach 1,4 nicht, aber nach 2,22f wohl in den Harem aufgenommen worden,[81] hat er für den zweiten Teil seiner Annahme keine Grundlage; trotzdem führt seine Beobachtung weiter. Denn die Hand, auf die 2,13-22.23abβγδ zurückgeht, also die Theodizee-Bearbeitung, hat im ihr vorliegenden Abschnitt 1,1-4*[82] Klarstellungen angebracht (V.2bα.4bβ), die aufweisen sollen, daß David mit Abišag keinen Verkehr hatte. Wenn nach 1,1-4* die Aufgabe einer סכנת (= Abišags) die ist, Kranke zu pflegen, so gibt in der Rede der Knechte V.2 der Zusatz ושכבה בחקך „und sie soll in deinem Schoß liegen"[83] (V.2bα) der Maßnahme einen Sinn, der über die Krankenpflege weit hinausgeht. Er sticht durch einen Anredewechsel von 3. pers. „der König" zur 2. pers. sing. ab. Im Kontrast zu diesem Wunsch der Knechte schreibt der Nachtrag V.4bβ fest, daß es nicht zum Verkehr gekommen ist. Denn mit den Aussagen „und sie wurde dem König eine Pflegerin und sie diente ihm" (V.4bα) ist die Szene abgeschlossen; und der folgende V.4bβ fällt demgegenüber durch Inversion auf: „aber der König erkannte sie nicht". Wenn wirklich nichts geschehen ist, dann ist Adonias Bitte von ihm aus gesehen relativ harmlos. Die Zusätze V.2bα.4bβ stammen darum von der Theodizee-Bearbeitung, und die Grundfassung von 1,1-4 besteht aus V.1.2a.bβ.3.4abα. Die Theodizee-Bearbeitung macht dabei die im vorliegenden Text impliziten erotischen Anspielungen, die ihr wohl anstößig erschienen, eindeutig. Gegen alle naheliegenden Assoziationen ist es nicht

77 De Vaux, Lebensordnungen I, 189.
78 Würthwein, ATD 11/1, 22.
79 Vgl. den Exkurs „Die Haremsfrauen" u. in 5.9.
80 Vgl. I Reg 1,3.15; 2,17.21.22.
81 Mettinger, King and Messiah, 9, 28.
82 Zu 1,1-4 vgl. o. 3.2 und bes. u. 4.5.
83 Zu dieser eindeutigen Wendung vgl. nur noch II Sam 12,3; Mi 7,5, anders I Reg 3,20*bis*.

zum Geschlechtsverkehr zwischen David und Abišag gekommen: beide sind „rein" geblieben.

Doch ist sicher, daß Abišag zur Dienerschaft Davids gehörte, die nun an Salomo übergegangen war.[84] Da er über sie verfügen konnte, mußte sich Adonia an ihn wenden. Aus Angst vor dem König (vgl. 1,50.51) schaltet er Bathseba ein. Es geht um das Eigentum des Königs, das Adonia begehrt. Ein wohl noch sehr unsicherer Salomo sieht in Adonias Wunsch eine Revolte (V.22) und läßt ihn hinrichten. Immerhin handelt es sich ja um einen Versuch, auf das Eigentum des Königs zuzugreifen. So scheint auch das Verhalten Salomos verständlich; denn Adonia ist sein älterer Bruder, und hinter ihm stehen Abjathar und Joab (V.22).

Undurchsichtig scheint zunächst auch die Rolle Bathsebas. Ist sie arglos[85] oder will sie ihn ans Messer liefern?[86] Weder das eine noch das andere. Vielmehr ist deutlich, daß mit dieser Szene ein Gegengewicht zur Rolle Bathsebas nach 1,11ff* geschaffen wird. „Pleitte Batseba in 1:15 in zekere zin tegen Adonia en voor Salomo, nu pleit ze voor Adonia en daarmee tegen Salomo."[87] So wird ihre einseitige und durch die Intrige belastete Parteinahme ausgeglichen; diese Tendenz ist typisch für die Theodizee-Bearbeitung.

Folglich sucht der Abschnitt nicht ohne Forcierung einen legitimen Grund für die Hinrichtung Adonias. Die „Möglichkeit ist aber zuzugeben, dass überhaupt die ganze Geschichte nur zur Rechtfertigung der Tötung Adonias ersonnen ist."[88] So *Benzinger*, aber auch *Rost* kann sich 2,13ff als „spätere Sprossung" vorstellen.[89] Ein ähnlicher Befund, nämlich daß eine Szene der dynastiekritischen Bearbeitung (hier 1,50.51a.53; 2,25) durch die Theodizee-Schicht ergänzt wurde (hier 1,51b.52; 2,13-22.23abβγδ), ist auch im Abschnitt über die Hinrichtung Joabs (2,28-35) festzustellen.

---

84 Thenius, KEH 9, 16; Würthwein, ATD 11/1, 22 u.a.
85 Kittel, HKAT I/5, 19.
86 Šanda, EHAT 9/1, 39f.
87 Mulder, Koningen I, 99.
88 Benzinger, KHC IX, 12.
89 Rost, Überlieferung, 86f.

4.2 Salomo und Joab (I Reg 2,28-35)

Mit einem selbständigen Beginn im invertierten Verbalsatz wird in V.28 die Joab-Episode eingeleitet. Die Aussage והשמעה באה עד־יואב „Und die Kunde kam zu Joab" bezieht sich auf die Hinrichtung Adonias,[90] denn sie ist es, die Joab in Schrecken versetzt und dazu bringt, ebenfalls Asyl am Altar zu suchen. V.26f wurden nämlich von späterer Hand zwischen V.25 und V.28 eingeschaltet,[91] sie irritieren den stringenten Ablauf, indem sie den Zusammenhang unterbrechen. Der o. zitierte einführende Satz in 28aα wird in V.28b fortgesetzt. Denn V.28aβγ ist eine erläuternde כ-Glosse, die den Zusammenhang von Information und Flucht Joabs stört und als Parenthese auffällt.[92] In zwei erneuten Inversionen (nach V.28aα) gehalten, zerdehnt die Glosse das Satzgefüge zwischen Vorsatz und Nachsatz.[93] Daß Joab als Parteigänger Adonias sterben muß, ist aus dem Kontext deutlich und muß nicht eigens angedeutet werden.[94] Aber was bedeutet der Verweis darauf, daß Joab Absalom nicht unterstützt hatte? „... the first sentence repeats what is immediately known to the reader, while the second introduces an apparently gratuitous reference to Joab's antagonism to the other pretender Absalom; but it is an attempt at part-exculpation of the one-time hero of Israel."[95] Der Sinn der Glosse scheint also mehr: Zwar steht Joab noch immer hinter Adonia, im Absalomaufstand hat er aber führend auf Davids und damit auf der „richtigen" Seite gekämpft.[96] So wird sein Persönlichkeitsbild ausgeglichen, ähnlich wie die Rolle Bathsebas nach I Reg 2,13-22.23abβγδ einen Ausgleich erfährt. Daher geht der

---

90   Würthwein, ATD 11/1, 23. Zur Formulierung vgl. auch II Sam 13,30.

91   Würthwein, ATD 11/1, 7.23 (V.26 sei ein Nachtrag zum Grundtext, V.27 dtr); Rogers, Narrative Stock, 403 (dtr); Langlamet, Pour ou contre Salomon, 513–515 (vordtr Zusatz); Hentschel, NEB 10, 28 (V.26 prosalomonische Bearbeitung, V.27 DtrP); Häusl, Abischag und Batscheba, 97, 288 (prosalomonische Bearbeitung); Vermeylen, Loi, 456f, 659 (Schlußredaktion) u.a. Nach Veijola, Ewige Dynastie, 21 sind V.26b.27 dtr.

92   Vgl. Würthwein, ATD 11/1, 7 mit Anm. 17; Langlamet, Pour ou contre Salomon, 511f; Seiler, Geschichte, 61f; Vermeylen, Loi, 457f (eventuell Schlußredaktion).

93   Häusl, Abischag und Batscheba, 79f.

94   So aber Benzinger, KHC IX, 12.

95   Montgomery/Gehman, ICC 9, 94.

96   Die lukianische Rezension der LXX, die Peschitta und ein Teil der Vulgata-Überlieferung liest „Salomo" statt „Absalom". Dieser Lesart folgen Thenius, KEH 9, 19; Stade/Schwally, SBOT 9, 70 und Šanda, EHAT 9/1, 41. „Toch kan niet worden gezegd dat deze lezing zoveel nieuws biedt ..." (Mulder, Koningen I, 105).

Zusatz V.28aβγ sehr wahrscheinlich auf die Theodizee-Bearbeitung zurück.

In V.28b wird die Reaktion Joabs mitgeteilt. Die ganze Szene ist in Analogie zu 1,50,51a.53; 2,25 gestaltet worden. Joab flieht zum Zelt Jahwes (אהל יהוה)[97] und umfaßt die Hörner des Altars (קרנות המזבח), was wie in 1,50 mit einem Narrativ von חזקhi. formuliert wird. V.28bβ ist mit 1,50bβ identisch. Ebenso wie in 1,51a stellt ein Narrativ von נגדho. die Verbindung zu Salomo her; so wie dort wird zunächst das erste Faktum genannt. Dort war es die Furcht Adonias, hier ist es Joabs Flucht zum Altar. V.29aβ „und siehe, er ist neben dem Altar"[98] formuliert in freier Abwandlung,[99] was geschehen ist. Anders hatte der Nachtrag 1,51b den Griff an die Altarhörner reproduziert. Hier in V.29a indiziert das והנה „und siehe"[100] keinen Zusatz, denn es folgt auf ein כי und es ergibt sich keine Doppelung. Salomo beantwortet den kurzen Bericht mit einer Handlung: וישלח „und er sandte" (V.29b, vgl. 1,53; 2,25). Doch er beauftragt Benaja gleich mit der Tötung Joabs; eine Retardation wie bei Adonia findet sich nicht. Dem לך לבתך aus 1,53 entspricht hier לך פגע־בו „Geh und falle über ihn her!", auch wenn es an Benaja und nicht an das Opfer gerichtet ist. Während Joab „nur" Heerführer ist, hatte Salomo bei Adonia als seinem Halbbruder und Königssohn vielleicht doch gewisse Skrupel, zumal solange David noch am Leben war. Darum wurde Adonias Tötung bis zum Tode seines Vaters suspendiert. Literarisch löste man dies, indem man die Adonia-Geschichte, deren Grundschicht (I Reg 1,50,51a.53; 2,25) von der dynastiekritischen Bearbeitung stammt, um die DtrH-Notiz 2,10f herumgelegt hat. Benaja führt den Auftrag aus, und zwar umgehend, wie es zunächst scheint. Er begibt sich ins Jahwe-Zelt (V.30), doch ganz anders als Salomo befohlen hatte, richtet er das Wort eigenständig an Joab. Kann er sich in seiner Stellung bei Salomo so etwas erlauben? Diese Freimütig-

---

97 Der Begriff ist nur hier und in V.29.30 belegt. Wenn damit auf die Stiftshütte angespielt ist, kann die Erwähnung des אהל als Datierungshinweis gewertet werden.

98 Zu אצל המזבח „neben dem Altar" vgl. noch Lev 1,16; 6,3; 10,12; II Reg 12,10; auch Dtn 16,21; ferner Ez 9,2; Am 2,8.

99 Anders reproduziert die LXX (vgl. Peschitta) hier harmonisierend die Worte von V.28b; eine Harmonisierung liegt auch vor, wenn sie am Schluß von V.29 zusätzlich „und begrabe ihn" zur Angleichung an V.31a liest.

100 „Without a specific suffix or pronoun following, the reference being unmistakable.", Burney, Notes, 23.

keit gegenüber dem König ist allerdings typisch für die Theodizee-Bearbeitungen.[101]

Wenn er zu Joab sagt: „So spricht der König Salomo: Geh hinaus!", ist das überhaupt nicht durch Salomos Befehl gedeckt! Die LXX bemerkt diesen Bruch und fügt in V.29 ausgleichend einen Dialog zwischen Salomo und Joab ein,[102] „durch den Salomo von dem allzu abrupten Tötungsbefehl entlastet werden sollte."[103] Außerdem macht Benaja durch seine Aktion den Hergang erst eigentlich kompliziert. Denn Joab antwortet, er wolle im Heiligtum sterben. Das teilt Benaja dem König mit, worauf dieser mit einer längeren Rede antwortet (V.31-33). Sie rechtfertigt die Hinrichtung Joabs damit, daß das schuldlose Blut, das Joab vergossen hat, von Salomo und dem Haus Davids entfernt werden muß. V.32f erläutert präzisierend, damit seien die Morde an Abner und Amasa gemeint. Erst nach dieser umfangreichen Erklärung führt Benaja den Tötungsbefehl aus (V.34). Auffällig ist in V.30-34 nicht nur die breite theologische Rechtfertigung der Ereignisse, sondern auffällig ist auch die Rolle Benajas. Er will vermeiden, daß Joab am Altar, also im Heiligtum hingerichtet wird. Kann das sein Interesse sein, wo er doch sonst als bloßer Funktionsträger des Königs und mithin als rechter Schlagetot vorgestellt wird? In I Reg 1,32.38; 2,25, vgl. V.46a ist er jedenfalls nur ausführendes Organ.

Ein stringenter Textablauf ergibt sich mit V.28aαb.29.30aα1(bis יהוה).34aβb.35a. Der dazwischen stehende nachgetragene Text ist zwar mit dem Narrativ ויאמר „und er sagte" angeschlossen, schießt aber, wie gesehen, weit über den Befehl Salomos hinaus. Der Nachtragstext wurde mit einer Wiederaufnahme verklammert: V.34aα nimmt V.30aα1 mit leichten Änderungen wieder auf. Benaja wird mit seiner vollen Bezeichnung „Benaja, der Sohn Jehojadas" (vgl. I Reg 1,8.38 etc.) genannt, und der Ausdruck für den Gang ins Heiligtum wird vereinfacht, es ist hier das gängigere עלה qal statt des seltenen und umständlichen בוא אל־אהל יהוה. Trägt die Verwendung von עלה als *Terminus technicus* zudem der Topographie Jerusalems, nämlich der Lage des Tempels auf dem Zion, Rech-

---

101 Vgl. auch u. 347ff.

102 Er lautet „(und Salomo sandte,) indem er zu Joab sagte: Was hast du, daß du zum Altar geflohen bist? Da sagte Joab: Weil ich mich vor dir fürchte, da floh ich zum Herrn. Und Salomo sandte (den Benaja ...)" und wurde durch Wiederaufnahme verklammert.

103 Noth, BK IX/1, 7.

nung?[104] Daß V.30aα2(ab וַיֹּאמֶר)-34aα sekundär sind, zeigt sich auch
deutlich im Hinblick auf seinen Inhalt und seine Tendenz.

Denn der ursprüngliche Text der Episode V.28aαb.29.30aα1(bis
יְהוָה).34aβb.35a berichtet einfach davon, wie Benaja den Joab auf Befehl
Salomos tötet, weil er in der Auseinandersetzung um die Thronfolge auf
Seiten Adonias gestanden hatte. Diese Geschichte schließt mit den Vermerken über seine Tötung im Heiligtum und darüber, daß er in seinem
Haus in der Wüste beerdigt wurde, ferner daß Benaja seine Nachfolge
antrat. Mit der Wüste in 34b ist wahrscheinlich die judäische Wüste gemeint, die von Jerusalem nicht weit entfernt ist. Da Bethlehem an ihrem
Rande liegt, könnte man nach II Sam 2,32 (vgl. 23,24) bei „seinem Haus"
an Joabs Vaterhaus denken. Wenn Salomo ihn im אֹהֶל, also an einer heiligen Asylstätte, hat umbringen lassen, ist die antisalomonische Stoßrichtung des Textes mehr als deutlich.[105] Das Tabu des Heiligen Raumes wird
verletzt: Selbst davor schreckt der neue König nich zurück. Wie die
Adonia-Epsiode setzt der Joab-Abschnitt nicht den Grundtext fort, sondern
gehört zur dynastiekritischen Bearbeitung. Einen sekundären Zusatz sehen
in ihm auch *Cook, Noth* und *Mettinger*.[106] Dagegen schließt *Kratz* in seinem Grundbestand V.34f direkt an V.13-23*.25.26a an.[107] Nach ihm berichtet V.34 also nicht von der Tötung Joabs, sondern Abjathars. Nicht nur
verzichtet *Kratz* auf eine literarische Begründung seiner These, sondern es
ergeben sich auch inhaltliche Probleme. Denn fraglich ist, warum im
Grundbestand ein Priester, nicht aber der Heerführer Joab, und damit der
militärisch gefährlichste Exponent der Adonia-Partei getötet wird. Und
fraglich ist auch, welches Motiv gerade DtrS haben sollte, mit V.26b-33
den Fall „Joab" einzutragen.

Inhalt und Tendenz der Erweiterung(en) V.30aα2(ab וַיֹּאמֶר)-34aα
dienen klar zur Motivierung von Salomos Vorgehen gegen Joab. In der
dynastiekritischen Grundfassung der Geschichte V.28aαb.29.30aα1(bis
יְהוָה).34aβb.35a war Salomos Bosheit nochmals dadurch gesteigert wor-

---

104 So Thenius, KEH 9, 21.
105 Vgl. Šanda, EHAT 9/1, 49 für 2,13ff, auch Hentschel, NEB 10, 28.
106 Nach Cook, Notes, 175 gehören V.28-34 zur älteren Redaktion; Noth, BK, IX/1, 11
    sieht in ihnen einen frühen, noch zu Lebzeiten Salomos erstellten Nachtrag, und
    Mettinger, King and Messiah, 28 rechnet 2,13-46 mit 1,41-53 zu den salomokriti-
    schen Nachträgen. Für Hentschel, NEB 10, 19ff gehören 2,13-46 zur ersten schriftli-
    chen Fassung der Thronfolgegeschichte, die unter dem Eindruck von Salomos
    Maßnahmen vorliegende salomofreundliche Traditionen sammelt und kritisch
    ergänzt.
107 Kratz, Komposition, 180 mit Anm. 84.

den, daß er nicht nur den getreuen Heerführer Joab (wie seinen Halbbruder Adonia) hat hinrichten lassen, sondern dabei auch die Asylfunktion des Heiligtums völlig mißachtet hat. Die Erweiterung aber rechtfertigt Salomo und Benaja, indem sie versucht, ihre Handlungen ethisch und theologisch nachvollziehbar zu machen. Das ist ein Anliegen der Theodizee-Bearbeitung. Hier geht es aber insbesondere darum, nachzuweisen, daß Joabs Tod die Vergeltung ist für das unschuldige Blut, das er vergossen hat. An dieser Stelle zeigt sich also deutlich das vergeltungstheologische Interesse der Theodizee-Schicht: Sie läßt Biographien so verlaufen, wie es den Figuren je von Jahwe her zukommt.[108] Doch der Text von V.30aα2(ab ויאמר)-34aα* ist sichtlich überladen. Für ihn zeichnen zwei Bearbeiter verantwortlich, wie sowohl literarische als auch inhaltliche Kriterien nahelegen. Ihre Tendenz ist jedoch dieselbe. Daher sind beide Schichten als Theodizee-Bearbeitungen zu identifizieren; denn offensichtlich waren hier mehrere Hände beteiligt. Ich wähle für die Bearbeitungsgänge ab jetzt die Siglen T1 und T2; dabei steht „T" für „Theodizee". Was bisher schlicht als „Theodizee-Schicht" oder „Theodizee-Bearbeitung" bezeichnet wurde, ist also T1. I Reg 1,30f* wird sich als T1, und V.32 als T2 erweisen. Die Wiederaufnahme in V.34aα gehört zu V.30f*.

Nach der auf T1 zurückgehenden ersten Fortschreibung (ab ויאמר in V.30) richtet Benaja unvorhergesehen das Wort an Joab, der noch die Altarhörner umfaßt: כה-אמר המלך צא „So spricht der König: Geh hinaus!" Wie gesehen, schießt diese Aufforderung über und entspricht nicht dem einfachen und klaren Befehl Salomos „Geh, falle über ihn her!" (vgl. V.29bβ). Wenn Salomo die Aufforderung, aus dem Heiligtum herauszugehen, dem Benaja aufgetragen hätte, träfe den König keine Schuld daran, daß Joab trotzdem im Heiligtum stirbt, denn es ist Joab, der sich weigert, es zu verlassen (V.30aβ). Benaja überbringt einfach den Befehl Salomos und ist dadurch entlastet. Sollte der Text aber davon ausgehen, daß Benaja den Befehl erfunden hat, würde dieser nochmals besonders gerechtfertigt. Denn dann wäre es *seine* Initiative, den Tabubruch zu verhindern. Ein weiterer Gesprächszug trägt Joabs standhafter Weigerung Rechnung, die Asylstätte zu verlassen: „Nein,[109] denn hier will ich sterben." Benaja macht beim König Mitteilung (V.30b) und der erlaubt ihm *ausdrücklich* die Tötung Joabs am Altar עשה כאשר דבר „tu, wie er gesagt hat" und wiederholt seinen Befehl ופנע-בו „und falle über ihn her" (V.31a). Im *perfec-*

---

108 Dazu vgl. etwa 5.7 mit 7.5 und 5.8 mit 7.4 etc.
109 Absolutes לא, vgl. HAL, 486; Ges/K § 152c.

tum consecutivum וקברתו (qal) „und beerdige ihn" ist eine weitere Order angefügt, die nicht nur V.34b berücksichtigt, sondern Salomo auch die Sorge um ein korrektes Begräbnis in den Mund legt. Die Beerdigung Joabs war im vorliegenden Text V.34b ein passives Geschehen, das mit יקבר ausgedrückt wurde. V.31a legt es Benaja in die Hände.

Die Anweisungen für die Tötung Joabs sind zwar mit V.31a abgeschlossen, doch sind sie ohne seine theologische Deutung in V.31b nicht vollständig. Die Fortsetzung von V.31a mit V.31b ist zunächst literarisch gut möglich, denn der Halbvers klappt nicht nach und ist mit einem weiteren *Pefectum consecutivum* angeschlossen. Was den Inhalt betrifft, verlangt V.30-31a* dringend nach einer Erklärung. Denn es handelt sich ja um den expliziten Auftrag, Joab im Heiligtum, am Altar hinzurichten. Der mit V.30* anhebende Spannungsbogen kommt erst mit der Deutung V.31b zu seinem Ende: Die Dialogtexte laufen auf die Begründung hinaus, warum Salomo erstens die Tötung Joabs und zweitens im Heiligtum, also unter Verletzung des Asylrechtes, anordnet. V.31b liefert die theologische Begründung der Tat: Benaja soll mit ihr das unschuldige Blut, das Joab vergossen hat, von Salomo und vom Haus seines Vaters entfernen.[110] Das Blut und die mit ihm verbundene Blutschuld wird hier als materiale Größe vorgestellt, die am Urheber klebt, obwohl die Taten lange zurückliegen. Das Blut, das Joab im Auftrag Davids oder auch nur unter seiner Ägide vergossen hat, lastet nun auf der Dynastie und damit auch auf Salomo. Doch können sich die Davididen eigenständig von dieser Last befreien, nämlich indem Salomo dem Benaja die Tötung Joabs aufträgt. Dadurch werden beide zu Rettern der Dynastie. T1 rechtfertigt also mit V.28aβγ. 30aα2(ab ויאמר)β.b.31.34aα die Tötung Joabs am Altar und legt Salomo sogar noch die Sorge um ein ordentliches Begräbnis Joabs in den Mund.

Wenn die Vorschrift von Ex 21,14 im Hintergrund stehen sollte, ist I Reg 2,28-35* zudem ein haggadischer Midrasch über den Fall eines vorsätzlichen oder hinterhältigen Mordes, der das Asyl am Altar außer Kraft setzt.[111] Doch immerhin sieht Ex 21,14 vor, den Delinquenten *vor der Hinrichtung vom Altar zu entfernen*; nach V.34a wird Joab jedoch direkt am Altar hingerichtet. Auch wird nicht deutlich, inwiefern Joab als vorsätzlicher Mörder gilt. All diese Überlegungen sprechen dagegen, V.31b

---

110 Zu חנם דם vgl. nur noch I Sam 25,31; ferner 19,5. Eine Verbindung von דם mit der Wurzel רוסhi. findet sich nur noch in Sach 9,7.

111 Dazu Otto, Theologische Ethik, 36, 67, 212. Vgl. ferner das Gebot von Dtn 19,11f, das sich auf eine Asyl*stadt* bezieht, dazu Otto, Deuteronomium, 227ff, 250ff.

von seinem vorhergehenden Kontext abzutrennen, wie es etwa *Greßmann, Eißfeldt, Veijola, Langlamet* und mehrere andere tun. Bei ihnen beginnt mit dem Halbvers ein Nachtrag, der in V.33 endet;[112] tatsächlich liegen die literarischen Verhältnisse aber anders.

Der literarische Schnitt bei den Theodizee-Bearbeitungen ist vielmehr zwischen V.31 und V.32 zu veranschlagen.[113] Zwar ist V.32 an V.31 auch im *Perfectum consecutivum* angefügt, sticht aber durch den Subjektwechsel von Benaja zu Jahwe ab. Nicht mehr Benaja (vgl. V.31b), sondern Jahwe (V.32) begegnet nun als Urheber der „theologischen Hintergrundaktion". Nicht mehr Menschen entfernen das unschuldige Blut von den Davididen und sorgen für Gerechtigkeit, sondern Jahwe selber tut dies. Die Abfolge V.31.32 ist überladen, besonders durch die beiden kurz aufeinander folgenden אשר-Sätze, deren zweiter fast den ganzen V.32 ausmacht. In charakteristischer Weise wird dabei auch die Wurzel ב פגע „herfallen über" in ihrer Aktionsrichtung umgekehrt. War Joab nach V.31 ihr Objekt, so wird er in der Rekapitulation seiner Taten in V.32 zu ihrem Subjekt gemacht. Inhaltlich bietet V.32 nicht nur Präzisierungen zu den vorangehenden Angaben, sondern verlagert bei der Begründung ganz deutlich die Akzente auf eine explizite Tat-Ergehen-Konzeption hin, die sich vom bloßen Entfernen des Blutes unterscheidet. Damit hängen auch weitere literarische Unterschiede zusammen; V.32 geht auf T2 zurück.

Der Leser, der vom Samuelbuch herkommt, denkt bei der Erwähnung des schuldlosen Blutes, das Joab vergossen hat, von selbst an die Tötungen Abners (II Sam 3,22-27) und Amasas (II Sam 20,8-10), vielleicht auch Absaloms (18,10-14). Doch genau an diesem Punkt bringt V.32 Präzisierungen an. Und zwar werden in V.32b Abner und Amasa im Parallelismus mit ihren Vatersnamen und Amtsbezeichnungen genannt: „den Abner, Sohn des Ner, Feldhauptmann Israels, und den Amasa, Sohn des Jeter, Feldhauptmann Judas". V.32a stellt sie einleitend als Opfer Joabs vor, die gerechter und besser als er waren: אנשים צדקים וטבים ממנו. Mit der Parenthese ואבי דוד לא ידע „mein Vater David aber wußte es nicht"

---

112 Greßmann, SAT 2/1, 191 (dtr); Eißfeldt, Komposition, 49; Veijola, Ewige Dynastie, 19 (DtrH); Langlamet, Pour ou contre Salomon, 515f, 525 (prosalomonische Redaktion); Mettinger, King and Messiah, 28 (dtr); Würthwein, ATD 11/1, 7 mit Anm. 19 (späterer dtr Zusatz); Hentschel, NEB 10, 19ff (prosalomonische Bearbeitung); Schäfer-Lichtenberger, Josua und Salomo, 254f (dtr); Rogers, Narrative Stock, 402 (dtr).

113 Zu Recht empfindet Šanda, EHAT 9/1, 42 den V.32f als „rhetorische Weiterung".

(V.32aβ)[114] wird David vom potentiellen Vorwurf entlastet, schon er hätte sich um die Bestrafung Joabs kümmern müssen. Da Joab weiterhin Davids getreuer Feldherr war, der ihm manchen Dienst geleistet hat (vgl. etwa II Sam 11,1*; 12,26ff* oder 11,2ff*), ist es auch an sich verständlich, daß David zu ihm steht und ihn nicht am Ende seiner Laufbahn liquidiert. Doch nach der Theodizee-Bearbeitung in V.32 (T2) geht es um mehr: Joab hat zwei צדקים אנשים „Gerechte"[115] auf dem Gewissen! Und Davids Unkenntnis dieser Sachlage bedeutet seinen Freispruch.

Damit ergibt sich ein auffälliger Unterschied zu I Reg 2,5f*, einer mit וגם angehängten Fortschreibung ebenfalls der Theodizee-Bearbeitung. Dort wird ja gerade dem sterbenden David in den Mund gelegt, wie er Salomo mit der Bestrafung Joabs beauftragt.

Der Grundbestand von V.5f (V.5a*[bis צרויה].b.6), der auf die Theodizee-Schicht T1 zurückgeht, prangert allgemein an, daß Joab Kriegsblut vergossen hat. Eine spätere Theodizee-Bearbeitung (nämlich T3: 5a*[ab אשר 2°]) präzisiert diese Anklage. Es geht um Kriegsblut, das im Friedenszustand vergossen wurde, nämlich Abner und Amasa, die hier beide als „Feldhauptmänner Israels" bezeichnet werden. Das steht gegen die Differenzierung in Israel für Abner (vgl. II Sam 2,8f) und Juda für Amasa (vgl. II Sam 20,4f) in I Reg 1,32. Wichtiger ist jedoch, daß mit dem T3-Eingriff in V.5 die Sicht von V.32aβ korrigiert wird: Als Weiser wußte David, entgegen Salomos Behauptung, natürlich von Joabs Vergehen an Abner und Amasa und hat deswegen vor seinem Tod Joabs Bestrafung angeordnet. Zudem wird Salomo so von seiner alleinigen Verantwortung befreit.[116]

An beiden Stellen fällt auf, daß Absalom nicht als Opfer Joabs erwähnt wird, obwohl seine Tötung nach Darstellung der Theodizee-Schicht gegen den ausdrücklichen Willen Davids erfolgte und damit ein Unrecht ist, vgl. II Sam 18,2a.5.9a.10-14.15aβ (T1).[117] Kann Absalom nicht als „schuldloses Blut" kategorisiert werden, weil er sich mit seinem Aufstand gegen den König erhoben hatte?[118] Ferner ist zu beachten, daß ein lebender Absa-

---

114 Vgl. neben I Reg 1,11 v.a. II Sam 3,26b bei der Ermordung Abners!

115 Der plur. begegnet noch in Ez 23,45, der sing. in Gen 6,9; II Sam 4,11, vgl. Ez 18,5. Zum Vorwurf von V.32 vgl. II Sam 4,11.

116 Vgl. im einzelnen u. 4.6.

117 Vgl. u. 6.3.

118 In diesem Zusammenhang sind die Rechtfertigungen Davids und Abners bemerkenswert. David sei unschuldig am Tode Abners, wie II Sam 3,26b.28f.37-39 betont. Und Abner sei letztendlich unschuldig am Tode Asahels, denn nach II Sam 2,18ff hat Abner während einer Schlacht (!) zweimal versucht, dessen Tötung zu vermei-

lom als Thronprätendent dem Salomo gefährlich gewesen wäre – aber solcher Natur sind die Überlegungen der Theodizee-Schicht nicht.

Mit dem Nachtrag durch T2 (I Reg 2,32) geschieht aber vor allem eine entscheidende theologische Akzentverlagerung, denn Jahwe selber tritt nun ins Blickfeld: Er soll sein (*sc.* Joabs) Blut (דמו)[119] auf sein Haupt zurückbringen (השיב).[120] „Anscheinend steht dahinter die Vorstellung, daß sich eine Tat zeitweise vom Täter entfernen kann, von Jahwe aber zurückgeholt wird, um sich am Täter auszuwirken." Deutlich ist, „daß Jahwe nicht ein dem Menschen fremdes ‚strafendes' Ergehen über ihn herauf-führt, sondern etwas, was mit der Tat unlöslich zusammengehört. ... Dazu gehört die Überzeugung, daß Jahwe über dem Zusammenhang von Tat und Schicksal wacht und ihn, wenn nötig, in Kraft setzt, beschleunigt und ‚vollendet'".[121] Dieses Tat-Ergehen- oder Tat-Sphäre-Denken ist eine ganz andere Perspektive als die von V.31b, nach dem das Blut durch mensch-liche Aktivität vom Hause Davids entfernt werden soll.

In V.33 liegt nochmals eine Ergänzung vor; sie wurde im *perfectum consecutivum* angeschlossen. Nicht mehr Jahwe (V.32), sondern das Blut (*sc.* Abners und Amasas) ist Subjekt. Als דמיהם begegnet es im plur., vgl. דמי חנם V.31b. Der sing. דמו „seine Blutschuld" (V.32) bezeichnete dagegen die Schuld Joabs. Also: Der דם der Opfer (V.33), und nicht Joabs דם (V.32) soll auf sein Haupt zurückkehren. Ein Tat-Sphäre-Denken prägt auch den V.33, doch fehlt hier Jahwe als Hintergrundakteur; entsprechend wird die Wurzel שוב im Qal verwendet: „Und ihr Blut soll auf den Kopf Joabs zurückkehren (33aα) und auf den Kopf seiner Nachkommenschaft für immer (33aβ)." V.33aα ist nach *Graf Reventlow* eine Abwandlung der

---

den. 3,27bβ.30 dagegen halten fest, daß er wegen Asahel sterben mußte. Ferner sticht die je ähnliche Darstellung des Todes bei Asahel (2,23), Abner (3,27b) Ischbaal (4,6f*) und Amasa (20,9-13) ins Auge. Alle drei werden in den Bauch (חמש) gestoßen (נכהhi.), wodurch sie sterben (מותqal). Eine derartige Beschreibung findet sich im AT sonst nicht.

119 Die LXX liest erläuternd τὸ αἷμα τῆς ἀδικίας αὐτοῦ „das Blut seines Unrechts", vgl. sinngemäß Targum חובת קטוליה „das Urteil über seine Morde".

120 Eine ähnliche Wendung begegnet nur noch II Sam 16,8 im Munde Šimis: Jahwe soll כל דמי בית שאול „die ganze Blutschuld des Hauses Sauls" auf David zurück-bringen. Die Verbindung von דם mit der Wurzel שוב findet sich dann nur noch in I Reg 2,33, dort qal; vgl. ferner die Parallelismen in Dtn 32,43; Hos 12,15. Zur Formulierung שוב בראשhi. vgl. etwa Jdc 9,57; I Sam 25,39.

121 Koch, Vergeltungsdogma, 140; vgl. auch Otto, Synthetische Lebensauffassung, 375ff.

Blutschuldformel דמיו בו „sein Blut komme über sein Haupt".[122] „Die
Blutschuldformel ... gehört ... zum Rechtsleben und dient zur Feststellung
der Schuld eines zum Tode Verurteilten und somit der Schuldlosigkeit der
Vollstrecker des Urteils".[123] Ein gravierender Unterschied zu V.32 liegt
zudem in der Dimension, wie V.33aβ zeigt: Es geht nicht mehr nur um die
Einzelpersonen Joab und David, sondern ähnlich wie in 31b um das ganze
Haus, und zwar für immer, der Blick wird weit in die Zukunft gerichtet.
Der Fluch liegt auf der Ebene von II Sam 3,29, ist aber allgemeiner und
umfassender.[124] Als Pendant wünscht V.33b, der im invertierten Verbalsatz
gehalten ist, David, seinen Nachkommen, seinem Haus und seinem Thron
שלום עד-עולם מעם יהוה „Heil für immer von Jahwe". Dies gleicht aus, ja
überbietet klimaktisch den schlechten Wunsch von V.33a, indem es die
דמים für Joab in שלום für David umkehrt.[125] Es erinnert zugleich an die
königstheologischen Ergänzungen in I Reg 1,36f.47.48, vgl. auch II Sam
7,13.16.

Auch *Vermeylen* sieht die Entstehung des Joab-Abschnittes viel-
schichtig. Nach ihm stammt V.31b von S1, V.32 von DtrP und V.33,
vielleicht auch V.28aβγ von der Schlußredaktion.[126] Den weiteren Disgruenzen trägt er allerdings nicht Rechnung.

Fraglich ist noch der Charakter von V.35. Obwohl die Szenerie bereits
mit der Notiz über Joabs Beerdigung (V.34b) sinnvoll abgeschlossen wäre,
fügt sich V.35a im Narrativ als organischer Schlußvermerk an. Der König
setzt Benaja statt Joabs über das Heer ein. Daß diese Information hier
folgt, ist logisch, denn Joabs Stelle ist gerade vakant geworden, und niemand eignet sich besser als der salomotreue Benaja, der sich gerade durch
seine Dienste nach I Reg 2,25 etc. als loyal erwiesen hatte. Dagegen paßt
V.35b nicht hierhin: Der König habe den Priester Zadoq an Abjathars
Stelle eingesetzt. Mit einer deutlichen Mehrheit der Ausleger ist V.35b als

---

122 Reventlow, Blut, 416f, vgl. auch II Sam 1,16a דמך על-ראשך.

123 Gerlemann, Blut, 449. Daß sie hier nicht in der reinen Form (vgl. etwa Lev
20,9.11.12.13.16.27) zitiert wird, ändert nichts am Sachgehalt.

124 Vgl. in II Sam 3,28f auch den Gedanken, daß das Blut Abners sich auf den Kopf
(ראש) Joabs und auf sein ganzes Haus wenden (חול) soll; David und sein Königtum
sind unschuldig עד-עולם „für immer".

125 „We bereiken een dieptepunt voor Joab en zijn nageslacht en een hoogtepunt voor
David en zijn dynastie." (Mulder, Koningen I, 107).

126 Vermeylen, Loi, 456ff, 554, 645, 659.

Nachtrag zu werten.[127] Er wurde als Inversion mit vorangestelltem Objekt angefügt und trägt verspätet oder deplaciert das Schicksal Abjathars nach, von dem V.26f gehandelt hatte.[128] Warum erscheint er dort nicht, wo er vom Inhalt her organisch gepaßt hätte? Die antithetische Inversion in V.35b legt nahe, daß es sich um eine Analogie-Bildung zu V.35a handelt, die dazu dient, die Aussagen über Veränderungen in den Hofämtern zu vervollständigen. Zudem ist der Inhalt von V.35b sachlich nicht korrekt, wie *Noth* und *Veijola* festhalten:[129] Da die beiden Priester Zadoq und Abjathar sonst parallel im Amt aufgetreten sind,[130] ist es nicht stimmig, daß hier von einer Ablösung Abjathars durch Zadoq geredet wird; zu erwarten wäre ein Ersatz für Abjathar *neben* Zadoq. Vielleicht deutet V.35b diese Ablösung auf das Hohepriesteramt hin, das zur Zeit des Glossators bereits bestand.[131]

Die LXX-Fassung von V.35 ist in mehrfacher Hinsicht bemerkenswert. Zunächst begegnet zwischen V.35a und 35b eine Schlußformel: καὶ ἡ βασιλεία κατωρθοῦτο ἐν Ἰερουσαλήμ „und das Königtum wurde aufgerichtet in Jerusalem", vgl. V.12b und 46b. Für *Noth* ist dies ein Argument, daß V.36-46 einen Nachtrag darstellen. In V.46 („46[k]")[132] liest die LXX eine Überleitung zu c.3: „Salomo, der Sohn Davids, war König über Israel und Juda in Jerusalem." Interpretiert sie damit V.46b nach MT? Zumindest deuten etwa *Thenius, Kittel* und *Šanda* so die Kapitelgrenze im MT: 2,46b sei mit 3,1 zu verbinden.[133] Aber eher liest die LXX die Schlußformel aus V.46b gerade in V.35,[134] da die Šimi-Episode zeitlich abgesetzt ist und ihr die Beseitigung Šimis wahrscheinlich

---

127 Montgomery/Gehman, ICC 9, 71 („later insertion"); Noth, BK IX/1, 11, 37; Veijola, Ewige Dynastie, 21 (dtr); Würthwein, ATD 11/1, 7 mit Anm. 20 (nachdtr); Schäfer-Lichtenberger, Josua und Salomo, 254 (vordtr); Seiler, Geschichte, 69f. Den ganzen V.35 als sekundär werten Rogers, Narrative Stock, 405 und Häusl, Abischag und Batscheba, 97.

128 Sehr auffällig ist dabei, daß V.35b in der LXX-Bezeugung erst *nach* einer Schlußformel erscheint, dazu gleich im folgenden.

129 Noth, BK IX/1, 37; Veijola, Ewige Dynastie, 21.

130 Vgl. neben II Sam (8,17;) 20,25b in den Beamtenlisten vor allem die Szenen im Absalomaufstand (II Sam 15,24-29.35; 17,15; 19,12) und auch I Reg 1,7.8aαb.

131 Dies ist zumindest die Perspektive der LXX, die εἰς ἱερέα πρῶτον „zum obersten Priester" einfügt, vgl. II Reg 25,18 par Jer 52,24; II Chr 26,20. Den Titel „Hoherpriester" gibt die LXX in der Regel als ὁ ἱερεὺς ὁ μέγας wieder, vgl. etwa Lev 21,10; Num 35,25ff; II Reg 12,11; 22,8; Neh 3,1.

132 Zur Numerierung vgl. die wissenschaftlichen LXX-Ausgaben.

133 Thenius, KEH 9, 22f; Kittel, HKAT I/5, 23f; Šanda, EHAT 9/1, 48. Dagegen wendet sich Klostermann, KK 3, 275: V.46b gehöre hinter V.35b.

134 So etwa Klostermann, ebd.; Stade/Schwally, SBOT 9, 64; Mulder, Koningen I, 108 u.a.

nicht mehr zu den wichtigsten Voraussetzungen zu gehören scheint, um Salomos Macht zu sichern. Tatsächlich liegen ja die Verhältnisse bei Šimi anders als bei Adonia und Joab.[135]

Außerdem hat die LXX nach V.35b ein größeres Plus (35^{a-o}),[136] das sich grob in zwei Teile gliedern läßt. V.35^{a-k} enthalten zusammengetragenes Material über Salomos Weisheit, Errungenschaften und Bauten, 35^{l-n} dagegen wiederholen V.8f und leiten damit zur folgenden Geschichte V.36-46 über. Ein V.35^{a-k} vergleichbares Plus liest die LXX noch einmal in V.46^{a-l}. Beide Abschnitte speisen sich hauptsächlich aus kurzen Stücken in I Reg 3-9.[137] Nach *Noth* gehen sie möglicherweise „auf ,verwilderte' hebräische Textformen zurück..., die an diesen Stellen im Zusammenhang mit den erwähnten ,Schlußformeln' die spezielle Salomo-Geschichte beginnen lassen wollten."[138] Doch scheinen sie mir eher Produkte redaktioneller Tätigkeit innerhalb der LXX zu sein. Wegen ihres musivischen Charakters tragen sie für die Redaktionskritik der Texte nichts aus.

Fazit: Der Grundbestand der Episode von Joabs Hinrichtung (V.28aαb. 29.30aα1[bis יהוה].34aβb.35a) ist also zur dynastiekritischen Bearbeitung zu rechnen. Joab stirbt als Parteigänger Adonias.[139] Salomo läßt ihn durch Benaja am Heiligtum töten und begeht dadurch einen schweren Tabubruch. Wenn Joab an den Hörnern des Altars, also an der Asylstätte,[140] hingerichtet wird, liegt darin schärfste Kritik an Salomo. Die Theodizee-Bearbeitung T1 (V.28aβγ.30aα2[ab ויאמר]β.b.31.34aα) begründet nicht nur Joabs Hinrichtung, sondern auch die Tatsache, daß er am Altar hingerichtet wurde: Er hat schuldloses Blut vergossen. Außerdem entlastet sie Salomo und Benaja dadurch, daß ihnen ein Versuch zugeschrieben wird, Joab zum Verlassen der Asylstätte zu bewegen. Ferner wird Salomo noch die Sorge um Joabs Begräbnis in den Mund gelegt. Doch selbst Joabs Persönlichkeitsbild weiß T1 auszugleichen (V.28aβγ). Die spätere Theodizee-Bearbeitung T2 (V.32)[141] bringt explizit Joabs Morde an Abner und Amasa

---

135 S.u. 3.8.

136 Zur Numerierung vgl. die wissenschaftlichen LXX-Ausgaben.

137 Eine präzise Aufarbeitung findet sich bei Stade/Schwally, SBOT 9, 64–66; van Keulen, Two Versions, 36–61, eine gute Aufstellung auch bei van den Born, BOT IV/2, 28.

138 Noth, BK IX/1, 10. Zur LXX in V.35 vgl. insgesamt a.a.O., 9–11 und auch Mulder, Koningen I, 108f, dort auch weitere Literatur.

139 Benzinger, KHC IX, 12. Nach Cook, Notes, 175 gehen V.28-34 auf eine vordtr Redaktion zurück.

140 Zu Ex 21,14 s.o. 125f.

141 Nach Klostermann, KK 3, 272f ist V.32a.b eine doppelte Glosse; Noth, BK IX/1, 36 erwägt, „ob nicht 32 teilweise eine ... sekundäre Interpretation darstellt."

ins Spiel und ordnet seine Hinrichtung auch explizit in den Zusammenhang
von Tat und Ergehen ein. V.33 ist ein später königstheologischer Zusatz.[142]

4.3 Die Verbannung Abjathars (I Reg 2,26f)

In V.26f* schiebt sich der kurze Bericht über Abjathars Verbannung störend in den Zusammenhang von V.25 und V.28. Sein Grundbestand
stammt von der Theodizee-Bearbeitung (T1).[143] Der invertierte Verbalsatz
mit vorangestelltem Objekt „Und zum Priester Abjathar sagte der König:
...“ zeigt, daß hier nicht nur die inhaltliche Stringenz erheblich leidet,
sondern auch der literarische Fluß unterbrochen wird. Die Episode V.26f*
unterscheidet sich nicht nur durch ihre Kürze von den längeren Abschnitten über Adonia und Joab, sondern auch dadurch, daß Salomo direkt mit
Abjathar spricht, während es bei den beiden anderen zu keinem unmittelbaren Kontakt gekommen war. Das wird besonders deutlich, wenn man
V.25.26 in Abfolge liest: Eigentlich wäre Benaja der Mann, eine derartige
Botschaft zu überbringen.[144] Abjathar wird zudem als einziger nicht hingerichtet, wenn ihn V.26a auch als מות שׁ אישׁ „Mann des Todes“ klassifiziert.
Genaugenommen läßt V.26b sein Schicksal offen, wenn Salomo zu ihm
sagt: „aber am heutigen Tage werde ich dich nicht töten“. Zusammen mit
der Qualifikation als „Mann des Todes“ klingt das, als sei die Hinrichtung
Abjathars nur aufgeschoben.[145] Doch der Ausdruck אישׁ מות bezeichnet
wie das verwandte בן מות nur die Todeswürdigkeit eines Angesprochenen;
beide Begriffe bedeuten etwa „dem Tode gehörig“.[146] Und da keine weiteren Nachrichten über Abjathar vorliegen, bleibt es bei seiner Verbannung
nach Anathot. Deshalb überzeugt Veijolas Lösung nicht, V.26b.27 als
sekundär abzutrennen, denn er argumentiert damit, daß V.26a ein Todesurteil sei, aber der Verfasser von V.26b.27 „davon wusste – oder meinte zu

---

142 Sekundär auch nach Stade/Schwally, SBOT 9, 4; Seiler, Geschichte, 67–69, 82, 87
    (DtrH). Für Cogan, AB 10, 181 ist nur V.33b dtr.
143 Cook, Notes, 175 rechnet V.26f zu einer vordtr Redaktion.
144 Vgl. dagegen auch in der Šimi-Episode V.36ff.42ff, dazu u. 4.4.
145 Die LXX vereindeutigt diese Formulierungen „to avoid notion of the possibility of
    the priest's execution“ (Montgomery/Gehman, ICC 9, 100). Sie zieht die Satzgrenze
    anders: „Denn du bist heute ein Mann des Todes. Aber ich werde dich nicht töten ...“
146 So Illmann, Art. מות, 780. Ebd. wertet er sie als Drohungsformel, vgl. auch Philips,
    Interpretation, 244.

wissen – dass das Todesurteil von V.26a nicht vollstreckt wurde."[147] Doch
die Begriffe אִישׁ מוּת (II Sam 19,29) und בֶן מוּת (I Sam 20,31; 26,16; II
Sam 12,5) werden nie im Zusammenhang mit einem Todesurteil[148] oder
einem Todesurteil, das auch ausgeführt wurde,[149] verwendet.

Signifikant ist in V.26 die Begründung, warum Salomo den Abjathar
verschont: „weil du die Lade des Herrn Jahwe[150] getragen hast vor meinem
Vater David. Und weil du in allem bedrängt worden bist, in dem mein
Vater bedrängt wurde." Nicht nur fällt hier die Doppelung des כִי-Satzes
ins Auge, sondern auch die Tatsache, daß thematisch zwei völlig unterschiedliche Erklärungen gegeben werden. Dabei ist das Lade-Thema den
Abschnitten in I Reg 2 völlig fremd; es geht bei der Durchführung des Tat-
Ergehen-Zusammenhanges um den ethischen, nicht den kultischen Charak-
ter der maßgebenden zurückliegenden Handlungen.[151] Die erste Begrün-
dung ist deshalb auszuscheiden, das כִי in V.26bα also mit dem התענית aus
V.26bβ und dem ganzen V.26bγ fortzusetzen. Der Zusatz mit der Lade
wurde durch eine Wiederaufnahme (כִי) verklammert. Mit Seiler ist also
V.26bα2(ab נָשָׂאת) mit וכִי aus 26bβ sekundär. Seine Interpretation lautet:
„Ein Ergänzer wollte Abjatar, der in der TFG sonst nur als Spion ... und als
Anhänger Adonijas ... genannt wird, mit seiner eigentlichen kultischen
Funktion in Verbindung bringen."[152] Diese Interpretation übersieht, daß es
in der ersten Begründung um mehr geht als nur politische Aktivitäten
(„Spion", „Anhänger Adonijas"). Die Verwendung der Wurzel ענה II im

---

147 Veijola, Ewige Dynastie, 21.

148 In II Sam 19,29 bezeichnet Meribbaal sein ganzes Vaterhaus als „Männer des
Todes", um Gnade bei David zu erlangen. In einer Rede nach der „zweiten Verschonung Sauls" nennt David Abner und seine Mannen „Kinder des Todes", weil sie
den Gesalbten Jahwes nicht bewacht haben (I Sam 26,16), und läßt bekanntlich das
ganze Heerlager am Leben.

149 Nach I Sam 20,31 ist Saul zwar fest entschlossen, David zu töten, jedoch läuft die
Erzählung gerade auf dessen Rettung hinaus. In II Sam 12,5 fällt sich David unbe-
wußt auf die Nathan-Parabel hin selbst den Spruch: „ein בֶן מוּת ist der Mann, der
dies getan hat", erreicht aber im Anschluß Vergebung bei Jahwe (V.7a.13).

150 Die Abfolge אֲרוֹן אֲדֹנָי יהוה ist *hapax*. Die LXX liest mit τὴν κιβωτὸν τῆς δια-
θήκης Κυρίου das häufge אֲרוֹן בְּרִית יהוה (Num 10,33; 14,44; Dtn 10,8; 31,9.25f;
Jos 3,3.17; 4,7.18; 6,8; 8,33; I Sam 4,3-5; I Reg 6,19; 8,1.6 par II Chr 5,2.7; Jer
3,16; I Chr 15,25f.28f; 16,37; 17,1; 22,19; 28,2.18.). Vgl. ferner die Lesarten von
Targum und Peschitta.

151 Das offensichtliche Erklärungsbedürfnis für die Hinrichtung Joabs am Altar
(V.31ff*) bleibt davon unberührt.

152 Seiler, Geschichte, 65, vgl. ferner auch die Abjathar-Nachträge in II Sam
15,24aγb.29a, dazu u. 5.4.

Hitpaʿel[153] weist vielmehr auf echte Demütigungen, im Hintergrund könnten Geschichten wie in I Sam 22,20ff; 23,6ff stehen.[154] Die Theodizee-Schicht T1 trägt damit nicht nur der Loyalität Abjathars gegenüber David Rechnung, sondern auch der Tatsache, daß er keine Gewalttaten wie Adonia und Joab auf dem Gewissen hat.[155] Durch die Formel „Mann des Todes" deutet sie zugleich an, daß ihn als Anhänger Adonias dasselbe Schicksal wie die anderen hätte ereilen können. Der ladetheologische Zusatz (V.26bα2 ab נשאת bis וכי in 26bβ) verankert die Lade im Verlauf von Davids Geschichte. Durch die Formulierung „vor meinem Vater David" wird Abjathar nahezu als Hüter der Lade charakterisiert. Daß genau dies ein Anliegen der Theodizee-Bearbeitungen ist, zeigt die Analyse zu II Sam 15,24-29.[156] Ich rechne den Nachtrag daher T2 zu.

Thenius, Klostermann, Šanda u.a. konjizieren an dieser Stelle האפוד „den Ephod" statt הארון.[157] Für die Konjektur weist man darauf hin, daß in Davids Aufstiegsgeschichte, also bei den genannten Drangsalen, zwar mehrfach der Ephod, sonst nie aber die Lade im Zusammenhang mit Abjathar erwähnt wird, vgl. I Sam 23,6.9; 30,7*bis*, auch 14,3 (Priester Ahija). Und man verweist auf die LXX von I Sam 14,18, die dort zweimal τò εφουδ für MT האלהים ארון liest. Aber dort handelt es sich wohl um eine Angleichung an 14,3, MT hat die *lectio difficilior*. Und hier ist „den Ephod" durch keine Lesart gedeckt. Es bleibt also beim MT „die Lade".[158]

Deutlich sekundär ist V.27. Denn V.27a ist eine Dublette von V.26, den sie zusammenfaßt, wobei sie die Verbannung als amtlichen oder kultorganisatorischen Akt deutet: „Und Salomo vertrieb den Abjathar, daß er nicht mehr Priester für Jahwe sei." Hier interessiert nur *der Priester* Abjathar. Der anschließende Erfüllungsvermerk V.27b „um zu erfüllen das Wort Jahwes (למלא את־דבר יהוה),[159] das er über das Haus Elis in Silo gesagt

---

153 Vgl. sonst noch Gen 16,9; Ps 107,17; Dan 10,12; Esr 8,21.

154 Auch bei ihnen besteht der Verdacht auf sekundäre Verklammerung im Kontext.

155 Denn zu Recht sagt van den Born, BOT IV/2, 26 im Blick auf Abjathars Verdienste vor David: „alsof Joab die niet had gehad!"

156 Vgl. u. 5.4.

157 Thenius, KEH 9, 18f; Klostermann, KK 3, 271; Šanda, EHAT 9/1, 40.

158 Der Zusatz hängt mit Eingriffen im Absalomaufstand zusammen, die David zum Hüter der Lade und zum Kultorganisator machen.

159 Eine Verbindung von דבר mit מלאpi. ist nur noch in I Reg 1,14 belegt, dort in dem Sinn, daß Nathan Bathsebas Worte ergänzt. Die Wendung דבר יהוה מלאpi. ist nach Weinfeld, Deuteronomy, 350 dtr.

hatte (...דבר אשׁר)"[160] wird von einigen Auslegern ausgeschieden, und zwar z.T. als dtr.[161] Doch zunächst gibt es keinen literarischen Grund, V.27a und b zu trennen, entsprechend sehen mehrere in V.27 insgesamt einen Zusatz.[162] Verwiesen wird mit V.27b auf das Wort Jahwes über die Eliden, das nach allgemeiner Ansicht in I Sam 2,27-36 zu finden sei. Abgesehen davon, daß der Bezug so klar nicht ist, setzt diese Auslegung aber eine völlig unsichere Eliden-Genealogie voraus, deren Konstruktion auf einer harmonisierenden Verbindung von I Sam 14,3; 22,20; II Sam 8,17 sowie einigen Vermutungen beruht,[163] denn eine explizite Genealogie existiert nicht. „De redactor plaatst Abjatar onvoorwaardelijk, zoal niet in de genealogie dan toch zeker in de priestertraditie van Eli, de (hoge) priester van Silo."[164]

Fazit: V.26abα1(bis כי).bβ*(nur התענית).bγ geht auf T1, und die ladetheologische Begründung V.26bα2 ab נשׂאת bis וכי in 26bβ auf T2 zurück. V.27 ist ein Zusatz.

4.4 Der Fall Šimi (I Reg 2,36-46)

Die letzte Episode in I Reg 2 befaßt sich mit Šimis Schicksal (V.36-46). Er wird durch Benaja hingerichtet. Doch anders als Adonia und Joab hatte er nicht zu Salomos Gegenpartei gehört. Steht also eine ältere Rechnung offen? Der sterbende David motiviert in 2,8f seine Hinrichtung ja als Reaktion darauf, daß Šimi David auf seiner Flucht aus Jerusalem verflucht haben soll (II Sam 16,5ff). Es scheint so, als müsse der auf Davids Haus lastende Fluch durch diese Aktion abgewandt werden. Doch betrachtet man die Erzählung V.36-46, so setzt diese das Testament oder die An-

---

160 Die Wendung דְּבַר יהוה אֲשֶׁר דבר ist fast nur in den Reg-Büchern belegt, v.a. in der Fassung „wie (כ) das Wort, das Jahwe geredet hat": I Reg 13,26; 14,18; 15,29; 16,12.34; 17,16; 22,38; II Reg 1,17; 10,17; 24,2, ohne כ: II Reg 9,36; 10,10; 15,12; 20,19 par Jes 39,8; Jer 36,4; 37,2.

161 Zusatz nach Budde, Bücher, 264; Cook, Notes, 173; Rost, Überlieferung, 88; Eißfeldt, Komposition, 49. Dtr nach Kittel, HKAT I/5, 20; Noth, BK IX/1, 8.10 u.a. Eine genaue Aufarbeitung der früheren Forschung zu V.27 findet sich bei Langlamet, Pour ou contre Salomon, 345 Anm. 67.

162 Wellhausen, Composition, 259 (Interpolation); van den Born, BOT IV/2, 27. Dtr ist V.27 nach Benzinger, KHC IX, 12; Šanda, EHAT 9/1, 40f; Würthwein, ATD 11/1, 7 mit Anm. 16, 23; Hentschel, NEB 10, 28 (DtrP).

163 Vgl. Mulder, Koningen I, 104f; Werlitz, NSKAT 8, 52.

164 Mulder, Koningen I, 105.

ordnungen Davids nach V.8f gar nicht voraus. Sie funktioniert logisch und stringent aus sich heraus, denn ein ganz anderer Grund wird genannt, ja sogar geschaffen, warum Šimi hingerichtet wird. Salomo stellt ihn nämlich in Jerusalem unter Hausarrest mit folgender Bedingung: sobald er den Kidron überschreitet, ist er des Todes. Darauf geht Šimi ein (V.38). Doch als ihm zwei Sklaven nach Gath entlaufen, holt er sie zurück, und Salomo läßt ihn mit Verweis auf die Abmachung durch Benaja hinrichten. Damit wird der Tatsache Rechnung getragen, daß David nach II Sam 19,24 dem Šimi auf sein Schuldbekenntnis hin Verschonung zugesagt hatte. Dieser Ablauf ist stimmig; erst die spätere Überarbeitung I Reg 2,8f[165] führt die Bestrafung Šimis auf David selber zurück.

Doch gibt es einen historisch plausiblen Grund, warum Salomo den Sauliden Šimi hinrichten läßt? Was steht hinter dem Hausarrest, der ihm auferlegt wird? Der Name Šimi findet sich im AT nicht allzu selten.[166] Es gibt daher keinen Anhaltspunkt, daß der in I Reg 1,8 als Parteigänger Salomos genannte Šimi mit dem Sauliden identisch wäre, der bei dieser Identifikation als Saulid (II Sam 16,5) für einen Davididen gewesen wäre! Dieser hätte entweder vor der Hinrichtung seine Loyalität gewechselt, wovon nicht berichtet wird, oder „Salomo ... geht gegen seinen eigenen Parteigänger vor".[167] Doch selbst wenn es so wäre, würde der Charakter der hier greifbaren Theodizee-Bearbeitung umso deutlicher. Es geht ihr darum, die Hinrichtung Šimis durch sein eigenes Fehlverhalten, seine „Sünde" zu motivieren. Verspürte also Salomo in Wirklichkeit politische Gefahr durch den überlebenden Sauliden? Hat er auf den Fluch (II Sam 16,5f*) reagiert? Stellt Šimi „als politischer Führer Benjamins auch später" eine „Gefahr für das Haus Davids"[168] dar? Oder ist mit Noth das eigentliche Motiv nicht mehr zu ermitteln?[169] Jedenfalls haben die Šimi gestellten Bedingungen den Sinn, Salomo davon zu entlasten, daß er Davids Versprechen, den Šimi zu schonen, gebrochen hat.[170] Greifbar ist in diesem Abschnitt nur noch

165 Vgl. u. 4.6.
166 Der volle Name „Šimi, Sohn des Gera" begegnet nur in II Sam 16,5; 19,17.19; I Reg 2,8. Außer in II Sam 16,5-13; 19,17-24; I Reg 2,8f.36-46 ist der Name „Šimi" noch in Ex 6,17; Num 3,18.21; I Reg 4,18; Sach 12,13; Est 2,5; Esr 10,23.33.38; I Chr 3,19; 4,26.27; 5,4; 6,2.14.27; 8,21; 23,7.9.10bis; 25,17; 27,27; 29,14; 31,12.13 belegt.
167 Otto, Synthetische Lebensauffassung, 381.
168 Vgl. Würthwein, Erzählung, 44.
169 Noth, BK IX/1, 37.
170 Thenius, KEH 9, 22

das Anliegen der Theodizee-Bearbeitung, nämlich zu zeigen, daß Šimi durch eigene Schuld sein Leben verwirkt hat.

Daß die Šimi-Episode ursprünglich nicht mit den anderen Geschichten von I Reg 2, insbesondere der Adonia- und Joab-Episode, zusammengehört, haben schon *Benzinger, Cook* und *Burney* sowie mehrere andere klar gesehen.[171] Für *Cook, Jepsen* und *Noth* spricht dafür auch das Zeugnis der LXX,[172] die in V.35 die Schlußformel aus V.46b sowie ein zusammenfassendes Plus hat; nach der LXX ist ein früheres Stadium von I Reg 2 mit V.35 beendet. Folgende Überlegung bestätigt diese literarische Einschätzung: Bis auf den Dialog in V.36-38 ist die Šimi-Geschichte zeitlich um drei Jahre (V.39) abgesetzt, die Hinrichtung bezieht sich nicht mehr direkt auf Salomos Thronbesteigung, wie Šimi ja auch nicht der Adonia-Partei angehört hatte. Dadurch unterscheidet sich die Geschichte klar von den dynastiekritischen Grundbeständen in der Adonia- und Joab-Epsiode; ihr Grundtext V.36-41.46a gehört der Theodizee-Bearbeitung T1 an.[173] Ein gutes Gespür für die Tendenz hat *Vermeylen*: nach ihm gehört der Grundbestand V.36-37a.38-41.42a*.b.43a*.b.46a zu S2, der das alte antisalomonische Dokument Schritt für Schritt widerlege.[174]

Die Geschichte beginnt in V.36 mit einem Narrativ: וישׁלח המלך „und der König sandte". Nicht eine eigene Aktion des „Delinquenten" wie in I Reg 1,50; 2,13.28, sondern die Initiative des Königs wie in V.26* (T1) steht am Beginn. Er zitiert Šimi, fordert ihn auf, sich in Jerusalem ein Haus zu bauen (Imperativ), dort zu bleiben (*perfectum consecutivum*) und von dort (dem Haus? aus Jerusalem?) nirgendwohin[175] fortzugehen (Prohibitiv). Mit והיה „und es wird sein" angeschlossen, folgt in V.37 die Bedingung, daß er an dem Tag, an dem er den Kidron überschreitet,[176] sterben muß. Dies wird kunstvoll mit zwei *figurae etymologicae* formuliert, deren zweite ein Todessatz ist: ידע תדע כי מות תמות „du weißt genau, daß du des Todes sterben wirst." (V.37a). Daran schließt sich asyndetisch eine

---

171 Ähnlich bereits Klostermann, KK 3, 273, dann Benzinger, KHC 9, 10; Cook, Notes, 174; Burney, Notes, 25; Jepsen, Quellen, 11f; Noth, BK IX/1, 10; Langlamet, Pour ou contre Salomon, 521–524 (S2); Vermeylen, Loi, 460–463, 522, 603 (S2) etc.

172 Cook, ebd.; Jepsen, ebd.; Noth, ebd.

173 Zur Frage der sog. benjaminitischen Episoden, die von Šimi, Meribbaal und Ziba handeln, vgl. u. 5.6, 5.7, 7.4 und 7.5.

174 Vermeylen, Loi, 460–463, 522. Vgl. im folgenden die Einzelauslegung.

175 Zu אנה ואנה vgl. nur noch I Reg 2,42; II Reg 5,25.

176 Eine Cstr.-Verbindung von יום mit dem Inf. cstr. qal von יצא findet sich noch Dtn 16,3; Jos 9,12; I Reg 2,42; Mi 7,15, mit Inf. cstr. hi. Jer 7,22; 11,4; 34,13.

leicht abgewandelte Blutschuldformel[177] an: דָּמְךָ יִהְיֶה בְרֹאשֶׁךָ „Dein Blut sei auf deinem Kopfe." (V.37b). Nach dieser Abmachung ist allein das Verlassen Jerusalems das todeswürdige Vergehen, das in V.46a bestraft wird. Die in V.37 mit dem Kidron angegebene Richtung ist symbolisch als *eine* Möglichkeit zu deuten, Jerusalem zu verlassen. Mit dem Gang nach Gath (V.39ff) hätte er, genau genommen, das Verbot von V.37 nicht übertreten, denn dann hätte er das Kidrontal nicht zu überschreiten brauchen.[178] Doch V.36b „hierhin oder dorthin" zeigt, daß ihm der Weg aus Jerusalem in alle Richtungen verwehrt ist. Für die Ausscheidung der Blutschuldformel (V.37b) sehe ich keine literarischen Gründe;[179] der asyndetische Anschluß allein reicht nicht.

Zudem fällt auf, daß die LXX hinter V.37 ein Plus hat: „Und der König ließ ihn an jenem Tag schwören". Diese Lesart ist durch keinen weiteren Zeugen gedeckt und dient dazu, den Erzählverlauf mit V.42f zu harmonisieren, wo Salomo auf einen Eid verweist, den Šimi geschworen haben soll.[180] Der Eid paßt hier aber logisch nicht in die Redeabfolge. Das LXX-Plus schiebt sich nur störend in den Zusammenhang von V.37 und 38, am ehesten hätte es noch hinter V.38a seinen Platz.[181]

Nach V.38a stimmt Šimi dieser Regelung zu: „Die Sache ist gut." Er verspricht danach zu handeln „wie mein Herr, der König, geredet hat, so wird dein Knecht tun" und bekundet damit seine Loyalität. V.38b vermerkt schließlich im Narrativ, daß er יָמִים רַבִּים „viele Tage"[182] in Jerusalem bleibt. So weit, so gut; hätte Šimi sich ruhig verhalten, hätte hiermit seine Geschichte wie bei Abjathar friedlich zuende gehen können. Doch es kommt anders.

---

177 Zur Blutschuldformel vgl. auch o. 4.2.

178 So auch Noth, BK IX/1, 38. Kaum handelt es sich um das ausdrückliche Verbot, in die Heimat zurückzukehren; so jedoch Kittel, HKAT I/5, 22; Šanda, EHAT 9/1, 47 u.a.

179 So z.B. Veijola, Ewige Dynastie, 20 (dtr); Würthwein, ATD 11/1, 7; Langlamet, Pour ou contre Salomon, 521–525 (prosalomonische Redaktion); Hentschel, NEB 10, 28 (dto.); Vermeylen, Loi, 461, 645 (DtrP) u.a.

180 Mit der LXX liest Šanda, EHAT 9/1, 44. Dagegen ist nach Kittel, HKAT I/5, 22 der LXX-Überschuß ein Zusatz, so auch Burney, Notes, 25, der aber erwägt, ob der Schwur in der Geschichte impliziert ist.

181 So auch Burney, ebd.; Šanda, ebd.

182 Die LXX liest stattdessen τρία ἔτη „drei Jahre", wohl in Angleichung an den Beginn von V.39.

In V.39a beginnt mit der Einleitung וַיְהִי מִקֵּץ שָׁלֹשׁ שָׁנִים eine neue Szene,[183] die zeitlich um drei Jahre abgesetzt ist. Zwei Knechte Šimis fliehen zu Akiš, dem König von Gath. Warum zu ihm? Das Ziel der Flucht spielt auf den Aufstieg Davids an, der nach I Sam 21,11ff; 27,1ff bei Akiš Schutz vor den Nachstellungen Sauls gefunden hatte.[184] Ist dies ein Hinweis, daß Šimi gut daran getan hätte, die Knechte nicht zurückzuholen, sondern bei Akiš zu belassen? Als man Šimi die Ereignisse mitteilt (V.39b),[185] reagiert er, indem er seinen Esel sattelt, nach Gath reist und die Knechte wieder zurückbringt, wie die zügige Narrativkette von V.40 berichtet. Wer könnte nicht nachvollziehen, daß er das tut? Er hat zwar damit gegen Salomos Anordnung verstoßen, doch ist er „mit seinen Sklaven brav wieder nach Jerusalem zurückgekehrt" und hat „bei alledem – so scheint der Erzähler verstanden sein zu wollen – in Wahrung berechtigter Interessen gehandelt".[186] Šimis Aktion ist demnach jedem Leser verständlich.

V.41 lenkt die Perspektive zurück an den Königshof. Wieder stellt die 3.masc. sing. Narrativ Hof'al von נגד „und Salomo wurde mitgeteilt" (V.41a, vgl. V.29; 1,51) die Verbindung von den Ereignissen zur Person des Königs her. Der folgende כִּי-Satz (V.41b) reduziert die Information prägnant auf das, was für Salomo wesentlich ist: Šimi ist aus Jerusalem nach Gath gegangen und wieder zurückgekehrt. Der Nachdruck liegt sicherlich auf dem abschließenden Narrativ: וַיָּשֹׁב:[187] Trotz der angedrohten Strafe ist er wieder zurückgekommen![188]

Ab V.42 folgt die Reaktion Salomos, der Šimi zitiert. Der Anfang von V.42 (Senden, Rufen, Redeeinleitung) entspricht bis auf die Präposition (אֶל statt לְ) fast ganz genau dem Anfang der Episode in V.36. In einer rhetorischen Frage verweist der König[189] darauf, daß er Šimi bei Jahwe

---

183 Zur Formulierung der Zeitangabe vgl.II Sam 15,7, ferner Gen 41,1; Ex 12,41; II Chr 8,1; auch Jes 23,17.

184 Eine andere Anspielung auf die David-Geschichte begegnet eventuell im Motiv, daß der Kidron (נַחַל קִדְרוֹן) überschritten wird (Wurzel עבר, V.37). Diese Wendung belegt nur noch II Sam 15,23 bei Davids Flucht vor Absalom.

185 Mit נגדhi. unpersönlich im Narrativ der 3.masc. plur. formuliert.

186 Noth, BK IX/1, 38.

187 Die LXX liest diesen Narrativ als hi. „und er brachte zurück" und fügt τοὺς δούλους αὐτοῦ „seine Sklaven" an. Damit vervollständigt sie zwar den Bericht, verkennt aber die Pointe von V.41!

188 Vgl. auch Klostermann, KK 3, 274; Šanda, EHAT 9/1, 47. *Šanda* irrt jedoch darin, daß das Verbot nur den Kidron und die Rückkehr nach Bahurim betraf.

189 In der Šimi-Episode wird Salomo mit seinem Titel „der König" (V.36.38.42.44.46)

habe schwören lassen[190] und ihn unter Androhung der Todesstrafe warnte
(V.42a), Jerusalem zu verlassen. Dabei kombiniert V.42aβ verkürzend die
Aussagen von V.37aα und V.36b, wobei die Klausel mit dem Kidron fehlt;
und V.42aγ zitiert V.37aβ wörtlich. V.42b referiert, wieder verkürzt, daß
Šimi der Abmachung zugestimmt habe.[191] Dazu wird der knappe Nominalsatz הדבר טוב „die Sache ist gut"[192] aus V.38aα wiederholt, und die Loya-
litätsbekundung V.38aβ mit einem prägnanten שמעתי „ich habe (es) gehört
(und akzeptiert)" wiedergegeben. Deutlich ist, daß V.42 zunächst den
Beginn der Šimi-Episode (V.36) dupliziert sowie den Inhalt und teils auch
die sprachliche Form der Abmachung wiederholt. Deutlich ist aber ebenso,
daß der Eid völlig überschießt; von ihm war vorher überhaupt nicht die
Rede!

     Doch auch V.43 spricht von einer שבעת יהוה, einem „Schwur
Jahwes/bei Jahwe"[193], der im Erzählverlauf von V.36-41 nicht verankert
ist: das beweist auch das Zeugnis der LXX in V.37.[194] Mit ומדוע „und
warum" eingeleitet, stellt V.43 die Klimax zu V.42 dar: warum hat Šimi
den Eid (V.43a) sowie das Gebot, das Salomo ihm geboten hatte,[195] nicht
eingehalten?[196] Veijola, Würthwein und Langlamet erklären den Überschuß
damit, daß sie in V.42a.43a jeweils den Schwur als sekundäre dtr Auf-
füllung auf der Linie von V.44f (dtr) herausnehmen,[197] doch bestehen dafür
keine literarischen Gründe. Während Veijola den Nachtrag mit V.42f
bestimmt,[198] fällt bei Würthwein und Langlamet die Konstruktion in V.42

---

benannt. Die Verwendung des Eigennamens „Salomo" in V.41 könnte durch die
Parallelen 1,51; 2,29 bestimmt sein; V.45 („der König Salomo") ist ein später
zugesetztes Bekenntnis.

190 Die Verbindung von שבעhi. mit ביהוה begegnet nur noch Gen 24,3, mit אלהים Neh
13,25; II Chr 36,13.

191 Der ganze V.42b fehlt in LXX*.

192 Vgl. noch Ex 18,17; Dtn 1,14; I Sam 26,16; I Reg 18,24; Neh 5,9.

193 Vgl. noch Ex 22,10; II Sam 21,7. שבועת אלהים nur noch in Koh 8,2.

194 Dazu o. 138. Mit Seiler, Geschichte, 72 primären nachholenden Stil zu postulieren,
schafft mehr Probleme als es löst.

195 So wörtlich auch Dtn 31,5. Zur Wendung vgl. außerdem etwa Lev 27,34; Num
36,13; Dtn 4,40; 6,1.2; 8,1; 11,8.13.22; 13,19; 15,5 etc.

196 Eine Verbindung der Wurzel שמר mit שבועה als Objekt findet sich nur noch in Dtn
7,8: Jahwe hält den Eid, den er den Vätern geschworen hat. Zu מצוה שמר vgl. etwa
Dtn 5,26; 6,25; 11,8.22; 13,19 etc., auch Neh 1,5.7.9; 10,30 etc.

197 Veijola, Ewige Dynastie, 20f; Würthwein, ATD 11/1, 8; Langlamet, Pour ou contre
Salomon, 521ff; ähnlich wohl auch Vermeylen, Loi, 463, 645, der keine präzisen
Angaben macht.

198 Veijola, Ewige Dynastie, 35.

auf, wenn sie הִשְׁבַּעְתִּיךָ בַיהוה und das folgende ו heraustrennen: Der Rede-
anfang mit אָעַד, einer PK mit Vergangenheitsbedeutung, ist mehr als
erklärungsbedürftig.

Eine andere Lösung ist plausibler; auf sie führen mehrere Beobachtungen zur Stringenz der Darstellung. Nach der Logik des Textes in V.36-41
ist deutlich, daß Šimis Verhalten seinen Tod zur Folge hat, die Bedingungen brauchen nicht eigens wiederholt zu werden. Doch V.42ff fügen eine
zweite Unterredung zwischen Salomo und Šimi ein. In ihr (V.42f) wird
nicht nur die Abmachung rekapituliert, sondern sie wird auch anders als in
V.36-38 als מִצְוָה charakterisiert, die Salomo dem Šimi geboten hat
(צוהpi.) und die er hätte halten müssen (שׁמר), wie Israel die Gebote, die
Jahwe dem Mose befohlen hat.[199] Zudem wird die Vereinbarung unter die
Kategorie der שְׁבֻעַת יהוה gestellt, so daß Šimi nicht nur die Absprache mit
dem König übertreten, sondern sogar einen bei Jahwe geschworenen Eid
gebrochen hätte: eine Perspektive, die V.36-41 fremd ist. Ebenso schwer
wiegt eine weitere Beobachtung, nämlich die Erkenntnis, daß zwischen
V.44f* und 46 ein deutlicher logischer Bruch liegt. Denn nach V.44 steht
Šimi noch vor Salomo,[200] aber in V.46 heißt es, daß Salomo Benaja mit der
Tötung Šimis beauftragt, וַיֵּצֵא „und er ging hinaus", um ihn hinzurichten.
Šimi wird also unvermittelt an einem anderen Ort als vor dem König
vorgestellt, Benaja muß den Palast verlassen, um seinen Befehl auszuführen. Und diese Situation paßt genau zu V.41; der Übergang V.41.46 geht
folglich in Ordnung.[201] Mit *Hentschel* sind also V.42-45 auszuscheiden.[202]

Doch auch V.42-45 sind nicht aus einem Guß! In V.44a fällt nämlich
eine erneute Redeeinleitung auf, die nach V.42a ausführlich neu ansetzt,
obwohl Salomo ja noch im Redefluß war. Die Argumentation Salomos
steht ab V.44 auf einer anderen Ebene, der Blick wird weit über die bloße
Abmachung hinausgelenkt: „Du weißt all das Böse, ..., das du meinem
Vater getan hast." Er spricht im Blick auf Šimis Vergehen also nicht explizit von einem Fluch. Wenn II Sam 16,5f im Hintergrund steht, wird es
vielleicht als zu gefährlich angesehen und daher vermieden, vom Fluch zu

---

199 So etwa nach Dtn 4,40; 11,8; 13,19; 15,5; 27,1; 28,1.15 etc.
200 Zu V.45 gleich im folgenden.
201 Zum Wechsel von „Salomo" zu הַמֶּלֶךְ vgl. o. Anm. 189.
202 Hentschel, NEB 10, 31.Ähnlich Dietrich, Königszeit, 254f und Häusl, Abischag und
    Batscheba, 97, 288. *Hentschel* schlägt diese zweite Unterredung zwischen Salomo
    und Šimi seinem prosalomonischen Bearbeiter zu; doch „prosalomonisch" ist
    schließlich der ganze Šimi-Abschnitt, denn auch der bei *Hentschel* verbleibende
    Grundbestand rechtfertigt Salomos Vorgehen: Šimi selbst hat sein Leben verwirkt.

sprechen;[203] vielleicht ist auch das „eigentliche Motiv der Behandlung
Simeis durch Salomo ... nicht mehr zu ermitteln."[204] Nach dem Beginn mit
„du weißt all das Böse" ist אֲשֶׁר יָדַע לְבָבְךָ „das dein Herz weiß" als du-
blettenhafte Wiederholung anzusehen,[205] wofür auch die Doppelung der
אֲשֶׁר-Sätze und die völlig überladene Konstruktion in V.44a sprechen.
Jedenfalls gilt der Blick dem Schicksal Šimis über die ganze Thronfolgegeschichte hin. Seine Vita erfüllt sich nach dem Prinzip des Tat-Ergehen-
Zusammenhangs. Die Verordnung Davids I Reg 2,8f ist hier offensichtlich
vorausgesetzt, Salomo erweist sich dadurch, wie er mit Šimi verfährt, als
weiser Mann. Mit einer größeren Zahl von Exegeten muß also zwischen
V.43 und 44 geschnitten werden, nur liegt gegen *Greßmann, Veijola* u.a. in
V.44f nicht ein einheitlicher (dtr) Nachtrag vor.[206]

Denn V.44b וְהֵשִׁיב יְהוָה אֶת־רָעָתְךָ בְּרֹאשֶׁךָ „und Jahwe wird dein
Böses auf deinen Kopf zurückbringen" ist nochmals sekundär, worauf die
Inversion und der Subjektwechsel (Jahwe) deuten. Wie in V.32 wird Jahwe
unvermittelt als Urheber der Vergeltung eingeführt,[207] dazu wird das Stichwort כָּל־הָרָעָה „all das Böse, das du meinem Vater David getan hast" aus
V. 44a aufgenommen und in רָעָתְךָ „dein Böses, deine Bosheit" abgewan-
delt und damit verallgemeinert. Eventuell wird ein bewußter Gegensatz zu
II Sam 16,8 angestrebt,[208] nach dem Šimi zu David gesagt hat: „Jahwe hat
auf dich alles Blut des Hauses Sauls zurückgebracht, an dessen Stelle du
König geworden bist. Und Jahwe gab das Königtum in die Hand Absaloms, deines Sohnes, und siehe, du bist in deiner Bosheit, denn ein Blutmensch bist du." I Reg 2,44b ist ein später Nachtrag, der V.32 (T2) und
V.44a* (T3, ohne אֲשֶׁר יָדַע לְבָבְךָ) kombiniert.

Auch sekundär, doch von noch späterer Hand, ist I Reg 2,45. In der
Segensbitte für den König Salomo und die Festigkeit (כּוּן ni.) von Davids

---

203 Vgl. die „Neutralisierungen" V.33b und 45, ferner van den Born, BOT IV/2, 29.

204 So Noth, BK IX/1, 37.

205 Vgl. auch Šanda, EHAT 9/1, 48, ferner Benzinger, KHC IX, 13; Ehrlich, Randglossen, 221, der jedoch wie wohl auch Greßmann, SAT 2/1, 191 יָדַע in יִרְעַ konji-
ziert.

206 Vgl. Cook, Notes, 174; Greßmann, SAT 2/1, 191 (dtr); Eißfeldt, Komposition, 49f;
Noth, BK IX/1, 38 (erwägungsweise); Veijola, Ewige Dynastie, 20 (dtr); Langla-
met, Pour ou contre Salomon, 521–525 (prosalomonische Bearbeitung); Würthwein,
ATD 11/1, 8 mit Anm. 22; Rogers, Narrative Stock, 403 (dtr) etc.

207 Zur theologischen Vorstellung der Wendung שׁוּב בְּרֹאשׁ hi. vgl. o. 128f, 138. Mit רָעָה
als Objekt vgl. nur noch Gen 50,15; Jdc 9,57; I Sam 25,39. רָעָה שׁוּב hi. noch in Jdc
9,56; I Sam 25,21; Prov 17,13.

208 Vgl. Seiler, Geschichte, 73 Anm. 102.

Thron ist plötzlich von Salomo in dritter Person die Rede, und der Horizont der Šimi-Geschichte gerät aus dem Blick: V.45 unterbricht den Zusammenhang von Salomos Rede an Šimi und seinem Befehl an Benaja. Der Nachtrag soll ausgleichen, daß ein negatives Urteil (nämlich vorher über Šimi) ausgesprochen wird, ähnlich wie V.33b, mit dem er das Stichwort עד־עולם „für immer" und die Nennung Jahwes als Garanten des Heils[209] gemeinsam hat. Die Inversion des Verbalsatzes V.45b nach dem Nominalsatz 45a deutet nicht auf einen erneuten Zusatz, sondern zeigt, daß der Segenswunsch für Salomo[210] und den Thron Davids[211] gleichermaßen gilt (Parallelität). Wie in V.33 liegt hier ein königstheologischer Zusatz vor,[212] vgl. auch I Reg 1,36f.47.48. Er bildet auch den Kontrast zu Šimis Fluch nach II Sam 16,5f. Daß I Reg 2,44 und 45 nicht zusammengehören, sehen auch *Seiler* und *Vermeylen*.[213]

Wie gesehen, schließt V.46a gut an V.41 an: seine Narrative setzen die Narrativkette von V.39-41 fort, die Hinrichtung Šimis durch „Benaja, den Sohn Jojadas" wird wie in V.24 (Adonia) mit den Worten ויפגע־בו וימת „und er fiel über ihn her, und er starb" bezeichnet.[214] Die Sachlage ist klar, und es kommt, was zu erwarten war. Auch wenn Šimi wieder nach Jerusalem zurückkommt, hat er gegen die Abmachung gehandelt und ist aus Sicht des Verfassers mit dem Tode zu bestrafen. Daß bereits der Grundbestand (V.36-41.46a) der Theodizee-Bearbeitung (T1) zuzuschlagen ist, zeigen die Überlegungen zu seiner Ausrichtung und Tendenz. Wie bei den Eingriffen der Theodizee-Bearbeitung in den Episoden mit Adonia und Joab werden die Motive aller Hauptakteure nachvollziehbar gemacht und ihre Persönlichkeitsbilder ausgeglichen, so daß dem Leser das Ergebnis der Geschichte rechtens erscheint. Šimi und Salomo mußten so handeln, wie sie gehandelt haben.

---

209 In V.33 formuliert mit מעם יהוה, hier mit לפני יהוה.

210 ברוך in Verbindung mit שלמה ist *hapax*.

211 Eine Verbindung von כסא „Thron" mit der Wurzel כוןni. „fest sein" begegnet noch in II Sam 7,16 par I Chr 17,14; Ps 93,2; Prov 16,12; 25,5; 29,14, vgl. II Sam 7,13 par I Chr 17,12; Jes 16,5; Ps 9,8; 103,19; I Chr 22,10 (andere Stämme von כון).

212 Zu V.33 vgl. o. 128f.

213 Seiler, Geschichte, 73 f (V.44 Zugehörigkeit offen, V.45 dtr); Vermeylen, Loi 460f, 645, 659 (V.44 DtrP, V.45 Schlußredaktion).

214 Etwas anders in V.34 (Joab): ויפגע־בו וימתהו „und er fiel über ihn her und tötete ihn".

Literarisch liegt der Theodizee-Schicht II Sam 16,5.6aα vor:[215] Šimi
verflucht David zu Bahurim auf seiner Flucht aus Jerusalem. Der Salomo
von I Reg 2,36ff reagiert auf diesen Fluch, er richtet den Delinquenten hin,
um dessen Fluch von der Dynastie abzuwenden.[216] Doch welchen Sinn hat
die „Abmachung" Salomos mit Šimi? Durch sie gibt ihm Salomo nicht nur
eine zweite Chance, sondern löst auch das Problem, daß David ihm trotz
seines Auftritts Verschonung zugesagt hatte (II Sam 19,17ff*). Wegen
dieses Eides schafft Salomo in I Reg 2,36ff neue Fakten. Da Šimi sich
nicht an die Vereinbarung gehalten hat, war ein neuer Straftatbestand
gegeben:[217] Salomo hat also nicht einfach das Versprechen, ja den Schwur
Davids gebrochen, denn er „wäre ... ein Thor gewesen, wenn er die Straf-
sentenz motiviert hätte mit der längst wieder gut gemachten u. vergebenen
Beleidigung D.s."[218] Was Šimi betrifft, so wird er genau über die Bedingungen unterrichtet; er weiß, was er tut, wenn er Jerusalem verläßt.[219]
Trotzdem hat er gute Gründe, die Stadt zu verlassen: die Sklaven, die er
zurückholt, sind ein wertvoller Besitz! Seine Loyalität gegenüber Salomo
zeigt sich jedoch darin, daß er wiederkommt. Doch Salomo kann anscheinend nicht mehr zurück, er würde sich als König unglaubwürdig machen.
Dies unterstreicht eine zweite Theodizee-Bearbeitung (T2, V.42f), der die
Notwendigkeit von Salomos Befehl zur Hinrichtung im vorliegenden Text
vielleicht noch zu schwach erschien. Sie betont seinen Handlungsbedarf
dadurch, daß Šimi nicht nur eine מצוה des Königs übertreten, sondern
sogar einen bei Jahwe geschworenen Eid gebrochen hat; Salomo hätte also
gar nicht anders handeln können. T2 schafft eine zweistufige Struktur:
Nach V.35-41 wird dem Šimi in einem zweiten Gespräch mit eigener,
ausführlicher Einleitung, die V.36 entlehnt ist, sein Scheitern unmißverständlich dargelegt. T3 (V.44a* ohne אשר ידע ידע לבבך) bindet das Geschehen auch *explizit* in den Horizont der ganzen Thronfolgegeschichte ein:
Daß Šimi sterben muß, liegt auch an seinem Verhalten David gegenüber.
Darin besteht kein logischer Bruch, denn T3 setzt bereits I Reg 2,8f (T2)
voraus, wo David sein Versprechen, Šimi nicht zu töten (II Sam 19,24),

---

215 Dieser Grundbestand stammt von der dynastiekritischen Bearbeitung, vgl. u. 5.8.

216 Diese Absicht ist evident; dagegen jedoch Rogers, Narrative Stock, 403 mit Anm.
13.

217 V.8f gehören zu T2 und sind deshalb in V.36-41.46a noch nicht vorausgesetzt, vgl.
u. 4.6!

218 Klostermann, KK 3, 274.

219 Allerdings wird ihm kaum etwas anderes übrig geblieben sein, als in die Auflagen
Salomos einzuwilligen, vgl. V.38a.

selber revidiert. V.44b ist ein späterer Nachtrag, der in Nachahmung von
V.32 dezidiert Jahwe als Urheber und Garanten des Zusamenhanges von
Tat und Ergehen einführt. Der königstheologische Zusatz V.45 enthält wie
1,36f.47.48; 2,33 Segensbitten für Salomo und die Dynastie.

Mit dem Tod Šimis (V.46a) ist die Episode beendet; der abschließende
V.46b ‏והממלכה נכונה ביד־שלמה‎ „und das Königtum war fest gegründet in
der Hand Salomos" zieht ein Fazit und steht (wie V.45) deutlich auf einer
anderen Ebene als die Einzelerzählung. Der Nominalsatz hat als Prädikat
das Partizip von ‏כון‎ ni., vgl. etwa II Sam 7,16.26 par I Chr 17,14.24; I Reg
2,12.45. Bei *Rost* ist V.46b der klassische Abschluß der Thronfolgegeschichte, der ihre Frage nach Davids Nachfolge beantwortet.[220] Sein Verhältnis zur Šimi-Episode und seine terminologische und inhaltliche Ähnlichkeit mit V.12b und 45 zeigen jedoch, daß es sich hier um ein spätes
redaktionelles Fazit handelt; V.12b und 46b sind beides Aussagen, daß
Salomos Königtum Bestand hatte. Die Überlegung, daß das Material in
V.13-46b durch eine Wiederaufnahme von V.12b in V.46b verklammert
sein könnte, müßte damit rechnen, daß der Nachtrag V.12b älter als die
dynastiekritische Bearbeitung (1,50.51a.53; 2,25.V.28aαb. 29.30aα1[bis
‏יהוה‎].34aβb.35a) ist. Doch sprechen die formalen Unterschiede eher dagegen: V.12b ist ein Verbal-, V.46b ein Nominalsatz; das ‏מאד‎ aus V.12
fehlt in 46; statt des Suffixes an ‏מלכות‎ (V.12b) hat V.46b die Adverbiale
‏ביד־שלמה‎, und nicht zuletzt besteht ein Bedeutungsunterschied zwischen
‏מלכות‎, das eher das Abstraktum „Königsherrschaft", und ‏ממלכה‎, das mehr
den konkreten Machtbereich bezeichnet.[221]

Wie in V.35 hat die LXX hinter V.46a ein großes Plus (46[a-l]),[222] außerdem steht bei ihr V.46b zwischen V.35a und b. Das LXX-Plus summiert
Angaben über Weisheit, Macht und Hofhaltung Salomos, in 46[h] findet sich
eine Beamtenliste. Die Angaben speisen sich v.a. aus Notizen in I Reg
4f.[223] Wie V.35[a-o] geht das Plus auf redaktionelle Tätigkeit innerhalb der
LXX zurück.[224]

---

220 Rost, Überlieferung, 89.
221 Vgl. Schäfer-Lichtenberger, Josua und Salomo, 249f. In Verbindung mit ‏ממלכה‎
begegnet die Wurzel ‏כון‎ nicht mehr im Ni., wohl aber im Hi. in I Sam 13,13; II Sam
7,12; Jes 9,6; II Chr 17,5, vgl. II Sam 7,13. Etwas häufiger ist die Verbindung von
‏מלכות‎ mit ‏כון‎, vgl. I Sam 20,31; Ps 103,19; I Chr 17,11; 28,7; II Chr 12,1.
222 Zur Numerierung vgl. die wissenschaftlichen LXX-Ausgaben.
223 Vgl. die Analyse bei Stade-Schwally, SBOT 9, 64–66; van Keulen, Two Versions,
265–275 sowie van den Born, BOT IV/2, 29.
224 Zu den Plus-Abschnitten und den Schlußformeln in LXX s. auch o. 130f, ferner 138.

Fazit: Der Grundbestand der Šimi-Episode I Reg 2,36-41.46a geht auf T1 zurück. Von T2 stammt V.42f, von T3 V.44a* (ohne אֲשֶׁר יָדַע לְבָבְךָ). Alle drei Theodizee-Bearbeitungen machen deutlich, daß Šimi sein Leben durch eigenes Verschulden verwirkt hat. T2 begründet dies zusätzlich mit einem Schwur bei Jahwe, den Šimi gebrochen habe; und T3 führt seine Verschuldungen gegenüber David ins Feld.[225] V.45.46b sind königstheologische Zusätze, und weitere Nachträge liegen in אֲשֶׁר יָדַע לְבָבְךָ (in 44aα*) und 44b vor.

4.5 „Und David war alt"
Die David-Biographie-Schicht
(I Reg 1,1-4*.14.19f.22-31*; 2,1f.3b)

Am Anfang des Königebuches läßt sich eine redaktionelle Linie ausmachen, die nicht nur hervorhebt, daß David die Inthronisation Salomos noch selber in hohem Alter erlebt hat (I Reg 1,1.2a.bβ.3.4abα; 2,1f.3b), sondern daß er sie auch in entscheidender Weise selber legitimiert und durch einen Eid als seinen dezidierten Willen erklärt hat (I Reg 1,14.19f.22-25.26*[ohne אֲנִי־עַבְדֶּךָ].27.28abα.29.30aβγ.31). Außerdem gibt er in einer Abschiedsrede („Testament") regelrecht das Szepter an Salomo weiter und erkennt ihn so als seinen rechtmäßigen Nachfolger an. Das Profil der Schicht besteht aus I Reg 1,1.2a.bβ.3.4abα.14.19f.22-25.26*.27.28-30*.31; 2,1f.3b, sie setzt also je zu Beginn des ersten und zweiten Kapitels an; darüber hinaus führt sie die Intrige Nathans und Bathsebas in I Reg 1 durch eine namhafte Überarbeitung weiter aus, um sie dadurch zu entschärfen, daß ausdrücklich Davids Souveränität gewahrt wird.

Die Abišag-Episode I Reg 1,1.2a.bβ.3.4abα konnte bereits als sekundärer Zuwachs erwiesen werden, der seinerseits durch die Theodizee-Bearbeitung T1 um V.2bα.4bβ erweitert wurde.[226] Im Grundbestand von I Reg 1,5.7.8aαb.38-40* war von David überhaupt nicht die Rede, so daß nicht klar ist, ob er bei den Ereignissen noch lebt.[227] Die Abfolge „Salomo wird gesalbt" und „David stirbt" ist erst seit der Anfügung der deuterono-

---

225 Vgl. auch die weiteren Überlegungen zur Figur Šimis 5.8 und 7.4.

226 Vgl. o. 3.2 und 4.1 (Ende). Die Abišag-Szene 1,1-4* hat ferner den Nachtrag 1,15aβb provoziert.

227 Die Folgerungen von Vermeylen, David, 493f, der König sei im Zuge eines *coup d'état* durch Verschwörer ermordet worden, um die neue, salomonische Dynastie zu installieren, können am Text nicht bewiesen werden.

mistischen Abschlußnotiz über den Thronwechsel (2,10f) im Text verankert.[228] Die dynastiekritische Bearbeitung reagiert mit der Einarbeitung der ersten Fassung der Intrige (V.11.12a*[nur לכי ועתה].13[ohne לכי]. 15aα.16-18.32-34) auf diese redaktionsgeschichtliche Entwicklung. Aber erst mit I Reg 1,1-4*, auch 2,1f.3b wird eigens hervorgehoben, daß David noch am Leben ist, als Salomo den Thron besteigt. Seine Inthronisation wird hier ganz explizit im Leben Davids untergebracht. Der alte König ist bettlägerig und braucht eine Pflegerin, die ihn wärmen soll. Seine Knechte wählen ihm aus ganz Israel die Abišag von Šunem aus. Fast entsteht der Eindruck, man habe es hier mit einem wiederaufgeweckten Toten zu tun. Gegen eine frühe Datierung spricht nicht nur die relative Chronologie, nach der I Reg 1,1-4* später als die nachdtr dynastiekritische Bearbeitung anzusetzen ist,[229] sondern auch die verwendete Motivik. Denn in 1,1-4* wird das Motiv der Suche für den König (vgl. I Sam 16,15-17) mit dem der Suche nach der schönsten Frau (vgl. Est 2,1ff, bes. V.2 mit I Reg 1,2) kombiniert.

Der Theodizee-Bearbeitung schien die Szenerie so anstößig, daß sie durch zwei kleine Zusätze Klarstellungen angebracht hat. Zugleich macht sie die im vorliegenden Text impliziten erotischen Anspielungen eindeutig. Die Theodizee-Bearbeitung betont nämlich, daß es gegen alle naheliegenden Assoziationen nicht zum Geschlechtsverkehr zwischen David und Abišag gekommen ist: beide sind „rein" geblieben. In V.2bα trägt der Anschluß in w-AK „und sie soll in deinem Schoße liegen" als Ansinnen der Knechte ein, David möge durch Erregung[230] zu neuer Lebenskraft kommen – ein Auftrag, der über den Einsatz einer Krankenpflegerin weit hinausgeht. V.2bα sticht durch einen Anredewechsel von 3. pers. „der König" zur 2. pers. sing. ab.

Doch trotz Abišags großer Schönheit hat David nicht mit ihr geschlafen (V.4bβ). Dieser Nachtrag V.4bβ wurde durch Inversion eingeschaltet; in V.4bα war die Szene abgeschlossen.[231] Mit diesen Überlegungen sind auch die entscheidenden Beobachtungen zur relativen Chronologie der „David-Biographie-Schicht" notiert: Sie reagiert bereits auf DtrH und die

---

228 S.o. 4.1.

229 Vgl. u. 146ff. Während die erste Fassung der Intrige auf die dynastiekritische Bearbeitung zurückgeht, zeichnet die David-Biographie-Schicht für die zweite Fassung verantwortlich.

230 Die Wendung שכב (ב)חֵיק verweist eindeutig auf diese Vorstellung, vgl. II Sam 12,3; Mi 7,5, anders I Reg 3,20*bis*.

231 Zur Literarkritik vgl. auch o. 4.1 (am Schluß).

dynastiekritische Bearbeitung, ist aber noch vor der Theodizee-Bearbeitung zu datieren.[232] Doch warum ist eine solche Festschreibung noch nötig, wenn eigentlich schon durch DtrH und dynastiekritische Bearbeitung klar ist, daß David noch lebt?'

Für die Begründung ist eine Parallele zum Josuabuch aufschlußreich. „Die Aussagen über die ‚David – Salomo Nachfolge' sind literarisch differenzierter als die über andere monarchische Nachfolgebeziehungen. Ähnlich facettenreich wird in der hebräischen Bibel nur noch die ‚Mose – Josua Nachfolge' dargestellt."[233] Während *Schäfer-Lichtenberger* die Parallelen und Unterschiede bei den zwei Wechseln von Mose zu Josua und David zu Salomo untersucht, interessiert hier ein anderer Aspekt, nämlich eine Gemeinsamkeit zwischen Josua und David, die bei der Untersuchung der Terminologie von I Reg 1,1a, auch 2,2a deutlich wird. Der Beginn 1,1a „Und der König David war alt und in die Jahre gekommen" verweist mit seiner asyndetischen Verbindung der Wurzel זקן mit der Formulierung בא בימים deutlich auf Jos 13,1*bis*; 23,1.2, wo es um Josuas hohes Alter geht.[234]

Weitaus aufschlußreicher sind jedoch die Jos-Belege. Denn sie stehen I Reg 1,1a; 2,2a einerseits inhaltlich näher: In beiden Fällen, Josuas wie Davids, naht der Tod eines politischen Führers in Israel, der noch Entscheidendes für die politische Zukunft regelt. Andererseits deuten sie auf einen redaktionskritischen Prozeß im Josuabuch, der auch I Reg 1,1a; 2,2a in einem neuen Licht erscheinen läßt. In Jos dient der Verweis auf Josuas hohes Alter dazu, ihn als literarische Figur noch so lange am Leben zu erhalten, bis die Landverteilung an die Stämme Israels abgeschlossen ist. Erst dann kann er in Ruhe sterben. Obwohl er bereits vorher auf ein beachtliches Lebenswerk zurückblickt, ja, nach menschlichem Ermessen wahrscheinlich schon tot wäre, wird seine letzte Lebensphase weit ausge-

---

232 Vgl. o. 4.1 (am Schluß) zu I Reg 1,1-4 und u. 6.1.

233 Schäfer-Lichtenberger, Josua und Salomo, 366.

234 Ob es sich bei der Form זקן in I Reg 1,1 um ein Perfekt oder ein Verbaladjektiv handelt, läßt sich nicht entscheiden, da die Wendung sowohl mit eindeutigem Verbaladjektiv (Gen 18,11) als auch mit konjugierter Form (Jos 13,1b; 23,2) belegt ist. Als einzige weitere Parallelen begegnen Gen 18,11 und 24,1; dabei stimmen die Formulierungen in Gen 24,1; Jos 13,1a; 23,1 und I Reg 1,1a wörtlich überein. Während Gen 24,1a die Erzählung einer letzten Begebenheit in Abrahams Leben, nämlich die Brautwerbung für Isaak einleitet, betont Gen 18,11a das große Wunder, daß Abraham und Sara noch im Greisenalter Eltern geworden sind. Nach Levin, Jahwist, 189 und 155 ist 24,1a dem Jahwisten durch altes Quellenmaterial vorgegeben, und 18,11a geht auf die jahwistische Redaktion zurück.

dehnt, um das umfangreiche oder umfangreich gewordene Textmaterial von Jos 13-22*, auch 23f* unterzubringen. Die Formel erscheint entsprechend je zu Beginn von Jos 13 und 23. *Noth* deutet die Identität von Jos 13,1a; 23,1b dahin, „daß 13,1a eine nachträgliche Vorwegnahme von 23,1b zum Zweck der literarischen Einbeziehung von c.13ff. darstellt".[235] Ähnlich erklärt *Otto* den Befund, nach ihm stammt jedoch die Eröffnung in 23,1 von DtrL, und in 13,1 vom Hexateuchredaktor.[236] Auch für *Kratz* gilt: „Alles, was dazwischen steht, ..., ist Einschub. Doch auch die Abschiedsrede selbst [sc. Jos 23-24] ist ein Nachtrag und in sich nicht einheitlich."[237] Für *Fritz* stammt 13,1 von DtrH, und 23,1 ist redaktionelle Wiederaufnahme von RedD, einer Redaktion in dtr Stil.[238] Etwas anders geht nach *Smend* 13,1a auf DtrH und 23,1b auf DtrN zurück.[239]

Auffällig ist in diesem Zusammenhang die Parallele von I Reg 2,2a mit Jos 23. Im Anschluß an den I Reg 1,1a aufnehmenden Verweis, daß sich Davids Sterbetage näherten (2,1a),[240] richtet der König das Wort an seinen Sohn Salomo (V.1b). Dabei beginnt er seine Rede mit der Formulierung אָנֹכִי הֹלֵךְ בְּדֶרֶךְ כָּל-הָאָרֶץ „ich gehe auf dem Weg der ganzen Erde" (V.2a), wobei בְּדֶרֶךְ כָּל-הָאָרֶץ zwar auch in Gen 19,31 begegnet,[241] aber der ganze Satz nur in Jos 23,14 eine genaue Entsprechung hat. Lediglich ein הַיּוֹם „heute" steht dort zusätzlich zwischen הֹלֵךְ und בְּדֶרֶךְ. Dort in Josuas Abschiedsrede ist der Satz ein Hinweis auf seinen eigenen Tod.

Die Verweise auf Davids hohes Alter zu Beginn des Reg-Buches haben eine Funktion, die dem Josua-Konzept gleicht.[242] Die Notizen rea-

---

235 Noth, HAT I/7, 10, so auch Müller, Königtum, 234 Anm. 90. Ausführlich Noth, Überlieferungsgeschichtliche Studien, 186ff.

236 Otto, Deuteronomium im Pentateuch, 78, Anm. 280. „L" steht für „Landnahme"; DtrL verbindet das Deuteronomium mit dem Josuabuch.

237 Kratz, Komposition, 200, 205. Wie Noth schätzt er 13,1a als Wiederaufnahme von 23,1b ein. An Jos 11f seien zuerst die Abschiedsreden 23f*, danach die Stämmegeographie 13ff* angefügt worden. Zu Jos 23f vgl. neuerdings die überzeugende Analyse von Müller, Königtum, 214ff und 251–254.

238 Fritz, HAT I/7, 139, 141, 227, 229.

239 Smend, Gesetz, 151–157; ders., Einleitung, 114f. Im einzelnen dürften die Wachstumsprozesse, die zum jetzigen Josuabuch geführt haben, sehr kompliziert verlaufen sein. Zur neueren Diskussion vgl. Kratz, Komposition, 193ff, bes. 204ff sowie Müller, Königtum, 214ff.

240 Zu Einzelheiten vgl. u. 155ff.

241 Anders als in Jos 23,14; I Reg 2,2a bezeichnet der Begriff hier nicht das Sterben eines Menschen, sondern umschreibt, konstruiert mit der Wurzel בוא, den Geschlechtsverkehr.

242 Für die einschlägigen Formulierungen in Jos und I Reg hat wahrscheinlich Gen

gieren nicht nur auf eine bereits erheblich angewachsene „Thronfolgegeschichte" und bringen daher eine große Zahl von zusätzlichen Ereignissen in Davids Leben unter. Sondern sie halten David ausdrücklich am
Leben, damit er die Inthronisation Salomos nicht nur legitimieren, sondern
sogar als seine eigene dynastische Nachfolge selbst noch regeln kann. Der
wohl gewaltsame Herrschaftsantritt des Usurpators Salomo wird auf diese
Weise zur legitimen Nachfolge des von David designierten Kronprinzen.
Aber die David-Biographie-Schicht ist auch als Reaktion auf die Salomokritik der dynastiekritischen Bearbeitung zu verstehen. Denn nach der
zweiten Fassung der Intrige bleibt David Herr der Lage und sanktioniert
schließlich Salomos Nachfolge tatsächlich mit einem Eid. Eine umgekehrte Abfolge der beiden Schichten ist nicht vorstellbar. Daher scheint die
Bezeichnung „David-Biographie-Schicht" für die hier behandelten Text-
eingriffe als durchaus angemessen: sie koordiniert den Herrschaftsantritt
Salomos mit Davids Biographie.[243]

Zu dieser David-Biographie-Schicht gehört auch die zweite Fassung
der Intrige in I Reg 1 (V.14.19f.22-25.26*.27.28-30*.31). Zu ihrer Analyse
ist bis auf einige Details bereits das Notwendige gesagt.[244] Durch die
Einfügung der Nathanszene V.22-31* und die Ergänzung der Bathseba-
Szene mit V.14.19f wird die Argumentation erheblich verschoben. Denn
hieß es in der Erstfassung der Intrige (V.11.12a*[nur לכי ועתה].13[ohne
לכי].15aα.16-18.32-34), Adonia sei *ohne Davids Wissen* König geworden
(V.11.18), und wurde David dadurch erheblich bei seiner Ehre gepackt, so
wird hier in trügerischer Absicht behauptet, David habe angeordnet, daß
Adonia König werden soll (V.24), und er habe seine Knechte und Getreuen
darüber nicht informiert (V.27). Als Beleg für diese Behauptung fungiert
das Inthronisationsfest Adonias, das nicht zur ersten Konzeption der Intrige gehört. Die Einführung des Festes (V.19f.25f*) entschärft die Argumentation der alten Intrigenerzählung und stellt sie um. Der Vorwurf an
David, er habe nichts gewußt, steht nicht mehr klimaktisch am Ende der
Rede Bathsebas und wird durch die Behauptung Nathans, David selbst

---

24,1a als Vorbild gedient.

243 Dabei macht sie sich hier zunutze, daß die dynastiekritische Schicht (V.11.12a*[nur
לכי ועתה].13[ohne לכי].15aα.16-18.32-34) bereits den alten König in das Hand-
lungsgeflecht eingeführt hat.

244 S.o. 3.3 und 3.4. Das parenthetische אני־עבדך „ich bin dein Knecht" zu Beginn von
V.26a ist eine Glosse, die hervorhebt, daß speziell Nathan ein loyaler Diener Davids
ist und durch Adonias Aktion beleidigt wurde.

habe die Ereignisse angeordnet (V.24), neutralisiert oder in Abrede gestellt.[245]

Während David in der ersten Intrigenfassung regelrecht in die Enge getrieben wird, begegnet er hier also mit ganz anderer Souveränität: Wenn er durch seine Befehle selbst als für Adonias Fest verantwortlich gezeichnet wird, erscheint er als Herr der Lage. Doch noch ein anderer Aspekt macht deutlich, daß es der David-Biographie-Schicht darum geht, Davids Souveränität zu wahren: das ist die Art, wie sie mit dem in der ersten Fassung der Intrige in V.13.17 behauteten Eid umgeht! Denn dort reden Nathan und Bathseba dem alten König ein, er habe einen Eid geschworen, demzufolge Salomo sein Nachfolger werden solle. Aber hier in der David-Biographie-Schicht *schwört der König ihn tatsächlich*. Der Handlungsgang läuft auf ihn hinaus (V.29f). Auch wenn die Rückverweise im Wortlaut des Schwurs primär dazugehörten, wäre es verwunderlich, wenn er hier noch einmal in dieser epischen Breite wiederholt würde, zumal ihn schon V.13 und 17 zitieren. Da von einem solchen Eid außer in den Unterstellungen Nathans und Bathsebas nie die Rede war, wird er hier neu geschworen.[246] Aber *weil* David ihn im Endeffekt schwört, bleibt er Herr nicht nur der Lage, sondern sanktioniert die Herrschaft Salomos tatsächlich durch diesen Eid bei Jahwe!

Die Fassung von I Reg 1,29f ist nicht einheitlich, worauf mehrere Indizien hinweisen. Der Text ist in seiner vorliegenden Form stark überladen: „La structure ... est d'une complexité exceptionnelle".[247] Zwei Eide liegen ineinander. „Diese Doppelung erregt Verdacht."[248] Denn: „Das zweifache Beschwören ein und derselben Sache ist völlig untypisch."[249] Außerdem folgen in V.30 drei כי-Sätze aufeinander. Deren erster (V.30aα) verweist mit einem כאשר-Satz auf den angeblich zurückliegenden Schwur. Der zweite (V.30aβγ) zitiert diesen Schwur, und der dritte (V.30b) besteht aus dem neuen Schwur des Königs, seinen damaligen Schwur *heute* auch

---

245 Auffällig ist ferner, daß Nathan in V.24 unaufgefordert zu reden beginnt, während Bathseba nach 1,16f, die von der dynastiekritischen Redaktion stammen, erst von David aufgefordert wird.

246 Wie die Überlegungen o. 80f gezeigt haben, ist klar, daß David einen solchen Eid vorher nicht geleistet hatte. Denn sonst könnte Bathseba sich an ihn erinnern, und Nathan bräuchte ihn ihr nicht neu vorzustellen (V.13); auch erwartete man, daß der Eid in V.5 erwähnt würde.

247 Langlamet, Pour ou contre Salomon, 487.

248 Hentschel, Natan, 186.

249 Kunz, Frauen, 212.

tatsächlich zu erfüllen. Dieser umständliche Vorgang deutet auch auf die inhaltlichen Probleme des vorliegenden Textes. Denn was ist ein Schwur des Königs wert, wenn er selbst seine Einlösung neu beschwören muß? Der König wäre vollends unglaubwürdig.

V.29abα „Und der König schwor und sagte: ‚Sowahr Jahwe lebt‘“ muß als originale Einleitung des Schwures belassen werden, also ist die zweite Einleitung V.30aα nachgetragen; sie wird entsprechend als Rückverweis mit כאשר כי eingeführt, ein abschließendes לאמר leitet das angebliche Zitat ein. Ein weiteres Indiz, daß V.30aα sekundär ist, stellt seine Gottesbezeichnung dar: „Jahwe, der Gott Israels“[250] entspricht nicht dem einfachen Gottesnamen „Jahwe“ in V.29bα. Daß der Jahwe näher bestimmende אשר-Satz V.29bβ „der mein Leben aus aller Not erlöst hat“ als Zusatz zu erklären ist, wie es *Langlamet* und *Würthwein* tun,[251] scheint mir aus literarischen Gründen nicht plausibel. Seine Terminologie steht ferner den Psalmen und Weisheitsschriften nahe;[252] eine genaue Entsprechung dieses אשר-Satzes findet sich noch in II Sam 4,9.

Mit dem Rückverweis auf den angeblich geleisteten Eid erweist sich auch V.30b als nachgetragen, also der neue Eid des Königs, den ausstehenden Eid zu erfüllen. Dieser neue Eid hat ohne 30aα keinen Sinn: mit כן „so“ eingeleitet, stellt er das Pendant zu 30aα dar. Er ist auch vom Inhalt her problematisch, denn er macht, wie gesehen, den König unglaubwürdig. Es bleibt als Primärtext V.(29.)30aβγ „Führwahr, dein Sohn Salomo soll nach mir König sein und er soll auf meinem Thron an meiner Statt sitzen“. Prägnant folgen hier zwei invertierte Verbalsätze aufeinander, die das Subjekt „Salomo“ bzw. anknüpfend „und er“ hervorheben: *Salomo* ist es, der David auf dem Throne nachfolgt. Daß V.30aα und 30b sekundär sind, haben *Veijola, Würthwein* und auch *Hentschel* und *Vermeylen* richtig erkannt.[253]

---

250 Zum Schwur (שבעni.) bei „Jahwe, dem Gott Israels“ vgl. sonst nur noch Jos 9,18.19.

251 Langlamet, Pour ou contre Salomon, 252 (S3); Würthwein, ATD 11/1, 4, 15 (dtr).

252 Zur Verbindung von פדה und נפש vgl. II Sam 4,9; Ps 34,23; 49,16; 55,19; 71,23; Hi 33,28; כל צרה (auch plur.) begegnet nur noch in I Sam 10,19; 26,24; II Sam 4,9; Jes 63,9; Ps 25,22; 34,7.18; 54,9; II Chr15,6.

253 Veijola, Ewige Dynastie, 17f. Mit ihm geht Würthwein, ATD 11/1, 4 mit Anm. 5, 15, Anm. 21, setzt die Erweiterung aber vordtr an. Dtr seien nur „bei Jahwe, dem Gott Israels“ und „an meiner Statt“ in V.30. Vgl. außerdem Langlamet, Pour ou contre Salomon, 487–489, 524ff; Hentschel, NEB 10, 21; ders., Natan, 186 (prosalomonische Bearbeitung); auch Vermeylen, Loi, 243ff, 553 (S1) sowie Kunz, Frauen, 210–213. Komplizierter Bietenhard, Des Königs General, 230–233, 362f (V.30aα S2, V.29bβ.30b und das תחתי in 30a S3). Für die Einheitlichkeit von V.29f

Durch die Ausscheidung von 30aα.b sind die logischen Schwierigkeiten des Textes verschwunden. Die sprachliche Form von V.30aβγ
entspricht fast genau den Schwüren nach V.13.17, jedoch mit einem charakteristischen Unterschied. Nach der Formel vom Sitzen auf dem Thron
wird ein תחתי „an meiner Statt" eingefügt, so wird aus einer Nachfolge die
sofortige Ablösung Davids durch Salomo gemacht. Dafür, mit *Veijola* und
Würthwein das תחתי als Einzelwort herauszunehmen,[254] sehe ich keine
sprachlichen oder inhaltlichen Gründe. Mit dem ursprünglichen Eid
V.30aβγ wird der äußerst anstößige Sachverhalt legitimiert, daß Salomo
noch zu Lebzeiten Davids auf dessen Thron gehoben wurde, was durch die
Abfolge von 1,38-40* (Grundtext); 2,10f (DtrH) vorgegeben ist.

Zu Beginn von 3.4 wurden zwei Szenenbrüche beobachtet. Der König ruft Bathseba
(V.28) und Nathan (V.32) jeweils neu zu sich, obwohl sie nach der vorgestellten Szenerie bereits anwesend waren. Der Bruch in V.32 ließ sich dadurch erklären, daß eine
zweite Fassung der Intrige (V.22-25.26*.27.28abα.29.30aβγ.31, David-Biographie-
Schicht) von deren erster (V.11.12a*[nur לכי ועתה].13[ohne לכי].15aα.16-18.32-34,
dynastiekritische Bearbeitung) unterschieden wurde: in der ersten Fassung wird Nathan
tatsächlich neu herbeigerufen. Daß dagegen die Disgruenz in V.28 verbleibt, liegt am
redaktionellen Vorgehen der David-Biographie-Schicht. Diese schaltet mithilfe der
Scharnierverse 1,14.22 ihre Zweitfassung der Intrige ein. Die Verse knüpfen deutlich an
den vorliegenden Text an. Und mit V.28 gestaltet die Redaktion den V.32 bewußt nach;
d.h. V.28 ist nötig, um V.32ff in die von ihr geschaffene neue Szene zu integrieren: Wie
Nathan in V.32, so wird Bathseba in V.28 gerufen, damit eine Erklärung des Königs
folgen kann.[255]
  Ferner ist V.28bβ המלך לפני ותעמד „und sie [*sc.* Bathseba] stand vor dem König"
zugesetzt. Denn die Aussage ist überflüssig und gibt sich durch die wörtliche Wiederholung von המלך לפני (vgl.V.28bα) als Dublette zu erkennen.[256]

Fazit: Folglich sanktioniert die David-Biographie-Schicht auch mit
der zweiten Fassung der Intrige (V.22-25.26*[ohne אני־עבדך].27.28abα.
29.30aβγ.31), in der das Fest Adonias in die Argumentation eingeführt
wird, die Ereignisse von V.38-40: Salomos Königserhebung geschah nicht
nur zu Lebzeiten Davids, sondern auch auf seinen ausdrücklichen Wunsch!

---

plädiert Schäfer-Lichtenberger, Josua und Salomo, 237–240.

254 Veijola, Ewige Dynastie, 16f (dtr); Würthwein, ATD 11/1, 4 (dtr); Langlamet, Pour
   ou contre Salomon, 525 (prosal. Redaktion); Jones, Nathan Narratives, 39 u.a.

255 Bei der literarischen Lösung von Kunz, Frauen, 210ff verbleibt dagegen der Bruch
   in V.32, vgl. o. am Ende von 3.3.

256 LXX und Vulgata korrigieren, wenn sie statt dessen לפניו „vor ihm" lesen.

Den Schwur, den ihm Nathan und Bathseba nach V.13.17 einreden wollten, leistet er nun tatsächlich. Später wurden der erste und dritte כ-Satz
eingefügt: „Nach dem Bearbeiter von V.30 zitiert David dagegen in diesem
Augenblick einen schon früher abgelegten Schwur." Dieser Bearbeiter
„wollte ... den Vorgängen den Geschmack einer Palastintrige nehmen und
liess deswegen David ... einen früher seiner Meinung nach *tatsächlich*
geleisteten Schwur wiederholen, den Bathseba ihm jetzt nur in Erinnerung
ruft."[257] Aufgrund dieser Tendenz liegt es jedoch gegen *Veijola* nahe, hier
keinen dtr Bearbeiter am Werk zu sehen, sondern einen, der den Gang der
Ereignisse als rechtens und Gottes Gerechtigkeitswirken entsprechend
herausstellt. Folglich gehen V.30aα.b auf die Theodizee-Bearbeitung (T1)
zurück. Das richtige Gespür für die Tendenz hatten auch *Langlamet, Hentschel* und *Vermeylen*, die hier allerdings sehr frühe prosalomonische Eingriffe am Werk sehen.[258]

Daß die Thronnachfolge Salomos der ausdrückliche Wille des sterben-
den Königs ist, wird auch durch I Reg 2,1ff* noch einmal sehr deutlich.
Dieses „Testament Davids" geht in seinem Grundbestand auf die David-
Biographie-Schicht zurück, es ist deren dritter Ansatzpunkt in I Reg 1f.
Wie gesehen, folgen in V.10f die DtrH-Notizen zum Herrschaftswech-
sel,[259] also sind V.1-9 noch genauer zu prüfen.

4.6 Das Testament Davids (I Reg 2,1-9)

Der sterbende David gibt Salomo zunächst allgemeine Mahnungen mit, die
zu seinem Erfolg führen sollen. Auch vermahnt er ihn, die Gebote Jahwes
zu wahren, um die Dynastie zu erhalten (V.1-4). Darauf folgen in V.5-9
Spezialanweisungen, wie er mit Joab (V.5f), den Söhnen Barsillais (V.7)
und Šimi (V.8f) verfahren soll. Die überwiegende Mehrheit der Forschung
ordnet V.1-9/12 ganz oder teilweise als sekundär ein. So schätzen etwa
Wellhausen, Greßmann u.a., neuerdings auch *Schäfer-Lichtenberger* V.1-
12 *en bloc* als dtr ein,[260] *Jepsen* begrenzt den dtr Zusatz auf V.1-9 und *Noth*

---

257 Veijola, Ewige Dynastie, 18. Die Tendenz selber hat *Veijola* jedoch richtig gesehen.
258 Vgl. o. Anm. 253.
259 Dazu o. 4.1 (Anfang).
260 Wellhausen, Composition, 258; Greßmann, SAT 2/1, 191; Schäfer-Lichtenberger,
    Josua und Salomo, 251 sowie viele andere, dazu Langlamet, Pour ou contre Salo-
    mon, 346, Anm. 68 (auch Einschätzungen als nichtdtr).

rechnet V.1b-9 im ganzen nicht zum Grundbestand.[261] *Benzinger* wertet
V.1-2-4.5-9 als spätes Erzeugnis.[262] Für *Veijola* und *Würthwein* ist V.1-11
zu verschiedenen Graden dtr, *Seiler* sieht in V.1-9 vordtr und dtr Ergänzungen.[263] Viele suchen einen dtr Anteil in V.1-4.[264]

Warum V.1-9 von seinem Kontext zu isolieren ist, wurde bereits
gesagt.[265] Deutlich ist auch, daß V.5-9* noch einmal sekundär angehängt
wurden.[266] Denn mit der 1,1a ähnelnden Einleitung 2,1a wird eine kleine
Einheit mit grundsätzlichen Ratschlägen eingeführt, die klimaktisch mit
V.4b, dem Ziel, es möge nie an einem Manne auf dem Thron Israels fehlen,
zum Abschluß kommt. V.5ff gibt sich demgegenüber durch das anfängliche וגם und die folgende Inversion אתה ידעת „du weißt" als Nachtrag zu
erkennen. Dem entspricht eine deutliche thematische Digression und ein
Gang vom Allgemeinen zum Besonderen. Nicht mehr Grundsätzliches und
Gesetzesparänese, sondern Einzelangelegenheiten, *quasi* alte Rechnungen
stehen nun im Vordergrund.

Doch zunächst zu V.1-4. V.1f ergeben einen glatten Text. In V.1
stehen zwei Sätze im Narrativ, deren erster die Situation zeitlich verortet
(V.1a). Er knüpft an die Linie von I Reg 1,1.2a.bβ.3.4abα an: nun geht es
für David definitiv darum, sein Haus zu bestellen. Die Aussage, daß sich
jemandes Tage zu sterben (ימי ... למות) nähern (קרב qal) begegnet noch in
Gen 47,29 (wie hier im Narrativ) und Dtn 31,14.[267] Durch sie werden
jeweils letzte Ereignisse im Leben Jakobs bzw. Moses' untergebracht. Der
zweite Narrativ in I Reg 2,1 leitet die Rede an Salomo ein, die durch die
Verwendung von צוהpi. als Befehl gekennzeichnet wird (V.1b). V.2a
unterstreicht den Inhalt von V.1a noch einmal. Die partizipiale Wendung
אנכי הלך בדרך כל־הארץ „ich gehe auf dem Weg der ganzen Erde" findet
sich fast ganz wörtlich noch in Jos 23,14 in Josuas Abschiedsrede an

---

261 Jepsen, Quellen, 19 (2. Dtr); Noth, BK IX/1, 9 (frühe, vordtr Zusätze, bis auf die dtr
   3f); Albertz, Religionsgeschichte, 187, Anm. 77; vgl. ferner Mulder, Koningen I,
   83; Klein, David versus Saul, 190f.

262 Benzinger, KHC IX, 9.

263 Veijola, Ewige Dynastie, 19; Würthwein, ATD 11/1, 5f, 8; Seiler, Geschichte, 82,
   87–89.

264 Dazu und zu anderen differenzierten Lösungen zu V.1-9 s.u.

265 Vgl. o. 109–111.

266 So ganz klar auch ein Großteil der Exegeten, vgl. etwa Thenius/Löhr, KEH 4, 14
   erwägungsweise; Veijola, Ewige Dynastie, 29 (DtrH); Seiler, Geschichte, 74–76 etc.

267 Vgl. auch Gen 27,41 יקרבו ימי אבל אבי „die Tage der Trauer um meinen Vater
   nähern sich." Vgl. ferner Ez 22,4.

Israel.[268] In I Reg 2,2 findet sie sich in Davids Anrede an Salomo. Ab V.2b
folgt Inhalt der Vermahnung, der im Anschluß an V.2a im *Waw*-Perfekt
formuliert ist. Salomo soll stark sein und zum Manne werden. Die Wendung לאיש היה hat nur noch in einer Kriegsansprache der Philister in I
Sam 4,9*bis* eine Parallele, wo sie wie hier einen mit der Wurzel חזק formu-
lierten Befehl fortsetzt.[269] I Reg 2,2b zielt also auf Tatkraft und militärische Stärke. Die Mahnung gehört zur Gattung der Amtseinsetzung (*Lohfink*).[270] Ihre deutliche Unterschiedenheit von der Aufforderung חזק ואמץ
(Dtn 31,6.7.23; Jos 1,6.7.9.18; 10,25 etc.) zeigt, daß sie nicht als dtr zu
veranschlagen ist. Vielmehr legen Konzeption,[271] Terminologie und Parallelen nahe, daß V.1f zur David-Biographie-Schicht gehört. Die Linie von
1,1-4* wird weiter ausgezogen:[272] Bis kurz vor seinem Tod regelt David
noch den Übergang, ja gibt Salomo noch Ratschläge auf den Weg. Diese
beziehen sich nach V.2b auf den militärischen Bereich. Mit V.2b sind die
Aufforderungen vollständig und abgeschlossen. „Der Vers [*sc.* 2] als
ganzer ist ... so eigenständig formuliert, daß es als bedenklich erscheint,
ihn dem in den V.3f. das Wort nehmenden ganz späten Deuteronomisten
zuzuschreiben."[273]

Trotzdem werden in V.3f weitere Ermahnungen im *Waw*-Perfekt
angefügt. Sie bewirken eine starke thematische Digression von der
„Amtseinsetzung" zur Gesetzesparänese. Kommt dennoch Text aus V.3f
als Fortsetzung von V.1f in Frage? Zunächst sind V.3f stark überladen.
Denn die Aufforderung, den Dienst Jahwes zu wahren, wird gleich durch
zwei modale oder finale Infinitive mit mehreren Objekten sowie durch
zwei Finalsätze mit למען „damit" ergänzt. Während die Infinitivkonstruk-
tionen ganz im Dienst der Gesetzesparänese stehen, geben die Finalsätze
den Zweck der Ermahnungen an. Doch nur einer dieser Finalsätze kann ursprünglich sein: Als organische Fortsetzung von V.2 kommt nur V.3b in
Frage. Die kurzen Forderungen im Stil der Amtseinsetzung haben vor
allem den politischen Erfolg zum Ziel, wie er im prägnanten Finalsatz
V.3b benannt wird: „damit du Erfolg hast in allem, was du tust, und in

---

268 דרך כל־הארץ, dort mit Präp. ב, begegnet sonst nur noch Gen 19,31, wo der Aus-
    druck den Geschlechtsverkehr umschreibt.
269 Vgl. ferner etwa II Sam 2,7; 13,28.
270 Lohfink, Darstellung, 32–44, vgl. auch McCarthy, Installation Genre, 31–41.
271 Vgl. inhaltlich auch Gen 49,29; 50,16; Dtn 31,1ff.
272 Vgl. o. 4.5.
273 Kaiser, Verhältnis, 156. A.a.O., 157 gibt er sogar der Einschätzung als eine „nachdtr
    Montage" den Vorzug.

allem, wohin du dich wendest."[274] Dagegen macht der sehr üppig formulierte V.4 den Bestand der Dynastie vom Gesetzesgehorsam der Söhne abhängig, und überhaupt tragen Sprache und Inhalt von 3a.4 Kennzeichen dtr beeinflußter Weiterarbeit. Demgegenüber ist V.3b deutlich anderer Natur. Denn der Ausdruck תפנה כל־אשר את ... תשכיל in V.3b „seems to be rooted in wisdom literature."[275] Darauf weist Prov 17,8 als einzige genaue Parallele.[276] In V.1f.3b begegnet folglich eine weisheitliche oder weisheitlich beeinflußte Mahnung des alten an den jungen König zur Tapferkeit und Tatkraft, die in der Amtseinsetzung ihren Ort hat. Sie ist knapp, eindeutig und prägnant.

Dagegen zeigen sich V.3a.4 als weitschweifend und ausladend. Ihre Perspektive geht weit über die Regierungszeit Salomos hinaus und richtet zum Schluß den Blick auf die ganze Dynastie. Sprache und Theologie sind, wie schon gesagt, deutlich von dtr Gesetzesparänese beeinflußt. Darauf weist etwa die Reihe der Begriffe für die „Gebote" in V.3a, die es einzuhalten gilt (לשמר); allerdings ist die exakte Zusammenstellung von חקתיו מצותיו ומשפטיו ועדותיו nur hier belegt, sonst werden nur zwei oder drei Rechtsformen aufgezählt.[277] Signifikant ist zudem der Verweis (ככתוב „wie es geschrieben ist") auf die תורת משה „Torah des Mose"[278] und die Wendung für den rechten Wandel in V.3a: הלך בדרכיו „in seinen [sc. Jahwes] Wegen wandeln". Dieser soll mit der entsprechenden Hingabe (בכל־לבב ובכל־נפש)[279] erfolgen.

Der terminologische Nachweis, daß hier dtr oder dtr beeinflußtes Material vorliegt, wurde in der Forschung bereits erschöpfend geführt[280] und braucht an dieser Stelle nicht wiederholt zu werden. Doch sollte er noch durch weitere Beobachtungen ergänzt werden. Denn auffällig ist hier nicht nur, daß die Formeln in einer deutlichen Häufung auftreten, ja re-

---

274 Statt „in allem, wohin du dich wendest" lesen B- und A-Text der LXX „entsprechend allem, was ich dir befehle", um an den Kontext anzugleichen.

275 Weinfeld, Deuteronomy, 346, vgl. ferner I Sam 14,47b.

276 Vgl. aber andererseits Dtn 29,8 למען תשכילו את כל־אשר תעשׂון sowie ferner Jos 1,7.

277 So auch Kaiser, Verhältnis, 156. In V.3a lesen viele Mss, vgl. Peschitta ולשמר statt לשמר, und viele Mss, vgl. Vrs ומצותיו statt מצותיו.

278 Zu תורת משה vgl. Jos 8,31.32; 23,6; II Reg 14,6; 23,25; aber auch Mal 3,22; Dan 9,11.13; Esr 3,2; 7,6; Neh 8,1; II Chr 23,18; 30,16, vgl. ferner 34,14. Zum Ausdruck auch Weinfeld, Deuteronomy, 339.

279 Dazu Weinfeld, a.a.O., 333, 334, auch Levin, Verheißung, 100, Anm. 106.

280 Vgl. etwa Burney, Notes, 14; van den Born, BOT IV/2, 22f; Würthwein, ATD 11/1, 20; Kaiser, Verhältnis, 156f mit Anm. 83, Seiler, Geschichte, 77f, Anm. 127 etc.

gelrecht kompiliert werden, sondern daß im einzelnen z.B. eine genaue
Entsprechung zum Verweis משה בתורת כתוב(כ) „wie geschrieben ist in
der Weisung Moses" nur noch in außerdtr Texten, nämlich Dan 9,11.13;
Esr 3,2; II Chr 23,18 belegt ist.[281] Zudem liegt mit der Formulierung
שמר את־משמרת יהוה (אלהיך) „den Dienst an Jahwe(, deinem Gott,)
einhalten" eine Wendung vor, die aus der priesterlichen Sprache stammt.[282]
In שמר דרך „den Weg einhalten" begegnet ferner kein typisch dtr Idiom.[283]
In V.3a.4 werden also Wendungen ganz unterschiedlicher Herkunft zusammengestellt, kompiliert.

Diesem Konglomeratcharakter entsprechend folgert *Kaiser*, „daß es
sich bei den V.3 und 4 keineswegs um die Arbeit eines primären und auch
nicht um die eines sekundären oder tertiären, sondern allenfalls um die
eines quartären Deuteronomisten handelt, der sich des Formelschatzes
seiner Vorgänger in freier Kombination bedient. Oder anders gesagt: Es
handelt sich um eine späte, vermutlich bereits nachdtr Montage!"[284] Diesen
Einschätzungen folge ich. Zudem hatte schon *Benzinger* V.2-4 als nachdtr
klassifiziert.[285]

In V.4 steht nun in einem למען-Satz die Folge oder der Zweck des
rechten Wandels: Jahwe soll sein Wort[286] aufrichten, das er über David
gesprochen hat. Dieses Wort lautet: „... Dir soll es nicht an einem Manne
auf dem Thron Israels fehlen" (4b). Diese sog. Unaufhörlichkeitsformel
לא־יכרת לך איש מעל כסא ישראל ist genauso noch in I Reg 9,5 belegt; in
I Reg 8,25 par II Chr 6,16; Jer 33,17 steht sie in leichter terminologischer
Abwandlung.[287] Doch die Verheißung steht unter einer Bedingung. Sie
erfüllt sich nämlich nur, „wenn deine [sc. Davids] Söhne ihren Weg einhalten, vor mir in Wahrhaftigkeit zu wandeln mit ihrem ganzen Herzen und
ihrer ganzen Seele" (4a*). Anders als etwa in II Sam 7,16 ist die Zusage,

---

281 Jos 8,31; 23,6; II Reg 14,6 lesen dagegen משה תורת בספר כתוב.
282 Vgl. zwar Dtn 11,1, aber v.a. Lev 8,35; 18,30; 22,9; Num 9,19.23; Ez 48,11 sowie Gen 26,5; Sach 3,7; Mal 3,14; II Chr 13,11; 23,6, ferner Jos 22,3 II Reg 11,7.
283 Vgl. zwar Jdc 2,22, aber v.a. Gen 18,19; II Sam 22,22 par Ps 18,22; Mal 2,9; Ps 37,34; 39,2; Hi 23,11; Prov 8,32, dazu auch Weinfeld, Deuteronomy, 337. I Reg 8,25 ist von 2,3 beeinflußt.
284 Kaiser, Verhältnis, 157.
285 Benzinger, KHC 9, 8f.
286 Die lukianische Rezension der LXX, Peschitta, Targum und Vulgata lesen hier plur. „seine Worte".
287 Vgl. auch Weinfeld, Deuteronomy, 355.

daß die Dynastie dauerhaften Bestand hat, also konditioniert![288] Daß diese Konditionierung in V.4, die der Theologie von DtrN entspricht, mithilfe des *Kuhlschen* Prinzips der Wiederaufnahme über das Stichwort לאמר nachgetragen wurde,[289] ist nicht unplausibel, denn das zweite לאמר ist sinnlos. Dabei macht der Nachtrag eine Tendenz eindeutig, die im Grundbestand von V.3a.4 mit ihrer Struktur von Befehl und Finalsatz angelegt ist.[290]

Zwischenfazit: Der Grundbestand von I Reg 2,1-4 stammt von der David-Biographie-Schicht, es handelt sich um V.1f.3b. Die Überarbeitung V.3a.4 ist mindestens eine spätdtr, plausibler jedoch eine nachdtr Montage. In V.4a könnte außerdem die Konditionierung der Zusage von 4b sekundär über das Stichwort לאמר verklammert worden sein. Das bisher festgestellte Profil der David-Biographie-Schicht liegt also in I Reg 1,1.2a.bβ.3. 4abα.14.19f.22-25.26*(ohne אני־עבדך).27.28abα.29.30aβγ.31; 2,1f.3b vor.

In der Forschung wurde der dtr Einfluß in V.1-4 klar erkannt, und teilweise hat man auch gesehen, daß die literarischen Verhältnisse in 3f recht komplex sind.[291] Doch bisher wurde keine befriedigende redaktionskritische Lösung für V.1-4 vorgeschlagen. Während etwa *Rost* und *Gray* in V.1-4 einen einheitlichen dtr Zusatz sehen,[292] begrenzen z.B. *Kittel* und *de Vries* den Nachtrag auf V.2(b)-4,[293] eine deutliche Mehrheit aber nur auf V.3f.[294] Differenziertere Lösungen beziehen sich v.a. auf das Wachstum von V.3f. So sieht etwa *Veijola* im Grundbestand von V.1f.4* DtrH am Werk, und V.3.4*(אם־ישמרו bis לאמר 2°) schreibt er DtrN zu, ihm folgen *Seiler* und ähnlich *Würthwein*, der hier zwei DtrN-Hände ausmacht.[295] *Anbar* beurteilt das Wachstum von V.4 ähnlich, wertet aber

---

288 Daß II Sam 7,1-17 in I Reg 2,1-4* vorausgesetzt wäre, ist an keiner Stelle zu erkennen.

289 So etwa Veijola, Ewige Dynastie, 22; Würthwein, ATD 11/1, 5f, 20; Seiler, Geschichte, 77–80. Die Genannten scheiden aber zusätzlich V.3 aus; damit sehen sie immerhin richtig, daß zwischen V.2 und 3 zu schneiden ist. Ein Ms, die lukianische LXX-Rezension und die Vulgata tilgen das zweite לאמר.

290 Zu V.4* vgl. auch die königstheologischen Nachträge in 1,36f.47.48; 2,24.45.

291 Zur Forschung bis ca. 1975 vgl. Langlamet, Pour ou contre Salomon, 345f.

292 Rost, Überlieferung, 89f, der allerdings nicht ausschließt, daß 1f altes Gut enthält; Gray, Kings, 15, vgl. 97.

293 Kittel, HKAT I/5, 13f; de Vries, WBC 12, 30; Cogan, AncB 10, 181 etc.

294 Vgl. etwa Cook, Notes, 172; Burney, Notes, 14; Šanda, EHAT 9/1, 49; van den Born, BOT IV/2, 22; Montgomery/Gehman, ICC 9, 71f; Noth, BK IX/1, 8; Rehm, Könige, 30; Hentschel, NEB 10, 19ff (DtrN); Rogers, Narrative Stock, 412f etc.

295 Veijola, Ewige Dynastie, 22–29, der den konditionierenden Nachtrag in 4 mit 4aβ bezeichnet; Würthwein, ATD 11/1, 5f, 20; Seiler, Geschichte, 77–80.

nur V.3 als Grundbestand, der von DtrN stamme und mit V.4a1.b (ohne Konditionierung) sowie V.4a2 zwei spätere Ergänzungen erfahren habe.[296] *Vermeylen* schließlich
rechnet V.1.2b.4aαb zu S1 und V.2a.3.4aβ zu DtrP.[297] Doch dafür, wie *Vermeylen*
zwischen V.2a und V.2b zu trennen liegen keine literarischen Gründe vor, zudem
begönne Davids Rede dann unvermittelt mit Waw-Perfekt. Auch leuchtet mir nicht ein,
warum V.3 pauschal mit der Konditionierung in V.4 ausgeschieden wird, wie es die
Genannten außer *Anbar* tun. Dieser macht aber seinen Vorschlag von einem Wachstum
in drei Stufen literarisch nicht plausibel.

Ab V.5 setzen verschiedene Theodizee-Bearbeitungen noch einzelne
Ermahnungen hinzu.[298] Daß ab hier noch spätere Ergänzungen vorliegen,
zeigt, wie bereits gesehen, der Anschluß mit וגם אתה ידעת „und auch
weißt du", ein deutlicher Themenwechsel sowie die Bewegung vom Allgemeinen zum Besonderen bzw. von Gesetzesparänese zu Einzelangelegenheiten. Dies macht jedenfalls deutlich, daß V.5-9 nicht zum Grundtext
gehören, wie etwa *Rost* oder *Montgomery/Gehman* meinen.[299] Mit einem
Großteil der Exegeten ist also V.5-9 von V.1-4 abzutrennen.[300] Verschiedene Theodizee-Bearbeitungen legen dem sterbenden David Beschlüsse über
die Schicksale Joabs, der Söhne Barsillais und das Schicksal Šimis in den
Mund. Bis ganz kurz vor seinem Tod[301] also regelt David nicht nur den
Übergang seiner Herrschaft auf Salomo, sondern dirigiert sogar dessen
erste Maßnahmen. In V.5-9 geht es nicht nur darum, daß sich die Biographien Joabs, Barsillais (durch seine Söhne) und Šimis so erfüllen, wie es
ihnen zukommt, sondern auch darum, daß beim Thronwechsel alles ge-
ordnet vonstatten geht. Nicht Willkür eines Despoten oder Brutalität eines
Usurpators herrscht, sondern die Ereignisse stehen in Einklang mit Jahwes
Gerechtigkeit. Das Schicksal der drei genannten Männer entspricht deren
Verhalten, wie es der sterbende König David erkannt und benannt hat.

---

296 Anbar, „Mot en Vedette", 1ff.
297 Vermeylen, Loi, 449–453, 554, 645. Wie *Veijola* benennt er den Nachtrag in V.4
    mit V.4aβ.
298 Wahrscheinlich eher nach als vor der post-dtr Erweiterung in V.1-4.
299 Rost, Überlieferung, 90f; Montgomery/Gehman, ICC 9, 87f; Rehm, Könige, 30;
    Rogers, Narrative Stock, 412f etc.
300 Vgl. etwa Thenius/Löhr, KEH 4, 14 erwägungsweise; Veijola, Ewige Dynastie, 29
    (DtrH); Würthwein, ATD 11/1, 5f.16 (jüngerer Dtr); van Seters, Court History, 77f
    (postdtr); Seiler, Geschichte, 74–76 etc. Dabei sehen Noth, BK IX/1, 9, 11, Hent-
    schel, NEB 10, 26 und Seiler, Geschichte, 74–76, 78, 87f etc. in (1*[f.])5-9 einen
    vordtr Nachtrag, der früher als 3f datiert, bei Noth sogar noch in der Zeit Salomos.
301 Vgl. die unmittelbar folgenden V.10f.

Wegen dieser Tendenz ist deutlich, daß die in V.5-9 zusammengestellten Erweiterungen auf die Theodizee-Bearbeitungen zurückgehen. Wie sie im einzelnen gewachsen sind, zeigen die folgenden Überlegungen.

Zunächst wird der Fall Joabs abgehandelt. Nach der o. erwähnten Einleitung „und auch weißt du" erinnert David an dessen Untaten. Dieser Verweis in V.5 trägt seinerseits deutliche Spuren einer einzigen noch späteren Überarbeitung. Übersetzt lautet er: „was mir Joab, der Sohn der Zerujah, getan hat, was er getan hat den zwei Feldhauptmännern[302] Israels, dem Abner, Sohn des Ner, und dem Amasa, Sohn des Jeter, und er fiel über sie her und er legte (= vergoß) Kriegsblut im Frieden und gab Kriegsblut auf seinen Gürtel, der an seinen Hüften ist, und auf seine Sandalen,[303] die an seinen Füßen sind."

Dieser Satz ist deutlich überladen. Denn gleich zwei אשר- oder Objekt-Sätze nennen das, was Salomo wissen solle. Während deren erster mit einer *nota accusativi* angeschlossen wird, steht der zweite völlig unverbunden,[304] vielmehr unterbricht er den Zusammenhang zwischen erstem אשר-Satz und V.5b*. Daß der zweite Objektsatz sekundär ist, zeigen außerdem zwei Doppelungen und die charakteristischen Unterschiede, die der Zusatz einträgt. Die beiden Objektsätze sind nämlich so konstruiert, daß auf die Aussage אשר עשה ל jeweils der Leidtragende folgt und danach Joabs Taten in Narrativen erläutert werden. Konkret nimmt der zweite Objektsatz sofort das אשר עשה לי des ersten auf, um es umzudeuten. Denn während im ersten Satz David derjenige ist, dem Joab etwas angetan hat, nennt der zweite Abner und Amasa als seine Opfer: über sie ist er hergefallen (הרג). Außerdem fällt eine zweite Doppelung ins Auge, die bei den Narrativen vorliegt. Denn auch die Aussage, Joab habe Blut vergossen, begegnet zweimal: וישם דמי מלחמה (5aβ) und ויתן דמי מלחמה (in 5bα). In beiden Fällen wird die Aussage durch unterschiedliche, aber jeweils mit der Präposition ב eingeleitete Adverbialen fortgesetzt. Beim ersten heißt diese Adverbiale בשלום, beim zweiten wird aufgezählt, daß Joab das Blut auf seinen Gürtel und seine Sandalen vergossen hat.[305] Nur eine dieser

---

302 Der Ausdruck שרי צבאות (doppelter Plur.) begegnet nur noch Dtn 20,9; I Chr 27,3.

303 Kollektiver Singular. Lukianische LXX-Rezension und Vetus Latina lesen bei allen Suffixen in 5b י statt ו. Wenn es sich nicht um einen Schreibfehler handelt, wollen sie den Bezug zu David herstellen, vgl.V.31b (T1), dazu u. 165f, ferner o. 4.2.

304 Wenige Mss, die lukianische LXX-Rezension und die Peschitta setzen daher ein „und" vor die Relativpartikel.

305 Wenige Mss und der B-Text der LXX lesen בשלום ויתן דמי מלחמה nicht. Ferner lesen hexaplarische und lukianische Rezension der LXX für das zweite דמי מלחמה

beiden Narrative kann ursprünglich sein, und dies ist V.5b. Der originale Vorwurf lautet auf Besudelung mit Kriegsblut.[306] Der erste Narrativ (5aβ), der den Abschluß des nachgetragenen אשׁר-Satzes darstellt, hebt dagegen hervor, daß Joab das Kriegsblut *im Frieden* (בשׁלם)[307] vergossen hat, was nicht nur einen Reflexionsfortschritt in der Argumentation sondern auch eine besonders frevelhafte Tat darstellt. Dieser Vorwurf paßt sowohl zur Ermordung Abners (vgl. II Sam 3,22-27) als auch Amasas (vgl. II Sam 20,4f.8-13). Denn Joab hat Amasa zwar in der Schlacht gegen Šeba umgebracht, aber es handelte sich dabei um einen hinterhältigen Meuchelmord in den eigenen Reihen, wo ja auch im Krieg Šalom herrschen sollte. Also greift auch bei ihm die Kategorie eines Mordes בשׁלם. Folglich gehört der erste Narrativ (5aβ) zum Nachtrag,der mit dem zweiten אשׁר beginnt.[308] Durch diesen Nachtrag in 5a* (אשׁר 2° bis בשׁלם)[309] wird der ursprüngliche, allgemein gehaltene Vorwurf erheblich zugespitzt und uminterpretiert. Außerdem nennt er konkrete Taten. Der Nachtrag klärt von vorneherein, unter welchem Blickwinkel Joab gesehen werden soll: Er ist ein gemeiner Meuchelmörder.

Während der Grundbestand in V.5f (V.5a*[bis צרויה].b.6) also der Theodizee-Bearbeitung T1 zuzurechnen ist, muß die Überarbeitung T3 zugeschlagen werden. Denn in 4.2 konnte gezeigt werden, daß der Nachtrag in 5a*(ab אשׁר 2°) die Einschätzung von I Reg 2,32 (T2) entscheidend korrigiert. Dort wird nämlich behauptet, daß David nicht von der Ermordung Abners und Amasas durch Joab gewußt habe.[310] In der Geschichte von Joabs Hinrichtung (V.28-34*) dienten Nachträge der Theodizee-Bearbeitung in V.30-32 dazu, diese Aktion zu rechtfertigen. Dabei stammt 32 von T2.[311] Mit V.5a*(ab אשׁר 2°) korrigiert T3 die Behauptung, David habe nichts von Joabs Morden gewußt, und bringt diese Korrektur vorab im

---

„unschuldiges Blut". Beide Lösungen reagieren auf die Doppelungen im Text.

306 Zur Stoßrichtung dieses Vorwurfes s. gleich im folgenden.

307 Vgl. V.6a, aus dem das Stichwort בשׁלם stammen könnte.

308 Šanda, EHAT 9/1, 29 erwägt, ob אשׁר 2° bis ויהרגם vom dtr Redaktor stammt.

309 Eine Ergänzung von ויתן בשׁלם nach dem *Kuhlschen* Prinzip der Wiederaufnahme scheint mir weniger plausibel, weil dann das Stichwort (דמי מלחמה), über das ergänzt wird, fast länger wäre als der ergänzte Text.

310 Ein weiteres Argument gegen die literarische Zusammengehörigkeit von V.5a* und V.32 ist die Titulatur der beiden Militärs. In 5a* werden sie pauschal als „Feldhauptmänner Israels" bezeichnet, in 32 aber wird in Israel (Abner) und Juda (Amasa) differenziert.

311 S.o. 4.2.

Testament des sterbenden Königs unter:[312] Natürlich wußte David von Joabs Vergehen und hat deswegen noch kurz vor seinem Tod Joabs Bestrafung angeordnet. Dadurch wird Salomo von seiner alleinigen Verantwortung befreit.[313] Im T1-Grundbestand V.5a*(bis צרויה).b.6 ist höchstwahrscheinlich die Tötung Absaloms gemeint, nur das kann Joab David *persönlich* getan haben! Zudem hat er nach II Sam 18,10-14 (T1) gegen eine ausdrückliche Instruktion des Königs gehandelt. Namentlich wird Absalom jedoch nicht erwähnt, denn immerhin hatte er gegen David rebelliert und mußte besiegt werden, d.h. auch sein Tod steht mit Jahwes Gerechtigkeitswirken im Einklang.[314]

In V.6a wird prägnant im Waw-Perfekt angefügt, Salomo solle entsprechend seiner Weisheit (חכמה) handeln, und V.6b befiehlt zur Erläuterung im Prohibitiv (!): ולא־תורד שיבתו בשלם שאל „und laß sein graues Haar nicht in Frieden in die Scheol hinabfahren."[315] Mit V.6, der den Grundbestand V.5* fortsetzt, knüpft T1 an den Weisheitsgedanken der David-Biographie-Schicht an und deutet Salomos Stark-Sein und Zum-Manne-Werden in ihrem Sinne um: Salomos Tatkraft und Weisheit sollen sich darin zeigen, daß er Joab gewaltsam zu Tode bringt. Die Lebensläufe der handelnden Personen sollen sich im Rahmen von Jahwes Gerechtigkeit erfüllen. T1 benutzt also hier das vorliegende Material, um den Mord Salomos an Joab zu rechtfertigen.

Mit V.7 und V.8f werden die Fälle Barsillais und Šimis behandelt. Beide Texte gehören nicht zum T1-Bestand in I Reg 2, sondern wurden später, nämlich durch T2 eingearbeitet. Darauf deuten ihre von V.5f* abweichenden Formulierungen[316] sowie gravierende Konzeptionsunterschiede zu Texten, die auf T1 zurückgehen. Denn V.7 ist nicht nur deshalb T2, weil er mit einem invertierten Verbalsatz beginnt. Dieser könnte nämlich auch nur den Gegensatz zu Joab hervorheben, denn die Söhne Barsillais werden für das Verhalten ihres Vaters belohnt. Vielmehr zeigen sich

---

312 Eine umgekehrte Reihenfolge der Entstehung von V.32 und V.5a* scheint mir völlig unplausibel.
313 Zu V.28-32 s.o. 4.2.
314 Dazu vgl. u. 6.3, bes. 269–273. Die skizzierten Ambivalenzen sind charakteristisch für die Theodizee-Bearbeitungen. Der in T3 geäußerte Vorwurf, Joab habe Kriegsblut im Frieden vergossen, paßt ferner nicht zur Tötung Absaloms.
315 Zur eigentümlichen Wendung vgl. außer V.9 noch Gen 42,38; 44,29.31.
316 Dazu gleich im folgenden.

deutliche Unterschiede zum Barsillai-Text von T1 (II Sam 19,32-41a)
sowie zahlreiche Stringenzmängel in der Barsillai-Linie überhaupt.[317]
Ähnliche konzeptionelle Differenzen sind auch bei den Šimi-Texten
festzustellen. Außerdem ist die Anknüpfung in V.8f noch deutlicher sekundär als in V.7, denn 8 wurde nur sehr locker mit der umständlichen
Wendung והנה עמך שמעי „und siehe, mit dir ist Šimi ...“ eingebunden.
Hinzu kommen die signifikanten Differenzen in der Formulierung von V.6
und V.9 sowie erhebliche sprachliche Unterschiede zwischen V.8 und
V.5.[318]
　　Wegen der beiden unterschiedlichen Einführungen in V.7.8f scheint
mir folgender literarischer Werdegang plausibel: T2 fügt erst V.8f an
V.5f* an und stellt danach V.7, der mit einer Inversion beginnt, zwischen
die beiden negativen Figuren Joab und Šimi, um mit Barsillai auch noch
ein positives Beispiel festzuhalten.[319] Damit steht ein Fall von Loyalität,
die natürlich belohnt werden soll, im Zentrum von V.5-9. Insgesamt
schafft T2 also eine planvolle Triptychon-Struktur von Strafe – Lohn –
Strafe. Durch ihre Eingriffe ins Testament Davids halten T1, T2 und T3
fest, daß Salomos Maßnahmen zu Beginn seiner Herrschaft regelrecht den
letzten Willen des sterbenden Vaters erfüllen. Diese gelten im einzelnen
sogar als Handlungen gemäß seiner Weisheit. Doch wie ist die Entstehung
von V.5-9 inhaltlich zu motivieren?
　　Werlitz bemerkt zum Testament V.5-9: „Warum der David der Erzählung auf diese Weise nachtarockt, bleibt unklar“.[320] Die Unklarheiten
verschwinden, wenn man die Gründe für die verschiedenen Eingriffe der
Theodizee-Bearbeitungen erkannt hat. Wie gesehen, hat zunächst T1 breit
in I Reg 2 eingegriffen. In den Szenen, die von der Tötung Adonias und
Joabs handeln, stammt ein Großteil der Überarbeitungen von ihm.[321] Auf
ihn geht der Grundtext der Notiz über die Verbannung Abjathars zurück.[322]

Adonia und Abjathar werden in Davids Testament *gar nicht* berücksichtigt. Denn die
Theodizee-Bearbeitungen legen dem sterbenden König weder den Befehl zur Hin-

317 Vgl. u. 7.6.2.
318 Zu allen Punkten, auch was V.7 betrifft, gleich im folgenden.
319 Zu dieser Absicht auch Seiler, Geschichte, 75.
320 Werlitz, NSKAT 8, 47.
321 Vgl. o. 4.1 (I Reg 1,51b.52; 2,13-22.23abβγδ) und 4.2 (I Reg 2,28aβγ.30aα2[ab
ויאמר]β.b.31.34aα).
322 Vgl. o. 4.3 (I Reg 2,26abα1[bis כי].bβ*[nur התענית].bγ).

richtung seines *Sohnes*[323] noch zur Verbannung eines *Priesters* in den Mund. Auch hat T1 keinen Anteil an den Verfügungen über Barsillais Söhne (V.7) und Šimi (V.8f).

Denn auf die Söhne Barsillais wird überhaupt nicht mehr zurückgekommen; wahrscheinlich muß man voraussetzen, daß Salomo gemäß seines Vaters Befehl gehandelt hat.

Auch im Falle Šimis stammt aber der Grundbestand der Szene (V.36-41.46a) überhaupt erst von T1, der dort seine Rechtfertigung von Salomos Vorgehen vollständig unterbringen konnte. Ebenso geht die ursprüngliche Abjathar-Notiz (V.26abα1[bis כי].bβ*[nur התחנית].bγ) auf T1 zurück, und in der Adonia-Szene hat er einen kurzen Vermerk der dynastiekritischen Bearbeitung (2,25) mit 2,13-22.23abβγδ so umfassend überarbeitet, daß er nichts mehr hinzufügen mußte. Wie im Kasus Šimis war Salomos Handeln hier durch ganz aktuelle Ereignisse gerechtfertigt, die von der Illoyalität der beiden Männer zeugten: Adonia hatte um Abišag von Šunem gebeten, und Šimi den Befehl Salomos mißachtet. Allein die Hinrichtung Joabs schien T1 auch nach seinen Eingriffen in den dynastiekritischen Primärtext noch nicht hinreichend abgesichert. Es galt immerhin, einen Mord im Heiligtum zu rechtfertigen, und darum legt er den Befehl zur Tötung dem sterbenden König in den Mund. Dadurch macht er die Argumentation für Salomos Vorgehen wasserdicht. Die T1-Fassung 2,5f*.28aβγ.30*.31.34aα reflektiert eine einheitliche Konzeption: Joab stirbt für das Blut, das er vergossen hat. „Die Ehre des Königs forderte Joabs Bestrafung. Der König darf kein unschuldiges Blut vergießen, weder persönlich, noch durch seine Funktionäre."[324] Das schuldlose Blut muß vom Hause Davids entfernt werden (V.31b).

Spätere Redaktoren der Theodizee-Bearbeitung hielten es aber für notwendig, auch in der Sache Šimis noch etwas „nachzutarocken". Denn nach II Sam 19,24 hatte David dem Sauliden ja Verschonung zugesagt und dies mit einem Eid bekräftigt, und zwar mit den Worten: „Du sollst nicht sterben!". Nun läßt ihn Salomo aber hinrichten. Zwar hat er dafür nach T1 eine Rechtfertigung, indem sich Šimi nicht an eine fundamentale Abmachung gehalten hatte. Doch der Eid Davids, den T1 angeführt hatte,[325] ist T2 ein Dorn im Auge. Und so läßt T2 den sterbenden König selber auf den

---

323 Vgl. auch den Befehl zur Schonung Absaloms II Sam 18,2a.5.10-14 (T1).

324 Šanda, EHAT 9/1, 31. Gegen Seiler, Geschichte, 75 besteht also kein Widerspruch zwischen V.5 und V.31b.

325 19,17-24 ist fast ganz zu T1 zu rechnen, nur V.18a(ab „und Ziba") und 19a liegen spätere Ergänzungen vor, vgl. u. 7.4.

Eid zurückkommen, den er „zitiert", in Wirklichkeit aber in seiner Formulierung ändert; denn nun heißt es, der Eid habe gelautet : „Wenn ich dich mit dem Schwerte töte!" (I Reg 2,8bγ). Daran wird der Befehl an Salomo gefügt, er solle ihn gewaltsam zu Tode bringen. Nach T2 modifiziert David die eidliche Zusage also dahingehend, daß nur *er* den Šimi nicht töten werde, während es in II Sam 19,24 ganz allgemein hieß: „Du sollst nicht sterben!"[326] In I Reg 2,8 mußte dem sterbenden König nicht nur diese Modifikation in den Mund gelegt werden, die sicherstellt, daß Salomo nicht an den Eid gebunden ist: Mit Davids Tod erlischt die Zusage. Sondern Salomo wird auch explizit mit der Tötung des Sauliden beauftragt.[327] Durch die Einfügung von V.8f kommt es in I Reg 2 zu zwei unterschiedlichen Begründungen, warum Šimi hingerichtet wird: einerseits ist es der Fluch (V.8a), andererseits die Tatsache, daß er ein Versprechen gebrochen hat (V.36-41.46a).[328] Außerdem ergeben sich Irritationen im zeitlichen Ablauf. In V.8 „und siehe, mit dir ist Šimi ..." scheint die befohlene Hinrichtung eine Sofortmaßnahme, nach V.39 ist sie um drei Jahre abgesetzt. Hier hat *Seiler* richtig gesehen: „Während V.9 den unzweideutigen Auftrag enthält, Schimi aus der Welt zu schaffen, erteilt Salomo dem Benjaminiten in V.36f. einen Befehl, der nicht von vornherein auf dessen Tötung abzielt. Erst das untersagte Verlassen Jerusalems führt die Todesstrafe herbei (V.41f.)."[329]

Daß T2 mit Barsillai auch ein positives Beispiel einführen wollte, ist bereits gesagt worden. Und ebenso ist es im Blick auf die Gesamtkonzeption der Barsillai-Linie richtig, I Reg 2,7 der Bearbeitung T2 zuzuschlagen.[330] I Reg 2,7 setzt sowohl II Sam 19,32-41a* als auch 17,27-29 voraus, greift aber nur ungenau auf sie zurück.[331]

---

326 Ferner kann die Aussage von 19,23 (T1, „heute soll niemand in Israel getötet werden") so gedeutet werden, daß sich Davids Zusage nur auf den Tag des Schwures bezieht.

327 Zu allen weiteren Überlegungen, die Šimi betreffen, vgl. u. 5.7 und 7.4. In 16,5-13 wird eine kurze Episode der dynastiekritischen Redaktion (V.5.6aα) von T1 (V.7-9.11f.13a.13b*) und T2 (10) überarbeitet.

328 In V.42f verschärft T2 den Schwur dahingehend, daß Šimi einen bei Jahwe geschworenen Eid gebrochen hat, dreht also *quasi* den Spieß um, vgl. o. 4.4.

329 Seiler, Geschichte, 75.

330 Vgl. u. 6.2 und 7.6.2.

331 Deswegen erwägt auch Veijola, Ewige Dynastie, 32f eine Datierung nach ihnen (DtrG). Zum Befund in V.5-9 vgl. auch Vermeylen, Loi, 449–453, 554, 603, 645, der V.5f seinem S1 und V.8f S2 zuschreibt. Wie Langlamet, Pour ou contre Salomon, 502–505, 525 ist er sich nicht sicher, ob V.7 prosalomonisch oder dtr ist. Bei

Der älteste Text über Barsillai ist II Sam 19,32-40. Barsillais Loyalität gegen David
besteht einfach darin, daß er ihn beim Jordanübertritt ein Stück begleitet hat.[332] Als
Dank bot ihm der König an, ihn in Jerusalem zu versorgen. Doch dieses Angebot lehnte
Barsillai mit Verweis auf sein hohes Alter ab. Ersatzweise zog ein gewisser Kimham,
dessen genaue Identität (etwa als Knecht) nicht klar ist, mit David nach Jerusalem. Für
den Grundbestand (ohne Berücksichtigung der Notiz 19,40a)[333] zeichnet T1 verantwortlich. Aber nach I Reg 2,7 befiehlt der König, an *den Söhnen* Barsillais חסד zu
erweisen und sie an die königliche Tafel aufzunehmen. Die Begründung lautet: „denn so
[*sc.* mit חסד? Mit Nahrung?] haben sie sich mir genähert, als ich vor deinem Bruder
Absalom floh." Die Rede von den Söhnen aber ist durch II Sam 19,32-41a nicht gedeckt,
denn dort firmiert Kimham (V.38.39.41a), auf den nicht mehr zurückgekommen wird.
Wenn er ein Sohn sein sollte, wie erklärt sich dann der Plural hier? Außerdem ist gar
nicht davon die Rede, daß er den König versorgt hat. Der Grundtext von II Sam 19,32-
41a und I Reg 2,7 stammen folglich nicht aus einer Hand. Daß I Reg 2,7 auf T2 zurückgeht, zeigen auch Überlegungen zu einem dritten Text des Barsillai-Geflechtes, nämlich
II Sam 17,27-29. Dort ist davon die Rede, daß *Barsillai selbst* zusammen mit dem
Ammoniter Šobi und Makir aus Lo-Debar den König im Ostjordanland mit Hilfsgütern
versorgt hat. Dieser Text wurde nach T1 und vor T2 in den Absalom-Aufstand eingeschaltet, um Davids Angebot in II Sam 19,34 eine Basis zu verleihen.[334] Denn David
bietet Barsillai im Grundbestand an, ihn zum Dank für sein bloßes Geleit in Jerusalem
zu versorgen; die Bearbeitung, die 17,27-29 einfügt, ist jedenfalls um die rechte Verhält-
nismäßigkeit bemüht: Einem so großzügigen Angebot müssen auch Leistungen Barsillais
entsprechen. In 17,27-29 soll die Kombination mit den beiden mit Šobi und Makir auf
die große Loyalität deuten, die man David entgegenbringt. Nicht unplausibel ist, daß in
I Reg 2,7 mit den „Söhnen" Kimham sowie Šobi und Makir in Kombination gemeint
sind, die in allgemeiner Verwendung als „Söhne" im Sinne von „zu Barsillai gehörig"
bezeichnet werden.[335] Denn wie V.7b zeigt, muß die Fourage-Aktion vor der Schlacht
gemeint sein, bei Barsillais Geleit nach II Sam 19,32ff war David schon wieder auf dem
Rückweg. Die Wendung „so haben sie sich mir genähert" (I Reg 2,7b) umschreibt im
Anschluß an V.7aβ „sie sollen unter denen sein, die *an deinem Tisch essen*" die Versorgung mit Lebensmitteln aller Art, womit man auf 17,27-29 anspielt.

---

beiden geht das ונם am Anfang von V.5 auf den dtr Autor von V.3f zurück.

332 Denn zumindest V.33b, der erwähnt, wie Barsillai den König in Mahanaim versorgt
    hat ist sekundär. Das zeigt deutlich die Anknüpfung והוא sowie die Formulierung im
    Plusquamperfekt כלכל „er hatte versorgt". Zum Problem von 19,33 und zu weiteren
    Überlegungen s. die Analyse u. 7.6.2.
333 19,40a geht auf das sog. Itinerar zurück, vgl. u. 7.6.1.
334 Vgl. u. 6.2. Weil es eine Vergeltung für Šobi und Makir offensichtlich nicht gibt,
    scheint mir nicht plausibel, daß II Sam 17,27-29 älter als 19,32-40 ist, denn dann
    wäre hier auch ein Reflex auf Šobi und Makir zu erwarten. Zum Nachtrag 19,33b
    s.u. 7.6.2.
335 Vgl. HAL, 131f; Kühlewein, Sohn, 319–321.

Doch zurück zur Analyse der Befehle über Šimi und die Söhne Barsillais. Was V.8f (T2) im einzelnen betrifft, so begegnet in ihm ein ähnliches Schema wie in V.5f* (T1). Der Delinquent wird zunächst genannt und ausführlich eingeführt,[336] danach wird von seinen Taten berichtet. Wie gesehen, unterscheidet sich die anfängliche Formulierung in V.8 deutlich von der in V.5: „und siehe, mit dir ist" (V.8) steht gegen „und auch weißt du, was ... getan hat" (V.5). Doch auch die Taten werden nicht wie in V.5 mit Narrativen, sondern in zwei Konstruktionen mit anaphorischem Pronomen והוא und jeweils folgendem Perfekt benannt. Erwähnt wird zunächst, daß Šimi den David auf dessen Weg nach Mahanaim verflucht hatte (vgl. II Sam 16,5-14). Dabei bezeichnet man Šimis Fluch als קללה נמרצת „boshafter Fluch",[337] und auf Davids Flucht vor Absalom wird mit der Formulierung „am Tage, als ich nach Mahanaim ging (לכתי)" nur angespielt (V.8a).[338] Erwähnt wird sodann, daß Šimi dem König zum Jordan entgegengegangen war (V.8bα)[339] und daß ihm David Verschonung zugeschworen hatte (II Sam 19,17-24).[340] Von diesem Schwur wird in V.8bβ im Narrativ berichtet,[341] er selbst wird anschließend nach einleitendem לאמר, wie schon gesehen, in deutlicher Modifikation „zitiert" (V.8bγ).

Als Folge, die mit ועתה[342] eingeführt wird, nennt V.9 das Šimi aus seinen Taten zukommende Schicksal: auch ihn soll Salomo, auf dessen Weisheit erneut verwiesen wird, gewaltsam in die Scheol hinabbringen. Wie zwischen V.8 und V.5 fallen auch zwischen V.9 und V.6 markante Formulierungsunterschiede ins Auge, obwohl sich das semantische Material jeweils entspricht. Nach dem voranstehendem Vetitiv אל־תנקהו „lasse ihn nicht ungestraft" kommt der Hinweis auf Salomos Weisheit zu stehen, der hier כי איש חכם אתה „denn du bist ein weiser Mann" (V.9aβ) statt כחכמתך (V.6a) lautet. Dem ועשית „und du sollst handeln" aus V.6a entspricht das umständlichere וידעת את אשר תעשה־לו, „und wisse, was du ihm tun sollst" (V.9bα), das offensichtlich den Anfang von V.5 imitiert. Schließlich zeichnet sich der Befehl, das graue Haar des Delinquenten in

---

336 Bei Joab fehlt allerdings die Angabe des Stammes und des Herkunftsortes.

337 Dieser Ausdruck ist *hapax*.

338 Vgl. aber die deutliche Formulierung im vorangehenden V.7bβ, der auch von T2 stammt.

339 Zur Wendung ירד לקראת vgl. etwa II Sam 19,17.25.

340 Von Šimis Schuldbekenntnis (vgl. II Sam 19,20f) ist nicht die Rede.

341 Gegenüber der Aussage II Sam 19,24b fällt hier ein zusätzliches ביהוה auf.

342 Die lukianische LXX-Rezension und die Vulgata lesen ואתה „und du".

die Unterwelt zu befördern, durch zwei Unterschiede aus. Erstens steht er in *Waw*-Perfekt und nicht im Prohibitiv; und zweitens heißt die adverbiale Bestimmung statt בשלם לא „nicht in Frieden" (V.6b) hier בדם „mit Bluttat" (V.9b). Auch wegen all dieser Formulierungsunterschiede ist es gerechtfertigt, V.5f* und V.8f unterschiedlichen Arbeitsgängen in der Theodizee-Schicht zuzuordnen.

Ganz anderer Natur als bei Joab und Šimi ist der Befehl, wie Salomo mit Barsillais Söhnen verfahren soll. Nun ist es am neuen König, ihnen die Loyalität zu erweisen (חסד עשה), die der Loyalität des Vaters an David entspricht. Diesen Befehl formuliert V.7a in PK, die mit dem *Waw*-Perfekt שלחנך באכלי והיו „und sie sollen unter denen sein, die an deinem Tisch essen"[343] fortgesetzt wird. In V.7b folgt die Begründung. Die Söhne hätten sich David so (כן) genähert (קרב), als er vor Salomos Bruder Absalom floh. Mit der unscharfen Formulierung in V.7bα „sich *so* nähern" wird auf II Sam 17,27-29 angespielt.[344]

Fazit: Das Testament Davids besteht aus den Einheiten V.1-4 und V.5-9. In V.1-4 geht der Grundbestand V.1f.3b auf die David-Biographie-Schicht zurück, der daran gelegen war, zu betonen, daß noch David selber eine reguläre Amtsübergabe des Königtums an Salomo vollzieht. Die postdtr Nachträge in V.3a.4 setzen Akzente im Geist des Nomismus.

Danach erst kam V.5-9* zu stehen. Zunächst stückt T1 V.5a*(bis צרויה).b.6 an; danach trägt T2 V.7.8f ein. T3 bringt mit 5a*(ab אשר 2°) die Ermordung Abners und Amasas ins Strafregister Joabs ein. Die Theodizee-Bearbeitungen lassen durch ihre Eingriffe ins Testament die ersten Maßnahmen Salomos als Erfüllung von Davids letztem Willen erscheinen.

Indem die David-Biographie-Schicht und die Theodizee-Bearbeitungen T1, T2 und T3 dem sterbenden König Mahnungen an den Nachfolger, und im Falle von V.5-9 ein kleines politisches Testament in den Mund legen, verarbeiten sie ein weisheitliches Motiv.[345] So gibt sich die Weisheitslehre des Amenemhet I. (1991-1962 v. Chr., Mittleres Reich) als eine Unterweisung des bereits toten Pharao an seinen Sohn und Nachfol-

---

343 Zur Verbindung von אכל und שלחן vgl. noch II Sam 9,7.11; 19,29 (je Meribbaal); I Reg 18,19.

344 Das „so" bezieht sich entweder auf das unmittelbar in V.7αβ voranstehende Essen am Tisch oder den Erweis von חסד in V.7aα. Zu allen weiteren Einzelheiten vgl. das Kleingedruckte o. 167 und u. 6.2.

345 Vgl. Perdue, Testament, 83ff.

ger.[346] Und insbesondere die bekannte Lehre für Merikare (ca. 2070-2041 v. Chr.),[347] die im allgemeinen in die erste Zwischenzeit, hier ins 21. Jahrhundert, datiert wird,[348] versteht sich als königliches Testament des scheidenden Pharao an seinen Sohn. Als signifikante Parallele in ihr ist festzuhalten, daß sich in ihr relativ am Anfang Anweisungen für den Umgang mit Rebellen finden, die nach vier verschiedenen Fällen klassifiziert werden (E 4-28).[349] Dabei fällt außerdem auf, daß nur bei einer Konstellation eindeutig der Tod des Rebellen und seiner Anhängerschaft vorgesehen ist, in einem anderen Fall soll nur der Rebell beseitigt werden.[350] Wenn also der sterbende David nach T1 und T2 (vgl. T3) dem Salomo aufträgt, Joab und Šimi hinzurichten, wird damit bewußt eine weisheitliche Vorstellung zitiert. Entsprechend fordert David in I Reg 2,6 (T1) und 9 (T2) den Salomo explizit dazu auf, durch die Hinrichtungen Joabs und Šimis seine Weisheit zu demonstrieren.

4.7 Fazit: Die Entstehung von I Reg 1f

Der Grundbestand in I Reg 1f ist ein kurzer Bericht über Salomos Thronfolge, der in I Reg 1,5.7.8aαb.38.39a*(ohne מִן־הָאֹהֶל).b.40aαγb zu finden ist. Zunächst wird in I Reg 1,5.7f* berichtet, daß Adonia den Thron begehrt, dann werden die gegnerischen Parteien Adonias und Salomos vorgestellt. Danach erzählen 1,38-40* davon, wie Salomo in Gihon unter gewaltigem Jubel zum König gemacht wird. Diese Ereignisse werden sehr knapp und im Narrativ dargestellt; direkte Rede wird nur in hervorgehobenen Einzelfällen benutzt, nämlich in I Reg 1,5a.39bγ. Der Text stellt Salomos Thronbesteigung als ein positives Ereignis dar. Er ist ein noch in Salomos Zeit zu datierendes Quellenstück, das zu propagandistischen Zwecken in Hofkreisen verfaßt wurde. Die Notwendigkeit, explizit über Salomos Inthronisation zu berichten, deutet darauf hin, daß seine „Nachfolge" eine grobe Unregelmäßigkeit bzw. Usurpation darstellt, Salomo also mit Gewalt auf den Thron kam. Denn wo im AT explizit von einer

---

346 A.a.O., 88f, 96. Text in Hallo, Context I, 66–68 (Übersetzung von M. Lichtheim), vgl. auch ANET, 418f.

347 Text in Hallo, Context I, 61–66 (Übersetzung von M. Lichtheim) und Quack, Studien, 14ff, vgl. auch ANET, 414–418.

348 Quack, Studien, 120–137 datiert die Lehre unter Sesostris I. (1971-1928 v. Chr., Mittleres Reich). Er korreliert die Anweisungen zum Umgang mit Rebellen in E 4-28 mit der Situation des Übergangs von Amenemhet I. zu Sesostris I., für die Machtkämpfe und Rebllionen belegt sind, vgl. etwa die Sinuhe-Geschichte (TGI, 1–12).

349 Numerierung nach Quack, Studien, 14ff.

350 Vgl. a.a.O., 92–94.

Königserhebung berichtet wird, fand der Thronwechsel mit Gewalt statt, wie die blutigen Beispiele Jehus (II Reg 9) und Joašs (II Reg 11) zeigen.[351] Darauf weist auch der Vergleich mit anderer altorientalischer Propagandaliteratur zur Rechtfertigung von Thronwechseln wie der Apologie des hethitischen Königs Ḫattušiliš III. (ca. 1275-1245 v. Chr.) oder das Prisma Ninive A des neuassyrischen Königs Asarhaddon (681-669 v. Chr.).[352] Ob Salomo noch zu Davids Lebzeiten auf den Thron gelangte, steht nicht fest; vielmehr deutet der Grundbestand, in dem der alte König nicht erwähnt wird, eher darauf hin, daß dieser schon tot war.[353]

Durch die Notiz I Reg 2,10f wurde das vorliegende Quellenmaterial ins deuteronomistische Geschichtswerk aufgenommen.[354]

Gegen die prosalomonische Tendenz des Grundbestandes stellt die dynastiekritische Bearbeitung ihre massive Salomokritik. Sie schaltet mit I Reg 1,11.12a*(nur לכי ועתה).13(ohne לכי).15aα.16-18.32-34 die Erzählung von einer bösen Intrige in den Text ein: Salomo kam nach ihrer Sicht nur dadurch an die Macht, daß Nathan und Bathseba[355] den alten König betrogen haben. Sie reden David ein, er habe einen Eid geschworen, Salomo werde sein Nachfolger, und behaupten, daß Adonia ohne Davids Wissen König geworden sei und deshalb nun dringender Handlungsbedarf bestehe. Der König gibt ihnen nach.[356]

Die dynastiekritische Bearbeitung fügt an die dtr I Reg 2,10f noch die Berichte von den Hinrichtungen Adonias (I Reg 1,50.51a.53; 2,25) und Joabs (I Reg 2,28aαb.29.30aα1[bis יהוה].34aβb.35a) an, die Benaja jeweils in Salomos Auftrag vornimmt.[357] Ein Blick auf andere altorientalische Texte (Thronfolgeerlaß des hethitischen Königs Telipinu [Ende 16. Jahrhundert], Prisma Ninive A Asarhaddons) zeigt, daß die Ausrottung der

---

351 Im Falle von Sauls Königserhebung geht es um die Neueinrichtung des Königtums und bei Davids Salbung (II Sam 2,2-4*; 5,1-3*) um den Abbruch der saulidischen Linie.

352 Zu beiden Parallelen s. o. die ausführlichen Überlegungen in 3.5.

353 Vgl. insgesamt o. 3.1, 3.2, 3.3 und 3.5.

354 Zusammen mit II Sam 2,10a.11 und 5,4f bildet sie ein System chronologischer Rahmennotizen. I Reg 2,12 ist ein Zusatz, s.o. 4.1.

355 In der altorientalischen Literatur wird oft eindeutig negativ bewertet, wenn die Königin(mutter) mit unlauteren Mitteln in die Thronfolge eingreift, vgl. etwa den sog. juridischen Turiner Papyrus (Akten eines Hochverratsprozesses über eine Verschwörung gegen Ramses III. [1184-1153 v. Chr., Neues Reich]) oder den ugaritischen Text RS 17.352:4-11.

356 S.o. 3.1, 3.2 und 3.4.

357 Vgl. o. 4.1 und 4.2.

gegnerischen Partei, insbesondere die Hinrichtung eigener Geschwister,[358] keine notwendige Maßnahme zur Sicherung der Herrschaft nach einer Usurpation ist. Ein besonderer Hinterhalt bei der Hinrichtung Adonias liegt darin, daß Salomo ihn zunächst nach Hause schickt, also in Sicherheit wiegt, um ihn dann ermorden zu lassen. Und Joabs Exekution stellt ein entsetzliches Sakrileg dar, denn er wurde direkt am Altar hingeschlachtet.[359]

Auf die offenen Fragen, die im Grundbestand bleiben, und auf die Salomokritik der dynastiekritischen Bearbeitung reagiert die David-Biographie-Schicht mit I Reg 1,1.2a.bβ.3.4abα.14.19f.22-25.26*.[360]27.28abα.29.30aβγ.31; 2,1f.3b.

An diesen Stellen wird ihre Intention recht deutlich. Sie hebt nicht nur hervor, daß David die Inthronisation Salomos noch selber in hohem Alter erlebt hat (I Reg 1,1.2a.bβ.3.4abα;[361] 2,1f.3b), sondern daß er sie auch in entscheidender Weise legitimiert und durch einen Eid als seinen dezidierten Willen erklärt hat (I Reg 1,14.19f.22-25.26*.27.28-30*.31). So konnte er noch seine eigene dynastische Nachfolge regeln. Zudem führt die David-Biographie-Schicht die Intrige Nathans und Bathsebas in I Reg 1 durch eine namhafte Überarbeitung, die zweite Fassung V.22-25.26*.27.28abα.29.30aβγ.31 weiter aus, um ihr die kritische Spitze zu nehmen. Den Eid, den ihm Nathan und Bathseba in der Intrige einreden wollten (I Reg 1,13*.17), schwört er nun tatsächlich (V.29.30aβγ) und sanktioniert damit Salomos Nachfolge.[362] Und wurde in der Erstfassung der Intrige behauptet, Adonia sei *ohne Davids Wissen* König geworden (V.11.18), so wird in der David-Biographie-Schicht die Argumentation dahingehend umgedeutet, David habe wohl angeordnet, daß Adonia König werden soll (V.24); und er habe seine Knechte und Getreuen darüber nicht informiert (V.27). Als Beleg für diese Unterstellung fungiert das Inthronisationsfest Adonias (V.19f.25f*), das nicht zur ersten Konzeption der Intrige gehört und in der Zweitfassung neu in die Argumentation eingebracht, aber nur behauptet

---

358 Vgl. die klare gegenteilige Verfügung im Erlaß Telipinus AII 46f (TUAT I, 469; Hallo, Context I, 197) und Prisma Ninive A I 63-II 11 (Borger, Inschriften Asarhaddons, 43–45; TUAT I, 394f). Zum Problem von II 11 s.o. 93.

359 Dieses Vorgehen könnte noch nicht einmal durch Ex 21,14 gerechtfertigt werden, da dieser Vorschrift zufolge ein Mörder vor seiner Hinrichtung *vom Altar entfernt werden muß*. Doch ob Joab als vorsätzlicher Mörder gelten kann, ist gar nicht klar.

360 Ohne die nachgetragene Parenthese אני־עבדך in 26aα.

361 Die Abišag-Szene 1,1-4* hat ferner den Nachtrag 1,15aβb provoziert.

362 Wie die Analyse in 4.5 deutlich zeigt, schwört er hier den Eid zum ersten Male.

wird.[363] Der Vorwurf an David, er habe nichts gewußt, steht nicht mehr klimaktisch am Ende der Rede Bathsebas und wird durch die Behauptung Nathans, David selbst habe die Ereignisse angeordnet (V.24), in Abrede gestellt. Damit sanktioniert die David-Biographie-Schicht auch die Ereignisse von V.38-40: Salomos Königserhebung geschah nicht nur zu Lebzeiten Davids, sondern auch auf seinen ausdrücklichen Wunsch! David bleibt Herr der Lage, seine Souveränität ist gewahrt.[364]

Namhafte Textanteile in I Reg 1f stammen von der Theodizee-Bearbeitung, die in den drei Schüben T1, T2 und T3 gewirkt hat und die Idee durchgeführt, daß sich Jahwes Gerechtigkeit in den einzelnen Handlungsverläufen manifestiert.[365] Neben einem deutlichen vergeltungstheologischen Interesse sind bei ihr auch weisheitliche Einflüsse festzustellen.

Bei Salomos Erhebung auf den Thron betont T1 mit I Reg 1,9f.12 (ohne לכי ועתה).13aα*(nur לכי „geh").21.41-45.49 die reale Gefahr, die von Adonia für die Partei Salomos ausgeht. Insbesondere wird das Fest Adonias, das Nathan in der David-Biographie-Schicht *nur behauptet* hat (V.19f.25f*), von T1 erzählerisch *wirklich durchgeführt*. So wird dringender Handlungsbedarf betont.[366] Auch die Rückverweise in Davids Eid (V.30aα.b), den er nach der David-Biographie-Schicht (V.30aβγ) erstmals schwört, stammen von T1, so daß in der Sicht der Theodizee-Bearbeitung hier tatsächlich nur ein bereits früher geleisteter Schwur bestätigt wird. Nathan und Bathseba hätten also gar nicht gelogen.[367]

Anschließend rechtfertigt T1 die verschiedenen Maßnahmen Salomos zu Beginn seiner Herrschaft. So nivelliert T1 mit seinen Eingriffen 1,51b.52; 2,13-22.23abβγδ den schweren Vorwurf, daß Salomo seinen

---

363 Diese neue Idee wird erst von T1 mit I Reg 1,9f.41-45.49 erzählerisch ausgeführt, vgl. o. 3.6.

364 Außerdem gibt er in der von der Gattung „Amtseinsetzung" und auch weisheitlich beeinflußten Abschiedsrede 2,1f.3b regelrecht das Szepter an Salomo weiter und erkennt ihn so als seinen rechtmäßigen Nachfolger an. In 2,3a.4 finden sich nachdtr Ergänzungen im Zeichen der Thorafrömmigkeit, s.o. 3.6. Zur David-Biographie-Schicht insgesamt vgl. o. 3.2, 3.4, 3.6, 4.1 (Ende), 4.5 und 4.6.

365 „T" steht für Theodizee. Das *Gros* der Bearbeitungen geht deutlich auf T1 zurück, T2 verlagert in einigen Verläufen etwas die theologischen Akzente, und von T3 stammen nur einzelne korrigierende Zusätze.

366 Vgl. o. 3.2, 3.3, 3.4 und 3.6.

367 Und auch andere Ereignisse will T1 durch Erläuterungen entschärfen. So liegt nach V.6a Adonias anmaßendes Verhalten zu einem guten Teil daran, daß der König versäumt hatte, ihn zu tadeln, vgl. o. 3.2. Und in der Abišag-Episode wird durch zwei Klarstellungen (I Reg 1,2bα.4bβ) deutlich betont, daß es zwischen David und der Šunemiterin nicht zum Verkehr gekommen ist, s. o. 4.1 und 4.5.

(Halb-)Bruder Adonia hat hinrichten lassen. Dazu macht 1,51b.52 aus dem perfiden Akt, daß Salomo den Adonia zunächst nach Hause schickt, also in Sicherheit wiegt, um ihn umzubringen, eine Verschonung unter Bedingungen. Wenn er stirbt, dann weil ein Übel an ihm gefunden wurde. Und in 2,13-22.23abβγδ schafft T1 dann selber die Voraussetzungen für Adonias Hinrichtung. Dieser bittet nämlich Salomo über Bathseba, Abišag von Šunem zur Frau zu bekommen.[368] Damit greift er auf den Bereich des Königs über. So wird Salomo entlastet, und Adonia bekennt sogar, daß Salomo von Jahwes Willen König ist (V.15). Erneut wird die Gefahr betont, die für Salomo von der Partei seines älteren Bruders ausgeht.[369]

Zu dieser Partei Adonias gehört Joab (vgl. 1,7), und auch Joab wird hingerichtet. Hat die dynastiekritische Redaktion herausgestellt, daß seine Abschlachtung an den Hörnern des Altars ein schweres Sakrileg darstellt, so ist T1 (I Reg 2,28aβγ.30aα2[ab ויאמר]β.b.31.34aα) daran gelegen, diese Anklage durch die verschiedensten Erläuterungen erheblich zu entschärfen. Zunächst wird mit I Reg 2,5a*(bis צרויה).b.6 in Davids politischem Testament an Salomo der Befehl zur Hinrichtung Joabs untergebracht. Durch diese Ergänzung des Grundbestandes in 2,1f.3b bringt die Theodizee-Bearbeitung Anweisungen für den Umgang mit Rebellen im Testament Davids unter, vgl. auch I Reg 2,8f (T2). Damit genügt sie einer Analogie zur ägyptischen Weisheitslehre für Merikare (ca. 2070-2041 v. Chr.), die sich als königliches Testament des scheidenden Pharao an seinen Sohn versteht.[370] Entsprechend dieser Aufnahme weisheitlichen Gedankengutes fordert David in I Reg 2,6 (T1) und V.9 (T2) den Salomo explizit dazu auf, durch die Hinrichtungen Joabs und Šimis seine Weisheit zu demonstrieren.

Doch T1 begründet nicht nur Joabs Exekution, sondern auch die Tatsache, daß er *am Altar* hingerichtet wurde: Er hat schuldloses Blut vergossen (V.31b), seinen Gürtel und seine Sandalen mit Kriegsblut benetzt (V.5b), das von David und seinem Haus entfernt werden muß. Außerdem entlastet T1 Salomo und Benaja dadurch, daß er ihnen einen Versuch zuschreibt, Joab zum Verlassen der Asylstätte zu bewegen. Selbst die

---

368 Voraussetzung für diesen Wunsch ist die Reinheit Abišags. Zum Ausgleich von Bathsebas Biographie durch diese Szene, vgl. o. 4.1 (am Schluß).

369 Vgl. insgesamt o. 4.1.

370 Vgl. ausführlich am Ende von 4.6, dort auch zu weiteren Parallelen. Zur Lehre für Merikare s. Hallo, Context I, 61–66 und Quack, Studien, 14ff (zur Auswertung a.a.O., 92–94), vgl. auch ANET, 414–418.

Sorge um sein Begräbnis legt er Salomo noch in den Mund.[371] T2 (V.32) und T3 (V.5a*[ab אשר 2°]) verengen die etwas diffuse Anklage Joabs durch T1 explizit auf die Tötungen Abners und Amasas.[372]

Eine weitere Maßnahme Salomos, von der T1 (I Reg 2,26abα1[bis כי].bβ*[nur התענית].bγ) berichtet, bezieht sich auf den Priester Abjathar. Dieser ist eigentlich ein „Mann des Todes", wird aber nur verbannt, weil er zusammen mit David denselben Bedrängnissen standgehalten hat. Die Begründung seiner Schonung mit seinem Dienst an der Lade (V.26bα2 ab נשאת bis וכי in 26bβ) geht auf T2 zurück.[373]

Zuletzt wird noch der Fall Šimi abgehandelt. T1 schafft mit I Reg 2,36-41.46a ein Szenario, das seine Hinrichtung möglich macht. Er wird unter Androhung der Todesstrafe unter Hausarrest gestellt. Als er, wenn auch aus nachvollziehbaren Gründen, diese Anordnung übertritt, wird er von Benaja hingerichtet. T2 (V.42f) begründet diese Hinrichtung zusätz-lich mit einem Schwur bei Jahwe, den Šimi gebrochen habe; und T3 (V.44a*[ohne אשר ידע לבבך]) führt seine Verschuldungen gegenüber David ins Feld.[374] Alle drei Theodizee-Bearbeitungen machen deutlich, daß Šimi sein Leben durch eigenes Verschulden verwirkt hat. Die Šimi-Episo-de in I Reg 2,36-46* reagiert einerseits auf Šimis Fluch nach dem dynastie-kritischen II Sam 16,5.6aα[375] und andererseits darauf, daß David dem Sauliden auf dessen Schuldbekenntnis hin Verschonung geschworen hatte (vgl. II Sam 19,24 „Du sollst nicht sterben"). T2, der mit 2,8f den Befehl zur Hinrichtung Šimis dem sterbenden David in den Mund legt,[376] kor-rigiert den Eid von II Sam 19,24 dahin, daß er sich nur auf eine Bestrafung durch David bezogen habe. Damit ist der Weg für Salomos Handeln frei, wie V.9 betont.[377]

---

371 Ferner weiß T1, Joabs Persönlichkeitsbild auszugleichen: Im Absalomaufstand hat er auf der richtigen Seite, nämlich der Seite Davids, gestanden (V.28aβγ).

372 Vgl. insgesamt o. 4.2 und 4.6 sowie u. 6.3.

373 Vgl. o. 4.3.

374 Nachträge liegen im Relativsatz אשר ידע לבבך (in 44aα*) und in V.44b vor; vgl. insgesamt o. 4.4.

375 Vgl. u. 5.8.

376 Mit I Reg 2,7 verankert T2 zudem die positive Vergeltung für Barsillais Familie in Davids Testament, s.o. 4.6 sowie 6.2 und 7.4.

377 II Sam 19,17-24 ist fast ganz zu T1 zu rechnen, vgl. u. 7.4. Ferner kann die Aussage von 19,23 (T1) so gedeutet werden, daß sich Davids Zusage nur auf den Tag des Schwures bezieht.

Schließlich läßt sich mit I Reg 1,35b.36f und 46.47.48; 2,12.33.45.46b ein kleines Netzwerk königstheologischer Nachträge abheben, das sukzessive entstanden ist und klar die Theodizee-Bearbeitung voraussetzt.[378]

---

378 Dazu o. 3.6, 4.1, 4.2 und 4.4. Die Nachträge I Reg 1,6bα.bβ.8aβ.15aβb (3.2), 1,26aα* (nur אני־עבדך, s. 4.5), 1,35a (3.6), 1,39aα*(nur מן־האהל).40aβ (3.1), 2,23bα.24 (4.1), 2,27 (4.3.), 2,33.35b (4.2) und 2,44b (4.4) können keiner bestimmten Schicht zugeordnet werden.

5. Der Absalomaufstand
II Sam 15-17 – David flieht

Auf der Suche nach ältesten Quellen und deren Überarbeitung ist nun der Absalomaufstand in Augenschein zu nehmen. Warum eignet er sich besonders dazu? Immerhin rahmt der Zusammenhang II Sam 10-12; I Reg 1f gleich vier Textblöcke im zweiten Samuelbuch, nämlich II Sam 13f; 15-19; 20 und 21-24. Doch die „letzten Kapitel des B. Samuelis II 21-24 sind bekanntlich ein Nachtrag",[1] in ihnen „liegt ein Konglomerat von Zusätzen vor";[2] es sind mit *Noth* späte Anhänge, die bereits die Büchertrennung in Sam und Reg voraussetzen. Sie unterbrechen den Zusammenhang von II Sam 10ff und I Reg 1f „aufs empfindlichste"[3] und vereinigen sehr disparates Material, das nur wenig mit ihrem unmittelbaren Kontext zu tun hat. Aus ihnen kommen also keine Texte für die weitere Untersuchung in Frage.[4]

II Sam 20 schildert den Aufstand des Benjaminiters Šeba und bereitet thematisch die Reichstrennung I Reg 12 vor.[5] Damit hat er eine völlig andere Ausrichtung als der ihm vorhergehende Text. Er befaßt sich mit der Nord-Süd-Problematik, die in II Sam für späte Überarbeitungen kennzeichnend ist.[6] Allerdings scheinen hier einige Notizen Zusammenhänge mit dem Absalomaufstand herzustellen.[7] Die entsprechenden Verweise sind

---

1   Wellhausen, Prolegomena, 173; auch Cook, Notes, 176f („comparatively late addition").

2   Noth, Überlieferungsgeschichtliche Studien, 62, Anm. 3.

3   Eißfeldt, Komposition, 50. Ähnlich auch Rost, Überlieferung, 99f; Veijola, Ewige Dynastie, 106–126; u.v.a. Anders etwa Klement, II Samuel 21-24, 241ff.

4   Zur konzentrischen Struktur von II Sam 21-24 vgl. schon Wellhausen, Composition, 260 sowie die subtile Analyse von Fokkelman, Art III, 271–363. Ferner zeigt Brueggemann, 2 Samuel 21-24, 383ff, daß die Tendenz der hier zusammengestellten Texte der Intention der Theodizee-Bearbeitung nahe kommt. Darauf deutet etwa die klare sühnetheologische Thematik von 21,1-14; 24,1ff oder das Bild Davids als eines sakralen Königs.

5   Vgl. II Sam 20,1b mit I Reg 12,16 par II Chr 10,16.

6   Vgl. etwa 19,41b-44, dazu u. 7.7. Bereits Cook, Notes, 166–169 sieht, daß c.20 redaktionell an c.15-19 angefügt wurde, vgl. Luther, Novelle, 188f, 195; Bardtke, Scheba, 15f.

7   So etwa die Rückholung der Haremsfrauen, vgl. 20,3 mit II Sam 15,16f; 16,20-22 oder den Abschluß der Aufstandserzählung II Sam 19,41-44.

auch für das Wachstum von c.15-19 auszuwerten, danach kann etwas über den redaktionskritischen Ort von c.20 gesagt werden.[8]

II Sam 13f handeln davon, wie Absaloms Schwester Thamar von ihrem Halbbruder Amnon vergewaltigt wird, Absalom daraufhin Amnon umbringen läßt, vor David nach Gešur flieht und von Joab zurückgeholt wird. Daß in einem Grundbestand von c.13f altes Material vorliegt, ist nicht unwahrscheinlich. Gleichwohl ist nicht von der Hand zu weisen, daß die Geschichte in vielen Zügen Davids Vorgehen gegen Absalom motivieren, ja den Leser teils gegen Absalom einnehmen, teils aber auch dessen Verhalten verständlich machen soll.[9] Immerhin sehen etwa *Greßmann* und *Caspari* in II Sam 13f eine selbständige novellistische Erzählung![10]

Der größte Textbereich (c.15-19) ist schließlich der Darstellung des Absalomaufstandes gewidmet. Als zentrales Ereignis in der Regierungszeit Davids wird er literarisch von den Salomo-Texten eingeklammert; inwiefern Absalom für die Nachfolge Davids in Frage kommt, wird allerdings, ebenso wie bei Amnon, nicht diskutiert. Wenn die Überlegungen zu II Sam 10-12; I Reg 1f zutreffen, dann müßte sich in II Sam 15-19 ein Wachstumsmodell herauskristallisieren, das in wesentlichen Zügen vergleichbar ist. Aber worum geht es im Absalom-Aufstand?

Mit dem Vermerk, daß der König den Absalom empfängt (II Sam 14,33b), ist der erwähnte erste Konflikt zwischen David und seinem Sohn abgeschlossen. In 15,1 hebt, durch ויהי מאחרי כן „und es geschah danach"[11] eingeleitet, ein Spannungsbogen an, der erst mit der Niederschlagung der Revolte in 18,1-18 abgeschlossen ist. Absalom muß nicht eigens eingeführt werden; wer er ist, wird aus 13,1 deutlich,[12] denn der ursprünglichen Aufstandserzählung geht eine Grundfassung von II Sam 13f voraus, die etwa aus 13,1*[13].14b.23.28a.29.38; 14,23 bestehen könnte. Gleichwohl ist der Aufstand keine Folge der Ereignisse von c.13f.

Die Erhebung Absaloms wird als derart ernste Bedrohung dargestellt, daß der König und die Seinen Jerusalem verlassen müssen. Denn Absalom

---

8   Vgl. den Exkurs „II Sam 20" u. in 7.3.

9   Diese Tendenz ist typisch für die Theodizee-Bearbeitung.

10 Greßman, SAT 2/1, 163; Caspari, Samuelbücher, 545f etc.

11 Zu dieser Wendung vgl. o. 18, Anm. 22.

12 Zu seiner Identifikation ist die Genealogie II Sam 3,2-5 nicht nötig; sie wurde sekundär in ihrem Kontext verklammert, vgl. o. 15f.

13 Wie in 15,1 ohne das einleitende כן מאחרי ויהי „und es geschah danach", das von der vordtr Redaktion stammt, vgl. 6.1. Der Bericht beginnt mit einem invertierten Verbalsatz, auf den im wesentlichen Narrative folgen.

gelingt es, das Herz der Männer Israels zu stehlen (V.6b), wie 15,2-6 deutlich macht. Die Aufstandsbewegung wächst rasch an (15,12b), und David flieht (15,13ff). Im vorliegenden Text geht sein Weg über den Kidron (15,23), den Ölberg (15,30), Bahurim (16,5), den Jordan (17,22) und ins Ostjordanland nach Mahanaim (17,24). Dort zieht David seine Kontingente zusammen (18,1-5), und es kommt zur Schlacht mit den Verfolgern (17,24.26), die in einer gewaltigen Niederlage für Absalom und seine Anhänger endet. Absalom wird auf grauenvolle Weise getötet (18,6-17). David trauert um seinen Sohn (19,1-5), wird aber von Joab zum Einlenken gegenüber dem Volk bewegt (19,6-9). Schließlich überquert David den Jordan (19,16.40) und kehrt über Gilgal (19,41) nach Jerusalem zurück (vgl. 20,3).

Beim Hinweg Davids werden der Auszug aus Jerusalem sowie die Stationen „Kidron", „Ölberg" und „Bahurim" dazu benutzt, um verschiedene Einzelepisoden einzuhängen. Diese erzählen von der Begegnung Davids mit bestimmten Menschen, deren Loyalität oder Illoyalität ihm gegenüber ins Gewicht fällt. So kommt es zu je einer Szene mit dem Gathiter Ittai (15,18-22),[14] mit den Priestern Zadoq und Abjathar (15,24-29), mit dem Arkiter Hušai (15,32-37), mit Ziba, dem Knecht Meribbaals (16,1-4)[15] und mit dem Sauliden Šimi (16,5-13). Als Pendant fungiert Davids Jordanübertritt bei seiner Rückkehr nach Jerusalem: Dort werden die Schicksale Šimis (19,17-24), Meribbaals und Zibas (19,25-31) sowie des Gileaditers Barsillai (19,32-40)[16] abgehandelt. Über die Feststellung dieser Pendants hinaus ist es kaum möglich, in der Darstellung des Absalomaufstandes eine befriedigende konzentrische Kompositionsstruktur zu ermitteln, wie es etwa *Conroy*, *Gunn* und *Fokkelman* tun.[17]

David war nicht ohne Absicherung aus Jerusalem geflohen. Hušai hatte sich in seinem Auftrag als Agent und falscher Ratgeber bei Absalom eingeschlichen, um den Gang der Ereignisse zugunsten Davids zu beeinflussen (16,16-19; 17,5-14.15f). Über alle Entwicklungen wird David informiert, denn unter Mithilfe der Priester Zadoq und Abjathar bzw. von deren Söhnen Jonathan und Ahimaaz wird ein regelrechter Informations-

---

14 Vgl. 18,2.5.12.

15 Vgl. 19,18.30.

16 Vgl. 17,27-29.

17 Vgl. Conroy, Absalom, 89; Gunn, Jerusalem, 109–113; Fokkelman, Art I, 339, 415. Daß im vorliegenden Text gleichwohl eine subtile Konstruktion begegnet, stelle ich nicht in Abrede. Doch dies sagt noch nichts über seine Entstehung und Datierung.

dienst eingerichtet (15,27f.35f; 17,15-21; 18,19-32). Und schließlich wacht über allem Jahwes weiser Ratschluß (15,31; 17,14b).

Bereits diese kurze Zusammenfassung, die nur wenige Linien auszieht, zeigt, daß II Sam 15-19 ein literarisch hochkomplexes Gebilde ist. In ihm werden zahlreiche Handlungsstränge durchgeführt und unterschiedliche Reflexionsebenen angeschlagen. Daher ist *Fischers* Einschätzung, daß „die gesamte Flucht- und Heimkehrgeschichte Davids in 15,13-17,29 und 19,9b-20,3 ... als eine spät-dtr Ausgestaltung anzusprechen"[18] sei, von vorneherein als zu pauschal abzulehnen, denn die Verhältnisse liegen komplizierter.

Die folgenden Beobachtungen sollen Ansatzmöglichkeiten für eine relative Chronologie der Bearbeitungen aufzeigen. Zunächst sollen jene Eingriffe in den Text ermittelt werden, die sich deutlich als spätere Bearbeitungen identifizieren lassen; danach wird es möglich sein, zu den älteren Schichten vorzustoßen.

5.1 Die Fluchtnotiz II Sam 15,16f

In II Sam 15-19 wird die Handlung durch ein System von Notizen vorangetrieben, die die Bewegungen Davids sowie seiner Anhänger und Verfolger nennen. Untersucht man die Notizen und ihren Kontext, so erhält man erste Aufschlüsse über die Abfolge der Bearbeitungen. Das System dieser Angaben ist literarisch komplex; seine weitere Untersuchung wird zeigen, daß es nicht zum Grundtext gehört.[19]

15,16f gibt die erste Bewegung Davids an. Er hat von Absaloms Verschwörung (V.12b) erfahren und verläßt Jerusalem.[20] Die Aussage ist im Narrativ sing. von יצא qal formuliert, ihr Subjekt ist המלך „der König", und als zweites Subjekt wird וכל־ביתו ברגליו „und sein ganzes Haus auf seinen Füßen" genannt. Auch wenn diese Angabe nachzuklappen scheint, ist sie nicht sekundär, denn in V.17b steht das auf beide Subjekte bezogene Prädikat (ויעמדו) im plur., und die Gefolgsleute Davids sind im weiteren

---

18 Fischer, Hebron, 309, auch 84, Anm. 113. Der ganze Komplex sei in eine ältere Absalomerzählung eingearbeitet worden.

19 Vgl. insgesamt etwa 6.2 und 7.6.1.

20 Zu Absaloms Gang nach Hebron s.u. 6.1. Bereits hier ist festzuhalten, daß in V.10 zwar der Befehl Absaloms an die Stämme Israels ergeht, ihn als König in Hebron auszurufen. Von der Durchführung dieses Befehls ist jedoch im weiteren Verlauf nicht die Rede.

Handlungsablauf fest verankert. In V.16b folgt, im Narrativ angeschlossen, die Aussage, daß der König zehn Nebenfrauen zurückläßt, die den Palast (הבית) bewachen sollen (V.16b). Dagegen wiederholt V.17a ganz V.16a wörtlich, nur wird וכל־ביתו in וכל־העם „und das ganze Volk"[21] verändert. Indem die Aussage ויצא המלך verdoppelt wird, kommt es in 16.17a zu einer Massierung des Königstitels. Die Notiz über die Nebenfrauen in 16b wurde folglich sekundär verklammert. Ihr Inhalt steht im Widerspruch zu V.16a, denn wenn zehn Nebenfrauen zurückgelassen werden, kann nicht vom Auszug des ganzen Hauses die Rede sein.[22] Der Sinn der Maßnahme ist aus sich heraus nicht deutlich, „der angegebene Zweck" scheint „recht merkwürdig."[23] Die Wiederaufnahme bringt das Kriegsvolk (עם) Davids[24] explizit an dieser Stelle unter. V.16b.17a sind also sekundär.[25] V.16a wird von V.17b organisch mit einem Narrativ fortgesetzt. Der Zug bleibt am בית המרחק „Haus der Ferne" stehen; als *hapax legomenon* ist der Ort nicht näher bekannt, doch wahrscheinlich ist er als äußerstes, letztes Haus am Stadtrand zu deuten.[26]

5.2 Ittai (II Sam 15,18-22)

In V.18 folgt eine Umstandsbeschreibung: וכל־עבדיו עברים על־ידו „und all seine Knechte zogen an seiner Seite vorüber" (18aα). Mehrere Beobachtungen sprechen dagegen, daß sie V.16a.17b einfach fortsetzt. Denn zunächst treten die Knechte Davids unvermittelt als neue Größe auf; von ihrem Auszug war in V.16 nicht die Rede.[27] Außerdem wird durch den Partizipialsatz die Handlungskette der Narrative markant unterbrochen. Die Umstandsbeschreibung dient nämlich dazu, die folgende Ittai-Szene

---

21 Wenn wenige Mss und die LXX (ohne lukianische Rezension) עבדיו „seine Knechte" lesen, so gleichen sie an den Kontext an, dasselbe gilt für die Lesart ביתו (zwei Mss nach Aptowitzer, z.St.).

22 Mit Seiler, Geschichte, 125 erwartete man bei einer einschränkenden Präzisierung eine Inversion.

23 Würthwein, Erzählung, 40. Zum Problem vgl. den Exkurs „Die Haremsfrauen" u. in 5.9.

24 Vgl. 17,22; 18,1 etc.

25 So auch Würthwein, Erzählung, 39f; Langlamet, Pour ou contre Salomon, 352; Seiler, Geschichte, 125; Vermeylen, Loi, 351, 552 etc. Cook, Notes, 162 und mit ihm Budde, KHC 8, 271 werten dagegen V.16 als Glosse.

26 Vgl. etwa Budde, KHC 8, 272; Stoebe, KAT VIII/2, 363.

27 Ihre Erwähnungen in V.14.15*bis* datieren später als 15,16, vgl. u. 6.1.

einzuleiten; sie gehört nicht zu den Wegnotizen. Durch die Adverbiale על־ידו ist die Aussage abgeschlossen; dann folgt in V.18aβb eine Erweiterung, die gegenüber V.18aα sekundär ist. Mit V.18aα.19abα.20-22 ist der ganze Umfang der Szene zu bestimmen, in der der Gathiter Ittai es durchsetzt, mit seinem Herrn zu ziehen.[28] Sie beinhaltet eine Rede des Königs an Ittai (19f), dessen Antwort (21) und Davids[29] Entgegnung (22a). Die Redeteile werden jeweils durch Narrative eingeleitet; ein abschließender Narrativ vermerkt, daß Ittai mitzieht (V.22b). In V.23 folgen bereits neue Wegnotizen, die mit Partizipien konstruiert werden.

Der König fragt Ittai zunächst, warum er mit ihm ziehe. Da er fremd und noch nicht lange in Jerusalem sei, solle er mit seinen Brüdern zum „König" (sc. Absalom!) zurückgehen. Dabei ist die Exilsanspielung V.19bβ „und auch bist du in Bezug auf deinen Ort im Exil" deutlich eine גנ‏ם-Glosse.[30] Davids erste Rede an Ittai (V.19abα.20) ist kunstvoll in der Figur der Ploke (A-B-A-Struktur) gehalten.[31] David fordert Ittai in V.19abα eindringlich zur Rückkehr auf (A), in 20a reflektiert er die Situation Ittais im Gegensatz zur eigenen (B), um in 20b nochmals prägnant seine Aufforderung von 19* zu wiederholen (A). Ein Wortspiel mit שוב qal/hi. und ישב gestaltet die Rahmung (A). Ittais ausführliche Antwort (21) nimmt klar auf die Rede Bezug. Eindrücklich schwört er bei Jahwe und beim König,[32] er wolle nur dort sein, wo „sein Herr der König" (sc. David) ist, sei es zum Leben, sei es zum Tod. Daraufhin läßt David ihn gewähren: „Geh und zieh vorüber". Die Schlußnotiz hält fest, daß Ittai mit den Seinen vorüberzieht.

Die Ittai-Szene wurde in ihren Kontext sekundär eingehängt. Das zeigt die partizipiale Formulierung des Anfangs, der die Handlungskette unterbricht, und das nach V.16 plötzliche Auftreten der עבדים. Denn dort in 16 bezeichnet בית „die Familie, was die Angehörigen des unmittelbaren Regierungsapparates nicht ausschließt."[33] Eine zusätzliche Erwähnung der

---

28 Zu Ittai vgl. insgesamt II Sam 15,19.21.22*bis*; 18,2.5.12. Der in II Sam 23,29 par I Chr 11,31 als Held Davids erwähnte Ittai ist ein Benjaminiter.

29 Durchgehend ist vom „König" die Rede (V.18.19.21*ter*), nur in V.22 wird er „David" genannt, anders aber dort ein Ms המלך, vgl. LXX.

30 Vgl. Ez 12,3; Jer 22,12; 29,14. Ein Ms, vgl. Vrs lesen ממקומך „von deinem Ort" statt למקומך.

31 Zur Stilform der Ploke vgl. Rost, Überlieferung, 114. In V.20 ist mit vielen Mss, Qere und Vrs אניעך „," statt אנועך zu lesen, Schreibfehler.

32 Zum Schwur beim König vgl. auch II Sam 11,11 (Theodizee-Bearbeitung).

33 Stoebe, KAT VIII/2, 363, Kursivierung vom Vf.

Knechte wäre also nicht nötig, sie dient hier nur der Einführung Ittais. Auch der Vorgang, daß sie vorüberziehen (V.18aα), während der König steht, ist in seinem Sinn nur durchschaubar, wenn er weitere Geschehnisse einleitet. Also gehört die Notiz zur Ittai-Szene in V.19abα.20-22, von der sie nicht zu isolieren ist. Aus der allgemein gehaltenen Beschreibung des Auszugs aus Jerusalem wird plötzlich eine Einzelfigur herausgegriffen, und es werden Detailprobleme erörtert.

Mit V.18aβb wurde der Beginn der Szene nochmals sekundär erweitert. Bei dieser Erweiterung V.18aβb dient dreifaches וכל zur Anfügung neuer Personengruppen, die an David vorüberziehen, nämlich der Krether und Plether[34] sowie der Gathiter als Davids Gefolgsleuten. Eine Zahlenangabe präzisiert die Erwähnung der Gathiter. Es sind 600 Mann, die Ittai aus Gath gefolgt waren, wie der überladene V.18bα zu verstehen gibt.[35] Die Erwähnung von 600 Mann ist durch V.20 („Brüder") und V.22 („Männer") motiviert. Daß Ittai zu den Knechten Davids gehört, ist auch ohne diese Erweiterung deutlich. V.18bβ nimmt V.18aα in leichter Veränderung wieder auf.[36]

Aufschlußreich für die Aussage des ursprünglichen Abschnitts V.18aα.19abα.20-22 ist zunächst die Darstellung des Ausländers Ittai als loyaler Gefolgsmann Davids, der fern von der Heimat mit seinem Herrn zieht. „Ittai is, no doubt, a literary figure devised by the author to play a particular role in the narrative ..."[37] In der Episode geht es auch um „the devotion of a foreigner in contrast to the treachery of the king's son and his followers".[38] Zur Vorbildfunktion von Ausländern *in puncto* Frömmigkeit ist die Theologie des Jonabuches zu vergleichen; hier liegt also ein spätes Theologumenon vor. Doch es geht um noch mehr. Denn während David den Ittai wegen seiner ausländischen Herkunft dazu bewegen will, in Jerusalem zu bleiben, bekundet er seine vorbehaltlose Treue zum König mit der Formel אם־למות אם־לחיים „sei es zum Tode, sei es zum Leben" (21b). Damit fügt er sich seinem Schicksal. Noch aufschlußreicher ist die

---

34 Vgl. noch II Sam 8,18; 20,7.23; I Reg 1,38.44; I Chr 18,17.
35 Die Wendung בוא ברגליו (plur. mit vielen Mss und LXX) dupliziert יצא ברגליו (V.16a, vgl. V.17a).
36 Die LXX liest in V.18 eine paraphrasierende und erweiterte Dublette zu den Gefolgsleuten Davids, vgl. Wellhausen, Text, 195–197. Ähnlich bietet die LXX am Anfang von V.20 „eine Doppelübersetzung, die aber keinen anderen Text voraussetzt", so Stoebe, KAT VIII/2, 364.
37 Na'aman, Ittai, 22.
38 A.a.O., 24.

Äußerung Davids in V.20aβγ וְאֲנִי הוֹלֵךְ עַל אֲשֶׁר־אֲנִי הוֹלֵךְ „Ich aber gehe,
wohin[39] ich gehe", die durch ihre zwei gleichlautenden Partizipialsätze
hervorsticht. Die Wendung zeichnet Davids Ergebenheit in Jahwes Ratschluß und sein Vertrauen darauf, daß ihm genau das Schicksal widerfahren wird, das ihm zukommt. Wahrscheinlich ist so auch die Beobachtung
zu interpretieren, daß er in V.19b Absalom als הַמֶּלֶךְ „der König" bezeichnet. Für die Tendenz ist zudem ausschlaggebend, daß die Szene im Zusammenhang mit Ittais Rolle im Schlachtbericht gesehen werden muß.
Denn seine Einführung hier dient auch und besonders dazu, seine Aufgabe
in der Schlacht gegen Absalom vorzubereiten, vgl. bes. 18,2.5.9a.10-
14.15aβ. Dort befiehlt der König Joab, Abišai und Ittai vor den Ohren des
Volkes, den „Knaben" Absalom zu schonen. Obwohl dessen Tod politisch
notwendig ist, wird David so dargestellt, daß er jedes Blutvergießen vermeidet.[40] Und natürlich will er seinen leiblichen Sohn schonen. Aber es
geht um mehr als um Vatergefühle: Vielmehr darf an den Händen des
Königs, der die Lade nach Jerusalem gebracht hat, kein Blut kleben, vgl. I
Chr 22,8; 28,3. Dieses Bild Davids arbeitet auf die Davidfiktion der Chronik hin, die ihn als „Gründer des Tempels und des Gottesdienstes"[41] darstellt. Ich rechne deshalb den Grundbestand der Ittai-Szene, also II Sam
15,18aα.19abα.20-22, der Theodizee-Bearbeitung zu. Wie schon gesehen,
erfolgte diese Bearbeitung in mehreren Schüben.[42] Hier spricht nichts für
ein späteres Stadium der Fortschreibung, darum ist die Ittai-Szene im
Grundbestand T1[43]. David wie Ittai fügen sich in das Schicksal, das ihnen
von Jahwe her zukommt. Für T1 spricht auch Ittais Eid beim König, wozu
Urias Eid nach II Sam 11,11 (T1) zu vergleichen ist.[44]

Fazit: II Sam 15,18aα.19abα.20-22 gehen auf die Theodizee-Bearbeitung T1 zurück; V.18aβb und 19bβ sind Glossen. Zur Aussageabsicht

---

39   Statt MT עַל אֲשֶׁר lesen wenige Mss לַאֲשֶׁר.

40   Vgl. auch u. 6.3.

41   Wellhausen, Prolegomena, 176. Vgl. auch a.a.O., 176f: „Was hat die Chronik aus
      David gemacht! Der Gründer des Reichs ist zum Gründer des Tempels und des
      Gottesdienstes geworden, der König und Held an der Spitze seiner Waffengenossen
      zum Kantor und Liturgen an der Spitze eines Schwarmes von Priestern und Leviten,
      seine so scharf gezeichnete Figur zu einem matten Heiligenbilde, umnebelt von
      einer Wolke von Weihrauch."

42   Vgl. etwa o. 4.2, 4.3, 4.4 und 4.6.

43   Hierbei steht das Siglum „T" für Theodizee.

44   Nach Vermeylen, Loi, 358–360 gehört nur 15,18a zur Grunderzählung, und 18b-22
      rechnet er zu S1.

der Szene sind die Überlegungen im unmittelbar vorangehenden Abschnitt
zu vergleichen.

5.3 Weitere Wegnotizen (II Sam 15,23.30)

Wie gesehen, begegnen die nächsten Wegnotizen in V.23: „Und das ganze
Land weinte mit lauter Stimme, und das ganze Volk zog vorüber, und der
König zog durch den Bach Kidron, und das ganze Volk zog vorüber auf
dem Wüstenweg." Es handelt sich um vier Partizipialkonstruktionen, und
bereits diese Massierung ist problematisch. Anfangs wird vermerkt, daß
das ganze Land weint (V.23aα), zweimal wird das Vorüberziehen des עם
genannt (V.23aβ.bβ), und über David wird gesagt, daß er den Kidron
überschreitet (V.23bα). Diese Notizen konkurrieren formal alle unterein-
ander und mit V.18aα, zu dem besonders V.23aβ als inhaltliche Parallele
ins Auge sticht. Doch während die Aussage in V.18 nur im Zusammenhang
mit der ganzen Episode sinnvoll ist, enthält V.23 neue Informationen über
die weitere Bewegung der Fliehenden. Kommt also Text aus V.23 als
Fortsetzung von V.16a.17b in Frage? Eine Antwort ist nur zu erhalten,
wenn man V.23 zusammen mit dem formal und inhaltlich sehr ähnlichen
V.30 betrachtet. Nach ihm steigt David weinend auf den „Ölbaumsteig",[45]
sein Haupt ist verhüllt, und er geht barfuß (V.30a). Ihm gleich verhüllt das
ganze Kriegsvolk auch das Haupt, und sie steigen weinend hinan (V.30b).
Dabei ist V.30a ganz in partizipialer Beschreibung gehalten, V.30bα ist
ein invertierter Verbalsatz, 30bβ ein Verbalsatz mit *infinitivi absoluti*. All
diese Aussagen verstärken noch die Häufung von formal ähnlich gebauten
Sätzen. Man kann zwar nicht davon ausgehen, daß es in einem Primärtext,
der mit Narrativen arbeitet, überhaupt keine Partizipialkonstruktionen gibt,
zumal wenn sie sich grammatisch motivieren lassen. Doch eine Ballung
wie V.23.30 ist klärungsbedürftig.

In V.23 fällt auf, daß drei Subjekte aus einer Cstr.-Verbindung bestehen, die וכל als *nomen regens* hat (V.23aα.aβ.bβγ), und drei partizipiale
Prädikate mit der Wurzel עבר gebildet werden (23aβ.bα.bβγ). Dabei
dupliziert V.23bβ mit וכל־העם עברים den V.23aβ, fügt aber in bγ noch
eine Ortsbestimmung hinzu, die terminologisch recht merkwürdig ist:
על־פני־דרך את־המדבר „auf dem Wüstenweg". Denn die Wendung דרך את

---

45 מעלה הזיתים ist *hapax*. „This probably refers to the steep ascent of the second ... of
the three summits of the Mount of Olives", so McCarter, AncB 9, 371.

„Weg in Richtung"[46] begegnet nur hier, und die Verbindung von עבר qal mit ... על פני ist nur noch Gen 32,22; Ex 34,6, zudem in anderer Bedeutung belegt.[47] Wegen der identischen Doppelung in V.23aβ.bβγ ist 23bβγ später angefügt worden, um die Ortsangabe „auf dem Wüstenweg" unterzubringen. Wenigen Handschriften und einer Targum-Handschrift, die V.23bαβ nicht lesen, ist die Doppelung wohl aufgefallen.[48] Eine Verklammerung von V.23bαβ durch Wiederaufnahme scheint weniger plausibel, weil sie störend in die syntaktische Struktur des Satzes eingreifen würde.

Wenn das ganze Land (כל־הארץ) mit lauter Stimme weint (V.23aα), handelt es sich um einen Akt der Trauer.[49] Die Wendung בכה קול גדול hat nur noch in Esr 3,12 beim Baubeginn des Zweiten Tempels eine Parallele; dort weinen Klerus und Obere, die den alten Tempel noch haben stehen sehen. Deutliches Trauerverhalten wird aber auch in V.30 genannt, sowohl von David als auch vom ganzen Kriegsvolk, das mit ihm zieht. David weint durchgehend bei seinem Anstieg auf den Ölberg (עֹלֶה וּבוֹכֶה), sein Haupt ist verhüllt, er geht barfuß (V.30a). Das Verhüllen des Hauptes, formuliert mit ראשׁ חפה, ist auch in Jer 14,3.4; Est 6,12 als Trauerreaktion belegt.[50] In der Zeichenhandlung Jes 20,2-4 stellt Barfußgehen (הלך יחף) die Demütigung Ägyptens und Kuschs dar.[51] Ferner erinnert das Verhüllen des Hauptes an eine Zeichenhandlung, von der in Ez 12,3-16 die Rede ist. Der Prophet soll die Exilierung des נשׂיא, also des Davididen, im voraus darstellen, und zwar mit verhülltem Angesicht (פנים כסה pi.), damit er das Land (הארץ) nicht sieht.

Während in II Sam 15,30a die Aussagen über David alle in Partizipialsätzen gehalten sind, dient in V.30b ein invertierter Verbalsatz mit dem Subjekt וכל־העם אשׁר־אתו „und das ganze Volk, das mit ihm war" dazu, die Trauer des Volkes auszudrücken; die Partizipienkette wird also

---

46 Zwei hebräische Handschriften lesen אל statt את, vgl. Vulgata; in vielen Handschriften aber fehlt es. Wird MT beibehalten, so ist es wohl als *nota accusativi* für einen Richtungsakkusativ zu interpretieren. Einfaches דרך המדבר (vgl. Wellhausen, Text, 197) freilich in Ex 13,18; Jos 8,15; Jdc 20,42, vgl. auch Dtn 2,8; II Sam 2,24; II Reg 3,8.

47 Vgl. ferner Ex 33,19 (hi.).

48 Ein Ausfall durch Homoioteleuton wäre auch möglich. Die LXX löst das Problem der Wiederholung dadurch, daß sie hinter V.23a „im Bach Kidron" anfügt.

49 Die Zusammenstellung von ארץ mit der Wurzel בכה ist *hapax*.

50 Vgl. auch II Sam 19,5 etc.

51 Zu יחף vgl. nur noch Jer 2,25.

abgebrochen. Sie, das Volk, verhüllen ebenfalls das Haupt und weinen fortwährend beim Anstieg (30b). Sah es in V.30a so aus, als steige David alleine hoch, so wird mit V.30b auch diese Aktion auf das Kriegsvolk übertragen. Dabei nennt V.30bβ Steigen und Weinen auch nicht mit Partizipien, sondern als Inf. abs.-Konstruktion ועלו עלה ובכה. Außerdem ist in V.32ff wieder nur davon die Rede, daß David alleine auf den Ölberg gestiegen war. Wegen dieser Unstimmigkeit und des literarischen Befundes in V.30b ist plausibel, daß das gesamte Trauerverhalten erst sekundär auf das Volk übertragen wurde. Dies scheint mir auch von der Logik der Traditionsbildung her nachvollziehbar: Die Trauer des Königs muß den ganzen Hofstaat erfassen. Die Beobachtung wirft zudem ein Licht auf den überladenen V.23. Wahrscheinlich ist dort die Aussage über das Weinen des ganzen Landes (23aα) erst von V.30b her vorgesetzt. Denn hier handelt es sich ja nochmals um eine Ausweitung, einen nahezu universalen Blickwinkel.

Fazit: Als Ergebnis der Überlegungen zu V.23.30 sind drei Aspekte festzuhalten. Erstens kann eine plausible Abfolge erstellt werden, wie diese Notizen über den Weg Davids zu V.23.30 angewachsen sind. Als jüngster Bestandteil ist V.23aα anzusehen, der von V.30b her motiviert ist. Älter als V.30b ist V.30a, dessen Partizipialkonstruktionen zusammen auch einen stark überladenen Text ergeben. In ihm ist von David statt vom „König" die Rede. Es könnte sein, daß in 30a zunächst nur Davids Anstieg vermerkt wurde, und dann die Trauergesten hinzukamen. In V.23 aber ist der ursprüngliche Text wohl 23aββα,[52] d.h. es ist daran gedacht, daß David und das Volk den Kidron überschreiten. Diese Notizen setzen V.16a.17b fort: Während David und sein Haus am „Haus der Ferne" stehen, zieht zunächst das ganze Kriegsvolk (כל־העם) vorbei. Der Partizipialsatz unterstreicht, daß das Vorüberziehen länger andauert. Daran anschließend wird aber auch Davids Schritt über den Kidron analog im Partizipialsatz notiert, was die Parallelität der Vorgänge betont. Die entscheidende Adverbiale „über den Bach Kidron" wird erst in 23bα genannt.

Zweitens läßt sich etwas zum literarischen Charakter von V.23.30 sagen, die in ein System von Wegnotizen gehören. Dieses System wird im folgenden einfach als das „Itinerar" bezeichnet. In V.23*.30a.b hat sich viel Material an den Grundbestand V.16a.17b.23aββα herankristallisiert. Die weitere Untersuchung wird zeigen, daß das Itinerar sonst als Text auf

---

52 Wann genau V.23bβγ angewachsen ist, kann nicht gesagt werden.

einer literarischen Linie anzusehen ist.[53] V.23.30 jedoch sind kleine Kon-
glomerate, an die sich mosaikartig immer weitere Notizen angefügt haben.
Wegen ihrer gleichartigen Tendenz müssen diese aber trotzdem zum Itinerar gerechnet werden.

Drittens ist festzuhalten, daß V.23*.30a.b den Auszug Davids und des
Volkes als regelrechte Trauerprozession gestalten. Weinen und Klageriten
lassen die Flucht vor Absalom wie eine Exilierung des Königs und seiner
Anhänger erscheinen.[54] Das Itinerar dient nämlich dazu, im Weg Davids
und des Volkes Exilserfahrungen zu bewältigen; darauf weist auch seine
weitere Fortsetzung.[55]

5.4 Zadoq und Abjathar (II Sam 15,24-29)

Deutlich sekundär ist die Begegnung Davids mit den Priestern Zadoq und
Abjathar (V.24-29). David veranlaßt Zadoq dazu, nicht mit ihm zu ziehen,
sondern die Lade nach Jerusalem zurückzubringen. Gleichzeitig richtet er
über die Priestersöhne Jonathan und Ahimaaz den Informationsdienst ein,
der ihn über die Ereignisse in Jerusalem auf dem laufenden halten soll. Die
Episode wird mit einer Partizipialkonstruktion eingeführt, die durch ein
einleitendes והנה גם „und siehe, auch ..." in ihren Kontext eingeschaltet
wurde. Dann werden die genannt, die die Lade[56] tragen: Zadoq und alle
Leviten[57] mit ihm. Auffällig ist, daß Abjathar hier nicht firmiert.[58] Außerdem spielt die Lade im weiteren Handlungsablauf keine Rolle mehr; Zadoq
und Abjathar begegnen in der Aufstandserzählung nicht mehr als Ladeprie-
ster, sondern als Informanten oder „Spione" Davids.

Für die Tendenz des Abschnitts sind besonders V.25f ausschlaggebend: „Und der König sagte zu Zadoq: Bring die Lade Gottes in die Stadt
zurück! Wenn ich Gnade in den Augen Jahwes finde,[59] dann bringt er mich

---

53 Vgl. die Zusammenfassung 7.6.1.
54 Ist dabei vielleicht sogar an Zedekia gedacht, vgl. Ez 12,3-16?
55 Das Profil des Itinerars ist mit 15,16a.17b.23*.30a.b; 16,14; 17,24abα.26;
    18,7*(ohne „20 000").17b; 19,16bα.40a zu umreißen.
56 Die Wendung ארון ברית האלהים begegnet nur noch in Jdc 20,27; I Sam 4,4; I Chr
    16,6. In II Sam 24aβ.25.29 wird dann kürzer von ארון האלהים gesprochen.
57 Eine gemeinsame Erwähnung von Zadoq und einer Levitengruppe findet sich nur
    noch I Chr 15,11 (mit Abjathar); 27,17 (über Stämmesystematik).
58 Dazu gleich im folgenden.
59 Zur Gnadenformel מצא חן בעיני vgl. auch Levin, Jahwist, 105, 402.

zurück und läßt mich sie und seinen Weideplatz sehen. Wenn er aber so spricht: ich habe an dir keinen Gefallen, hier bin ich, dann wird er mir tun, wie es gut in seinen Augen ist." Die beiden Konditionalsätze V.25b.26 zeichnen David als beispielhaft frommen König, der dafür sorgt, daß die Lade nicht aus der Stadt, also dem ihr eigenen Ort entfernt wird, vgl. seinen Einsatz in II Sam 6f*. Zudem charakterisieren sie ihn nicht nur durch seine „Ergebenheit in den Willen Jahwes"[60], sondern durch sein Vertrauen darauf, daß Jahwe das ihm Zukommende tun wird, im Guten wie im Bösen,[61] vgl. dazu 15,20aβ.21bβ (je T1). In *diesen* Entschluß Jahwes werde er sich jedenfalls fügen. Dabei nennt V.25bβ als Ziel von Davids Rückkehr, daß er Jahwes Lade und ihren נוה, ihren Weideplatz, also das Heiligtum sehen darf. Bewußt wählt man dafür einen tempeltheologischen Ausdruck.[62] Als Reaktion auf diese Einlassung wird die Lade nach Jerusalem zurückgebracht.

Dieses Thema wird in V.24-26.29 behandelt; und im Bereich dieser Verse ist auch der Grundtext zu suchen, der wegen seiner skizzierten Tendenz T1 zuzuordnen ist. Wenn *Hermisson* hier die „Demut" des Königs als weisheitliches Postulat nach Prov 18,12 etc. erklärt,[63] zeigt dies, daß die Theodizee-Bearbeitung wie in I Reg 1,6a ein weisheitliches Motiv verarbeitet. Doch Davids Vertrauen in Jahwes Ratschluß ist mehr als Demut, denn dahinter steht, wie gesehen, ein ganzes theologisches Programm.

II Sam 15,27f unterbrechen mit einer erneuten Redeeinleitung „und der König sagte zu Zadoq (dem Priester)" die literarische Kongruenz, vgl. V.27a mit V.25a. Der König hält also eine zweite Rede an Zadoq, in der er ihm einen völlig anderen Auftrag erteilt, nämlich *quasi* einen „Nachrichtendienst" einzurichten. Denn V.27f fallen durch eine starke thematische Digression sowie einen Konzeptionsunterschied auf: Steht der Kontext ganz im Zeichen von Davids Vertrauen auf Jahwe, so wird der König hier selbst initiativ, um sich zu retten; dafür baut er auf menschliche Mittel. Denn Zadoq und Abjathar sollen David, der sich an den Steppenfurten[64] aufhält, über ihre Söhne jeweils Informationen aus Jerusalem zu-

---

60 Seiler, Geschichte, 125.

61 Die Wendung „er wird tun (עשׂה), wie es gut ist in seinen Augen (טוב בעיניו u.ä.)", ist auch charakteristisch für die Theodizee-Bearbeitung, vgl. 19,19.38f, auch 10,12.

62 Zu diesem Begriff in tempeltheologischer Verwendung vgl. noch Ex 15,13; Jer 25,30.

63 Hermisson, Weisheit, 140f.

64 So mit K: עברות המדבר bezeichnet die Jordanfurten, die zur Steppe hin führen, als

kommen lassen. Die Lade spielt dabei keine Rolle. In 27a ferner richtet der
König nochmals eine Aufforderung an Zadoq, in die Stadt zurückzukehren,
die in 25a „Bring die Lade Gottes in die Stadt zurück" schon implizit
enthalten war. Das Thema des „Nachrichtendienstes" tritt in der Episode
nur in diesen beiden Versen 27f hervor, die folglich sekundär sind.

Dagegen vertreten etwa *Würthwein* und mit ihm *Seiler* die Meinung,
V.27f gehöre zur Grunderzählung, und V.24-26.29 sei eine spätere Hinzufügung.[65] In diese Richtung hatte schon *Cook* gedacht: „It is quite con-
ceivable that (1) [*sc.* 24-26.29] has been introduced by a later editor unable
to see how Zadok and Abiathar could be mentioned apart from the ark." Er
erwägt aber auf der anderen Seite, „that the whole passage [*sc.* 24-29] has
been loosely inserted."[66] Die Genannten erkennen zumindest an, daß die
Lade-Episode sekundär in ihren Kontext geschaltet wurde. Gegen *Würthwein* und *Seiler* sprechen aber mehrere Beobachtungen nicht dafür, daß
V.27f primär seien. Denn ohne V.24-26 setzt Davids Rede an Zadoq völlig
unvermittelt ein, was im Kontext von c.15-19 analogielos wäre. So haben
etwa die Begegnungen Davids mit Ittai (15,18ff*), Hušai (15,32ff*) oder
Ziba (16,1ff*), alle eine befriedigende Einführung.[67] Sinnlos wäre zum
einen die Eingangsfrage, die David dem Zadoq stellt: הרואה אתה „Siehst
du?"[68] Denn was soll Zadoq sehen? Die Frage reagiert deutlich auf etwas,
das bereits geschehen ist oder von David erläutert wurde.[69] Merkwürdig
wäre zum anderen die Aufforderung an Zadoq, in Frieden in die Stadt

---

strategisch günstigen Ort. Das Q, einige Mss und die Vrs lesen ערבות המדבר
„Wüstentriften", was eine Angleichung an II Sam 17,16 wäre. Mit K gehen auch
Wellhausen, Text, 198; Budde, KHC 8, 274 u.a.

65 Würthwein, Erzählung, 43; Seiler, Geschichte, 125ff. Mit *Würthwein* geht erwä-
    gungsweise Veijola, Ewige Dynastie, 44–46, vgl. Anm. 155; ähnlich auch Kegler,
    Politisches Geschehen, 177ff; Vermeylen, Loi, 351ff, 361, 659 (Schlußredaktion)
    etc. Immerhin erkennt auch Stoebe, KAT VIII/2, daß hier zwei Überlieferungen
    vorliegen.

66 Cook, Notes, 161, 162.

67 Die von Seiler, Geschichte, 126 gegen dieses Argument eingebrachten II Sam
    13,20.32; 14,21; 18,19; 20,4.6; I Reg 2,26 sind keine Gegenbeispiele, denn die dort
    auftretenden Personen waren bereits im Kontext eingeführt und rangieren z.T. mit
    voller Bezeichnung.

68 Eine exakte Parallele findet sich nur noch in Ez 8,6. Zur Verbindung von אתה mit
    dem Part.qal von ראה im Nominalsatz vgl. Gen 13,15; 31,43; Jdc 9,36; Jer 1,11.13;
    24,3; Ez 40,4; Am 7,8; 8,2; Sach 4,2; 5,2. Der Belegschwerpunkt der Wendung liegt
    also in prophetischen Visionstexten.

69 Das ändert sich auch nicht, wenn man in V.27 mit LXX* βλέπετε „seht" liest. Der
    plur. gleicht an den Kontext an.

zurückzukehren,[70] wenn nicht vorher davon die Rede war, daß er mit David ausgezogen ist. Als Ergebnis ist daher nochmals festzuhalten, daß der Informationsdienst der Priester oder Priestersöhne hier (V.27f) nachträglich in den Zusammenhang eingetragen wurde. Der nächste Abschnitt, in dem diese Regelung eine Rolle spielt, ist die folgende Hušai-Episode 15,32-37.

Doch zunächst noch zu V.24-26.29. Mehrere Beobachtungen sprechen dafür, daß Abjathar hier nachträglich eingearbeitet wurde. Denn im Blick auf seine Rolle zeigen sich starke Disgruenzen. Eingeführt werden nämlich nur Zadoq und die Leviten (24aα). Sie tragen die Lade und stellen sie nieder.[71] David spricht nach V.25a nur mit Zadoq und erteilt den Befehl, die Lade zurückzubringen im Imp. sing. Auch im sekundären V.27 wird nur Zadoq als Gesprächspartner genannt, dem entspricht die singularische Ansprache sowie die Rede über Abjathar als Abwesendem: „Ahimaaz, dein Sohn, und Jonathan, der Sohn Abjathars". Danach geht die Anrede in 2. pers. plur. über, weil gedanklich bereits die Situation in Jerusalem vorausgesetzt wird.[72] Literarische Schlußfolgerungen sollten aus diesem Numeruswechsel jedoch nicht gezogen werden, denn V.27 ergibt ohne seine letzten drei Worte und ohne 28 keinen Sinn. Sodann ist aber in V.24aγ.b sehr unvermittelt von Abjathar die Rede: „Und Abjathar stieg/[73] führte herauf/(opferte?), bis das ganze Volk vollständig aus der Stadt gezogen war." Diese Aktion ist ihrem Sinn nach ziemlich undurchsichtig: was bezweckt er damit? Festzuhalten ist jedoch, daß gerade die Zeitbestimmung עד־תם כל־העם לעבור מן־העיר den Auszug der David-Anhänger zu einem gewaltigen Geschehen macht; es scheint, als handle es sich beim Kriegsvolk um ein Riesenheer. V.24aγ.b ist deshalb sekundär. Literarische Probleme zeigen sich auch in V.29. Denn 29a beginnt mit dem Narrativ sing. וישב „und er brachte zurück", dem aber Zadoq *und* Abjathar als Subjekte folgen. Nun ist diese Konstruktion zwar grammatisch möglich, aber wegen des Szenenbeginns ohne Abjathar und des Befundes zu V.24aγ.b verdächtig. Daher ist mit *Langlamet* u.a. ואביתר in V.29a herauszunehmen.[74] Zadoq bringt die Lade alleine nach Jerusalem zurück,

---

70   Eine Verbindung von שוב und שלום findet sich noch in Gen 28,21; Jdc 8,9; 11,31; I Sam 29,7; I Reg 22,17.28 par II Chr 18,16.27; II Chr 18,26; 19,1.

71   Statt ויצקן „und sie gossen aus" ist mit den Vrs ויצגו zu lesen (Hörfehler), vgl. II Sam 6,17; I Chr 16,1. So auch Budde, KHC 8, 273.

72   So zutreffend Seiler, Geschichte, 129.

73   So die Vrs.

74   Langlamet, Pour ou contre Salomon, 516; vgl. Kegler, Politisches Geschehen, 178f.

damit ist die Episode abgeschlossen. Die Aussage „und sie blieben dort"
(V.29b) ist nicht mehr nötig, sondern schießt über; mit 29a*(ohne ואביתר)
ist die Ausführung des Befehls schon komplett notiert.[75] Das bedeutet
insgesamt, daß Abjathar mit V.24aγ.b, V.29a*(nur ואביתר) und V.29b
später in die Lade-Episode eingearbeitet wurde.[76] Wegen seiner tragenden
Rolle, die er neben Zadoq während des Aufstandes im „Nachrichtendienst"
(V.27f) spielt, hat man ihn in V.24-26.29 vermißt. Der Grundbestand der
Szene kennt nur die Leviten als Träger der Lade; sie stehen unter der
Leitung von Zadoq. Daß Leviten die Lade tragen ist erst in späten Texten,
v.a. in den Chr-Büchern belegt.[77] *Seiler* geht deswegen davon aus, daß in
V.24 ursprünglich Abjathar neben Zadoq die Lade trug und durch einen
prolevitischen Ergänzer durch die Leviten ersetzt wurde. Damit folgt er
einer spekulativen Überlegung *Wellhausens*, doch er selbst sieht: „Unklar
bleibt bei dieser Lösung freilich, warum Abjatar als Ladeträger nicht auch
in V.29 gestrichen und durch die Leviten ersetzt wurde."[78]

Fazit: Der Grundbestand der Begegnungsszene V.24-29 besteht aus
V.24aαβ.25f.29a*(ohne ואביתר). Er ist T1 zuzuschlagen, denn er steht im
Zeichen des zentralen Gedankens der Theodizee-Bearbeitung, daß Jahwe
jedem Menschen das ihm entsprechende Geschick zukommen läßt. Außer-
dem ist hier wie in der Ittai-Episode 15,18-22* (T1) im Davidbild ein
kultisches Interesse leitend: Der König kümmert sich um die Lade.[79] Im
Grundbestand ist allein Zadoq Davids Gesprächspartner. V.27f führt das
Thema des „Nachrichtendienstes" ein: Die beiden Söhne Zadoqs und
Abjathars sollen David Informationen ihrer Väter übermitteln.[80] Weil

---

75 Oder ist 29b der Abschluß von 27f und damit der Bearbeitung zuzuordnen, die den
    Nachrichtendienst einführt? Daß sich hier das sing. ἐκάθισεν der LXX (ohne
    lukianische Rezension) wirklich mit Wellhausen, Text, 198 auf die Lade bezieht,
    scheint mir fraglich.
76 Ähnlich Kegler, Politisches Geschehen, 178 mit anderer redaktionskritischer Lö-
    sung. Budde, KHC 8, 273 streicht ויעל אביתר.
77 Vgl. Dtn 10,8; 31,25; I Sam 6,15 (dazu Rost, Überlieferung 14); I Chr
    15,2.12.14.15. 26.27; 16,4 (Dienst an der Lade); II Chr 5,4; 24,11; 35,3 (dagegen I
    Reg 8,3: Priester wie Jos 3,3; 8,33!); ferner Kegler, Politisches Geschehen, 177f.
78 Seiler, Geschichte, 127f, 148f; Zitat 127, Anm. 14. Vgl. Wellhausen, Text, 197.
    Nach *Wellhausen* wollte ein Bearbeiter von der Chronik her den Nichtzadoqiden
    Abjathar eliminieren; *Seilers* Bearbeiter ist dagegen vorchronistisch.
79 Ferner sind Leviten als Träger der Lade nur in späten Texten belegt.
80 Damit liegt eine andere Konzeption vor: Man vertraut auf menschliche Mittel statt
    göttlicher Hilfe. Die weitere Untersuchung wird zeigen, daß es sich hier um die
    Bearbeitung N2 handelt, vgl. u. 5.9.

Abjathar hier genannt wird, wird er mit V.24aγ.b, V.29a*(nur ואביתר) und
V.29b in der Begegnung Davids mit Zadoq nachgetragen.

5.5 Hušai (II Sam 15,31.32-37)

Wie gesehen, folgen in V.30 wieder Itinerarnotizen,[81] darauf kommt in
V.31 ein Vermerk zu stehen, der ganz anderer Natur ist. Die einleitende
Inversion markiert den sekundären Anschluß. David wird mitgeteilt,[82] daß
Ahitofel unter den Verschwörern ist; und über dieser Nachricht stößt er, im
Narrativ angefügt, das Gebet aus: „Vereitle doch den Rat Ahitofels, Jahwe" (V.31). Die Bemerkungen setzen die Informationen von 15,12a vor-
aus, wo Ahitofel unvermittelt in den Kontext von Absaloms Verschwörung
gebracht wird. Der ehemalige Ratgeber Davids steht nun in Diensten des
Rebellen; die Geschichte seines (erfolglosen) Wirkens bis hin zu seinem
Suizid wird aber erst in 16,15-17,23 ausgeführt. Doch auch die in 15,32-37
folgende Hušai-Szene hängt mit dieser Thematik zusammen. Denn David
beauftragt Hušai damit, sich als Agent bei Absalom einzuschleichen, um
den Rat Ahitofels zu vernichten (15,34). Das steht jedoch in krassem
Widerspruch zu V.31, wo es Jahwe ist, der dessen Rat zunichte machen
soll. Nicht nur unterscheidet sich dabei die Terminologie: Die Vereitelung
der עצת אחיתפל[83] wird in V.31 mit סכלpi., in V.34 mit פררhi. formuliert.[84]
Sondern wenn David einmal sein Schicksal Jahwe anheimstellt und ein
anderes Mal mit ausgeklügelten menschlichen Mitteln taktiert, um Absalom zu Fall zu bringen, liegt damit auch ein gravierender Konzeptionsunterschied vor, der nicht als „Mischung von religiösen Erwägungen und
kluger Berechnung"[85] nivelliert werden kann. Zutreffend ist zudem die
Beobachtung *Würthweins*, daß David nach dem Handlungsverlauf in V.31
viel zu spät über Ahitofels Untreue benachrichtigt würde.[86] Denn von ihr

---

81 Vgl. o. 5.3.

82 Mit zwei Mss, 4Q Samᵃ und Vrs ist am Anfang ולדוד statt ודוד zu lesen. In הגיד muß
man entweder eine unpersönliche Formulierung in 3. masc. sing. sehen („man teilte
mit") oder mit einer Ms und den Vrs Ho. הוגד lesen. Jedenfalls ist auch im vorliegenden MT die Inversion klar zu erkennen.

83 Vgl. noch II Sam 16,23*bis*; 17,14*bis*.

84 Mit סכלpi. ist עצה nicht mehr belegt, mit פררhi. aber noch II Sam 17,14; Ps 33,10;
Esr 4,5; Neh 4,9.

85 Budde, KHC 8, 274.

86 Würthwein, Erzählung, 35.

ist in V.12a die Rede, außerdem unterrichtet bereits in V.13 ein Bote den David über den Aufstand. Aus den genannten Gründen wurde V.31 nachträglich vor die Hušai-Episode gestellt, um Davids Intrigieren im rechten Licht erscheinen zu lassen: es ist eigentlich Jahwe, und nicht der Mensch, der die Ereignisse lenkt.[87] Schon *Budde* ahnt die literarische Funktion von V.31, wenn nach ihm hier „der Erzähler vorher Übergangenes nachholt."[88] V.32ff ist ohne V.31 vollkommen verständlich; V.31 datiert also nach V.32-37*. Ich rechne V.31 zu T1, denn David stellt mit dem Gebet V.31b sein Schicksal Jahwe anheim im Vertrauen darauf, Jahwe werde das David Zukommende tun.

Doch welche weiteren Schlüsse läßt diese folgende Szene, Davids Begegnung mit Hušai, über die Entstehung von c.15-19 zu? Und ist sie aus einem Guß? Sie beginnt mit der Einleitung ויהי דוד בא עד־הראש „Und es geschah, als David auf den Gipfel kam/gekommen war, ...", danach wird mit der Formulierung והנה לקראתו der Arkiter Hušai[89] eingeführt. Einleitung (V.32a) und Begegnung (32b) sind nicht voneinander zu trennen. Die gesamte Szene wurde ebenfalls sekundär eingehängt. Das zeigt nicht nur die Neuvorstellung Hušais sondern auch und vor allem die umständliche Wendung am Anfang von 32a. Diese kann nach dem Satzweiser ויהי entweder als invertierter plusquamperfektischer Verbalsatz im Perfekt oder als Partizipialsatz aufgefaßt werden. Jedenfalls bezieht sich die Aussage auf etwas bereits Erwähntes zurück. Bezug genommen wird auf V.30, wo David auf den Ölberg steigt. V.32 lokalisiert in Anknüpfung daran die Begegnung mit Hušai auf dem Gipfel des Ölbergs, auf dem man sich David als angekommen vorzustellen hat. Dieser Gipfel wird in V.32aβ durch den Relativsatz אשר־ישתחוה שם לאלהים „wo man sich Gott niederzuwerfen pflegte"[90] näher bestimmt. Statt von Jahwe (V.31b) ist von „Gott" die

---

87 V.31 ist ein Zusatz nach a.a.O., 35f; Langlamet, Ahitofel, 59ff; ders., Pour ou contre Salomon, 352; Vermeylen, Loi, 359f, 552 (S1), Kratz, Komposition, 181, Anm. 85. Caquot/de Robert, Samuel, 532, 541 rechnen V.31.32aβ zur zadoqidischen Redaktion. Liest man V.31.32ff in Abfolge, so scheint sich Davids Gebet (V.31b) in der glücklichen Begegnung mit Šimi zu realisieren.

88 Budde, KHC 8, 274. Vgl. auch Wellhausen, Text, 198, für den „v. 31 ein ... vorausgeschickter plusquamperfektischer Umstandssatz ist, welcher eine Voraussetzung zum Verständnis von v. 32ff. enthält." Ähnlich auch Stoebe, KAT VIII/2, 373.

89 Zu והנה לקראתו vgl. noch I Sam 10,10; II Sam 16,1; I Reg 18,7; Prov 7,10 und zu Hušai vgl. II Sam 15,37; 16,16bis.17.18; 17,5.6.7.8.14.15; I Chr 27,33. Dabei findet sich die volle Bezeichnung „Hušai, der Arkiter" nur hier und in 16,16; 17,14; I Chr 27,33. Ein anderer Hušai wird in I Reg 4,16 erwähnt.

90 *Imperfectum durativum*; unpersönliche 3. masc. sing.

Rede. Gewöhnlich deutet man die Angabe so, daß man ein Heiligtum auf dem Ölberg annimmt.[91] Wenn David eine solche Kultstätte aufsucht, paßt das gut zu seiner Trauer nach V.23.30. Die Bestimmung spielt deshalb nicht „auf das eben erwähnte Gebet"[92] an; V.31 wird also nicht vorausgesetzt. Der Ergänzer von V.31 interpretiert freilich die Begegnung mit Hušai als Gebetserhörung.

Auch der Arkiter trauert: Sein Leibrock ist zerissen (32bβ), und Erde ist auf seinem Haupt (32bγ).[93] Dabei ist V.32bβ als Partizipialkonstruktion gestaltet: „zerissen (קרוע) in Bezug auf einen Leibrock (כתנתו)",[94] und V.32bγ als Nominalsatz mit präpositionaler Näherbestimmung formuliert. Diese Riten unterscheiden sich inhaltlich und daher auch semantisch vom Trauerverhalten, das in V.23*.30a.b (Itinerar) beschrieben wird. Daher sind V.23*.30a.b und V.32 von unterschiedlicher literarischer Provenienz. Ohne daß Hušai sein Ansinnen vorgetragen hätte, beantwortet David, angeschlossen im Narrativ, in V.33f eine unausgesprochene Frage. Er hält ihn davon ab, mit ihm zu ziehen, vielmehr soll sich Hušai in seinem Auftrag bei Absalom einschleichen. Das wird in zwei Konditionalgefügen je mit אם „wenn" und Waw apodosis formuliert, nämlich V.33bα.β und 34a.b. Kommt er mit, ist er David eine Last,[95] in Jerusalem aber kann er ihm nutzen. In V.34a gibt er Hušai die Worte vor, mit denen er sich bei Absalom einschmeicheln soll.[96] Mit den Konditionalsätzen ist die Rede Davids an Hušai beendet, der Auftrag klar und umfassend beschrieben. An V.34* schließt sich direkt V.37a, er beendet die Szene im Narrativ. Hušai, der nun wegen seiner neuen Funktion als רעה דוד „Vertrauter Davids"[97] charakterisiert wird, kehrt in die Stadt zurück (V.37a). Diese Notiz ist der Ausgangspunkt für sein Wirken nach II Sam 16,16ff.

---

91 Budde, KHC 8, 274; Stoebe, KAT VIII/2, 365 u.v.a.

92 Seiler, Geschichte, 130. Man sollte V.32aβ deshalb auch nicht zusammen mit V.31 heraustrennen wie Caquot/de Robert, Samuel, 532f, 541.

93 Erde (אדמה) auf dem Haupt (ראש) auch in I Sam 4,12; II Sam 1,2, je mit der Erwähnung von zerrissenen (קרע) Kleidern.

94 Zur Formulierung vgl. II Sam 13,19.

95 Zum Ausdruck היה למשא vgl. II Sam 19,36; Hi 7,20.

96 V.34a ist überladen und schwer verständlich, vgl. auch die erweiterte Doppellesart der LXX. Wenn die Worte ואני מאז ועתה Glosse sind, ergibt sich ein glatter Text. Oder man streicht je das ו vor dem zweiten und dritten אני.

97 Zum Begriff vgl. HAL, 1179. Die LXX fügt ihn auch in V.32 nach Hušais Nennung ein.

15,37b vermerkt die Rückkehr Absaloms nach Jerusalem; diese Angabe setzt voraus, daß er Jerusalem verlassen hatte. Der Vers reagiert also auf die in 15,7ff enthaltenen Nachrichten von Absaloms Gang nach Hebron. Auffällig ist in V.37b nicht nur die Konstruktion als invertierter Verbalsatz, sondern auch, daß Jerusalem hier namentlich genannt wird, während es V.37a einfach als „die Stadt" bezeichnet hat. 15,37b ist daher sekundär; ein Ergänzer hielt im Zusammenhang mit V.37a auch eine Bemerkung über Absaloms Rückkehr nach Jerusalem für nötig, um auf diese Weise die Ratgeber-Szenen von 16,15-17,23 vorzubereiten. Die grammatisch nicht ganz durchsichtige Verwendung des Imperfekts יבא hebt wahrscheinlich hervor, daß er gleichzeitig mit Hušai gekommen ist.[98]

Eine Notiz mit ähnlichem Inhalt findet sich auch in 16,15a: „Und Absalom und das ganze Volk, der Mann Israels, waren nach Jerusalem gekommen". Dort paßt sie organischer in den Kontext, zudem wird der Tatsache Rechnung getragen, daß Absalom nicht allein in Hebron gewesen war. Sein Kriegsvolk wird dort außerdem durch eine Apposition in der institutionellen Kategorie „Mann Israels", nämlich als כל־העם איש ישראל vorgestellt.[99] Doch auch 16,15a ist ein invertierter Verbalsatz, der den Textfluß unterbricht, vgl. V.14. Das bedeutet, daß nicht nur die Szenenabfolge mit den Ratgeber-Geschichten in c.16f nachträglich in ihren Kontext eingeschaltet wurde.[100] Sondern es sind auch erste Rückschlüsse auf die Grundschicht möglich. Wenn Absaloms Rückkehr je sekundär eingetragen wurde, dann weiß der Grundtext wahrscheinlich gar nicht davon, daß er Jerusalem überhaupt verlassen hatte. Weitere Einzelheiten folgen bei der Untersuchung von 15,1-12 und 17,22-29.[101]

Doch zurück zu Davids Begegnung mit Hušai. Deren Grundtext besteht, wie gesehen, aus V.32f.34a*.[102]b.37a. Zunächst sind V.35f insgesamt sekundär, denn sie überladen den Text und bringen einen Widerspruch in die Rollenkonzeption Hušais. Sollte er nach V.34b den Rat Ahitofels vereiteln, so wird er hier in den Nachrichtendienst eingebunden – eine Aufgabe, mit der er nach den Priestern und ihren Söhnen als fünfter (!) betraut wird. Auf der literarischen Ebene ist deutlich, daß V.35 mit der

---

98 So Joüon/Muraoka, § 113 ga; vgl. ferner Ges/K, § 107 d (progressive Dauer); Budde, KHC 8, 275 (eine Art *imperfectum de conatu*).

99 Dazu u. 215 mit Anm. 195.

100 Vgl. auch u. 5.9.

101 Dazu u. 6.1, 6.2 und 6.3.

102 In 34a sind die Worte ואני מאז ועתה als Glosse auszuscheiden.

umständlichen rhetorischen Frage ...שם עמך והלוא „und sind dort mit dir nicht (die Priester Zadoq und Abjathar)?" (V.35aα) nachträglich eingeschaltet wurde. *Langlamet* reagiert auf diese Beobachtungen, wenn er V.34(ab ואמרת) und das einleitende ו in V.35 ausscheidet.[103] Dafür gibt es aber keine literarischen Gründe, außerdem wäre damit die parallele Struktur des Konditionalgefüges mit doppelter *w*-AK in der Apodosis (33bβ.34b) gestört. Vielmehr ist V.35 selber überladen. Das והיה „und es wird sein" zu Beginn von V.35b zeigt, daß hier wiederum ein sekundärer Anschluß vorliegt. Zudem konkurrieren V.35a und b durch die doppelte namentliche Nennung Zadoqs und Abjathars mit ihrer Amtsbezeichnung הכהנים. Wahrscheinlich wurde erst V.35b an 34* angehängt, danach 35a vorgeschaltet um die plötzliche Erwähnung der Priester am „Hof Absaloms" zu vermitteln. Denn mit V.35b ist Hušais Aufgabe im Nachrichtendienst komplett beschrieben, 35a funktioniert aber nicht ohne 35b. Hušai soll alles, was er im Palast hört, den beiden Priestern mitteilen. Aus dem weiteren Handlungsgang (II Sam 17,15f) wird ersichtlich, daß, wie in V.35b vorgesehen, diese die Nachrichten direkt, und nicht erst über ihre Söhne dem David vermitteln. Denn die Szene, in der die Information über Jonathan und Ahimaaz läuft (17,17-21), ist mit einer partizipialen Wendung nachträglich in ihren Kontext eingebaut worden. In ihr treten auch plötzlich bisher ganz unbekannte Handlungsträger wie „die Magd" auf.[104]

Zurück zu 15,32ff*. Daß V.36 nochmals nach V.35a.b datiert, ist offensichtlich. Er wird mit הנה שם[105] angeschlossen, was V.35aα in Abwandlung kopiert und den stringenten Text unterbricht. Er führt die Priestersöhne ein, und ordnet sie ihren Vätern zu. Diese penible Neuvorstellung wäre nach V.27f nicht mehr nötig. Ahimaaz und Jonathan sollen das, was man bei Absalom in Erfahrung bringt, übermitteln. Einerseits wiederholt V.36b die Begriffe כל־דבר und שמע aus V.35b, andererseits steht die Rede in 2. pers. plur. gegenüber dem sing. in V.35b. Das heißt, während V.35b davon ausgeht, daß nur Hušai Zugang zu Absalom hat, übt er hier nach V.36 zusammen mit den anderen Spionage.[106]

---

103 Langlamet, Ahitofel, 60f. Werner, Studien, 266, 275ff und Caquot/de Robert, Samuel, 533, 541 scheiden nur V.34b aus, was nicht nur die sprachliche Struktur irritierte, sondern auch inhaltlich sehr sinnvoll wäre.

104 Vgl. u. 5.10.

105 Viele Mss lesen hier leicht glättend והנה.

106 Bemerkt die eine hebräische Handschrift, die ושלחת statt ושלחתם (vgl. auch eine LXX- und eine Peschitta-Handschrift), diesen Widerspruch?

Die Ergänzungen in V.35f* sind folglich in der Reihenfolge V.35b.a.36 an den vorliegenden Text angewachsen.

Fazit: Dem Vf. des ältesten Bestandes der Hušai-Episode (II Sam 15,32f.34a*.[107]b.37a) geht es darum, Hušai als falschen Ratgeber oder Agent im Umkreis Absaloms installiert zu wissen. Da sich eine entsprechende Bearbeitung durch den Absalomaufstand zieht, nenne ich sie die „Ratgeber-Bearbeitung" (Siglum „R" für „Ratgeber"). Diese Bearbeitung wurde in mehreren Schüben vorgenommen. Daß 15,32f.34a*.b.37a zum zweiten Bearbeitungsschub innerhalb von R, also R2 gehören, wird sich in 5.9 zeigen. Ein anderes Thema ist die Übermittlung von Nachrichten aus Jersualem an David. Der Überlegung, daß es nötig sei, einen Informationsdienst zu organisieren, tragen V.35f Rechnung. Wie eine Ratgeber-Bearbeitung gibt es im Absalomaufstand auch eine „Nachrichtendienst-Bearbeitung" (Siglum N für „Nachrichtendienst"), für die ebenso mehrere Arbeitsgänge festzustellen sind. Wie gesehen, sind V.35f in der Reihenfolge V.35b.a.36 gewachsen. Während V.35a eine Glosse ist, rechne ich V.35b zu N1 und V.36 zu N2. Nach dem Konzept von V.35b läuft der Nachrichtendienst direkt über die Priester Zadoq und Abjathar, erst V.36 führt, wohl aus logistischen Überlegungen, ihre Söhne Ahimaaz und Jonathan zur Vermittlung der Nachrichten ein.

Daß der von T1 stammende V.31 nach R2 datiert,[108] wird die weitere Untersuchung zeigen. Über die relative Chronologie von Nachrichtendienst-Bearbeitungen und Theodizee-Bearbeitung kann an dieser Stelle noch nichts gesagt werden.[109]

5.6 Zwischenfazit und Weiterführung

Mit dem Itinerar ließ sich ein roter Faden von Notizen über die Bewegungen Davids und der Seinen ausmachen (15,16a.17b.23aβbα), an die sich in 15,23aα.bβγ.30a.b weitere Angaben zum Charakter des Auszugs aus Jerusalem herankristallisiert haben. Das Intinerar gehört nicht zum Grundtext, wiewohl die Bewegung dort vorgegeben ist. Diese baut es aus und macht

---

107 In V.34a sind die Worte ואני מאז ועתה als Glosse auszuscheiden. Glosse ist auch V.37b.

108 Zu V.31 vgl. o. 193f.

109 Vgl. aber u. 7.1, 7.2 und 7.3.

damit den Weg zu einem eigenen Thema.[110] In das Itinerar werden verschiedene Episoden eingehängt: nämlich die Begegnungen mit Ittai (V.18-
22*), mit Zadoq (V.24-29*) und mit Hušai (V.32-37*). Weil diese sekundär sind, muß geprüft werden, ob das auch für die Fortsetzungen der
jeweiligen Episoden gilt und, wenn ja, mit welchem Zweck die Geflechte
sekundär eingearbeitet wurden.

Im einzelnen hat sich herausgestellt, daß II Sam 15,18aα.19abα.20-22
(Ittai) und 15,24aαβ.25f.29a*(ohne ואביתר) (Zadoq), auch 15,31 zur
Theodizee-Bearbeitung T1 gehören. Dagegen sind 15,32f.34a*.[111]b.37a der
Ratgeber-Bearbeitung R2 zuzuordnen.

In die Szenen wurde wiederum die Entscheidung Davids über die Haremsfrauen (V.16b.17a) und der „Nachrichtendienst" (V.27f.35b.36)
eingetragen. Dabei ist V.35b zu N1 und V.27f.36 zu N2 zu rechnen.[112]

In den folgenden Episoden trifft David Meribbaals Knecht Ziba (16,1-
4) und den Benjaminiter Šimi (16,5-13). Beider Schicksale werden erst in
II Sam 19,17ff.25ff abgearbeitet,[113] also nach der Schlacht gegen Absalom.

5.7 Ziba (II Sam 16,1-4)

Sowohl in der Ziba- als auch in der Šimi-Epsiode wurde ein Bestand, der
aus der Feder der dynastiekritischen Redaktion stammt (16,1a.3f und
16,5.6aα), von Autoren der Theodizee-Schicht bearbeitet und nach ihren
theologischen Vorstellungen ausgerichtet. 16,1-4 handeln von einem
Zusammentreffen Davids mit Ziba, das sehr deutlich später eingeschaltet
wurde. Denn 16,1aα leitet die Szene ein: ודוד עבר מעט מהראש „und
David war ein wenig vom Gipfel gezogen", daraufhin wird Ziba mit der
Wendung והנה ... לקראתו eingeführt (V.1aβ). Wie in 15,32 können die
Angaben zum Weg Davids und die Begegnung mit Ziba nicht voneinander
getrennt werden, und V.1a ist im Ablauf der ganzen Szene fest verankert.

Diese ist eindeutig sekundär gegenüber V.30, wo David auf den Ölberg steigt. Das ergibt sich v.a. aus der klaren Inversion zu Beginn, dem
Rückgriff im Plusquamperfekt sowie der Ortsbestimmung „vom Gipfel",

---

110 Zum Itinerar insgesamt vgl. u. 7.6.1 sowie 5.1, 5.3, 6.2 etc..
111 Ohne die Glosse ואני מאז ועתה.
112 Vgl. insgesamt die Fazits je am Schluß von 5.2 bis 5.5.
113 Dabei wird Ziba indirekt bei Davids Begegnung mit Meribbaal (19,25ff) berücksichtigt.

die an den Aufstieg anknüpft.[114] 16,1 redet als sekundäres Pendant rückblickend von Davids Abstieg; von seiner Ankunft auf dem Gipfel war ja
nur im ebenfalls nachgetragenen 15,32 die Rede. Zusammen mit diesem
V.32 entstehen die drei Stationen „Aufstieg – Gipfel – Abstieg". Wie der
literar- kritische Befund zeigt, entstammt diese Konstruktion verschiedenen Händen.[115] Doch auch inhaltlich unterscheidet sich die Szene 16,1-4
von der Trauerprozession, wie sie in V.23*.30a.b dargestellt wird. Denn
wieder handelt es sich um eine Einzelperson, die herausgegriffen wird, und
die Antworten Zibas zeigen, daß ganz andere Probleme als im Kontext
verhandelt werden. Es geht nicht mehr um Davids Trauer, sondern um
seine Versorgung durch Ziba sowie um den Thronanspruch Meribbaals.

Nach *Cook* sind sämtliche Ziba- und Meribbaal-Episoden „independent of the rest of the book"; sekundär sind für ihn auch die Šimi-Szenen.[116] *Veijola* schließt von II Sam 9, das nicht zur Thronfolgegeschichte
gehöre, auf die nachträgliche Einschaltung von 16,1-14* und 19,17-41a*,
sie seien im 7. Jahrhundert von einem prodynastischen Redaktor eingearbeitet worden. Hiermit folgt er zunächst *Langlamet*, der jedoch seine
Thesen in Auseinandersetzung mit *Veijola* weiterentwickelt. *Langlamet*
rechnet die sog. „benjaminitischen Episoden" II Sam 9*; 16,1-14*; 19,17-
31*; I Reg 2,36-46* zu einer späteren Bearbeitung, sei es S1 oder S2. Die
Texte seien jedoch durch den prosalomonischen S3 erheblich überarbeitet
worden. Auch *Bietenhard* und *Vermeylen* sehen hier sekundäre Texte.[117]
Auch wenn hier im Grundansatz schon Richtiges erkannt wurde, muß man
im einzelnen noch viel differenzierter vorgehen.

In 16,1-4 geht es mit der Versorgung durch Ziba (V.1b.2) und den
Thronanspruch Meribbaals (V.1a.3f) um zwei völlig unterschiedliche
Themen. Außerdem besteht die Szene aus zwei Redegängen, nämlich V.2

---

114 Zur eigentümlichen Verbindung von עבר mit מעם vgl. nur noch II Sam 19,37; Cant
    3,4.

115 Denn 15,30 stammt vom Itinerar, 16,1 von der dynastiekritischen Redaktion, und
    15,32 von R1.

116 Cook, Notes, 169, 171.

117 Vgl. Veijola, David und Meribbaal, 355ff und Langlamet, Pour ou contre Salomon,
    350, 352ff; ders., Absalom 163f (S2); ders., David et la maison de Saül (längere
    Aufsatzreihe, ab jetzt „Maison"). Innerhalb der Reihe scheint ihm dann Unter-
    scheidung von S1 und S2 wieder fraglich, und damit auch die These, daß die ben-
    jaminitischen Episoden wirklich nachgetragen sind, vgl. ders., RB 86, 511f. Bieten-
    hard, Des Königs General, 353 folgt dem frühen *Langlamet*. Vermeylen, Loi, 275ff,
    357ff, 388ff, 460ff, 602f, 644f weist die Szenen S2 zu; sie seien dann von DtrP und
    der perserzeitlichen Schlußredaktion überarbeitet worden. Zu den Siglen vgl. den
    Forschungsüberblick in der Einleitung.

und V.3f. Dabei ist deutlich, daß der Text in V.1 völlig überladen ist und
in V.1b die Konstruktion von V.1a abbricht. Denn der Satz „und siehe, da
war Ziba, der Knecht Meribbaals,[118] ihm entgegen" (V.1aβ) ist vollständig
und beendet, wie gerade die Einklammerung des Namens durch והנה und
לקראתו zeigt. Doch in V.1b wird, dazu nicht passend, eine umfangreiche
Aufzählung von Naturalien und Hilfsgütern angefügt. Mit ihnen unterstützt
Ziba den fliehenden König, wie er auf dessen Anfrage hin (V.2a) ausführlich erläutert (V.2b).[119] Was die Materialgaben im einzelnen betrifft, also
Esel, Brot, Rosinenkuchen, Sommerobst und Wein (V.1b), fällt auf, daß
die צמוקים „Rosinenkuchen"[120] in der Erläuterung V.2 fehlen, was wohl auf
einer willentlichen Kürzung beruht. Zur Szene ist die sehr ähnliche Aufzählung der Geschenke bei der Begegnung von David und Abigail I Sam
25,18 zu vergleichen. Mit V.2 ist der Redegang abgeschlossen. Bei den
anderen Belegen der Einführung mit הנה לקראת hat eine Konstruktion wie
V.1 keine Parallele.[121] V.1b.2 behandeln also das Thema „Versorgung", sie
bestehen aus der Exposition (V.1b) und dem abgeschlossenen Redegang
(V.2). Die verbleibenden V.1a.3f ergeben nicht nur einen stringenten
Text, sondern sind auch genauso aufgebaut. Da sie einen unabhängigen
Beginn haben, also aus sich heraus verständlich sind, V.1b.2 aber literarisch an sie anknüpfen, liegt in V.1b.2 ein Nachtrag vor. Wenn V.1b.2
herausgetrennt werden, löst sich nicht nur das Problem der beiden weit
voneinander liegenden Themen in V.1-4*, sondern erklären sich auch die
Unterschiede bei der Formulierung der Redeinleitungen in V.2-4. Denn
wenn V.3 direkt hinter V.1a zu stehen kommt, ist bei Davids Redeeinführung keine neuerliche Erwähnung des Adressaten nötig, weil er ja gerade
genannt worden ist. Anders beginnt V.2a „und der König[122] sagte *zu Ziba*",
wobei die Rektion mit אל und nicht wie in V.4a mit ל formuliert wird.

Doch was läßt sich zur Tendenz von V.1a.3f und V.1b.2 sagen? In
V.3f wird ein erstaunlich scharfer Ton angeschlagen. Auf Davids Frage
nach Meribbaal antwortet Ziba: „Siehe, er sitzt in Jerusalem,[123] denn er

---

118 So die Namensform nach I Chr 8,34; 9,40 gegen MT „Mefiboschet", vgl. McCarter,
    AncB 9, 124f. Zum Problem auch Schorch, Baal, 598ff; Fischer, Hebron, 72.

119 Mit etwa 30 Mss, Qere und den Vrs ist in V.2b והלחם „und das Brot" statt ולהלחם
    „um zu kämpfen" zu lesen, vgl. Wellhausen, Text, 199.

120 Zum Begriff vgl. I Sam 25,18; 30,12; I Chr 12,41.

121 Vgl. auch I Sam 10,10; II Sam 15,32; I Reg 18,7; Prov 7,10.

122 Wenn David ab V.2 nicht mehr namentlich, sondern mit seinem Titel „der König"
    bezeichnet wird, liegt das an der Rolle, die er besonders nach V.3f spielt.

123 Vgl. 9,13aα.

sagt: Heute gibt mir das Haus Israel das Königtum meines Vaters zurück"
(V.3bβγ).[124] Gemeint ist damit das Königtum Sauls[125] oder das Jonathan
zustehende Königtum. Damit wird deutlich gemacht, daß die Herrschaft,
derer er sich bemächtigt hat, aus der Sicht bestimmter Gruppierungen das
Königtum eines anderen, nämlich eines Sauliden, ist. Hier artikuliert sich
die dynastiekritische Bearbeitung, die auch in II Sam 11f; I Reg 1f greifbar
ist.[126] Dies bestätigt sich auch im Blick auf V.4, der die Reaktion des
Königs berichtet: Er übereignet Ziba alles, was Meribbaal besaß (V.4a),
woraufhin Ziba seine Loyalität bekundet (V.4b). David wird als despotisch
und eigenmächtig dargestellt, denn er verfügt einfach nach dem Maß von
Zibas Ergebenheit wie in einem Gewaltakt über Meribbaals gesamten
Besitz. „David accepts the guilt of Meribaal without further inquiry ..., and
in the absence of the accused, and thus confiscates property from one
family and transfers it to another without trial."[127] Da Meribbaals Land
Familienbesitz und nicht Königslehen war, gilt für Ben-Barak: „David's
action was in flagrant breach of custom",[128] was er regelrecht tyrannisch
nennt.

Daß die Szene eine Fassung von II Sam 9 voraussetzt, ist nicht unwahrscheinlich,[129] denn 16,1-4* erläutert nicht, wer Meribbaal ist. Er wird
als Sohn von Zibas Herrn vorgestellt (V.3). In c.9 wird davon berichtet,
daß der König den Besitz Sauls seinem Sohn Meribbaal übergibt, ihn aber
im Gegenzug an den Hof holt und eine ständige Tafel gewährt. Handelte es
sich dabei um eine Maßnahme, den potentiellen Thronprätendenten unter
Kontrolle zu haben, dann wäre auch II Sam 9* ein dynastiekritischer
Text.[130] Dort gibt David Meribbaal also den ganzen Besitz (vgl. etwa 9,9),
hier macht er alles wieder rückgängig. Verschiedene Beobachtungen
sprechen dafür, daß c.9 zumindest in der Fassung V.2-5.9.10a.11a.13a[131]

---

124 Zum Begriff ממלכות vgl. noch Jos 13,12.21.27.30.31; I Sam 15,28; Jer 26,1; Hos
   1,4. Zur Wendung „das Königtum zurückgeben (שוב hi.)" vgl. I Reg 12,21 (mit
   מלוכה) par II Chr 11,1 (mit ממלכה), ferner auch I Reg 12,26 (שוב qal mit מלוכה).

125 Vgl. u. Anm. 135.

126 Vgl. etwa o. 67–69 und 2.5 zu II Sam 11f sowie 4.7 zu I Reg 1f. Zu ihren Trägerkreisen und dem Diskussionsprozeß, in dem sie steht, s.u. 337ff.

127 Ben-Barak, Meribaal, 85.

128 A.a.O., 84, vgl. 85f.

129 Zum Problem vgl. auch Fischer, Hebron, 194–207, nach dem der Grundbestand von
   II Sam 9 dtr ist. II Sam 16,1-4; 19,25-31 datieren nach ihm später (a.a.O., 205).

130 Oder soll die Geschichte David von einer Schuld gegenüber den Sauliden freispre-
   chen?

131 Vgl. ähnlich Hentschel, NEB 34, 38, der den alten Kern in V.2b-5.9.11 verortet. In

der Ziba-Episode in c.16 zugrunde liegt. In beiden Fällen laufen die Verhandlungen Davids v.a. über Ziba.[132] Dieser wird in 16,1 zwar nochmals komplett als „Ziba, der Knecht Meribbaals" vorgestellt,[133] aber die Frage nach dem „Sohn deines Herrn" in 16,3 wäre unverständlich, wenn Ziba nicht in 9,2 in einem selbständigen Neubeginn als ein Knecht des Hauses Sauls eingeführt worden wäre. Denn in 16,3 kann mit dem „Sohn deines Herrn" nur Meribbaal gemeint sein;[134] hier ist daran gedacht, daß Ziba auch Jonathans bzw. Sauls Knecht war.[135] Auch der Besitz wird in 9,9 und 16,4 mit derselben Formulierung umschrieben: ל (היה) אשר כל.[136] Auffällig ist jedoch, daß Meribbaals Lähmung in 16,1-4* keine Rolle zu spielen scheint. In 4,4; 9,13b; 19,27bβ wurde sie jeweils recht deutlich nachgetragen.[137] Eventuell gilt das auch für das mit 4,4aβ identische Attribut רגלים נכה „lahm an Füßen" am Schluß von 9,3b.

Jedenfalls übereignet David nach 16,1a.3f despotisch dem Ziba den gesamten Besitz der Sauliden. Die sekundäre Überarbeitung 16,1b.2 gleicht dieses Bild aus: Ziba empfängt nicht nur, er gibt auch! Der Gnaden-

---

V.11 ist mit der LXX „Tisch Davids" statt MT שלחני „mein Tisch" zu lesen, vgl. ein hebräisches Ms שלחנו „sein Tisch", ferner Peschitta דמלכא פתורה „Tisch des Königs".

132 Anders in II Sam 19,25-31, das von der Theodizee-Bearbeitung stammt, dazu u. 7.5.

133 Zu Ziba vgl. insgesamt 9,2*bis*.3.4.9.10.11.12; 16,1.2*bis*.3.4*bis*; 19,18.30. Dabei findet sich in 9,2.9; 16,1; 19,18 je eine Neuvorstellung; die Benennung Zibas als Knecht Sauls (9,9) oder Meribbaals (16,1) liegt auf der Linie der allgemeineren Einführung in 9,2, vgl. 19,18. Vermeylen, Loi, 645 wertet „Knecht Meribbaals" in 16,1 als Zusatz von DtrP.

134 Zwar spricht 9,12a von einem kleinen Sohn Meribbaals namens Mika, aber der begegnet im weiteren Erzählverlauf überhaupt nicht mehr; zudem ist 9,12a deutlich eine erklärende Glosse, die die Stringenz des Kontextes unterbricht, vgl. Eißfeldt, Komposition, 35. In V.12f folgen insgesamt locker angehängte Einzelnotizen, vgl. Hentschel, NEB 34, 39. Zu Mika vgl. auch I Chr 8,34ff.

135 Vgl. 9,2.9, auch 19,18. Eine ähnliche Schwierigkeit begegnet in der Frage, ob Meribbaal der Sohn Jonathans ist (9,3.6.7aα; vgl. ferner 4,4; 21,7) oder der Sohn Sauls (9,7aγ; 19,25 sowie 9,9f). Zur Problematik insgesamt vgl. etwa Veijola, David und Meribbaal, der all die Stellen ausscheidet, an denen er als Sohn Jonathans firmiert.

136 Dagegen verengt II Sam 9,7a die Perspektive auf den Landbesitz כל־שדה, doch liegt in V.7aβγ wahrscheinlich ein Nachtrag vor, der nach dem Prinzip der Wiederaufnahme verklammert wurde. Diese Einschränkung auf den Landbesitz dürfte von 19,30 herrühren, der von der Theodizee-Bearbeitung stammt. Zudem fällt der Konzeptionsunterschied auf, wenn in V.7aα Jonathan und in der Wiederaufnahme V.7aγ Saul als Vater Meribbaals bezeichnet wird.

137 Zu 4,4 vgl. Budde, KHC 8, 216; Fischer, Hebron, 207, zu 9,13b Hentschel, NEB 34, 38 und zu 19,27b Vermeylen, Loi, 631 (DtrH).

erweis des Königs entspricht seinem Einsatz, Zibas Vita erfährt dadurch einen Ausgleich. Daß die Überarbeitung aus der Feder der Theodizee-Schicht (T1) stammt, zeigt sich auch im Blick auf den Abschnitt II Sam 19,25-31, der mit 16,1-4* zusammenhängt. Zwar handelt diese Episode davon, wie *Meribbaal* David um Verzeihung bittet, weil er nicht mit ihm gezogen ist. Aber im Ergebnis wird auch Zibas Geschick mit verhandelt. Denn Meribbaal soll sich nun mit Ziba den Landbesitz der Sauliden teilen. So wird das Verhalten Davids deutlich korrigiert: Er handelt nicht will-kürlich, sondern gerecht nach dem Zusammenhang von Tat und Ergehen. Meribbaal wird für seine Illoyalität gestraft, und Ziba empfängt Lohn für seine Loyalität. Der Landbesitz wird nicht einseitig übereignet, der Idee einer ausgleichenden Gerechtigkeit ist damit Genüge getan.[138]

Fazit: In II Sam 16,1-4 wurde also ein Abschnitt der dynastiekriti-schen Redaktion (V.1a.3f) nachträglich durch die Theodizee-Bearbeitung T1 (V.1b.2) ergänzt. Die dynastiekritische Redaktion hält fest, daß sich David eines fremden Thrones bemächtigt hat und tyrannisch mit dem Besitz der Saulfamilie umgeht: allein auf die kolportierte Aussage in 16,3b hin übereignet er diesen dem Ziba. Dagegen hebt T1 Zibas Loyalität her-vor: Er erhält den Besitz der Sauliden, weil er David und die Seinen groß-zügig versorgt hat.

Was die relative Chronologie der Schichten betrifft, können verschie-dene Ergebnisse festgehalten werden. Zunächst wurde auch an dieser Stelle deutlich, daß die Theodizee-Bearbeitung nach der dynastiekritischen Redaktion anzusetzen ist.[139] Die letztgenannte Schicht ist ihrerseits nach dem Itinerar zu datieren, da die Szene 16,1a.3f sekundär von V.30 abhän-gig ist.

5.8 Šimi (II Sam 16,5-13.14)

Ebenso davidkritisch wie 16,1a.3f ist 16,5-13 von seinem Grundansatz her. Doch: „Die Simei-Szene ... ist, so wie sie berichtet wird, voller Rätsel und mutet teilweise geradezu unwirklich an"[140]. Sie wird mit dem Perfekt mit *Waw copulativum* וּבָא „und er war gekommen" angefügt (V.5a). Auf einer

---

138 Vgl. auch u. 7.5.

139 Vgl. dazu den Befund in I Reg 1,9f.12.21 (3.2, 3.4 und 3.6); I Reg 1,50-53; 2,13-25 und 2,28-35 (4.1 und 4.2).

140 Würthwein, Erzählung, 43. A.a.O., 44 erwägt er, ob die ganze Szene nicht sekundär aus 19,17ff herausgesponnen ist. Zur weiteren redaktionskritischen Einordnung in der Forschung vgl. o. am Anfang von 5.7.

Linie mit 16,1 wird sie im plusquamperfektischen Rückblick in die Bewegungen des Itinerars eingeschaltet. Dann leitet והנה „und siehe" und ein folgendes Partizip die Begegnung mit Šimi ein. Nach V.5 ist der „König David"[141] nach Bahurim[142] weitergezogen, was seiner Marschrichtung nach Osten entspricht. Šimi wird ausführlich mit Vatersnamen[143] und wichtiger mit den Worten ממשפחת בית־שאול[144] als Saulid vorgestellt. Er begegnet David in großer Rage: יצא יצוא ומקלל „er zog heraus und fluchte dabei fortwährend" (V.5bβ).[145] V.6 fügt im Narrativ an, daß er David und die Seinen mit Steinen bewarf.[146] Der Vers wirkt stark überladen. Wahrscheinlich wurden die Objekte ab V.6aβ, also die dreifache Cstr.-Verbindung mit כל[147] später hinzugefügt, so daß Šimi zunächst nur David steinigt, Knechte, Kriegsvolk und Helden aber noch zur Vervollständigung angeschlossen wurden. Denn: „Sie [sc. die eben Genannten], die nachher eine Feldschlacht siegreich zu schlagen vermögen, können Simei nicht abschrecken."[148] Für den Nachtragscharakter von V.6aβb spricht auch die erneute Nennung des „König David" in V.6aβ nach „David" in V.6aα. Mit dem summarischen „zu seiner Rechten und zu seiner Linken" (V.6bβ) ist der Nachtrag beendet.

In V.7-13 folgt ein langer Dialogteil, der eindeutig später hinzugesetzt wurde.[149] Denn seine Einleitung וכה־אמר שמעי בקללו „und so sprach Šimi in seinem Fluchen" ist als Nachholung und im Rückgriff auf V.5 formuliert; die folgende Rede soll das Zitat von Šimis Fluch sein. V.13 ist deutlich eine modifizierte Wiederaufnahme von V.5f; sie dient zur Verklammerung des Redeteiles. Schwerlich kann man sich eine derart lange und

---

141 David wird hier in Kombination des in V.1-4* vorangehenden Gebrauchs המלך דוד genannt.

142 Bahurim ist sonst nur noch in II Sam 3,16; 17,18; 19,17; I Reg 2,8 belegt. Wenn Halpern, David's Secret Demons, 64 daraus folgert, der Ort habe nur zur Davidzeit bestanden, greifen seine Überlegungen zu kurz, denn er bleibt einen archäologischen Beweis schuldig.

143 Eine Einführung Šimis als „Sohn Geras" findet sich noch in II Sam 19,17.19 und I Reg 2,8.

144 Die Wendung ist *hapax*.

145 Eine Verbindung der Wurzeln יצא und קלל findet sich nur hier und in V.7.

146 Zur Wendung סקל באבנים vgl. noch Dtn 13,11; 17,5; 22,21.24; Jos 7,25; II Sam 16,13; I Reg 21,13; Pi. nur in II Sam 16,6.13.

147 Vgl. auch den Zusatz 15,18aβb, der ähnlich mit dreifachem וכל arbeitet.

148 Würthwein, Erzählung, 44.

149 So faktisch auch Langlamet, Maison, RB 86, 507 und RB 88, 326, 331f (fast ganz S3).

wohldurchdachte Rede im Munde dessen vorstellen, der David erhitzt
gegenübertritt, um ihn mit Steinen zu bewerfen; denn: „Simei macht
durchaus den Eindruck eines zornmütigen Augenblicksmenschen".[150]
Damit sticht nochmals der Unterschied zwischen Grundbestand und Dialog
ins Auge.

Der Grundbestand der Szene (V.5.6aα) liegt auf der Linie von
V.1a.3f; auch ohne den Dialogteil ist deutlich, warum der Saulide David
verflucht. David hat, so ist der Text gerade im Anschluß an die zweite
Antwort Zibas zu verstehen, das Königtum Sauls und der Sauliden an sich
gerissen, er befindet sich im Unrecht. Das scheint nicht nur Konsens unter
den Sauliden, sondern vielmehr das Anliegen der Bearbeiter, die im Zeichen scharfer Dynastiekritik in die Thronfolgegeschichte eingreifen. An
der Figur Davids wird der Stellenwert der Dynastie und ihrer Nachkommen
grundsätzlich diskutiert. Wie die Überlegungen zur relativen Chronologie
zeigen, ist die dynastiekritische Bearbeitung nach DtrH anzusetzen.[151] Man
gerät mit ihr in einen Prozeß der Auseinandersetzung, der in der zweiten
Exilshälfte beginnt und noch in den folgenden Jahrhunderten anhält. Es ist
die Diskussion um eine Zukunft der Nachkommen der davidischen Dynastie, die sich etwa auch in der Debatte um den נשׂיא „Fürsten" in Ez 40-48
niederschlägt.[152] Die bloße Deutung Šimis als „politischer Führer Benjamins", der „die Aufstandsbewegung gegen David militärisch unterstützte"[153] beruht m.E. auf reinen Mutmaßungen, denn: „Was hätte ein
Verwandter Sauls für ein Interesse gehabt, Absalom zur Krone zu verhelfen?"[154]

Die Autoren der Theodizee-Bearbeitung (V.7-13) machen aus V.5f*
ein theologisches Paradigma. Zunächst legen sie Šimi schwerwiegende
Beschuldigungen in den Mund: „... Geh weg, geh weg, Blutmensch, (8)
Nichtsnutz, Jahwe hat auf dich alles Blut des Hauses Sauls zurückge-

---

150 Budde, KHC 8, 275.
151 S.o. 4.1 und u. 337–341; vgl. ferner Edelman, Saulide-Davidic Rivalry, 83 zu II Sam 16,5-14. Nach a.a.O., 71ff, 90f reflektieren die Texte über David und die Sauliden, so wie sie jetzt in den Samuelbüchern vorliegen, eine Auseinandersetzung zwischen der „golah party" (David) und der „non-golah community in Benjamin" (Saul), die etwa zwischen 538 und 515 v. Chr. in der persischen Provinz Jehud stattgefunden habe.
152 Vgl. Rudnig, Heilig, 157ff.
153 Würthwein, Erzählung, 44, vgl. ähnlich Seebaß, David, 44.
154 Budde, KHC 8, 275.

bracht, an dessen Stelle[155] du König geworden bist. Und Jahwe gab das
Königtum in die Hand Absaloms, deines Sohnes, und siehe, du bist in
deiner Bosheit, denn ein Blutmensch bist du" (V.7f). Über die bloßen
Anwürfe wie „Nichtsnutz"[156] hinaus stellt der Šimi der Bearbeitung das
Geschick Davids in einen vergeltungstheologischen Rahmen. In der Stilform der Ploke, nach der man am Schluß einer Rede auf den Gedanken
ihres Anfangs zurückkommt, nennt er David zu Beginn und zum Schluß
einen איש הדמים „Blutmensch".[157] Dies ist ein Begriff v.a. der Psalmen-
sprache, vgl. Ps 5,7; 26,9; 55,24; 59,3; 139,19; Prov 29,10. Der Gedanke,
daß Jahwe die Blutschuld (דמים) Davids auf ihn zurückbringt (שובhi.),
erinnert deutlich an I Reg 2,32.33; dies sind mit II Sam 16,8 die einzigen
Stellen im AT, an denen eine Verbindung von דם mit der Wurzel שוב,
gleich in welchem Stamm, begegnet.[158] Dem V.8 besonders ähnlich ist I
Reg 2,32, der im Perf. cons. hi. והשיב beginnt und „Jahwe" als Subjekt hat;
dieser Vers stammt von der Theodizee-Bearbeitung T2.[159] Ins Positive
verkehrt „Gutes statt des Fluches" begegnet die Aussage mit והשיב ... יהוה
dann in Davids Antwort II Sam 16,12b. Ähnlich wie in I Reg 2,15b (T1) ist
außerdem in Šimis Einlassung davon die Rede, daß Jahwe das Königtum
(המלוכה) einem anderen gegeben hat.[160] Schließlich faßt der Satz
והנך ברעתך „und siehe, du bist in deiner Bosheit" prägnant das Ergebnis
zusammen: Wie es David jetzt geht, ist durch seine früheren Taten bestimmt. So zu denken, ist der theologische Horizont der Theodizee-Bearbeitung, und entsprechend der Bewertung Šimis könnte man das Geschick Davids tatsächlich einschätzen, wenn Absalom mit Jahwes Willen
siegreich wäre. Denn die Theodizee-Bearbeitung geht davon aus, daß
derjenige siegt, dem es von Jahwe her zukommt.

Wenn ein historischer Hintergrund der Beschuldigungen Šimis in V.7f
benannt werden soll, ist keineswegs zwingend, daß sie auf die in II Sam
21,1-14 genannten Ereignisse reflektieren, wie etwa *Budde* annimmt.
Nach 21,8f liefert David den Gibeoniten sieben Nachfahren Sauls aus,
damit sie an ihnen Blutrache nehmen können. *Buddes* Sicht beruht nicht

---

155 So mit vielen Mss und Qere statt MT תחתו.

156 Zu (ה)בליעל איש vgl. I Sam 25,25; 30,22; II Sam 20,1; I Reg 21,13; Prov 16,27. Die
Verbindung איש בן בליעל ist in Dtn 13,14; Jdc 19,22; 20,13; I Reg 21,10.13; II Chr
13,7 belegt. Zu bloßem בן בליעל s. I Sam 2,12; 10,27; 25,17.

157 So auch Rost, Überlieferung, 114.

158 Vgl. dazu o. 128f.

159 S.o. 4.2.

160 Dort wird es allerdings mit סבב und היה ל formuliert.

nur auf der Umstellung von 21,1-14 vor c.9,[161] sondern verkennt, daß die
Episode ein sühnetheologisches Paradigma ist. Vielmehr reichen der
Verlauf von Davids Aufstieg auf Kosten der Sauliden im allgemeinen und
im besonderen die Begebenheiten von II Sam 3; 4, also die Ermordungen
Abners und Ischbaals, um Šimis Beschuldigungen zu provozieren. Es fällt
auf, daß sich David von diesen Ermordungen allzu offensichtlich distan-
ziert (II Sam 3,28ff; 4,9ff).[162]

Doch ist auch der weitere Verlauf der Szene sowie der ganzen Aufstandserzählung zu betrachten. Abišai[163] bietet auf diese Fluchrede hin
seinem Herrn David sofort an, Šimi zu enthaupten: Wer sollte dem König
so fluchen dürfen (V.9)?[164] Zwei Reaktionen Davids auf das Angebot sind
überliefert: V.10 und V.11f, die durch die unmotivierte doppelte und
unterschiedlich formulierte Redeeinleitung je in V.10a „da sagte der
König" und V.11a „da sagte David zu Abišai und zu all seinen Knechten"
in literarischer Konkurrenz zueinander stehen. Auch der Gedanke ‚Jahwe
hat es Šimi befohlen' rangiert doppelt, vgl. V.10b mit V.11b.[165] Welche
Antwort ist ursprünglich? Während *Würthwein* ganz V.9-12 ausscheidet,[166]
in seinem Grundbestand also David überhaupt nicht auf Šimi reagiert, hält
Veijola V.10 für primär und V.11f für einen Zusatz.[167] Sein Argument ist,
daß der Fluch Šimis, von dem im Vokabular von V.10 noch einmal die
Rede ist, V.11f nur ein Gesichtspunkt neben anderen ist. Mit ihm gehen
Seiler und *Vermeylen*.[168] Ferner hatte in diese Richtung bereits *Kloster-
mann* gedacht, nach dem sich V.10 und V.11 zueinander wie Text und
Paraphrase verhalten.[169]

---

161 Budde, KHC 8, 275. Zur Verortung in Davids früher Zeit auch Wellhausen, Compo-
    sition, 260f; Cook, Notes, 155f; Schnabl, Thronfolgeerzählung, 133–140.

162 Zum apologetischen Charakter der Darstellung s. McCarter, Apology, 501f.

163 Wie hier wird er noch in I Sam 26,6; II Sam 18,2; 19,22; 21,17; 23,18; I Chr 18,12
    als Sohn der Zerujah vorgestellt, vgl. auch II Sam 2,18; I Chr 2,16. Zu II Sam 16,10
    ist besonders die parallele Szene 19,22f zu vergleichen. Vgl. ferner 3,39.

164 Vgl. Ex 22,27b, der den Fluch des נשׂיא בעמך „Fürsten in deinem Volk" verbietet.
    Zur Bezeichnung Šimis als כלב מת „toter Hund" vgl. noch I Sam 24,15; II Sam 9,8.

165 Gegen Rost, Überlieferung, 114 kann mit V.10f keine Ploke vorliegen, da in V.11
    die Rede noch nicht beendet ist.

166 Würthwein, Erzählung, 44f.

167 Veijola, Ewige Dynastie, 33.

168 Seiler, Geschichte, 139. Nach a.a.O., 148f ist hier der Ergänzer von 15,24-26*.29
    am Werk. Für Vermeylen, Loi, 360f, 602, 659 stammen V.1-10.13-16a von S2, und
    V.11f von der Schlußredaktion in der mittleren Perserzeit.

169 Klostermann, KK 3, 205.

Doch spricht viel dafür, daß Davids Antwort in V.11f ursprünglich ist,
und V.10 eine nachträgliche Vorabklärung darstellt. Zunächst ist V.11f
besser im Kontext verankert als V.10. Er enthält die ursprüngliche Redeeinleitung „da sagte David zu Abišai und zu all seinen Knechten", während
es in V.10 nur heißt: „da sagte der König". Und wie im ursprünglichen
Kontext V.6aα und V.13 ist in V.11 von „David" die Rede. *Veijolas* Überlegung, der Fluch sei in V.11f nur ein Aspekt unter anderen, verkennt, daß
sich alle Aussagen in V.11f auf den Fluch beziehen. Immerhin argumentiert David hier gegen einen Wunsch zu töten, was die Länge seiner Rede
gut erklärt. Der primäre Text der Szene besteht also aus V.5.6aα.7-
9.11f.13*.[170] Inwiefern V.11f durch V.10 vereindeutigt und entschärft
werden, zeigt sich im Laufe der Interpretation.[171]

Die Darstellung der Reaktion Davids auf Abišai zeigt, daß hier ganz
klar die Theodizee-Schicht am Werk ist. David hat zwei Argumente. Eines
nach dem Schluß קל וחמר: Wenn sein Sohn Absalom[172] ihm nach dem
Leben trachtet, dann kann der Fluch Šimis kein Problem darstellen. Und
eines mit Blick auf die Qualität des Fluches. Ein Fluch ist derart folgen-
schwer, daß David darauf verzichtet, über ihn zu richten. Er stellt sein
Geschick vielmehr Jahwe anheim: „Laßt ihn, und er soll fluchen! Denn
Jahwe hat es ihm gesagt. Vielleicht sieht Jahwe (mitleidig) meine Schuld[173]
und bringt Jahwe mir Gutes statt seines Fluches zurück[174] am heutigen
Tage" (V.11b.12). Hier spricht David als צדיק, begegnet wieder das Bild
eines demütigen Königs,[175] der auf Jahwes gerechte Vergeltung hofft.
Wenn Šimi im Auftrag Jahwes flucht, hat der Mensch keine Möglichkeit,
etwas dagegen einzubringen, und David geht davon aus, daß Jahwe es ihm

---

170 Zu V.13 s.u. 211.

171 Schulte, Geschichtsschreibung, 152–154, 180 sieht V.10 als Zusatz im Rahmen
einer vordtr. königsideologischen Interpretation; ihr folgt Langlamet, Rez. Würth-
wein/Veijola, 123f. In ders., Maison, RB 86, 507 und RB 88, 326, 331f relativiert er
diese Einschätzung aber wieder, gleichzeitig scheidet er V.7f.12 als S3 aus.

172 Zum Ausdruck יצא ממעים vgl. noch Gen 15,4; II Sam 7,12.

173 So mit K, das anstößig wirkt. Einige Mss und Q, vgl. Targum lesen בעיני „mein
Auge", was nicht viel Sinn ergibt. Dagegen haben wenige Mss, vgl. LXX, Peschitta
und Vulgata בעניי „mein Elend", was dem Ausdruck ראה בעני entspricht, vgl. Gen
29,32; I Sam 1,11. Zwar wird in V.12b das Subjekt „Jahwe" wiederholt, doch ist
V.12a ohne V.12b unvollständig, da die Folge fehlt.

174 Die Wendung lautet hier שׁוב טובה hi. und ist *hapax*, vgl. sonst nur noch die Formulierung שׁוב רעה תחת טובה hi. in I Sam 25,21; Prov 17,13. Das dreimalige „Jahwe"
in V.11b*.12 ist beabsichtigt.

175 Hermisson, Weisheit, 140f, zeigt mit Prov 16,18; 18,12, daß dies ein weisheitliches
Motiv ist.

gesagt habe. Wie in 15,25f (T1) hofft der König auf eine Gnadenwende. Mit der Rede von Davids עון (16,12a) wird ferner reflektiert, ob vielleicht eine Verschuldung von Seiten Davids mit zum Absalomaufstand führen konnte. Das entspricht der Tendenz der Bearbeitung, sich auch Ereignisse wie den Aufstand nur im Einklang mit Jahwes Gerechtigkeitswirken zu erklären. Gewönne Absalom, wäre er in der Sicht der Theodizee-Bearbeitung der von Jahwe erklärte König, und Davids Niederlage müßte theologische Gründe haben. V.12 erinnert an II Sam 12,22b: In V.15b-24abα1(nur ותלד בן), einer späten Ergänzung der Nathanparabel, die die Entwicklung einer Umkehrtheologie voraussetzt, erläutert der König im Rückblick seine Hoffnung, daß sich Jahwe des kranken Kindes erbarme. Dafür hat David gefastet und geweint. Zum „wer weiß" (12,22b) vgl. hier das „vielleicht" (16,12). Sowohl in II Sam 12 als auch hier in 16,12a ist sogar von einer Schuld Davids die Rede, dort als חטאת (12,13b), hier als עון (16,12a).[176]

V.10 stammt dagegen von einem weiteren Theodizee-Bearbeiter (T2): „... Was ist mir und euch, Söhne der Zerujah?[177] Ja, er verflucht. Und wenn[178] Jahwe ihm gesagt hat: Verfluche David, wer soll dann sagen: Warum hast du so getan?" V.10 erläutert V.11f in mehrfacher Hinsicht. Denn in 11b behauptet David nahezu apodiktisch: „denn Jahwe hat es ihm gesagt"; auch das vorangehende „laßt ihn, er soll fluchen" wirkt recht schroff. In V.10 wird ein Bedingungsgefüge daraus: wenn Jahwe dem Šimi die Verfluchung Davids aufgetragen hat, darf ihn kein Mensch dafür zur Rechenschaft ziehen. Zugleich wird dadurch das Thema „Unterwerfung unter Jahwes Willen" programmatisch in Form einer allgemeinen Regel dargestellt. Und die Rede von Davids Schuld (V.12) wird mit dem Rubrum der *conditio* versehen: *wenn* er schuldig war ...

Diese Einschätzungen der Theodizee-Bearbeitungen in 16,7-13 erfolgen natürlich im Blick auf den Gesamtverlauf des Aufstandes. Eben weil nicht Absalom, sondern David am Ende siegt, weil David nach Jerusalem zurückkehren darf und sein Königtum wieder erhält, ist er selbst von Jahwe gerechtfertigt. Das Scheitern der Erhebung zeigt, daß David der

---

176 Vgl. o. 55ff, bes. 58–60.

177 Vgl. wörtlich II Sam 19,23 und zur Lossagungsformel Jos 22,24; Jdc 11,12; I Reg 17,18; II Reg 3,13; 9,18.19; II Chr 35,21.

178 Mit K wird וכי ... כי in V.10b gelesen, was grammatisch und inhaltlich sinnvoll ist. Wenige Mss, Q, vgl. LXX und Targum lesen statt des ersten כי ein כה; ferner gleicht die Vulgata mit „dimitte eum" an V.11b an, vgl. Peschitta. Das ו vor dem zweiten כי nicht zu lesen, wie es einige Mss, Q, vgl. Vrs tun, besteht gegen Wellhausen, Text, 199 kein Grund.

rechtmäßige König ist, auch wenn er Schuld auf sich geladen hätte. Darum ist es folgerichtig, wenn die Šimi-Szene hier vorerst ohne Ergebnis endet. Daß David später seine Hinrichtung anordnet (I Reg 2,8f, T2) und Salomo diese Anordnung vollstreckt (I Reg 2,36-41.46a, T1; 2,42f, T2), leuchtet jedem Leser ein, auch wenn Salomo dem Delinquenten noch eine letzte Chance läßt.[179] Schließlich vermerkt V.13 im Narrativ, daß David und seine Männer weiter ihres Weges gehen (13a). Šimi geht gleichzeitig neben ihnen her, was eine Partizipialkonstruktion hervorhebt (וְשִׁמְעִי הֹלֵךְ V.13bα*).[180] Ein *perfectum consecutivum* fügt an, daß er die Gruppe mit Erde bewirft: וְעִפַּר בֶּעָפָר,[181] in *figura etymologica* ausgesagt. Ein Nachtrag stimmt die Schlußnotizen auf den Kontext ab: die letzten beiden Worte von V.13bα und V.13bβ (Inf. abs. הָלוֹךְ bis zweites לְעֻמָּתוֹ) wurden durch Wiederaufnahme von לְעֻמָּתוֹ „neben ihm" verklammert.[182] Daß das zweite „neben ihm" logisch fehl am Platze ist, zeigen nicht zuletzt die Erklärungsversuche bei den Auslegern.[183] Der anfängliche Inf. abs. הָלוֹךְ setzt die Bewegungsaussage über Šimi in *figura etymologica* fort, die aber durch das späte Nachklappen von הָלוֹךְ irritiert ist. Die beiden folgenden Narrative wiederholen, daß er flucht und steinigt, vgl. V.5f.[184]

In 16,14 folgt die nächste Itinerarnotiz: „Und der König kam und alles Volk, das mit ihm war, erschöpft, und er atmete dort auf". Sie schließt als Narrativ gut an 15,16a.17b.23aβbα an. Das וַיָּבֹא zu Beginn und שָׁם in 16,14b beziehen sich auf 15,23aβbα zurück. Dort hatten zwei parallele Partizipialsätze notiert, daß David und das Kriegsvolk den Kidron überschreiten. Mit 16,14 wird vermerkt, daß sie auf dem jenseitigen Ufer angekommen sind. So erledigt sich auch die öfter geäußerte Überlegung: „De plaats waar het gezelschap ten slotte aankomt is uitgevallen."[185]

---

179 Vgl. o. 4.4 und 4.6.
180 Vgl. als Pendant den partizipialen Beginn in V.5b.
181 Die Verbalwurzel עפר ist *hapax*.
182 Vgl. ähnlich Wellhausen, Composition, 259. Für Cook, Notes, 170, Anm. 54 ist לעמתו „a late expression".
183 Cook, Notes, 170, Anm. 54 sucht in ihm einen Ortsnamen; Budde, KHC 8, 276 ändert nach LXX in מצדו. Stoebe, KAT VIII/2, 376 u.a. streichen es.
184 Die Ergänzung verstärkt den Charakter von V.13 als modifizierte Wiederaufnahme von V.5f.
185 Van den Born, BOT IV/1, 190; so auch schon Budde, KHC 8, 276 u.a. Die lukianische Rezension der LXX liest παρὰ τὸν Ιορδάνην „beim Jordan", so etwa auch Stolz, ZBK 9, 259. Der App. der BHK³ rechnet mit Ausfall des Ortsnamens. Das Problem, worauf sich das שָׁם „dort" bezieht, besteht bei jeder redaktionskritischen Lösung, denn nach V.13 ist David ja bereits aus Bahurim hinausgezogen.

Gegenüber V.13 fällt der Bennenungswechsel auf: Es heißt nicht mehr „David", sondern „der König". Er und sein Kriegsvolk sind ermüdet und kommen an, um zu verschnaufen. Das wird zu Anfang im Narr. sing. ויבא formuliert, der die singularische Aussage 15,23bα „und der König zog durch den Bach Kidron" fortsetzt. Das in 16,14a anschließende prädikative Adjektiv עיפים „erschöpft" aber steht im plur., denn das Subjekt „der König" wird durch „und alles Volk, das mit ihm war" erweitert. V.14b, der nach diesem plur. nochmal im sing. formuliert, ist m.E. nicht sekundär. Denn der sing. rührt daher, daß es im Itinerar ja primär um den König geht. Logisch setzt er V.14a jedenfalls gut fort. In V.14b wird die Wurzel נפשׁni. verwendet, die sonst nur noch Ex 23,12; 31,17 beim Gebot der Sabbatruhe begegnet. Doch auch wenn V.14b sekundär wäre, deutet die Bestimmung עיפים „erschöpft" eine Zäsur an: Die Fliehenden machen erst Halt, als sie den Kidron überschritten haben.

Fazit: Der dynastiekritische Bestand von 16,5-14 ist also V.5.6aα, von T1 stammen V.7-9.11f.13a.13b*(ohne Inf. abs. הלוך bis zweites לעמתו), und V.10 geht auf T2 zurück. Im dynastiekritischen Text der Szene steht Šimis Verhalten im Zeichen des Vorwurfs, David habe das Königtum der Sauliden an sich gerissen. T1 und T2 ordnen die Szene in ihren Horizont einer Theologie von Jahwes Gerechtigkeit ein: im Ergebnis des Aufstandes manifestiert sich sein Wille. In Šimis Fluchrede V.7f wird Davids derzeitige Niederlage vergeltungstheologisch damit erklärt, daß Jahwe das Blut des Hauses Sauls über ihn gebracht habe. David aber wehrt Abišais Ansinnen, den Benjaminiter zu töten (V.9), ab, indem er sein Geschick wiederum Jahwe anheim stellt (V.11f), vgl. 15,20.25f (je T1).[186] Der von T2 stammende V.10 präzisiert V.11f erheblich. In V.14(a) steht eine Itinerar-Notiz, die an 15,16a.17b.23aβbα anschließt. Da die Analyse von 16,1 gezeigt hat, daß die dynastiekritische Bearbeitung nach dem Itinerar zu datieren ist,[187] liegt in V.14(a) der älteste Textbestand innerhalb von 16,1-14 vor.

---

186 Mit der Rede von Davids עון (16,12a) wird ferner reflektiert, ob vielleicht eine Verschuldung von Seiten Davids mit zum Absalomaufstand führen konnte.

187 Vgl. den Anfang von 5.7, wo deutlich wird, daß 16,1 sekundär an 15,30 anknüpft.

5.9 Beratungen in Jerusalem (II Sam 16,15 – 17,14.23)

In V.15 wird dagegen eine ganz neue Szenerie eingeleitet, die Perspektive richtet sich nun ganz auf Absalom und seinen Kreis; die Ereignisse finden in Jerusalem statt. Der hier beginnende Handlungsstrang, in dem es um den Rebellen und seine beiden Ratgeber Ahitofel und Hušai geht, reicht mit all seinen Seitenlinien bis 17,21.23. Sofort hebt danach mit Davids Jordanübertritt (17,22, vgl. V.24) auch die eigentliche Schlachterzählung an. Der vorliegende Text präsentiert folgenden Gang: In Jerusalem schmeichelt sich Hušai als Ratgeber Absaloms ein (16,15-19). Auf dessen Bitte um Rat empfiehlt der von Absalom selbst einbestellte Ahitofel (vgl. 15,12a) zunächst, die zurückgelassenen Nebenfrauen Davids in Besitz zu nehmen (V.20-23), dann gibt er jedoch noch einen militärischen Rat, der auf die Situation bezogen ist. Mit 12 000 Mann will er David unverzüglich in der Nacht überraschen und ihn alleine töten. Der עם Davids aber werde fliehen und sich zu Absalom kehren (17,1-4). Dagegen rät Hušai, zunächst ganz Israel einzuberufen, um David vernichtend zu besiegen, „wie der Tau auf die Erde fällt" (V.5-13). Ahitofel setzt also auf den Überraschungseffekt, Hušai dagegen auf die „Menge". Absalom und Israel aber befinden Hušais Rat für besser (V.14). Hušai benachrichtigt daraufhin Zadoq und Abjathar: Er empfiehlt David den sofortigen Aufbruch (V.15f). In einer nächsten Szene (V.17-21) wird berichtet, unter welchen Schwierigkeiten Jonathan und Ahimaaz den Rat überbringen, David solle unverzüglich den Jordan überschreiten. Vor Absaloms Häschern müssen sie sich in einem Brunnen verstecken. Als Ahitofel sieht, daß sein Rat nicht ausgeführt wird, bestellt er sein Haus und erhängt sich.

Bei genauer Untersuchung zeigt sich, daß dieses gesamte Ratgeber-Szenario in verschiedenen Schichten nachträglich in den Text eingearbeitet worden ist. Das beweisen nicht nur die bisherigen Beobachtungen zum sekundären Charakter der Hušai-Episode 15,32ff*[188] und die Feststellung, daß die Bestellung Ahitofels 15,12a ein später, nur locker eingebundener Nachtrag ist, der in seinem Kontext keinen Sinn macht,[189] sondern darauf deutet v.a. der Befund zu 16,15-17,21.23* in seinem Zusammenhang. Insgesamt ergibt sich ein Bild, nach dem erst die Szenen, in denen nur Ahitofel als Ratgeber firmiert, in das Itinerar-Geflecht eingehängt wurden (R1). Danach wurde die Hušai-Figur eingeführt (R2 und R3). Nach den

---

188 S.o. 5.5.
189 Dazu u. 6.1.

darauf folgenden Eingriffen der Theodizee-Bearbeitung (T 1, 2 etc.) wurde der Nachrichtendienst in zwei Schichten eingebaut. Und zwar war zunächst nur an Zadoq und Abjathar als Informanten Davids gedacht (N1), später schaltete man die Priestersöhne noch als Zwischeninstanz ein (N2).[190] Wie bei der Theodizee- und Nachrichtendienstbearbeitung müssen also auch die einzelnen Schübe der Ratgeberbearbeitung genauer differenziert werden. All diese Bearbeitungen machen den Bericht von Absaloms Aufstand zu einer spannenden und detailreichen Erzählung. Sie gehen nicht nur der Frage nach, wie man es erreicht hat, daß Absalom geschlagen wurde und David siegreich nach Jerusalem zurückgekehrt ist. Sondern sie leisten auch eine erhebliche Theologisierung des Berichtes, besonders durch die verschiedenen Theodizee-Bearbeitungen, die in N1 und N2 ihrerseits aufgenommen und fortgeführt werden.[191] Ferner stellt sich in dieser theologischen Perspektive heraus, daß alles menschliche Eingreifen auf Davids Seite, etwa die Intrige Hušais, schließlich doch Jahwes Ratschluß entspricht. Alles, was diesem Ratschluß zuwiderläuft, und sei es die עצת אחיתפל, hat keinen Erfolg. Insgesamt wird gerade durch die hier genannten Schichten der nüchterne und knappe Grundbestand zu einem beeindruckenden kleinen Literaturwerk umgestaltet.

Dieser redaktionskritische Befund ergibt sich im einzelnen aus folgenden Beobachtungen. Zunächst ist festzuhalten, daß Gang und Erfolg der Schlacht als völlig unabhängig von den Ratschlägen Ahitofels wie Hušais dargestellt werden. Auf sie wird überhaupt nicht mehr zurückgekommen. Unklar ist im ganzen Verlauf auch, wessen Rat nun eigentlich befolgt wird: Während 17,14 davon ausgeht, daß Hušais Rat angenommen wurde, erscheint der ganze Kontext doch so, als stelle man sich darauf ein, daß Absalom nach Ahitofels Rat handelt. Nicht nur redet 17,4 explizit davon, daß sein Rat angenommen wurde, auch scheint Davids unvermittelter Aufbruch nach 17,22 darauf zu reagieren. Zudem mahnen Jonathan und Ahimaaz den David nach 17,21b unmißverständlich zur Eile; ihre Begründung lautet: „denn so hat *Ahitofel* über euch geraten". *Seilers* Überlegung, der Erzähler gehe hier davon aus, „daß die Ratgeber über die Entscheidung des Gremiums nicht informiert wurden",[192] ist spekulativ; der Leser erwartet mindestens eine entsprechende Erklärung. Und warum sollte, „[w]as Huschai geraten hat, ... in diesem Zusammenhang [*sc.* in V.21, wo nur

---

190 Vgl. den redaktionskritischen Befund zu 15,35f.
191 Vgl. dazu etwa 7.1, 7.2 und 7.3.
192 Seiler, Geschichte, 154f.

Ahitofels Rat zitiert wurde] keine Rolle"[193] spielen? So, wie der Text insgesamt vorliegt, ist er also undurchsichtig und wirft mehrere Fragen auf; die Antworten liegen in seiner Wachstumsgeschichte.[194]

Was die Szenen im einzelnen betrifft, fällt auf, daß die in 16,15 beginnende Episode über einen invertierten Verbalsatz nachträglich in ihren Kontext, genauer: an die Itinerar-Notiz V.14 angehängt wurde. In V.15a wird die Rückkehr Absaloms und des כל־העם איש ישראל „das ganze Kriegsvolk, der Mann Israels" nach Jerusalem vermerkt; das Kriegsvolk wird bewußt in der institutionellen Kategorie „Mann Israels" präsentiert.[195] Die Apposition איש ישראל wirkt hierbei zwar nachklappend, doch begegnen beide Teile wieder in V.18,[196] vgl. auch Jdc 20,22. Nach *Tadmor* ist der Begriff איש ישראל ein Repräsentationsterminus militärischer Organisation.[197]

Der anschließende 16,15b ואחיתפל אתו „und Ahitofel war bei ihm" ist ein Umstandssatz, der sich von V.15a nicht trennen läßt. Dadurch ist im Zusammenhang mit 15,12a klar, daß Ahitofel und mit ihm die Ratgeber-Thematik nicht zum Grundbestand des Aufstandsberichts gehören. Außerdem ist in diesem Grundbestand nicht davon die Rede, daß Absalom nach Jerusalem zurückkommt. Eine entsprechende Notiz ist auch gar nicht nötig, denn er hat es gar nicht erst verlassen.[198] Historisch wäre zudem auffällig, daß sich ihm nach 16,15a keine Widerstände in den Weg stellen: „Absalom maakt zich blijkbaar zonder slag of stoot van de verlaten hoofdstad meester."[199] Die ebenfalls nachgetragene Notiz 15,37b „und Absalom kam nach Jerusalem" wurde noch später zur Klärung vorgeschaltet.[200]

Deutlich ist aber auch, daß bereits 16,16 einen weiteren Nachtrag einleitet, denn er ist, noch klarer als etwa 15,32, (wiederum nach ein-

193 A.a.O., 155.
194 Zu diesen Unklarheiten vgl. auch die Auswertung von Würthwein, Erzählung, 33ff.
195 Zu איש ישראל vgl. noch Num 25,8bis; Dtn 27,14; 29,9; Jos 9,6.7; 10,24; Jdc 7,8.23; 8,22; 9,55; 20,11.17.20bis.22.33.36.38.39bis.41.42.48; 21,1; I Sam 13,6; 14,22.24; 17,2.19.24.25; II Sam 15,13; 16,18; 17,14.24; 19,42.43.44bis; 20,2; 23,9; I Reg 8,2; I Chr 10,1.7; 16,3; II Chr 5,3.
196 Oder ist dort mit Budde, KHC 8, 277 וכל־איש ישראל „und jeder Mann Israels" ein Zusatz? In V.15a liest der B-Text der LXX העם „das Kriegsvolk" nicht (so auch ebd.), so daß sich wie in V.18 „jeder Mann Israels" ergibt.
197 Tadmor, Traditional Institutions, 242. *Tadmor* rechnet dabei allerdings mit einem Israel, das nach Stämmen gegliedert ist.
198 Dazu u. 6.1.
199 Van den Born, BOT IV/1, 190.
200 Vgl. o. 196. Nach Vermeylen, Loi, 362 ist 16,15b eine Wiederaufnahme von 15,37b.

führendem Satzweiser וַיְהִי) in plusquamperfektischer Nachholung formu-
liert: וַיְהִי כַּאֲשֶׁר־בָּא חוּשַׁי הָאַרְכִּי רֵעֶה דָוִד אֶל־אַבְשָׁלוֹם „und es geschah,
als der Arkiter Hušai, der Vertraute Davids, zu Absalom gekommen war".
Der hier anhebende Dialog Absaloms mit Hušai kommt in V.19 zum
Ende;[201] der mit V.15 beginnende ursprüngliche Text der Szene wird in
V.20 fortgesetzt; V.15.20 ergeben einen guten Übergang. Hušai wird in
V.16a als Vertrauter Davids vorgestellt, damit seine Rolle gleich zu Anfang eindeutig ist. Mit seinem Auftritt hier in V.16-19 löst er Davids
Auftrag nach 15,34 ein, als geheimer Agent den Rat Ahitofels zu vernichten. Denn nach V.16b überfällt er Absalom förmlich mit Königsjubel:
„es lebe der König, es lebe der König".[202] Auf den Einwand Absaloms, ob
das Hušais Loyalität gegen David sei (V.17a), entgegnet er (V.18), er stehe
im Dienst dessen,[203] den sich Jahwe, dieses Kriegsvolk und jeder Mann
Israels (כָּל־אִישׁ יִשְׂרָאֵל) erwählt habe (בחר). Diese Aussage ist zwar nicht
im Wortlaut von 15,34 vorgesehen, stellt aber die direkte Antwort auf
Absaloms Vorwurf dar. Weil dieser dem Hušai Illoyalität unterstellt, setzt
der Ratgeber in seiner Reaktion ein derart starkes erwählungstheologisches
Repertoire ein. David gibt in seinem Auftrag in 15,34 nur den Rahmen vor,
Einzelverläufe konnte er nicht vorhersehen. Wenn in 16,18 die Erwählung
des Königs durch Jahwe (Dtn 17,15; I Sam 10,24; I Reg 8,16; 11,34 etc.)
mit der Erwählung durch das Volk (I Sam 8,18; 12,13) kombiniert wird,
liegt mit *Werner* eine deutlich entwickelte Erwählungskonzeption vor.[204]
Doch bringt Hušai das, was David ihm angeraten hat, in (leichter) Abwandlung in 16,19 unter.[205] Dieser V.19 ist nicht sekundär, sondern explizit durch וְהַשֵּׁנִית „und zum zweiten" als zweites Argument eingeleitet.
Sekundär ist jedoch V.17b,[206] der nach dem Prinzip der Wiederaufnahme
über das Wort רֵעֶךָ verklammert wurde. Absaloms Vorwurf ist auch in
V.17a aus sich selbst heraus deutlich, V.17b formuliert ihn in bewußter
Analogie zu Davids Vorwurf an Meribbaal לָמָה לֹא־הָלַכְתָּ עִמִּי „warum bist

---

201 Nach Langlamet, Ahitofel, 65f stammt V.16-19 vom prosal. Redaktor, vgl. 17,5-14.
202 Das zweite יְחִי הַמֶּלֶךְ fehlt in zwei hebräischen Handschriften und der LXX, was auf
    Haplographie zurückgeht. Die Doppelung im MT soll gerade zeigen, wie Hušai
    heuchelt.
203 Zu Beginn von V.18b ist mit einigen Mss, Qere, vgl. die Vrs לוֹ „ihm" statt לֹא
    „nicht" zu lesen. Die Verbindung der Wurzel עבד mit לִפְנֵי ist *hapax*.
204 Werner, Studien, 264f. Nach Müller, Königtum, 189 ist I Sam 8,18 polemische
    Uminterpretation von 10,24.
205 So insgesamt auch Seiler, Geschichte, 133f.
206 So auch Vermeylen, Loi, 362ff, 631 (DtrH).

du nicht mit mir gegangen?" in 19,26b. Nach *Cook* ist „in vss. 17 *sq.* a redactional insertion" zu sehen, doch ist nicht klar, wie er sich einen stringenten Grundtext vorstellt. *Werner* löst V.18aβb und וה‎שנית in V.19 heraus.[207] Aber V.19 eignet sich nicht als Antwort auf Absaloms Vorwurf. Die Verse V.16.17a.18f sind folglich sekundär und bringen Hušai in die Ratgeber-Szene ein. V.17b ist ein weiterer Nachtrag. Daß Hušai ursprünglich nicht ins Ratgeber-Szenario gehörte, wo zunächst nur Ahitofel firmiert, und daß die literarischen Verhältnisse hier im Gegenteil sehr verwickelt sind, zeigt ganz deutlich ein logischer Bruch in 17,5. Denn nach 16,16ff wird eine Situation vor Augen gestellt, in der Ahitofel *und* Hušai zusammen mit einem Kollegium[208] eine Versammlung um Absalom bilden. In 17,5 heißt es dann aber völlig unvermittelt: „und Absalom sagte: Ruft[209] doch auch den Arkiter Hušai, damit wir hören, was in seinem Munde ist. Auch er." Aber Hušai hätte doch dabei sein müssen! Trotzdem wird in 17,6 vermerkt, daß er zu Absalom kommt und daß er noch eigens über den Ratschlag Ahitofels unterrichtet werden muß, bevor er seine Einschätzung äußert. Zudem indiziert das גם in V.5a und das גם־הוא am Ende von V.5b die sekundäre Anknüpfung. *Seilers* Versuch, die Szene ab 16,20 mit der Begründung von ihrem vorhergehenden Kontext abzutrennen, hier beginne ein neuer Abschnitt mit einer Rede, hat keinerlei Anhalt am Text.[210] Daß dagegen die hier geäußerten Überlegungen zutreffen, zeigen weitere Argumente im Gang der Untersuchung.

In 16,20 liegt gegen *Seiler* die Fortsezung von V.15. Absalom wendet sich um Rat an Ahitofel. Im plur. הבו לכם עצה „gebt für euch[211] Rat" (V.20b) ist das Kollegium um Ahitofel angesprochen (vgl. 17,4b Älteste Israels) oder es handelt sich um einen formelhaften Plural.[212] Jedenfalls ist es gegen *Werner, Vermeylen* kein Beweis, daß Hušai mit angeredet ist.[213] Denn die Redeeinleitung lautet explizit: „da sagte Absalom zu Ahitofel" (V.20a). Es ist auffällig, daß Ahitofel nun zweimal zur Antwort ansetzt, in

---

207 Cook, Notes, 162; Werner, Studien, 264f, 267, 278, 283, 287 (DtrH). Mit *Werner* geht Vermeylen, Loi, 362ff, 631.

208 Vgl. 17,4 „alle Ältesten Israels" und 17,14 „jeder Mann von Israel".

209 Plur. mit LXX, Peschitta und Vulgata. Doch auch wenn man mit MT (sing.) geht, ändert sich nichts an der obigen Argumentation.

210 Seiler, Geschichte, 153f. Zu 17,5-14 vgl. u. 225–228.

211 Hier handelt es sich um ein ל ethicum, vgl. auch Brockelmann, Syntax, §107. Zum Ausdruck vgl. Jdc 20,7.

212 Stoebe, KAT VIII/1, 381 u.a.

213 Beide scheiden die drei Worte aus: Werner, Studien, 268, 281; Vermeylen, Loi, 363.

16,21 und 17,1. Ohne daß Absalom ihn unterbricht, beginnt je eine Rede doppelt mit „da sagte Ahitofel zu Absalom". Dieser doppelten Redeeinleitung entsprechen zwei grundverschiedene Ratschläge. Einerseits rät er, Absalom solle zu den Nebenfrauen seines Vaters eingehen, damit ganz Israel höre, daß er sich bei jenem verhaßt gemacht habe, und Absaloms Anhänger stark würden (16,21f). Andererseits schlägt er vor, David mit 12 000 Mann nachts zu überraschen, ihn alleine zu töten und das Volk zu Absalom zurückzubringen (17,1-4). Nur einer der Ratschläge, nämlich 17,1-4, paßt zur Situation und legt Absalom ein militärisches Vorgehen nahe. Der andere, nämlich 16,21, ist undurchsichtig und scheint ein Ziel zu verfolgen, dessen eigentlicher Sinn sich nur jenseits des Absalomaufstandes erfassen läßt. In seinem unmittelbaren Kontext ist er isoliert. Außerdem stehen beide Ratschläge in mehrfachem Widerspruch zueinander. Denn im zweiten Rat drängt Ahitofel zur Eile, der erste aber „setzt augenscheinlich ein längeres Verweilen Absaloms"[214] in Jerusalem voraus, weil von seiner Durchführung in 16,22 berichtet wird. „Besteht man auf voller Durchführung des Geratenen, so hat man dafür sicherlich eine Anzahl Tage anzusetzen."[215] Sodann hat V.21f den unwiderruflichen Bruch Absaloms mit David im Auge. Vielleicht sollen durch ihn „Absaloms Anhänger ... von der Besorgnis befreit werden, er könnte sich über ihre Köpfe hinweg mit seinem Vater aussöhnen und sie der Rache preisgeben."[216] Jedenfalls rechnet der Rat mit Davids Weiterleben, nach 17,2 soll er jedoch getötet werden! Aus diesen Gründen und wegen der doppelten Redeeinleitung ist 16,21-23 später nachgetragen, was eine deutliche Mehrheit der Exegeten anerkennt.[217] 17,1 schließt einwandfrei an 16,20 an. Wie dagegen V.20-23 der ursprüngliche und einzige Rat Ahitofels sein sollte, kann ich mir gegen *Fischer* nicht vorstellen.[218]

---

214 Budde, KHC 8, 276.

215 A.a.O., 278, vgl. auch Würthwein, Erzählung, 35.

216 Budde, KHC 8, 278.

217 Vgl. etwa Cook, Notes, 162f, 176 (auf einer Linie mit c.21-24); Würthwein, Erzählung, 35f, 39; Caquot/de Robert, Samuel, 536f, 541 (zadoqidischer Redaktor); Seiler, Geschichte, 136. Nach Hentschel, NEB 34, 70f sind V.21f sekundär. *Langlamet* vertritt in seinen Aufsätzen „Pour ou contre Salomon", „Ahitofel" und „Absalom" wechselnde und z.T. sehr komplizierte Thesen. Zu *Werner* s.u. zu V.23 und 12,11f.

218 Vgl. Fischer, Hebron, 312f, der die Szene in Hebron (!) lokalisiert. Der Rat werde durch 15,16b und 20,3 im Kontext verankert.

Ahitofel rät Absalom in V.21a, zu den Nebenfrauen seines Vaters
einzugehen,[219] die dieser nach 15,16b.17a zur Bewachung des Palastes
zurückgelassen hatte. Die Begründung in V.21b, dann höre ganz Israel,
daß er sich bei seinem Vater verhaßt gemacht habe, so daß die Hände der
Absalom-Anhänger stark würden (V.21bβγ), ist in diesem Zusammenhang
in ihrer Logik fraglich. Wahrscheinlich versucht V.21b den Rat einfach in
den Kontext des Absalomaufstandes zu stellen: jetzt gibt es kein Zurück
mehr. Denn die Wurzel באֹש ni. begegnet auch in I Sam 13,4;[220] II Sam
10,6. An beiden Stellen bezeichnet sie eine Provokation, die am Anfang
einer kriegerischen Auseinandersetzung steht. Doch ähnlich wie in 10,6
sind es hier die Provokateure, die durch die Beleidigung erstarken sollen,
und nicht David als der Beleidigte, was folgerichtig wäre.[221] V.22 berichtet
davon, wie der Ratschlag ausgeführt wird: Auf dem Dach (vgl. II Sam
11,2) wird Absalom ein Zelt aufgeschlagen, damit er „vor den Augen von
ganz Israel" (V.22bβ)[222] zu den Frauen eingehen kann. Hier liegt die Pointe
der kurzen Episode, die mit V.22 abgeschlossen ist.

V.23 wurde später hinzugesetzt.[223] Zwei Nominalsätze (V.23a.b)
brechen die Kette der Narrative ab. Ihr erster (V.23a) ist eine allgemeine
Aussage über die עצת אחתפל „Rat Ahitofels". Sie wird sogar mit dem
דבר האלהים „Wort Gottes" verglichen, das erfragt wird (שאל ב), hat also
den Rang eines Orakels.[224] Die Perspektive ist grundsätzlich und bezieht
sich nicht mehr auf diese Szene, wie die rückblickende Angabe בימים ההם
„in jenen Tagen"[225] erweist. V.23b überträgt die Aussage explizit auf

---

219 Eine Parallele zur Begrifflichkeit findet sich in II Sam 3,7, wo Abner zu einer
   Nebenfrau (פילגש) Sauls eingegangen war (בוא אל). Ferner schläft Ruben nach Gen
   35,22 mit einer Nebenfrau seines Vaters (פילגש אביו).

220 13,4aβ ist allerdings eine וגם-Glosse.

221 16,21bβγ herauszunehmen hieße, den Ratschlag Ahitofels seiner Begründung zu
   berauben.

222 Zur Wendung vgl. noch Dtn 31,7; 34,12; I Chr 28,8; 29,25, ferner Ex 40,38; Jos 3,7;
   4,14; I Reg 1,20.

223 So auch Werner, Studien, 283–286. Ob er direkt an V.20 anschließt oder V.21f
   voraussetzt, kann nicht ermittelt werden.

224 Der Satz כאשר ישאל־בדבר האלהים „wie wenn man um das Wort Gottes fragte"
   (V.23aβ) ist grammatisch korrekt, „und daher das Ketib vorzuziehen" (Wellhausen,
   Text, 199). Viele Mss und Qere (vgl. Vrs) lesen ein Subjekt איש nach ישאל. Die
   Wendung ist ferner hapax, auch mit „Jahwe" statt „Gott".

225 Zum Gebrauch dieser Wendung vgl. etwa Gen 6,4; Ex 2,11; Dtn 17,9; 19,17; 26,3;
   Jos 20,6; Jdc 17,6; 18,1; 19,1; 20,27.28; 21,25; I Sam 3,1; 28,1; II Reg 10,32;
   15,37; 20,1; Jer 31,29; 33,15.16; 50,20; Ez 38,17; Sach 8,6; Est 1,2; 2,21; Dan 10,2;
   Neh 6,17; 13,23. In der Erzählliteratur bezieht sich die Wendung auf Vergangenes.

David und Absalom: auch sie schätzten Ahitofels Rat. Der Vers macht seinen Wert stark, um im Blick auf den Gesamtverlauf der Erhebung aufzuzeigen, wie sich gegen Willen und Einschätzung der Menschen schließlich Jahwes עצה durchsetzt. Obwohl Absalom auf den angesehenen Ratgeber Ahitofel vertraut, unterliegt er schließlich nach Jahwes Willen. Ich rechne V.23 deshalb zu T1.

Exkurs: Die Haremsfrauen

Das Thema „Nebenfrauen" oder „Harem" Davids begegnete bereits an einer anderen Stelle im Absalomaufstand: 15,16b.17a, wo es ebenfalls später in seinen Kontext eingeschaltet wurde.[226] Welchen Sinn haben diese Informationen jeweils? „Der Vorgang ist ... historisch schwierig, weil es bisher eine überzeugende altorientalische Analogie zu Abschaloms öffentlicher Inbesitznahme der Nebenfrauen seines Vaters nicht gibt. Meistens wird in der Szene ein königlicher Machterweis bei Regierungsantritt gesehen."[227] Aber auf keinen Fall *legitimiert* der Besitz des Harems das Königtum.[228] Es ist bereits aufgefallen, daß es sich bei den Notizen 15,16b.17a; 16,21f um ein nachgetragenes Geflecht handelt. Das bestätigt sich auch im Blick auf die anderen beiden Stellen, an denen von Davids Nebenfrauen die Rede ist, nämlich II Sam 12,11f und 20,3. Darüber, daß die Nathanszene 12,1-15a* sekundär und ihrerseits geschichtet ist, besteht in der Forschung ein breiter Konsens.[229] Die in II Sam 12,7b-12 erwähnten Strafen beziehen sich gar nicht auf die Situation im Kontext, sondern unterbrechen die Textfolge V.7a.13, sind daher später eingetragen.[230] Und in 12,11f beginnt innerhalb der Nathanrede deutlich ein neuer Argumentationsgang,[231] der an die allgemeinen Unheilsankündigungen in 7b-10, das Schwert werde von Davids Haus nicht weichen, den Spezialaspekt „Inbesitznahme der Frauen" anfügt: „11: So spricht Jahwe: Siehe, ich lasse Unheil gegen dich aufstehen aus deinem (eigenen) Hause. Und ich werde deine Frauen vor deinen Augen nehmen und werde sie deinem Nächsten[232] geben. Und er wird mit deinen Frauen schlafen vor den Augen dieser Sonne. 12: Denn du hast es im Verborgenen

---

226 S.o. 5.1.

227 Naumann in Dietrich/Naumann, Samuelbücher, 278. Vgl. auch Fohrer, Vertrag, 5 (Übernahme von Herrschaft und königlichen Hoheitsrechten); de Vaux, Lebensordnungen I, 189f; Bradtke, Erwägungen, 6.

228 So mit Würthwein, Erzählung, 39.

229 Vgl. o. 55–57, zur Forschungslage auch Naumann in Dietrich/Naumann, Samuelbücher, 244–253 und Seiler, Geschichte, 258–266.

230 Vgl. Hermisson, Weisheit, 144; Seiler, Geschichte, 260 u.v.a.

231 Rudnig, Art. Nathan, 60.

232 Mit vielen Mss, vgl. Peschitta und Vulgata ist רעך statt רעיך zu lesen. Bleibt man beim Ketib, so kommt die Bedeutung „Freund" oder „Vertrauter" (vgl. HAL, 1179) hier nicht in Frage.

getan, ich aber werde diese Sache vor ganz Israel und vor der Sonne tun." Eine Mehrheit der Ausleger erkennt V.11f als Zusatz an.[233] Denn in V.11a folgt mit einer neuen Botenformel (nach V.7b) auch ein neuer „Anfang der Drohung"[234], obwohl Nathan noch im Fluß der Jahwerede war. Ein logischer Zusammenhang der Ankündigung mit der Situation von II Sam 11; 12,1-4.5.7a[235] ist nicht erfaßbar, und V.13 nimmt auf V.11f keinerlei Bezug. Nathans Zusage „du sollst nicht sterben" (V.13bβ) bezieht sich auf das Todesurteil, das David selbst über sich gesprochen hat (V.5).

Ebenso wurde II Sam 20,3 nachträglich eingefügt:[236] „Und David kam zu seinem Hause nach Jerusalem. Und der König nahm die zehn Nebenfrauen, die er zurückgelassen hatte, damit sie das Haus (= den Palast) bewachten, und setzte sie in ein Wachhaus und versorgte sie. Aber er ging nicht mehr zu ihnen[237] ein. Und sie waren eingesperrt bis zum Tag ihres Todes in lebenslanger Witwenschaft." Im c.20, das vom Šeba-Aufstand berichtet, unterbricht dieser Vers die stringente Zusammengehörigkeit von V.1f und V.4ff. Denn nach der Exposition V.1f ist dringender militärischer Handlungsbedarf geraten, dem die Anordnung Davids V.4 genügt. V.3 aber berichtet davon, daß David in sein Haus zurückkehrt und die Frauen wieder an sich bringt. Da sie jedoch durch Absalom verunreinigt wurden, sind sie für den Harem unbrauchbar geworden und werden im Wachhaus eingeschlossen und versorgt. Zwischen V.3aα1(bis „Jerusalem") und dem Rest muß nochmals geschnitten werden,[238] denn die Subjektmassierung am Anfang von V.3a, die mit dem Benennungswechsel von „David" zu „der König" verbunden ist, fällt als störend auf. Da der Absalomaufstand ohne einen richtigen Vermerk darüber endet, daß David nach Jerusalem zurückgekehrt ist, wurde er hier nachgetragen.[239]

Das Geflecht 12,11f – 15,16b.17a – 16,20-22 – 20,3* insgesamt ist nicht nur dazu da, einen Weissagungsbeweis zu führen: wie Nathan es ankündigte, so kam es und hat sich schließlich zum Guten gewandt.[240] Sondern es soll im Rahmen einer Theologie von

233 Rost, Überlieferung, 92–99; Werner, Studien, 239, 243, 248f, 255f (DtrP); Jones, Nathan Narratives, 101ff, 117; Stoebe, KAT VIII/2, 308 (dtr); Seiler, Geschichte, 263ff, 276 (dtr) u.a. Bereits Wellhausen, Text, 184; ders., Composition, 256 rechnet mit einem Einschub von V.10-12.

234 Rost, Überlieferung, 92.

235 V.6 unterbricht nachklappend den Zusammenhang von V.5.7. Er ist ein späterer Zusatz (vgl. etwa Greßmann, SAT 2/1, 152; Stolz, ZBK 9, 204f; Werner, Studien, 237), der die Bestimmung von Ex 21,37 auf den konkreten Fall anwendet. 12,1-4.5.7a.13 wäre ein stringenter Grundtext von c.12. Zu II Sam 12 s. auch o. 2.3.

236 So auch Cook, Notes, 162f, 166f; Eißfeldt, Komposition, 45f; Würthwein, Erzählung, 36, 39f; Hentschel, NEB 34, 87; Caquot/de Robert, Samuel, 569 (zadoqidischer Redaktor); Vermeylen, Loi, 397, 553 (S1) etc.

237 MT אליהם für אליהן (so einige Mss) ist nach Ges/K, § 135 o; Brockelmann, Syntax, 124f (§ 124 b) möglich.

238 Vgl. ähnlich Langlamet, Fils, 181, 187.

239 Zu II Sam 20 s. auch u. den Exkurs in 7.3.

240 So etwa Stoebe, KAT VIII/2, 308; vgl. Dietrich, David, 29 (Nathan als Kronzeuge von DtrP für sein ‚Weissagungs-Erfüllungs-Prinzip'). Nach Werner, Studien,

Schuld und Sühne aufzeigen, daß David tatsächlich Vergebung erreicht hat (vgl. 12,13). Das beweist gerade der Blick auf II Sam 12,11f im Kontext von c.12. Denn wenn David schließlich seine Nebenfrauen wieder in Besitz nehmen darf, sind alle in c.12 angekündigten Strafen abgebüßt. Mit der Drohung V.11 wird (ähnlich wie in V.10) ein viel weiterer Horizont als im Kontext angestrebt.[241] So soll einem potentiellen Mißverständnis von c.12, daß Vergebung allzu schnell erreichbar sei, gewehrt werden. Denn Nathan sagt sie David ja auf sein Schuldbekenntnis hin sofort zu: „Da sagte David zu Nathan: Ich habe gegen Jahwe gesündigt. Da sagte Nathan zu David: So hat auch Jahwe deine Sünde vergeben. Du sollst nicht sterben." (V.13).[242] Und auch der Sühneprozeß, der mit dem Tod des Kindes verbunden ist, geht recht zügig vonstatten.

Daß das Nebenfrauen-Geflecht aus einer Feder stammt, ist m.E. nicht plausibel,[243] denn in Formulierungen und Konzeption bestehen einige gravierende Unterschiede. So werden etwa die Frauen in 12,11 נשים, in 15,16; 20,3 dagegen נשים פלגשים, und in 16,21.22 פלגשים (vgl. auch 5,13) genannt. In 12,11 heißt es, daß sie zu einem Nächsten (רע[ה]) Davids gegeben werden, aber in 16,21f ist es Absalom, also Davids Sohn, der zu ihnen eingeht. Der entsprechende Terminus heißt in 12,11 שכב עם, in 16,21.22 בוא אל. Er tut es nach 12,11 „vor den Augen (לעיני) dieser Sonne",[244] nach 12,12 „vor (נגד) ganz Israel und vor (נגד) der Sonne ", nach 16,22 „vor den Augen (לעיני) von ganz Israel". Die Wurzel für das Zurücklassen der Frauen ist in 15,15b עזב, in 16,21 und 20,3* נוחhi.II.

Doch wie ist das Geflecht entstanden? Die einzige Passage, die aus sich heraus einen Sinn ergibt, scheint 16,21f. Sie gibt den Anstoß für die weiteren Entwicklungen. „Die Einführung der Kebsweiber tritt vollständig auf und kann die Vorbereitung durch 15,16b völlig entbehren".[245] In V.21b liefert Ahitofel sogar selbst eine Begründung für seinen Ratschlag. Absalom soll durch sein Verhalten Handlungsbedarf schaffen: Der Konflikt wird vor ganz Israel publik; jetzt gibt es kein Zurück mehr. Im nächsten Schritt entspricht der Ergänzer von 15,16b.17a dem literarischen Sachzwang, Davids Maß-

---

283–289 stammt 12,11f von DtrH, der das vordtr 16,20-22* an seinen jetzigen Ort placiert hat.

241 Vgl. aber auch den mit ועתה „und jetzt" angeschlossenen Nachtrag V.10.

242 Der mit אפס כי „nur daß" eingeleitete V.14 dient der redaktionellen Verknüpfung mit 12,15b-24abα1, vgl. etwa Schulte, Entstehung, 157f; Dietrich, David, 28f; Hentschel, NEB 34, 50 u.a. Wenn Stoebe, KAT VIII/2, 296, 298f einen syntaktischen Zusammenhang von V.14 mit V.13 annimmt, forciert er eine völlig überladene Konstruktion.

243 Für eine gemeinsame Entstehung plädieren aber Seiler, Geschichte, 324 (dtr); im wesentlichen auch Vermeylen, Loi, 317–319, 362ff, 397, 552f, 652 (S1, nur 12,10b-12 sei DtrN) u.a. Cook, Notes, 162f, 166f und Würthwein, Erzählung 36, Anm. 62 scheiden die Notizen zumindest *en bloc* aus.

244 Hintergrund der Wendung ist möglicherweise die Vorstellung vom solaren Richtergott, dazu Arneth, Sonne, 7, 139, ferner van Wolde, Words, 259ff.

245 Budde, KHC 8, 277. Die Notiz 19,6bβγδ, die von der Zurücklassung der Nebenfrauen nichts weiß (Kratz, Komposition, 181), ist sekundär, vgl. u. 7.2.

nahme, die ja bereits in 16,21a erklärt wird, auch tatsächlich bei seinem Aufbruch zu vermerken; jedenfalls sind 15,16b.17a aus sich heraus nicht verständlich.[246] Statt תונחהi.II wählt der Ergänzer עזב, benutzt statt einfachem פלגשים (16,21) den volleren Ausdruck נשים פלגשים und präzisiert ihre Zahl auf zehn.

Danach wurde die Klammer 12,11f; 20,3* um die Texte gelegt, um die Maßnahme Absaloms, vielleicht sogar seinen Aufstand, in einen sühnetheologischen Rahmen zu stellen. 12,11f ergibt in seinem Kontext alleine wenig Sinn, und 20,3* versteht man nur unter Voraussetzung des Geflechts. Auch die Zahl „zehn" in 20,3* zeigt, daß 15,16b.17a schon vorlag. Wenn 12,11 nur von נשים „Frauen" spricht, ist das durch den Schuldaufweis in 12,8 bestimmt, zu dem V.11 einen Kontrast bildet. Dort hieß es, daß David die Frauen Sauls bekommen hat. 20,3* (wie auch 15,16b) wählt im Blick auf 16,21 (פלגשים) den Ausdruck נשים פלגשים,[247] der hier als bewußte Vermittlung verstanden werden kann. Außerdem übernimmt er die Wurzel נוח sowie die Zweckbestimmung לשמר הבית „um das Haus zu bewachen"[248] aus 16,21. Das öffentliche Vorgehen Absaloms (16,21f) arbeitet 12,11f nochmals stark heraus, um es vorwurfsvoll dem heimlichen Tun Davids gegenüber zu stellen. Es fällt noch auf, daß V.11 nicht vom Sohn Davids, sondern von seinem [ה]רע „Nächster" spricht, dem Jahwe die Frauen gibt. Dadurch wird die Ankündigung bewußt allgemein gehalten, David also nicht vorbereitet, damit sich der Sühneprozeß vollziehen kann.

Ende des Exkurses

Zurück zum Absalomaufstand. Der „eigentliche", politisch seriöse Ratschlag Ahitofels findet sich anschließend in 17,1-4. Zusammen mit den anderen Erwähnungen nur Ahitofels (15,12a; 16,15.20) bildet er den ältesten Bestand im Ratgeber-Geflecht (= R1). Wenn man diesen Bestand von R1 (15,12a; 16,15.20; 17,1-4) und 17,22ff; 18,1ff in Abfolge liest, so wird Ahitofels Rat offensichtlich der Sache nach umgesetzt, wenn auch nicht unter seiner Führung.

Mit einem Narrativ, der 16,20a fortsetzt, wird Ahitofels Antwort angeschlossen (17,1). Er schlägt vor, selbst als Feldherr aktiv zu werden, um David in der Nacht zu überraschen, wenn er müde und erschöpft ist. Entsprechend ist die Rede im Kohortativ und in 1.pers. sing. Imperf. gehalten (V.1b.[249]2aα.3), das in V.2aβb in auch *Waw*-Perfekt übergeht. Seine Strategie lautet nach V.2b.3, nur David zu opfern und das ganze Kriegsvolk zu retten. Dies ist ein Plan, gegen den kein unvoreingenomme-

246 Die Deutung von Stoebe, KAT VIII/2, 368 als Gewähr, daß David zurückkommt, scheint mir fraglich.

247 Vgl. schon 15,16b und sonst nur noch Jdc 19,1.27, dort sing.

248 Zu letzterer vgl. auch 15,16b.

249 Zur Verbindung von קום und רדף in V.1b vgl. noch Gen 44,4; I Sam 25,29.

ner Leser etwas einwenden könnte. Der Wechsel zum *Waw*-Perfekt in
V.2aβb liegt daran, daß hier das Ziel von Ahitofels Verfolgungsjagd genannt wird: nämlich David zu erschrecken (והחרדתי) und zu töten (והכיתי),
während das Volk flieht (ונס). In V.3 beginnt mit einem neuen Kohortativ
(ואשיבה) die Rückholung des Volkes. *Langlamet* scheidet in V.2a den
Nominalsatz והוא יגע ורפה ידים „und er wird müde und schlaff an Händen sein" sowie V.3b aus.[250] Der Nominalsatz ist jedoch im Kontext fest
verankert, da er den Umstand erläutert, mit dem Ahitofel in seinem Plan
operiert. Anders steht es mit der Glosse V.3b: „So wie das Ganze zurückkehrt, ist der Mann, den du suchst. Und[251] das ganze Volk wird wohlbehalten sein". Sie wirkt überladen und ist in ihrer Formulierung kompliziert.[252]
Ahitofels Strategie ist auch ohne sie deutlich (vgl. V.1-3a).

Auch in militärischer Hinsicht ist es geboten, David unmittelbar zu
verfolgen. Der abschließende V.4 zeigt, daß der Rat angenommen wurde:
„und die Sache war recht in den Augen Absaloms und in den Augen aller
Ältesten Israels." Der Ausdruck ישר בעיני פ׳ bezeichnet ein abschließendes Urteil.[253] Als beschlußfähiges Gremium wird die Gesamtheit der
זקני ישראל genannt,[254] die stellvertretend die Entscheidungen des Volkes
treffen. Außer in 17,15 spielen sie im Absalomaufstand keine Rolle mehr,
in den Samuelbüchern begegnen sie nur noch in I 4,3; 8,4; II 3,17; 5,3. Daß
sie es sind, die *en bloc* zustimmen, zeigt, wie fiktiv die Szene ist. Hätte es
nicht in der Gruppe der Ältesten Auseinandersetzungen um die Loyalität
zu David oder Absalom gegeben? Der fiktionale Charakter von 17,1-4 wird
auch in der hohen Zahl derer evident, mit denen Ahitofel David nachjagen
will: es sind 12 000 Mann. „Die Zahl ... ist viel zu hoch gegriffen".[255] Es

---

250 Langlamet, Absalom, 200–202 (S3). Zu V.3b vgl. auch Vermeylen, Loi, 371f, 552
(S1).

251 L. וכל statt כל mit wenigen Mss, vgl. die Vrs.

252 Wie kompliziert, zeigen die Deutungsversuche der Vrs. Doch ist mit Stoebe, KAT
VIII/2, 384f an MT als der *lectio difficilior* festzuhalten.

253 Mit הדבר „die Angelegenheit" als Subjekt vgl. noch I Sam 18,20.26; I Chr 13,4;
30,4, außerdem noch Num 23,27; Jdc 14,3.7; I Reg 9,12; Jer 18,4; 27,5. So auch
Würthwein, Erzählung, 40. (Seiler, Geschichte, 153 beruft sich dagegen auf II Sam
19,7, wo aber eine andere Wendung vorliegt. Sie arbeitet mit dem Adjektiv יָשָׁר und
hat nicht דבר als Subjekt!).

254 כל זקני ישראל noch in Ex 12,21; 18,12; Dtn 31,9; I Sam 8,4; II Sam 5,3; I Reg 8,3
par II Chr 5,4; I Chr 11,3.

255 Budde, KHC 8, 278. Vermeylen, Loi, 372, 631 scheidet deswegen שנים־עשר in 17,1
einfach aus.

handelt sich um eine ideale Zahl, nämlich tausend Mann aus jedem Stamm. Wie sollten sie so schnell für eine Blitzaktion rekrutiert werden können? Doch dann wird mit 17,5-14 Hušai nachträglich in die Szenerie eingeschaltet. Er tritt völlig abrupt auf, denn die Szene ist mit 17,4 zu ihrem Abschluß gekommen. Ahitofels Rat ist bereits angenommen worden, nun aber wird die Situation neu inszeniert. Das beweist auch die sekundäre Anknüpfung mit גם in V.5a und גם־הוא am Ende von V.5b. Und anders als in V.4 („alle Ältesten Israels") entscheidet hier ein anderes Gremium über die Annahme des Ratschlags: „jeder Mann von Israel (כל־איש ישראל)".[256] Damit wird zugleich betont, daß hinter Hušais Rat eine viel größere Menge als bei Ahitofel steht. Mit *Cook, Würthwein* u.v.a. ist daher V.5-14* sekundär.[257]

Wortreich stimmt Hušai den Kreis um Absalom um. Die Szene hat nur wenige Erweiterungen erfahren, eine gewisse Redundanz und Umständlichkeit ist Stilmittel, um Hušais hinterhältige Eloquenz zu demonstrieren. Der erzählende Rahmen in V.5.6.8.14a ist vorwiegend im Narrativ gehalten. Zu Beginn seiner Antwort (V.7-13) fällt die doppelte Redeeinleitung in V.7a.8a auf. Da V.7b eine negative Bewertung darstellt und ab V.8 Hušais eigentlicher Rat folgt, V.7 also nicht ohne V.8ff, wohl aber V.8ff ohne V.7 funktioniert, ist der Nachtrag in V.7 zu sehen. Dieses Mal ist, so Hušai in V.7, der Ratschlag Ahitofels nicht gut. Die Aussage steht in enger Beziehung zu ihrem positiven Hintergrund 16,23 und ihrer Erklärung in 17,14b, einem allgemein anerkannten Nachtrag, der klarstellt, daß Jahwe hinter der Vernichtung des „guten Rates" Ahitofels steht.[258] Daher rechne ich 17,7 wie 16,23 zu T1.

In V.8 folgt auf die originale Redeeinleitung mit der Aussage „du kennst (אתה ידעת) deinen Vater ..." der eigentliche Auftakt von Hušais Stellungnahme, der zu der V.7b in Konkurrenz steht.[259] Hušai argumentiert gegen Ahitofels Konzept und schlägt statt dessen vor, „ganz Israel von Dan bis Beer Šeba"[260] einzuberufen, um gegen David zu kämpfen. Als Kriegs-

---

256 Vgl. 16,15 sowie o. 215 mit Anm. 195.

257 Cook, Notes, 163f; Würthwein, Erzählung, 33ff, 40–42; Langlamet, Pour ou contre Salomon, 353; Hentschel, NEB 34, 70, 72f; Caquot/de Robert, Samuel, 537–539, 541 (zadoqidischer Redaktor); Vermeylen, Loi, 362ff, 552 (S1) etc.

258 Vgl. o. 219f und u. 228.

259 Zu אתה ידעת als Redebeginn s. noch Gen 30,29; Num 20,14; Jos 14,6; I Sam 28,9; I Reg 2,5.44; 5,17; vgl. I Sam 28,2.

260 Zu dieser Verbindung vgl. noch Jdc 20,1; I Sam 3,20; II Sam 3,10; 24,2.15; I Reg 5,5 sowie I Chr 21,2; II Chr 30,5. Zu ihr Saebø, Grenzbeschreibung, 21f.

mann (איש מלחמה) schone David sich und sein Volk nicht, sondern sei auf Überraschungsangriffe gefaßt (V.8-10). Hušais Gegenargumentation funktioniert wie folgt. Nominalsätze beschreiben zunächst die bedrohliche Stärke Davids und seiner Mannen (V.8). Sie sind גברים „Helden", aber מרי נפש „verbittert",[261] wie eine Bärin, die auf dem Feld ihrer Jungen beraubt ist.[262] Und als rechter Kriegsmann gönne David den Seinen keine Nachtruhe. Anschließend folgt in V.9, eingeleitet mit הנה עתה „siehe, nun" der Hauptteil der Rede. David verstecke sich im Moment, so ein invertierter Verbalsatz, der die andauernde Gleichzeitigkeit betont (V.9a). Daran schließt sich in V.9b mit והיה ein Konditionalgefüge, das das eigentliche Gegenargument gegen Ahitofel darstellt. Sobald nur einige in den ersten Kampfhandlungen fielen, gehe das Gerücht, daß im Kriegsvolk Absaloms eine große Niederlage stattgefunden habe.[263] Unter dieser Voraussetzung werde auch der Tapferste fliehen,[264] wie die *figura etymologica* in V.10a hervorhebt. Der umständliche Beginn והוא גם־בן־חיל (in V.10a) deutet nicht auf Fortschreibung hin, sondern der Vers ist inhaltlich unentbehrlich. In einem zweiten Tiervergleich (vgl. V.8) soll unterstrichen werden, daß *auch* der flieht, dessen Herz wie ein Löwe ist, daher das גם hinter einem anaphorischen Pronomen.[265] V.10b schließt den Argumentationsgang ab. In einer Ploke (A-B-A-Struktur)[266] kommt Hušai auf den Gedanken von V.8, die Tapferkeit Davids und der Seinen, zurück, was freilich in anderer Terminologie formuliert wird: David ist ein גבור und seine Männer sind בני־חיל.[267] In Ausweitung von V.8 heißt es, daß nicht nur Absalom, sondern כל ישראל „ganz Israel" dies weiß.

V.11 leitet prägnant mit einem כי „fürwahr, also" und *perfectum declarativum* יעצתי „hiermit rate ich" Hušais eigene עצה als logische Folge seiner Bedenken ein. Seine vorgebliche Strategie ist der Sieg durch Über-

---

261 Zur Terminologie vgl. Jdc 18,25; I Sam 1,10; 22,2; Jes 38,15; Ez 27,31; Hi 3,20; 7,11; 10,1; Prov 31,6.

262 Die Zusammenstellung von דב und שכול findet sich noch in Hos 13,8; Prov 17,12.

263 Zur Wendung ושמע השמע „und der Hörende wird hören" vgl. nur noch Ez 33,4, zur Formulierung מנפה בעם vgl. I Sam 4,17; II Chr 21,14, vgl. I Chr 21,17.

264 Zum umständlichen Beginn in V.10 vgl. die Übersetzung im Anhang.

265 ארי(ה) לב(ב) ist *hapax*.

266 Zur Stilform der Ploke vgl. Rost, Überlieferung, 114.

267 Diese deutlichen Unterschiede zeigen, daß V.10b keine Wiederaufnahme von V.8 sein kann. V.9f ist nicht sekundär, denn V.8 reichte als Begründung für V.11f nicht aus. Zudem wäre das Gleichgewicht von je zwei Naturvergleichen (V.8.10 und V.11.12) gestört.

macht: keiner wird übrigbleiben (V.11f). Mit einer *figura etymologica*
schlägt er die Sammlung des Heerbannes vor; Absalom soll (mit) in den
Kampf gehen (V.11). Dieser in V.11b genannte Begleitumstand
ובניך הלכים בקרב fällt durch den Aramaismus קְרָב „Kampf"[268] auf. Der
Personenwechsel von der 3.pers.masc. sing. Israels in V.11a zur 1. com.
plur. in V.12 „und wir werden zu ihm kommen ... und wir[269] werden über
ihm sein" ist kein Nachtragsindiz, sondern signalisiert, daß sich Hušai
loyal an den Kämpfen beteiligen wird. Zwei Vergleiche aus der unbelebten
Natur betonen die Übermacht, die Hušai anspricht: Israel ist „wie der
Sand, der am Meere liegt, an Menge"[270] (V.11aβ) und sie überfallen David
„wie der Tau auf die Erde fällt"[271] (V.12aβ). Was wie ein sachbezogener
Rat aussieht, hat ein ganz anderes Ziel, denn es geht Hušai schlichtweg um
Verzögerung: „In werkelijkheid wil Choesjai de tijd winnen die David
nodig heeft om zijn aanhang in het Overjordaanse te organiseren."[272] Ein
Nachtrag liegt in V.13 vor, denn mit der Aussage ולא־נותר ... גַּם־אֶחָד „auch
nicht einer ... wird übrigbleiben" (V.12b) ist die Rede mit einer Klimax
eindrücklich abgeschlossen. Trotzdem setzt V.13 nochmals neu an. War in
V.12aα unbestimmt von einem Ort die Rede, wo man David findet (vgl.
V.9a), um über ihn herzufallen, so trägt V.13 nach Art der Unterbedingung
eines kasuistischen Rechtssatzes nach,[273] was geschieht, wenn er sich in
eine Stadt zurückgezogen hat.[274] Eine Chance hätte er dann genauso wenig.
Die Formulierung עד אֲשֶׁר־לֹא־נִמְצָא שָׁם in V.13b nimmt אֲשֶׁר נִמְצָא שָׁם
aus V.12 mit anderer Nuance auf, um es in sein Gegenteil zu verkehren.
Der ältere Bestand der Episode wird mit V.14a fortgesetzt; gegen V.4 wird
die Entscheidung Absaloms und seines Kreises revidiert: „da sagte Absalom und jeder Mann von Israel: Der Rat des Arkiters Hušai ist besser als

---

268 So Wagner, Aramaismen, 103, Nr. 270, vgl. die Belege Sach 14,3; Ps 55,19.22;
    68,31; 78,9; 144,1; Hi 38,23, Koh 9,18; Dan 7,21. Die Vrs lesen בְּקֶרֶב „in der
    Mitte". פָּנֶיךָ „dein Angesicht" ist mit Budde, KHC 8, 297 als „du in eigener Person"
    zu deuten.

269 Kurzform des selbständigen Personalpronomens und gegen Budde, KHC 8, 279
    (vgl. die Vrs.) nicht von נוּה abzuleiten.

270 Zur Begrifflichkeit vgl. Gen 22,17; 32,13; 41,49; Jos 11,4; Jdc 7,12; I Sam 13,5; I
    Reg 4,20 (wörtlich); 5,9; Jes 10,22; Jer 15,8; 33,22; Hos 2,1; Ps 78,27; Hi 6,3.

271 Die Wendung ist *hapax*.

272 Van den Born, BOT IV/1, 192.

273 Vgl. die Einleitung mit וְאִם in V.13a.

274 In V.13b ist mit einem Ms, vgl. die Vrs, אֹתָהּ statt אֹתוֹ zu lesen, denn die *nota accu-
    sativi* bezieht sich auf die Stadt.

der Rat Ahitofels.“[275] Da V.14b sekundär ist, schließt V.14a die eigentliche Szene ab. Beide Ratgeber haben sich geäußert, und das Gremium hat sich entschieden.

Denn V.14b, der mit 11,27b und 12,14bβ nach *v. Rad* zu den drei klassischen theologischen Deutestellen der Thronfolgegeschichte gehört,[276] wird als invertierter Verbalsatz ... צוה ויהוה „und Jahwe hatte befohlen, den guten Rat Ahitofels zu vernichten, damit Jahwe das Unheil zu Absalom bringe“ nachträglich angeschlossen. Völlig unvermittelt begegnet Jahwe als Handelnder in einem Kontext, der ganz auf menschliche Mittel setzt, um David zum Erfolg zu verhelfen. In nachholendem Plusquamperfekt verweist V.14bα darauf, daß es Jahwe war, der hinter Hušais Erfolg stand, denn semantisch wird mit der Wendung עצה פרר hi. 15,34b aufgenommen, wo Hušai ihr Subjekt ist. Die Aussage liegt auf einer Linie mit 16,23 und 17,7 und ist deswegen zu T1 zu rechnen. Nachdem T1 betont hat, daß sich die grundsätzlich hohe Qualität von Ahitofels Rat (16,23) in diesem Fall nicht durchsetzt (17,7), legt er mit 17,14bα offen, daß Jahwe hinter dieser Entwicklung stand. Von T2 wurde V.14bβ eingebracht.[277] Das zeigt der umständliche Anschluß mit לבעבור „damit“ und die erneute Nennung des Subjekts „Jahwe“.[278] Außerdem wird ein neuer Aspekt eingebracht: Ahitofels strategisch korrekter Rat ist natürlich טובה, doch Jahwe wollte das Unheil (הרעה) über ihn bringen.[279]

Auch 17,23 gehört noch zu der in V.5f.8-12.14a greifbaren Bearbeitung (R2). Er berichtet vom Ende Ahitofels, der seinen Mißerfolg sieht, sein Haus bestellt und sich erhängt: „23: Ahitofel aber hatte gesehen, daß sein Rat nicht ausgeführt wurde, da sattelte er den Esel[280] und machte sich auf und ging zu seinem Haus, zu seiner Stadt und befahl über sein Haus und erhängte sich und starb. Und er wurde im Grabe seines Vaters begraben.“ Die Notiz über sein Begräbnis im väterlichen Grabe schließt seine

---

275 Zu V.14a vgl. auch o. 214.

276 Vgl. v. Rad, Anfang, 34ff etc.

277 Auch nach Dietrich, Prophetie, 73 (DtrP); Hentschel, NEB 34, 72f und Caquot/de Robert, Samuel, 541 (dtr) ist 14bβ sekundär.

278 Gegen Seiler, Geschichte, 153 besteht hier keine Verwechselungsgefahr mit Ahitofel.

279 Zur Wendung רעה בוא hi., die in der „Thronfolgegeschichte“ nicht mehr vorkommt, vgl. I Reg 9,9; 14,10; 21,21.29*bis*; II Reg 21,12; 22,16.20; Jer 4,6; 6,19; 11,11.23; 19,3; 23,12; 32,42; 42,17; 44,2; 45,5; 49,37; 51,64; Ez 14,22; Hi 42,11; Dan 9,12.14; Neh 13,18; II Chr 7,22; 34,24.28.

280 LXX, Peschitta und Vulgata lesen hier „seinen Esel“.

Vita ab. Sie ist ein sekundäres Pendant zu 15,12a (R1),[281] nach dem Ahitofel von Absalom aus Gilo geholt worden war. V.23 scheint zwar in seinem Kontext kompositorisch „versprengt";[282] doch wurde er planvoll vom Ergänzer von V.5f.8-12.14a gerade an dieser Stelle eingeschaltet. Er gehört hinter Davids Aufbruch in V.22, also den Auftakt zur Schlacht.[283] Hat Ahitofel auf ihn gewartet?[284] In seinen Kontext wurde V.23 durch Inversion und Rückgriff im Plusquamperfekt eingeschaltet, ab V.23aα2 folgen Narrative.

Fazit: Im Bereich von II Sam 16,15 – 17,14.23 sind Fortschreibungen greifbar, die aus dem Aufstandsbericht eine spannende Geschichte machen, aber auch erklären, wie es logistisch möglich war, daß die Krise zu Davids Gunsten geendet hat. Den größen Textbestand machen die Eingriffe der Ratgeber-Bearbeitung aus, die in mehreren Arbeitsgängen vorgenommen wurde. In den Ratgeber-Texten firmierte nämlich zunächst nur Ahitofel (R1: 15,12a; 16,15.20; 17,1-3a.4). Nach 17,4 wird sein strategisch korrekter Rat angenommen, mit Davids Verfolgung sofort zu beginnen (V.1-3a). Das erhöht die Spannung, indem sich hierdurch die Gefahr für den König erheblich steigert. An 17,4 schließt gut die Notiz von Davids Flucht an: „Da machte sich David auf und das ganze Volk, das bei ihm war, und sie überschritten den Jordan bis zum Licht des Morgens" (in 17,22). Diese Notiz liegt bereits im Grundtext vor.[285] R1 trägt zur näheren Motivierung dieser Flucht bei.

Später wurde Hušai ins Ratgeber-Szenario eingeschaltet (R2: 15,32f.34a*[ohne ‏ואני מאז ועתה‎].b.37a; 17,5f.8-12.14a.23). R2 bringt mit Hušais Taktik, die Verfolgung Davids erheblich zu verzögern, eine Erklärung vor, warum David noch genug Zeit hatte, seine Truppe im Ostjordanland zu mustern (18,1a).[286] Eine noch spätere Hand (R3) verankert 16,16.17a.18f in der Szenerie. Mit einer anschaulichen Episode (16,16.17a.18f) wird gezeigt, daß Hušai Davids Befehl, sich bei Absalom hinterhältig einzuschleichen (15,34*, R2), auch tatsächlich ausgeführt hat.[287]

---

281 Vgl. u. 6.1.

282 Nach Cook, Notes, 164 oder Langlamet, Pour ou contre Salomon, 353f etwa ist sie sekundär.

283 Nach dem Gefälle der Überarbeitungen ist hier die Entscheidung vollends evident.

284 So Budde, KHC 8, 280.

285 S.u. 6.2.

286 II Sam 18,1a gehört zum Grundtext, s.u. 6.3.

287 Wie 5.5 gezeigt hat, sind II Sam 15,32f.34a*.b.37a zu R2 zu rechnen.

Wie ein schwerer logischer Bruch in 17,5f zeigt,[288] ist es berechtigt, in
16,16.17a.18f die Hand eines nach R2 wirkenden R3 anzunehmen. In
16,23; 17,7.14bα liegen Nachträge der Theodizee-Bearbeitung T1 vor, die
jünger als R1 und R2 ist. Das gilt natürlich auch für T2 (17,14bβ). Die
Theodizee-Bearbeitung macht deutlich, daß Ahitofels noch so korrekter
und guter Rat nicht befolgt wurde, weil er Jahwes Willen nicht entsprach.
II Sam 16,17b; 17,3b.13 sind nicht näher einzuordnende Nachträge.[289]
Schließlich ist festzuhalten, daß II Sam 16,15 (Absaloms Rückkehr nach
Jerusalem) auf die Angaben in 15,7.9 (Absaloms Gang nach Hebron)[290]
reagiert.

5.10 Der Verrat (II Sam 17,15f.17-21)

Schließlich befassen sich 17,15f.17-21 damit, wie David die Ereignisse in
Jerusalem übermittelt werden. Mit diesen beiden Abschnitten wird die
Perspektive von Absalom zu David und seinem Gefolge zurückgelenkt.
Zwar schließt V.15f im Narrativ an, doch beginnt hier unvermittelt eine
neue Szene, die an der Quelle Rogel spielt. Sie setzt die über 15,35b sekundär eingeführte Handlungslinie von N1 fort, also den Nachrichtendienst über die Priester Zadoq und Abjathar.[291] Außerdem wird im Kontext
von c.17 mit V.15f die eigentliche Ratgeberszene beendet. Hušai unterrichtet die Priester über die beiden Ratschläge (V.15abβ) und fügt mit ועתה
„und nun" in V.16 seine Botschaft an: David soll eilends mitgeteilt werden
(doppelter Imperativ), er dürfe sich nicht in den Wüstentriften[292] aufhalten,
sondern müsse sofort den Jordan überschreiten (Vetitiv und Jussiv), „damit der König und das ganze Volk, das mit ihm ist, nicht (im Untergang)
verschlungen werde" (V.16b).[293]

---

288 Vgl. o. 214f und 224f. Im nachträglich eingearbeiteten 17,5ff* wird Hušai gerufen,
    obwohl er nach 16,16ff bereits im Kreise Absaloms hätte sein müssen. Das bedeutet,
    daß 16,16.17a.18f später als 17,5f.8-12.14a.23 anzusetzen sind.
289 Zu 16,21f vgl. den Exkurs „Die Haremsfrauen".
290 Dazu u. 6.1.
291 Vgl. o. 5.5.
292 So mit MT und Vrs. Dagegen lesen viele Mss בעברות המדבר „Steppenfurten" in
    Angleichung an das K von 15,28.
293 Die Pual-Form יבלע in V.16bα wird mit HAL, 129 von I בלע „verschlingen" abge-
    leitet, vgl. LXX und Vulgata. Vgl. auch Stoebe, KAT VIII/2, 390f und zur Kon-
    struktion Ges/K, § 121a.

Auch die Übermittlung nach 17,17-21 setzt auf Eile. Jonathan und Ahimaaz stehen an der Quelle Rogel bereit, eine Magd macht ihnen Mitteilung, und sie übermitteln dem König die Aufforderung zur Eile. Doch zeigen mehrere Beobachtungen, daß diese Szene nochmals später eingehängt wurde.[294] Denn sie beginnt mit einer Partizipialkonstruktion, die plötzlich Jonathan und Ahimaaz einführt.[295] Dagegen sollten die Priester nach V.16 über Unbekannte zu David schicken; die Erwähnung der Priestersöhne wäre dort am Platz gewesen. Außerdem werden unvermittelt die Quelle Rogel[296] als Ort sowie eine השפחה „die Magd" genannte Frau erwähnt, von denen vorher nicht die Rede war. Ferner begegnen die עבדי אבשלום „Knechte Absaloms" an keiner anderen Stelle.[297] Zudem fällt ein weiterer inhaltlicher Unterschied ins Gewicht. Denn die Aufforderung zur Eile wird in V.21bβ wie folgt begründet: „denn so hat Ahitofel über euch geraten", während V.15 die עצה Ahitofels wie Hušais zitiert hatte. Derart verengt und zugespitzt erscheint die Aufforderung noch dringender.[298] Anders als in V.15 (zweimal כזאת וכזאת „so und so")[299] wird in V.21b der Inhalt des Rates nur mit ככה „so" umschrieben. V.15f stammt von N1, der Grundbestand von V.17-21 aber von N2, der die Priestersöhne als vermittelnde Instanz einschaltet. Wenn hier derart zur Eile gemahnt wird, zeigt sich nochmals, daß N1 und N2 aus einer anderen Feder als die beiden Ratgeber-Schichten stammen. Denn der Nachrichtendienst setzt in seiner ganzen Konzeption nicht darauf, daß Hušai den Kreis Absaloms durch seine Eloquenz zu einer falschen Entscheidung überredet, sondern darauf, daß die Entscheidung Absaloms ausspioniert und dem David verraten wird, so daß der König immer rechtzeitig informiert ist. Man braucht daher nicht wie *Würthwein* anzunehmen, daß Hušai selbst nicht weiß, welcher Rat angenommen wurde.[300] Das ist unplausibel, da von Hušais

---

294 Bereits Cook, Notes, 163f bemerkt die Brüche, setzt aber V.17-22 vor V.15f an. Budde, KHC 8, 277, 279f, streicht V.17 als Glosse, setzt aber voraus, daß der Vers von wiederholten Botengängen spricht. Nach Langlamet, Pour ou contre Salomon, 353f sind 17,17-21* sekundär.

295 Da sie von 15,27f.36 (N2) her bekannt sind, brauchen sie nicht neu eingeführt zu werden.

296 Vgl. noch Jos 15,7; 18,16; I Reg 1,9.

297 Zu den weiteren Akteueren und Orten in V.17b-21a s. gleich im folgenden.

298 Daß hier tatsächlich nur der Rat Ahitofels im Hintergrund steht, scheint mir unplausibel, denn 17,17ff nehmen auf 17,15f Bezug.

299 Diese Wendung begegnet auch in Jos 7,20; II Reg 5,4; 9,12.

300 Würthwein, Erzählung, 40f.

Abgang in V.5-14 nicht die Rede war. Da V.17ff* den Absatz V.15f voraussetzen, kann auch nicht gesagt werden, daß sie nur vom Rat Ahitofels
wissen. Zudem muß V.15b nicht aus logischen Gründen mit V.5-14 ausgeschieden werden,[301] zumal es dafür keinen literarischen Anhaltspunkt gibt.
Zwar haben N1 und N2 die Eingriffe von R1 und R2 vorliegen,[302] sie
verlagern jedoch die Akzente vollkommen. Sie betonen die Gefahr, die von
der Situation ausgeht: Vor dem tatsächlichen Beginn des Aufstandes war
sie noch völlig in der Schwebe. *Mutatis mutandis* kann man mit *Budde*
sagen: „Endlich begreift es sich sehr wohl, dass Hušaj David zu ungesäum-
tem Aufbruch mahnt, auch wenn er Ursache hat anzunehmen, dass sein
Rat, nicht der Ahitophels, zur Ausführung gelangt. Die Gefahr hat doch
gedroht, und immer noch kann die Stimmung umschlagen."[303]
   Die Szene V.17-21 schaltet die Priestersöhne als Übermittler ein. Sie
präsentiert einen bewegten und detailreichen Handlungsablauf. Doch ist
sie nicht aus einem Guß, vielmehr wurden V.17b-21a nachgetragen. Der
verbleibende Bestand V.17a.21b gehört zu N2 und ist etwa so umfangreich
wie sein N1-Pendant in V.15f, vgl. auch das Verhältnis von 15,36 (N2) zu
15,35 (N1).[304] Verschiedene Indizien legen den Nachtragscharakter von
V.17b-21a nahe. Denn V.17b beginnt mit einem כי-Satz, dessen Relation
zum Vorhergehenden nicht klar ist. Gleichzeitig wird ein neues Thema
eingeführt: Die Kuriere dürfen sich nicht in der Nähe der Stadt sehen
lassen. Eine anschauliche Geschichte illustriert diesen Gedanken: Sie
werden von einem Knecht entdeckt und an Absalom verraten, verstecken
sich im Brunnen eines Anwesens in Bahurim, während die Frau des Hauses
die Häscher irreführt, indem sie sie zu einem מיכל המים (Wasserbehälter?)[305] genannten Ort schickt (V.20). Dieser spannende Ablauf sprengt den
eher kargen Handlungsrahmen von V.17a.21b. Daß er nachträglich eingebracht wurde, zeigt auch ein logischer Bruch sowie eine Wiederaufnahme
in V.21aβγ. Denn bereits in V.17aβγ heißt es: „und sie gingen (הלך) und
machten dem König David Mitteilung (נגדhi.)"; daran schließt nahtlos der
Narrativ V.21b mit dem Zitat ihrer Botschaft. V.17aβγ ist als invertierter
Verbalsatz gehalten, um die Parallele zur Aktion der unbekannten Magd zu

---

301 So aber Würthwein, Erzählung, 41, Anm. 72; Langlamet, Pour ou contre Salomon,
    353f; Caquot/de Robert, Samuel, 539 etc.
302 Zu dieser Reihenfolge der Bearbeitungen vgl. die Analysen zu 15,32ff*, o. 5.5.
303 Budde, KHC 8, 277, Unterstrichenes gesperrt.
304 Auf den Zusammenhang mit 15,35.36 weist auch Cook, Notes, 164.
305 מיכל ist „unverständlich und wohl verdorben", so Budde, KHC 8, 280. Vgl. auch
    HAL, 546, ferner Stoebe, KAT VIII/2, 391.

betonen, die ebenfalls geht (הלך) und mitteilt (נגדhi.). V.17aβγ wird mit V.21aβγ wiederaufgenommen. Zudem fällt auch der Ortswechsel von der Quelle Rogel nach Bahurim ins Auge; damit verbunden treten ein nicht namentlich genannter Mann und seine Frau, ferner ein Knecht, als Akteure auf.

Fazit: In der Szene von Hušais erfolgreicher Spionage stammen 17,15f von N1, 17,17a.21b dagegen von N2. Die Nachrichtendienst-Bearbeitungen tragen zu einer Erklärung bei, mit welchen taktischen Mitteln David der Sieg gelingen konnte. V.17b-21a ist eine Erweiterung, die die kurze Episode zu einer spannenden Geschichte macht.

Damit ist das Thema der Ratgeber im Absalomaufstand beendet,[306] ab 17,22 geht es definitiv auf die Schlacht zu, und Eingriffe der Ratgeber-Bearbeitungen sind nicht mehr festzustellen. Jedoch findet sich in 18,19-32 noch ein größerer Abschnitt von N2, in dem es darum geht, wer David das Ergebnis der Schlacht übermitteln soll.[307]

Die Untersuchung wendet sich nun dem literarischen Grundbestand von c.15-19 zu. In diesem Zusammenhang folgt auch eine Analyse des eigentlichen Schlachtberichtes. Ein letzter Blick gilt danach c.19, in dem mehrere biographische Verläufe, die in c.15f begonnen und weitergeführt wurden, zu ihrem (vorläufigen) Abschluß kommen.

---

306 Nach 17,23 (R2) ist Ahitofel tot, und auch Hušais Funktion, die durch N1 und N2 vom „falschen Ratgeber" (16,35b [N1]. 36 [N2]) zum Spion uminterpretiert worden war, ist mit 17,15f zu ihrem Ende gekommen.

307 Vgl. auch die Einfügungen von N1 in 19,10-16, dazu u. 7.3.

6. Der Schlachtbericht

II Sam 18,1-18 beschreiben den Verlauf des Kampfes. Um sein Wachstum zu ermitteln, werden 15,1-15 und 17,22-29 mitberücksichtigt, da sie literarisch und thematisch eng dazugehören. Denn II Sam 15,1-15 schildert den Beginn des Aufstandes, und 17,22-29 das unmittelbare Vorfeld der Schlacht. Diese endet mit dem Tod Absaloms und dem Sieg der David-Anhänger. Was darauf folgt, ist nur noch eine Art Nachbereitung (18,19-19,9) sowie der Eintrag weiterer Szenen (19,10-44); einige dieser Szenen haben Pendants in c.16f.[1]

6.1 Der Beginn (II Sam 15,1-15)

15,1-15 stellt die Exposition zum Absalom-Aufstand dar. Absalom verhält sich als Thronprätendent (V.1) und macht die Männer abspenstig, die beim König ihr Recht suchen, indem er ihnen die Erfolglosigkeit ihres Ansinnens nahelegt (V.2-5). Nach einer gewissen Zeit sammelt Absalom seine Anhänger in Hebron, die Verschwörung wird groß (V.7-12). Ein Bote berichtet David von den Ereignissen; dieser entschließt sich zur Flucht.

Zwar wirkt diese Darstellung stringent, doch trägt sie Spuren intensiver Fortschreibung. Ein einfacher Grundtext, der vom Beginn des Aufstandes berichtet, hat zahlreiche Eingriffe provoziert. Sie motivieren oder begründen den Aufstand durch verschiedene Details. Außerdem machen sie aus einer begrenzten Aktion, die Absaloms Erhebung zweifellos war,[2] *die* gewaltige Bewegung, die der Text nun vor Augen führt. Bereits *Cook* hat vermutet: „It seems not improbable, ... that the revolt has been exaggerated".[3]

Die Aussagen von V.1 genügen völlig, um die Darstellung des Aufstandes einzuleiten. „[Und es geschah danach,][4] da machte sich Absalom einen Streitwagen und Rosse und fünfzig Mann, die vor ihm her liefen." An V.1 schließt direkt V.12b: „Und die Verschwörung wurde stark, und

---

1   Vgl. o. 5.7, 5.8, 6.2 und u. 7.4, 7.5 und 7.6.
2   Vgl. ähnlich auch Kratz, Komposition, 181f.
3   Cook, Notes, 159.
4   Zur Formel s. gleich im folgenden.

das Volk ging zahlreich mit Absalom." Damit ist die Exposition bereits komplett beendet. Was dazwischen steht, sind sämtlich spätere Ergänzungen, wie die literarische Analyse zeigt.

II Sam 15,1 deckt sich fast genau mit I Reg 1,5b. In diesem Vers, der ebenfalls zur quellenhaften Grundschicht gehört, wird Adonias Thronanspruch skizziert. In beiden Texten begegnen חמשים איש רצים לפניו „fünfzig Mann, die vor ihm her liefen" sowie Streitwagen und Rosse. Diese werden allerdings in etwas abweichender Terminologie beschrieben: In II Sam 15,1 heißen sie מרכבה וססים, und in I Reg 1,5 רכב ופרשים. Doch klar handelt es sich um sachlich die gleiche Austattung. Auch ohne den Ausspruch אני אמלך „ich will König werden" (I Reg 1,5a) ist klar, daß hier eine Rebellion ihren Anfang nimmt. Darauf reagiert V.12b, der den Erfolg der Aktion bezeichnet. Die Verschwörung (קשר)[5] wird groß, und viel Volk geht mit Absalom. Diese Notizen V.1aβγb.12bα sind im Narrativ formuliert, die Aussage über das Volk V.12bβ steht dagegen im Nominalsatz, weil sie einen länger dauernden Zustand beschreibt. Jedenfalls will Absalom König werden.

In 15,1aα dient die Formel ויהי מאחרי כן dazu, den Bericht vom Absalomaufstand einzuleiten. Ihr redaktioneller Charakter ist weithin anerkannt.[6] „Nur im zweiten Samuelbuch findet sich die Formel mehrfach wiederkehrend, kennzeichnet den Beginn größerer Erzählzusammenhänge und gliedert den gesamten Stoff in proportionierte Teile."[7] Wie *Fischer* herausgearbeitet hat, kann sie nicht einfach „als ein typisches Merkmal dtr Redaktionstätigkeit"[8] bewertet werden. Ihre Verwendung in 15,1aα ist vielmehr ein Indiz für eine vordtr redaktionelle Verzahnung alter Quellenstücke.[9] In 15,1aα ist also ein früher redaktioneller Eingriff festzustellen, der ein altes Quellenstück über den Absalomaufstand mit anderen Quellenstücken verbindet. Die Tätigkeit einer vordtr Redaktion wurde bereits in II Sam 11,1aα*(לתשובת השנה).b und in der Einschachtelung der Erzählung

---

5   Vgl. V.12b; zum Begriff vgl. noch I Reg 16,20; II Reg 11,14*bis* par II Chr 23,13*bis*; II Reg 12,21; 14,19 par II Chr 25,27; II Reg 15,15.30; 17,4; Jes 8,12*bis*; Jer 11,9; Ez 22,25. Die Verbindung mit אמיץ „stark" ist *hapax*.

6   Naumann in Dietrich/Naumann, Samuelbücher, 257; Conroy, Absalom, 41f; Fischer, Hebron, 47. Ihre Normalform ist ויהי אחרי כן, vgl. Jdc 16,4; I Sam 24,6; II Sam 2,1; 8,1 (par I Chr 18,1); 10,1 (par I Chr 19,1); 13,1; 21,18 (par I Chr 20,4); II Reg 6,24, vgl. II Chr 20,1; 24,4.

7   Fischer, Hebron, 47.

8   A.a.O., 49. So aber Bailey, 54–56.

9   Vgl. die Ausführungen von Conroy, Absalom, 41f.

von David und der Frau durch den kurzen Bericht von der Eroberung Rabbas festgestellt.[10] Die Quelle, die über den Absalomaufstand berichtet, beginnt in 15,1aβ mit einem Narrativ. Absalom wird nicht eigens vorgestellt. Damit knüpft der Text an Vorhergehendes an, wahrscheinlich an eine Grundfassung der Erzählung von Amnon, Thamar und Absalom in c.13f, deren Grundbestand in II Sam 13,1*[11].14b.23.28a.29.38; 14,23 vorliegen mag. Entsprechend wird Absalom schon in 13,1 komplett eingeführt; 15,1 setzt die Bekanntschaft mit ihm also bereits voraus.

Der Grundbestand der Amnon-Thamar-Geschichte beginnt mit einem invertierten Verbalsatz (also wie in 15,1 ohne das einleitende ויהי אחרי־כן), auf den im wesentlichen Narrative folgen. Die kurze Erzählung steht in der prodynastischen Tendenz der anderen Quellenstücke. Denn sie berichtet davon, wie der Königssohn Amnon, der seine Halbschwester Thamar vergewaltigt hat, auf Betreiben von deren Bruder Absalom bei einem Fest getötet wird. So ist die Tat gerächt. Absalom, der Mörder, flieht nach Gešur, wo er drei Jahre bleibt. Joab holt ihn nach Jerusalem zurück. Bei seinem Aufstand wird David über ihn siegen.

15,2 jedoch gehört nicht zur alten Quelle. Er unterbricht mit seiner frequentativen w-AK[12] in V.2a und einer ausladenden mit ויהי eingeleiteten Pendens-Konstruktion in V.2b[13] die Narrative von V.1aβγb.12bα. Absalom steht früh auf, um am Tor rechtssuchende Männer abzufangen. Der *Casus pendens* „jeder Mann" (V.2b) wird durch einen längeren אשר-Satz näher bestimmt. Zugleich fällt die Wiederholung des Subjekts „Absalom" in V.1.2 und eine deutliche thematische Digression auf. Denn die Rechtsthematik hat mit dem Aufstand nichts zu tun.[14] Der beschriebene Verlauf dient vielmehr der nachträglichen Erklärung, wie Absalom Anhänger gewinnen konnte. Jedem, der in einer Rechtssache an den König appellieren will,[15] redet er nämlich ein, er finde bei Hofe kein Gehör, obwohl er

---

10 S.o. 1.3 und 2.2.

11 Wie in 15,1 ohne das einleitende ויהי אחרי־כן „und es geschah danach", das von einer vordtr Redaktion stammt, vgl. 6.1.

12 Vgl. Joüon/Muraoka, § 119 uv. Wenn die w-AK in V.2a die Regelmäßigkeit des Vorgangs anzeigt, verwundert doch die Fortsetzung durch Narrative in V.2b.3.

13 Deren Charakter bleibt auch nach Ausscheidung eines Zusatzes erhalten (s. im folgenden), denn dann schließt V.3 an den *Casus pendens* an.

14 Cook, Notes 161 weist zudem auf den Konzeptionsunterschied des „*open* revolt" in V.1 und des „*gradual* [sc. revolt]" in V.2-6, die für ihn sekundär sind.

15 Die Wendung כל־(ה)איש אשר־יהיה־לו־ריב begegnet noch in V.4, vgl. Dtn 19,17. Eine Verbindung von מלך und משפט wie hier in V.2 belegt sonst nur noch V.6.

Recht habe (V.2f).[16] So kommt es, daß Absalom das Herz der Männer Israels stiehlt,[17] wie V.6b prägnant im Narrativ feststellt. V.2f.6b ergeben also einen stringenten Ablauf. Dieser wurde nochmals dreifach erweitert. Denn in V.2bα2(ab ויקרא)β.3 werden zwei Gesprächszüge notiert, von denen sich nur einer (V.3) auf die Situation bezieht: „(2 Und Absalom stand früh auf und stellte sich neben den Weg zum Tor, und es geschah: Jeder Mann,[18] der eine Rechtssache hatte, um zum Rechtsentscheid zum König hineinzugehen,) dem rief Absalom zu[19] und fragte: Aus welcher Stadt bist du? Und (wenn) er sagte: Aus einem der Stämme Israels ist dein Knecht, 3 zu dem sagte Absalom: Sieh, deine Angelegenheiten sind gut und recht, aber einen, der hört, hast du nicht vom König aus." Nur V.3 stellt die originale Fortsetzung der Pendens-Konstruktion in V.2b dar und ist direkt hinter dessen *Casus pendens* zu stellen. Und in der Tat unterbricht die Frage nach der Herkunft mit ihrer Antwort V.2b(ab ויקרא) den stringenten Ablauf des Gesprächs. Das zeigt nicht nur die umständliche Einleitung mit „Absalom rief ihm zu und sagte" statt „Absalom sagte zu ihm" (V.3), sondern das zeigt auch die Abweichung von der Rechtsthematik. Dieser Nachtrag hält fest, daß Absalom seine Anhängerschaft aus den „Stämmen",[20] wohl in Nord und Süd,[21] rekrutiert. Er reagiert auf die mögliche Überlegung, daß das davidtreue Jerusalem nicht so schnell zu ihm überliefe. Anders wäre die Antwort sinnlos. Dagegen ist V.3 auch inhaltlich die logische und stringente Fortsetzung von V.2abα1: Den, der Recht sucht, spricht Absalom auf seine Rechtssache an. Wie irritant das Nebeneinander der zwei Gesprächszüge ist, beobachtet auch *Stoebe*.[22]

---

16 נכח „recht" begegnet noch in Jes 26,10; 30,10; 57,2; 59,14; Am 3,10; Prov 8,9; 24,26. Zum Vorwurf vgl. KTU 1.16 VI 43-50a, wo Yasubu von seinem königlichen Vater Kirtu den Rücktritt fordert, weil er den Entrechteten im Lande nicht ihr Recht verschaffe.

17 Zur Wendung, formuliert mit לב oder לבב, vgl. noch Gen 31,20.26, nach denen Jakob das Herz Labans stiehlt (גנב, dort qal).

18 Hier ist der Artikel bei כל־האיש durch den folgenden אשר-Satz gerechtfertigt, wenn auch nicht zwingend, vgl. V.4. Wenige Mss, 4Q Samᵃ, vgl. LXX lesen hier כל־איש.

19 Statt Narrativ liest 4QSamᵃ hier w-AK וקרא, um die Regelhaftigkeit von Absaloms Vorgehen zu unterstreichen, vgl. V.2 und LXX (Imperfekt). Zum Tempusgebrauch in 4QSamᵃ und 4QSamᶜ vgl. Ulrich, A Fragmentary Manuscript, 1ff.

20 Vgl. auch V.10 „in allen Stämmen Israels". Die Formulierung אחד שבטי ישראל ist sonst nur noch in Gen 49,16; II Sam 7,7 belegt, vgl. ferner Num 36,3; Jdc 21,8.

21 So Crüsemann, Widerstand, 98.

22 Stoebe, KAT VIII/2, 358.

V.4 liegt mit V.2f* zwar inhaltlich auf einer Linie: Absalom äußert das Ansinnen, Richter im Lande zu sein, um allen Rechtssuchenden zu ihrem Recht verhelfen zu können. Aber hier handelt es sich nicht nur um einen ganz allgemeinen, mit מִי־יְשִׂמֵנִי שֹׁפֵט בָּאָרֶץ[23] beginnenden, interrogativen Wunschsatz,[24] der von der Einzelsituation unabhängig ist: „Wer setzt mich zum Richter im Lande ein? Dann soll zu mir jeder Mann kommen, der eine Rechtssache hat, und ich werde ihm Recht verschaffen." Sondern V.4 gibt sich auch durch die unmotivierte Wiederholung der Redeeinleitung וַיֹּאמֶר אַבְשָׁלוֹם als Zuwachs zu erkennen, vgl. וַיֹּאמֶר אֵלָיו אַבְשָׁלוֹם in V.3. Er überbietet Absaloms Taktik nach V.3, die Rechtssuchenden nur unzufrieden zu machen, indem er verspricht, ihnen selbst Recht zu verschaffen und dazu auch ein entsprechendes Amt begehrt.[25] Der Begriff שֹׁפֵט ist zwar auch ein Königstitel,[26] im Zusammenhang mit dem Zusatz in V.2b(ab וַיִּקְרָא), der die Stämmethematik einbringt, spielt er jedoch sicher auch auf die Konzeption des Richteramtes in einem Zwölf-Stämme-Israel an, für dessen Frühdatierung es keine Anhaltspunkte gibt.[27] Diesen Zusammenhang ahnt *Niehr*, wenn er hier das Amt eines Gouverneurs „an der Übergangslinie von der Stammes- zur Stadtkultur" identifiziert.[28] In V.4b wird zudem der אֲשֶׁר-Satz von V.2a in Verkürzung mit seinem Bezugswort „jeder Mann" wiederholt. Die Verwechselung von אֶל und עַל beim ersten Wort in V.4b weist dabei auf ein aramaisierendes Sprachniveau.[29] Die Inversion zu Beginn von V.4b unterstreicht einen Gegensatz: zu Absalom sollen die Rechtssuchenden kommen, wenn sie Hilfe brauchen.

Der noch spätere V.5.6a wird mit וְהָיָה angefügt: „5 Und es geschah: Wenn sich ein Mann näherte, um sich ihm niederzuwerfen, da streckte er seine Hand aus, ergriff ihn und küßte ihn. 6a Und Absalom handelte entsprechend dieser Sache an ganz Israel, das zum Rechtsentscheid zum König hineinging." Dieser Zusatz trägt einen weiteren Aspekt ein, der den klaren Ablauf sprengt. Mit einem durch Inf. cstr. mit Präposition בְּ und

---

23 Zur Formulierung vgl. Ex 2,14; zur Verbindung שֹׁפֵט בָּאָרֶץ vgl. Ps 58,12; II Chr 19,5.

24 Vgl. Ges/K, § 151a; Brockelmann, Syntax, § 9.

25 Daher kann V.4 gegen Seiler, Geschichte, 124, Anm. 3 nicht zum Grundtext gehören.

26 Machholz, Stellung, 169.

27 Levin, System, 111ff.

28 Niehr, Herrschen und Richten, 131ff. Vgl. auch akk. *šāpiṭu(m)* „Bezirksgouverneur".

29 Vgl. Wagner, Aramaismen, 143, Anm. 1a.

anschließender *w*-AK gebildeten Konditionalgefüge wird noch einmal neu angesetzt: Absalom verzichtet bei diesen Begegnungen auf die ihm als Königssohn gebührende Ehrbezeugung. Vielmehr schmeichelt er den Rechtssuchenden: Er gibt sich als einer der ihren, sie sind ihm gleichwertig.[30] Die an וְהָיָה angeschlossenen *Waw*-Perfekte in V.5 zeigen, daß er regelhaft so vorging.[31] V.6a fügt im Narrativ summarisch an, daß er an לְכָל־יִשְׂרָאֵל „an ganz Israel" so handelte, sofern sie beim König Recht suchten. Er wiederholt den von V.4b nicht genannten Bestandteil des Relativsatzes von V.2b. Wenn er dezidiert die Kategorie „ganz Israel" einbringt, trägt er dazu bei, aus Absaloms Revolte eine große israelweite Bewegung zu machen. So ergeben V.5.6a eine neuerliche Erklärung, wie Absalom es schafft, Anhänger zu gewinnen.[32]

Nach den vorangehenden Beobachtungen ist das Wachstum von V.1-6 so vorzustellen: An den Grundtext V.1 sind mehrere Erweiterungen angewachsen, die Absaloms Erfolg motivieren. Sie machen allesamt plausibel und nachvollziehbar, wie die Erhebung zustandekommt. Das Verhalten des Volkes erscheint nämlich dann nicht böswillig, wenn man zur Annahme Grund hat, der König vernachlässige seine Pflicht als „oberster Rechtsherr". Absalom verspricht Rechtshilfe und stellt sich dabei nicht über das Volk (V.5.6a).[33] Diese Erklärungen gehen folglich auf verschiedene Theodizee-Bearbeitungen zurück. Wie die relative Chronologie der Erweiterungen zeigt, gehört V.2abα1(bis לְמִשְׁפָּט).3.6b zu T1, V.2bα2(ab וַיִּקְרָא)β.4 zu T2 und V.5.6a zu T3. Auch *Bardtke* bemerkt die Tendenz zugunsten Absaloms, veranschlagt aber einen umgekehrten redaktionellen Prozeß, ohne ihn im einzelnen zu erläutern: „Allerdings ist diese Erzählung vom Verfasser der Gesamtdarstellung zuungunsten Absaloms verwendet worden. Sehr wahrscheinlich hat jener hier eine Tradition, die ur-

---

30 Eine Verbindung der Wurzeln חזק und נשׁק begegnet nur noch in Prov 7,13. Fischer, Hebron, 310 denkt daher auch in II Sam 15,5 an die Verführungsmetapher. Am Ende von V.5 ist beim drittletzten Wort mit vielen Mss, vgl. Targum בו statt לו zu lesen, Verschreibung nach dem letzten Wort, vgl. Budde, KHC 8, 270.

31 Zur frequentativen *w*-AK als Vergangenheitstempus vgl. Joüon/Muraoka, § 119 uv.

32 Zur klassischen Diskussion, wer hinter dem Absalom-Aufstand steht, vgl. etwa Alt, Staatenbildung, KS II, 57f, der nur die Nordstämme am Werk sieht. Dagegen seien alle Stämme und bes. Juda beteiligt gewesen nach Noth, Geschichte, 184f; Bardtke, Erwägungen, 1ff; Crüsemann, Widerstand, 95–98; Tadmor, Traditional Institutions, 246f etc. Im Süden sieht Stoebe, KAT VIII/2, 417ff den Initiator, und Cook, Notes, 159 begrenzt die Bewegung ganz auf Juda. In dieser Untersuchung zeigt sich dagegen, daß die Angaben über die Stämme historisch nicht auszuwerten sind.

33 V.2bα2(ab וַיִּקְרָא)β.4 hebt hervor, daß die Bewegung nicht von Jerusalem ausging.

sprünglich zugunsten Absaloms berichtete, verändert und in ihr Gegenteil verkehrt."[34]

Finden sich in V.2-6 historisch auswertbare Spuren über den Grund des Absalomaufstandes? Nein, denn: „Über die Sachprobleme der rechtssuchenden Israeliten ist dem Text leider genauso wenig unmittelbar zu entnehmen wie über die dahinterstehende Gerichtsorganisation."[35] Gerade V.2-6 haben nämlich apologetische Tendenz; hier machen verschiedene Theodizee-Bearbeitungen das Verhalten des Volkes nachvollziehbar.[36] Daß Absalom durch diese Aktion so viele Anhänger gewinnen konnte, wie nötig, ist kaum realistisch; auch gilt: „Ein spektakuläres Handeln ... kann es nicht gewesen sein, da das sehr bald einem königlichen Verbot begegnet wäre."[37] Gegen *Crüsemann* kann ich daher nicht sehen, daß der Aufstand eine Kritik an den inneren und sozialen Auswirkungen von Davids Politik darstellt[38] und „auf eine Art Reform der Monarchie hinauslaufen soll".[39]

In V.7 beginnt ein neuer Abschnitt, der sich als Auftakt der Erhebung verstanden wissen will. Nach dem einleitenden כן מאחרי ויהי (V.1) erstaunt der erneute weitschweifige Beginn. Nach *Cook* liegt hier gar der ursprüngliche Beginn des Absalomaufstandes vor,[40] und in der Tat ist V.7ff älter als V.2-6; jedoch nicht als V.1. Das ergibt sich insgesamt aus verschiedenen Beobachtungen. Doch zunächst zum Inhalt von V.7-15: In Hebron sammelt Absalom seine Anhänger (V.10-12a), doch vorher muß er bei David seine Reise rechtfertigen; er motiviert sie mit der Einlösung eines Gelübdes, und David erteilt ihm Erlaubnis (V.7-9). Im Anschluß an die vorliegende alte Notiz über das Anwachsen der Verschwörung (V.12b) wird David von einem Boten über die Ereignisse benachrichtigt. Daraufhin entschließt er sich zur Flucht aus Jerusalem (V.13-15). In V.16 setzt das große Auszugs-Szenario ein, das im vorhergehenden Kapitel untersucht worden ist.

---

34 Bardtke, Erwägungen, 6.
35 Crüsemann, Widerstand, 98, nach dem es hier im Kern um Auseinandersetzungen der Israeliten mit dem König geht. Zur Rechtsproblematik vgl. ferner Machholz, Stellung, 157ff; Boecker, Recht und Gesetz, 38.
36 S. gleich im folgenden.
37 Bardtke, Erwägungen, 1.
38 Crüsemann, Widerstand, 94–104.
39 A.a.O., 100.
40 Cook, Notes, 161. Nach ihm ist jedoch auch V.1 jünger als V.7. Vgl. insgesamt auch Eißfeldt, Komposition, 40f, 61; Fischer, Hebron, 309–312.

Der Neueinsatz in V.7 zeigt sich v.a in der Zeitangabe „und es geschah (וַיְהִי) nach Verlauf von vierzig Jahren (שָׁנָה אַרְבָּעִים מִקֵּץ)“,[41] die erstaunlich hoch ist. Sie ist jedoch durch MT, LXX, Targum u.a. gedeckt und damit textlich abgesichert; nur Peschitta, Vulgata und die lukianische Rezension der LXX lesen harmonisierend „vier Jahre".[42] Die Angabe des MT ist in der Tat logisch schwer unterzubringen. Man kann sie so auffassen, daß sie von Davids Anfang in Hebron an (II Sam 2,4a) gerechnet ist, also die Wendung שׁנה x מ)קץ/קצה) im Sinne eines allgemeinen „nach Verlauf von ..." begreift, vgl. hierzu Ex 12,41; Dtn 14,28; 15,1; 31,10; Jer 34,14. Auch wenn David nach II Sam 5,4; I Reg 2,11 vierzig Jahre lang regiert hat und der Absalom-Aufstand nach 15,7 ganz am Ende seiner Regierungszeit liegt, dann entstünden Schwierigkeiten, wenn man sämtliche berichteten Ereignisse wie etwa Davids Flucht oder die Schlacht noch in diesem Ablauf unterbringen will. Außerdem verweist die Wendung שׁנה x מ)קץ/קצה) an anderen Stellen auf das nächstvorhergehende Ereignis in ihrem Kontext,[43] sofern keine weitere Zeitbestimmung genannt wird (Gen 16,3; I Reg 9,10; II Chr 8,1). Das wäre hier der Beginn des Aufstandes II Sam 15,1, auch kommt die Versöhnung Davids mit Absalom in Frage, vgl. 14,33. Zwar ist ohnehin kaum vorstellbar, daß Absalom den Aufstand vierzig Jahre lang vorbereitet hat (vgl. V.1). Doch daß er sich nach V.2-6* vierzig Jahre öffentlich als Thronprätendent geriert hätte, scheint absurd. Das zeigt zunächst, daß V.2-6* gegenüber V.7ff sekundär sind, weil sie eine erhebliche logische Irritation in den Ablauf eintragen. Und V.7ff sind ihrerseits gegenüber V.1 nachgetragen, weil sie einen erneuten selbständigen Beginn der Aufstandserzählung darstellen. Daß in V.1 und V.7ff zwei unterschiedliche Konzeptionen vorliegen, wie der

---

41 Zur Wendung vgl. Gen 16,3; 41,1; Ex 12,42; Dtn 15,1; 31,10; I Reg 2,39; Jes 23,15.17; Jer 34,14; Ez 29,13; II Chr 8,1. Mit קצה: Dtn 14,28; I Reg 9,10; II Reg 8,3; 18,10.

42 Mit dieser Zahl „vier Jahre" gehen die meisten Ausleger, vgl. etwa Thenius/Löhr, KEH 4, 170; Klostermann, KK 3, 197; Goslinga, COT 8, 271; Budde, KHC 8, 270; McCarter, AncB 9, 355; Stobe, KAT VIII/2, 356; Fischer, Hebron, 136. Dagegen liest Ehrlich, Randglossen, 311 mit 2 Mss „vierzig Tage". Einen anderen Erklärungsversuch legt Althann, Meaning, 248ff vor. Er liest „vierzig Tage" (יום sei einfach ausgefallen), hält aber auch am Ketib שׁנה fest, das er als AK auffaßt: „... sprach Absalom wiederholt zum König." Doch mit Vermeylen, Loi, 347, Anm. 84 wäre in diesem Fall nicht eine AK, sondern ein Narrativ zu erwarten.

43 Vgl. Gen 41,1; I Reg 2,39; II Reg 8,3; 18,10; Jes 23,15.17; Ez 29,13.

Aufstand beginnt, hatte auch *Cook* entdeckt: „It is hardly likely that Absalom would have been able to depart for Hebron after openly revolting".[44]

Dem Verfasser von V.7ff geht es aber um etwas ganz anderes. In der Konzeption von 15,7ff ist das auch am Anfang von I Reg 1 und 2 greifbare Interesse zu sehen, bestimmte Ereignisse noch im Leben Davids, in der Zeit seines Alters unterzubringen. Wie dort ist ab II Sam 15,7 zunächst die David-Biographie-Schicht[45] am Werk. Ihr liegt daran, zu zeigen, wie David auch am Ende seines Lebens großen Bedrohungen standgehalten hat, bis Salomo als der (aus ihrer Sicht) rechtmäßige Thronerbe an die Macht kam. Dabei läßt sie den König schrittweise altern: Während er beim Absalom-Aufstand noch recht vital ist, zeichnet ihn bei Adonias Erhebung Krankheit und Schwäche. Auf dem Totenbett gibt er dann das Szepter an Salomo weiter. Die Angabe von vierzig Jahren ist demnach idealtypisch zu verstehen.[46]

Salomos Wunsch, das Gelübde (נדר) zu erfüllen, wird in II Sam 15,7 durch zwei Kohortative ausgedrückt.[47] Ein אשׁר-Satz charakterisiert das Gelübde: אשׁר־נדרתי ליהוה בחברון „das ich Jahwe in Hebron gelobt habe".[48] Ist die Wortfolge ליהוה בחברון im Sinne von „Jahwe in/von Hebron"[49] als Hinweis auf einen früheren Polyjahwismus zu begreifen? Nach *Donner* könnte dabei בחברון für ein nicht konstruierbares Genitiv-Verhältnis stehen.[50] Doch zeigen die Texte von Kuntillet Aǧrud, daß man „Jahwe von Samaria" oder „Jahwe von Theman" durchaus im Genetiv-Verhältnis konstruieren kann.[51] *Fischer* faßt dementsprechend בחברון auch

---

44   Cook, Notes, 161.

45   S.o. 3.2, 3.4, 4.1 (Ende), 4.5 und 4.6, wo sich gezeigt hat, daß die David-Biographie-Schicht älter als T1 ist.

46   Auch wenn ich mit den meisten Auslegern „vier Jahre" läse, änderte sich an meiner Schichtzuweisung nichts, denn dann stünden die dtr Angaben von 5,4; I Reg 2,11 im Hintergrund, die David 40 Jahre Regierungszeit zumessen, vgl. o. 4.1 (Anfang).

47   Zur Wendung נדר שׁלם pi. vgl. Jes 19,21; Nah 2,1; Ps 22,26; 50,14; 56,13; 61,9; 65,2; 66,13; 116,14.18; Hi 22,27; Prov 7,14; Koh 5,3.

48   Zu dieser Formulierung vgl. bes. Num 6,21; Dtn 12,11.17; Jdc 11,39; Jer 44,25.

49   So etwa Budde, KHC 8, 270; van den Born, BOT IV/1, 184f; McCarter, AncB 9, 356; Stoebe, KAT VIII/2, u.a. Dabei wird oft auf I Sam 1,3a verwiesen: Elkanas Wallfahrt um anzubeten und zu opfern ליהוה צבאות בשׁלה „dem Jahwe Zebaoth in Silo". Aber die Konstruktion ist genauso zweideutig wie in II Sam 15,7. Vgl. auch die Wendung נדר נֶדֶר in I Sam 1,11.

50   Donner, Götter, 49f erwägungsweise.

51   HAE I, 59–64. KAgr(9):8, Z.2 sowie KAgr(9):10, Z.2, vgl. auch KTU 1.14 IV 35f (Aṯiratu von Tyros).

als Lokaladverbiale zu נדרתי auf: In Hebron hat Absalom sein Gelübde gelobt.[52] Wenn diese Ortsangabe auf II Sam 2,1-4, also den Beginn von Davids Regierungszeit, anspielt, dann wäre V.8 zusätzlich eine chronologische Korrektur, die den Ablauf mit der Zeitangabe „vierzig Jahre" in 15,7 abstimmt.

Der כי-Satz V.8a liefert eine nähere Erklärung: Absalom habe es während seines Aufenthaltes in Gešur gelobt. Nicht nur liegt hier deutlich eine Nachholung vor, in der das Gelübde in Inversion vorangestellt wird. Sondern V.8 unterbricht auch den Zusammenhang von V.7 als Bitte und V.9 als direkte Antwort Davids, vgl. die Entsprechung von אלכה נא (V.7b) und לך (V.9a). Wenn *Fischers* Beobachtungen zutreffen, widersprechen die Ortsangaben, wo das Gelübde gelobt wurde, einander auch: nach V.7b ist es Hebron (בחברון), nach V.8a Gešur (בשבתי בגשור בארם). V.8b zitiert den נדר: Wenn Jahwe ihn nach Jerusalem zurückbringt,[53] wolle er Jahwe dienen; vgl. dazu auch Jakobs Gelübde nach Gen 28,20-22. V.8 ist als Nachtrag[54] zu klassifizieren, mit ihm wird die Aufstandserzählung literarisch enger mit der Erzählung von Amnon, Thamar und Absalom (vgl. 13,37f*) verbunden. Gegen *Seiler* ist „mein Gelübde" (V.7) aus sich heraus, also ohne den erläuternden V.8 verständlich.[55]

In V.9, der V.7 fortsetzt, erteilt der König dem Absalom die Erlaubnis zum Aufbruch לך בשלום „geh in Frieden!".[56] Dies ist die direkte Antwort auf den Kohortativ אלכה נא „ich will gehen" (V.7). Die an V.9b anschließenden Narrative vermerken wohl Absaloms Gang nach Hebron, nicht aber, daß er sein Gelübde erfüllt hätte. Daran schließt sich V.10 im Narrativ,[57] der die eigentliche Absicht Absaloms verdeutlicht: Es geht ihm um die eigene Inthronisation und nicht darum, ein Gelübde zu erfüllen. Er schickt Kundschafter in alle Stämme Israels. Für die Einordnung dieser Angabe gilt: „שבטי ישראל bzw. כל שבטי ישראל werden in der deuterono-

---

52 Fischer, Hebron, 136ff.

53 L. in V.8b mit Qere, vielen Mss, vgl. Vrs (ohne Vulgata) ישוב ישיבני, zur Verwendung des Inf. abs. qal in *figura etymologica* bei einem Imperfekt im Hi. vgl. Brokkelmann, § 93c.

54 So auch Langlamet, Pour ou contre Salomon, 351f; Caquot/de Robert, Samuel, 528, 541; Fischer, Hebron, 138f.

55 Vgl. Seiler, Geschichte, 124.

56 Zum Ausdruck vgl. Ex 4,18; Jdc 18,6; I Sam 1,17; 20,42; 29,7; II Reg 5,19. Bis auf I Sam 29,7 (ב) konstruieren alle Stellen לשלום.

57 Gegen Fischer, Hebron, 311 kann ich daher in V.10 keine sekundäre Nachholung sehen.

mistischen Historiographie nirgends in im strengen Sinn redaktionellen Zusammenhängen erwähnt, sondern nur in mehr oder weniger vereinzelten Zusätzen unterschiedlicher Provenienz."[58] Die Kundschafter sollen, wenn sie den Schall des Hornes hören, den Inthronisationsruf ausstoßen. Damit werden zwei wichtige Elemente der Königseinsetzung genannt. Von ihrer Ausführung berichtet der folgende Kontext allerdings nicht, obwohl der Putsch bei Davids Flucht vorausgesetzt wird, denn die Lage ist bereits mit V.1αβγb.12b deutlich. Nicht von ungefähr soll nach der Konzeption von V.7ff* der Aufstand in Hebron beginnen. Dabei ist weniger die Überlegung tragend, daß Absalom nach II Sam 3,3 hier geboren und aufgewachsen wäre, denn die Genealogie ist sekundär.[59] Vielmehr wird Hebron als bewußte Anspielung auf die alte Residenzstadt Davids gewählt, vgl. II Sam 2,1-4; 5,1-3: „Absalom wollte gleichsam das Rad der Geschichte hinter David zurückdrehen".[60] V.9f setzt also den in V.7 beginnenden Nachtrag der David-Biographie-Schicht fort.

V.11 ist sekundär. Er klappt zeitlich hinter V.10 nach und gehört logisch zu V.9b. Er wird mit einer Inversion eingeschaltet, außerdem führt er einen logischen Widerspruch ein. Denn nach V.11 gingen mit Absalom 200 Mann, die nichts von der Verschwörung wußten. Doch wie kann dann in V.12b (Grundtext) von einer Verschwörung die Rede sein, wenn Absalom die Geladenen nicht über seine Absichten in Kenntnis gesetzt hat? Warum wird überhaupt betont, daß sie nichts wissen? Immerhin bleibt festzuhalten, daß es sich bei den Geladenen offensichtlich um 200 Jerusalemer handelt. Für ein echtes Machtpotential ist die Zahl zu niedrig.[61] V.11 geht es vielmehr darum klarzustellen: Wenn Leute aus Jerusalem am Absalom-Aufstand teilgenommen haben, dann waren sie ahnungslos, dann sind sie als geladene Gäste (קראים) in ihn hereingeraten und nach dem Grundsatz „mitgefangen mitgehangen"[62] betrachtet worden. Diese Klarstellung ist charakteristisch für das Vorgehen der Theodizee-Bearbeitung. Ich rechne V.11 deshalb zu T1, vgl. auch die ähnliche Tendenz von V.2bα2(ab ויקרא)β.4 (T2), der jedoch V.11 noch überbietet, indem er

---

58   Müller, Königtum, 164. Wenn in 15,10 an das System der zwölf Stämme Israels gedacht ist, wäre das ein weiteres Indiz gegen eine frühe Datierung, vgl. Levin, System, 111ff.

59   Vgl. o. 15f. Zu Hebron als Geburtsstadt Absaloms vgl. Budde, KHC 8, 270 sowie Fischer, Hebron, 136ff.

60   Stoebe, KAT VIII/2, 360. Diesen Bezug sieht auch Vermeylen, Loi, 350.

61   Vgl. auch Stoebe, KAT VIII/2, 357.

62   Budde, KHC 8, 271.

vorab erklärt, daß Absalom seine Anhänger nicht aus Jerusalem rekrutiert hat.

V.12a formuliert zwar im Narrativ, ist jedoch in seinem Kontext inhaltlich völlig isoliert. Er unterbricht den Zusammenhang von V.10 und V.12b. Die anfängliche Aussage אבשלום וישלח „und Absalom sandte" steht zudem in Konkurrenz zum Beginn von V.10. Der Sinn der Maßnahme, daß Absalom den Giloniter Ahitofel[63] zu sich holt, wird hier gar nicht erklärt, vielmehr taucht Ahitofel völlig unvermittelt auf, und über ihn wird nach V.12a zunächst auch kein weiteres Wort mehr verloren. Er wird als יועץ דוד „Ratgeber Davids"[64] vorgestellt, in dessen Kreis er jedoch nie begegnet war. Die Bemerkung, daß er gerade dabei war, in Gilo Schlachtopfer zu schlachten,[65] soll plausibel machen, warum er trotz seiner Funktion als Ratgeber nicht bei David ist. V.12a steht mit jenen Texten in Zusammenhang, die die Ratgeber-Szenen in die Erzählung von Absaloms Aufstand einarbeiten (R1, R2, R3). Diese konnten bereits als sekundär erwiesen werden. V.12a gehört zu R1, weil er nur Ahitofel berücksichtigt.[66]

V.13-15 schlagen eine Brücke zum Jerusalemer Hof: David wird von einem Boten über die Verschwörung benachrichtigt. Unverzüglich entschließt er sich zur Flucht, die Knechte willigen ein. Aber David verläßt die Stadt nicht aus Feigheit, sondern um sie zu retten, wie V.14 detailreich herausstellt. Die Notiz von seiner Flucht findet sich im Grundtext in 17,22. Denn die in 15,16-17,21 gesammelten Materialien sind allesamt später eingearbeitet worden.[67] Während der hier ermittelte Grundtext 15,1aβγb. 12b; 17,22* knapp von den Fakten berichtet, liegt 15,13-15 daran, Hintergründe und Motive von Davids Flucht zu erläutern, also die Flucht nachvollziehbar zu machen. V.13f zeigen klar die Handschrift der Theodizee-Schicht (T1). V.15 ist ein weiterer Nachtrag.

V.13 beginnt zwar mit einem Narrativ, aber in המגיד „der Bote"[68] (V.13) tritt plötzlich ein neuer Handlungsträger auf den Plan. „Der Boten-

63 „Ahitofel, der Giloniter" ist nur noch in II Sam 23,34 belegt.
64 Vgl. I Chr 27,33, auch V.32.34 (Jonathan, Jojada, Abjathar als Ratgeber Davids).
65 Aufgrund der Stellung von את־הזבחים בזבחו scheint es mir nicht möglich, es wie Stoebe, KAT VIII/2, 357 auf Absalom zu beziehen.
66 Vgl. o. 5.9. Nach Kratz, Komposition, 181, Anm. 85 sind 15,12 [sc. statt Druckfehler: 16] und 31 „Ahitofel-Glossen".
67 S. im folgenden 6.2.
68 Genereller Artikel, vgl. Ges/K § 126r.

bericht kommt unerwartet".[69] Die Botschaft in V.13b nimmt mit der Formulierung היה לב־איש ישראל אחרי אבשלום „das Herz des Mannes Israels
ist hinter Absalom her geworden" klar auf V.6b Bezug,[70] der von T1
stammt und den V.13f fortsetzen. Wenn es hier heißt, daß das Herz „hinter
Absalom her ist", und nicht, daß Absalom es gestohlen hat, liegt das an der
geänderten Perspektive: Nicht Absalom, sondern die Loyalität Israels ist
hier für David interessant.

V.14 enthält, eingeleitet mit ויאמר דוד, die Rede Davids an seine
Knechte. Der Imperativ plur. mit folgendem Kohortativ קומו ונברחה „auf,
laßt uns fliehen"[71] faßt knapp und prägnant die Hauptsache zusammen. Ein
כי-Satz liefert die Begründung: es gibt keine Rettung (פליטה) vor Absalom
(V.14a). Ein weiterer Imperativ[72] מהרו ללכת mahnt zur Eile; der anschließende פן-Satz, der im Wortspiel mit dem Formverb מהר pi. und anschließender dreimaliger w-AK formuliert, gibt die Gründe an: Absalom darf
nicht das Unglück, das Böse (רעה) über den König und seinen Kreis bringen (נדח). Und die Stadt muß vor Absaloms Schwert bewahrt bleiben. Dies
ist nachvollziehbar, so handelt ein gerechter König! Außerdem ist רעה in
II Sam 16,8; 17,14b; 18,32; 19,8bis; I Reg 1,52; 2,44 Terminus der
Theodizee-Bearbeitungen.[73] Mit V.13f also erklärt die Theodizee-
Bearbeitung T1 Davids Flucht aus Jerusalem aus verständlichen Motiven.

Eine spätere Hand hat V.15 hinzugesetzt. Der Vers spricht vom „König" statt „David" wie in V.13f, auch ist von den „Knechten des Königs"
die Rede. Sie bekunden loyal und in höfischer Sprache ihre Bereitschaft,
dem König in allen Entscheidungen Folge zu leisten. Diese Antwort auf
Davids Aufforderung ist entbehrlich; der Textablauf funktioniert auch
ohne V.15 stringent.

Fazit: Damit läßt sich das Wachstum von 15,1-15 folgendermaßen
skizzieren. V.1aβγb.12b bilden den Ausgangspunkt. Sie sind fest im Text
und im logischen Ablauf der Aufstandserzählung verankert und gehören
daher zu ihrem literarischen Grundbestand. Mit ihnen beginnt ein altes
quellenhaftes Textstück über den Absalomaufstand.[74] Umfangreichere

---

69 Stoebe, KAT VIII/2, 367.
70 In 6b allerdings plur. „Männer Israels".
71 Zur Verbindung vgl. noch Gen 27,43; I Sam 21,11; I Reg 11,40; Jon 1,3.
72 Kein erneuter Kohortativ, denn dazu braucht David sich nicht selbst aufzufordern.
    Zur Formulierung vgl. noch I Sam 23,27.
73 Die Verbindung mit נדח ist *hapax.*
74 Spuren von DtrH sind nicht auszumachen.

Bearbeitungen des Textes stammen von der David-Biographie-Schicht und den Theodizee-Bearbeitungen. Wie die Untersuchungen zu I Reg 1f gezeigt haben, datieren die Eingriffe der David-Biographie-Schicht vor denen der Theodizee-Bearbeitung.[75] Hier zeigt sich diese Abfolge am Verhältnis von V.11.13f zu V.7.9f. Denn zuerst sind V.7.9f (David-Biographie-Schicht) an den Grundtext V.1aβγb.12b gewachsen, danach T1 mit V.2abα1(bis למשפט).3.6b.11.13f. Von T2 stammt V.2bα2(ab ויקרא)β.4, von T3 V.5.6a. Die verschiedenen Eingriffe der Theodizee-Bearbeitung haben apologetischen Charakter. Noch vor T1 wurde der auf die Ratgeber-Bearbeitung R1 zurückgehende V.12a eingeschaltet;[76] er bereitet Ahitofels Auftritte nach 16,15ff; 17,1ff bereits in der Exposition des Aufstandes vor. Die in V.7.9f enthaltene Aussage, daß Absalom Jerusalem verläßt, schaffen ferner die Voraussetzung für die Angabe in 16,15 (R1), nach der er wieder in die Stadt zurückkehrt. Nach dem Grundbestand hatte er sie jedoch nicht verlassen.[77] Weitere Nachträge sind schließlich 15,8.15. Nach dem Grundtext V.1aβγb.12b beginnt Absalom seinen Aufstand in Jerusalem, wo es ihm gelingt, viele Anhänger zu sammeln.

6.2 Die Überschreitung des Jordan (II Sam 17,22-29)

Der Text von 17,22-29 behandelt die letzte Etappe der Flucht. David überschreitet mit seinem Kriegsvolk den Jordan (V.22),[78] Absalom setzt ihm nach (V.24). Beide Parteien lagern im Ostjordanland (V.24.26). In dieses Grundgerüst fügen sich weitere Einzelheiten (V.25.27-29). 18,1 bildet dann mit der Musterung des Volkes durch David schon den Auftakt zum Schlachtbericht.[79]

17,22 enthält die ursprüngliche Notiz vom Aufbruch Davids aus Jerusalem. Der Vers schließt unmittelbar an 15,1aβγb.12b an. Denn die in

---

75 Vgl. o. 3.2, 3.4, 4.1 (Ende), 4.5 und 4.6. Außerdem reagiert der von R1 stammende II Sam 16,15 auf die Angaben in 15,7.9; R1 datiert aber vor der Theodizee-Bearbeitung, vgl. etwa o. 5.9.

76 Daß die Ratgeber- vor der Theodizee-Bearbeitung zu datieren ist, zeigen die Ergebnisse zu II Sam 15,31; 16,23; 17,7.14b, dazu o. 5.5 und 5.9.

77 S.u. 6.2 und 6.3.

78 V.23 gehört zu R2, vgl. o. 5.4.

79 Dazu im folgenden 6.3.

15,16-17,21 zusammengestellten Texte haben sich alle als spätere Nachträge erwiesen.[80]

Obwohl 15,16a.17b („und der König zog aus und sein ganzes Haus auf seinen Füßen, und sie blieben am Haus der Ferne stehen") im Narrativ folgen, gehören auch sie nicht zum Grundtext, sondern zum Itinerar. Denn der Grundtext ist sehr knapp und rudimentär gehalten, während in 15,17b mit der Station am „Haus der Ferne" eine deutliche Retardation eingebracht wird. Die Station ergibt nur Sinn im Kontext des Itinerars (vgl. besonders 15,23aβbα; 16,14),[81] denn das gestaltet Auszug und Rückkehr Davids als dramatisches Szenario, das Züge der Exodus- und Landnahme-Thematik hat.[82] Daß dabei das Volk wie in einer Prozession am König vorüberzieht (15,23aβ), paßt zur dramatischen Gestaltung des Auszugs. Statt des Verschnaufens nach dem Kidronübertritt (15,23bα; 16,14) war in Wirklichkeit äußerste Eile angebracht. Wenn Absalom schon in der Stadt sitzt (15,1aβγb.12b), hat David keinen Spielraum mehr zu verweilen. Das Argument hätte auch Gewicht, wenn Absalom aus Hebron kommen müßte (vgl. 15,7.9f); denn Hebron liegt nur etwa 36 km südsüdwestlich von Jerusalem. Doch was im vorliegenden Text von 15,16-17,29* vor Augen gestellt wird, ist eine breit angelegte Abfolge mit Zügen einer Prozession. In ihr geht es nicht nur um Loyalitäten, sondern auch um zahlreiche theologische Fragen. Daß diese Zusammenstellung redaktionell ist, gilt als ausgemacht, wiewohl die meisten Ausleger eine nähere Erklärung zu ihrer Entstehung schuldig bleiben.[83] Nach *Kratz* ist sogar „der ganze Fluchtbericht ab 15,14 in Kap. 15-17 und 19,9b.10ff nachgetragen". „Die Erzählung umfaßte ursprünglich nur 15,1-6.13; 18,1-19,9a und ist weitgehend unversehrt überliefert."[84] Eine ähnliche Position nehmen *Fischer* und *Aurelius* ein.[85]

---

80 Vgl. o. Kapitel 5 insgesamt.

81 „Und das ganze Volk zog vorüber, und der König zog durch den Bach Kidron. Und der König kam und alles Volk, das mit ihm war, erschöpft, und er atmete dort auf."

82 Vgl. u. 7.6.1.

83 Vgl. etwa van den Born, BOT IV/1, 185; Stoebe, KAT VIII/2, 366 u.a.

84 Kratz, Komposition, 181. Daß der Text gegen ihn literarisch nicht unversehrt blieb, zeigen die Untersuchungen in 6.1, 6.3 und 7.1 und 7.2.

85 Fischer, Hebron, 311ff, dem allerdings 16,20-23 im Grundbestand als *missing link* zwischen 15,1-12* und 18,1ff* gilt. 16,20-23 werde durch 15,16b; 20,3 im Kontext verklammert, vgl. a.a.O., 313. Daß aber 16,20-23 nicht zum Grundtext gehört und wie die literarischen Verhältnisse im „Haremsfrauen-Geflecht" liegen, hat bereits 5.9 gezeigt. Vgl. ders., Flucht, 49–55 und Aurelius, Davids Unschuld, 396f, 401f.

Dabei gehen *Kratz* wie *Fischer* in Auswertung von 18,6b („und es kam zum Kampf im Walde Ephraims") völlig zu Recht davon aus, daß die Entscheidungsschlacht im westjordanischen Walde Ephraims stattgefunden hat.[86] Doch deshalb eliminieren sie beide Davids Flucht ins Ostjordanland, was mir nicht gerechtfertigt erscheint. Denn die Notiz 17,22* läßt sich nicht einfach wegdiskutieren. In schlichten Narrativ-Sätzen setzt sie den Grundtext fort, spricht dabei in der Terminologie des Grundbestandes von David und dem עם und ist daher literarisch völlig unverdächtig. Auch inhaltlich hat sie hohe Plausibilität, denn sie ist die einzige noch verbleibende Notiz von Davids Flucht. „Daß David zu diesem Zeitpunkt die Stadt aufgibt und sich aus einer festen Stellung in die ungeschützte Situation eines Emigranten begibt, ist so unerwartet und darum so auffallend ..., daß an der Historizität nicht zu zweifeln ist."[87] Das zeigt nicht zuletzt der Erklärungsbedarf, den T1 in 15,13f empfunden hat. Dort wird Davids Flucht aus Jerusalem damit begründet, daß er die Stadt vor Absalom schützen will. Wenn David dabei ins Ostjordanland zieht, hat das gute Gründe.[88]

Der Grundtext für Davids Übertritt über den Jordan liegt in 17,22abα1 (bis הבקר) vor: „Da machte sich David auf und das ganze Volk, das bei ihm war, und sie überschritten den Jordan bis zum Licht des Morgens."[89] Der Rest ist ein Nachtrag, der der Fiktion Rechnung trägt, daß hier eine Riesenmenge mit David ins Ostjordanland zieht: Keiner blieb übrig, der nicht den Jordan überschritten hätte. Auf den Zusatzcharakter von V.22b* weist die Doppelung von עד „bis", das nicht wie im Grundtext als Präposition, sondern als Konjuktion in einem Temporalsatz verwendet wird. Das Subjekt des Temporalsatzes stellt ein אשר-Satz dar, dessen Inhalt Dublette zu V.22aβ ist.

David und sein Kriegsvolk überschreiten den Jordan, sie ziehen sich vor Absalom ins Ostjordanland zurück. Das weist auf die reale Bedrohung hin, die von Absalom ausgeht. Doch der Rückzug dient nicht nur der eigenen Rettung, sondern auch dazu, die Truppenkontingente zu ordnen und sich damit auf die Schlacht vorzubereiten, vgl. 18,1a. Daß David in dieses Territorium ohne weiteres vorstoßen kann, es *quasi* für ihn verfügbar ist, zeigt den historischen Gehalt des Schlachtberichts II Sam 11,1a*;

---

86 Dazu im folgenden 6.3.

87 Stoebe, KAT VIII/2, 367f, allerdings über 15,13-15. Da die Aufbruchsnotizen in c.15 sekundär sind, gilt die Überlegung *Stoebes* genauso für 17,22*.

88 S. gleich im folgenden.

89 Zur Wendung עד־אור הבקר vgl. noch Jdc 16,2; I Sam 14,36; 25,34.36; II Reg 7,9; ferner II Sam 23,4; Mi 2,1.

12,29.31b, der von der Eroberung der Hauptstadt Rabbath Ammon berichtet. Nur wenn David sich durch Rabbas Eroberung im Ostjordanland
einen Freiraum geschaffen hat, kann er sich dorthin geschützt zurückziehen.[90]

An den Grundtext 17,22abα1(bis הבקר) wurde V.24 sekundär angefügt.[91] Er beginnt mit einer unmotivierten Inversion und lautet: „Und
David war nach Mahanaim gekommen, und Absalom hatte den Jordan
überschritten." (V.24abα) Während die erste Inversion (V.24a: David) den
Nachtrag indiziert, ist die zweite (V.24bα: Absalom) sachlich bedingt, sie
unterstreicht die Gleichzeitigkeit und den Gegensatz der beiden Handlungen.[92] Innerhalb von V.24 ist V.24bβ nochmal ein deutlicher Nachtrag,
denn V.24bα ist ein abgeschlossener Satz. Dagegen klappt die Formulierung V.24bβ הוא וכל־איש ישראל עמו „er und jeder Mann Israels mit ihm"
nach, sie nimmt das Subjekt Absalom durch הוא „er" auf, um es durch die
Kategorie des „Mannes Israels" zu erweitern. Die Ergänzung macht die
Anhänger Absaloms zu einem gewaltigen Heer: ganz Israel soll hinter ihm
stehen. Der bereits nachgetragene Grundbestand von V.24, nämlich
V.24abα wird dagegen durch V.26 im Narrativ fortgesetzt. Absalom lagert
in Gilead, seine Gefolgschaft wird anders als in V.24bβ einfach „Israel"
genannt. In der Formulierung „hinkt" Absalom „wunderlich nach".[93]
V.24abα und V.26 gehören beide zum Itinerar: Mahanaim und Gilead
werden als Lagerstationen der beiden Kontrahenten eingeschaltet. Damit
befinden sich beide Parteien ausdrücklich im Gebiet der ostjordanischen
Sauliden.[94] In II Sam 2,8f macht Abner den Ischbaal in Mahanaim zum König, wohin sie vor den Philistern ausgewichen waren. Ischbaals Königtum
umfaßt nach V.9a Gilead, Asser[95] und Jesreel,[96] vgl. V.8. Nach allen bis-

---

90   Vgl. auch Budde, KHC 8, 269. Genau dies klarzustellen, ist möglicherweise der
     Sinn der Glosse 12,31aβγ. Dient sie der weiteren Verklammerung des Eroberungs-
     mit dem Aufstandsbericht, vgl. 1.3, 2.2?
91   V.23, der mit einer Inversion und im plusquamperfektischen Rückgriff in seinen
     Kontext eingetragen wurde, wurde bereits R2 zugerechnet, s.o. 5.4.
92   Dagegen ist für Langlamet, Pour ou contre Salomon, 353f V.24b sekundär.
93   Budde, KHC 8, 281.
94   Kratz, Komposition, 181f. Wie Fischer, Hebron, 81–84 gezeigt hat, war Lage und
     geschichtliche Bedeutung der Stadt Mahanaim auch in nachexilischer Zeit gut
     bekannt.
95   So mit Peschitta und Vulgata, vgl. Wellhausen, Text, 154. Budde, KHC 8, 204
     konjiziert האשרי „der Asseriter" statt MT האשורי „der Assyrer".
96   V.9b ist ein Nachtrag, wie der Wechsel der Präposition אל zu על und die Anglei-
     chung der Territorialnamen an den Stämmeschematismus zeigen. Ephraim und

herigen Überlegungen wurde der Jordanübertritt Absaloms literarisch nachgetragen. Er paßt auch inhaltlich nicht zur Lokalisation der Schlacht im Walde Ephraims.[97]

Zwischen V.24abα.26 schiebt sich mit V.25a störend die als Inversion gestaltete Notiz, daß Absalom den Amasa[98] statt Joabs zum Feldhauptmann gemacht habe. Auch *Würthwein, Langlamet, Kaiser* und *Vermeylen* halten V.25 für sekundär.[99] Ein Glossator empfand die Notwendigkeit, diese Information hier einzusetzen, weil Kampfhandlungen unmittelbar bevorstehen; außerdem wurde im Nachtrag V.24bβ von „jedem Mann Israels" gesprochen. Wenn dies mit *Tadmor* ein Repräsentationsterminus militärischer Organisation ist,[100] entspricht ihm, daß Amasa über eine bestehende Großeinheit צבא eingesetzt wird, die ganz auf Seiten Absaloms stünde.[101] Doch im Schlachtbericht selber (18,1ff) spielt Amasa keine Rolle mehr. Nach 19,14 bestätigt David die Entscheidung Absaloms – er löst Joab durch Amasa ab –, was wiederum in der Geschichte von der Ermordung Amasas durch Joab (20,4ff) vorausgesetzt zu sein scheint.[102]

Der überladene V.25b ist wahrscheinlich nochmals sekundär. Er klappt nach. In zwei Nominalsätzen mit folgendem אשר-Satz werden detaillierte genealogische Angaben über Amasas Eltern untergebracht. Nach diesen Informationen, die etwa I Chr 2,17 entsprechen, ist Amasa der Sohn von Jitra (יתרא) und Abigal (אביגל) sowie der Cousin von Joab. In I Reg 2,5.32; I Chr 2,17 wird Amasas Vater יֶתֶר genannt, und eine „Abigail" (אביגיל) als Mutter Amasas firmiert nur noch in I Chr 2,16f. Dort wird sie explizit als Schwester Davids eingeführt, hier als Schwester der Zerujah, die eben wieder nur nach I Chr 2,16 auch Davids Schwester war. Dieser Konstruktion wie wohl auch der Benennung Jitras als הישׂראלי „der Israe-

---

Benjamin werden als Hauptstämme des Nordreiches genannt, zum Schluß wird noch „über Israel in seiner Gesamtheit" angefügt.

97 Dazu gleich im folgenden 6.3.

98 Zu Amasa vgl. noch II Sam 19,14; 20,4.5.8.9*bis*.10.12*bis*; I Reg 2,5.32; I Chr 2,17*bis*. Der Amasa von II Chr 28,12 ist ein anderer.

99 Würthwein, Erzählung, 46, Anm. 80; Langlamet, Pour ou contre Salomon, 354 und Rez. Würthwein/Veijola, 137; Kaiser, Verhältnis, 146 sowie Vermeylen, Loi, 373f, 381, 552 (S1).

100 Tadmor, Traditional Institutions, 242.

101 In jedem Fall ist die Wahl beider Begriffe („jeder Mann Israels", „Heer") insofern übertrieben, als sie jeweils mit einer großen Zahl von Soldaten rechnet. Der Aufstand war aber nur eine Aktion kleiner Gruppen, s.u. 6.3.

102 Vgl. dazu den Exkurs „II Sam 20" u. in 7.3.

lit"[103] ist am engen verwandschaftlichen Band Amasas mit Joab und dem Davidhause gelegen. Jedoch wird Abigals Vater abweichend von I Chr 2,13ff nicht Isai, sondern נחש genannt, was einige LXX-Handschriften, vgl. L[115] korrigieren. Den Bruch zwischen V.25a und b bemerken jedenfalls *Caquot/de Robert*.[104]

Auch V.27-29 wurden nachträglich an V.24abα.26 angefügt. Die Szene beginnt mit ויהי und Rückgriff in Vorzeitigkeit כבוא דוד מחנימה „als David nach Mahanaim gekommen war". Sie unterbricht den Zusammenhang von Kampfvorbereitungen und Schlachtbeginn. Šobi, Makir und Barsillai versorgen David und sein Kriegsvolk mit Geräten und Nahrungsmitteln, vgl. die Ziba-Szene II Sam 16,1-4*. Zwar könnte man V.27b-29 insgesamt als *Pendens*-Konstruktion werten, doch überwiegt durch die langen Aufzählungen eher der listenhafte Charakter dieser Verse. Die LXX versucht, diese Spannung aufzulösen, indem sie zu Beginn von V.28 ἤνεγκαν „sie brachten" einfügt.[105] Außerdem erstaunt die Länge der Konstruktion. Denn in V.27b, der mit einem *Waw apodosis* beginnt,[106] werden zunächst die drei Männer als *Casus pendens* je ausführlich mit ihrem Ort der Herkunft vorgestellt. Die ersten beiden Subjekte (Šobi und Makir) werden nach dem Schema „A, Sohn des B" vorgestellt, Barsillai erhält dagegen das Gentilizium-Adjektiv הגלעדי „der Gileaditer". Šobi ist Sohn von Nahaš aus Rabbat der Ammoniter, Makir Sohn Ammiels aus Lo-Debar, und Barsillai kommt aus Roglim. In V.28.29aα folgt die aus vierzehn Gliedern bestehende Liste der Gegenstände und Nahrungsmittel, die sie David bringen.[107] Diese könnte als Objekt in einem invertierten Verbalsatz gewertet werden, dessen Prädikat in V.29aβ zu stehen kommt. Doch ist die gesamte Konstruktion völlig überladen. V.29b nennt die Motivation der Helfer („כה אמרו"): sie wollen für König und Truppe fouragieren, vgl. לאכל „zum Essen" in V.29a. Die Empfänger werden in Aufnahme der Terminologie von V.22* „David und das Volk, das bei ihm war" genannt.[108] Der in V.29bβ folgende Nominalsatz mit drei Prädikaten „das

---

103 Einige Handschriften von LXX^A, vgl. L[115] etc. lesen in Angleichung an I Chr 2,17 hier „der Ismaeliter".

104 Caquot/de Robert, Samuel, 540f scheiden nur V.25b aus (zadoqidischer Redaktor).

105 Mit ihr liest etwa Wellhausen, Text 201.

106 Vgl. die Prothasis in V.27a.

107 LXX, L[115] und Peschitta bezeugen das letzte Wort von V.28 וקלי „und Röstkorn" nicht.

108 Vgl. sonst noch I Sam 30,4.21; II Sam 6,2; 17,22; 18,1, ferner 3,31. II Sam 6,2; 17,22 haben כל-העם.

Volk ist hungrig und erschöpft und durstig in der Wüste" erklärt auch den
Sinn der nicht eßbaren Gaben in der Liste (Lagerstatt, Schalen, Töpfergerät, vgl. V.28aα). Wie sind V.27-29 literarisch einzuschätzen? Sie sind jedenfalls sekundär zwischen 17,24abα.26 und 18,1a[109] eingeschaltet.[110] Zum einen hat
der Ergänzer wohl die Notwendigkeit einer Fourage empfunden, weil ab
18,1 von Truppenaktionen die Rede ist. Zum anderen müssen die weiteren
Erwähnungen der genannten Helfer betrachtet werden. Während der Name
Šobi *hapax* ist, wohnt nach II Sam 9,4.5 Sauls Sohn Meribbaal im Hause
Makirs in Lo-Dabar,[111] bevor ihn David an den Hof holt. Und mit Barsillai
befassen sich ausführlich II Sam 19,32-40; I Reg 2,7.[112] Nach II Sam
19,32-40 geleitet Barsillai den zurückkehrenden König über den Jordan.
Daraufhin gewährt ihm der König eine Tafel am Jerusalemer Hof. Mit dem
Verweis auf sein hohes Alter schickt Barsillai jedoch einen gewissen
Kimham mit David. Und in I Reg 2,7 verordnet der sterbende David noch
seinem Nachfolger Salomo, an den Söhnen Barsillais חסד zu erweisen und
sie an die königliche Tafel aufzunehmen.

Der Sinn von Šobis und Makirs Erwähnung ist recht deutlich. Wenn
Šobi aus Rabbat der Ammoniter David versorgt, wird klargestellt, daß
jener diese Stadt dauerhaft im Griff hat, und die Ammoniter ihm ergeben
sind. Dazu muß sein נחש genannter Vater nicht mit dem Ammoniterkönig
aus II Sam 10,2 par I Chr 19,1.2, vgl. I Sam 11,1ff identisch sein;[113] doch
wäre dies plausibel. Ähnlich steht es mit Makirs Loyalität. Sie soll zeigen,
daß Davids Verfahren mit Meribbaal in II Sam 9 „gut" war, auf Zustimmung trifft, denn Makir war zugunsten Meribbaals eingestellt.

Schwieriger ist es mit den Texten über Barsillai, denn sie scheinen
nicht so recht zueinander zu passen. I Reg 2,7 redet von den Söhnen Barsillais, die in den anderen Texten keine Rolle spielen. Statt dessen firmiert in

---

109 18,1a gehört zum Grundtext, vgl. im folgenden 6.3.

110 Auch nach Langlamet, Pour ou contre Salomon, 355 und Vermeylen, Loi, 374, 381,
603 (S1) liegt hier ein Nachtrag vor. Eißfeldt, Komposition, 42f leitet 27-29 aus
einer Parallelerzählung her.

111 Zum Ort vgl. noch Am 6,13 in etwas abweichender Vokalisation. Ein anderer Makir
begegnet in Gen 50,23; Num 26,29; 27,1 etc. als Sohn Manasses. Ammiel tritt als
Vater Makirs noch in II Sam 9,4.5 auf; nach I Chr 3,5 ist ein Ammiel Vater der
Bathseba.

112 Der Name begegnet insgesamt noch in II Sam 19,32.33.34.35.40; 21,8; I Reg 2,7;
Esr 2,61*bis* par Neh7,63*bis*. In II Sam 19,32; I Reg 2,7; Esr 2,62 par Neh 7,63 wird
er wie hier „Gildeaditer Barsillai" genannt.

113 So etwa Isser, Sword, 163.

II Sam 19,38.39.41 ein Kimham[114] genannter Mann, der anstelle Barsillais
mit David nach Jerusalem zieht, um dort von ihm versorgt zu werden.
Doch Kimhams Identität (als Knecht? als Sohn?) ist unklar; auf ihn wird
später nicht mehr zurückgekommen. Grundsätzlich fällt auf, daß es eine
Vergeltung für Šobi und Makir offensichtlich nicht gibt. Deshalb scheint
mir nicht plausibel, daß II Sam 17,27-29 älter als 19,32-40 ist, denn dann
wäre hier auch ein Reflex auf Šobi und Makir zu erwarten. Vielmehr
wurde 17,27-29 sekundär vorgeschaltet, um Davids Angebot, Barsillai in
Jerusalem zu versorgen (II Sam 19,34), eine Basis zu verleihen. Und deutlich setzt I Reg 2,7 die Texte II Sam 17,27-29; II Sam 19,32-40 voraus.[115]
Der älteste Text über Barsillai ist demnach II Sam 19,32-40. Barsillais
Loyalität gegen David besteht einfach darin, daß er ihn beim Jordanübertritt ein Stück begleitet hat. Denn V.33b, der erwähnt, wie Barsillai den
König in Mahanaim versorgt hat, ist sekundär. Das zeigt deutlich die
Anknüpfung והוא sowie die Formulierung im Plusquamperfekt כלכל „er
hatte versorgt".[116] David bietet Barsillai im Grundbestand an, ihn zum
Dank für sein Geleit in Jerusalem zu versorgen; die Bearbeitungen, die
17,27-29 und 19,33b einfügen, sind jedenfalls um die rechte Verhältnis-
mäßigkeit bemüht: Einem so großzügigen Angebot müssen auch Leistungen Barsillais entsprechen. In 17,27-29 soll die Kombination mit Šobi und
Makir auf die große Loyalität deuten, die man David entgegenbringt.

Auf der anderen Seite fällt auf, daß die Söhne Barsillais in I Reg 2,7a
sehr abrupt auftauchen und die Begründung ihrer Mensa in V.7b recht
diffus ausfällt: „denn so haben sie sich mir genähert, als ich vor deinem
Bruder Absalom floh." Woher kommen auf einmal die Söhne, von denen
vorher nicht die Rede war? Nicht unplausibel ist, daß hiermit Kimham
sowie Šobi und Makir in Kombination gemeint sind, die in allgemeiner
Verwendung als „Söhne" im Sinne von „zu Barsillai gehörig" bezeichnet
werden.[117] Denn wie V.7b zeigt, muß mit dem „Nähern" während Davids
Flucht vor Absalom die Fourage-Aktion vor der Schlacht gemeint sein, bei
Barsillais Geleit nach II Sam 19,32ff* war David schon wieder auf dem
Rückweg. Die Wendung „so haben sie sich mir genähert" (I Reg 2,7b)
umschreibt offensichtlich im Anschluß an V.7aβ „sie sollen unter denen
sein, die an deinem Tisch essen" die Versorgung mit Lebensmitteln aller

114 Zum Namen vgl. noch Jer 41,17.
115 Dazu auch o. 4.6.
116 Zum Problem von 19,33b und zu weiteren Überlegungen s. die Analyse u. 7.6.2.
117 Vgl. HAL, 131f; Kühlewein, Sohn, 319–321.

Art. Das *tertium comparationis* ist die Ernährung. I Reg 2,7 hat sich bereits als T2 erwiesen.[118] Wenn 19,32ff* T1 ist,[119] dann wäre 17,27-29 nach T1 und vor T2 eingeschaltet worden.

McCarter ordnet wegen dieser Szene II Sam 17,27-29 den Ammoniterkrieg in c.10 zeitlich nach dem Absalomaufstand ein, ähnlich bereits *Cook*.[120] Das hieße jedoch die Tendenz des Abschnitts zu verkennen. *Fazit:* Der Grundbestand 17,22abα1(bis הבקר) setzt 15,1aβγb.12b im Narrativ fort. David flieht vor Absalom und überschreitet den Jordan, um sich im Ostjordanland auf die Schlacht vorzubereiten (18,1a). Dagegen stammen 17,24abα.26 vom Itinerar. Dies hatte Davids Auszug aus Jerusalem mit 15,16a.17b.23*.30*; 16,14 als Trauerprozession gestaltet. Dabei sind Anklänge auf den Auszug Israels ins Exil durchaus beabsichtigt. In 17,24abα.26 systematisiert es nicht nur den Ablauf, indem es den Übertritt Absaloms nachträgt sowie Mahanaim (für David) und Gilead (für Absalom) als Lagerstationen einschaltet. Sondern es folgt damit auch einer Konzeption, nach der Davids Rückkehr ins Westjordanland mit Gilgal als erster Station (19,16b.40a) nach der Idee von Exodus und Landgabe gestaltet wird.[121] Wie zuletzt gesehen, sind 17,27-29 zwischen T1 und T2 zu datieren. Wann die Notiz über Amasa 17,25a eingearbeitet wurde, läßt sich nicht genau ausmachen; für die Erläuterungen seiner Herkunft V.25b ist chronistischer Einfluß zu konstatieren. Eine weitere Ergänzung liegt in V.22b*(ab עד־אחר) vor; sie genügt der Fiktion riesiger Truppenbewegungen.

6.3 Die Schlacht im Walde Ephraim (II Sam 18,1-18)

18,1-18 enthalten den Schlachtbericht. Auf ihn läuft die Schilderung des Absalomaufstandes hinaus. David trifft zunächst Vorbereitungen für den Kampf (V.1-5). Es kommt zur Schlacht im Walde Ephraim; der Aufstand wird niedergeschlagen (V.6f). Mit Absalom aber nimmt es ein dramatisches Ende. Auf dem Königsmaultier reitend, verfängt er sich mit dem Kopf[122] in einer Terebinthe und ist damit ein leichtes Opfer für seine Geg-

---

118 Vgl. o. 4.6.

119 Vgl. u. 7.6.2. Dort auch zu 19,33.

120 McCarter, AncB 9, 274, vgl. Cook, Notes, 157, 164f.

121 Dazu s.u. 7.6.1.

122 Vgl. ויחזק ראשו באלה „und sein Haupt blieb hängen in der Terebinthe" in V.9b.

ner. Sein Tod markiert das Ende der Rebellion (V.9-18). In V.19 aber beginnt, durch eine Inversion eingeschaltet, eine andere Szenerie. Die Perspektive wechselt zum Lager Davids: Boten teilen ihm den Ausgang der Schlacht mit. In II Sam 19 geht es dann v.a. darum, wie die Biographien verschiedener Akteure unter dem Blickwinkel von Loyalität und Illoyalität abgewickelt werden. Der Schlußteil (V.41b-44) leitet zum Šeba-Aufstand (II Sam 20) über.[123]

Um den Schlachtbericht einzuordnen, muß man von V.6 ausgehen, der aus zwei einfachen narrativen Aussagen besteht. Er ist im Hergang fest verankert, also unentbehrlich und gehört deshalb zum Grundbestand. In V.6 heißt es: „Und das Volk zog ins Feld hinaus, Israel entgegen. Und es kam zum Kampf im Walde Ephraims".[124] Mit *Ehrlich* gilt: „An אפרים ist nichts zu ändern".[125] Die Schlacht fand demnach im Westjordanland statt. *Kratz* weist zu Recht darauf hin, daß diese Lokalisierung in der Forschung bisher nicht ernst genug genommen wurde.[126] Denn entweder hat man die Bemerkung nur verzeichnet und gab sich mit einem *nescimus* hinsichtlich der Verortung zufrieden.[127] Oder man suchte nach einem ostjordanischen Ephraim, das man aber auch nicht genauer zu lokalisieren vermochte.[128]

Dabei hat er sich wohl zwischen Kopf und Hals im Astgewirr verfangen, ähnlich Budde, KHC 8, 283; Stoebe, KAT VIII/2, 404. Die Vorstellung, daß ihm sein prächtiges Haupthaar zum Verhängnis wurde, rührt von II Sam 14,25-28 her. Doch diese unterbrechen nicht nur den inhaltlichen Zusammenhang von V.24 und V.29, sondern schieben sich, mit Inversionen beginnend (V.25.26), als beschreibender Text in einen narrativen Kontext. Sie wurden nach dem Prinzip der Wiederaufnahme verklammert (vgl. V.28b mit V.24bβ) und sind daher sekundär, vgl. u. 276f.

123 Zu 18,19 – 19, 44 s.u. Kapitel 5.

124 Da יצא שדה „ins Feld ziehen" wie in 11,23 *terminus technicus* ist, besteht kein Widerspruch zu יער, vgl. ähnlich I Sam 14,25; Ez 21,2. Zum Begriff יער, der mit unserem „Wald" nicht identisch ist, vgl. Budde, KHC 8, 282. HAL, 404 übersetzt „Dickicht, Gehölz", so richtig LXX.

125 Ehrlich, Randglossen, 318.

126 Kratz, Komposition, 181; ähnlich Fischer, Flucht, 49–55, vgl. schon Winckler, Geschichte II, 233ff.

127 So etwa van den Born, BOT IV/1, 195.

128 So ganz deutlich Stoebe, KAT VIII/2, 398, aber auch schon Thenius/Löhr, KEH 4, 180; Smith, ICC, 357; Driver, Notes, 328; Schulz, EHAT 9, 214 etc. sowie Noth, Geschichte, 60f, der von Jdc 12,4b* her mit ephraimitischen Siedlungen südlich des Jabbok argumentiert. Doch diese Deutung des polemischen Zitats Jdc 12,4b* ist gar nicht sicher, vgl. McCarter, AncB 9, 405. V.a. ist eine mit „Ephraim" gebildete Ortsbezeichnung für das Ostjordanland nicht belegt. Der כי-Satz in 12,4b ist nach Soggin, Judges, 221 ein Nachtrag; ferner fehlt er in LXX-Handschriften.

Ein dritter Vorschlag liest mit dem schwachen Zeugnis von LXX[L, Amg] „Mahanaim" statt „Ephraim",[129] was ein Harmonisierungsversuch ist.

Die Angabe „Wald Ephraims" stößt sich in jedem Fall mit 19,40a. Dies ist die einzige Notiz in II Sam 15-19, daß David den Jordan von Ost nach West übertreten habe. Aber nach 19,40a hat David mit seinem Kontingent den Jordan erst lange nach dem Ende der Schlacht überschritten. Im vorliegenden Text besteht also ein schwerer logischer Bruch; es wird von keinem Jordanübertritt berichtet, der rechtzeitig kommt.[130] Wenn die Schlacht nach der alten Quelle im Westjordanland stattfindet, muß David den Jordan wieder überschritten haben, ohne daß es erwähnt wurde, d.h. zwischen V.1a und V.6 muß er wieder ins Westjordanland zurückgekehrt sein. Das ist im Rahmen des hier eruierten Grundbestandes durchaus möglich; es handelt sich um eine verkürzende Darstellung. Erwähnenswert schien nur Davids Flucht ins Ostjordanland (17,22abα1[bis הבקר]): Er war vor Absalom ausgewichen, um sich auf die Schlacht vorzubereiten. In 18,6 ist er wieder zurückgekehrt, ohne daß das eigens vermerkt würde; es wird schlichtweg vorausgesetzt. Absalom ist David nicht ins Ostjordanland gefolgt, hat also auch nicht den Jordan überschritten. Dagegen trägt das Itinerar mit 17,24abα.26, die sich im Kontext bereits als sekundär erwiesen haben, auch Absaloms Jordanübertritt nach und gestaltet mit 19,16bα.40 Davids Rückkehr wie die Ankunft im Verheißungsland nach dem Vorbild von Wüstenwanderung und Landnahme.[131]

Das Itinerar dient nämlich dazu, im Weg Davids und des Volkes Exilserfahrungen zu bewältigen. Dazu gestaltet es die Flucht des Königs als Auszug in Trauer und unter den Tränen der Fliehenden und des ganzen Landes (15,23*.30a.b). Die entscheidende Schlacht wird durch die Notizen 17,24abα.26; 19,16bα.40a ins Ostjordanland und damit ins Ausland verlegt. Der Aufenthalt außer Landes ist für das Volk die Zeit von Gefahr und Bewährung: Nur diejenigen, die durch das Gericht des Exils geläutert worden sind, dürfen den Anspruch erheben, das wahre Israel zu sein. Und mit der Rückkehr über den Jordan bei Gilgal wird eindeutig das Paradigma von Exodus und Landnahme zitiert, vgl. Jos 3f.5. Nach der Überwindung der Krise kommt David ins Land, gerade so, wie das aus Ägypten befreite Volk das ihm verheißene Land vom Ostjordanland her in Besitz nimmt.[132] Während diese Konzeption nicht nur erheblich systematisiert, sondern auch

---

129 So etwa Klostermann, KK 3, 213.

130 19,40a gehört ferner nicht zum Grundtext, sondern stammt vom Itinerar, vgl. u. 7.6.1.

131 Vgl. o. 6.2. Zu den Rückkehrnotizen in 19,16bα.40a vgl. u. 7.6.1.

132 Vgl. u. 7.6.1.

traditionsgeschichtlich hoch aufgeladen ist, gilt das für den Grundbestand im Absalom-aufstand nicht.[133]

In V.6 wird die militärische Größe Davids העם „das Kriegsvolk" genannt, Absaloms Gefolgschaft aber „Israel". Was genau hinter dieser Bezeichnung steht, ist nicht mehr auszumachen. Wie die Nennung eines „Israel" mit Volksgruppendeterminativ auf der Merneptah-Stele zeigt,[134] ist die Benennung schon früh belegt. Auch dort bleibt unklar, welche Gruppe genau die mit „Israel" bezeichnete Größe ausmacht und wo sie wohnt. Wahrscheinlich ist für II Sam 18,6 ein ebenso diffuser Gebrauch zu veranschlagen. Eventuell schlägt sich darin außerdem bereits ein Antagonismus von Nord und Süd nieder;[135] die alte Quelle ist jedenfalls prodavidisch. Die Konzeption des Heerbannes wird in diesem Israel-Begriff nicht vorausgetzt, auch kein nach Stämmen gegliedertes כל־ישראל.[136] Ganz V.6 ist im Text fest verankert, seine Informationen sind notwendig, denn er nennt die Kampfparteien sowie die nötigen Truppenbewegungen und markiert den Schlachtbeginn. Ich rechne ihn daher, wie gesehen, zum Grundbestand.

Dagegen ist der folgende V.7 nicht erforderlich: „Und das Volk Israels wurde dort von den Knechten Davids geschlagen, und die Niederlage war dort groß an jenem Tage ..." Zwar wird der Vers im Narrativ angeschlossen, fällt aber gegenüber V.6 durch zwei terminologische Wechsel auf. Denn Absaloms Gefolgschaft heißt nicht mehr einfach „Israel", sondern עם ישראל, und bei David agieren die עבדי דוד „Knechte Davids". Wie in 11,1* werden mit diesem Begriff die Pioniere bezeichnet. Daß sie bei der Belagerung einer Stadt wie Rabbat Ammon in Erscheinung treten, ist plausibel; für die Konfrontation mit dem Kriegsvolk Israels wie hier sind sie zu wenig. Zudem nehmen die Informationen von V.7 den Ausgang der Schlacht vorweg. Denn die Nachrichten von Absaloms, des Hauptgegners, Tod sind im Handlungsgerüst verankert (V.9b.15*), der Leser erwartet am Ende Aufschluß über sein Schicksal, handelt es sich doch um *seinen* Aufstand.[137] Wenn also der Grundtext Nachrichten vom Tode Absaloms ent-

---

133 Zum Itinerar insgesamt vgl. 7.6.1.

134 Vgl. TGI, 39f. Zu frühen Belegen des Namens „Israel" vgl. neben II Sam 5,3 etwa auch die außerbiblischen Belege auf der Meša-Stele, Z.5ff, TGI, 52ff.

135 Wie I Reg 4 zeigt, hat es einen solchen Antagonismus bereits vor der Reichstrennung gegeben, vgl. Soggin, Einführung, 72f.

136 Vgl. etwa 15,10 etc., vgl. auch Cook, Notes, 159.

137 Zum Tode Absaloms s. gleich im folgenden.

hält, sind keine weiteren Bemerkungen zum Ergebnis der Schlacht nötig. Mit seinem Tod ist die Schlacht entschieden. V.7 nennt den Ausgang der Schlacht aber nicht nur deplaciert *vor* Absaloms Ende, sondern macht auch das Ergebnis des Kampfes zur גדולה מגפה „großen Niederlage" für Israel, vgl. I Sam 4,17; II Chr 21,14. Er ist zum „Itinerar" zu rechnen. Eine begrenzte Auseinandersetzung wird zur großen Schlacht, was ein neuerlicher Nachtrag in II Sam 18,7bβ(letzte zwei Worte).8 durch die Zahlenangabe „20 000" präzisiert.[138]

Weitere Ansätze für eine Wachstumsanalyse zeigen sich bei der Betrachtung von V.1-5. Zunächst fällt schon inhaltlich auf, daß David sein Heer nach zwei konkurrierenden Strukturprinzipien gliedert. Zum einen nach Tausend- und Hundertschaften (V.1b.4). Und zum andern in je einem Drittel unter Abišai, Joab und Ittai (V.2.5).[139] Beide Gliederungssysteme sind schon je für sich genommen nicht plausibel, weil sie mit umfangreichen militärischen Kontingenten rechnen. Besonders gilt: „la nomination de ‚chefs de mille' et de ‚chefs de cent' suppose une armée très nombreuse."[140] Nach allen bisherigen Ergebnissen aber handelt es sich beim Absalomaufstand um die Aktion kleinerer Gruppen. Das legt der Grundbestand mit den Angaben in 15,1aβγb.12b nahe, der zeigt, daß die Erhebung kein großes Einzugsgebiet hatte.[141] Bereits *Cook* sah: „It seems not improbable ..., that the revolt has been exaggerated".[142] Das zeigt aber auch die Tendenz der Erweiterungen etwa in 15,7.9f.18aββ; 17,1-3a.4.22b*. 24bβ; 18,7bβ*.8,[143] aus der Bewegung und dem Kampf eine sehr große Aktion zu machen. Außerdem paßt der Schlachtort „Wald Ephraims" nicht zu einem großen Kampfgeschehen. Und ferner spielt die Aufteilung des Heeres unter Joab, Abišai und Ittai im eigentlichen Schlachtbericht (V.6.16, auch V.7) gar keine Rolle. Aber auch bei der Annahme größerer Einheiten müßte es ein Riesenheer sein, das sich gleichzeitig dritteln und dann noch in Tausend- und Hundertschaften aufteilen ließe! Die Verbindung der Systeme dient *quasi* der Fiktion eines „zweiten Heerbannes":

---

138 Dazu u. 264f.

139 Zu dieser Dreiteilung vgl. Jdc 7,16.20; 9,43; I Sam 11,11; 13,17; Hi 1,17. Dort wird je mit ראשים שלשה „drei Heerhaufen" formuliert, hier heißt es jeweils שלשית „Drittel", vgl. II Reg 11,5f par II Chr 23,4f; Ez 5,2.12; Sach 13,8f.

140 Vermeylen, Loi, 374f.

141 Fischer, Hebron, 314 denkt nur an Jerusalem.

142 Cook, Notes, 159.

143 Zu 15,7.9f s.o. 6.1, zu 15,18aββb s.o. 5.2, zu 17,1-3a.4 s.o. 5.9, zu 17,22b*.24bβ s.o. 6.2 und zu 18,7bβ*.8 s. im folgenden.

David muß eine neue Armee rekrutieren, wenn die alte mit Absalom gezogen ist. Demgegegenüber betont *Bietenhard* zurecht die „kleine Schar von Davidtreuen".[144] Daß beide Systeme später eingetragen wurden und zueinander nicht passen, hat auch *Vermeylen* zutreffend gesehen. Nach ihm geht die Dreiteilung nach V.2a und V.5* (nur Empfänger des Befehls) auf S1 zurück, und die Gliederung nach Tausend- und Hundertschaften (V.1b.4b) auf DtrH.[145] Daß literarische Verhältnisse und Schichtzuordnung jedoch anders liegen, zeigen die folgenden Erwägungen.

In literarischer Hinsicht heben sich zunächst V.2b-4 deutlich heraus.[146] Denn sie unterbrechen den Zusammenhang von V.2a und V.5 und erzeugen auch einen schweren logischen Bruch. V.2a.5 ist vor allem durch das Gegenüber Davids und der drei Anführer Joab, Abišai und Ittai bestimmt. David entsendet zunächst das Volk, wählt aber dann diese drei heraus (V.2a), um ihnen Anweisungen im Blick auf Absalom zu erteilen (V.5).[147] Doch in V.2b folgt ein Dialog mit dem Kriegsvolk, der den Ablauf völlig irritiert. Darauf deutet auch der genannte logische Bruch. Denn nach V.2a sendet David die Truppendrittel fort, was mit dem Narrativ וישלח formuliert wird. Damit ist der Vorgang bereits vollständig beschrieben und beendet. Ab V.2b aber entspinnt sich ein Dialog Davids mit dem Volk über die Frage, ob er mit in den Kampf ziehen soll. Diese „inszeniert wirkende[n] Diskussion"[148] schreitet vor die Situation von V.2a zurück, als hätte die Entsendung noch nicht stattgefunden, handelt es sich dabei doch um eine Grundsatzfrage, die vorher hätte geklärt werden müssen. Entsprechend konkurrieren die Informationen von V.4b mit V.2a: Dem Dialog V.2b-4a muß man in V.4b Rechnung tragen, indem hier der Auszug des Volkes (יצאו) am König vorbei nochmals nach V.2a explizit im invertierten Verbalsatz genannt wird. Der König steht dabei an der Seite des Tores (יד השער).[149] Statt der Drittelung (V.2a) ist hier in V.2b-4 das Heer in Hundert- und Tausendschaften gegliedert. Deswegen reicht gegen *Würth-*

---

144 Bietenhard, Des Königs General, 307.

145 Vermeylen, Loi, 374–376, 379–381, 552, 631.

146 Würthwein, Erzählung, 43–45; Langlamet, Pour ou contre Salomon, 355 und Hentschel, NEB 34, 75 sondern V.2b-4a als Nachtrag aus.

147 Sie werden deshalb in V.5 nochmals namentlich genannt, weil andernfalls auch das ganze Kriegsvolk Adressat sein könnte.

148 Schmitt, König, 479.

149 Vgl. I Sam 4,18; Prov 8,3. Zur Funktion des Tores hier vgl. Schmitt, König, 475ff. Dem Kontext nach ist es in Mahanaim zu lokalisieren.

wein, Langlamet und *Hentschel* der Nachtrag nicht nur bis V.4a,[150] sondern
bis V.4b, denn V.4b schließt nicht an V.2a an.

Nach V.2b-4 äußert „der König"[151] in *figura etymologica* den dringen-
den Wunsch, mit dem Kriegsvolk zu ziehen: יָצֹא אֵצֵא גַם־אֲנִי עִמָּכֶם.[152] Im
Prohibitiv hält ihn das Volk jedoch davon ab. Er soll in der Stadt bleiben
לַעְזֹור „um zu helfen"[153] (V.3b). Er ist „wie zehntausend von uns"[154] und
darf daher nicht gefährdet werden. Dagegen fallen Verluste im Volk nicht
ins Gewicht. Wenn sie fliehen oder die Hälfte stirbt, achtet man nicht auf
sie. Das wird in zwei Konditionalgefügen ausgesagt, deren Apodosis
jeweils identisch ist (V.3a).[155] David wird auf diese Weise nicht nur von
dem potentiellen Vorwurf entlastet, er habe sein Heer nicht selber in den
Kampf geführt, sondern hinter V.2b-4 steckt mehr. Der König hat offensichtlich einen derart erhabenen Charakter, daß er vor Kampfhandlungen
geschützt werden muß. Er will ja mit in die Schlacht, so die Darstellung
Davids als gerechter König, aber sein Leben darf keiner Gefahr ausgesetzt
werden. Auffällig ist dabei auch, daß der König nicht einfach einen Beschluß faßt oder Befehl äußert (vgl. V.5) und mitzieht, sondern offensichtlich mit sich diskutieren läßt! Ja, in Umkehrung der Verhältnisse äußert er
in V.4a gegenüber dem Volk seine Loyalität: „Das, was in euren Augen gut
ist, will ich tun[156]." Ähnlich gibt David auch Ittai nach, vgl. 15,22 (T1).
Auch in 18,2b-4 ist sicher die Theodizee-Bearbeitung am Werk. Sie stellt
nicht nur heraus, daß David ein gerechter König ist, sondern folgt auch
einer Konzeption, nach der der König eine andere Aufgabe hat, als Krieg
zu führen, vgl. auch den nahezu programmatischen II Sam 21,17b: „Damals beschworen Davids Männer ihn folgendermaßen: Du sollst nicht
mehr mit uns in den Kampf ziehen und du sollst nicht die Leuchte Israels
löschen." Für diesen Aspekt ist ein Blick auf II Sam 15,24aαβ.25f.29a*
erhellend, wo sich ebenfalls eine solche Vorstellung findet. Dort streicht
die Theodizee-Bearbeitung T1 heraus, daß sich David um die Lade küm-
merte, die ihren eigentlichen Platz nicht in der Schlacht, sondern im Hei-

---

150 Vgl. Anm. 146.

151 Vgl. „David" in V.2a. In V.2b liest die LXX „David".

152 Zur Konstruktion im Inf. abs. hier vgl. auch V.3a.

153 So mit vielen Mss, Qere. MT לְעֹזיר ist durch Verschreibung entstanden.

154 Mit 2 Mss, LXX*, Sym und Vulgata ist אַתָּה „du" statt עַתָּה „nun" zu lesen.

155 In zwei Mss, Handschriften der LXX und Peschitta ist das zweite Gefüge durch
    Homoioteleuton ausgefallen.

156 Peschitta liest abschwächend Imper. plur. עִבְדוּ.

ligtum hat.[157] Die Einheit 15,24*.25f.29a* arbeitet auf die Davidfiktion der Chronik hin, die David zum „Gründer des Tempels und des Gottesdienstes"[158] macht. An seinen Händen darf kein Blut kleben, vgl. I Chr 22,8; 28,3.

Zu 18,2b-4 gehört V.1b mit seiner Struktur des Heeres nach Hundert- und Tausendschaften. Denn diese Aufgliederung läuft auf V.2b-4 hinaus. Entsprechend wird in V.4b der Auszug des ganzen Kriegsvolkes (כל־העם) nach Hundert- und Tausendschaften (in Umkehrung) nochmals eigens vermerkt. In V.1b.2b-4 liegt also ein zusammengehörender Arbeitsgang der Theodizee-Bearbeitung vor. Im Abschnitt ist durchgehend von המלך (V.2b.4a.b) satt von „David" (V.1a) die Rede. Dagegen gehört V.1a zum Grundtext: „Und David musterte das Volk, das bei ihm war". Im Narrativ liefert er die Informationen, die für die Vorbereitung des Schlachtbeginns in V.6 notwendig sind. Mit ihm ist der Vorgang der Musterung komplett dargestellt.[159] In der Rede von „David" (17,22*) und dem „(Kriegs-)Volk" (17,22*; 18,6.16) enstpricht V.1a terminologisch den Gepflogenheiten der alten Quelle.

Eindeutig Theodizee-Bearbeitung sind auch V.2a.5. Doch liegt hier ein anderer Bearbeitungsschub als bei V.1b.2b-4 vor.[160] Indem V.5 an V.2a anschließt, ergibt sich literarisch ein befriedigender Übergang. Wenn dabei die Bezeichnung des Subjekts von „David" (V.2a) zu „der König" (V.5) wechselt, liegt das daran, daß er hier in seiner Rolle als König handelt, indem er etwas befiehlt! David entsendet das Volk unter den militärischen Führern Joab, Abišai und Ittai und erteilt diesen den ausdrücklichen Befehl, Absalom zu schonen. Während Abišai und Joab aus mehreren David-Erzählungen bekannt sind, wurde Ittai in 15,1-22* eigens von T1 eingeführt.[161] Explizit wird in 18,5b im invertierten Verbalsatz[162] vermerkt, das ganze Kriegsvolk habe gehört, wie David den שרים in der Sache Absaloms befahl.[163] Anders als in V.1b benennt der Begriff שר hier nicht die Anführer von Tausend- und Hundertschaften, sondern Joab, Abišai und Ittai.

---

157 S.o. 5.4.
158 Wellhausen, Prolegomena, 176.
159 Diese Überlegung gilt genauso, wenn פקד mit „beauftragen" zu übersetzen wäre, denn dann ist der Vorgang ebenfalls abgeschlossen.
160 V.2a.5 sind älter als V.1b.2b-4, s. gleich im folgenden.
161 Vgl. dazu o. 5.2.
162 Die Inversion betont hier die Gleichzeitigkeit der Vorgänge.
163 Mit dem Infinitiv בצות in V.5b wird auf den Narrativ ויצו (V.5a) Bezug genommen. Der invertierte Verbalsatz V.4bβ scheint die Syntax von V.5b zu kopieren.

V.5a ist der Tagesbefehl Davids an seine Obersten, den er ihnen durchaus noch beim Auszug des Heeres geben kann. Durch ihn ensteht kein logischer Bruch, wie er durch die Grundsatzdebatte in V.2b-4 enstanden ist.

Daß auch V.2a.5 eindeutig von einer Theodizee-Bearbeitung stammen, zeigt ihre Tendenz. Denn obwohl es David um den Sieg gehen sollte, ordnet er an, Absalom zu schonen.[164] Dabei handelt es sich nicht einfach um Vatergefühle. Denn wie sollte es weitergehen, wenn der Rebell am Leben gelassen würde? Sondern wieder wird Davids צדקה betont: Trotz manifestem gegenläufigen Interesse in militärischer Hinsicht trifft er Vorkehrungen, um den Gegner, den Kopf der Verschwörung, zu schonen. Denn selbst der aufständische Absalom ist ein Königssohn. Durch die Anordnung, mit Absalom milde zu verfahren, stellt David seine Sache ganz Jahwe anheim: Sogar wenn Absalom siegte, wäre es recht. Denn der, der im Recht und auf dessen Seite folglich Jahwe ist, wird siegen. Daß letztlich David den Sieg davongetragen hat, beweist, daß er der rechtmäßige König von Jahwes Willen ist.

Die für den Grundtext verbleibenden V.1a.6 ergeben literarisch einen guten Übergang. In den drei Narrativen liegt ein stringenter Text vor, dessen Informationen völlig ausreichen: Auf die Musterung folgt der Auszug und der Beginn des Kampfes. Daß David das Volk entsendet, muß nicht eigens gesagt werden, vielmehr stören die Dialoge und das komplizierte Geschehen der Entsendung die Stringenz der Darstellung. Nicht zuletzt muß gefragt werden, ob ein solches Szenario historisch plausibel ist, wenn doch höchste Eile geboten zu sein scheint. Von den beiden Theodizee-Bearbeitungen ist V.2a.5 die ältere (T1). Sie schließt gut an den Grundtext V.1a.6 an, wenn auch die durch den Nachtrag bedingte Wiederholung des Subjektes „David" auffällt. Sie widmen sich einer naheliegenden Frage, nämlich wie mit Absalom, dem Rebellen und dem Königssohn, zu verfahren ist. Durch den Befehl, Absalom zu schonen, legt David seine Sache in Jahwes Hände. Später wurden V.1b.2b-4 (T2) eingearbeitet. Der Dialog in V.2b-4 unterbricht den Zusammenhang von V.2a.5. Er befaßt sich mit einem Problem, das über den unmittelbaren Kontext hinaus auch grundsätzlichen Charakter hat: Welche Aufgabe hat ein „gerechter König" im Krieg? Hier befiehlt David nicht mehr, sondern bekundet dem Volk seine Loyalität! Mit V.1b wird gleich an die Musterung das neue Gliederungsprinzip der Armee angeschlossen und korrigierend vor V.2a gestellt, und die Behandlung der Grundsatzfrage V.2b-4 wird als Kern und

---

164 Zu אט „Sanftheit" mit ל vgl. noch Gen 33,14; Jes 8,6; Hi 15,11, ohne ל I Reg 21,27.

Hauptsache von Davids Rede eingeschaltet. T1 und T2 bringen nicht nur verschiedene Theologumena der Theodizee-Bearbeitungen unter, sondern genügen auch der Fiktion riesiger Truppenbewegungen. Sie machen, zusammen mit anderen Eingriffen, den Absalomaufstand zu einem militärischen Großereignis.

Zwischenfazit: Den Grundbestand bilden hier V.1a.6; dagegen ist V.7*(ohne „20 000") dem Itinerar zuzuschlagen. V.2a.5 gehören zu T1, V.1b.2b-4 zu T2.

Wie aber sind die Angaben über den Kampf im Walde Ephraims weiter gewachsen? Zunächst ist deutlich, daß Informationen zu den Verlusten der Absalom-Partei in das Itinerar eingeschaltet wurden. Denn V.7*, der zum Itinerar zu rechnen ist,[165] wurde durch eine Ergänzung erweitert. Endete V.7 mit der Aussage, daß an jenem Tage die Niederlage groß gewesen sei, so wurde daran ergänzt: „20 000. 8: Und die Schlacht war dort über das ganze Land zerstreut, und der Wald fraß mehr Volk, als daß das Schwert fraß an jenem Tage." (V.7bβ[letzte zwei Worte].8) Diesen Satz hat man nach dem *Kuhlschen* Prinzip der Wiederaufnahme über das Stichwort ביום ההוא „an jenem Tage" verklammert. Nicht nur wird mit „20 000" eine hohe Zahlenangabe eingebracht, die der Vorstellung eines großen Schlachtgeschehens genügt, vgl. auch 15,7.9f.18aβb; 17,1-3a.4.22b*. 24bβ.[166] Sondern der Nachtrag bereitet auch den Tod Absaloms vor: Der Kampf war נפוצת על־פני כל־הארץ[167] „über das ganze Land zerstreut",[168] ja der Wald fraß sogar mehr Männer,[169] als es das Schwert tat. So wird nicht nur die Vorstellung von zwei riesengroßen Heeren mit dem merkwürdigen Schlachtort „Wald Ephraims" ausgeglichen, sondern wird auch Absalom durch seinen Unfalltod im Baum zum Opfer des Waldes. Dieses Erklärungsbedürfnis ist zugleich ein historisches Indiz: Die Überlieferung vom Tod Absaloms war das nicht fiktive *Memorabile*, das im Grundbestand vorgegeben war und dessen Faktizität erklärt werden mußte. Außerdem steht die Aussage ותהי־שם המלחמה נפוצת על־פני כל־הארץ „und der Kampf war dort über das ganze Land zerstreut" am Anfang von V.8 in doppelter Konkurrenz. Einerseits zu V.7b, der ebenfalls mit dem Narrativ

---

165 S.o. 258f.

166 Zu 15,7.9f s.o. 6.1, zu 15,18aβb s.o. 5.2, zu 17,1-3a.4 s.o. 5.9 und zu 17,22b*.24bβ s.o. 6.2.

167 So mit einigen Mss und Qere statt MT נפצית, Verschreibung von ו in י und Buchstabenvertauschung.

168 Zur Wendung vgl. Gen 11,4.9; Ex 5,12; Ez 34,6.

169 Die Verbindung von יער „Wald, Dickicht, Gestrüpp" und אכל „essen" ist *hapax*.

ותהי־שם und folgendem determinierten fem. Substantiv mit *mem praefor-
mativum* (המגפה) beginnt. Und andererseits zu V.6b mit seiner Aussage
ותהי המלחמה ביער אפרים „und der Kampf war im Walde Ephraims". Das
zeigt nochmals, daß in V.7bβ*.8 ein Nachtrag vorliegt.

Ab V.9 folgt die Erzählung vom Ende Absaloms. Sie reicht mit allen
Ausläufern bis V.18 und nimmt damit einen weit größeren Raum ein als
der eigentliche Schlachtbericht. In V.9a und b fällt zunächst die unmotivierte Doppelung des Subjektes „Absalom" auf. V.9a schließt im Narrativ
an die vorhergehende Skizze des Kampfes an: Absalom wird von den
Pionieren, den עבדי דוד, gerufen. In V.9b aber findet sich im partizipialen
Nominalsatz ואבשלום רכב על־הפרד „und Absalom ritt auf dem Maultier"
der selbständige Beginn der Absalom-Episode. Hier fängt literarisch und
überlieferungsgeschichtlich etwas Neues an. Wenn Absalom von den
Pionieren Davids gesucht wird (V.9a), entspricht das dessen Befehl nach
V.2a.5, den „Knaben" Absalom zu schonen. Diesem Befehl soll durch die
planmäßige Suche nach Absalom Rechnung getragen werden; V.9a gehört
daher zu T1: Joab, Abišai und Ittai beauftragen die Pioniere mit der Suche.

In V.9b liegt jedoch Grundtext vor. Absalom reitet auf dem königlichen Maultier;[170] das Partizip unterstreicht, daß dieser Vorgang länger
andauert. Nach diesem einleitenden Nominalsatz ist die Darstellung in drei
Narrativen formuliert: Das Maultier kommt unter das Geäst[171] „der großen
Terebinthe" (האלה הגדולה). Diese Verbindung ist sonst nicht belegt; wie
die Determination zeigt, wird der Ort jedoch als bekannt vorausgesetzt.
Eine Lokalisation ist über die vage Angabe „Wald Ephraims" hinaus nicht
möglich. Absaloms Kopf verfängt sich in der Terebinthe, so daß Absalom
zwischen Himmel und Erde hängt: וַיֻּתַּן בֵּין הַשָּׁמַיִם וּבֵין הָאָרֶץ.[172] Oft wird
unter Einfluß von II Sam 14,25-28 angenommen, daß sich Absalom mit
dem Haar im Baum verfängt, davon sagt aber 18,9b nichts.[173] Ein invertierter Verbalsatz (V.9bβ) schließt die Beschreibung ab: Das Maultier unter
ihm zieht weiter.[174] Die Inversion betont Gleichzeitigkeit und Gegensatz

---

170 Vgl. dazu noch II Sam 13,29 (alle Prinzen) und I Reg 1,33.38.44 (Salomo mit fem.
פרדה).

171 שׂובֶךְ ist *hapax*, ebenso die Verbindung von ראשׁ „Kopf" und אלון/אלה „Terebinthe".

172 Die Wendung בֵּין הַשָּׁמַיִם וּבֵין הָאָרֶץ „zwischen dem Himmel und der Erde" ist noch
in Ez 8,3; Sach 5,9; I Chr 21,16, aber dort je in umgekehrter Reihenfolge belegt. 4Q
Samᵃ, vgl. Vrs. lesen ויתל „und er hing", vgl. V.10b. Aber MT ergibt guten Sinn.

173 Vgl. auch Budde, KHC 8, 283 und Stoebe, KAT VIII/2, 404. Zu 14,25-28 s.u. 276f.

174 Die Verbindung von (ה)פרד „Maultier" und עבר „weiterziehen" ist *hapax*.

der Vorgänge; V.9bβ ist im Textablauf fest verankert. Denn wenn das Maultier nicht fortgelaufen wäre, hätte Absalom sich noch retten können. Diesen Grundtext V.9b setzt V.15 fort, der sich gut an V.9b anschließt. Gegen einen Übergang V.9.15 führt *Seiler* ins Feld, daß Absalom nach V.9a den „Knechten Davids" begegnet (II קרא), während es nach V.15 „zehn Knechte, Waffenträger Joabs" sind, die ihn töten.[175] Nun hat sich V.9a bereits als sekundär erwiesen. Aber auch wenn er zum Grundtext gehörte, funktionierte *Seilers* Argument nicht. Denn in V.9a ist nicht von einer Begegnung der Knechte Davids mit Absalom die Rede, sondern davon, daß sie ihn *rufen* (I קרא), um dem Befehl Davids nach V.5 zu entsprechen; sonst hätte die Notiz keinen Sinn.

V.10-14 sind ein Nachtrag, was mehrere Beobachtungen zeigen. Mit ihnen steht, jeweils nach einleitenden Narrativen, bewegte wörtliche Rede mitten in einer hauptsächlich im Narrativ gehaltenen Vorgangsbeschreibung. Im Dialog fallen zudem sehr kunstvoll, ja umständlich formulierte Aussagen auf, vgl. etwa V.11b.12a.13a. In den dramatischen Ablauf von Absaloms Tod wird eine Diskussionsszene eingeschaltet, die das Geschehen erheblich retardiert! Ein Mann (איש אחד, V.10) hat Absalom im Baum hängen sehen und unterrichtet Joab; darauf entspinnt sich ein Dialog darüber, wie mit dem Königssohn zu verfahren ist. In diesem Gespräch Joabs mit dem Mann geht es also zudem um eine Frage mit paradigmatischem und theologischem Charakter.[176] Und fast ist der Leser geneigt, in der Vorstellung, daß Absalom während des ganzen Dialogs im Baume hängt, eine Art unfreiwilliger Komik zu entdecken. Im namenlosen Mann, den V.11 als איש המגיד לו „Mann, der ihm Mitteilung machte"[177] bezeichnet, tritt schließlich ein neuer Akteur auf. Mit dem Narrativ der Wurzel נגדhi. (V.10a) wird das Geschick Absaloms mit der Situation und Perspektive Joabs verbunden.

Mit *Würthwein* ist weiterhin die Doppelüberlieferung von Absaloms Ende ein aussagekräftiges Kriterium für die Ausscheidung von V.10-14.[178] Es spricht für das Geschick des Redaktors, wenn sich V.9-15 bei flüchtiger Lektüre so lesen, als werde Absalom in zwei Schritten getötet. Doch bei genauer Analyse wird deutlich, daß zweimal von Absaloms Tötung die Rede ist und daß V.14 und V.15 nicht miteinander in Einklang gebracht

---

175 Seiler, Geschichte, 174.
176 Vgl. u. 269–273.
177 Zur Formulierung vgl. auch II Sam 1,5.6.13, ferner 4,10.
178 Würthwein, Erzählung, 43–48.

werden können. Denn in V.14b heißt es, daß Joab drei Stäbe ins Herz
Absaloms bohrt (Wurzel תקע), als er in der Terebinthe hängt. Das hätte er
nicht überleben können! Denn als Waffe begegnet שבט auch in Ex 21,20;
II Sam 23,21 par I Chr 11,23.[179] Mit einem שבט kann man nach Ex 21,20
Knecht oder Magd erschlagen. Absalom ist bereits durch den Unfall im
Baum angeschlagen, lebt aber noch (עדנו חי, V.14bβ), als Joab die Stäbe
in seinen לב, sein Herz (!) bohrt. Denn תקע (mit Akkusativ und) Präp. ב
heißt „(etwas) in etwas hineinstoßen, hineinschlagen", vgl. bes. Jdc 3,21;
4,21; Jes 22,23.25, auch Gen 31,25.[180] Auch wenn לב hier „Inneres, Mitte"
und nicht „Herz" bedeutete,[181] wären durch die Stöße doch innere Organe
verletzt, was den Tod zur Folge hätte.[182] Dazu braucht שבט auch nicht mit
„Speer" oder „Spieß" übersetzt zu werden.[183]

„Das וַיְמִיתֻהוּ ... [sc. in V.15] besagt nicht, dass Absalom sonst am
Leben geblieben wäre."[184] V.15 berichtet vielmehr als etwas völlig Neues,
daß Absalom von zehn Knechten erschlagen und dadurch getötet wird.
Dabei bezeichnet die Wurzel נכהhi. eine vollständige Tötung, die nicht
weiter vorbereitet werden muß, vgl. Ex 2,12; 9,25; Lev 24,18; Dtn 19,6;
27,24; I Sam 17,36; II Sam 21,19 etc. Eine Apposition in II Sam 18,15aβ
identifiziert die erwähnten Knechte als נשׂאי כלי יואב „Waffenträger
Joabs". Diese Apposition ist sekundär,[185] denn zehn Waffenträger sind weit
übertrieben. Saul (I Sam 20,40; 31,4ff) und Jonathan (I Sam 14,1ff) haben
deren nur einen. Der Nachtrag könnte zwar mit denjenigen Erweiterungen
zusammenhängen, die aus dem begrenzten Kampf ein gewaltiges Schlachtgeschehen machen, vgl. 17,22b*.24bβ; 18,7bβ*(20 000).8, ferner V.1b.2b-
4. Aber andererseits fällt ins Gewicht, daß in V.15 nur diese Apposition
V.15aβ eine Verbindung von Absaloms Tod mit der unmittelbaren Umge-
bung Joabs (vgl. V.10-14) herstellt. Da sich V.10-14, die Joab als Verant-
wortlichen für Absaloms Tod darstellen, im folgenden als T1 erweisen
werden, rechne ich auch V.15aβ zu T1. Insgesamt bleibt festzuhalten, daß

---

179 Wenn im letzten Beleg dem Spieß der Vorzug gegeben wird, heißt das nicht, das
man mit dem Stab nicht töten kann.

180 Vgl. HAL, 1642f. Die Verbindung תקע בלב ist *hapax legomenon*, ferner auch die
Lokalisierung בלב האלה, die metaphorisch als „im Herzen der Terebinthe" übersetzt werden kann.

181 So etwa Seiler, Geschichte, 173f. Vgl. auch בלב האלה im selben Vers.

182 Ähnlich auch Goslinga, COT 9, 321f.

183 So etwa Stolz, ZBK.AT 9, 264 u.a., vgl. LXX βέλη.

184 Budde, KHC 8, 284.

185 So auch Vermeylen, Loi, 377, 381, 552.

V.14 und V.15 jedenfalls gegeneinander stehen. Dabei gehört V.15aα.b zum Grundtext, V.14 aber zu einem Nachtrag von T1.

Die Unstimmigkeiten bemerkt schon *Wellhausen*, versucht aber, sie durch Umstellungen zu V.14.וַיְמִיתֻהוּ (aus 15).16.15.17 zu lösen. Nach ihm tötet Joab den Königssohn, die Knechte aber beerdigen Absalom nur, sie sind Subjekt der Narrative von V.17 „Dadurch würde zugleich das Unglaubliche beseitigt, dass Absalom, schon halbtodt vom Hängen, durch drei Stiche ins Herz nicht vollends getödtet wäre."[186] Auch *Klostermann* beseitigt die Ungereimtheiten durch weitreichende Konjekturen.[187] Ebenso verweist *Ehrlich* das Problem in den textlichen Bereich und bemerkt: „Was aber besonders für die Korruption unserer Stelle spricht, ist der Umstand, dass nach dem, was hier [*sc.* V.14] gesagt ist, Absalom durch die Hand dessen gestorben sein muss, der hier Subjekt ist, und damit ist V.15, wonach die Waffenträger Joabs den Absalom getötet hätten, unverträglich."[188] Nach *Cook* ist der klare und präzise V.15 „original", V.14 aber „represents a later polemical tradition".[189] Für *Wellhausen* (an anderer Stelle) und *Smith* ist dagegen V.15 ein Nachtrag.[190] V.10-14 insgesamt scheiden, wie erwähnt, *Würthwein* und mit ihm *Langlamet, Caquot/de Robert, Hentschel* und *Vermeylen* aus.[191] Sogar *Stoebe* rechnet mit einem Nachtrag im Bereich dieser Verse, legt sich aber nicht auf eine genaue Abgrenzung fest, doch gehörten V.11-13 sicher zu ihm.[192] Ob V.11-14 sekundär seien, erwägt ferner *van den Born*.[193]

Die Versuche anderer Exegeten, den Bruch zwischen V.14 und 15 zu harmonisieren, überzeugen nicht. Weder ist Joabs Tat „mehr eine symbolische Handlung ..., die den Königssohn nunmehr zur Tötung freigibt",[194] noch die Tötung Absaloms durch die Knechte „een formaliteit".[195] Für diese Einschätzungen fehlen Belege. Völlig absurd ist die Interpretation von *Driver*, dem *McCarter* folgt. Joab schlage Absalom mit den Stöcken aus dem Baum zu Boden. Dort sei er dann den Knechten ausgeliefert.[196] Das steht jedoch nicht im Text, außerdem widerspricht es dem Dialog (V.11-14a), der

---

186 Wellhausen, Text, 202.

187 Klostermann, KK 3, 214f.

188 Ehrlich, Randglossen 3, 320.

189 Cook, Notes, 165.

190 Wellhausen, Komposition, 259; Smith, ICC, 358.

191 Würthwein, Erzählung, 43–48; Langlamet, Pour ou contre Salomon, 355; Caquot/de Robert, Samuel, 552f, 563 (zadoqidischer Redaktor), Hentschel, NEB 34, 76f; Vermeylen, Loi, 377, 552 (S1); Aurelius, Davids Unschuld, 395f, 400.

192 Stoebe, KAT VIII/2, 404f.

193 Van den Born, BOT IV/1, 195f.

194 So Hertzberg, ATD 10, 296. Mit ihm Schnabl, Thronfolgeerzählung, 130.

195 So van den Born, BOT IV/1, 196 erwägungsweise.

196 Driver, Plurima Mortis Imago, 133f; McCarter, AncB 9, 406f. So auch Stoebe, KAT VIII/2, 399, vgl. ähnlich bereits Klostermann, KK 3, 214f.

eindeutig zeigt, daß Joab den Absalom töten will (V.12a). Denn die Tötung Absaloms durch Joab V.14b gehört literarisch zum Dialog in V.10-14a. In V.14b ist nämlich kein Subjekt genannt, die Aussage ist also auf die Nennung Joabs in V.14a angewiesen. Joabs Aktion folgt aus seiner Benachrichtigung durch den Mann und ergibt sich weiterhin aus seinem Wortwechsel mit ihm.

Für die Überlegungen zur Tendenz des Einschubs ist auch V.14bβ zu berücksichtigen: „als er noch lebend im Herzen der Terebinthe war". Diese Bemerkung ist gegen *Seiler* keineswegs überflüssig,[197] denn Absalom hat sich mit dem Kopf so gefährlich im Baum verfangen, daß er sich nicht mehr retten kann. Er ist „halbtodt vom Hängen",[198] hätte schon am Unfall sterben können, lebt aber noch. In diesem Zusammenhang unterstreicht V.14bβ nochmals, daß Joab es war, der ihn getötet hat, er also nicht durch den Unfall umgekommen ist. Gerade das zeigt noch einmal, daß V.14 und V.15 nicht zueinander passen, weil in ihnen unterschiedliche Subjekte den Absalom töten.[199]

Für den Nachtragscharakter von V.10-14.15aβ spricht außerdem, daß im Kontext überhaupt keine Rolle spielt, daß Joab den Absalom getötet hat; für *Stoebe* ist sein Fehlen unter den Opfern in I Reg 2,5 sogar das Hauptargument.[200] Nicht zu Unrecht weisen *Caquot/de Robert* ferner darauf hin, daß die Figur Joabs in V.10-14 viel negativer als im Schlachtbericht gezeichnet ist.[201] Im Nachtrag ist er erstaunlich stark auf den Tod Absaloms bedacht; das erscheint als besondere Perfidie, weil Davids Ermahnung, Absalom zu schonen (V.2a.5), im Hintergrund steht.[202] Die weiteren Erwähnungen in c.18 skizzieren ihn eher neutral als umsichtigen Feldherrn.

Während *Würthwein* V.10-14 zusammen mit V.2b-4a seiner prodynastischen, joabfeindlichen Bearbeitung in der Thronfolgegeschichte zuschlägt,[203] geht es bei der Tendenz des Einschubs um viel mehr. V.10 leitet mit der Mitteilung des Mannes an Joab den folgenden Dialog ein. Zunächst faßt V.10b prägnant das Ergebnis des Unglücks zusammen, nämlich mit:

197 Ebd.

198 Wellhausen, Text, 202; ders., Komposition, 259.

199 Die Vulgata jedoch faßt V.14bβ als Überleitung zu V.15 auf: „und als er, in der Eiche hängend, noch weiter zuckte (palpitaret), ...". Mit ihr gehen etwa Klostermann, KK 3, 214; Thenius/Löhr, KEH 4, 181; Nowack, HKAT I/4/2, 223; auch Seiler, Geschichte, 174, aber ohne explizite Bezugnahme auf die Vulgata. Diese ist als einziger Textzeuge zu schwach.

200 Stoebe, KAT VIII/2, 404f. Zu I Reg 2,5 s. gleich im folgenden.

201 Caquot/de Robert, Samuel, 552f, 563; auch Vermeylen, Loi, 377, 381.

202 Vgl. dagegen auch Joabs aufwendige Intervention bei David, um Absalom aus Gešur zurückzuholen, wie sie in II Sam 14 dargestellt wird.

203 Würthwein, Erzählung, 43–48, auch Langlamet, Pour ou contre Salomon, 355. Zur Tendenz ähnlich auch Stolz, ZBK.AT 9, 267; McCarter, AncB 9, 406f.

הנה ראיתי את־אבשלם תלוי באלה „siehe, ich habe Absalom aufgehängt in der Terebinthe gesehen".[204] Auf diese Aussage hin (vgl. הנה ראית „siehe, du hast gesehen") fragt Joab den Mann, warum er ihn nicht zu Boden geschlagen habe (V.11a),[205] er hätte ihm dafür zehn Silberstücke und einen Gürtel gegeben (V.11b). In V.12f folgt die breit ausgeführte Antwort des Mannes, auf die der Dialog hinausläuft und die den theologischen Kern des Nachtrags V.10-14 enthält. Er würde seine Hand nie nach dem Königssohn ausstrecken לא־אשלח ידי אל־בן־המלך (12aγ),[206] auch wenn er tausend Silberstücke in seine Hand bekäme (V.12a).[207] „Denn vor unseren Ohren hat der König dir und Abišai und Ittai folgendermaßen befohlen: Wer auch immer,[208] behütet den Knaben, den Absalom!" (V.12b). Dem König bleibe jedoch nichts verborgen (V.13),[209] Joab aber könne seinen Kopf leicht aus der Schlinge ziehen, wie V.13b in prägnantem invertierten Verbalsatz zeigt. Gegen diese Gesinnung eines צדיק vermag Joab gar nichts mehr einzuwenden, er äußert ein nervöses „Ich kann so nicht vor dir warten" (V.14a) und schreitet unverzüglich zur Tat (V.14b). Hier werden zunächst die Haltung Joabs und die Haltung des Mannes einander gegenübergestellt. Der Mann ist im Recht, handelt gemäß Jahwes Willen; Joab aber ist sein Gegenbild.

Daß diese Überlegung zutrifft, zeigt der Blick auf andere David-Überlieferungen. Denn die Wendung שלח יד ist mit בן המלך als indirektem Objekt zwar nicht mehr belegt, wohl aber mit משיח, vgl. I Sam 24,7.11; 26,9.11.23, ferner II Sam 1,14, und auch mit מלך, so Est 2,21; 6,2. In der doppelt überlieferten Geschichte von der Verschonung Sauls weigert sich David mit I Sam 24,7.11; 26,9.11.23 jeweils, Saul als den Gesalbten Jahwes zu töten oder töten zu lassen. *Hentschel* und *Vermeylen* etwa verorten

---

204 Zum Part. qal pass. תלוי vgl. noch Dtn 21,23; Jos 10,26 (!); Cant 4,4. Die Verbindung der Wurzel תלה mit אלון/אלה ist *hapax*.

205 Zur Wendung ארצה הכה hi. vgl. II Sam 2,22, ferner II Reg 13,18.

206 Der Ausdruck wird hier wie Gen 22,12; Hi 1,12 mit אל konstruiert, gebräuchlicher ist aber die Verbindung mit ב wie in I Sam 24,7.11; 26,9.11.23, vgl. auch HAL, 1400.

207 L. mit Qere, vielen Mss und Targum-Mss ולו statt ולא „und nicht".

208 Zu מי als Indefinitpronomen vgl. Ges/K § 137c. Da MT sinnvoll ist, muß nicht in Angleichung an V.5 mit zwei Mss und den Vrs לי „mir" gelesen werden. Zur Aussage vgl. auch II Sam 14,19b.

209 V.13aα ist zu übersetzen: „Oder hätte ich um den Preis meines Lebens einen Treubruch getan?". Statt בנפשו ist mit Qere, vielen Mss, vgl. Vrs (ohne LXX*) בנפשי zu lesen, Buchstabenverwechselung. Zur Wendung עשה שקר vgl. Jer 6,13; 8,10.

diese Verse sämtlich in Zusätzen.[210] Dabei nennt 26,23a förmlich den Grundsatz der in der vorliegenden Untersuchung so genannten Theodizee-Bearbeitung: ויהוה ישיב לאיש את־צדקתו ואת־אמנתו „Jahwe aber gibt einem jeden seine Gerechtigkeit und seine Wahrhaftigkeit zurück." Und bei der Nachricht von Sauls Tod nach II Sam 1 ist David darüber entsetzt, daß der amalekitische Bote den Gesalbten Jahwes getötet hat (V.14.16), vgl. auch die Blutschuldformel in V.16. *Fischer* rechnet V.13-16 zu seiner ins 7. Jahrundert v. Chr. datierenden David-Redaktion.[211]

Auch II Sam 18,10-14.15aβ gehört also zur Theodizee-Bearbeitung (T1). Denn in II Sam 18,10-14 begegnet ein Paradigma vom Verhalten des צדיק gegenüber dem König oder anderen Mitgliedern der Dynastie. Der König ist von Jahwe eingesetzt, und Absalom ist immerhin ein Königssohn. Wenn er Erfolg hätte, schlüge sich in diesem Erfolg der Wille Jahwes nieder. Es geht in dieser Epsiode um das Exempel des Mannes als eines Gerechten, und nicht vorrangig um Kritik an Joab.

Der Unterschied zwischen Gerecht und Ungerecht ist in V.10-14 nur auf dem Hintergrund von Davids Befehl nach V.2a.5 zu verstehen. Er wird in der Rede des Mannes in V.12bβ explizit, wenn auch in terminologischer Abwandlung zitiert: vgl. לאט־לי לנער לאבשלום „zur Sanftheit mir für den Knaben, für Absalom" (V.5aβ) mit שמרו־מי בנער באבשלום „wer auch immer, behütet den Knaben, den Absalom" (V.12bβ). Mit der zweiten Formulierung deutet der Mann den Befehl im Blick auf sich selbst und die konkrete Situation. Auch die Befehlsempfänger Joab, Abišai und Ittai (V.5a) wiederholt V.12b namentlich und in derselben Reihenfolge. Der Dialog in V.10-14 ist nur im Zusammenhang mit Davids Befehl in V.5a sinnvoll und verständlich; und zur Vorbereitung auf die Adverbiale „vor unseren Ohren" (V.12b) wird in dem invertierten Verbalsatz V.5b ausdrücklich vermerkt, daß „das ganze Kriegsvolk" gleichzeitig hört, wie der König die Obersten[212] in der Sache Absaloms (על־דבר אבשלום) befehligt. V.5 hängt aber untrennbar mit V.2a zusammen. So gehören V.2a.5.9a und V.10-14.15aβ zu ein- und derselben Schicht, nämlich T1.

Nicht ganz zu unrecht scheiden *Caquot/de Robert* V.5b zusammen mit V.10-14 aus;[213] diese Entscheidung geht aber nicht weit genug. *Vermeylen*

---

210 Hentschel, NEB 33, 134, 143 (je ein jüngerer Erzähler); Vermeylen, Loi, 145–148. 155–159, 550 (26,1-16 S1), 628 (26,17-25 DtrH), 643 (24,1-13.15-23 DtrP), vgl. ferner Dietrich, BE 3, 264.

211 Fischer, Hebron, 23ff.

212 Mit שרים sind hier Joab, Abišai und Ittai gemeint.

213 Caquot/de Robert, Samuel, 551–553, 563; vgl. ähnlich Kaiser, Verhältnis, 145f.

sieht zwar in V.2a.5*.10-14.15aβ einen zusammenhängenden Nachtrag seines ins zehnte Jahrhundert zu datierenden prosalomonischen S1; in V.5 sind nach ihm aber nur die drei Namen „Joab, Abišai und Ittai" sekundär, den Rest wie auch V.9a rechnet er zum Grundtext.[214]

Durch V.2a.5.9a.10-14.15aβ erklärt T1, warum der Königssohn Absalom zu Tode gekommen ist. Obwohl David ihn schonen wollte, hat er die Rebellion nicht überlebt.[215] Dabei geht es T1 nicht um Belastung Joabs, sondern um Entlastung Davids: Er trägt am Tode Absaloms keinerlei Schuld. Nur mußte jetzt eine Lösung gefunden werden, warum Absalom trotz Davids Befehl zu Tode kam. Diese Lösung lautet: Joab hat gegen eine ausdrückliche Instruktion gehandelt, wobei ein unbekannter צדיק sein Gegenbild darstellt. Außerdem wird damit Absaloms Tod jeder fatale Charakter genommen.

Doch auch Joabs Tat steht letztlich im Einklang mit Jahwes Gerechtigkeit: „Indem der Feldherr Davids den Rebellen tötet, setzt er sich für die Sicherung der königlichen Macht seines Herrn ein."[216] Absalom mußte sterben, damit David, der König nach Jahwes Willen, siegen konnte. Trotzdem wird Joab schließlich für seine Tat bestraft, denn im Grundbestand von I Reg 2,5, im sog. Testament Davids, wird Joabs Hinrichtung wie folgt begründet: „Auch weißt du, was mir Joab, der Sohn der Zerujah, getan hat; er vergoß Kriegsblut auf seinen Gürtel, der an seinen Hüften ist, und auf seine Sandalen, die an seinen Füßen sind." Dieser Text geht auf T1 zurück, und erst die von T3 stammende Überarbeitung (V.5a*[ab אשר 2°]) verengt die Schuld Joabs auf die Tötung Abners und Amasas; entsprechend vermerkt T3, daß Joab Kriegsblut im Frieden vergossen hat, was nicht nur für den Fall Abners gilt.[217] Denn Amasa wird zwar in der Schlacht gegen Šeba umgebracht, aber es handelt sich um einen Meuchelmord in den eigenen Reihen, also eine hinterhältige Tat, auf die man die Kategorie „Kriegsblut im Frieden vergießen" durchaus anwenden kann. In T1 aber ist vorrangig die Tötung Absaloms gemeint, nur das kann Joab David *persönlich* getan

---

214 Vermeylen, Loi, 374–382, 552.

215 Nach Amnon ist er der zweite Sohn Davids, der ihm hätte nachfolgen können, es aber nicht geschafft hat. Ihm wird noch Adonia folgen, bevor gerade Salomo Erfolg hat.

216 Seiler, Geschichte, 187.

217 Vgl. o. 4.6. Zum Befund in I Reg 2,28-35, wo T2 mit V.32 Abner und Amasa einführt, vgl. o. 4.2.

haben![218] Namentlich wird er jedoch nicht erwähnt, denn immerhin hatte Absalom gegen David rebelliert und mußte deshalb besiegt werden.[219] Mit I Reg 2,5* wird Joabs Biographie im Sinne des Tat-Ergehen-Zusammenhangs beendet. Dabei sind die Ambivalenzen in seiner Beurteilung typisch für die Theodizee-Bearbeitung, die nur auf diesem Wege Kontingenz bewältigen kann.[220]

Nach Absaloms Tod ist die Schlacht schnell zu Ende. V.16-18 runden den Bericht ab. V.16 weiß von der Beendigung der Schlacht durch Joab, V.17 berichtet vom Schandbegräbnis Absaloms, und V.18 liefert Informationen über den Königssohn nach. Dieser V.18 ist deutlich nachgetragen.[221] Er ist in Inversion und im plusquamperfektischen Rückgriff gestaltet und weist durch בחייו „zu seinen Lebzeiten"[222] auch semantisch darauf hin, daß logisch und zeitlich vor Absaloms Tod zurückgegriffen wird. Absalom habe sich einen Malstein (מצבת)[223] im Talgrund des Königs (עמק־המלך, vgl. Gen 14,17!) errichtet, um seinem Namen ein Gedächtnis zu stiften; er habe nämlich keinen Sohn (V.18a). Der Malstein heiße „Denkmal Absaloms" bis zum heutigen Tage. Es handelt sich bei V.18 nicht nur um die fiktive Ätiologie eines nicht mehr zu identifizierenden Denksteines, sondern V.18 nimmt eine bewußte Korrektur von V.17 vor. Denn V.17a weiß von einem regelrechten Schandbegräbnis Absaloms: Er wird einfach „in die große Grube" (אל־הפחת הגדול)[224] geworfen, und über ihm wird ein

---

218 So kann gegen Stoebe, KAT VIII/2, 404f I Reg 2,5 nicht Argument für die Ausscheidung von II Sam 18,10-14 sein. Vielleicht schwingt der Gedanke an Abner auch schon mit, gab doch nach II Sam 3,12ff der Kontakt zu großen Hoffnungen Anlaß.

219 Seiler, Geschichte, 187 vereinseitigt die Tendenz dahin, daß der Verfasser Joabs Handeln gegen Davids ausdrücklichen Befehl befürwortet.

220 Wegen dieses theologischen Anliegens der Theodizee-Bearbeitung, die der vorhandenen Überlieferung ganz deutlich ihren Stempel aufgedrückt hat, ist es nicht angemessen, nach einer eindeutigen Tendenz oder Bewertung etwa nur zugunsten Davids oder Joabs in der kanonischen Thronfolgegeschichte insgesamt zu suchen. So aber z.B. Delekat, Tendenz, 26ff; Würthwein, Erzählung, 11ff, bes. 49–59 nach der David und der Dynastie gegenüber kritischen, Rost, Überlieferung, 127ff; Seiler, Geschichte, 325f nach der prodavidischen Seite.

221 Wellhausen, Composition, 259; Langlamet, Pour ou contre Salomon, 355; McCarter, AncB 9, 407; Seiler, Geschichte, 177f; Caquot/de Robert, Samuel, 553f, 563 (dtr) u.v.a.

222 So mit Qere und vielen Mss statt Ketib sing.

223 Zum möglichen religionsgeschichtlichen Hintergrund im Totenkult vgl. Ockinga, Note, 31ff.

224 Die Verbindung „große Grube" ist hapax; zu פחת vgl. noch II Sam 17,9; Jes 24,17.18bis; Jer 48,28.43.44bis; Thr 3,47. Zum Artikel vgl. Ges/K § 126qr.

sehr großer Steinhaufen (גל־אבנים) errichtet. Die Parallelen von גל־אבנים
(Jos 7,26; 8,29) zeigen, daß dieser Vorgang eine Abstrafung, eine Art
damnatio memoriae darstellt: „hinter diesem Brauch der Bedeckung mit
Steinen könnte die Vorstellung stehen, den Toten unnahbar und wirkungs-
los zugleich zu machen."[225] Die Überlegung von *Bietenhard*: „Würde dies
geschehen, wenn David tatsächlich verboten hätte, Abschalom zu
töten?"[226] zeigt noch einmal deutlich, daß das Verbot der Tötung Absaloms
(V.2a.5) sekundär ist.

In V.18aβγ wird das Problem der Sohneslosigkeit im Königshaus angesprochen. Dieses
spielt auch in zwei ugaritischen Epen eine eindrückliche Rolle, nämlich im Keret-Epos
KTU 1.14-1.16 und im Aqhat-Epos KTU 1.17-1.19.[227] In KTU 1.14 I 6-35 klagt König
Keret um den Verlust seiner Söhne und seiner ganzen Familie. Und nach KTU 1.17 I 16
- II 47; V 2-39 etc. hat der königliche Danil keinen männlichen Sprößling. Alles konzen-
triert sich daher auf die Geburt seines Sohnes und Nachfolgers Aqhat, der für ihn den
Ahnenkult vollziehen soll.

II Sam 18,16a.17a gehören zum Grundtext; in einfachen Narrativen formuliert, sind sie der originale Abschluß des Schlachtberichts. Joab stößt ins
Horn, und das Volk kehrt zurück, hinter Israel herzujagen.[228] Diese narrativen Aussagen setzen V.15aα.b sprachlich fort. V.16a bildet mit V.6,
dessen Pendant er ist, den äußeren Handlungsrahmen der Schlacht. Dort
geht es um den Auszug in die Schlacht, hier um den „Schlußpfiff". Über-
einstimmend wird in beiden Versen über das Kontingent Davids als העם
und über das Absaloms als ישׂראל gesprochen. V.16b „denn Joab hielt das
Volk zurück" ist eine כי-Glosse, die die Aussage von V.16a unnötig verdoppelt. V.17a setzt die Narrative von V.16a fort; der Numeruswechsel
zum plur. liegt an seiner *constructio ad sensum* von עם. Mit V.17a ist ein
deutlicher Endpunkt erreicht, der Absalomaufstand und seine Niederschlagung sind Geschichte. V.16a.17a sind also im Grundtext fest verankert, sie berichten vom Ende des Kampfes und vom Ende des Rebellen.
Absalom wird V.17a in eine große Grube (אל־הפחת הגדול) geworfen

---

225 Fritz, HAT I/7, 84 über Jos 7,26; 8,29. Der Steinhaufen bewahrt die Nachwelt
förmlich vor einer Rückkehr des Toten.
226 Bietenhard, Des Königs General, 309.
227 Eine Übersetzung von *O. Loretz* und *M. Dietrich* ist in TUAT III, 1213–1253 bzw.
1254–1305 zu finden.
228 Zur Wendung שׁוב מרדוף vgl. nur noch I Sam 23,28.

(שלך hi.); die Lokalisation ביער entspricht dabei dem ביער אפרים in V.6.
Dann wird ein großer Steinhaufen (גל־אבנים גדול) über ihm errichtet.

Ein großer Steinhaufen (גל־אבנים גדול) wird noch in Jos 7,26; 8,29 auf einem Toten
errichtet. Da II Sam 18,17a zum Grundtext gehört, ist sein Verhältnis zu den Jos-Stellen
zu klären. Zu vergleichen sind also: Jos 7,26   ויקימו עליו גל־אבנים גדול

Jos 8,29   ויקימו עליו גל־אבנים גדול

II Sam 18,17a   ויצבו עליו גל־אבנים גדול מאד

Wegen der Verwendung der Wurzel צוב hi. in II Sam 18,17a statt קום hi. scheint mir
nicht plausibel, daß der Sam-Vers Jos 7,26; 8,29 imitiert. Darauf, daß diese beide jünger
sind, deuten auch die differenzierten Bestrafungsriten, die jeweils der Verscharrung
vorausgehen.

Auf beide Jos-Stellen folgt der Vermerk עד היום הזה „bis zum heutigen Tage [sc.
noch zu sehen]",[229] der in II Sam 18,17a fehlt und nur nach dem später angefügten V.18
über die Benennung von Absaloms Mal, also als Namensätiologie ausgesagt wird. Jos
7,25b.26 berichtet von der Bestrafung Achans, der sich vor der Eroberung von Ai am
חרם „Bann(gut)" vergriffen hatte.[230] Und 8,29 weiß davon, daß der König von Ai nach
der Eroberung der Stadt an einem Baum aufgehängt[231] und abends verscharrt wurde. Zur
Todesstrafe durch Aufhängen gibt es im AT keine Analogien, vgl. aber das Gebot Dtn
21,22f. Doch an beiden Jos-Stellen fallen noch weitere Ähnlichkeiten zu den Vorgängen
in II Sam 18 auf. Denn nachdem Achans Familie gesteinigt und ihre Leichen verbrannt
sind (Jos 7,25b), errichtet man auf Achan den o.g. Steinhaufen; und nach der Namensätiologie in V.26b heißt dessen Ort bis auf den heutigen Tag (vgl. V.26a) עמק עכור
„Talgrund Achors".[232] In der Ätiologie Jos 7,26 wird die Wurzel עכר aus V.25 aufgenommen: Achan hat Israel „betrübt", „geschädigt"; jetzt schädigt Jahwe ihn. Engere
Parallelen bietet Jos 8,29. Nach ihm hängt (תלה, vgl. II Sam 18,10) Josua den König von
Ai an einem Baum (על־העץ)[233] bis zum Abend auf (V.29a). Nach Sonnenuntergang wirft
man ihn (שלך hi., vgl. II Sam 18,17a) auf Befehl Josuas in den Eingang des Stadttores[234]
und errichtet auf ihm den Steinhaufen. Den Verscharrungen beider Männer geht also
jeweils ihre Hinrichtung voraus. Nach Fritz stammt der Grundbestand in Jos 8, nämlich
V.10-12.14f.19. 21.23.29, von DtrH, der damit eine ältere Erzählung aus dem 8. Jahr-

---

229 In Jos 7,26a fehlt er in der LXX, vgl. 26b.

230 Zu allen mit dem Bann (חרם) zusammenhängenden Fragen vgl. Lohfink, Art. חָרַם,
192ff.

231 Vgl. den Umgang der Philister mit der Leiche Sauls nach I Sam 31,10.

232 Das erinnert von ferne an den עמק־המלך in II Sam 18,18.

233 Nach der Angabe in V.26, daß der Bann an allen Einwohnern Ais vollstreckt wurde,
könnte man davon ausgehen, daß auch der König tot ist. Aber V.26-28 sind nach
Fritz, HAT I/7, 85ff ein später Zusatz.

234 Statt פתח שער העיר liest die LXX hier τὸν βόθρον = הפחת, vgl. II Sam 18,17a (dort
LXX: τὸν βόθυνον).

hundert bearbeitet, dagegen wurde c.7 erst von ihm als eine Lehrerzählung im Blick auf c.8 verfaßt.[235]

Das Aufhängen des Königs von Ai am Baum (Jos 8,29) läßt vielleicht *prima facie* an Absaloms Unfall denken. Doch dieser ist anderer Natur. Er geht nicht auf Menschenhand zurück, sondern ist das in der Überlieferung vorgegebene *Memorabile*, das die verschiedenen Überarbeitungen einordnen und erklären. Wie gesehen, gehört die Beschreibung von Absaloms Unfall zum Grundtext des Schlachtberichts. Daß der Gedanke an ihn sowie an die Errichtung des Steinhaufens bei der Schilderung von Jos 7,26; 8,29 im Hintergrund steht, ist plausibel.

Sekundär ist jedoch II Sam 18,17b. Das ist an der Inversion zu sehen: „Und ganz Israel war geflohen, ein jeder zu seinem Zelt[236]." Außerdem wird die militärische Größe Absaloms hier כל-ישראל statt einfachem Israel (vgl. V.6.16) genannt. Von einer Flucht zu den Zelten ist noch in I Sam 4,10; 19,9; II Reg 8,21; 14,12Q par II Chr 25,22 die Rede.[237] Mit dem Vermerk wird das Ende der militärischen Aktionen angezeigt, was nach V.16a.17a nicht mehr nötig ist. Das Itinerar fügt V.17b an, um zu systematisieren und auf den Jordanübertritt Davids vorzubereiten, um den es ihm eigentlich geht. Denn in 19,16aβ schließt es eine Aussage über Juda an, das nach Gilgal kommt, um David entgegen zu gehen.

Gegen das schändliche Begräbnis in II Sam 18,17a schreibt der weitere Nachtrag V.18 fest, daß es sehr wohl eine Erinnerung an Absalom gibt. Um diese unabhängig zu motivieren, bringt er die Notiz von Absaloms Sohneslosigkeit ein. Die abschließende Ätiologie bestätigt die Existenz des Steinmals.

Über Absaloms Nachwuchs ist an einer anderen Stelle noch einmal die Rede, nämlich in II Sam 14,25-27. Nach diesem Text hätte er drei namenlose Söhne und eine Tochter mit Namen Thamar gehabt (V.27a), deren Schönheit betont wird (V.27b). Vorab aber streicht V.25 Absaloms in ganz Israel einmalige und makellose Schönheit heraus. V.26, der nach V.25 nochmals mit einer Inversion angeschlossen wird, weiß davon, daß Absaloms Haar nach jährlichem Scheren ein Gewicht von zweihundert Šeqel nach königlichem Gewicht hatte. Doch sind II Sam 14,25-28 sekundär, denn sie unterbrechen nicht nur den inhaltlichen Zusammenhang von V.24 und V.29ff, die von Absaloms Rückkehr aus Gešur nach Jerusalem und

---

235 Fritz, HAT I/7, 77ff, 85ff.

236 So mit Ketib; viele Mss, Qere, Targum und Vulgata plur.

237 Vgl. die sonstigen Belege der mit לאהלו oder לאהליו gebildeten Wendung: Jdc 7,8; 20,8; I Sam 13,2; II Sam 20,1.22; I Reg 12,16 par II Chr 10,16.

seiner erneuten Kontaktaufnahme mit dem König berichten. Sondern der Nachtrag schiebt sich auch, eingeleitet mit Inversion (V.25, vgl. V.26), als vorwiegend beschreibender Text in einen narrativen Kontext.[238] Er wurde nach dem Prinzip der Wiederaufnahme verklammert (vgl. V.28b mit V.24bβ), dabei präzisiert V.28a, daß Absalom den König zwei Jahre lang nicht sah. Daß hier eine Ergänzung vorliegt, wird von einer breiten Mehrheit der Exegeten anerkannt.[239] Der Nachtrag hat m.E. verschiedene Funktionen. Zunächst hat der Verweis auf Absaloms Schönheit nicht nur den Sinn, seinen Erfolg zu erklären, sondern auch, den Leser für sich einzunehmen.[240] Außerdem soll der Information von 18,18, Absalom hätte keinen Sohn gehabt, in diesem absalomfreundlichen Rahmen widersprochen werden, um den Königssohn aufzuwerten. Die Notiz über sein volles Haar schließlich hat die Funktion, seinen Unfall vorzubereiten. Mit der Notiz im Hinterkopf könnte man auf den Gedanken kommen, Absalom habe sich mit dem Haar im Baum verfangen.[241] Der V.26, der mit erneuter Inversion beginnt, ist wohl nochmals nachgetragen, um diese Vorstellung mit Angaben über die enorme Fülle des Haares plausibler zu machen.[242]

6.4 Fazit zu II Sam 18,1-18

Damit ist der Schlachtbericht wie folgt gewachsen. Der Grundbestand liegt in V.1a.6.9b.15aα.b.16a.17a vor. Er gehört zur alten Quelle im Absalomaufstand. Er ist einfach, kurz und im Narrativ erzählt; Dialoge fehlen. Bei der Auseinandersetzung handelt es sich um keine große Aktion, sondern um den Kampf kleiner Kontingente, der im Walde Ephraim stattfindet. Der Grundbestand ist kunstvoll in einer konzentrischen Struktur komponiert.

---

238 Die Narrative, die sich in V.27f finden, dienen der Einleitung einer kurzen Genealogie (V.27) und der sekundären Einbindung in den Kontext (V.28).

239 Vgl. Cook, Notes, 158. Dagegen grenzen Klostermann, KK 3, 195; Greßmann, SAT 2/1, 163; Rost, Überlieferung, 103; Stoebe, KAT VIII/2, 348–351; Caquot de Robert, Samuel, 513–515 (dtr) den Zusatz auf V.25-27 ein. Budde, KHC 8, 268, 268 hat V.25.27.28b. Das Gegenargument von Conroy, Absalom, 110; Seiler, Geschichte, 116f, der Verfasser überbrücke mit V.25-27 die Zeitspanne von zwei Jahren, überzeugt mich nicht, zumal die Zeitangabe im Nachtrag steht.

240 Einen vergleichbaren Zweck hat die entsprechende Angabe über Adonia in I Reg 1,6bα. Vgl. auch das Schönheitsmotiv in I Sam 16,12; II Sam 13,1.

241 So etwa Stolz, ZBK.AT 9, 267; Naumann in Dietrich/Naumann, Samuelbücher, 270.

242 Vgl. Wellhausen, Composition, 259; Budde, KHC 8, 264 (midraschartiger Einschub); Seiler, Geschichte, 117 etc.

Im Zentrum steht V.9b.15aα.b, der tragische Unfall Absaloms und seine
Tötung, die das Ende des Aufstands bedeuten: Sobald der Thronprätendent
tot ist, hat die Erhebung keinen Sinn mehr. Der Innenrahmen V.6.16a
nennt Anrücken sowie Beginn und Abschluß der Kampfhandlungen. Im
Außenrahmen V.1a und V.17a wird von der Musterung durch David und
von Absaloms Schandbegräbnis berichtet. So ergibt sich ein stringenter
Schlachtverlauf. Die gesamte Grundschicht des Berichts vom Absalomaufstand besteht folglich aus II Sam 15,1aβγb.12b; 17,22abα1(bis הבקר);
18,1a.6.9b.15aα.b.16a.17a.

Nach kürzeren Eingriffen des Itinerars wird der Text vor allem durch
die verschiedenen Theodizee-Bearbeitungen geprägt. Zunächst zum Itine-
rar. Das Itinerar (V.7*[243].17b) und ein weiterer Eingriff (Zahl „20 000" am
Schluß von V.7 sowie V.8) machen aus der Erhebung eine große Schlacht.
Denn V.7* betont die große Niederlage von Absaloms Kontingent, und der
weitere Nachtrag (V.7bβ*.8) liefert mit „20 000" die genaue Zahl dazu.
Ferner bereitet er Absaloms Unfall vor. Das Itinerar schafft außerdem mit
V.17b den Ausgangspunkt für den Jordanübertritt Davids.

Die Theodizee-Bearbeitungen schließlich verhandeln paradigmatisch
verschiedene Grundsatzfragen, die sich aus dem Text ergeben. T1
(V.2a.5.9a.10-14.15aβ) reflektiert das richtige Verhalten gegenüber Absalom, sowohl in der Perspektive von Vater und Sohn als auch unter dem
Blickwinkel von Offizier, Soldat und Prinz. Es bleibt der Konflikt zwischen dem Befehl des Königs und der Notwendigkeit, ihn als Rebellen zu
töten.[244] Der König befiehlt Joab, Abišai und Ittai vor den Ohren des Volkes, Absalom zu schonen; David wird so dargestellt, daß er jedes Blutvergießen vermeidet.[245] Obwohl es ihm um den Sieg gehen sollte, ordnet er
an, den Kopf der Verschwörung am Leben zu lassen. Dabei geht es um
mehr als Vatergefühle, sondern des Königs צדקה wird betont. Durch die
Anordnung, mit Absalom milde zu verfahren, stellt David seine Sache
ganz Jahwe anheim: Wenn Absalom siegte, wäre es recht. Denn der, der im
Recht und auf dessen Seite folglich Jahwe ist, wird siegen. Daß letztlich
David den Sieg davongetragen hat, beweist, daß er der rechtmäßige König

---

243 Ohne die letzten beiden Worte „20 000".

244 Die von T1 stammende Apposition „die Waffenträger Joabs" (V.15aβ) bindet den
Nachtrag V.10-14 (T1) enger in den Grundtext ein und genügt der Fiktion einer
großen Schlacht.

245 An den Händen des Königs, der die Lade nach Jerusalem gebracht hat, darf kein
Blut kleben, vgl. I Chr 22,8; 28,3. Dieses Bild Davids arbeitet auf die Davidfiktion
der Chronik hin, vgl. Wellhausen, Prolegomena, 176.

von Jahwes Willen ist. Das militärisch und politisch Notwendige tut Joab, indem er Absalom tötet. In der alten Quelle ist Absalom durch einen Unfall umgekommen; weil dieser Unfall in der Schlacht gegen David geschah, ist letztlich David für Absaloms Tod verantwortlich. T1 entlastet nicht nur den Vater von der Schuld an des Sohnes Tod, sondern nimmt diesem auch jeglichen Unfall-Charakter, indem ihn Joab verursachte. Zwar steht Joabs Tat im Einklang mit Jahwes Gerechtigkeit. Denn er bestraft den, der sich zu Unrecht gegen den Messias Jahwes erhoben hat: Absalom mußte sterben, damit David, der König nach Jahwes Willen, siegen konnte. Andererseits handelt Joab gegen Davids Befehl und tötet damit immerhin einen Königssohn.[246] Ein unbekannter Mann dagegen lebt vor, wie sich ein צדיק in einer solchen Situation verhalten hätte, vgl. 18,10-14.

T2 legt mit 18,1b.2b-4 am Beginn der Schlacht noch nach. Der König äußert den eindringlichen Wunsch, mit in den Kampf zu ziehen und wird dadurch vom potentiellen Vorwurf entlastet, er habe sein Heer nicht selber geführt. Doch das Volk hält ihn ab, und der König bekundet dem Volk seine Loyalität, anstatt zu befehlen (V.4a)! Als gerechter König hat David nach 18,2b-4 eine andere Aufgabe, als in den Krieg zu ziehen; sein Leben darf keiner Gefahr ausgesetzt werden, und er darf kein Blut vergossen haben. In 18,1b.2a.2b-4.5 genügen T1 und T2 mit zwei unterschiedlichen Gliederungssystemen von Davids Kontingent der Fiktion eines Riesenheeres. Nach T1 (V.2a.5) wird nämlich das Heer in Drittel und nach T2 (V.1b.2b-4) in Tausend- und Hundertschaften aufgeteilt.

Nicht näher zu verortende Erweiterungen sind schließlich V.16b.18.

---

246 Vgl. I Sam 24,7.11; 26,9.11.23; II Sam 1,14.

7. Der lange Schluß des Aufstands
Rückkehr und Orientierung. II Sam 18,19 – 19,44

Der große Textbereich II Sam 18,19-19,44 handelt von Davids Reaktion auf den Tod seines Sohnes sowie seiner Rückkehr vom Kampf. Wenn man bedenkt, daß der eigentliche Schlachtbericht auch in überarbeiteter Fassung nur 18,1-18* umfaßt, wirkt die Gesamtkomposition von II Sam 15-19 wie ein surreales Triptychon, dessen Flügel unproportional größer sind als die Mitteltafel. „Voor de crisis heeft de auteur ... weinig belangstelling".[1] Gleichwohl heben mehrere holistisch angelegte Untersuchungen die ausgefeilte und sehr differenzierte Komposition von II Sam 15-19 hervor. *Conroy, Gunn* und *Fokkelman* etwa wollen minutiöse Ringkompositionen heraus arbeiten.[2] Nun sind zwar einige deutliche Entsprechungen bei Szenen des Hin- und Rückweges festzustellen.[3] Doch abgesehen von diesen Pendants ist es nicht möglich, in der Darstellung des Absalomaufstandes eine ausgefeilte konzentrische Kompositionsstruktur zu ermitteln. Vielmehr geht das Ungleichgewicht im Aufbau des Textes auf seine bewegte Wachstumsgeschichte zurück.

Zunächst muß David das Ergebnis der Schlacht übermittelt werden; als Boten laufen Ahimaaz und ein Kuschit um die Wette (II Sam 18,19-32). Auf die Nachricht von Absaloms Tod hin erhebt David eine erschütternde Totenklage, wird aber von Joab mit Verweis auf die Moral der Truppe dazu gebracht, sich unter das Volk zu begeben (19,1-9). Das Stämmevolk beschließt, den König zurückzuholen und ihn über den Jordan zu geleiten (V.10-16). In den folgenden drei Szenen entscheidet David über die Schicksale Šimis (V.17-24, vgl. 16,5-13), Meribbaals (V.25-31, vgl. 16,1-4) und Barsillais (V.32-41, vgl. 17,27-29), die dem König ebenfalls entgegen gekommen waren. Dieser überschreitet schließlich den Jordan; eine anschließende Diskussion zwischen Israel und Juda (V.42-44) leitet zum Ausgangsproblem von c.20 über, wo der Bericht über die Niederschlagung von Šebas Aufstand zu finden ist.

---

1   Van den Born, BOT IV/1, 183.
2   Conroy, Absalom, 89; Gunn, Jerusalem, 109–113; Fokkelman, Art I, 339, 415; vgl. dazu auch den detaillierten Überblick bei Fischer, Flucht, 44–48.
3   Vgl. o. zu Beginn von 5. Die Entsprechungen gehen im wesentlichen auf die Hand von T1 zurück.

Nach dem Grundbestand des Schlachtberichtes (18,1a.6.9b.15aαb. 16a.17a, vgl. v.a. V.6) war David schon wieder im Westjordanland, und es bedurfte keiner weiteren Schilderung seines Rückweges.[4] Das Itinerar läßt jedoch auch Absalom den Jordan überschreiten (17,24abα.26) und konstruiert mit (18,7*.17b;) 19,16bα.40a.41aα einen Rückweg Davids ins Westjordanland, der zusammen mit dem Auszug Davids ins Ostjordanland (15,16a.17b.23*.30a.b; 17,24abα.26) eine geschichtstheologische Idee durchführt. Während der Weg nach Osten („Hinweg") stark mit Elementen einer Trauerprozession Davids und des Volkes ausgestaltet wird (15,23*.30a.b) und damit deutlich auf die Exilierung Israels anspielt, hat der Rückweg Wüstenwanderung und Landnahme zum Vorbild. David siegt in großer Entscheidungsschlacht mit seiner Gruppe über den Gegner (18,7*.17b, vgl. Ex 14; Num 21). Die Schlacht wird durch die Notizen 17,24abα.26; 19,16bα.40a ins Ostjordanland und damit ins Ausland verlegt. Der Aufenthalt außer Landes ist für das Volk die Zeit von Gefahr und Bewährung. Danach kehrt David zurück und überschreitet nach Gilgal hin den Jordan (19,16bα.40a.41aα, vgl. Jos 3f.5), um ins Land zurück zu gelangen. Damit wird deutlich das Paradigma von Exodus und Landnahme zitiert. Nach der Überwindung der Krise kommt David ins Land, gerade so, wie das aus Ägypten befreite Volk das ihm verheißene Land vom Ostjordanland her in Besitz nimmt. Wie etwa Jes 40,3f.10; 41,18f; 42,13; 43,19f; 49,10; 52,12 zeigen, ist die Idee eines neuen Exodus ein Theologumenon frühestens der exilischen, plausibler aber der nachexilischen Zeit.[5] Der Gedanke an einen neuen Eintritt ins Land und eine neue Landnahme hat in den Landtexten Ez 47,13-23; 48,1-29[6] seine theologiegeschichtlichen Parallelen. Die Konzeption des Itinerars ist demnach theologisch und traditionsgeschichtlich hoch aufgeladen. Das Itinerar dient dazu, im Weg Davids und des Volkes Exilserfahrungen zu bewältigen.[7]

Zwar wird im nachgetragenen 20,3 auch eine Rückkehr Davids nach Jerusalem vermerkt, aber diese Notiz steht im Zusammenhang mit dem Textgeflecht, das Davids Umgang mit seinen Nebenfrauen zum Thema hat

---

4   Zum Problem s.o. zu Beginn von 6.3.

5   Vgl. Schmidt, Glaube, 58. Zu Datierungsfragen vgl. Kratz, Kyros, 148–217; van Oorschot, Vom Babel zum Zion, 319–324.

6   Zum Wachstum vgl. Rudnig in ATD 22/2, 617ff.

7   Das Profil des Itinerars ist mit 15,16a.17b.23*.30a.b; 16,14(a); 17,24abα.26; 18,7*(ohne „20 000").17b; 19,16bα.40a zu umreißen. Zu 15,23* vgl. o. 5.3.

und keinesfalls zum Grundbestand gehört.[8] Denn in 20,3 wird explizit
vermerkt, daß der König nach seiner Rückkehr über die von ihm zurückgelassenen Frauen verfügt.

7.1 Die gute und die schlechte Nachricht (II Sam 18,19-19,1a)

Die Schlacht ist gewonnen, aber Absalom ist tot. Nur David weiß noch
nichts, weder von seinem Glück, noch von seinem Unglück. 18,19-32;
19,1a beschreiben, wie er von den Ereignissen in Kenntnis gesetzt wird.
Da der Nachtrag 18,18 den erzählerischen Zusammenhang unterbricht,[9]
wurde die lange Botenszene nachträglich an V.17, genauer zwischen den
Zusammenhang von 18,17 und den von T1 stammenden 19,10-16 gesetzt,
nach denen das Volk selber beschließt, den König zurückzuholen. 18,17a
war seinerseits schon vor T1 durch die Itinerarnotiz V.17b ergänzt
worden.[10]
     Daß die Botenszene nachträglich angefügt wurde, zeigen ihr Beginn
als invertierter Verbalsatz in V.19 und das Auftreten von Ahimaaz, des
Sohnes Zadoqs, der erst durch N2 (15,27f.36; 16,17a.21b) eingeführt
worden war.[11] Außerdem wechselt die literarische Form vom bloßen Bericht des alten Quellentextes zu zwei sehr detailreich und bewegt geschilderten Episoden, nämlich 18,19-23 aus der Sicht Joabs und der Boten und
V.24-32 aus der Sicht Davids, bei dem die Boten schließlich eintreffen.
Entsprechend begegnen sehr ausführliche Teile in direkter Rede, die in
einen durch Narrative gebildeten Handlungsrahmen eingebettet sind.
Weiterhin handelt es sich thematisch hier nicht mehr um die Darstellung
der Schlacht, sondern um die heikle Frage, wie dem König der Sieg, dem
Vater aber der Tod des Sohnes mitgeteilt werden soll. „Mit den Folgen der
siegreichen Schlacht (V. 17b) ist deutlich ein Abschluß erreicht ... Der
Komplex 18,19-19,9a knüpft daran an, ist aber keine organische Fortsetzung; besonders für V. 19-29 ist der Anschluß an das Vorhergehende sehr
locker." Entsprechend hält *Stoebe* diese Verse für ein redaktionelles Ver-

---

8   Vgl. den ausführlichen Exkurs „Die Haremsfrauen" in 5.9. Die eigentliche Rück-
    kehrnotiz in 20,3aα1(bis „Jerusalem") ist nochmals sekundär; man hat offensicht-
    lich nach dem Absalomaufstand eine entsprechende Angabe vermißt.
9   Er ist frühestens nach N1 zu datieren.
10 Vgl. o. 276 und zu 19,10-16 u. 7.3.
11 S.o. 5.4, 5.5 und 5.9.

bindungsstück; nach *Aurelius* ist II Sam 18,19-19,9 eine spätere Fort-schreibung.[12]

Innerhalb des Abschnitts, nämlich zwischen V.23 und V.24, wechselt die ganze Szenerie vom Schlachtfeld zum Aufenthaltsort Davids, dem Kontext nach Mahanaim, vgl. 17,24abα. In den Aussagen der Boten wer-den die Vorstellungen der Theodizee-Bearbeitung (T1) vorausgesetzt: Jahwe hat dem König Recht verschafft (V.19.30-32).[13] Fast durchgehend ist vom König[14] und nur einmal von David (V.24) die Rede.

Ahimaaz möchte dem König den Ausgang der Schlacht mitteilen, Joab hält ihn zunächst zurück,[15] denn er habe ja keine Freudenbotschaft.[16] Statt-dessen schickt er einen Kušiten, doch auf zweimaliges Drängen hin darf auch Ahimaaz laufen (V.19-23). Der in 18,23 genannte Weg über den Kikkar setzt das Itinerar voraus: Vom Wald Ephraims führt der Weg über die Jordanaue nach Mahanaim. Oder sollte der Lauf nur kurz in Richtung Jordanaue gegangen sein?[17]

Nun wechselt die Perspektive zu David. Er sitzt währenddessen „zwischen den zwei Toren" (V.24a), wie eine anfängliche Partizipialkon-struktion festhält. Die nur hier begegnende Formulierung בֵּין־שְׁנֵי הַשְּׁעָרִים bezeichnet einen „Raum zwischen dem inneren und äußeren Tor";[18] im weiteren Kontext (V.24b, vgl. 19,9) ist entsprechend nur von *einem* Tor die Rede. Davids Späher sieht vom Tordach aus erst den einen, dann den anderen Läufer. Dazu werden im Text zweimal dieselben Worte gebraucht: „(Und) siehe, da läuft ein Mann für sich alleine".[19] Der Späher teilt in Teichoskopie seine Beobachtungen David mit,[20] der im Läufer je einen

---

12 Stoebe, KAT VIII/2, 411, der mit ursprünglich selbständigen Überlieferungsein-heiten rechnet; Aurelius, Davids Unschuld, 397–399.

13 Vgl. weiterhin u. 285f.

14 V.19.20.21.25*bis*.26.27.28*bis*.29*bis*.30.31.32*bis*.

15 L. in V.20b mit Qere, einigen Mss und LXX* עַל־כֵּן „deshalb" statt einfachem עַל, das durch Haplographie unter gleichzeitiger Buchstabenverwechselung כ/ב zustande kam. מֹצֵאת in V.22 ist als Part. ho. von יצא zu punktieren, vgl. Budde, KHC 8, 287 u.a.

16 Der Begriff בְּשֹׂרָה begegnet außer in V.20.22.25.27 nur noch in II Sam 4,10; II Reg 7,9.

17 So Budde, KHC 8, 287. Zur ganzen Szene vgl. II Sam 13,34ff; II Reg 9,17ff. Zum Motiv der zwei Boten s. Gunn, Traditional Composition, 225ff.

18 Stoebe, KAT VIII/2, 409; Schmitt, König, 479.

19 In V.24bβ als Objekt seines Sehens, in V.26aβ als Botschaft an David. Glättend fügen die Vrs in V.26 dem Mann als Attribut „ein anderer" hinzu.

20 In V.26 wird nach MT noch ein Torhüter (הַשֹּׁעֵר) als Übermittler zwischengeschal-

guten Boten erkennen will. Ahimaaz hat den Kušiten offensichtlich überholt; der Späher erkennt ihn und sagt es dem König (V.23-27a): „Ich sehe
den Lauf des ersten wie den Lauf[21] des Ahimaaz, des Sohnes Zadoq"
(V.27a). Für David kann Ahimaaz nur ein Freudenbote sein: „Da sagte der
König: Dies ist ein guter Mann[22] und zu einer guten Botschaft wird er
kommen" (V.27b). Das Motiv findet sich auch in I Reg 1,42. Adonia sagt
zum Unglücksboten Jonathan, Sohn des Abjathar: „Komm, denn du bist
ein tapferer Mann (איש חיל) und bringst gute Botschaft (וטוב תבשׂר)."[23] In
II Sam 18,19ff kommen Ahimaaz und der Kušit nacheinander an. Der
Priestersohn preist nach einer Proskynese[24] Jahwe für die Niederlage von
Davids Feinden. Doch der König interessiert sich nur für das Ergehen
Absaloms: „Geht es dem Knaben, dem Absalom, gut?" (V.29a, vgl. V.32;
auch V.5). Auf seine Frage hin weicht Ahimaaz jedoch aus (V.28-30). Er
will wohl den unangenehmen Teil der Botschaft dem Kušiten überlassen,
den er nicht ohne Grund überholt hat.

Der Beginn der folgenden Szene wird durch eine Inversion markiert:
והנה הכושׁי בא. Als der Kušit ankommt, bringt auch er dem König gute
Botschaft (יתבשׂר „er lasse sich Freudenbotschaft melden"):[25] Jahwe hat
ihn befreit. Auch ihn fragt der König nach Absalom; dies ist jeweils seine
erste und einzige Frage an den Boten. In einer gewundenen Formulierung
deutet der Kušit den Tod des Königssohnes an (V.31f): „Wie der Knabe
seien die Feinde meines Herrn, des Königs, und alle, die sich gegen dich
erhoben haben zum Unheil" (V.32b, vgl. Jdc 5,31a; I Sam 25,26b). Daraufhin steigt der König zum Obergemach des Tores[26] und weint (19,1a),
die natürliche Reaktion eines Vaters. Hiermit ist die Botenszene abge-

---

tet. Doch liest die LXX und mit ihr die meisten Ausleger das K als הַשַּׁעַר „das Tor",
vgl. etwa Thenius/Löhr, KEH 4, 182; Budde, KHC 8, 287 u.v.a.

21 Das Nomen מרוצה kommt im AT nur noch in Jer 8,6; 22,17; 23,10 vor. Zum Erkennen am Lauf vgl. auch II Reg 9,20 (Wurzel נהג).

22 Zur Verbindung von טוב und אישׁ vgl. noch I Sam 25,15; II Sam 10,6.8 (Name); I
Reg 2,32; Prov 14,14.

23 Möglicherweise speist sich die Idee des Botendienstes hier aus dem Auftreten
Jonathans in I Reg 1,41-45.49 (T1) und wurde auf den Sohn des Priester-„Kollegen"
Zadoq übertragen. Nur im Absalomaufstand begegnen die Priestersöhne zusammen,
vgl. II Sam 15,27.36; 17,17.20. In 18,19ff ist von Jonathan jedoch keine Rede.

24 Sachlich und terminologisch sind hier I Reg 1,16.23.31 zu vergleichen, es handelt
sich um höfische Szenerie. Beim Kušiten (V.31) wird keine Proskynese vermerkt.

25 בשׂרhitp. ist *hapax*.

26 עלית השׁער ist *hapax*.

schlossen, die Lokalisierung im Tor in 19,1a entspricht den Ortsangaben in V.24ff.

Betrachtet man die Darstellung des Absalomaufstandes auch in späteren Fassungen, als etwa schon zahlreiche weitere Szenen eingearbeitet worden sind, so fällt auf, daß 18,19-19,1a den Ablauf extrem retardieren. Der Leser fühlt sich *quasi* in eine Zeitlupe hineingenommen und fragt sich, wie David wohl auf die Nachricht reagieren, wie er mit den Boten verfahren wird. Er leidet mit dem, der sich bei jeder neuen Information des Spähers noch etwas einredet, weiß aber schon, was der Bote zu sagen hat. Durch die vielen Spannungselemente liegen 18,19-19,1a ganz auf der sonstigen Linie von N1 und N2.[27] Diese Bearbeitungen, die den „Nachrichtendienst" konstruieren, führen aus, wie der Aufstand durch rechtzeitige Kommunikation und Logistik niedergeschlagen werden konnte. Dabei liegt ihnen daran, aufzuzeigen, mit welchen menschlichen Mitteln Davids Sieg gelang. Jetzt, wo die Bedrohung überwunden ist, knüpft der Nachrichtendienst an die Konzeption der Theodizee-Bearbeitung an: Hinter all den menschlichen Mitteln steht Jahwe, der David zu seinem Recht verhilft.

Entsprechend nimmt N2 hier deutlich Gedankengut und Terminologie mindestens der ersten Theodizee-Bearbeitung (T1) auf. Dieser Einfluß zeigt sich v.a. in den Botenreden. Denn Jahwe hat David aus der Gewalt aller, die sich gegen ihn erhoben hatten, also seiner Feinde heraus Recht verschafft (V.19.31). Zur Wendung שפט מיד vgl. sonst nur noch I Sam 24,16, wo David seiner Hoffnung Ausdruck verleiht, Jahwe möge zwischen ihm und Saul richten und ihm aus der Gewalt Sauls heraus Recht verschaffen.[28]

Jahwe hat die Männer, die ihre Hand gegen David erhoben hatten, ausgeliefert (V.28). Zu סגר pi. „ausliefern" vgl. neben I Sam 17,46 wieder 24,19; 26,8: In einer Rede an Goliat (17,45-47) betont David, Jahwe gebe den Philister in seine Hand; nach *Rofé* ist diese Rede Teil einer ins vierte Jahrhundert v. Chr. zu datierenden Erweiterungsschicht in I Sam 17.[29] Und in 24,19 bekennt Saul, Jahwe habe ihn in Davids Hände gegeben, ähnlich

---

27 Vgl. o. 5.4, 5.5 und 5.9.

28 Dazu auch o. 270f und gleich im folgenden. I Sam 24,16 macht nach Hentschel, NEB 33, 134 und Vermeylen, Loi, 145–148, 643 Teil eines jüngeren Zusatzes aus. Nach *Hentschel* stammen 24,5a.6.7-16.17-23 von einem ‚jüngeren Erzähler', nach *Vermeylen* 24,1-13.15-23 von DtrP.

29 Rofé, Battle, 128ff. Vgl. ferner die Konstruktion von II Sam 18,25b mit I Sam 17,41.

26,8 als Aussage Abišais. In I Sam 24; 26 wurde die Überlieferung einer kurzen Heldengeschichte dupliziert und v.a. durch die Redeteile zu einem Paradigma gerechten Handelns und göttlicher Gerechtigkeit ausgestaltet. Diese Reden enthalten Gedankengut, das für die Theodizee-Bearbeitung in den Samuelbüchern charakteristisch ist, vgl. etwa den programmatischen I Sam 26,23a: ויהוה ישיב לאיש את־צדקתו ואת־אמנתו „Jahwe aber gibt einem jeden seine Gerechtigkeit und seine Wahrhaftigkeit zurück."

Daß in II Sam 18,19-19,1a das Gedankengut der Theodizee-Bearbeitung vorausgesetzt ist, wird noch an folgenden Beobachtungen deutlich. Nach 18,32 äußert der Kušit: Wer sich gegen den König erhebt zum Unheil (קום [על.N.N.] לרעה), dem gehe es wie Absalom. Der Begriff רעה spielt innerhalb der Theodizee-Bearbeitungen in II Sam 15,14; 16,8; I Reg 1,52 (je T1) und II Sam 17,14bβ; 19,8*bis* (je T2) und I Reg 2,44a* (T3) eine Rolle. Die Verbindung קום (על.N.N.) לרעה „sich erheben zum Unrecht" begegnet neben II Sam 18,32 im AT nur noch in Jer 44,29. Also: Auf Davids Seite ist das Recht, auf der der Aufständischen das Unrecht! Niemand darf sich von sich aus gegen den König erheben; sollte aber der König im Unrecht sein, so ist es allein Jahwes Sache, über ihn zu richten, so wie er über Saul gerichtet hat. Daß der Aufstand zugunsten Davids ausging, entspricht Jahwes Willen. Diese Linie eignet zwar der Theodizee-Bearbeitung und wurde etwa von 15,31; 17,7.14bα (T1) vorbereitet, vgl. 17,14bβ (T2). Die Nachrichtendienst-Bearbeitung übernimmt jedoch nach dem Ausgang der Schlacht die entsprechenden Gedanken und die Terminologie. Diese Übernahme ist aber nur ein Aspekt in 18,19-32; 19,1a, das von N2 stammt. Dem Text geht es zudem einerseits darum zu klären, wie David von seinem Sieg erfährt, andererseits darum, aus dem Absalomaufstand eine spannende Erzählung mit detaillierten Einzelheiten zu machen. Der Leser soll regelrecht mitfiebern; dieses Bestreben war bereits in 15,27f.35b.36; 17,15f.17-21* greifbar. Obwohl die Schlacht gewonnen ist, erbebt (רגז) und weint (בכה) David, er hat schließlich seinen Sohn verloren (19,1a). Und einem Vater kommt es zu, über den Tod seines Sohnes zu trauern.

In 18,19-32; 19,1a liegt insgesamt ein langer einheitlicher Textblock von N2 vor, ich sehe keinen Grund für literarische Operationen. Nur in V.29bα begegnet mit את־עבד המלך „den Knecht des Königs" eine erläuternde Glosse zum folgenden את־עבדך.[30] Der Handlungsrahmen von

---

30 So auch Wellhausen, Text, 203f; Budde, KHC 8, 287. Mit einigen Mss, vgl. LXX/Mss, Targum und Vulgata wird hier ferner kein ו vor dem את gelesen.

18,19-32; 19,1a wird durch eine detaillierte Narrativkette gebildet; zu Beginn von V.23 fehlt in Breviloquenz eine Redeeinleitung, die LXX, Peschitta und Vulgata korrigierend ergänzen. Leitbegriffe des Textes sind ganz klar die Wurzeln רוץ „laufen" (19.21.22*bis*.23*ter*.24. 26*bis*.27*bis*) und בשר „(gute) Botschaft ausrichten" (19.20*ter*.22.25.26. 27.31).[31]

Vermeylen sieht in 18,21.31-32; 19,1.3-4 einen Grundbestand („*récit primitif*"), der später von S1 um 18,19-20.22-30; 19,2.5-9bα ergänzt worden sei. S1 führe Ahimaaz ein, der Wettlauf der *zwei* Boten sei sekundär.[32] Doch hat *Vermeylen* keine literarischen Gründe für seine Entscheidung, vielmehr begönne die Szenerie mit V.21 ziemlich unvermittelt. Und der invertierte Verbalsatz V.19aα zeigt, daß *hier* der selbständige Beginn der Szene liegt. Die Inversion zu Beginn von V.31 erklärt sich nur im Gegenüber zur Ahimaaz-Szene; d.h. von Anfang an war an zwei Boten gedacht. Daß mit Ahimaaz und dem Kušiten zwei Boten firmieren, liegt durchaus in der Logik der ausgearbeiteten Aufstandserzählung, die zwei Ratgeber (R2, R3), zwei Priester (N1) und auch zwei Priestersöhne (N2) auftreten läßt, vgl. ferner die zwei Kundschafter in Jos 2,1.

Fazit: 18,19-32; 19,1a stammt von N2, nur in V.29bα (אֶת־עֶבֶד הַמֶּלֶךְ) ist eine erläuternde Glosse festzustellen. Dem Text geht es einerseits darum zu klären, wie David von seinem Sieg erfährt, andererseits darum, aus dem Absalomaufstand eine spannende Erzählung mit detaillierten Einzelheiten zu machen. Ferner hat sich gezeigt, daß N1 und N2 zeitlich nach T1 anzusetzen sind, dessen Vorstellungen und Terminologie in den Botenberichten aufgenommen wurden.

7.2 Der König weint (II Sam 19,1b-9)

Die nächste Szene (19,1b-9) befaßt sich mit einer anderen Problematik; auch „wirkt der Anschluß an 18,24ff. etwas konstruiert und darum locker."[33] Der König hält eine Totenklage über Absalom: „Mein Sohn Absalom, mein Sohn, mein Sohn Absalom. Wäre ich doch tot an deiner Stelle, Absalom, mein Sohn, mein Sohn" (V.1b, vgl. V.5). Diese einprägsamen Wiederholungen entsprechen dem Gestus der Totenklage.[34] Das

---

31 Zu אִישׁ רץ vgl. außer V.24.26*bis* nur noch 15,1 und I Reg 1,5; אִישׁ בשרה ist hapax.
32 Vermeylen, Loi, 384–386, 553.
33 Stoebe, KAT VIII/2, 413.
34 Vgl. etwa de Vaux, Lebensordnungen I, 105f. Die Kürzungen des zweiten und

Volk stiehlt sich voll Scham davon (V.4). Darauf redet Joab dem König ernst ins Gewissen: Die Knechte waren ihm loyal, sie haben ihm das Leben gerettet (V.6)! Nun ist es an ihm, den Knechten Dank zu erweisen; er kann nicht nur um Absalom trauern, denn das hieße die zu hassen, die ihn lieben (V.7a). Wenn er nun nicht hinausgeht, wird kein Mensch mit ihm übernachten „und dies wird für dich übler sein als alles Übel, das über dich gekommen ist von deiner Jugendzeit an bis jetzt"(V.8). Daraufhin setzt sich der König ins Tor, und das Volk kommt vor ihn (V.9).

Die Szene wird mit der Zitatformel וכה אמר an 19,1a angehängt, wobei sich der folgende Inf. cstr. בלכתו „als er ging" deutlich auf den Narrativ ויעל (V.1a) zurückbezieht. Dies zeigt, daß in 19,1b-9 eine Nachholung vorliegt. Das Thema von Davids Klage und ihrer Übermittlung an Joab und das Volk reicht bis V.5, darauf folgt in V.6-8 Joabs Mahnrede, und in V.9 werden die aus ihr resultierenden Handlungen genannt: David präsentiert sich dem Volk, und das Volk kommt vor ihn. V.9bγδ wiederholt in leichter Abwandlung 18,17b; über diese Wiederaufnahme wurde der ganze vorliegende Zusammenhang 18,18; 18,19-19,1a; 19,1b-9abαβ nach dem *Kuhlschen* Prinzip hinter 18,17a verklammert.[35] Möglicherweise stand 19,9bγδ auch einmal direkt hinter 19,1a und wäre dann N2 zuzuschlagen.[36] Daß 19,1b-9 jünger als 18,19-19,1a ist, zeigt nicht nur die Einschaltung mit וכה אמר בלכתו, sondern auch die Beobachtung, daß auf die Situation von V.1a Bezug genommen wird und die Mitteilungen der Boten vorausgesetzt werden. David sitzt in tiefer Trauer im Obergemach des Tores,[37] schließlich tritt er sichtbar ins Tor hinaus (V.9*bis*). Gleichzeitig stehen mehrere Gegebenheiten dagegen, 19,1b-9 mit 18,19-19,1a als zusammenhängenden Textblock zu betrachten, wie es etwa *Schulz* und *Vermeylen* tun.[38] Denn zunächst geht es um eine ganz andere Problematik als in 18,19-19,1a. Dort war es die Frage, wer David das Ergebnis der

---

vierten „mein Sohn" durch je verschiedene einzelne Zeugen (vgl. den App. der BHS) sind damit hinfällig. Vergleichbares gilt für das doppelte „Absalom" und das doppelte „mein Sohn" am Ende von V.5b.

35   Wellhausen, Text, 204 zieht 19,9bγδ zum Folgenden, so auch Budde, KHC 8, 288; Schulz, EHAT 8/2, 230. Ähnlich ist der Teilvers nach van den Born, BOT IV/1, 198 ein redaktionelles Verbindungsstück.

36   Ist dann 19,4 von der Fluchtnotiz (18,17b; 19,9b*) beeinflußt?

37   הבית in V.6a bedeutet „nach drinnen", vgl. HAL, 120 (בית I 3). Gegen Stoebe, KAT VIII/2, 413 besteht daher kein Widerspruch zur Verortung der Szene im und am Torbau (19,1.9).

38   Schulz, EHAT 8/2, 219ff; Vermeylen, Loi, 384–386, 553.

Schlacht mitteilt und wie dies geschehen soll.[39] Hier aber geht es um die
Reaktion des Königs sowie die Frage, wie sie auf andere wirkt, und auch
darum, daß dem Volk Gerechtigkeit widerfährt: „darum, dass Joab im
Namen aller davidtreuen עבדים (6.8a) Gerechtigkeit einfordert."[40] Außerdem zeichnet sich die Epsiode durch größere Knappheit aus, kaum werden
einzelne Details szenisch ausgestaltet wie in der Botenszene. „Im Unterschied zum Vorhergehenden ist das Ganze unter sparsamer Ausmalung der
Situation auf das Hauptmoment, die beunruhigende Betrübnis des Königs,
abgestellt."[41] Dafür wird Joabs Rede länger als die Reden in 18,19-19,1a
ausgestaltet: Während diese nur je eine prägnante Aussage enthalten, ist
hier eine fortschreitende Argumentation festzustellen.

Aussage und Tendenz der Szene entsprechen ganz der Theodizee-
Bearbeitung. Der *Vater* ist zwar im Recht, wenn er um seinen Sohn trauert,
vgl. 18,2a.5 (T1). Doch gleichzeitig tut der *König* seinen Knechten Unrecht, wenn er sich dem Dank an sie und ggf. einer Siegesfeier entzieht.
Das um einen solchen Ausgleich bemühte Denken ist das der Theodizee-
Bearbeitung. Beiden Parteien soll Gerechtigkeit widerfahren. Zwar hat der
Absalom-Aufstand für David eine private oder familiäre Seite, als König
muß er jedoch an die „Staatsräson" und sein Kriegsvolk denken. Und
diesem kommt zu, daß sich sein König nach dieser Leistung nicht zurück-
zieht. Nicht von ungefähr wird er darum hier durchgehend als המלך bezeichnet.[42] Sein Gegenüber ist das Kriegsvolk העם,[43] sein Gegenspieler in
der Diskussion ist Joab. Daß das Interesse des Kriegsvolkes hier höher als
der persönliche Wunsch des Königs bewertet wird, ja, daß Davids Verhalten überhaupt zur Diskussion gestellt wird, erinnert deutlich an 18,2b-4
(T2),[44] wo das Kriegsvolk den König davon abhält (!), mit in die Schlacht
zu ziehen. Für die Theodizee-Bearbeitung spricht hier außerdem der Begriff des Unheils oder Übels הרעה in V.8 (davon 1° als Verb oder Adjektiv), vgl. II Sam 15,14; 16,8; 17,14b; I Reg 1,52; 2,44 sowie die absolute
Rede von den שרים in V.7, vgl. II Sam 18,5, auch 18,1b.[45] Zur Argumenta-

---

39 Dabei kam mehrfach die Überlegung zum Tragen, daß Jahwe dem König durch
    Absaloms Tod Recht verschafft hat, vgl. 18,19.28.31f.
40 Bietenhard, Des Königs General, 189.
41 Stoebe, KAT VIII/2, 413.
42 Vgl. V.2.3.5*bis*.6.9*ter*.
43 Vgl. V.3*bis*.4*bis*.9*bis*.
44 Vgl. o. 6.3.
45 18,2a.5 hat sich als T1, 18,1b.2b-4 als T2 erwiesen, s.o. 6.3.

tion Joabs in V.6-8 ist ferner II Sam 11,11 (T1) zu vergleichen, wo Urias Loyalität gegenüber seinen Kommilitonen hervorgehoben wird.

Wie die Nachholung und die sekundäre Anknüpfung an II Sam 18,19-32 (N2) zeigen, setzt 19,1b-9* N2 voraus. Da 19,1b-9* jedoch von einem Schub der Theodizee-Bearbeitungen stammt, muß es sich hier um T2 handeln. Denn wie die Analyse von 18,19-19,1a sowie die literarischen Verhältnisse in 15,24-29.31.32-37; 17,1-14.15-21 gezeigt haben, datieren N1 und 2 nach T1.[46] Die Episode 19,1b-9 stammt fast durchgehend von T2, Erweiterungen finden sich in V.5aα, V.6bβγδ (je nicht näher bestimmbar) und V.7bβγ, das von T3 stammt. Ihr sekundärer Charakter zeigt sich bei einer näheren Analyse.

Auffällig ist, daß Davids Klage (V.1b) in V.5b noch einmal in Verkürzung zitiert wird. Dort fehlt Davids Wunsch, an Absaloms Stelle tot zu sein (V.1b).[47] Die Wiederaufnahme der Klage in II Sam 19,5b dient nach dem einleitenden V.5aβ jedoch nicht der Verklammerung sekundären Textguts, sondern der kunstvollen Gestaltung des ersten Szenenabschnitts. Nach Art der Ploke[48] wird am Schluß die am Beginn stehende Aussage wiederholt. Wenn man dagegen V.2-5 ausschiede, wäre nicht nur das Gleichgewicht der Perikope empfindlich gestört, die aus den beiden etwa gleichlangen Abschnitten V.1b-5 und V.6-9a besteht.[49] Sondern V.1b.6-9a wäre auch keine logische und stringente Textfolge. Denn Joabs dringende Bitte an David, zum Kriegsvolk hinauszugehen, der der König schließlich nachkommt (V.8f), wäre ohne das in V.3f geschilderte Verhalten des Volkes, das sich in Scham in die Stadt gestohlen hatte, nicht verständlich.

Nur V.5aα ist sekundär. Das zeigt die Inversion und die unmotivierte Massierung des Subjekts המלך, vgl. V.5aβ.[50] Als Ritus der Klage wird nachgetragen, daß David sein Haupt verhüllt, vgl. v.a. II Sam 15,30, aber auch I Reg 19,13, wo die Verhüllung auch mit לוט hi. formuliert wird.[51]

---

46 Vgl. o. 5.4, 5.5, 5.9 und 5.10. T2 deutet mit 19,1b-9* auch Joabs Verantwortung für Absaloms Tod (18,10-14.15aβ, T1) als Akt der Staatsräson.

47 Die Verbindung der Wurzel מות mit תחת in der Bedeutung „sterben an jemandes Statt" begegnet nur hier. Außerdem findet sich die Wendung מי-יתן מות (mit Suffix am Inf.) nur noch in Ex 16,3, einem nach Levin, Jahwist, 354 nachjahwistischen Textstück.

48 Vgl. hierzu Rost, Überlieferung, 114; in 19,1b-5 handelt es sich wohlgemerkt nicht um eine Rede.

49 V.9b ist Wiederaufnahme von 18,17b, vgl. o. 288.

50 In V.5aβ lesen hexaplarische und lukianische Rezension der LXX, fast die ganze Peschitta-Bezeugung und die Vulgata das zweite המלך nicht.

51 Die Wurzel לוט qal. begegnet sonst nur noch in I Sam 21,10; Jes 25,7cj. Ferner ist

Durch einen Narrativ von נגד‎ho. wird in V.2 die Übermittlung von
Davids Klage an Joab eingeleitet. V.2b zitiert die Nachricht in wörtlicher
Rede, in ihr folgt auf eine Partizipialkonstruktion „siehe, der König
weint"[52] der Narrativ ויתאבל‎ „und er trauert (über Absalom)".[53] *Budde* hält
V.2 für eine falsch eingerückte Randglosse, doch ist die Nachricht als
logische Voraussetzung für Joabs Vorgehen ab V.6 notwendig, vgl. V.3b.[54]

V.3f nennen die Auswirkung auf das Volk zunächst mit einer ab-
strakten, allgemein gehaltenen Aussage: „Und die Rettung wurde an jenem
Tage zur Trauer[55] für das ganze Volk". Dessen Benachrichtigung über
Davids Trauer wird in V.3b in einem כי‎-Satz mit folgender direkter Rede
festgestellt. Daraufhin stiehlt sich das Volk fort; daß in dieser Reaktion
eine Pervertierung der tatsächlichen Verhältnisse liegt, zeigt V.4b eindrücklich mit der Aussage, daß das siegreiche Volk sich wegstiehlt[56] wie
eine Truppe, die sich schämt, weil sie in der Schlacht geflohen ist. Dank
und Anerkennung durch den König wäre angebracht gewesen. Diese Ver-
kehrung ins Gegenteil zeigt auch schon V.3, und sehr prägnant noch einmal V.7a.[57] Es entspricht dem Anliegen der Theodizee-Bearbeitung, daß
diese Umkehrung der Verhältnisse nicht das letzte Wort sein darf; entsprechend reagiert auch Joab in dieser Szene, vgl. V.6-8 und V.9. Leitwort
von V.3f ist das dreimalige ביום ההוא‎ „an jenem Tage" (V.3a.b.4a). Für
die Wurzel כלם‎ni. existieren keine frühen Belege.[58]

In V.6 beginnt der zweite Teil der Szene. Nachdem kurz Joabs Ankunft bei David vermerkt wird (V.6a), folgt nach einleitendem ויאמר‎ in
V.6b die bis V.8 reichende Rede des Feldherrn. David habe heute all seine
Knechte beschämt, die ihm das Leben gerettet hätten. Diese Aussage ist
mit der Adverbiale היום‎ 2° „heute" beendet; der folgende V.6bβγδ klappt

---

die Verbindung der Wurzel זעף‎ mit dem Subjekt „der König" (5aβ) *hapax.* Zu den
Trauerriten vgl. Conroy, Absalom, 49 und grundlegend Jahnow, Leichenlied, 22ff.

52 Vgl. II Sam 3,32; 13,36; II Reg 13,14 sowie (mit „David":) I Sam 30,4, auch 20,41.
53 Zur präsentischen Übersetzung des Narrativs nach dem Partizip s. Ges/K § 111 u.
    Die Wurzel אבל‎hitp. begegnet noch in Gen 37,34; Ex 33,4; Num 14,39; I Sam 6,19;
    15,35; 16,1; II Sam 13,37; 14,2*bis*; Jes 66,10; Ez 7,12.27; Dan 10,2; Esr 10,6; Neh
    1,4; 8,9; I Chr 7,22; II Chr 35,24.
54 Budde, KHC 8, 288. In V.3b wird die Information des Volkes ja ebenfalls vermerkt.
55 Eine Zusammenstellung von תשעה‎ und אבל‎ begegnet nur hier.
56 נגב‎hitp. ist nur an dieser Stelle belegt.
57 Diese Tendenz hat auch Seiler, Geschichte, 183 gut herausgearbeitet.
58 Vgl. Num 12,14 (nach Noth, Pentateuch, 140 ziemlich junger Herkunft); Jes 41,11;
    45,16.17; 50,7; 54,4; Jer 3,3; 8,12; 22,22; 31,19; Ez 16,27.54.61; Ez 36,32;
    43,10.11; Ps 35,4; 40,15; 69,7; 70,3; 74,21; Esr 9,6; I Chr 19,5; II Chr 30,15.

nach und überlädt den Satz völlig, denn in V.7a wird V.6abα mit einem
modalen Infinitiv fortgesetzt: „zu lieben, die dich hassen und zu hassen,
die dich lieben." Durch V.7a wird der Vorwurf von V.6abα noch einmal
erheblich zugespitzt: Ein klarer Parallelismus von Infinitiven mit ל, die
nach *nota accusativi* ein Part. qal im masc.plur. mit Suffix der 2. pers.
masc. sing. haben, wird mit einem Chiasmus von „hassen" und „lieben"
kombiniert. Die Glosse V.6bβγδ unterbricht den Zusammenhang und trägt
nach, daß auch das Leben der Söhne, Töchter, Frauen und Nebenfrauen
gerettet wurde. Doch die פלגשים waren nach 16,22 sowieso nicht mehr in
Gefahr.[59]

In V.7b ist die Konstruktion stark überladen. Fünf כי-Sätze stehen
unmittelbar hintereinander. Und wiewohl היום „heute" das Leitwort von
Joabs Rede zu sein scheint (V.6bis.7ter), fällt seine starke Massierung in
V.7b auf. Dabei konkurrieren offensichtlich der erste und der dritte כי-
Satz, denn כי הגדת היום „denn du hast heute kundgetan" (in V.7bα) wird
durch כי ידעתי היום „denn ich weiß heute" (V.7bβ1) formal und inhaltlich
in leichter Abwandlung dupliziert. Der Inhalt der Mitteilung in V.7bα, der
zweite כי-Satz also, ist eine einfache Aussage: „daß es für dich nicht Oberste und Knechte gibt". Dagegen bilden der vierte (V.7bβ2) und fünfte כי-
Satz (V.7bγ), also „Joabs Wissen" ein Konditionalgefüge: „daß, wäre[60]
Absalom am Leben und wir alle tot, ja dann wäre es recht in deinen Augen." Dieser Satz spitzt zu, was unausgesprochen bereits in der Luft lag. Er
wiederholt außerdem noch einmal das Motiv „Umkehrung der Verhältnisse", das aber bereits mit V.7a zu einem klimaktischen Abschluß gekommen war. Mit V.7bα ist Joabs Vorwurf deutlich ausgesprochen; ich
scheide V.7bβγ wegen seiner formalen und inhaltlichen Wiederholungen
aus und schlage ihn T3 zu, also einer weiteren Theodizee-Bearbeitung,
weil er vollkommen in der Tendenz des vorliegenden Bestandes steht.

Mit ועתה „und nun" wird in V.8 die Folgerung aus der vorangegange-
nen Rede eingeleitet. Drei prägnante Imperative fordern David auf, hinauszugehen und zu seinen Knechten zu sprechen. Ein Schwur Joabs bei
Jahwe begründet diese Aufforderungen: Wenn[61] David es unterläßt, werde

---

59 Zu diesem Widerspruch Kratz, Komposition, 181. Zur Ausscheidung der Glosse vgl.
    auch Schulz, EHAT 8/2, 226; zum Nebenfrauen-Geflecht den Exkurs in 5.9.
60 Mit vielen Mss, Qere und 4Q Samᵃ ist לו zu lesen.
61 Der Schwur wird in V.8 durch כי 2° eingeleitet, das die Bedingung nennt. Eine
    Änderung in כי אם (so ein Ms, 4Qsamᵃ, Seb, vgl. Vrs) oder אם (so 2 Mss) ist nicht
    nötig. Denn als Apodosis fungiert ein weiteres Koniditionalgefüge, der eigentliche
    Schwur. Dessen Apodosis ist die gattungsbedingt ausgesparte Selbstverfluchung.

kein Mann mit ihm übernachten, d.h. jeder werde dem König seine Loylität versagen und ihn im Stich lassen. Das werde übler sein als alles Übel, das David bis jetzt erlebt habe.[62]

V.9 vermerkt mit drei knappen Narrativen, deren zwei erste den zwei ersten Imperativen von V.8 entsprechen, die Wirkung dieser Rede. David steht auf, setzt sich ins Tor, und das ganze Kriegsvolk kommt zu ihm. Zwischen dem zweiten und dritten Narrativ vermeldet ein invertierter Verbalsatz, was dem Volk mitgeteilt wurde:[63] Der König sitzt im Tor, wie ein Partizipialsatz formuliert. „Der König überschreitet seine Isolation und stellt durch das inszenierte Platznehmen im Tor die gestörte *communitas* wieder her. Der Text konstatiert die wiederhergestellte *communitas* mit ... ‚Und das ganze Volk kam zum König‘."[64] Der Leser erwartet nun eine Rede Davids an das Volk, doch es kommt anders.[65]

Bei der Lösung *Vermeylens*, der 19,1.3-4 seinem *récit primitif* (Grundbestand) und 19,2.5-9ba seinem S1 zuschlägt,[66] vermisse ich literarische Argumente. Außerdem fehlt einer aus V.1.3f bestehenden Szene die Auflösung bzw. sachliche Pointe.

Fazit: 19,1b.2-4.5aβb.6abα.7abα.8.9abαβ stammen von T2, der Zusatz V.7bβγ von T3. V.5aα und V.6bβγδ sind nicht näher zu bestimmen; V.9bγδ dient zur Verklammerung der Abschnitte 18,18-19,1a und 19,1b-9* nach 18,17. Die Theodizee-Bearbeitung T2 hält fest, daß die Trauer des Königs um Absalom dort ihre Grenze hat, wo dem Kriegsvolk, das für den König sein Leben eingesetzt hat, um sein Leben zu retten, nicht der gebührende Dank zukommt. Daß dabei ein Untertan (Joab) den König zurechtweist, ist für die Theodizee-Bearbeitungen charakteristisch.[67]

---

62 Zur Wendung עד־עתה(ו) מנערים vgl. Gen 46,34; Ez 4,14. Nach Bietenhard, Des Königs General, 311, ist V.8b dtr Zusatz.

63 Anders als V.2 hier im Hi. und in unpersönlicher Konstruktion formuliert.

64 Schmitt, König, 479.

65 S. im folgenden 7.3.

66 Vermeylen, Loi, 382–386, 553.

67 Vgl. auch o. 6.3 zu 18,2b-4 (T2).

7.3 Offene Fragen (II Sam 19,10-16)

Die oben angestellten Überlegungen zur relativen Chronologie bestätigen sich auch im Blick auf den folgenden Text. Er wurde mit der Einleitungsformel ויהי „und es geschah" und folgender Partizipialkonstruktion direkt an II Sam 18,17b oder 18,18 angefügt. Er setzt den von N2 und T2 erstellten Komplex II Sam 18,19-19,9 nicht voraus, reagiert also weder darauf, wie David das Ergebnis der Schlacht mitgeteilt wurde, noch auf seine Trauer um Absalom und die Zurechtweisung durch Joab. Vielmehr schreitet er im jetzigen Leseablauf regelrecht vor diese Situation zurück. Denn 19,10-16 befassen sich mit einer viel elementareren und auch näherliegenden Problematik: Warum zögert das Stämmevolk noch, den König,[68] der sie aus der Hand der Feinde, speziell der Philister gerettet hat, wieder zurückzuholen? Noch mehr: Absalom, den sie über sich gesalbt (!) hatten, ist tot (V.10f). Auf ihre Botschaft hin („Kehr zurück!") kommt der König zum Jordan (V.15b.16a).[69] Der Absatz paßt gar nicht zu 19,1-9; denn gerade im Anschluß an V.6-8 erwartet man eine Rede des Königs, in der sein Dank an das Volk zum Ausdruck kommt. Doch er redet seinen Knechten nicht ins Herz (V.8a),[70] statt dessen werden interne Diskussionen des Stämmevolkes ohne Beteiligung Davids thematisiert. Hierdurch entsteht nicht nur ein logischer Bruch, sondern auffälligerweise firmiert ein nach Stämmen gegliedertes Volk Israel, vgl. den Ausdruck כל־שבטי ישראל in V.10, ferner 15,2.10, auch 5,1; 20,14. Dies spricht gegen eine frühe Datierung des Textes, da die Kontingente im Grundbestand „das Volk (das bei ihm war)" (18,1a.6.16, vgl. ferner 15,12b), „das ganze Volk, das bei ihm war" (17,22) und einfach „Israel" (18,6.16) heißen und die Stämmekonzeption klar erst ab der David-Biographie-Schicht aufgetreten ist.[71] „שבטי ישראל bzw. כל שבטי ישראל werden in der deuteronomistischen Historiographie nirgends in im strengen Sinn redaktionellen Zusammenhängen erwähnt, sondern nur in mehr oder weniger vereinzelten Zusätzen

---

68 Auch in diesem Abschnitt ist durchgehend vom „König" die Rede.

69 Zu V.12-14 s.u. 297–301.

70 Genau dies sollte V.9a einleiten. Wie Gen 19,1 zeigt, bedeutet Davids Sitzen im Tor nicht den Auftakt zu einem Gerichtsverfahren; vgl. vielmehr Schmitt, König, 478ff zur Funktion des Tores hier.

71 Vgl. dazu o. 6.1. Der Begriff כל שבטי ישראל begegnet im AT noch in Dtn 29,20; Jos 24,1; Jdc 20,2.10; 21,5; I Sam 2,28; 10,20; II Sam 5,1; 15,10; 20,14; 24,2; I Reg 8,16; 11,32; 14,21; II Reg 21,7; Ez 48,19; Sach 9,1; II Chr 6,5; 11,16; 12,13; 33,7, vgl. Gen 49,28.

unterschiedlicher Provenienz."[72] Wie *Levin* gezeigt hat, gibt es ferner keinen Anhaltspunkt für eine frühe Datierung des Zwölf-Stämmesystems, das in dem Begriff „alle Stämme Israels" wohl vorausgesetzt ist.[73] Bereits *Cook* schied V.9b-11.12b als „insertion to magnify the size of the rebellion"[74] aus. Ferner ist die Aussage von Absaloms Salbung singulär, allenfalls könnte man den Befehl zur Inthronisation in II Sam 15,10 (David-Biographie-Schicht) vergleichen, von dessen Ausführung jedoch nicht berichtet wird.

Die Szene ist mit V.16a beendet: Der König kommt zum Jordan. Wie die weitere Untersuchung zeigen wird,[75] stammt V.16bα dagegen vom Itinerar: „Und Juda war nach Gilgal gekommen, um dem König entgegen zu gehen." Mit Judas Ankunft in Gilgal ist der erzählerische und logische Rahmen für die drei folgenden Szenen (V.17-24.25-31.32-41) gegeben. Es geht dort um Begebenheiten, die vor Davids Jordanübertritt stattfinden.

Der Abschnitt 19,10-16 wurde in den Zusammenhang der Itinerarnotizen 18,17b; 19,16bα eingearbeitet. Das Itinerar ist erst wieder in 19,40a greifbar. Dort liegt auch sein Abschluß im Absalomaufstand.[76] Der Text 19,10-16, der im Grundbestand von T1 stammt, hat zahlreiche Eingriffe hervorgerufen. Für seine Herkunft von der Theodizee-Bearbeitung spricht einerseits seine deutliche Tendenz. Denn hier geht es darum, daß sowohl *dem König* Gerechtigkeit widerfährt als auch *das Volk* diese Gerechtigkeit tut. Die erneute Hinwendung des Volkes zu David wird doppelt begründet, nämlich mit der Rettung vor den Philistern durch David und dem Tod, also Mißerfolg Absaloms (V.10f). Im Ausgang des Aufstandes zeigt sich, wer der rechtmäßige König ist und auf wessen Seite Jahwe steht, vgl. 16,7-9.11f.13a.13b* (T1). Andererseits läßt sich der König in seinen Handlungen vom Volk und dessen Bitten bestimmen, was auch in 18,2b-4; 19,6-9* (T2) zu beobachten ist. Er tritt nicht als gebietender Souverän auf, sondern die Verhältnisse sind in dieser Hinsicht umgekehrt, wenn er sich vom Volk zur Rückkehr auffordern läßt (V.15b.16a). Spätere Eingriffe in

---

72 Müller, Königtum, 164.
73 Levin, System, 111ff.
74 Cook, Notes, 165.
75 S.u. 302 und 7.6.1.
76 Vgl. u. 7.6.1. Zur Notiz 20,3 s.o. den Exkurs in 5.9. Die Inversion ויהודה בא הגלגלה (in 19,16bα) ist durch den Gegensatz zur Aussage über Israel 18,17b zu sehen, auf die sie ursprünglich direkt folgte. Dagegen indiziert die Inversion von 18,17b den sekundären Nachtrag.

den Text (V.12f*.15a) reagieren auf diesen Tatbestand damit, daß sie ihn selbst initiativ werden lassen, Rückkehr und Geleit zu organisieren.

V.10f.15b.16a bilden den kompletten von T1 stammenden Grundbestand der Szene. Daß der Text eine sehr intensive literarische Weiterarbeit hervorgerufen hat, zeigen mehrere Beobachtungen. Denn zunächst bilden V.10f einen stringenten Textablauf, dann aber herrscht völlige logische Konfusion, die sich auch im literarischen Befund niederschlägt. V.10f berichten von einem Streit unter den Stämmen Israels (V.10a).[77] Das Volk wünscht, den König zurückzuholen, was damit begründet wird, daß er sie aus der Gewalt der Feinde, speziell der Philister errettet hat. Nach der Einleitung V.10a sind V.10b und V.11 parallel aufgebaut. Auf grundlegende Aussagen in invertierten Verbalsätzen (V.10bα.11a) folgt als Pointe jeweils ein mit ועתה „und nun" eingeleiteter Folgesatz (V.10bβ.11b). Die Inversionen zeigen nicht sekundäre Erweiterungen an, sondern dienen dazu, prägnant den Gegensatz zwischen David und Absalom zu betonen: Während David das Volk gerettet hat, ist Absalom tot. Aus der Sicht der Träger der Theodizee-Bearbeitung ist dies ein gewaltiger Mißerfolg! In V.10bα stehen zudem zwei parallel aufgebaute Inversionen hintereinander, die einen *Parallelismus membrorum* darstellen und klimaktisch in der Rettung vor den Philistern gipfeln:

המלך הצילנו מכף איבינו
והוא מלטנו מכף פלשתים

Die Aussage in V.10bβ, David sei vor Absalom aus dem Lande geflohen, stellt dazu einen krassen Gegensatz dar. Die Ortsangabe setzt ferner die Konzeption des Itinerars voraus (vgl. 17,24abα.26; 19,16bα.40a), nach der David zu diesem Zeitpunkt noch im Ostjordanland ist, das als Ausland aufgefaßt wird.[78] In V.11a, der Feststellung von Absaloms Tod[79] in der Schlacht, wird der Königssohn durch einen אשר-Satz charakterisiert, demzufolge ihn das Volk gesalbt hätte, vgl. das geplante Königsritual für Absalom in 15,10.[80] Der Redegang hier in 19,10f läuft auf den Partizipial-

---

77 Die Verwendung von דין im Ni. ist *hapax*.
78 S.o. 6.3 und u. 7.6.1.
79 Die Form מת kann neben Perfekt auch Partizip sein, doch scheint mir die Deutung von V.11a als Partizipialsatz wegen der Parallelität zu V.10bα nicht plausibel.
80 Der Vers 15,10 stammt von der David-Biographie-Schicht; wie hier (19,10) ist von den כל־שבטי ישראל die Rede, die nach 5,1 auch die Salbung Davids zu Hebron betrieben hätten.

satz V.11b hinaus: „Warum seid ihr untätig, den König zurückzubringen?"
Der Leser erwartet nun eine Reaktion aus dem Volk.

Doch mit V.12 wird die Szene unvermittelt abgebrochen. Die Perspektive wechselt zum König, der zu den völlig unerwartet auftretenden
Priestern Zadoq und Abjathar sendet. Durch die Einschaltung von V.12ff*
wirkt es so, als laufe der Impuls des Volkes ins Leere, habe seine Rede
keine Wirkung.[81] Die Inversion zu Beginn von V.12 kennzeichnet den
sekundären Neueinsatz, außerdem wird auf einmal die Vollbezeichnung
„der König David" statt „der König" (V.10.11.15b.16a) verwendet. Wahrscheinlich will V.12a als Nachholung verstanden werden: David hatte
schon selbst über die beiden Priester Kontakt zum Volk aufgenommen und
seine Rückholung veranlaßt. Daß hier sekundäres Material vorliegt, zeigt
auch die leicht abgewandelte Wiederholung von V.11b in V.12aγ. V.12a
wurde also nach dem Prinzip der Wiederaufnahme verklammert. Statt des
Partizipialgefüges מחרשים אתם „ihr seid untätig" (V.11b) steht hier allerdings תהיו אחרנים „ihr seid spät",[82] und zum Schluß wird in der Aufforderung, den König zurückzubringen, die Richtungsangabe אל־ביתו „zu
seinem Haus" zur Verdeutlichung angefügt.

Über genau dieses Stichwort אל־ביתו erfolgte eine weitere Verklammerung, wurde nämlich V.12b als invertierter Verbalsatz an V.12a angefügt: „Und das Wort ganz Israels kam zum König, zu seinem Haus". Hier
ist אל־ביתו nach der Angabe אל־המלך nicht nur eine Dublette,[83] sondern
auch sachlich fragwürdig, da der König noch nicht in Jerusalem ist.[84] Aufschlußreich ist aber die Funktion von V.12b. Er nivelliert den logischen
Bruch zwischen V.10f und V.12a (auch V.13.14), denn er will zur Behe-
bung der Disgruenzen beitragen, die in der ganzen Szene durch die abrupten Perspektivenwechsel (etwa vom Volk, V.10 zu David, V.12a) entstehen, indem er sie nivelliert. Deshalb holt er nochmals (im Anschluß an
V.12a) nach, daß die Rede des Volkes, welches nun gegen V.10 einfach
כל־ישראל genannt wird, zu David gelangt war.[85] Daß in V.12a der Auftrag
an die Priester „redet zu den Ältesten Judas folgendermaßen" über das
Stichwort לאמר sekundär verklammert wäre, scheint mir nicht plausibel,

---

81 Vgl. aber V.15b.16a, dazu gleich im folgenden.
82 היה אחרון nur hier und in V.13.
83 LXX und Vulgata lesen hier אל־ביתו nicht (Korrektur).
84 Eindeutig bezeichnet der בית am Ende von V.12a jedoch den Palast, in V.12b wäre
    ein plötzlicher Wechsel zur möglichen Bedeutung „Familie" kaum zu erklären.
85 Auch Stolz, ZBKAT 9, 269, 271f faßt den Satz als Vorvergangenheit auf.

denn V.12a gehört wegen der Nennung Zadoqs und Abjathars zu N1. Für den Nachrichtendienst wäre nicht nur ein solcher Vermittlungsauftrag charakteristisch, vgl. etwa 15,27f.36 (N2); 16,15f (N1), sondern die Rede von den זקני יהודה[86] entspricht auch V.15a כל־איש־יהודה.[87] V.15a gehört aber sicher zu N1, denn er nennt das Resultat von Davids Aktion: „und er beugte das Herz jedes Mannes von Juda wie ein Mann."[88] Ohne eine derartige Notiz entspricht dem Schicken Davids (V.12a) kein Ergebnis. V.15a vermittelt V.12a zudem logisch mit V.15b.16a, die V.10f fortsetzen und den Abschluß von T1 in dieser Szene darstellen.[89] V.12a.15a stellen also klar, daß es (auch) David war, der das Volk zum Einlenken bewegt hat, und geben dem König somit ein Stück seiner Macht zurück. V.12a.15a gehören zu N1, und V.12b ist eine redaktionelle Ergänzung, die sicher stellt, daß die Überlegung des Volkes aus V.10b.11 auch zum König gelangt war.[90]

Weiterhin ist festzuhalten, daß Davids Aktion nach N1 auf Juda zielt, vgl. V.12a.15a. Dem Nachrichtendienst scheint plausibel, daß David sich an sein altes Stammland wendet, vgl. den Bericht von seiner Salbung durch die אנשי יהודה in 2,1-4, dessen Grundbestand wohl mit 2,1.2aα.3aα (erste drei Worte).3b.4a anzugeben ist.[91]

Budde, Greßmann, Hentschel u.a. deuten 19,10-16 im Rahmen des Konflikts zwischen Nord und Süd, Israeliten und Judäern.[92] Nach *Hentschel* ist 19,10-16 zusammen mit V.42-44 als sekundäre Rahmung um die drei Begegnungen mit Šimi, Meribbaal und Barsillai gelegt worden. Umgekehrt ist das Verhältnis nach *Vermeylen*, der in V.9bβ-12aα*.13.15f.

---

86 Zum Begriff vgl. nur noch I Sam 30,26; II Reg 23,1; Ez 8,1; II Chr 34,29.

87 כל־איש יהודה begegnet noch in II Sam 19,43; II Reg 23,2; Jer 44,26.27; II Chr 20,27; 34,30.

88 Zum formelhaften כאיש אחד vgl. noch Num 14,15; Jdc 6,16; 20,1.8.11; I Sam 11,7; Esr 3,1; Neh 8,1. Das Subjekt von V.15a kann nur der König sein.

89 Zu diesem T1-Bestand vgl. o. 295–297. Davids Rede aber reicht bis V.13.14.

90 Klostermann, KK 3, 220; Cook, Notes, 165, Anm. 45; Thenius/Löhr, KEH 4, 183 u.a. lesen V.12b nach dem Zeugnis der LXX hinter V.11. Dagegen wendet Ehrlich, Randnotizen, 324 zu Recht ein, daß dann V.12a nicht mit einer Inversion beginnen dürfte. Vgl. ferner Vermeylen, Loi, 387 und Stoebe, KAT VIII/2, 416, der aber V.12b auch als Nachtrag in Erwägung zieht.

91 Vgl. auch Vermeylen, Loi, 189f, der einen nach ihm alten Grundbestand auf 2,1.2aα.4a beschränkt. Anders Fischer, Hebron, 43ff, 336, der 2,1-10 seiner im 7. Jahrhundert v. Chr. wirkenden David-Redaktion zuschreibt. Vgl. ferner Kratz, Komposition, 175, 180ff.

92 Budde, KHC 8, 289; Greßmann, SAT 2/1, 180; Hentschel, NEB 34, 80f; Stoebe, KAT VIII/2, 417ff.

41bα.42-43a den Grundbestand und in den Begegnungsszenen die sekundären Erweiterungen sieht.[93] Gegen die Auswertung von V.10-16 für den Antagonismus von Israel und Juda zu Lebzeiten Davids spricht aber nicht nur der redaktionskritische Befund, nach dem der Grundbestand (V.10f.15b.16a) auf T1, V.12a.15a und mit ihnen die Juda-Erwähnungen dagegen auf N1 zurückzuführen sind. Schwerer wiegt, daß der Ausdruck כל־שבטי ישראל in V.10 inklusiv, also als ganz Israel und Juda umfassend zu deuten ist.[94] Der Impuls in V.10 geht also nicht nur vom Norden aus, wie *Hentschel* u.a. meinen.

Bevor V.12b angefügt wurde, hatte man V.13 hinter V.12a verklammert. Denn in V.13b wird V.12aβγ wörtlich, nur ohne die Lokaladverbiale אל־ביתו wiederaufgenommen: „Meine Brüder seid ihr, mein Gebein und mein Fleisch seid ihr. Und warum seid ihr spät, den König zurückzubringen?".[95] Dem Kontext nach sind die Ältesten Judas unter Vermittlung der Priester angesprochen. Der spätere V.12b, nach dem das Wort ganz Israels zum König gekommen war, unterbricht diesen, wenn auch sekundären, Redezusammenhang und stiftet Verwirrung: wäre V.13 das Wort von ganz Israel (vgl. V.12b), dann paßte die dreimalige Verwendung des Suffixes der 1.pers. com. sing. in 13a nicht. V.13 enthält keine eigene Aufforderung, als neuer Inhalt wird lediglich die Verwandtschaftsformel verklammert.[96] In Davids Rede an die Ältesten Judas soll sie die Verwandschaft des Königs gerade mit diesem Reichsteil hervorheben. Möglicherweise steht sie im Zusammenhang mit der in V.41bff begegnenden Bearbeitung, die das unterschiedliche Verhältnis des Königs zu Juda und Israel diskutiert und damit zur Problematik von c.20 überleitet, das vom Šeba-Aufstand berichtet. V.13 kann als Vorbereitung zu 19,41bff gelesen werden.[97] Vergleichbar ist die Funktion der Verwandschaftsformel in II Sam 5,1(-3): Dort soll mit ihr die Salbung Davids zum König über Israel durch die כל־שבטי ישראל in Hebron motiviert werden.[98]

---

93 Vermeylen, Loi, 386ff. Die Erweiterungen stammen in ihrer Grundform von S2.

94 So richtig Crüsemann, Widerstand, 100f.

95 Vgl. Seebaß, David, 23f, Anm. 50. Die von Seiler, Geschichte, 189f als Beispiele für Wiederholungen als Stilmittel angeführten Gegenbeispiele II Sam 13,32f; 14,24–27 haben im Gegensatz zu 19,13 ein substantielles Mittelstück. Budde, KHC 8, 289 und Vermeylen, Loi, 387 streichen statt V.13 dagegen V.12aβγ. LXX liest am Ende wohl εἰς τὸν οἶκον αὐτοῦ.

96 Zur Formel vgl. Gen 2,23; 29,14; Jdc 9,2; II Sam 5,1 par I Chr 11,1; II Sam 19,14.

97 Vgl. ähnlich Seiler, Geschichte, 190.

98 Der Grundtext ist V.3, vgl. Stoebe, KAT VIII/2, 155f; Fischer, Hebron, 213ff.

Dann aber kommt in 19,14 ein weiterer Nachtrag zu stehen,[99] der mit Inversion eingeleitet wird. Im vorliegenden Kontext unterbricht er die stringente Gedankenführung. Völlig unerwartet taucht Amasa auf, an den die Priester eine Botschaft übermitteln sollen. Er wird anstelle Joabs zum Feldhauptmann ernannt, was an den Nachtrag 17,25a erinnert: auch Absalom hatte Amasa zum Feldhauptmann an Joabs Statt gemacht.[100] Da Amasa in 19,14 nicht mehr eigens vorgestellt wird, 17,25a ihn jedoch einführt, steht 17,25a hier im Hintergrund. Ist die in 19,14 genannte Maßnahme als Vermittlungsversuch gedacht, mit dem David Juda entgegen kommt?[101] Davon, daß Amasa den Joab tatsächlich ablöst, wird allerdings nicht berichtet. Diese Ablösung scheint jedoch in 20,4f.8-13 vorausgesetzt.

Exkurs: II Sam 20

II Sam 20,1-22 schildert den Aufstand des Benjaminiters Šeba als Emanzipationsversuch Israels von David und Juda (V.2). Dieser steht in thematischem Zusammenhang mit der Reichstrennung nach I Reg 12.[102] Vom Heer Davids verfolgt, flieht Šeba ins danitische Abel-Bet-Maacha, wo Juda ihn belagert. Auf die Intervention einer namenlosen weisen Frau hin wird Šebas Kopf herausgegeben und dadurch die Stadt verschont (20,16-22). Damit ist der Aufstand beendet.

In der Erzählung führt Amasa die Truppe Davids an (V.4f), wird aber wegen einer Abwesenheit von Abišai vertreten (V.6f). Doch „am großen Stein" taucht Amasa wieder auf. Völlig unvermittelt kommt hier auch Joab ins Spiel. Er meuchelt hinterhältig seinen Rivalen und übernimmt die Führung von Davids Truppe (V.8-13).

Bereits früh wurde gesehen, daß c.20 nur ganz lose in seinen Kontext eingefügt ist.[103] Die Notizen, die einen Zusammenhang mit dem Absalomaufstand nahelegen, nämlich 17,25a; 19,14; 20,3 verdanken sich allesamt späteren Fortschreibungen.[104] Die Parallelen zwischen dem Wirken der weisen Frau 20,16-22 und dem Auftritt der Tekoiterin in 14,2-22[105] können bewußter Imitation entstammen; andererseits wurde auch 14,2-22 früh als Einschub identifiziert.[106] Die in 20,4f.8-13 greifbare Amasa-Linie

---

99 V.14 ist sekundär nach Würthwein, 46, Anm. 80; Langalmet, Pour ou contre Salomon, 355; Kaiser, Verhältnis, 146 u.a. sowie Vermeylen, Loi, 387, 553, der V.14 zusammen mit den Worten אל־צדוק und הכנהים in V.12 seinem S1 zuordnet.

100 Vgl. o. 251. In 17,25a.b unterbrachen Nachträge die Itinerarnotizen in V.24*.26.

101 So etwa Stoebe, KAT VIII/2, 419, ferner Seebaß, David, 23.

102 Vgl. II Sam 20,1b mit I Reg 12,16.

103 Vgl. Cook, Notes, 166–169; Luther, Novelle, 188f, 195; später Bardtke, Scheba, 15f.

104 Zu 17,25a s.o. 251, zu 19,14 hier im vorhergehenden, zu 20,3 den Exkurs in 5.9.

105 Dazu Conroy, Absalom, 142, Anm. 99.

106 Cook, Notes, 158 über II Sam 14; Würthwein, Erzählung, 46; Langlamet, Rez. Würthwein/Veijola, 136 u.a. Zur Motivik Gunn, Traditional Composition, 217ff.

betrachten u.a. *Cook, Würthwein, Langlamet, Kaiser* und *Hentschel* als späteren Eintrag.[107] Doch wie *Seiler* gezeigt hat, lassen sich die Verse nicht ohne erhebliche Komplikationen aus ihrem Kontext lösen.[108]

Für eine Datierung des Šeba-Materials ist aufschlußreich, daß in den Begründungen für Joabs Hinrichtung in I Reg 2 die Ermordung Amasas jeweils erst in Nachträgen zu T1 erwähnt wird, nämlich I Reg 2,32 (T2) und 2,8 (T3). Die Šeba-Überlieferung ist demnach zwischen T1 und T2/3 aufgenommen worden. Damit ist man im ausgehenden vierten oder eher dritten Jahrhundert v. Chr. Es wäre zu erwägen, ob und inwiefern die Šeba-Überlieferung die Problematik des Samaritanischen Schismas reflektiert.

Ende des Exkurses

Die Maßnahme von II Sam 19,14 allein, nämlich Joab als Feldhauptmann durch Amasa zu ersetzen, wäre als Vermittlungsversuch zu dürftig, da sie nur einen einzigen Funktionsträger betrifft. Verdächtig ist V.14 nicht nur dadurch, daß mit ihm ein Detail unverbunden inmitten einer Diskussion über Grundsatzfragen steht, sondern auch durch die Formeln, die er verwendet. Zum einen wird die Verwandtschaftsformel in V.14aβ erneut zitiert,[109] zumal ganz eigentümlich und singulär in rhetorischer Frage. Zum anderen wird die Amasa-Maßnahme durch eine feierliche lange Schwurformel eingeleitet (V.14bα). Beides paßte zu einer Grundsatz-Rede an Israel wie im Kontext, aber kaum zur Regelung dieses einzelnen Amtes.

Dann setzt V.15a „und er beugte das Herz jedes Mannes von Juda wie ein Mann" im narrativen Anschluß die Linie von V.12a fort; V.12a.15a gehen, wie gesehen, beide auf N1 zurück. Mit ihnen korrigiert N1 die Vorstellung von T1, der König sei bei seiner Rückkehr nahezu passiv den Wünschen des Volkes ausgeliefert gewesen (vgl. V.15b.16a), vielmehr übernimmt er nach N1 selbst die Initiative. Außerdem ist N1 wieder an einem einsichtigen Ablauf der Vorgänge gelegen: Wie David die Rückkehr gelang, soll einsichtig sein.

V.15b aber schließt primär an V.11 an, und der folgende V.16a rundet den für T1 zu veranschlagenden Bestand von V.10-16 ab. Das Volk sendet zum König mit der Aufforderung, er solle mit all seinen Knechten zurückkehren (V.15b), daraufhin kehrt er um und kommt zum Jordan (V.16a).

---

107 Cook, Notes, 167f; Würthwein, Erzählung, 45f; Langlamet, Pour ou contre Salomon, 356; Kaiser, Verhältnis, 146f; Vermeylen, Loi, 396–398, 553; ähnlich auch Hentschel, NEB 34, 86f.

108 Seiler, Geschichte, 210–214.

109 Zur Zuordnung Amasas zu Juda vgl. allerdings I Reg 2,32 (T2).

Der in Inversion gehaltene V.16b „und Juda war nach Gilgal gekommen, um dem König entgegen zu gehen ..." lag T1 dagegen schon vor; er stammt vom Itinerar und hatte direkt an 18,17b angeschlossen. Die Inversion erklärt sich durch den Zusammenhang mit 19,40a (Itinerar), zu dem es Gleichzeitigkeit und Gegensatz ausdrückt. Daß V.16a und V.16b nicht zusammengehören, zeigt sich nicht nur daran, daß mit dem Jordan und Gilgal zwei Ortsangaben aufeinandertreffen, die in gewissem Abstand stehen, sondern auch am in V.16b genannten Subjekt. Denn nach T1, von dem V.16a stammt, hatte das ganze Kriegsvolk (V.10) bzw. das Stämmevolk (V.10) die Aktion eingeleitet, David ins Land zurückzuholen. In V.16b aber begegnet einfaches „Juda" als Handlungsträger. Die Konstellation zwischen David und Juda ist also im Itinerar vorgegeben und wird von N1 (V.12a.15a) aufgenommen. Mit den Notizen 19,16bα.40a verankert das Itinerar die für es zentrale Idee im Text, daß David den Jordan bei Gilgal überschreitet.[110]

Zudem ist V.16bβ להעביר את־המלך את־הירדן „um den König den Jordan überschreiten zu lassen" nachgetragen.[111] Er klappt nach und stellt eine Dublette zu ללכת לקראת המלך „um dem König entgegen zu gehen" in V.16bα dar. Dabei wird המלך ohne Motivierung wiederholt. Vielleicht trägt der Nachtrag der Beobachtung Rechnung, daß zwischen dem Standort des Königs, der den Jordan noch nicht überschritten hat, und dem Lager Judas in Gilgal eine räumliche Distanz von mindestens 28 km besteht[112] und die Verwendung von הלך לקראת dafür doch etwas verfrüht ist.

Fazit: Damit ist das Wachstum von 19,10-16 wie folgt vorzustellen. In die vorliegenden Notizen des Itinerars[113] 18,17b; 19,16bα arbeitet T1 mit 19,10f.15b.16a eine kurze Episode ein. Diese handelt davon, daß das Stämmevolk den König ins Westjordanland zurückholt, nachdem Absaloms Aufstand mißlungen ist. Nicht nur hat sich in Davids Sieg der Wille Jahwes gezeigt, sondern es ist auch mehr als recht und billig, daß das Volk den zurückholt, der sie aus der Gewalt der Philister errettet hat. Dann greift N1 mit V.12a.15a ein. N1 geht es einerseits um die Logistik und Kommunikation der Vorgänge; andererseits zeigt er, daß die Rückkehr auf die Initiative des Königs zurückgeht. An V.12a wurde dann V.13 nachgetra-

---

110 Vgl. u. 7.6.1.

111 So auch Schulz, EHAT 8/2, 232.

112 Gemessen vom nächsten Punkt des Jordanufers (Luftlinie).

113 Der vom Itinerar beschriebene Weg in 19,16bα.40a, insbesondere die Station in Gilgal, ist für Ziel und Tendenz der Bearbeitung insgesamt aussagekräftig, dazu u. 7.6.1.

gen, der die Verwandschaft zwischen Juda und dem König hervorhebt;[114] noch später unterbricht die Amasa-Notiz in V.14 den Zusammenhang. V.12b dient der logischen Vermittlung; um die widersprüchlichen Aussagen von V.10f und 12a in Einklang zu bringen, hebt er hervor, daß der König das Wort Israels gehört hatte.

Die folgenden drei Szenen sind in ihrem Grundbestand T1 zuzuordnen und führen aus, wie nach der Ansicht der Theodizee-Bearbeitung die Lebensläufe Šimis, Meribbaals und Barsillais nach dem Prinzip von Tat und Ergehen ausgeglichen werden. Es geht hier dezidiert um das Schicksal von Einzelpersonen. An einigen Stellen sind sie durch spätere redaktionelle Eingriffe überarbeitet worden.

7.4 Šimi (II Sam 19,17-24)

Mit einem narrativen Anschluß wird in V.17 eine neue selbständige Episode an die Itinerarnotiz V.16bα gefügt. Sie handelt vom Benjaminiter Šimi, der nach II Sam 16,5.6aα David bei seiner Flucht aus Jerusalem verflucht und mit Steinen beworfen hatte. Dabei hatte David Abišais Ansinnen, Šimi zu enthaupten, mit dem Verweis auf den Willen Jahwes vereitelt (vgl. 16,7-9.11f.13a.13b*). Diese Szene wird hier vorausgesetzt, denn Šimi überschreitet den Jordan, dem König entgegen, um wegen seines Verhaltens um Verzeihung zu bitten. Der König schwört ihm in 19,24 auf sein Schuldbekenntnis hin, daß er nicht sterben müsse.

In 16,5-13 war eine kurze Episode der dynastiekritischen Redaktion (V.5.6aα) von T1 (V.7-9.11f.13a.13b*) und T2 (V.10) überarbeitet worden.[115] 19,17-24 geht fast ganz auf T1 zurück, nur in V.18a(ab „und Ziba") und V.19a liegen spätere Eingriffe vor. T1 reflektiert den davidkritischen Text 16,5.6aα. Von ihm ausgehend, konstruiert er mit 16,7-9. 11f.13a.13b*; 19,17.18a(bis „aus Benjamin").b.20f.24; I Reg 2,36-41.46a eine Folge von Šimi-Szenen, die eine durchdachte Entwicklung vor Augen hat.

Denn in II Sam 16,7ff* ist die Situation für David noch in der Schwebe. Aus Anlaß von Šimis Fluch entwickelt T1 einen Dialog zwischen Šimi und David. Dort bringt T1 seine Einschätzung unter, wie der Ausgang der

---

114 Möglicherweise steht er in Zusammenhang mit der in V.41b-44 greifbaren Bearbeitung, die zum Šeba-Aufstand überleitet.
115 S.o. 5.8.

Erhebung zu bewerten ist: Wenn Absalom siegte, wäre es recht. Denn der, der im Recht und auf dessen Seite folglich Jahwe ist, wird siegen. Daß letztlich David den Sieg davongetragen hat, beweist, daß er der rechtmäßige König von Jahwes Willen ist.[116]

In 19,17-24* zeigt T1 darüber hinaus auf, daß der, der seine Schuld frei und reumütig bekennt, auch Vergebung erfährt. Dem, der Verzeihung sucht, kann sie der gerechte König, zumal in der Freude siegreicher Heimkehr, nicht verwehren: *Heute* soll niemand in Israel getötet werden (23b). Andererseits lastet Šimis Fluch noch auf der Dynastie, und Salomo ersinnt nach I Reg 2,36-41.46a (T1) ein probates Mittel, um ihn abzuwenden. Doch bevor er Šimi hinrichten läßt, gibt er ihm durch die Bedingungen, die er stellt, eine Chance, um redlich am Leben zu bleiben. Wenn Šimi *sein* Versprechen bricht, ist Salomo frei von Schuld. Ferner hat dieser den Eid *Davids*, der ja bereits tot ist, damit nicht gebrochen.[117]

Die gerade beschriebene Tendenz von II Sam 19,17-24 zeigt sich bei der Analyse des Textes. Šimis eiliger Abstieg in die Jordanebene wird in V.17 mit zwei Narrativen vermerkt, dabei wird Šimi nochmals komplett als „Šimi, der Sohn Geras, der Benjaminiter, der aus Bahurim ist" vorgestellt. V.17b berichtet, daß er (als Benjaminiter!) „mit dem Mann von Juda" hinabsteigt. Juda war in der Itinerarnotiz V.16b vorgegeben; David begegnet im folgenden aber zwei Sauliden und Benjaminitern (Šimi und Meribbaal) sowie einem Gileaditer (Barsillai).[118] Dieses Mißverhältnis wird von T1 mit der Adverbiale „mit dem Mann von Juda" (V.17b) ausgeglichen.

Wer die eigentlichen Begleiter Šimis sind, zeigt sich in V.18. Denn ein Umstandssatz in V.18aα(bis „aus Benjamin") hält fest, daß tausend Mann aus Benjmanin mit ihm waren, die offensichtlich seine Gefolgschaft darstellen. Dieser Satz ist mit מבנימן beendet, dann folgt in V.18aα(ab „und Ziba").aβ ein Nachtrag,[119] der nicht nur die Konstruktion stark überlädt, sondern auch durch den Wechsel der Präposition auffällt, nämlich אתו in V.18aβ statt עמו in V.18aα1. Dagegen setzt V.18b den ursprünglichen Text der Szene fort: Šimi und tausend Benjaminiter überschreiten den Jordan vor dem König, das ist die Voraussetzung für die Begegnung und den ab

---

116 Trotzdem wird nach dem Ketib von 16,12 sogar eine potentielle Schuld Davids eingeräumt, vgl. o. 5.8. Jedenfalls steht nach 16,11 (T1) Jahwe hinter Šimis Fluch, vgl. V.10 (T2).

117 Nach I Reg 2,8f (T2) revidiert der sterbende David selber sein Versprechen!

118 Vgl. auch Hentschel, NEB 34, 81.

119 Vgl. auch Cook, Notes, 169.

V.20 folgenden Dialog. Daß „Und Ziba, der Knecht des Hauses Sauls, und seine fünfzehn Söhne und seine zwanzig Knechte mit ihm" in V.18a ein Nachtrag ist, zeigt sich auch an Überlegungen zur Textlogik. Denn in der Episode mit Šimi (V.17-24) hat Ziba keine Funktion, auf ihn wird nicht mehr zurückgekommen. Wohl taucht aber sein Name in V.30 unvermittelt auf. In der Szene, in der Meribbaal den König um Verzeihung bittet (V.25-31), verfügt der König mit V.30, daß sich Meribbaal und Ziba den Grundbesitz der Sauliden teilen sollen. Doch Ziba ist in der Szene mit Meribbaal nicht präsent, V.30 redet nur *über* ihn; er ist aus 16,1-4* bekannt. Dasselbe gilt für V.27f, wo ohne Namensnennung von einem Knecht die Rede ist, der Meribbaal betrogen und ihm beim König verleumdet habe. Damit wird 16,1a.3f vorausgesetzt, die dynastiekritische Szene, in der Ziba den David von Meribbaals Thronansprüchen unterrichtet.[120] Auch in 19,27f wird nur *über* ihn gesprochen, er selber nimmt nicht am Dialog teil. Der Nachtrag in V.18aα2β reiht Ziba in den Zug des Sauliden Šimi ein, um ihn vorab im Kontext zu verankern. So wirkt seine Erwähnung in V.30 nicht allzu unvermittelt. Dazu wird Ziba vollständig vorgestellt, und zwar wie in II Sam 9,2 als Knecht des Hauses Sauls.[121] Wenn er hier und nicht in der Meribbaal-Szene untergebracht wird, will man offenbar der Situation von 19,25-31 Rechnung tragen, wonach sich die beiden zerstritten haben.

In V.18b wird der T1-Bestand fortgesetzt. Er wird in *w*-AK an den Nominalsatz von V.18aα1 angefügt. Daß Šimi zum König über den Jordan schreitet, ist Voraussetzung für die Begegnung, denn dieser geht erst in V.40a über den Fluß. Wenn Šimi sich derart auf den König zubewegt, liegt darin nicht nur besondere Loyalität, sondern auch ein Zusammenhang mit seinem Anliegen, das er ab V.20 vorträgt, nämlich der Bitte um Vergebung.

V.19a ist sekundär, obwohl die *w*-AK von V.18b fortgeführt wird. Die Aussage, daß Šimi mit seinem Kontingent die Furt durchschreitet,[122] stellt nicht nur eine Dublette zu V.18b dar, sondern dient auch der Vereindeutigung und näheren Erläuterung. Zunächst wird die Wurzel צלח aus V.18b,

---

120 Dazu o. 5.7. In 16,1-4 wurde ein Abschnitt der dynastiekritischen Redaktion (V.1a.3f) nachträglich durch T1 (V.1b.2) ergänzt.

121 16,1a nennt ihn den „Knecht Meribbaals". Vgl. außerdem noch 9,10b, aus dem sich der Nachtrag in 19,18aα *materialiter* speist.

122 Mit Targum und Vulgata, vgl. ferner LXX und Peschitta (andere Wurzel) muß das erste Wort in V.19 als 3.pers. com. plur. statt 3. pers. fem. sing. gelesen werden. Van den Born, BOT IV/1, 200 scheidet V.18.19a aus.

die in der Bedeutung „überschreiten" nicht so gebräuchlich ist,[123] durch „und sie durchschritten die Furt" erläutert. Außerdem erfolgen zwei Zweckbestimmungen, die beide als Inf. cstr. mit ל gestaltet sind. Die erste „um das Haus des Königs überschreiten zu lassen" liegt auf der Linie von Šimis Wunsch nach Vergebung. Die zweite fügt nur einen Allgemeinplatz an: „um das Gute in seinen Augen[124] zu tun". Aber deswegen braucht sie nicht nochmals nachgetragen zu sein.

V.19b setzt V.18b fort. Der Saulide fällt vor dem König nieder.[125] Dabei wird er nochmal ausführlicher als „Šimi, der Sohn Geras" bezeichnet, es handelt sich aber nicht um eine Neuvorstellung wie in V.17. Die Inversion erklärt sich dadurch, daß der Leser sich Šimi während seines Schuldbekenntnisses von V.20f auf den Knien vorstellen soll.[126] Denn die Geste paßt nicht nur zur folgenden Rede, sondern V.20 beginnt auch mit dem sing. Prädikat ויאמר, d.h. nach dem plur. V.18b muß ein neues sing. Subjekt genannt werden, und das geschieht in V.19b.[127]

Šimis Rede folgt in V.20f. Wortreich und in höfischer Sprache, aber trotzdem stringent bittet der Saulide um Vergebung, denn sein Wort läuft zielgerichtet auf das Schuldbekenntnis in V.21aβ hin zu: כי אני חטאתי „ja, ich habe gesündigt", vgl. II Sam 12,13b, ferner Ex 10,16; Jos 7,20. Auf dieses Bekenntnis hin verspricht David ihm das Leben (V.24). Damit ist die Šimi-Szene ein kleines Paradigma von Schuld und Vergebung. Šimi erinnert an den Tag, als David aus Jerusalem zog (V.20). Der König soll ihm sein Verhalten nicht als Schuld anrechnen (עון חשב nur noch Ps 32,2) und nicht an das denken, womit er sich verschuldigt (עוהhi.)[128] hat. Dann (V.21) bekennt er seine Schuld und verweist darauf, daß er als Erster vom ganzen Hause Josef[129] gekommen sei, um dem König entgegen (לקראת) in die Jordanebene hinabzusteigen (ירד).

---

123 Vgl. HAL, 961f, auch Ehrlich, Randglossen, 324.

124 Plur. statt MT sing. mit vielen Mss, Qere, vgl. LXX, Peschitta und Targum. Wie die Parallele I Chr 19,13 sowie II Sam 10,2; 24,22 par I Chr 21,23 zeigen, ist der Ausdruck הטוב בעיניו nur mit dem plur. belegt.

125 Vgl. I Sam 25,23; Est 8,3, auch II Sam 1,2; 9,6; 20,41 oder die Proskynesen in I Reg 1.

126 Der Infinitiv בעברו בירדן kann sich nur auf Šimi beziehen, denn der König überschreitet erst in V.40a.

127 Ähnlich Wellhausen, Text, 204.

128 Die Verbindung mit der Wurzel זכר ist *hapax*.

129 Wie in Jos 18,5; I Reg 11,28; Sach 10,6 steht der Begriff hier für das ganze Nordreich; Šimi selbst ist Benjaminiter.

Gegen *Veijola, Schulte* u.a.[130] sind die folgenden V.22f nicht sekundär. Hier schlägt Abišai vor, Šimi zu töten, und David weist diesen Vorschlag zurück. V.22f stechen literarisch nicht vom Kontext ab, auch wenn in V.23 von „David" statt von „dem König" (V.18.19b.20*ter*.21.24*bis*) die Rede ist,[131] dazu ist aber der Befund in 18,24 („David") in seinem Kontext („der König") zu vergleichen. Zwar schaffen 19,22f einen Abstand zwischen Šimis Rede und Davids Antwort in V.24, doch wäre diese Antwort ohne V.22f nicht verständlich. Denn V.24, dessen Gerüst je im Narrativ die Redeeinleitung (V.24a) und der Schwur des Königs ist,[132] zitiert als Antwort den prägnanten Prohibitiv לא תמות „du sollst nicht sterben" und enthält somit eine klare Ablehnung von Abišais Ansinnen, vgl. 16,9.11f (T1).

Zu dieser Struktur von Schuldbekenntnis und Vergebung ist die Nathanszene in 12,1-15a zu vergleichen. Ihr Grundbestand liegt m.E. in 12,1-5.7a.13.[133] Eine spätere Überarbeitung machte die David-Bathseba-Geschichte durch die Einfügung der Nathanparabel und des anschließenden kurzen Dialoges zu einem Paradigma von Schuld und Vergebung.[134] Deswegen und wegen ihres Interesses an vergeltungstheologischen Fragen ist sie höchstwahrscheinlich den Theodizee-Bearbeitungen zuzuschlagen.

Šimis Problem ist gelöst, zumindest zu Lebzeiten Davids. Aber warum hätte er sterben sollen? Die Antwort ist in V.22f zu finden. Wie in II Sam 16,9 (T1) behandelt das Votum des Zerujah-Sohnes Abišai (V.22) das Problem, daß jemandem, der dem Messias Jahwes flucht,[135] der Tod zukommt, vgl. Ex 22,27; I Reg 21,10, ferner auch I Sam 24,7.11; 26,9.11.23. Abišais Einwand ist mit dem Narrativ von ענה angeschlossen, dem rechtlichen Terminus für die Aussage einer Gegenpartei.[136] David antwortet mit der Lossagungsformel „was ist mit mir und euch, Söhne der Zerujah" (V.23aα), vgl. II Sam 3,39; 16,10. Ein dreifacher כי-Satz begründet seine

---

130 Veijola, Ewige Dynastie, 34 (dtr); Würthwein, Erzählung, 44; Langlamet, Pour ou contre Salomon, 356; Schulte, Geschichtsschreibung, 151–154; Caquot/de Robert, 559, 563 (zadoqidischer Redaktor); Vermeylen, Loi, 388f, 603, 645 (DtrP in S2).

131 Vgl. auch המלך דוד in V.17. In den Szenen 19,1b-9.10-16 ist dagegen durchgehend von המלך die Rede.

132 Das Subjekt המלך wird in V.24b der Klarheit halber wiederholt.

133 Ähnlich Seiler, Geschichte, 258ff, der aber noch V.14.15a dazunimmt.

134 Vgl. o. 55–60 und 220–222, zum Schema auch II Sam 24,10b par I Chr 21,8.

135 משיח יהוה ist ein später Begriff, vgl. sonst I Sam 24,7*bis*.11; 26,9.11.16.23; II Sam 1,14.16; Thr 4,20, dazu auch o. 270f, auch Fischer, Hebron, 36f u. 112, Anm. 47.

136 HAL, 806.

Entscheidung, den Sauliden am Leben zu lassen (V.23aβb). Dadurch, daß ein dreifaches היום „heute" Leitwort der Antwort ist, ergibt sich die Stilfigur eines doppelten Trikolons. Die Zerujah-Söhne gereichen David *heute* zum שטן „Widersacher": *Heute* solle niemand in Israel getötet werden (V.23bα).[137] Denn David ist *heute* König über Israel. Damit ist erklärt, warum er Šimi an diesem Tage verschont; damit ist aber auch vorbereitet, daß Salomo ihn einmal töten wird, so ergibt sich eine stringente T1-Linie. Andererseits war auch Abišais Anfrage nicht unberechtigt, denn dem Messias Jahwes darf niemand fluchen. In II Sam 18,2a.5.9a.10-14.15aβ hatte T1 eine Episode über rechtes Verhalten gegenüber dem Königssohn eingefügt. Im Horizont der Bearbeitung liegt demnach natürlich der rechte Umgang mit dem Gesalbten Jahwes. In 16,11f (T1) lautete Davids Gegenargumentation: Im Ausgang der Erhebung zeigt sich, auf wessen Seite Jahwe steht. Das ist mit dem Tod und dem Schandbegräbnis Absaloms (18,17a) geschehen. „Trotz allem, was man David und seinem Königtum vorwerfen konnte, trotz aller Fragwürdigkeit und Infragestellung hat Jahwe damals dieses Königtum durch die Rückkehr Davids bestätigt und als seinen Willen anerkannt."[138] Also stellt sich die Anfrage Abišais, ob Šimi nicht getötet werden soll, noch einmal: Jahwe hat Davids Königtum bestätigt, folglich kann nun definitiv über Šimi entschieden werden. Davids Gegenargument impliziert hier aber, daß der Zusammenhang von Tat und Ergehen nicht schematisch anzuwenden ist oder konkret: daß Rettungs- und Siegesfreude stärker sein können als dieser Zusammenhang, ein Gedanke, der ganz ähnlich in I Sam 11,12f; 14,45 formuliert ist.

Wie unter 5.7 gesehen, besteht in der Forschung eine Tendenz, die Episoden, die von den Begegnungen Davids mit Ziba und Šimi auf seiner Flucht aus Jerusalem berichten (16,1-4*.5-13*), als sekundär auszuscheiden. Diese Tendenz setzt sich in Bezug auf das Zusammentreffen mit Šimi, Meribbaal und Barsillai in 19,17-41* fort, bei denen mehrere Züge durchaus als Pendant zu den ersten Begegnungen auf der Flucht aus Jerusalem zu lesen sind.[139] So sind für *Cook* sämtliche Episoden, die von Ziba und Meribbaal handeln, „independent of the rest of the book", bei der Šimi-

---

137 Entweder liest man MT als rhetorische Frage oder fügt mit LXX-Handschriften, Peschitta und Vulgata eine Verneinung ein. Das Gros der LXX-Bezeugung liest einen mit εἰ eingeleiteten Schwursatz.

138 Stoebe, KAT VIII/2, 424.

139 Vgl. o. 179 mit Anm. 17 und o. 280 mit Anm. 2, dazu ferner Conroy, Absalom, 89; Gunn, Jerusalem, 109–113; Fokkelman, Art I, 339, 415.

Szene rechnet er zumindest mit späterer Gestaltung alten Materials.[140]
Langlamet veranschlagt 19,17-31 für seinen S2, V.32-41a* seien eventuell
jünger.[141] Ähnlich wertet *Vermeylen* 16,1-10.13-16a; 19,17-21.24.25ff*.
32ff* als S2.[142] Diese Einschätzung sieht insofern Richtiges, als die Szenen
wesentlich von der Theodizee-Bearbeitung geprägt sind. Doch liegen die
Verhältnisse insgesamt komplizierter. Während bei den Begegnungen mit
Ziba und Šimi in 16,1-4*.5-13* jeweils ein david- oder dynastiekritischer
Grundtext durch die Theodizee-Bearbeitung T1 erweitert wurde, stammen
die Pendant-Szenen 19,17-24*.25-31* je im Grundtext von T1.[143] Und
während 16,5-13*; 19,17-24 von Šimi handeln, berichtet 16,1-4* von
einem Treffen *mit Ziba*, bei dem *über Meribbaal* geredet, und 19,25-31
von einem Treffen *mit Meribbaal*, bei dem *über Ziba* geredet wird. Bei der
Barsillai-Szene, die in 17,27-29 ein Pendant hat, stammt das älteste Material von T1, und 17,27-29 wurde sekundär vorgeschaltet.[144]

Fazit: 19,17-24 ist fast ganz zu T1 zu rechnen, nur mit V.18a(ab „und
Ziba") und V.19a liegen spätere Ergänzungen vor. T1 zeigt mit dieser
Episode auf, daß der, der seine Schuld frei und reumütig bekennt, auch
Vergebung erfährt. Das gilt selbst dann, wenn er den Messias Jahwes
verflucht hat. Der Zusammenhang von Tat und Ergehen ist nicht schema-
tisch anzuwenden; Rettungs- und Siegesfreude sind in der Situation von
Davids Rückkehr stärker. Gleichwohl greift Davids Entscheidung nicht
den Beschlüssen Salomos voraus, vgl. I Reg 2,36-41.46a (T1).[145]

7.5 Meribbaal (II Sam 19,25-31)

Mit einer Inversion leitet T1 die nächste selbständige Episode ein. Ihr
Grundbestand liegt in V.25.27abα.28.30f vor; T2 hat mit V.26.27bβ.29
noch einige verdeutlichende Akzente gesetzt. Der erzählerische Rahmen
ist im Narrativ gehalten. Meribbaal,[146] der Protagonist der Szene, ist im

---

140 Cook, Notes, 169–171, Zitat 169.
141 Langlamet, Absalom, 163f; ders., Pour ou contre Salomon, 355, 519; anders ders.,
   Barzillaï, 149ff; vgl. auch o. 200.
142 Vermeylen, Loi, 388ff, 602f.
143 Vgl. o. 5.7, 5.8 und 6.2.
144 S.o. 6.2 und u. 7.6.2.
145 Dazu o. 4.4.
146 Namensform in Analogie zu I Chr 8,34; 9,40. Zum Problem vgl. Schorch, Baal,
   598ff.

Absalomaufstand durch 16,1-4* bekannt. Nach dem dynastiekritischen Grundtext 16,1a.3f hatte Ziba den David davon in Kenntnis gesetzt, daß der als Sohn Sauls Eingeführte[147] darauf spekuliere, das Haus Israel werde ihm heute, also mit Beginn des Aufstandes, das Königtum seines Vaters zurückgeben (V.3). Daraufhin hatte David dem Knecht den ganzen saulidischen Landbesitz übereignet (V.4).[148] Diese Entscheidung wird in 19,30 zur Hälfte revidiert. Denn auch Meribbaal will beim König für sein Verhalten Verzeihung erlangen. Nach 19,25a steigt er hinab (ירד), dem König entgegen (לקראת המלך), zur Verbindung vgl. V.17.21. V.25b beschreibt eindrücklich im Plusquamperfekt die Selbstminderungs- und Trauerriten, denen er sich unterzogen hatte, bis der König wohlbehalten (בשלום) wiederkam. Er hatte zur Gänze auf Fuß-, Bart- und Kleiderpflege verzichtet. In diesem Trikolon V.25bα stehen die ersten beiden Glieder parallel und stimmen in der Einleitung ולא־עשה „und er hatte nicht gepflegt" überein, der jeweils das Objekt mit Suffix der 3.pers. masc. sing. folgt.[149] Das dritte Glied ist jedoch durch vorangestelltes Objekt invertiert und arbeitet mit der Wurzel כבסpi. Die in V.25bβ folgende Zeitbestimmung ist als *(le)min-'ad*-Konstruktion mit doppeltem היום formuliert.

In dieser Szene geht es um die Frage von Meribbaals Loyalität. Im Hintergrund steht 16,3f, also der offensichtliche Abfall des Sauliden vom König,[150] der doch nach II Sam 9 so gut für ihn gesorgt hatte, vgl. 19,28f.[151] Und so beginnt Meribbaal nach der Einleitung V.24f auch in V.27 umgehend, sich zu rechtfertigen. Denn V.26 ist ein Nachtrag,[152] der den Zusammenhang von V.25 und V.27 unterbricht. Er stammt von T2 und ist im plusquamperfektischen Rückgriff eingearbeitet, und zwar mit der Formulierung ויהי כי־בא ירושלם לקראת המלך „und es geschah, als er nach Jerusalem dem König entgegen gekommen war" (V.26a) und paßt mit

---

147 Zum Problem, ob Meribbaal Sohn oder Enkel Sauls war, vgl. o. 203, Anm. 135. „Sohn" ist wohl im allgemeinen Sinn als „Nachkomme" zu verstehen, vgl. HAL, 132.

148 Zu Einzelheiten vgl. o. 5.7.

149 Die Verbindung der Wurzel עשה mit רגל „Fuß" oder שפם „Lippenbart" ist jeweils *hapax*. Zu שפם vgl. noch Lev 13,45; Ez 24,17.22; Mi 3,7.

150 Durchgehend ist von המלך die Rede: V.25*bis*.26*bis*.27*bis*.28*bis*.29*bis*.30.31*bis*.

151 Daß II Sam 9 auch als dynastiekritischer Text gelesen werden kann, nach dem der König einen potentiellen Thronprätendenten unter Kontrolle bringt, berührt die Deutung durch die Theodizee-Bearbeitung nicht. Zum Grundtext von c.9 vgl. o. 202f. II Sam 19,28 stellt eine nachträgliche Entlastung Meribbaals dar, s. gleich im folgenden.

152 Vgl. auch van den Born, BOT IV/1, 201, Vermeylen, Loi, 395 (DtrH).

seiner Lokalisierung des Treffens in Jerusalem überhaupt nicht in den Kontext.[153] Die Angabe לקראת המלך ... בא ist zudem eine Doppelung von ירד לקראת המלך in V.25a. Die in V.26b genannte Frage des Königs „warum bist du nicht mit mir gegangen, Meribbaal?" entschärft den Konflikt erheblich. Denn er nimmt dem fundamentalen Loyalitätsproblem, das sich in Meribbaals Thronanspruch 16,3 gezeigt hatte, vollkommen die Spitze. Die völlige Aufkündigung des Gehorsams, ja die potentielle Revolte wird auf die Verweigerung der Kriegsnachfolge reduziert. Dem hier tätigen T2 ist nämlich daran gelegen, Davids deutlich mildes Urteil über den Sauliden zu rechtfertigen. Denn mit dem Schiedsspruch von V.30 kommt Meribbaal sehr glimpflich davon: Er muß die Hälfte des saulidischen Landbesitzes abgeben; eine Todesstrafe wird, anders als bei Šimi, nicht einmal diskutiert. „Hier soll wirklich die Großherzigkeit Davids dargestellt werden".[154]

T2 führt noch einen anderen Aspekt ein, mit dem auch die merkwürdige Ortsangabe „Jerusalem" in V.26 zusammenhängt. Denn die Notiz כי פסח עבדך „denn lahm ist dein Knecht" (V.27bβ) stammt auch von dieser Schicht. V.27bβ ist im Blick auf den Inhalt von V.27 eine nachgetragene כי-Glosse. Mit V.27f erklärt sich Meribbaal, dabei faßt V.27a prägnant den Tenor seiner Aussage in einem invertierten Verbalsatz zusammen, der auf eine narrative Redeeinleitung mit anschließender Anrede folgt: עבדי רמני „mein Knecht war es, der mich betrogen hat."[155] Diese Aussage führen V.27b.28a nun näher aus. Meribbaal spricht, höfischer Redeweise gemäß, von sich als „dein Knecht". Er habe sich den Esel satteln wollen,[156] um auf ihm mit dem König zu reiten (V.27bα). Das wird mit einem Kohortativ und zwei mit w angeschlossenen PK formuliert. Diese Aussagen lassen sich mit der Notiz von Meribbaals Lähmung (V.27bβ) nicht in Einklang bringen. Denn gerade das Satteln des Esels ist (rückblickend) im Kohortativ formuliert; daran, daß er selbst satteln, reiten und mit dem König ziehen konnte, besteht hier gar kein Zweifel. Wie dies bei seiner Lähmung hätte funktionieren können, wird nicht einmal themati-

---

153 Die Vrs bestätigen hier den MT. Gleichwohl lesen Wellhausen, Text, 205; Thenius/Löhr, KEH 4, 185 u.a. מירושלם, Ehrlich, Randglossen, 325; Greßmann, SAT 2/1, 173; Vermeylen, Loi, 395f (Marginalglosse) u.a. streichen es.

154 Stoebe, KAT VIII/2, 426.

155 Zur Wurzel רמהpi. vgl. noch Gen 29,25; Jos 9,22; I Sam 19,17; 28,12; Prov 26,19; Thr 1,19; I Chr 12,18.

156 Das Geschlecht des Esels wird durch die suffigierte Präposition עליה als fem. bestimmt.

siert.[157] Auch spielt keine Rolle, daß ein gelähmter Mitstreiter David auf der Flucht und in der Schlacht wohl eher aufgehalten als genützt hätte. Genau diese Überlegung ist jedoch für T2 bestimmend. Zwar wäre es denkbar, daß Zibas Betrug gerade darin bestanden hätte, dem Behinderten seine Hilfe beim Satteln des Esels und Aufsitzen etc. versagt zu haben. Doch nicht nur verlautet im Text nichts davon, sondern es wird ausdrücklich erklärt, worin sein Betrug bestand: Er hat ihn bei König verraten, verleumdet.[158] Ferner würde mit V.27bβ ein zweiter כי-Satz neben V.27bα den Zusammenhang zwischen der Nennung des Subjekts „mein Knecht" in V.27a und dem Prädikat am Anfang von V.28 unterbrechen und damit die Konstruktion überladen. V.27bβ ist damit ein Nachtrag von T2.[159]

Der Grundbestand (T1) kennt also die Idee von Meribbaals Lähmung nicht. Erst T2 bringt sie ein und verlegt die Szene aus Gründen der Plausibilität nach Jerusalem: ein Lahmer kann nicht so einfach zum Jordan reiten. „Die Angabe, daß Mefibaal als Krüppel mit an den Jordan herabgekommen sei, macht Schwierigkeiten, so daß diese Begegnung in Jerusalem wahrscheinlicher ist."[160] Und was die Heeresfolge Meribbaals nach V.27bα betrifft, war es ja bei einer reinen Absichtserklärung geblieben.[161] Wegen der Lokalisierung in Jerusalem hält *Seebaß* V.26-31 für sekundär; sie gehörten mit 20,3 zusammen ins Vorfeld des Šeba-Aufstandes und seien mit 19,25 nur „notdürftig" in ihren jetzigen Kontext gestellt worden.[162] Doch V.25 kann nicht entfernt werden, und V.26-31 wären hinter 20,3 irreführend.[163]

Zurück zum Text. Der Knecht, wahrscheinlich Ziba, habe Meribbaal beim König verraten (V.28a).[164] Bis hierher reicht die Argumentation; und V.30 enthält den Entscheid des Königs. Dagegen sind V.28b.29.31 sämtlich Demutsbekundungen des Sauliden. Diese zeigen aber über das bloße

---

157 Um diesen Widerspruch zu nivellieren, lesen LXX und Peschitta, vgl. Vulgata Imperativ statt des Kohortativs, mit ihnen gehen viele Ausleger.

158 Zu dieser Bedeutung von רגל pi. vgl. HAL, 1104, zum Qal auch Ps 15,3.

159 Vermeylen, Loi, 389 rechnet ihn zu DtrP.

160 Stoebe, KAT VIII/2, 426.

161 Die Notiz von einer Lähmung des Sauliden wurde auch in 4,4 (vgl. Budde, KHC 8, 216 etc.) und 9,13b (vgl. Hentschel, NEB 34, 38 etc.) jeweils recht deutlich nachgetragen. Eventuell gilt das auch für das mit 4,4aβ identische Attribut נכה רגלים „lahm an Füßen" am Schluß von 9,3b.

162 Seebaß, David, 25 mit Anm. 55.

163 So richtig Seiler, Geschichte, 197f.

164 Subjekt des Narrativs וירגל ist עבדי aus V.27a.

Comme il faut hinaus deutlich die Handschrift der Theodizee-Bearbeitungen. Denn V.28b vergleicht im Nominalsatz den König mit dem Engel Gottes, er ist כְּמַלְאַךְ הָאֱלֹהִים. Ein derart formulierter Vergleich begegnet nur noch in I Sam 29,9; II Sam 14,17, vgl. 14,20. Beide Belege stehen innerhalb von Abschnitten, die an Davids Wohlwollen appellieren, in II Sam 14,17 sogar wie hier im Zusammenhang mit einem (fiktiven) Rechtsfall.[165] In II Sam 19,28bβ fordert Meribbaal mit einem anschließenden Imperativ den König auf, das Gute in seinen Augen (הַטּוֹב בְּעֵינֶיךָ) zu tun, vgl. V.19a.[166] Davids direkte Antwort (V.30) wird durch den כִּי-Satz V.29 von V.28b abgetrennt. V.29 ist ein Zusatz[167] von T2. Mit ihm schreitet T2 nochmal erklärend und in einem Rückblick auf die Vergangenheit hinter V.28b zurück und verzögert die unmittelbare Reaktion des Königs auf die imperativische Aufforderung Meribbaals.[168] In Selbstminderung bezeichnet Meribbaal sein ganzes Vaterhaus als אַנְשֵׁי־מָוֶת, vgl. hierzu nur noch I Reg 2,26 (T1). Trotzdem hat ihn der König unter die gesetzt, die an seinem Tische essen,[169] d.h. eine Tafel gewährt, seine Versorgung übernommen (V.29a). Mit dieser Anspielung auf 9,7.11b[170] verdeutlicht T2 noch einmal, was David für Meribbaal getan hatte. Meribbaal ist zwar wegen seiner Lähmung im Recht, aber auch David hat Rechte gegenüber dem Sauliden; denn T1 legt Meribbaals Tafel in Jerusalem (II Sam 9,7.11b) als wirkliche Fürsorge aus. Diese Ausgewogenheit nach allen Seiten ist ein deutliches Kennzeichen der Theodizee-Bearbeitung. Daß die Szenen, die in II Sam 16; 19 von Meribbaal und Ziba handeln, an das Rechtsempfinden des Lesers appellieren, hat *Lasine* durchaus richtig gesehen.[171]

II Sam 19,29b hält in rhetorischer Frage eindrücklich fest, daß Meribbaal angesichts dessen kein Recht gegenüber dem König hat. Dazu werden zwei zentrale Elemente des alttestamentlichen Rechtslebens zitiert: der

---

165 Daß 14,2-22 innerhalb der Geschichte von Thamar, Amnon und Absalom ein sekundärer Eintrag ist, kann als anerkannt gelten, vgl. o. 300f mit Anm. 106.

166 Dies ist in 15,26; 19,38, vgl. 18,4 (mit יטב) eine Wendung der Theodizee-Bearbeitung.

167 Vgl. auch Veijola, David, 350 mit Anm. 44; Langlamet, Maison (RB 88), 326f, 332; Vermeylen, Loi, 395 (DtrH).

168 Daß ein Untertan einen Imperativ an seinen Souverän richten kann, ist wiederum charakteristisch für die Theodizee-Bearbeitungen.

169 Zur Verbindung von אכל und שֻׁלְחָן vgl. noch II Sam 9,7.11; I Reg 2,7; 18,19. Die Wendung mit der Wurzel שׂים ist *hapax*.

170 Beide Stellen sind sekundär nach Hentschel, NEB 34, 38.

171 Lasine, Judicial Narratives, 49ff.

Appell an צדקה „Gerechtigkeit" und die Wurzel זעק „Zetergeschrei erheben".[172] Diese beiden Begriffe werden in eine nominale Konstruktion mit
מה־יש־לי עוד „was gibt es da für mich noch ..." eingebettet, einmal als
Substantiv und einmal als Inf. cstr. mit ל.[173]

Auf Meribbaals Rechtfertigung (V.28) reagiert der König unwillig:
„Warum redest du noch deine Worte?" (V.30aβ). Mit dem asyndetischen
Perfectum declarativum אמרתי „hiermit sage ich" folgt in V.30b der
Schiedsspruch des Königs. Im invertierten Verbalsatz mit Jussiv ordnet er
an, Meribbaal und Ziba sollen das Feld, den Landbesitz, teilen. Die
Schuldfrage entscheidet er aber nicht. Deutlich wird der Beschluß des
dynastiekritischen 16,3 revidiert, nach dem der König Ziba alles übereignet hatte. „In 9,7 kreeg Meribaäl alles, in 16,4 had Siba alles gekregen,
nu moeten ze samen delen."[174] Gegen *van den Born* kann ich darin kein
salomonisches Urteil sehen.[175] Demütig und voller Loyalität reagiert Meribbaal in V.31. Šimi solle auch das Ganze nehmen,[176] nachdem der König
(המלך) wohlbehalten (בשלום) nach Hause gekommen ist (בא).[177] Indem
diese Aussage wiederholt wird, entsteht eine *inclusio* mit V.25. Der Fall
Meribbaals ist damit abgehandelt.

Fazit: Der Grundbestand der Szene V.25.27abα.28.30f stammt von
T1. Der Loyalitätskonflikt Meribbaals wird so gelöst, daß er sich mit Ziba
den saulidischen Landbesitz teilen soll. Mit den Nachträgen V.26.27bβ.29
bringt T2 Präzisierungen wie die Lähmung Meribbaals an, die den Sauliden entlasten.

7.6 Barsillai (19,32-41a)

Die letzte Begegnungs-Szene erzählt von Davids Treffen mit Barsillai.
Auch hier markiert die Inversion in V.32a einen eigenständigen Beginn.
Doch anders als bei Ziba und Meribbaal reagiert sie nicht auf vorliegendes
Material der David-Biographie-Schicht, sondern liefert die ersten Informa-

---

172 Vgl. dazu Boecker, Recht, 29f, 40ff.
173 Diese Zusammenstellung ist singulär. Beim Infinitiv wird das עוד wiederholt.
174 Van den Born, BOT IV/1, 201.
175 Ebd. sowie Schulz, EHAT 8/2, 237; Vermeylen, Loi, 389 u.a.
176 Dies wird als Inversion mit vorangestelltem Objekt ausgesagt.
177 Wenn בא nicht als Partizip, sondern AK gedeutet wird, müßte V.31b auch zu T2
    gerechnet werden, denn dann wäre er schon in Jerusalem.

tionen über Barsillai. Das hatten die Überlegungen zu 17,27-29 gezeigt.[178] Das Barsillai-Material wurde von T1 eingefügt, um einen Ausgleich im Gesamtbild herbeizuführen. Mit Šimi und Meribbaal sind nur Beispiele von Illoyalität genannt worden, mit Barsillai aber soll auch das Vorbild eines loyalen Menschen vor Augen geführt werden, der den König bei seiner Rückkehr ohne den Gedanken an Eigennutz über den Jordan geleitet.[179]

Dem Verfasser der Szene liegt mit V.40a ein Vermerk des Itinerars vor, den er in seinen Grundbestand V.32.34-37a.38f.40b.41a einbettet. Dieser Bestand stammt von T1, in V.33b und V.37b finden sich zwei Nachträge.

7.6.1 Zum Itinerar

Die Notiz V.40a setzt V.16bα fort. Juda als der der Daviddynastie verbundene Volksteil war dem König nach Gilgal entgegengegangen (V.16bα).[180] Im Narrativ wird in V.40a angeschlossen, daß das ganze Kriegsvolk den Jordan überquert. Die folgende Inversion עבר והמלך zeigt an, daß der König gleichzeitig und inmitten seines Kriegsvolkes überschreitet. Beide Notizen sind im Zusammenhang zu lesen. Klar gehört V.40a literarisch nicht zu seinem Kontext. Denn es scheint so, als unterbreche er den Zusammenhang von Davids Rede (V.39) und seinem Abschied von Barsillai (V.40b). Tatsächlich wurden V.39 und V.40b kunstvoll um V.40a herumkomponiert. Auch wegen der dicht beieinander stehenden Doppelung von המלך in V.40a und V.40b besteht kein primärer Zusammenhang der Halbverse.[181]

Der Gedanke, daß das Volk den Jordan *nach Gilgal hin* überschreiten wird, zeigt deutlich, welche Konzeption das Itinerar hiermit verfolgt. *Stoebe* sieht richtig, daß hier die „Traditionen von Jordanübergang und Landnahme" zitiert werden. Es geht um „Wiedereintritt in das Land der

---

178 Vgl. o. 6.2.

179 Ähnlich verankert T2 mit I Reg 2,7 ein positives Pendant zu Joab und Šimi im Testament Davids.

180 Die Inversion ויהודה בא הגלגלה ist durch den Gegensatz zur Aussage über Israel 18,17b zu sehen, auf die sie einmal direkt folgte. Dagegen indiziert die Inversion von 18,17b den sekundären Nachtrag.

181 Langlamet, Barzillaï, 154–158 (eine prodavidische Redaktion) und Vermeylen, Loi, 390f, 631 (DtrH) scheiden V.40a zusammen mit V.37 als sekundär aus. Zum sekundären V.37b vgl. u. 320f.

Verheißung, Heimkehr aus der Fremde".[182] Das Itinerar dient nämlich dazu, im Weg Davids und des Volkes Exilserfahrungen zu bewältigen.[183] Dazu gestaltet es die Flucht des Königs als Auszug in Trauer und unter den Tränen der Fliehenden und des ganzen Landes (15,23*.30a.b). Die entscheidende Schlacht wird durch die Notizen 17,24abα.26; 19,16bα.40a ins Ostjordanland und damit ins Ausland verlegt. Denn nach 17,24abα überqueren Absalom und die Seinen den Jordan, die Kontingente Davids und Absaloms lagern im Ostjordanland (17,26), und es kommt zur Schlacht. Der Aufenthalt außer Landes ist somit für das Volk die Zeit von Gefahr und Bewährung. Dies entspricht deutlich einem in golaorientierter Theologie vertretenen Gedanken: Nur diejenigen, die durch das Gericht des Exils geläutert worden sind, dürfen den Anspruch erheben, das wahre Israel zu sein.[184] Und wenn mit der Rückkehr über den Jordan bei Gilgal das Paradigma von Exodus und Landnahme zitiert wird, liegt folgende Idee zugrunde: Nach der Überwindung der Krise kommt David ins Land, gerade so, wie das aus Ägypten befreite Volk das ihm verheißene Land in Besitz nimmt. Wie etwa Jes 40,3f.10; 41,18f; 42,13; 43,19f; 49,10; 52,12 zeigen, ist die Idee eines neuen Exodus ein Theologumenon frühestens der exilischen, plausibler aber der nachexilischen Zeit.[185] Der Gedanke an einen neuen Eintritt ins Land und eine neue Landnahme hat in den Landtexten Ez 47,13-23; 48,1-29[186] seine theologiegeschichtlichen Parallelen. Die Konzeption des Itinerars ist demnach theologisch und traditionsgeschichtlich hoch aufgeladen. Wegen seiner Denkvoraussetzungen schlage ich eine Datierung in die zweite Hälfte des sechsten Jahrhunderts oder um die Wende zum fünften Jahrhundert v. Chr. vor.

---

182 Stoebe, KAT VIII/2, 423. Vgl. auch Jos 3f.5. Dabei gilt wie in Num 34,3-12; Jos 1f; 10-12; Ez 47,15b-20 das Westjordanland als das eigentliche Verheißungsland, vgl. Diepold, Israels Land, 29, 56, 178ff. Die Anspielung, die Stoebe, ebd. auf die Königserhebung Sauls in Gilgal I Sam 11,14ff erkennt, scheint mir nicht deutlich, da gerade der Zusammenhang von Jordanübertritt und der Ortsangabe Gilgal signifikant ist.

183 Zur Idee vgl. auch Fischer, Flucht, 65f. Das Profil des Itinerars ist mit 15,16a.17b. 23*.30a.b; 16,14(a); 17,24abα.26; 18,7*(ohne die Zahl „20 000").17b; 19,16bα.40a zu umreißen, vgl. o. 5.1, 5.3, 5.8, 6.2, 6.3 und 7.3. Zu 15,23* vgl. o. 5.3.

184 Vgl. etwa Jer 37-44, dazu Pohlmann, Studien, 185ff und Ez 33,21-29 dazu Pohlmann, ATD 22/2, 453ff sowie die golaorientierte Konzeption von Ez 40-48, dazu Rudnig, Heilig, 190ff je mit Bezug auf die Gola Jojachins.

185 Vgl. Schmidt, Glaube, 58. Zu Datierungsfragen vgl. Kratz, Kyros, 148–217; van Oorschot, Vom Babel zum Zion, 319–324.

186 Zum Wachstum vgl. Rudnig in ATD 22/2, 617ff.

Während im Grundbestand Davids Rückkehr gar nicht vermerkt wird,[187] genügt dem Itinerar der Schritt über den Jordan, um den Absalom-aufstand abzuschließen. Dagegen hatte der Grundtext, wie oben gesehen, mit der Nachricht über Absaloms Begräbnis im Walde Ephraims geendet. Die Schlacht hatte im Westjordanischen stattgefunden (18,6); entsprechend war Davids Auszug nur ganz kurz vermerkt worden (17,22*).[188] Zwar läßt das Itinerar auch Absalom den Jordan überqueren (17,24abα) und beide Kontingente im Ostjordanland lagern (17,26), aber da Absalom und seine Anhänger nach der Schlacht „erledigt" sind, wird auch im Itinerar nach 18,17b kein Wort mehr über sie verloren. Nur noch die Sieger überschreiten den Jordan zurück (19,16bα.40a). Damit ist die theologische Konzeption, die dem Itinerar zugrunde liegt, vollständig durchgeführt.[189]

7.6.2 Die Barsillai-Szene

Der Gileaditer Barsillai erweist David dadurch Loyalität, daß er ihn über den Jordan geleitet (V.32). Als Dank bietet ihm der König an, ihn in Jerusalem zu versorgen (V.34). Doch dieses Angebot lehnt Barsillai mit Verweis auf sein hohes Alter ab (V.35-38). Ersatzweise zieht Barsillais Begleiter Kimham[190] mit David nach Jerusalem (V.39-41a*).

Für den Grundbestand zeichnet wie bei der Šimi- und bei der Meribbaal-Szene T1 verantwortlich. Den literarischen Zusammenhang dieser Szenen haben auch *Cook* u.a. richtig erkannt.[191] *Caquot/de Robert* datiert 19,32ff* jedoch später als die anderen beiden Szenen.[192] Daß die Barsillai-Szene später vor die Itinerar-Notiz V.40a geschaltet wurde, zeigt sich in einer Irritation im logischen Ablauf, in den sie „nicht völlig"

---

187 Vgl. die viel spätere Abschlußvision des Ezechielbuches: Wohl wird vermerkt, daß der Prophet aus der babylonischen Gola nach Jerusalem gebracht wird (40,1f*), nicht aber, daß er wieder zurückgebracht wird.

188 Sein Rückweg über den Jordan war nicht eigens angegeben, sondern in 18,6 einfach vorausgesetzt worden; erwähnenswert war nur Davids Flucht ins Ostjordanland. Bei der skizzenhaften Darstellung des Grundtextes war eine Rückkehrnotiz nicht nötig, vgl. o. 6.3.

189 Zu 20,3, das anerkannt sekundär ist, s. den Exkurs über die Haremsfrauen in 3.9.

190 Kimhams Identität ist fraglich. Ist er Barsillais Knecht oder sein Sohn? Zum Namen vgl. noch Jer 41,17.

191 Cook, Notes 171. Vgl. auch o. 5.3 sowie 7.4 (Schluß).

192 Caquot/de Robert, Samuel, 560–563 (zadoqidischer Redaktor).

„paßt".[193] Denn V.32 ist so zu verstehen, daß Barsillai den König bereits
hier über den Jordan geleitet, der König also den Fluß hier schon überschreitet. Das steht aber gegen die Notiz in V.40a.b, der zufolge er erst
nach dem Gespräch mit dem Gileaditer den Fluß überschreitet und sich
anschließend von ihm verabschiedet.[194] Die Angaben in V.32 könnten
allenfalls als Vorwegnahme des Jordanübertritts von V.40a.b verstanden
werden. Wie V.40a.b zeigt, überschreiten der König und Barsillai nach
ihrer Unterhaltung gemeinsam den Jordan. Der Ausdruck עבר (את) הירדן
(V.32.37) kann deshalb gegen *Thenius* u.a nicht mit „zum Jordan ziehen"[195] übersetzt werden; dagegen steht auch das Zeugnis der Versionen.

Von der Theodizee-Bearbeitung T1 wird allein die Tatsache, daß
Barsillai den König über den Jordan begleitet, als seine Loyalität vor-
gebracht. Dabei hat der Hinweis auf Barsillais hohes Alter den Sinn, zu
zeigen, daß der König Unterstützung gerade von einem Mann erfährt, der
die Erfahrung und Weisheit des Alters hat, vgl. auch Ps 90,10 sowie Ex
7,7, nach dem Mose wie Barsillai ein בן־שמנים שנה war, als er mit dem
Pharao redete.

Nach den einleitenden Informationen von V.32, der als invertierter
Verbalsatz mit anschließendem Narrativ gestaltet ist, fügt V.33a im Umstandssatz an: „Und Barsillai war sehr alt,[196] 80 Jahre." Eindeutig sekundär
ist jedoch V.33b. Als invertierter Verbalsatz wurde er mit einem das Subjekt „Barsillai" aus V.33a aufnehmenden והוא angeschlossen und im plusquamperfektischen Rückgriff formuliert. Ganz V.33b überlädt den Vers;
der Abstand zwischen Barsillais Aktion und der Reaktion Davids nach
V.34 wäre zu groß, wenn V.33b zum Grundtext gehörte. Nachholenden
Charakter zeigt dabei auch die Glosse V.33bβ כי־איש גדול הוא מאד „denn
er war ein sehr mächtiger Mann". Der Nachtrag V.33b verweist auf 17,27-
29, nach denen Barsillai zusammen mit dem Ammoniter Šobi und Makir
aus Lo-Debar den König im Ostjordanland versorgt hat. Die in 6.2 vor-

---

193 Vgl. Stoebe, KAT VIII/2, 428.

194 Zu dieser Reihenfolge auch Hertzberg, ATD 10, z.St., van den Born, BOT /IV/1,
    202. Gegen Stoebe, KAT VIII/2 ist והמלך עבר in V.40a nicht Einleitung von V.40b.

195 Vgl. Thenius/Löhr, KEH 4, 185; Schulz, EHAT 8/2, 237; Stoebe, KAT VIII/2, 427
    etc. In V.32bβ ist mit wenigen Mss das את vor בירדן zu streichen; „את־בירדן ist aus
    את־הירדן [sc. vgl. Qere] und בירדן zusammengeflossen", Wellhausen, Text, 205.
    Nach Greßmann, SAT 2/1, 173 ist V.32bβ sekundär.

196 Wenn זקן kein Verbaladjektiv, sondern AK ist, müßte es evtl. als neuerliche In-
    version (nach V.32a) ausgeschieden werden. Der Gedanke an Barsillais hohes Alter
    ist jedoch auf jeden Fall durch V.36 deutlich im Grundtext repräsentiert. Zum
    Ausdruck זקן מאד vgl. noch I Sam 2,22 (Eli); I Reg 1,15 (David).

genommene Sichtung der Divergenzen im Barsillai-Geflecht II Sam 17,27-29; 19,32-41a; I Reg 2,7 hat bereits gezeigt, daß zuerst 19,32-41a* erstellt wurden, und zwar von T1, dann 17,27-29 von anderer Hand vorgeschaltet wurden und schließlich I Reg 2,7 von T2 eingearbeitet wurden, die sich auch literarisch gegenüber den von T1 stammenden I Reg 2,5f* als sekundär erwiesen haben. Dabei haben II Sam 17,27-29 nicht nur den Zweck, die Belohnung Barsillais (II Sam 19,34) durch den König zu motivieren, sondern verfolgen auch andere Intentionen, nämlich im Blick auf Šobi und Makir.[197]

II Sam 19,34 enthält das Angebot des Königs, mit dem er auf Barsillais Geleit reagiert. Nach der Redeeinleitung V.34a wird im Imperativ mit anschließendem *perfectum consecutivum* formuliert, Barsilai solle nach Jerusalem mitziehen, damit ihn der König dort versorge. Aufschlußreich ist, daß für dieses Angebot keine extra Begründung geliefert wird; der König reagiert mit ihm also nur auf das Geleit durch den alten Mann. Außer im nachgetragenen V.33b ist von der in 17,27-29 beschriebenen Aktion nicht die Rede. Dadurch haben sich die unter 6.2 angestellten Überlegungen zur Genese des Barsillai-Geflechtes bestätigt.

V.35-38 enthalten Barsillais Antwort. Sie fällt so lang aus, weil sie abschlägig ist. Nach einer V.34a entsprechenden Redeeinleitung in V.35a weist der Gileaditer zunächst mit vielen Worten auf sein Alter hin (V.35b.36). Dabei ist V.35b eine rhetorische Frage mit anschließendem כי-Satz: „Wie sind die Tage (= ist die Zahl) meiner Lebensjahre,[198] daß ich mit dem König nach Jerusalem hinaufzöge?" Daran schließt sich in V.36a zunächst ein Nominalsatz, in dem Barsillai sein Alter mit achtzig Jahren angibt. Darauf folgen drei rhetorische Fragen, die sein hohes Alter illustrieren. Die Aussage, er wisse nicht zwischen Gut und Böse zu unterscheiden, bezieht sich nicht auf Erkenntnis, sondern bedeutet, daß ihm die Manneskraft gewichen ist, vgl. Dtn 1,39; Jes 7,16. Denn die „Erkenntnis von Gut und Böse" ist hier eine Umschreibung für die „Erfahrung mit Lust und Leid der Liebe".[199] Zudem vermag er nicht mehr, Essen und Trinken zu schmecken, noch die Stimme der Sänger und Sängerinnen zu hören.[200]

---

197 Vgl. o. 6.2.

198 Zur Wendung ימי שני חיים vgl. noch Gen 25,7; 47,8.9*bis*.28; Prov 3,2.

199 Müller, Drei Deutungen, 36; in ähnliche Richtung Stoebe, KAT VIII/2, 428.

200 Wenn Langlamet, Barzillaï, 155f und Vermeylen, Loi, 391 V.35b.36a herauslösen, bleiben sie die Angabe literarischer Gründe schuldig. Insbesondere ist der Übergang V.35a.36b nicht geklärt.

Zu dieser Beschreibung von Altersphänomenen ist eine eindrückliche weisheitliche Parallele zu vergleichen, nämlich die Einleitung der ägyptischen Weisheitslehre des Ptahhotep, die entweder noch vom Ende des Alten Reiches (6. Dynastie, ab 2290 v. Chr.) oder aus dem frühen Mittleren Reich (ca. 1991 v. Chr.) stammt.[201] Hier klagt der Wesir Ptahhotep: „Gebrechlichkeit ist entstanden, das Greisenalter ist eingetreten, Schwäche ist gekommen, die kindliche Hilflosigkeit kehrt wieder. Die Kraft schwindet, denn müde ist mein Herz, der Mund ist verstummt, er spricht nicht mehr. Die Augen sind trübe, die Ohren sind taub, das Schlafen fällt ihm schwer jeden Tag. Das Herz ist vergeßlich, es erinnert sich nicht an gestern, der Knochen ist krank wegen der Länge (der Jahre). Die Nase ist verstopft, sie kann nicht atmen, denn beschwerlich sind Aufstehen und Niedersetzen. Das Gute wird zum Schlechten, jeder Geschmackssinn ist geschwunden." (Zeile 8–19).[202] Wie in I Reg 2,5-9* (dazu o. 4.6) zitiert die Theodizee-Bearbeitung wieder Weisheitsmotive, vgl. auch Koh 12,3f.

Mit einer erneuten rhetorischen Frage umschreibt V.36b die Quintessenz seiner Rede: Er will dem König keine Last sein. Daher werde er nur ein kleines Stück mit ihm den Jordan überschreiten (V.37a) und danach zurückkehren,[203] um in seiner Stadt bei seinem elterlichen Grabe zu sterben (V.38a).[204] Deutlich wurde V.37b nachgetragen: „und warum sollte mir der König diese Vergeltung erweisen?". Als mit ולמה eingeleitete rhetorische Frage ist er V.36b nachgebildet. Er unterbricht den literarischen Zusammenhang von V.37a.38a, der aus einer Kette von Wunschsätzen in Jussiv bzw. modaler PK (יעבר, ישׁב, אמת) besteht. Und er unterbricht die zusammenhängende gedankliche Stringenz von V.37a.38a. Deren Aussage lautet nämlich: Barsillai ist so alt, daß er zurückkehren möchte, um bald zu sterben. V.37b trägt demgegenüber einen anderen Aspekt ein, und zwar: הגמולה הזאת,[205] diese Vergeltung ist zu groß für Barsillai, er ist ihrer nicht würdig. Damit reflektiert der Nachtrag die Tatsache, daß im Grundbestand, zu dem V.33b nicht gehört, der Lohn im Verhältnis zur Tat Barsillais wirklich sehr hoch erscheint. Doch ist dies im Primärtext kein Problem, da

---

201 Vgl. TUAT III, 196f.

202 TUAT III, 197; Übersetzung von Günter Burkard. Zu weiteren motivlichen Parallelen wie etwa Sinuhe B 168–170 (TGI, 6) vgl. Galling, Prediger, 121.

203 LXX (ohne lukianische Rezension) und Peschitta scheinen hier (V.38) den Jussiv der Wurzel ישׁב „bleiben" zu reflektieren.

204 Höfischer Redeweise entsprechend bezeichnet Barsillai sich in V.36bis.37a.38 als עבדך „dein Knecht".

205 Der Begriff גמולה ist nur noch in Jes 59,18; Jer 51,56 (im plur.) belegt, wo er jeweils parallel zur Wurzel שׁלם pi. steht.

Kimham nach V.40b tatsächlich mit dem König zieht, die Belohnung also, wenn auch stellvertretend, akzeptiert wird.

Mit וְהִנֵּה „und siehe" eingeleitet, führt V.38b dann Barsillais Gegenvorschlag an. Er setzt zunächst (vgl. V.38bα) die Jussiv-Kette von V.37a.38a fort, dann aber richtet Barsillai einen Imperativ an den König (V.38bβ). Ein Kimham genannter Mann, dessen Identität nicht recht klar ist,[206] solle mit dem König ziehen, und dieser solle ihm tun „was in deinen Augen gut ist". Dies ist in II Sam 15,26; 19,28, vgl. 18,4 (mit Wurzel יטב) sowie 10,12 eine Wendung der Theodizee-Bearbeitung. Für diese ist auch charakteristisch, daß ein Untertan dem König „Vorschläge" macht, vgl. etwa 18,2b-4 (T2); 19,1-9* (T2). Darüber hinaus werden in den Theodizee-Texten gerne nachvollziehbare Gründe für ein Verhalten genannt. Dies geschieht auch hier. Während der König nicht nur Böses, sondern auch Gutes vergilt, ist Barsillai wirklich zu alt, um mit ihm nach Jerusalem zu ziehen.

Nach V.39 akzeptiert David den Vorschlag. Wie in drei invertierten Verbalsätzen ausgesagt wird, soll Kimham mit ihm ziehen, und der König werde ihm alles tun, was Barsillai für gut befindet. Dabei wird die Wendung טוב בעיניך aus V.38, wo sie sich auf den König bezog, aufgenommen und auf Barsillai übertragen (V.39aγ).

Im Anschluß an die Itinerar-Notiz V.40a bringen V.40b.41a die Barsillai-Episode zuende. Nachdem der Jordan überschritten ist, küßt und segnet David den Gileaditer, der zurück nach Hause kehrt. David aber zieht nach Gilgal, das mit 19,16bα im Itinerar vorgegeben ist. Die Informationen von V.40b.41 werden in einer Kette von vier Narrativen (V.40b.41aα) formuliert; ein abschließender invertierter Verbalsatz (V.41aβ), der die Gleichzeitigkeit (zu David) und den Gegensatz (zu Barsillai) der Vorgänge betont, hält fest, daß Kimham[207] mit nach Gilgal zieht. In V.41b beginnt eine andere Szene, die durch den Beginn mit invertiertem Verbalsatz und eine starke thematische Digression abgesetzt ist. In ihr geht es nicht mehr um Einzelpersonen, sondern in ihr wird das Verhältnis Judas und Israels zum König auf grundsätzliche Weise diskutiert.[208]

Fazit: V.40a stammt vom Itinerar und liegt dem auf T1 zurückgehenden Grundbestand der Barsillai-Episode bereits vor. Dieser T1-Grund-

---

206 In Harmonisierung mit I Reg 2,7 („Söhne Barsillais") fügen einige Handschriften der LXX und die Peschitta dem Namen das Attribut „mein Sohn" zu.

207 L. hier mit einigen Mss וכמהם statt וכמהן, Verschreibung.

208 Vgl. im Anschluß 7.7.

bestand ist in V.32.33a.34-37a.38f.40b.41a zu finden. T1 zeigt hier, daß der König Unterstützung gerade von einem Mann erfährt, der die Erfahrung und Weisheit des Alters hat. In V.33b und V.37b finden sich zwei Nachträge.

7.7 Eine Diskussion (19,41b-44)

Mit einem invertierten Verbalsatz beginnt eine Szene, die spät, jedenfalls nach T1, an den Bestand von c.19 angefügt wurde. Sie „ist deutlich vom Vorhergehenden abgesetzt."[209] Nachdem David den Jordan überschritten hat, beschwert sich der Mann Israels über das Vorrecht Judas, den König über den Fluß geleitet zu haben (V.41b.42).[210] In seiner Entgegnung verweist der Mann Judas auf seine größere Nähe zum König (V.43); der Mann Israels kontert damit, daß er „zehn Anteile" am König habe und ihn deshalb als erster hätte zurückbringen müssen (V.44a). Die Schlußnotiz vermerkt, daß das Wort des Mannes Judas größeres Gewicht hatte als das des Mannes Israels (V.44b).

Die kurze Szene dient der Überleitung zum in c.20 folgenden Šeba-Aufstand, dessen Grundfassung zwischen T1 und T2 ins Samuelbuch inkorporiert wurde.[211] Verschiedene Indizien zeigen, daß der Abschnitt literarisch von ganz anderer Herkunft ist als sein Kontext. Denn die Inversion in V.41b zeigt einen zeitlichen und logischen Rückgriff an: Nachdem bereits in V.40a davon die Rede war, daß der König zusammen mit seinem ganzen Kriegsvolk den Jordan überschritten hat, wird hier nachgetragen, daß das ganze Volk Juda ihn über den Fluß geleitet habe. Eindeutig wird also vor die Situation zurückgeschritten. Dabei nimmt der Begriff כל־עם יהודה das כל־העם aus V.40a auf. Außerdem ist ein Blick auf die Gesprächspartner aufschlußreich: Während die Erzählungen über Šimi, Meribbaal und Barsillai sich ganz auf Einzelschicksale bezogen hat, richtet sich hier der Blick auf die beiden großen Gruppierungen Israel und Juda. Auch stößt sich die Szene mit den Angaben von 19,32, nach denen ein Gileaditer den David über den Jordan geleitete; nach 19,17-19* sind es

209 Stoebe, KAT VIII/2, 431.
210 V.41bβ „und auch die Hälfte des Volkes Israel" ist וגם-Glosse, vgl. im folgenden.
211 Vgl. o. den Exkurs zu II Sam 20 in 7.3. Zum Überleitungscharakter von 19,41b.42-44 vgl. auch Hentschel, NEB 34, 85.

sogar die Benjaminiter.[212] In 19,40a (Itinerar) ist ferner nur davon die Rede, daß David zusammen mit seinem Kriegsvolk überschreitet.[213] Auffällig ist zudem eine starke thematische Digression. Hier wird nicht mehr Loyalität oder Illoyalität vergolten etwa in dem Sinne, daß Juda dafür belohnt wird, den König über den Jordan geleitet zu haben. Vielmehr wird der Stellenwert Judas und Israels beim König auf grundsätzliche Art diskutiert. Dem entsprechen auch die Unterschiede, die bei der verwendeten Terminologie festzustellen sind. Zuerst redet V.41b von כל־עם יהודה und חצי עם ישראל, und ab V.42 ist durchgehend nur noch vom „Mann Israels" und „Mann Judas" die Rede. Hierin unterscheidet sich die Szene von ihrem unmittelbar vorhergehenden Kontext. Denn die Begriffe כל־עם יהודה und חצי עם ישראל begegnen im Absalomaufstand an keiner anderen Stelle,[214] und „Mann Israels" sowie „Mann Judas" nicht in dieser Massierung. Diese beiden *Termini* sind insofern sachgemäß, als sie institutionelle Kategorien bezeichnen.[215] Denn in der folgenden Auseinandersetzung geht es um die Frage, zu welchem Volksteil der König genuin gehört.

Weitere Überlegungen zur Terminologie

Im Grundbestand war עם (ggf. „das mit ihm war") die Bezeichnung für Davids Kontingent (17,22*; 18,1a.6.16a), und ישראל diejenige für die Gefolgschaft Absaloms (18,6.16a).[216] Ferner wird in 18,15 von נערים auf Davids Seite gesprochen. Diesen gesamten Sprachgebrauch nimmt das Itinerar auf, teils auch in leichter Abwandlung. Denn Davids Anhänger werden in 15,23*bis*.30; 16,14; 19,40a כל־העם (ggf. „das mit ihm war") genannt. 18,7* nennt עבדי דוד, ferner ist in 15,16a vom בית des Königs die Rede.[217] Für Absaloms Seite wählt man in 17,26; 18,17b den Ausdruck „Israel", in 18,7* „Volk Israels". In 19,16bα ist die Erwähnung von Juda, das David entgegen geht, als Kontrast zur Flucht Israels in 18,17b zu sehen.

Was die folgenden Schichten betrifft, sind nur wenige Einzelheiten festzuhalten. Die chronologisch erste Erwähnung von איש ישראל findet sich im Absalomaufstand in II Sam 16,15, wo R1 für Absaloms Kontingent die identifizierende Bezeichnung כל־העם איש ישראל schafft. R2 greift in 17,14a, und R3 in 16,18 auf den Terminus „Mann

---

212 Zu den literarischen Verhältnissen vgl. o. 7.4.

213 Auf den im später nachgetragenen 19,19 geäußerten Wunsch der Benjaminiter, David über den Fluß zu bringen, wird nicht mehr zurückgekommen.

214 Der erste Begriff findet sich sonst nur noch in II Reg 14,21 par II Chr 26,1; Jer 25,1.2; 26,18. Der zweite Begriff ist *hapax*.

215 Vgl. Tadmor, Traditional Institutions, 242 über „Mann Israels".

216 In 15,12b ist vom עם die Rede, der mit Absalom läuft.

217 Vgl. auch בית־המלך in 16,2 (T1), ferner 19,19.

Israels" zurück.[218] In 15,13 spricht dann auch T1 vom „Mann Israels" und in 15,6b im plur. von den „Männern Israels". Die Rede vom יהודה אישׁ ist für T1 in 19,17 belegt, und in II Sam 19,15a für N1. Ferner ist festzuhalten, daß T1 in 19,10.23*bis* den Namen „Israel" inklusiv, also für das ganze Volk, verwendet.

Im Blick auf die Frage, ob der König Israel oder Juda näher steht, bestehen gewisse Analogien zu 19,10-16 in seiner durch N1 überarbeiteten Fassung, die einen Antagonismus zwischen Israel und Juda kennt. So, wie 19,10-16 jetzt vorliegt, könnte man den Text als Pendant zu 19,41b-44 auffassen. Denn während es im auf T1 zurückgehenden Grundbestand von V.10-16 (ohne V.16bα) *alle Stämme Israels* sind, die den König ins Land zurückbringen wollen (V.10f), trägt N1 V.12a.15a ein, nach denen sich der König wegen der Organisation seiner Rückkehr *exklusiv an Juda* wendet. Damit geht die Initiative nicht nur plötzlich vom König aus, sondern N1 deutet die Szene explizit auf einen Antagonismus von Juda und Israel hin um, während der Begriff „Israel" in der Grundfassung der Epsiode (T1) nur inklusiv zu verstehen war.[219]

Diesen Zusammenhängen hat man in der bisherigen Forschung wohl Rechnung getragen, wertete sie aber in einem einfachen redaktionskritischen Alternativmodell aus, das das Wachstum von 19,10-16 nicht (*Langlamet, Hentschel*) oder nicht angemessen (*Vermeylen*) berücksichtigt. Man sah einerseits die Rahmung V.10-16 sowie V.41b-44 und andererseits das gerahmte Corpus V.17-24.25-31.32-41a als jeweils zusammengehörig. Und dann ging man entweder wie *Langlamet* und *Hentschel* davon aus, daß das Corpus primär und die Rahmung sekundär seien,[220] oder wie *Vermeylen* umgekehrt die „Rahmung" primär und das „Corpus" sekundär.[221] Daß die Corpus-Texte in der Tat zusammenhängen, hat die bisherige Untersuchung erwiesen, nach der die Grundbestände jeweils auf T1 zurückgehen.[222] Doch was das Verhältnis von V.10-16 und V.41b-44 angeht, ist die Sachlage komplizierter.

Wie gesehen, weiß der auf T1 zurückgehende Grundbestand 19,10f.15b. 16a noch nichts von einem Konflikt zwischen Israel und Juda, sondern „das ganze Volk" rafft sich „in allen Stämmen Israels" dazu auf, den

---

218 Vgl. auch den Nachtrag an das Itinerar in 17,24bβ.

219 Dazu o. 7.3.

220 Langlamet, Pour ou contre Salomon, 355f; Hentschel, NEB 34, 81f (je mit leicht variierenden Textabgrenzungen).

221 Vermeylen, Loi, 393ff, 603. Nach ihm gehört der „Rahmen" zum *récit primitif* und das Corpus zu S2, jeweils abgesehen von Erweiterungen.

222 Vgl. o. 7.4, 7.5 und 7.6.

siegreichen König endlich zurückzuholen. Doch T1 lag eine Notiz des Itinerars in V.16bα vor, derzufolge Juda nach Gilgal gekommen war, um dem König entgegen zu gehen. Dieser Notiz trägt erst N1 mit V.12a.15a Rechnung, nach denen David mit den Ältesten Judas[223] Kontakt aufnimmt und damit jeden Mann Judas (כל־איש־יהודה) dazu bewegt, ihn zurückzuholen. Erst durch die Eingriffe von N1 kommt also hier ein Antagonismus zwischen Israel und Juda ins Spiel. Durch V.12a.15a (N1) wird zugleich der inklusiv zu verstehende Israel-Begriff in der Wendung „alle Stämme Israels" (V.10, T1) als exklusiv, also nur auf das Nordreich bezogen, uminterpretiert.

Um zum Šeba-Aufstand überzuleiten, machen sich II Sam 19,41b-44 aber das Konzept des Itinerars zunutze, nach dem Juda dem König nach Gilgal entgegen gekommen war (19,16bα). Wahrscheinlich geht der Nachtrag V.16bβ[224] auch auf die Hand zurück, die für V.41b-44 verantwortlich zeichnet. Mit der Bemerkung, daß Juda den König über den Jordan führen will (19,16bβ), ist der Ausgangspunkt für den Disput in V.41b-44 geschaffen.

V.41b-44 führen erstmals explizit einen Konflikt zwischen Israel und Juda in den Absalomaufstand ein.[225] Beide werden als Brudervölker spezifiziert, vgl. אחינו in V.42b.[226] Wenn der Mann Israels behauptet, er habe zehn Anteile am König (V.44a), so erinnert die Rede von zehn Teilen deutlich an I Reg 11,29-38. Dort wird in den Bericht von Jerobeams Aufstand mit der Formulierung ויהי בעת ההיא „und es geschah zu jener Zeit" nachträglich eine Szene eingeschaltet, die von der Begegnung Jerobeams mit dem Propheten Ahia von Šilo berichtet. Sie unterbricht den Zusammenhang von V.28 bzw. V.26[227] und V.40. Daß auch dieser nachgetragene Abschnitt nicht einheitlich ist, haben etwa *Noth* und *Würthwein* gezeigt, die ihn als zu verschiedenen Graden dtr einstufen.[228] In der genannten

---

223 Der Begriff ist sonst nur noch in I Sam 30,26; II Reg 23,1 par II Chr 34,29; Ez 8,1, also nicht im Absalomaufstand belegt.

224 Dazu o. 302.

225 Implizit spielt er möglicherweise schon im Grundbestand der Absalom-Schlacht eine Rolle. Jedenfalls haben Grundbestand wie Itinerar einen eher diffusen Israel-Begriff, vgl. o. 6.3. T1 dagegen faßt Israel als inklusiv, also Norden wie Süden einschließend auf.

226 Vgl. II Sam 2,26-28, wo Abner durch einen Appell an Joab bewirkt, daß Kampfhandlungen zwischen den „Brudervölkern" Juda und Israel eingestellt werden.

227 Nach Würthwein, ATD 11/1, 138 sind V.27f ein Nachtrag.

228 Nach einer Schichten-Lösung (Prophetenerzählung mit dtr Bearbeitung) in Studien, 72 geht Noth in BK, 9/1, 259 allerdings von einem einheitlichen dtr Nachtrag aus.

Begegnung nimmt Ahia seinen neuen Mantel und zerreißt ihn in zwölf
Stücke, von denen sich Jerobeam zehn als Sinnbild für die zehn Stämme
des Nordreiches nehmen darf, die Jahwe Salomos Sohn entreißen wird. Im
folgenden c.12, das von der sog. Reichstrennung berichtet, sagt sich Israel
nach V.16a mit einem Slogan von Rehabeam los, der fast genau dem
Slogan Šebas in II Sam 20,1b entspricht. Dort heißt es: „Wir haben keinen
Anteil an David und wir haben keinen Erbteil am Sohne Isais. Ein jeder zu
seinen Zelten, Israel!"[229] Mit I Reg 11,31; 12,16 und II Sam 19,44a; 20,1b
findet sich im Alten Testament also zweimal eine ähnliche Abfolge: Zunächst werden zehn Teile genannt, die das Nordreich Israel ausmachen,
danach erklären die Abtrünnigen mit der zitierten Lossageformel ihre
Unabhängigkeit. Weil in I Reg 11f die Lossagung organisch auf die ange-
kündigte Trennung folgt, liegt dort der originale Zusammenhang vor. Denn
die Idee von den zehn Teilen des Nordreichs wird hier so eingesetzt, daß
sie deren Loslösung vom davidischen Königreich begründet. In Sam ist das
logische Verhältnis umgekehrt: Zwischen dem Anspruch des Nordens in II
Sam 19,44, zehn Teile am König, also an David, zu haben, und seiner
Lossagung in 20,1b besteht ein scharfer Kontrast, der jedoch keinen Bruch
darstellt. Der Aufstand Šebas wirkt dann wie eine Trotzreaktion auf die
Zurückweisung Israels. Wegen dieser Umkehrung und weil 20,1 einen
selbständigen Beginn darstellt, wurden 19,41b-44 sekundär vor c.20 eingeschaltet.[230] Mithilfe dieser Einschaltung wird der Aufstand Šebas als Reaktion auf eine Benachteiligung gedeutet. Weil Israels Anspruch auf oder
Wunsch nach Nähe zum König enttäuscht, ja Juda offenbar unrechtmäßig
bevorzugt worden ist, sagt sich Israel vom König los. Die Rede von den
zehn Teilen aber setzt in jedem Fall den späten Schematismus der zwölf
Stämme Israels voraus.[231] Im übrigen hat *Becker* nachgewiesen, daß I Reg
12,1-20* eine geschichtstheologische Reflexion darstellt, die mindestens

---

Würthwein, ATD 11/1, 139ff sieht zwei Schichten, nämlich DtrP und DtrN, am
Werk; vgl. auch Jepsen, Quellen, 15ff.

229 I Reg 12,16 par II Chr 10,16 haben danach noch den Satz „Nun kümmere dich um
dein Haus, David!" sowie den Ausführungsvermerk, daß Israel zu seinen Zelten
ging.

230 Auch Stoebe, KAT VIII/2, 432, sieht die lockere redaktionelle Verbindung.

231 Vgl. Noth, System, 4f und 111, Anm. 1. Zu dessen Spätdatierung Levin, System,
111ff. Wird dabei Benjamin zu Juda gezählt (Stoebe, KAT VIII/2, 432) oder ist es
Simeon, der neben Juda dem Südreich verbleibt? Doch „[d]efinitiv wird sich das
Problem ... nicht klären lassen.", so Noth, BK 9/1, 260. Dagegen, daß hier das
Zwölfstämme-System vorausgesetzt wird, plädieren ferner Budde, KHC 8, 295 und
Seiler, Geschichte,192, es handle sich hier vielmehr um ein Verhältnis 10:1.

DtrH voraussetzt.[232] Weil der Šeba-Aufstand dem Samuelbuch zwischen
T1 und T2 inkorporiert wurde,[233] ist 19,41b-44 in jedem Fall später als T1
und als der Grundbestand von II Sam 20 zu datieren.

Der invertierte Verbalsatz V.41bα markiert den Beginn der selbständigen Szene 19,41b–44. Was in V.16bβ nur Absicht war, wird hier in
die Tat umgesetzt. Juda, das anders als im Itinerar als כל־עם יהודה bezeichnet wird, hatte den König überschreiten lassen.[234] Da auch Israel in
der folgenden Auseinandersetzung eine Rolle spielt, bringt es eine nachgetragene וגם-Glosse hier in diesem Vorgang unter: „und auch die Hälfte
des Volkes Israels" (V.41bβ).[235] Doch diese Glosse erzeugt einen logischen
Bruch, da im folgenden davon ausgegangen wird, daß Juda *alleine* den
König herübergeführt hat, vgl. V.42b, auch V.44a.

Der primäre Text der Episode wird in V.42 fortgesetzt. Mit והנה und
einem folgenden Partizipialsatz wird das „Protokoll" der Auseinandersetzung eingeleitet. Dies ist zwar ein deutlicher Neueinsatz, doch gehören
V.41bα und V.42-44 literarisch zusammen, da V.41bα Voraussetzung und
Hintergrund des folgenden Disputes darstellt. Als Diskutanten stehen der
(כל־)איש ישראל) (V.42a.43a.44a.b) und der (כל־)איש יהודה) (V.42b.43a.
44a.b) einander gegenüber. Wegen des Charakters der Diskussion wählt
man bewußt diese institutionellen Kategorien. Im Partizipialsatz wird
vermerkt, daß jeder Mann Israels zum König kommt, um in einer
Beschwerde über den Mann Judas das Wort an ihn zu richten.[236] Das Gra-
vamen bringt man in Form einer mit מדוע gebildeten Frage vor: Warum hat
der Mann Judas, der *ad sensum* als אחינו „unsere Brüder" spezifiziert wird,
den König gestohlen (Wurzel גנב), indem er ihn und sein Haus über den
Jordan geführt hat? Diese Frage ist in V.42bα mit את־הירדן beendet; das
deutlich nachklappende und daher sekundäre Objekt וכל־אנשי דוד עמו
„und alle Männer Davids mit ihm" (V.42bβ) trägt der Tatsache Rechnung,
daß auch ein militärischer Verband mit David zog. Daß mit V.42bβ ein

---

232 Becker, Reichsteilung, 210ff.
233 Vgl. den Exkurs „II Sam 20" in 7.3.
234 Vgl. o. den kurzen Exkurs „Weitere Überlegungen zur Terminologie". Mit vielen
Mss und dem Qere ist in V.41b העבירו, also AK statt des Narrativs zu lesen, vgl.
auch die lukian. Rezension der LXX, Targum und Vulgata.
235 Gegenüber dem ganzen Volk Juda scheint auch noch die Hälfte Israels numerisch
sehr hoch. Auch nach Schulz, EHAT 8/2, 240; Stoebe, KAT VIII/2, 430, je erwägungsweise, sowie Langlamet, Pour ou contre Salomon, 355; Vermeylen, Loi, 391
liegt hier ein Nachtrag vor. Caquot/de Robert, Samuel, 562 (zadoqidischer Redaktor) und Seiler, Geschichte, 190 scheiden ganz V.41b als Nachtrag aus.
236 Das wird im Narrativ angeschlossen.

Nachtrag vorliegt,[237] zeigen zwei weitere Beobachtungen. Erstens ist von „David" und nicht wie in V.41bα.42a.bαbis.43bis.44bis vom „König" die Rede.[238] Und zweitens wird sein Kontingent hier als אנשׁי דוד[239] „Männer Davids" und nicht wie sonst im Absalomaufstand als עבדים (18,15*; 19,6ff* etc.), עבדי דוד „Knechte/Pioniere Davis" (18,7*. 9a) oder עם „Kriegsvolk (das bei ihm war)" (17,22*; 18,1a etc.) bezeichnet.

V.43 enthält die Erwiderung. Doch nicht der König antwortet, obwohl er angesprochen war (V.42bα), sondern כל־אישׁ יהודה (V.43a). Merkwürdigerweise spricht David in der ganzen Szene gar nicht. Juda aber entgegnet Israel, der König sei ihnen näher (V.43aα); und überhaupt, warum zürne Israel: „Haben wir etwa vom König gegessen, oder ist durch uns ein Stück[240] (von ihm) abgetragen worden?" Diese markante Doppelfrage formuliert im *Parallelismus membrorum*.[241] Durch sie wird Israels Vorwurf auf ironische Weise bagatellisiert, es handelt sich bei ihr um ein „Witzwort".[242]

Die Gegenantwort Israels in V.44a[243] beruft sich auf die Größe dieses Volksteiles: „Zehn Anteile habe ich am König ... Und warum behandelst du mich (da) verächtlich, und war es nicht meine Sache, als erste für mich, den König zurückzubringen?" (V.44a*). Wie in V.43a folgt damit auf eine thetische Aussage über den je eigenen Stellenwert beim König eine mit *Waw copulativum* angeschlossene „Warum"-Frage, die in V.43 mit למה und in V.44 mit מדוע gebildet wird. In diesen Zusammenhang wurde eine Glosse mit וגם sekundär an die anfängliche Aussage angefügt: „und auch an David bin ich mehr als du".[244] Sie dupliziert die Aussage und macht sie

---

237 So auch Greßmann, SAT 2/1, 174; Schulz, EHAT 8/2, 241; Stoebe, KAT VIII/2, 429f.

238 וגם־בדוד אני ממך in V.44a ist Glosse, vgl. im folgenden.

239 Vgl. sonst nur noch I Sam 23,3; 24,5; II Sam 21,17 je für Davids Freischärler oder Helden, ferner auch אנשׁיו im sekundären 17,8 und in 16,13* (T1).

240 Mit den Vrs ist משׂאת „Stück/Portion" zu lesen (Schreibfehler). LXX hat eine Doppellesart.

241 Dabei ist מן־המלך ein *double duty*, gilt also für beide Fragen.

242 Thenius/Löhr, KEH 4, 186. Der Witz ist m.E. nicht „sowohl unhebräisch als auch an sich borniert" (Ehrlich, Randglossen, 326). Vgl. auch Israels Gegenfrage in V.44a „und warum behandelst du mich verächtlich?" (Wurzel קלל hi.).

243 Der Wechsel der Präposition von ענה על (V.43) zu ענה את (V.44) ist literarisch nicht aussagekräftig.

244 Sekundär auch nach Stoebe, KAT VIII/2, 429f. Vor der Glosse hat die LXX noch die Doppellesart καὶ πρωτότοκος ἐγὼ ἢ σύ „und ich bin früher geboren als du". Kaum ist ihretwegen בדוד in בכור zu ändern, wie es etwa McCarter, AncB 9, 419; Vermeylen, Loi, 392 u.a. tun.

nur etwas expliziter zur Reaktion auf Judas Behauptung, der König sei
ihnen näher. Während im Kontext durchgehend vom „König" die Rede ist
(vgl. V.41b.42*ter*.43*bis*.44*bis*), spricht sie von David. Die Antwort Israels
im Primärtext aber setzt, wie gesehen, den späten Schematismus der zwölf
Stämme Israels voraus. Ferner zitiert die Formulierung להשיב את־מלכי
offensichtlich 19,11b.12a.13b.[245] *Caquot/de Robert* scheiden V.43b.44a als
Eingriff der zadoqidischen Redaktion, und *Vermeylen* V.43b.44 als DtrH
aus.[246] Sie geben dafür aber keine literarkritischen Gründe an, vielmehr
würde der Eingriff die ausgewogene triptychische Kompositionsstruktur
von „Vorwurf Israels" (V.42), „Rechtfertigung Judas" (V.43) und „Entgegnung Israels" (V.44a) zerstören.

Die Bilanz in V.44b „Und das Wort des Mannes Judas wog schwerer
als das Wort des Mannes Israels" trägt nicht nur dem faktischen
Geschichtsverlauf Rechnung, sondern einem theologischen Programm.
Juda ist nicht nur der Bereich des davidischen Königtums, sondern stellt
auch nach der Katastrophe von 587 das einzige Potential für ein zukünfti-
ges Israel dar. Dies ist deutlich ein Konzept golaorientierter Theologie.

Fazit: 19,41b-44 dient der Überleitung zum Šeba-Aufstand und bereitet die Reichstrennung I Reg 12 vor. Der Abschnitt ist frühestens nach T1
zu datieren. Nachträge liegen in V.41bβ.42bβ sowie in וגם־בדוד אני ממך
in V.44aα vor.

---

245 Liegt dabei in der Eingangsformel לא־היה דברי ראשון לי eine Anspielung auf
   19,21b?
246 Caquot/de Robert, Samuel, 562f; Vermeylen, Loi, 391–393.

8. Ergebnisse und Folgerungen

Eine Thronfolgegeschichte im Sinne *Rosts* gibt es nicht,[1] sondern die literarischen Verhältnisse liegen ungleich komplexer. Der Text von II Sam 9-20; I Reg 1f ist nämlich das Produkt facettenreicher theologischer Reflexionsprozesse, die bis weit in die nachexilische Zeit andauern.

In Auseinandersetzung mit den Thesen *Rosts* und der auf ihn folgenden Diskussion um die sog. Thronfolgegeschichte wurden zunächst in Kapitel 1-4 der Arbeit die Texte untersucht, die den Übergang der Herrschaft von David auf Salomo betreffen (II Sam 10-12; I Reg 1f). In ihnen geht es um die eigentliche Thronfolge sowie die Vorgeschichte des Thronfolgers. In einem zweiten Gang der Analyse in Kapitel 5-7 stand der Aufstand Absaloms (II Sam 15-19) im Blick,[2] denn er wird als *das* zentrale Ereignis in Davids später Regierungszeit dargestellt und berührt mit Absaloms Thronbegehren II Sam 15,1 auch das Ausgangsproblem von I Reg 1f:[3] In beiden Fällen erhebt ein Sohn Davids Anspruch auf den Thron. Außerdem konnte in der Untersuchung von II Sam 15-19 das in Kapitel 1-4 entwickelte Modell der Textentstehung geprüft werden. Im einzelnen sind folgende Ergebnisse festzuhalten.

Als *Grundbestand* der untersuchten Texte haben sich kurze einzelne Quellenstücke erwiesen, die Ereignisse zum Thema haben, welche für die Selbstdefinition und Selbstlegitimation der Dynastie bestimmend sind. Genauer handelt es sich um einen Feldzugsbericht über die Eroberung Rabbas in II Sam 11,1a*;[4] 12,29.31b, den Bericht von der Niederschlagung des Absalomaufstandes in II Sam 15,1aβγb.12b; 17,22abα1(bis הבקר); 18,1a.6.9b.15aα.b.16a.17a, den Text über die Geburt des Thronfolgers Salomo in 11,2.4aαβ.b.5.27a*(ab וישלח); 12,24bα2(„und er nannte seinen

---

1   Zur These *Rosts* s.o. S. 1. Eine beträchtliche Zahl von Forschern verschiedener Richtung hat die Annahme einer Thronfolgegeschichte überhaupt aufgegeben, vgl. etwa Carlson, David, 41–193; McCarter, Plots, 361–364; ders., AncB 9, 4–16, 275f; Stoebe, KAT VIII/2, 45–52; Dietrich, BE 3, 229–273; ders., Art. Samuel- und Königsbücher, 5ff; ders., Ende, 38ff; Vermeylen, Loi, 469–690; Klein, David versus Saul, 108–144, 194–199; Frolov, Succession Narrative, 81ff; Isser, Sword, 52–54, 72–99, 148ff, 180–184 etc.

2   Zu II Sam 7 und II Sam 20 liegen Exkurse vor: vgl. 1.1 bzw. 7.3. Zu II Sam 9 vgl. o. 202f, zu II Sam 13f vgl. o. 236 und 300f. und zu II Sam 21-24 vgl. o. 177.

3   Vgl. den Thronanspruch Adonias nach I Reg 1,5.

4   Ohne השנה לתשובת und ohne ואת־כל־ישראל und עמון את־בני und וישחתו.

Namen Salomo") sowie den Bericht über seine Thronfolge in I Reg
1,5.7.8aαb.38.39a*(ohne מִן־הָאֹהֶל).39b.40aαγb.⁵
Diese Quellenstücke haben mehrere sprachliche und sachliche Ge-
meinsamkeiten. Die Ereignisse werden in ihnen jeweils sehr knapp und
vorwiegend im Narrativ dargestellt. Direkte Rede wird nur in Einzelfällen
benutzt, vgl. in II Sam 11,5bβ; I Reg 1,5a.39bγ wo es sich jeweils um ganz
prägnante und für den Hergang unentbehrliche Aussprüche handelt, die
alle nur aus zwei oder drei Worten bestehen. Eine bewegte Ausgestaltung
von Einzelszenen fehlt. Außerdem wird David immer bei seinem Namen
genannt, nie wird von ihm nur als „der König" gesprochen, wie es in späteren Schichten, etwa in der Theodizee-Bearbeitung⁶ gebräuchlich ist. Dasselbe gilt für Salomo.⁷ Der Feldzug gegen Rabba, die Niederschlagung des
Absalomaufstandes, die Geburt Salomos und seine Inthronisation werden
je ohne moralische Bedenken als positive Ereignisse dargestellt. Die Quellen sind also prodavidisch und prosalomonisch. Es handelt sich um
Propaganda-Texte des Königshauses. Das ist im Falle der Eroberung
Rabbas oder der Niederschlagung des Absalom-Aufstandes evident.⁸
David nimmt Rabba ein, nachdem Joab vorgearbeitet hat. Und David siegt
über den Rebellen Absalom,⁹ vor dem er aus Jerusalem geflohen war. Doch

---

5   Vgl. die entsprechenden Untersuchungen in 1.1 und 1.3 (Eroberung Rabbas); 6.1,
    6.2 und 6.3 (Absalomaufstand); 2.2, 2.3 und 2.4 (Geburt Salomos) sowie 3.1, 3.2,
    3.3 und 3.5 (Thronfolge).

6   So vorwiegend im Bericht vom Absalomaufstand, vgl. o. 5.2, 5.4, 7.2 bis 7.5 und
    7.6.2 sowie zur Theodizee-Bearbeitung u. 347ff.

7   An exponierter Stelle, nämlich im Bericht über Salomos Inthronisation, heißt es
    allerdings einmal הַמֶּלֶךְ דָּוִד (I Reg 1,38) sowie הַמֶּלֶךְ שְׁלֹמֹה (V.39b), weil es um die
    Nachfolge auf dem Königsthron geht.

8   Die Quelle, die über den Absalomaufstand berichtet, beginnt in 15,1aβ mit einem
    Narrativ. Absalom wird nicht eigens vorgestellt. Damit knüpft sie an Vorhergehen-
    des an, wahrscheinlich an eine Grundfassung der Erzählung von Amnon, Thamar
    und Absalom in II Sam 13f, deren Grundbestand wohl in II Sam 13,1*.14b.23.28a.
    29.38; 14,23 vorliegt. Dieser Bericht beginnt mit einem invertierten Verbalsatz
    (also wie in 15,1 ohne das einleitende וַיְהִי אַחֲרֵי־כֵן), auf den im wesentlichen Narra-
    tive folgen. Die kurze Erzählung steht in der prodynastischen Tendenz der anderen
    Quellenstücke. Denn sie berichtet davon, wie der Königssohn Amnon, der seine
    Halbschwester Thamar vergewaltigt hat, auf Betreiben von deren Bruder Absalom
    bei einem Fest getötet wird. So ist die Tat gerächt. Absalom, der Mörder, flieht nach
    Gešur, wo er drei Jahre bleibt. Joab holt ihn nach Jerusalem zurück. Bei seinem
    Aufstand wird David über ihn siegen.

9   Bei der Auseinandersetzung handelt es sich um keine große Aktion, sondern um den
    Kampf kleiner Kontingente, der im Walde Ephraim stattfindet. Der Grundbestand ist
    kunstvoll in einer konzentrischen Struktur komponiert. Im Zentrum steht V.9b.
    15aα.b, der tragische Unfall Absaloms und seine Tötung, die das Ende des Auf-

auch die beiden Texte über Geburt und Thronfolge Salomos, die miteinander zusammenhängen, sind prodynastische Propaganda. Im Grundbestand ist Salomo der Sohn Davids und einer namenlosen Frau,[10] über die nicht gesagt wird, daß sie schon verheiratet gewesen wäre. David nimmt die Mutter Salomos zur Frau, nachdem er von ihrer Schwangerschaft erfahren hat. Diese Ereignisse werden mit Freude am Geschehen erzählt, das gilt auch und besonders für Salomos Thronerhebung. Zunächst wird in I Reg 1,5.7f* berichtet, daß Adonia den Thron begehrt, dann werden die gegnerischen Parteien Adonias und Salomos vorgestellt. Danach erzählen 1,38-40* davon, wie Salomo in Gihon unter gewaltigem Jubel zum König gemacht wird.[11]

Die untersuchten Quellentexte stehen in zeitlicher Nähe zu den Ereignissen, von denen berichtet wird. Für die Berichte vom Feldzug gegen Rabba sowie die Niederschlagung des Absalomaufstandes ist eine Entstehung noch in der Zeit Davids vorstellbar. Nachrichten über derartige Begebenheiten entsprechen dem Themenkanon orientalischer Königsinschriften oder Annalenliteratur.[12] Die Texte über Salomos Geburt und seine Thronfolge setzen dagegen schon voraus, daß Salomo auf den Königsthron gelangt ist. Die Notwendigkeit, explizit über Salomos Inthronisation zu berichten, deutet darauf hin, daß seine „Nachfolge" eine grobe Unregelmäßigkeit bzw. Usurpation darstellt, Salomo also mit Gewalt auf den Thron kam. Denn wo im AT explizit von einer Königserhebung berichtet wird, fand der Thronwechsel mit Gewalt statt, wie die Beispiele Jehus (II Reg 9) und Joašs (II Reg 11) zeigen.[13] Salomo ist also mindestens

---

stands bedeuten. Sobald der Thronprätendent tot ist, hat die Erhebung keinen Sinn mehr. Der Innenrahmen V.6.16a nennt Anrücken sowie Beginn und Abschluß der Kampfhandlungen. Im Außenrahmen V.1a und V.17a wird von der Musterung durch David und von Absaloms Schandbegräbnis berichtet. So ergibt sich ein stringenter Schlachtverlauf.

10 Vgl. auch die namenlose *entu*-Priesterin als Mutter und den unbekannten Vater Sargons nach der Sargon-Legende, RTAT, 123f; TUAT Erg., 55–57; Hallo, Context I, 461.

11 Erst die dynastiekritische Bearbeitung, die eine scharfe antidavidische und antisalomonische Tendenz hat, macht Salomo zur Frucht eines Ehebruchs und David für Urias Tod verantwortlich. Ebenso läßt sie Salomos Thronfolge auf Nathans und Bathsebas Intrige zurückgehen und fügt die Berichte über die Hinrichtungen Adonias und Joabs ein, die eine besonders negative Aussageabsicht haben. Vgl. insgesamt u. 337–343 sowie o. 3.5, 4.1 und 4.2.

12 Stellvertretend für die zahlreichen möglichen Beispiele vgl. das in TUAT I, 289–353 und 354–410 zusammengestellte Material.

13 Im Falle von Sauls Königserhebung geht es um die *Neueinrichtung* des Königtums

ein Usurpator;[14] die Darstellung des Thronwechsels erfolgt im Grund-
bestand entsprechend zu seinen Gunsten.[15] Daß diese Einschätzung des
Inthronisationsberichtes zutrifft, zeigt auch der Blick auf altorientalische
Parallelen. In ihnen werden Usurpationen sehr oft dadurch gerechtfertigt,
daß man Thronwechsel explizit zum Thema macht. Das zeigt z.b. die
Apologie des Königs Ḫattušiliš III. (ca. 1275-1245 v. Chr.).[16] In ihr rechtfertigt der hethitische Großkönig mit einer ausführlichen Darstellung der
Ereignisse aus seiner Perspektive, daß er seinen Neffen und Vorgänger
Urhi-Tešup (ca. 1282-1275 v. Chr.) völlig besiegt und abgesetzt hat. Noch
deutlicher werden die Verhältnisse aber durch einen neuassyrischen Text,
nämlich das Prisma Ninive A des neuassyrischen Königs Asarhaddon
(681-669 v. Chr.).[17] Es dient dazu, die Inthronisation Asarhaddons zu
legitimieren, in deren Zuge er sich gegen die Gruppe seiner älteren Brüder
durchgesetzt hat; im Hintergrund stehen dabei auch die mysteriösen Umstände der Ermordung seines Vaters und Vorgängers Sanherib (705-681 v.
Chr.).[18]

Insgesamt hat sich erwiesen, daß in II Sam 9-20; I Reg 1f als Primär-
bestand kein durchlaufender Text zugrundeliegt, sondern einzelne Quellenstücke, „Fragmente".[19]

Alle Quellenstücke im Bereich von II Sam 9-20; I Reg 1f wurden zu
höherem Ruhme der Dynastie, und die Texte über Salomos Geburt und
Thronfolge speziell *ad maiorem gloriam Salomonis* verfaßt. Ihre Trägerkreise sind am Königshof zu suchen. Damit kann ich in der Bestimmung

---

und bei Davids Salbung (II Sam 2,2-4*; 5,1-3*) um den Abbruch der saulidischen
Linie.

14 Daß der alte David im Zuge eines *coup d'état* von den Verschwörern ermordet
wurde, wie Vermeylen, David, 493f vermutet, läßt sich nicht beweisen. Ob Salomo
noch zu Davids Lebzeiten auf den Thron gelangte, steht nicht fest; vielmehr deutet
der Grundbestand I Reg 1,5.7.8aαb.38-40*, in dem David nicht erwähnt wird, eher
darauf hin, daß der alte König schon tot war.

15 Die David-Biographie-Schicht und die Theodizee-Bearbeitungen versuchen, seinen
Thronwechsel zusätzlich zu legitimieren, s. u. 344f sowie 347ff.

16 Übersetzung von Heinrich Otten in TUAT I, 481-492 (mit Kommentierung von
Hans Martin Kümmel), vgl. ferner Hallo, Context I, 199ff.

17 Lesung, Übersetzung und Kommentierung von Borger, Inschriften Asarhaddons,
36-50, vgl. ders. in TUAT I, 393-397.

18 Zu beiden Parallelen s. o. die ausführlichen Überlegungen in 3.5.

19 In ähnliche Richtung gehen die Überlegungen von Greßmann, SAT 2/1, 163, 181,
193; Caspari, KAT VII, 7-13, 509-512; McCarter, AncB 9, 4-16, 275f; ders., Plots,
361-364; McKenzie, So-Called, 127-135; ders., David, 204ff und Fischer, Hebron,
269-329.

der Entstehungszeit, der Träger und der Tendenz des Grundbestandes *mutatis mutandis* den Überlegungen *Rosts* zwar noch folgen, aber nicht darin, daß in II Sam 9-20; I Reg 1f ein umfangreicher Grundbestand zu veranschlagen wäre, welcher ein einheitliches Literaturwerk darstellte. Wie gesehen, handelt es sich vielmehr um kurze Einzelquellen, die unterschiedlicher Provenienz sind. Derartige Quellen wurden am Königshof von der Dynastie nahestehenden Kreisen gesammelt und archiviert; es handelt sich *quasi* um die Gründungsdokumente der davidischen Dynastie. Es wäre zu erwägen, ob zu einer solchen Quellensammlung auch der Bericht über die Eroberung Jerusalems (II Sam 5,6–10*) sowie die Grundbestände der beiden Inthronisationsberichte II Sam 2,1.2aα.3aα(erste drei Worte). 3b.4a und 5,3 gehören,[20] wenn die beiden letztgenannten Texte nicht erst auf redaktioneller Ebene zur Verbindung der Saul- und der Davidüberlieferung geschaffen wurden.[21]

Bei der näheren Analyse der Quellenstücke hat sich weiterhin gezeigt, daß es Anzeichen für eine einfache und sehr sparsam wirkende *frühe Redaktion* gibt, die die vorhandenen Stücke literarisch enger miteinander verzahnt. Wegen ihres einfachen Vorgehens und weil ein Interesse an absoluter Chronologie oder gar an einem Gesamtverlauf der Geschichte Israels fehlt, muß sie noch vor der dtr Redaktion gewirkt haben. Ihr ist jedoch deutlich daran gelegen, den überlieferten quellenhaften Textbestand über David und die Nachfolge Salomos zu sichern, ihr Interesse ist eindeutig prodynastisch. Wahrscheinlich geht sie noch auf die Hände der Hofbeamten zurück, die die Quellentexte des Grundbestandes gesammelt haben. Zu Propagandazwecken hätten diese in unmittelbarer zeitlicher Nähe eine Art Programmschrift der Dynastie erstellt. Einen solchen Text könnte man sich gut als Königsinschrift auf einer Stele, etwa im Palast oder im Bereich des Tempels vorstellen, die in Salomos fortgeschrittener Regierungszeit aufgestellt worden wäre. Weniger überzeugend scheint mir, daß die frühe Redaktion später datiert. In diesem Fall wäre das neunte Jahrhundert v. Chr. als mögliche Datierung plausibel. In Reaktion auf den gewaltigen Erfolg der Omriden im Nordreich hätte man im Südreich den dynastischen Gedanken weiter ausgeprägt und profiliert. Diese Art der Selbstdefinition wäre im Blick auf den mächtigen Nachbarn als dringend notwendig erschienen. Für eine Datierung der Erstredaktion ins achte oder siebte Jahrhundert sind der redigierte Textbestand zu klein und die redak-

---

20 Vgl. o. 298 und 299f mit Anm. 98.
21 So etwa Kratz, Komposition, 180ff, bes. 215; auch Fischer, Hebron, 319ff.

tionellen Eingriff zu sparsam. Vor allem aber fehlt jegliche theologische Reflexion.[22]

Die Tätigkeit der frühen Redaktion zeigt sich im einzelnen an folgenden Eingriffen. Einerseits stellt sie Texte des Grundbestandes in neuer Reihenfolge zusammen. So bettet sie die Geschichte von Salomos Geburt (II Sam 11,2.4aαβ.b.5.27a*[ab וישלח]; 12,24bα2) in den Bericht von der Belagerung und Eroberung Rabbas (11,1a*; 12,29.31b) ein. Sie schaltet nämlich das mit 11,2 beginnende Quellenstück hinter 11,1a* ein und läßt damit die die ab 11,2ff* folgenden Ereignisse bis zur Geburt des Thronfolgers während der Belagerung stattfinden. Auf diese Weise wird Rabba erst nach Salomos Geburt eingenommen (12,29.31b). Um noch deutlicher zu machen, daß David, der erst in 12,29.31b vor Rabba in Aktion tritt, während der Belagerung den Thronfolger zeugen und dessen Mutter heiraten kann, fügt die Redaktion 11,1b an: „David aber blieb in Jerusalem." Der ursprüngliche Sinn dieser Einschachtelung besteht darin, daß die frühe Redaktion ihrer prodynastischen Tendenz gemäß Davids Erfolg *in love and war* (*Bailey*) zeigen will: Er ist ein siegreicher Kriegsheld und fruchtbarer Dynastiegründer.[23] Zudem fügt die Redaktion in II Sam 11,1a die Angabe לתשובת השנה „zur Wiederkehr des Jahres" direkt hinter ויהי „und es geschah" ein, um den Eroberungsbericht an vorhergehende quellenhafte Texte anzuschließen.[24] Ein weiterer Eingriff ist im Absalomaufstand festzustellen. Es ist die Formel ויהי מאחרי כן „und es geschah danach" in II Sam 15,1aα, die in gängigerer Gestalt ויהי אחרי כן auch in 13,1a begegnet. Wie *Fischer* herausgearbeitet hat, kann sie nicht einfach „als ein typisches Merkmal dtr Redaktionstätigkeit"[25] bewertet werden, sondern ist

---

22 So aber etwa Dietrich, BE 3, 229–273; Fischer, Hebron, 5ff, 269ff. Ich nehme jedoch an, daß zumindest im Textblock I Sam 16 - I Reg 2 ein sparsamer redaktioneller Erzählfaden durchläuft, der über die hier untersuchten Texte hinaus nach vorne ausgreift (s.o.); vgl. ähnlich Kratz, Komposition, 174–193.

23 Die literarischen Verhältnisse kommen der dynastiekritischen Bearbeitung in II Sam 11 insofern zupaß, als die Kriegshandlungen vor Rabba nun zu dem Rahmen gemacht werden konnte, in dem man Uria beseitigte.

24 Wie Kapitel 1 der Untersuchung, v.a. 1.2 gezeigt hat, datieren die weiteren Berichte in II Sam 10 später als der quellenhafte Bericht über die Eroberung Rabbas. Sie dienen alle dazu, diese Eroberung zu erklären, indem sie David entlasten. Dabei wurden zuerst V.1-5 (Grundbestand: V.1.2aβb.3*[ohne ולרגלה ולהפכה in V.3bα].4.5a) hinzugesetzt, die Davids Angriff durch eine erfahrene Provokation entschuldigen, dann V.6–14 und schließlich V.15-19, die die Verhältnisse umkehren: Nicht David greift an, sondern wurde durch Ammoniter und Aramäer angegriffen. Dabei rechnen V.6–14.15-19 mit immer unplausibleren militärischen Größen.

25 Fischer, Hebron, 49, vgl. a.a.O., 46–50; auch Conroy, Absalom, 41f.

unterschiedlicher Herkunft. Die frühe Redaktion bindet unter Verwendung dieser Formel in 15,1aα den Grundbestand des Berichtes vom Absalom-aufstand enger an seinen vorhergehenden Kontext an.[26] Ihr ist wichtig, zu betonen, daß David sogar der Bedrohung durch Absalom standgehalten hat.

Da sich I Reg 1,5.7f*.38-40* gut an den Bericht vom Absalomauf-stand anfügt,[27] sich ferner durch die Inversion am Anfang als ein selb-ständiger Beginn zu erkennen gibt, war keine weitere redaktionelle Ein-bindung nötig. Möglicherweise war es aber die frühe Redaktion, die die Salomo-Texte des Grundbestandes (II Sam 11,2.4aαβ.b.5.27a*[ab וישלח]; 12,24bα2; I Reg 1,5.7.8aαb.38-40*) wie einen Ring um die Quellen in c.13f*; c.15-18* gelegt hat.

Als nächstes redaktionsgeschichtliches Datum ist erst die *Aufnahme* des literarischen Materials *ins deuteronomistische Geschichtswerk* greif-bar.[28] Dabei beschränkt sich die Arbeit der dtr Historiographen in den hier untersuchten Texten auf den Eintrag von I Reg 2,10f, der anerkannterma-ßen dtr ist.[29] Die beiden Verse werden direkt an den quellenhaften Bericht von Salomos Inthronisation angeschlossen. Vergleichbar folgen in II Sam 2,10a.11 und 5,4f jeweils Rahmennotizen auf die Berichte von Davids Königserhebungen über Juda und Israel in II Sam 2,1-4* und 5,3.[30] Zu-sammen ergeben II Sam 2,10a.11; 5,4f und I Reg 2,10f ein System chrono-logischer Rahmenangaben, das durch die Schlußnotiz über Salomo (I Reg 11,41-43) sowie die weiteren Rahmennotizen der Reg-Bücher (I Reg 14,19f.21f*.29-31* etc.) fortgesetzt wird.[31]

Die nächstfolgende Bearbeitungsschicht ist nur im Absalomaufstand festzustellen; es handelt sich um das sog. *Itinerar*, ein System von Weg-notizen über die Flucht Davids vor Absalom ins Ostjordanland und seine Rückkehr nach dem Sieg. Der Textbestand des Itinerars ist in II Sam

---

26 In 13,1a* verzahnt die Redaktion die Geschichte von Amnon, Thamar und Absalom (II Sam 13,1*.14b.23.28a.29.38; 14,23) mit dem Grundtext von II Sam 12f*.

27 Vgl. dessen Schluß in II Sam 18,17a.

28 Die Überlieferungslücke zwischen früher Redaktion und dtr Geschichtswerk ist zwar groß, ergibt sich aber aus der relativen Chronologie, vgl. o. 4.1, 5.7 und 5.8.

29 Vgl. o. 4.1.

30 Diese werden im Anschluß an Noth, Überlieferungsgeschichtliche Studien, 62f von einer überwiegenden Mehrheit der Exegeten als dtr eingeschätzt. Zu möglichen Schwierigkeiten dieser Einschätzung vgl. Fischer, Hebron, 85–93.

31 Dabei rechne ich mit dem Beginn der dtr Tätigkeit um die Mitte des sechsten Jahr-hunderts v. Chr.; die Arbeit der Dtr dauerte aber mindestens bis zum Ende des fünften Jahrhunderts an.

15,16a.17b.23*.30a.b;[32] 16,14(a); 17,24abα.26; 18,7*(ohne „20 000").17b;
19,16bα.40a zu finden. Das Itinerar dient dazu, im Weg Davids und des
Volkes bei seiner Flucht vor Absalom und seiner Rückkehr ins Land Exilserfahrungen zu bewältigen. Dazu gestaltet es die Flucht des Königs als
Auszug in Trauer und unter den Tränen der Fliehenden und des ganzen
Landes (15,23*.30a.b). Die entscheidende Schlacht wird durch die Notizen
17,24abα.26; 19,16bα.40a ins Ostjordanland und damit ins Ausland verlegt. Der Aufenthalt außer Landes ist für das Volk die Zeit von Gefahr und
Bewährung. Dies entspricht deutlich einem in golaorientierter Theologie
vertretenen Gedanken: Nur diejenigen, die außerhalb des Landes durch das
Gericht des Exils geläutert worden sind, dürfen den Anspruch erheben, das
wahre Israel zu sein.[33] Und mit der Rückkehr über den Jordan bei Gilgal
wird eindeutig das Paradigma von Exodus und Landnahme zitiert, vgl. Jos
3f.5. Nach der Überwindung der Krise kommt David ins Land, gerade so,
wie das aus Ägypten befreite Volk das ihm verheißene Land in Besitz
nimmt. Wie etwa Jes 40,3f.10; 41,18f; 42,13; 43,19f; 49,10; 52,12 zeigen,
ist die Idee eines neuen Exodus ein Theologumenon frühestens der exilischen, plausibler aber der nachexilischen Zeit.[34] Die Gedanke an einen
neuen Eintritt ins Land und eine neue Landnahme hat in den Landtexten Ez
47,13-23; 48,1-29[35] seine theologiegeschichtlichen Parallelen. Die Konzeption des Itinerars ist demnach theologisch und traditionsgeschichtlich
hoch aufgeladen. Wegen seiner Denkvoraussetzungen halte ich eine Datierung in die zweite Hälfte des sechsten Jahrhunderts oder um die Wende
zum fünften Jahrhundert v. Chr. für angemessen.

Auf die prodavidische und prosalomonische Propaganda von Grundbestand und Erstredaktion reagiert eine Redaktion mit stark antidavi-
discher und antisalomonischer Tendenz: *die dynastiekritische Bearbeitung*. Doch diese Bearbeitung wirkt nicht unmittelbar, sondern im Abstand
einiger Jahrhunderte. Sie blickt bereits auf die Katastrophe von 587 v. Chr.
sowie auf die Rückkehr (von Teilen der Gola) aus dem Exil zurück und hat

---

32 In V.23.30 ist V.23aβbα der älteste Teil, dann wuchsen V.30a, danach V.30b und
    schließlich V.23aα hinzu, s.o. 5.3. Wann genau V.23bβγ angefügt, kann nicht
    gesagt werden.

33 Vgl. etwa Jer 37-44, dazu Pohlmann, Studien, 185ff und Ez 33,21-29 dazu Pohl-
    mann, ATD 22/2, 453ff sowie die golaorientierte Konzeption von Ez 40-48, dazu
    Rudnig, Heilig, 190ff je mit Bezug auf die Gola Joajchins.

34 Vgl. Schmidt, Glaube, 58. Zu Datierungsfragen vgl. Kratz, Kyros, 148–217; van
    Oorschot, Vom Babel zum Zion, 319–324.

35 Zum Wachstum vgl. Rudnig in ATD 22/2, 617ff.

ihren Ort in der Auseinandersetzung um Wert und politische Zukunft der Nachfahren der davidischen Dynastie. Dabei wird in der Kritik an David als dem Gründer der Dynastie sowie an Salomo als dessen erstem Nachfolger der Wert der Dynastie grundsätzlich in Abrede gestellt.

Daß die dynastiekritische Bearbeitung nicht früher zu datieren ist, zeigen zunächst mehrere Beobachtungen zur relativen Chronologie, die sich im Laufe der Analyse ergeben haben. Einerseits wurde deutlich, daß die Dynastiekritik nach DtrH, andererseits aber auch nach dem Itinerar anzusetzen ist.[36] Man kommt damit ins fünfte Jahrhundert v. Chr. Sodann legen verschiedene Überlegungen zu ihrer literarischen Eigenart und zu ihrer Tendenz nahe, daß diese Datierung einer vorexilischen Verortung vorzuziehen ist. Denn die Textanteile der dynastiekritischen Bearbeitung tragen erstmals größere Textblöcke in den knappen Grundbestand ein. Die Bearbeitung gestaltet bewegte, dialogreiche Szenen und arbeitet mit viel wörtlicher Rede, so z.B. beim Konflikt Davids mit Uria (II Sam 11, 6.8abα.9b.10a) oder bei der Intrige, die Salomo auf den Thron bringt (I Reg 1,11.12a*[nur ועתה לכי]. 13[ohne לכי].15aα.16–18.32-34). Gerade im Blick auf die Kürze und Sparsamkeit des Grundtextes ist eine derartige ausführliche literarische Gestaltung in den ersten Jahrhunderten der Königzeit nicht plausibel.

Mehrere Überlegungen geben den Ausschlag, um den Diskussionsprozeß zu bestimmen, auf den die dynastiekritische Bearbeitung reagiert. Kritik an der davidischen Dynastie ist im fünften Jahrhundert v. Chr. aus mehreren Gründen besonders einleuchtend. Denn in verschiedenen Texten v.a. im *Corpus propheticum* kann eine bewegte Auseinandersetzung um die Zukunft und Wertschätzung der Dynastie festgestellt werden. Diese Diskussion hat ihren zeitlichen Schwerpunkt in den Jahrzehnten, die dem Auftreten Nehemias vorausgehen, ist aber mit diesem noch nicht beendet. Texte wie etwa Jer 23,5f; Hag 2,21-23; Sach 4,6–10 zeigen, daß die Herrschaftsoption der davidischen Dynastie, insbesondere in der von König Jojachin ausgehenden Dynastielinie, auch längere Zeit nach der Katastrophe von 587 v. Chr. nicht aufgegeben wurde.[37] Durch Jer 33,14-17 wird sogar deutlich, daß die entsprechende Debatte bis ins dritte Jahrhundert v. Chr. anhielt.[38]

---

36 S.o. 4.1 (z.B. 106, 117), 5.7 (z.B. 199f, 204) und 5.8 (z.B. 204ff, 212 mit Anm. 187).

37 Dazu ausführlich Rudnig, Heilig, 154–164.

38 Zur Datierung Schmid, Buchgestalten, 232ff, bes. 326.

Exemplarisch zeigt sich die Diskussion über die davidische Dynastie etwa in der Auseinandersetzung über den davidischen נשיא „Fürst" im Ezechielbuch, die sich besonders
im sog. Verfassungsentwurf Ez 40-48 niedergeschlagen hat. Die Figur des נשיא steht in
Ez für den judäischen König. Der auf die golaorientierte Redaktion zurückgehende
Grundbestand von Ez 40-48, mit dem die Nachfahren der Gola Jojachins nach der
Rückkehr ihren Führungsanspruch bei der Restauration behaupten, sieht für den Fürsten
eine klare Führungsrolle im nachexilischen Gemeinschaftswesen vor. Diese Option wird
durch die diasporaorientierte Überarbeitung, die konträr gegen die Positionen des
Grundbestandes wirkt, schroff zurückgewiesen. In ihr werden dem Fürsten Gebietsenteignungen und auch Bedrückung, Raub und Mord vorgeworfen (Ez 45,8b.9; 46,16–18).
Wie die Ergebnisse zur Datierung von Grundbestand und erster Überarbeitung in Ez 40-
48 zeigen, findet diese Auseinandersetzung um den davidischen Fürsten im fünften
Jahrhundert v. Chr. statt.[39]

Daß es über diese literarischen Zeugnisse hinaus unter persischer Herrschaft eine reale Beteiligung von Davididen in der lokalen Verwaltung
gegeben hat, so wie etwa in Byblos und Sidon lokale Dynasten als Provinzstatthalter amtieren, die sich selbst sogar als „Könige" bezeichnen,[40] ist
nicht unwahrscheinlich, aber nicht zu beweisen. Das bekannte Siegel der
„Šelomith, Magd Elnathans, des Statthalters (ph[w ']) " könnte diese Vermutung stützen, ist aber in seiner Datierung und Deutung nicht sicher.[41]
Während *Lemaire* die Šelomith des Siegels, das er um 500 v. Chr. ansetzt,
mit der in I Chr 3,19 erwähnten Serubbabeltochter gleichen Namens identifiziert, datiert *Stern* das Siegel Ende des fünften oder erst ins vierte Jahrhundert v. Chr.[42] Bei der Bestimmung Šelomiths durch *Avigad* als „a
functionary of the governor"[43] wäre tatsächlich eine Davididin in die
Provinzialverwaltung involviert gewesen. Die dynastiekritische Bearbeitung übte in diesem Falle zusätzliche Kritik an den realen Verhältnissen.

---

39 Vgl. insgesamt Rudnig, Heilig, 154–164, 216–228, 232-243, 345–354 sowie ders.
    in ATD 22/2, 531–534 und *passim*.
40 Vgl. etwa die Inschriften des Königs Jehawmilk (spätes 5. oder frühes 4. Jahrhundert v. Chr.), und der Königinmutter Batnoʻam (um 350 v. Chr.) für Byblos
    (TUAT II, 586–589) und die Inschriften der Könige Tabnit (spätes 5. Jahrhundert v.
    Chr.), Ešmunʻazar und Bodʻaštart (5. Jahrhundert v. Chr.) für Sidon (TUAT II,
    589–594).
41 So auch Albertz, Verhinderte Restauration, 6, Anm. 19.
42 Das Siegel ist dokumentiert in Avigad, Bullae, 11–13 (Nr. 14). Zur Deutung Lemaire, Juda, 215f (ähnlich Meyers/Meyers, AncB 25B, 12f); Stern Culture, 207, 213.
    Zur ganzen Problematik vgl. auch Müller, Königtum, 240f mit Anm. 10 und 11.
43 Avigad, Bullae, 13. Dagegen bedeutet אמה nach Lemaire, Juda, 215 in diesem
    Zusammenhang „Ehefrau".

In der skizzierten Debatte bezieht die dynastiekritische Bearbeitung in II Sam 9-20; I Reg 1f eindeutig eine scharf antidavidische Position. Am Beispiel von David und Salomo zeigt sie auf, daß Gründer und erster Nachfolger der Dynastie moralisch verwerflich sind. Was die diaspora-orientierte Überarbeitung in Ez 40-48 auf theoretischer Ebene getan hat, betreibt die dynastiekritische Redaktion hier ganz konkret und exemplarisch an den zwei Gründungsfiguren der Dynastie. Ihre Trägerkreise sind in Gruppierungen zu suchen, die in scharfer Opposition zum Anspruch derjenigen stehen, die im Zuge der Restaurationszeit Hoffnungen auf eine politische Zukunft der davidischen Dynastie hegen.[44]

In eine durchaus vergleichbare Richtung geht die Überlegung von *Edelman*, daß sich in der Auseinandersetzung zwischen David und den Sauliden, wie sie in den Samuelbüchern (vgl. ferner I Reg 1f) dargestellt wird, eine Rivalität niederschlägt, die in der persischen Provinz Yehud[45] zwischen 538 und 515 v. Chr. stattgefunden hat.[46] *Edelman* datiert den Konkurrenzkampf zwischen *golah party* (David) und *non-golah community* (Benjamin) zwar früher, jedoch hat sie Richtiges in Bezug auf die Rolle von Figuren wie Ziba und Šimi erkannt.

Zudem hat *Müller* in einer Untersuchung zur alttestamentlichen Monarchiekritik aufgezeigt, daß sich diese Kritik grundsätzlich „erst vor dem Hintergrund des Untergangs der Staaten Israel und Juda ausgebildet hat".[47] Auch *Müller* kommt in seiner Arbeit auf eine Datierung ins fünfte Jahrhundert v. Chr.[48] Was *Müller* in grundsätzlichen Texten wie I Sam 8 entdeckt hat, bestätigt sich hier unter ganz anderer Perspektive, nämlich in den Erzählungen über David und Salomo.

Insgesamt wird also deutlich, daß eine scharfe Kritik der davidischen Dynastie im fünften Jahrhundert v. Chr. sehr plausibel ist. Ihre extreme Negativzeichnung Davids und Salomos trägt diese dynastiekritische Redaktion vor allem in die Berichte über die Geburt und die Thronnachfolge Salomos ein. Außerdem zeichnet sie für den Grundbestand von einigen

---

44 Daß hinter solchen Gruppen wahrscheinlich die Nachfahren der Gola Jojachins stehen, die beim Wiederaufbau im Land eine führende Rolle übernommen haben, zeigt Rudnig, Heilig, 186–195.

45 Nach Avigad, Bullae, 35; Carter, Emergence, 276–280; Müller, Königtum, 240 u.a. wird Jehud wahrscheinlich bereits seit dem Anfang der Perserzeit von eigenen Provinzstatthaltern regiert. Dagegen Stern, Culture, 213.

46 Edelman, Saulide-Davidic Rivalry, 69ff, 90f.

47 Müller, Königtum, 248.

48 A.a.O., 237ff.

Texten über Salomos erste Maßnahmen verantwortlich. Doch auch im Absalomaufstand ist ihre Hand greifbar.

Der Anteil dieser Redaktion in Salomos Geburtsgeschichte ist mit II Sam 11,3.4aγ.6.8abα.9b.10a.13f.16.17a*.b.18.26.27aα1(האבל ויעבר)[49] zu bestimmen. Während Salomos Mutter im Grundbestand eine namenlose Frau ist, von der nicht gesagt wird, daß sie schon verheiratet war, erhält sie hier den Namen Bathseba; sie ist die Frau des Hethiters Uria, für dessen Tod David verantwortlich gemacht wird. Während im Grundbestand positiv von Salomos Zeugung und Geburt berichtet wird, macht die dynastie-kritische Bearbeitung daraus den Ehebruch mit einer fremden, verheirate-ten Frau und die hinterhältige Beseitigung ihres Mannes.[50] Auf die dynastiekritische Redaktion geht auch die Bemerkung in II Sam 12,26 zurück. Im Bericht über die Eroberung Rabbas wird mit ihr festgehalten, daß es Joab ist, der Rabba erobert, was eigentlich Davids Aufgabe gewesen wäre.[51]

Wie bei der Geburt des Thronfolgers so stellt der Grundbestand in I Reg 1 (V.5.7.8aαb.38-40*) Salomos Thronerhebung als ein positives Ereignis dar. Die dynastiekritische Bearbeitung aber schaltet mit I Reg 1,11.12a*(nur לכי ועתה).13(ohne לכי).15aα.16–18.32-34[52] die Erzählung von einer bösen Intrige in den Text ein: Salomo kam nach ihrer Sicht nur dadurch an die Macht, daß Nathan und Bathseba den alten König David betrogen haben. Sie hätten David eingeredet, er habe einen Eid geschwo-ren, demzufolge Salomo sein Nachfolger werde, und hätten behauptet, daß Adonia nun ohne Davids Wissen König geworden sei und deshalb dringen-der Handlungsbedarf bestehe. Der König gibt ihnen nach.[53] Wenn die Königin(mutter) mit unlauteren Mitteln in die Thronfolge eingreift, wird dies in der altorientalischen Literatur oft eindeutig negativ bewertet. Das

49 V.8bβ ist eine Glosse, ebenso דוד מעבדי „von den Knechten Davids" in V.17aβ; zum Textbestand vgl. insgesamt 2.1 bis 2.4.
50 Die ursprüngliche Fassung von Urias Tod findet sich in V.14.16.17a*.b.18. Massive Davidkritik begegnet auch im später angefügten ersten Botenbericht V.19f.21b.22 sowie im nachgetragenen Inhalt des Uriasbriefes (V.15). Dieser ist ein Zusatz, der David noch schwerer belastet: Aus dem von David veranlaßten Soldatentod wird ein Mord. Vgl. o. 2.1.
51 Vgl. anders der Grundbestand II Sam 12,29. Auf V.26 reagiert die ausgleichende Überarbeitung V.27abα.28, dazu o. 1.3 und 1.4.
52 Vgl. o. 3.1, 3.3 und 3.4.
53 Eine zweite Fassung der Intrigenerzählung (V.14.19f.22-25.26*.27.28abα.29. 30aβγ.31) setzt die Akzente in der Argumentation wieder anders. Diese Zweitfas-sung gehört zur David-Biographie-Schicht, dazu gleich im folgenden.

zeigt etwa der sog. juridische Turiner Papyrus, der die Akten eines Hochverratsprozesses über eine Verschwörung gegen Ramses III. (1184-1153 v.
Chr., Neues Reich) enthält,[54] oder der ugaritische Text RS 17.352:4-11.[55]

Salomos Inthronisation ist nach dem Grundbestand mit I Reg 1,40*
beendet, daran wurde später zunächst die dtr Notiz I Reg 2,10f angefügt,
um die Darstellung dieses Thronwechsels abzuschließen. Die dynastiekritische Bearbeitung läßt dagegen noch die Berichte von den Hinrichtungen
Adonias (I Reg 1,50.51a.53; 2,25) und Joabs (I Reg 2,28aαb.29.30aα1[bis
יהוה].34aβb.35a) folgen, die Benaja jeweils in Salomos Auftrag vornimmt.[56] Was die Hinrichtung von Salomos (Halb-)Bruder Adonia und
auch Joabs betrifft, kann man nicht davon ausgehen, daß im Alten Orient
bei einem Thronwechsel grundsätzlich so verfahren wurde. So sieht etwa
der hethitische König Telipinu (v. Chr.) nach seinem Herrschaftsantritt,
dem eine Zeit blutiger Auseinandersetzungen vorangegangen ist, von der
Tötung seiner Gegner ab und verfügt Ende des 16. Jahrhunderts v. Chr.
einen Thronfolgeerlaß,[57] in dem es grundsätzlich heißt: „Ferner, wer auch
König wird und Böses gegen (seinen) Bruder (oder seine) Schwester plant,
ihr (seid) Gerichtsversammlung für ihn. Sagt ihm einfach: ‚Das ist eine
Sache der Bluttat.'"[58] Sodann berichtet das bereits in 3.5 ausführlich vorgestellte Prisma Ninive A des neuassyrischen Königs Asarhaddon (681-
669 v. Chr.)[59] davon, wie dieser im Zuge einer gelungenen Usurpation mit
der gegnerischen Partei umgeht. Zwar ist es bei Asarhaddons Anmarsch
auf Ninive zur Flucht der gegnerischen Brüder gekommen, Asarhaddon hat
sie jedoch nicht getötet. Die Hintermänner bestraft er schwer, von einer
Hinrichtung ist jedoch nicht die Rede (I 63-II 11).[60] Die Ausrottung der
gegnerischen Partei ist also keine notwendige Maßnahme zur Sicherung
der Herrschaft nach einer Usurpation.

---

54 Text in Hallo, Context III, 27–30 (Übersetzung von R.K. Ritner).
55 Vgl. Aboud, Rolle, 114f; van Soldt, Studies, 14f. Zu beiden Texten ausführlich s. o.
    3.5.
56 Vgl. o. 4.1 und 4.2.
57 Übersetzung von Hans Martin Kümmel in TUAT I, 464–470, vgl. auch Hallo,
    Context I, 194–198.
58 AII 46f, s. TUAT I, 469, auch Hallo, Context I, 197.
59 Lesung, Übersetzung und Kommentierung von Borger, Inschriften Asarhaddons,
    36–50, vgl. ders., in TUAT I, 393–397.
60 Lediglich könnte im Text davon die Rede sein, daß Asarhaddon die Nachkommen-
    schaft der Hintermänner ausgerottet hat. In II 11 heißt es: *uḫalliqa zêršun*; doch
    ließe sich *ḫalāqu* im D-Stamm auch mit „verbannen" oder „fliehen lassen" übersetz-
    zen.

Darüber hinaus liegt ein besonderer Hinterhalt bei der Hinrichtung Adonias darin, daß Salomo ihn zunächst nach Hause schickt, also in Sicherheit wiegt, um ihn dann ermorden zu lassen. Und Joabs Exekution stellt ein entsetzliches Sakrileg dar, denn er wurde direkt am Altar hingeschlachtet.[61] Da die dynastiekritische Redaktion die Fragwürdigkeit, ja völlige moralische Verworfenheit der Dynastie an ihrem Gründer und am ersten Nachfolger offenlegen will, eignen sich für ihre Eingriffe besonders die Texte über Thronfolger und Thronfolge. Doch die Redaktion ist auch in zwei kurzen Episoden im Absalomaufstand greifbar, die das Davidhaus unter einer anderen Perspektive ganz grundsätzlich kritisieren. In den Szenen, die von der Begegnung Davids mit Ziba (II Sam 16,1a.3f) und mit Meribbaal (16,5.6aα) handeln, wird deutlich gemacht, daß vor David ein anderer, nämlich Saul, König war, und daß sich David unrechtmäßig des saulidischen Königtums bemächtigt hatte.[62] Dabei legt die Ziba-Episode seinen tyrannischen Umgang mit fremdem Landbesitz offen;[63] denn nur auf die Nachricht aus Zibas Mund hin, daß Meribbaal nun auf das ‚Königtum Sauls' spekuliere (II Sam 16,3), übereignet David dem Ziba den gesamten Besitz der Sauliden. Und die Verfluchung durch den Sauliden Šimi zeigt wie die Notiz in 16,3, daß es das Königtum der Sauliden ist, das David wohl gewaltsam an sich gerissen hat.[64]

---

61 Dieses Vorgehen könnte noch nicht einmal durch Ex 21,14 gerechtfertigt werden, da dieser Vorschrift zufolge ein Mörder vor seiner Hinrichtung *vom Altar entfernt werden muß*. Doch ob Joab als vorsätzlicher Mörder gelten kann, ist gar nicht klar. Ferner kann die Erwähnung des אהל in I Reg 2,28-30* als weiterer Datierungshinweis gewertet werden, sofern hiermit die Konzeption der Stiftshütte vorausgesetzt wird.

62 Vgl. o. 5.7 und 5.8. Die Episode setzt eine Fassung von II Sam 9 voraus, dessen Grundbestand etwa in V.2-5.9.10a.11a.13a zu suchen ist, vgl. o. 202f.

63 Wie Ben-Barak, Meribaal, 84ff gezeigt hat, handelt es sich bei dem Land, um das es geht, nicht um ein Königslehen, sondern um den Privatbesitz der Saulfamilie. Der Vorwurf ist der in Ez 45,8b.9; 46,16–18 erhobenen Anschuldigung sehr ähnlich, daß Landenteignungen auf das Strafkonto des davidischen Fürsten gingen.

64 Sowohl Nathan, als auch Bathseba und Uria werden erst von der dynastiekritischen Bearbeitung eingeführt. Diese identifiziert Salomos Mutter mit Bathseba, der Frau des Uria. Nathan gilt als ein skrupelloser Hofprophet; seine Rolle wird erst durch II Sam 12,1-15a; II Sam 7,1ff korrigiert. Was die Personen betrifft, könnten in allen Fällen Reminiszenzen an historische Persönlichkeiten ausgewertet worden sein. Mit einer späten literarischen Einführung von Bathseba, Uria und Nathan rechnen etwa auch McKenzie, So-Called, 127–135; ders., König David, 204ff und Kunz, Frauen, 170ff. Es wäre zudem sinnvoll, nach dem Anteil der dynastiekritischen Bearbeitung in der sog. Aufstiegsgeschichte, bes. aber II Sam 2-4 zu suchen.

Auf den Grundbestand wie auch auf die dynastiekritische Bearbeitung reagiert die *David-Biographie-Schicht*. Ihre Trägerkreise haben v.a. in I Reg 1f, aber auch zu Beginn des Berichts vom Absalomaufstand gewirkt. Das Profil der Schicht liegt in II Sam 15,7.9f; I Reg 1,1.2a.bβ.3.4abα.14. 19f.22-25.26*.[65]27.28abα.29.30aβγ.31; 2,1f.3b vor. Sie reagiert bereits auf DtrH und die dynastiekritische Bearbeitung, ist aber noch vor der Theodizee-Bearbeitung anzusetzen,[66] was eine Datierung ins spätere fünfte oder um die Wende zum vierten Jahrhundert v. Chr. nahelegt.

Ihre Intention wird besonders am Anfang des Königebuches deutlich. Dort hebt sie nicht nur hervor, daß David die Inthronisation Salomos noch selber in hohem Alter erlebt hat (I Reg 1,1.2a.bβ.3.4abα;[67] 2,1f.3b), sondern daß er sie auch in entscheidender Weise legitimiert und durch einen Eid als seinen dezidierten Willen erklärt hat (I Reg 1,14.19f.22-25.26*.27. 28abα.29.30aβγ.31). So konnte er noch seine eigene dynastische Nachfolge regeln. Zu diesem Zweck führt die David-Biographie-Schicht die Intrige Nathans und Bathsebas in I Reg 1 durch eine namhafte Überarbeitung, nämlich die zweite Fassung der Intrige (V.22-25.26*.27.28abα.29. 30aβγ.31), weiter aus, um ihr die kritische Spitze zu nehmen. Den Eid, den Nathan und Bathseba dem König in der Erstfassung der Intrige nur eingeredet haben (I Reg 1,13*.17), schwört er nun tatsächlich (V.29.30aβγ) und sanktioniert damit Salomos Nachfolge.[68] Und wurde in der Erstfassung der Intrige behauptet, Adonia sei *ohne Davids Wissen* König geworden (V.11.18), so wird in der David-Biographie-Schicht die Argumentation dahingehend umgedeutet, David habe wohl angeordnet, daß Adonia König werden solle (V.24); und er habe seine Knechte und Getreuen darüber nicht informiert (V.27). Als Beleg für diese Aussage fungiert das Inthronisationsfest Adonias (V.19f.25f*), das nicht zur ersten Konzeption der Intrige gehört, und in der Zweitfassung neu in die Argumentation eingebracht, und zwar zunächst nur ersonnen wird.[69] Der Vorwurf an David, er habe nichts gewußt, steht nicht mehr klimaktisch am Ende der Rede Bathsebas. Vielmehr wird er durch Nathans Behauptung, David selbst habe die

---

65 Ohne die nachgetragene Parenthese אני־עבדך in V.26aα.

66 Vgl. insgesamt o. 3.2, 3.4, 3.6, 4.1, 4.5, 4.6 und 6.1, davon bes. 3.4, 3.6, 4.1 und 6.1 zu Fragen der relativen Chronologie. Und zu den Theodizee-Bearbeitungen s.u. 347ff.

67 Die Abišag-Szene 1,1-4* hat ferner den Nachtrag 1,15aβb provoziert.

68 Wie die Analyse in 4.5 deutlich zeigt, schwört er hier den Eid zum ersten Male.

69 Diese neue Idee wird erst von T1 mit I Reg 1,9f.41-45.49 erzählerisch ausgeführt, vgl. o. 3.6.

Vorgänge angeordnet (V.24), klar in Abrede gestellt. So bleibt der König eindeutig Herr der Lage.

Außerdem gibt David in einer Abschiedsrede regelrecht das Szepter an Salomo weiter und erkennt ihn so als seinen rechtmäßigen Nachfolger an. Denn in I Reg 2,1f.3b begegnet eine weisheitlich beeinflußte Mahnung des alten an den jungen König zur Tapferkeit und Tatkraft, die in der Gattung der Amtseinsetzung ihren Ort hat.[70]

Am Anfang des Berichtes vom Absalomaufstand ist die David-Biographie-Schicht in II Sam 15,7.9f greifbar. Hier hält sie fest, daß der Aufstand am Ende von Davids Regierungszeit stattfand und daß Absalom seine Königserhebung in Hebron plant. Hinter ihm stehen nach 15,10 die Stämme Israels, die hier eingeführt werden.[71] Dagegen war die Rebellion nach dem Grundbestand eine ganz kleine Aktion, die von Jerusalem ausging.

Die Tendenz der Schicht liegt einerseits darin, die Doppeldeutigkeiten zu beseitigen, die im Grundbestand von I Reg 1 vielleicht noch bestehen blieben. Obwohl dieser über David und Salomo nur mit positiver Tendenz berichtet hat, wurde bei genauerer Lektüre klar, daß es sich bei Salomos Thronnachfolge zumindest um eine Usurpation gehandelt hat. Ein von sich aus nicht mehr genau zu definierender Herrschaftsantritt des Usurpators Salomo wird durch die Eingriffe der David-Biographie-Schicht zur legitimen Nachfolge des von David designierten Kronprinzen.

Aber die David-Biographie-Schicht ist andererseits auch als Reaktion auf die extreme David- und Salomokritik der dynastiekritischen Bearbeitung zu verstehen. Denn anders als in der ersten Fassung der Intrige, wo der König überrumpelt wird, bleibt er nach der zweiten Fassung Herr der Lage. Wenn auf diese Weise Davids Souveränität ausdrücklich gewahrt bleibt, werden die in der dynastiekritischen Erstfassung der Intrige enthaltenen Vorwürfe erheblich entschärft. Diese prodynastischen Eingriffe sind im Rahmen der o. skizzierten Diskussion über die Zukunft der Nachfahren der davidischen Dynastie zu begreifen.[72]

---

70 In 2,3a.4 finden sich nachdtr Ergänzungen im Zeichen der Thorafrömmigkeit, s.o. 3.6.

71 Die Lokalisation in Hebron erfolgt wahrscheinlich nach dem Vorbild von II Sam 2,1-4*; 5,3, dazu o. 6.1. Auf die Stämmekonzeption ferner greifen dann T1 (19,10) und T2 (15,2*) zurück.

72 Dazu o. 337–343. Gerade in I Reg 1f zeigt sich sehr deutlich, daß die David-Biographie-Schicht später als die dynastiekritische Bearbeitung datiert. Denn hier zeichnet sie für diejenige zweite Intrigenfassung verantwortlich, die die von der dynastiekritischen Bearbeitung stammende erste Intrigenerzählung nachträglich

346 Ergebnisse und Folgerungen

Die nächst jüngeren Bearbeitungen sind im Absalomaufstand festzustellen. Ihnen ist daran gelegen, zu erklären, mit welchen strategischen
oder taktischen Mitteln der Aufstand zugunsten Davids ausgegangen ist:
Es handelt sich hierbei um die Ratgeber- und die Nachrichtendienst-Bearbeitungen, bei denen jeweils mehrere Hände mitgewirkt haben.

Deutlich ist, daß die *Ratgeber-Bearbeitung* vor der Theodizee-Bearbeitung datiert.[73] In dieser Ratgeber-Bearbeitung sind mehrere Hände
oder Arbeitsgänge greifbar, die in der Untersuchung als *R1, R2* und *R3*
bezeichnet wurden.[74] Es handelt sich bei ihnen um dieselbe Konzeption
und denselben Verfasserkreis. Die Ratgeber-Bearbeitung insgesamt erklärt
das Mißlingen von Absaloms Aufstand dadurch, daß Absalom mit menschlichen Mitteln in die Irre geführt wurde. Dabei bringt *R1* (II Sam 15,12a;
16,15.20; 17,1-3a.4) zunächst einmal ein starkes Spannungselement in die
Erzählung. Er kennt nur den von David abtrünnigen Ratgeber Ahitofel
(15,12a; 16,15), der Absalom den strategisch richtigen Rat gibt, Davids
Verfolgung umgehend aufzunehmen (16,20; 17,1-3a.4). Denn der König
war geflohen, was sowohl im Grundtext (17,22*) als auch im Itinerar
(15,16a.17b.23*.30a.b etc.) vorgegeben ist. Da Ahitofels Rat angenommen
wird (17,4), erhöht sich die Spannung: David wird auf dem Fuße verfolgt.
Daß R1 zeitlich nach der David-Biographie-Schicht anzusetzen ist, zeigt
die Beobachtung, daß R1 mit 16,15 auf die erst durch 15,7.9f eingebrachte
Konzeption reagiert, nach der Absalom den „Startschuß" für seine Verschwörung außerhalb Jerusalems, nämlich in Hebron gegeben hat. Die
Notiz 16,15 hält die Rückkehr Absaloms mit dem Mann Israels und Ahitofel nach Jerusalem fest.

Der Bearbeitungsschub *R2* (15,32f.34a*.[75]b.37a; 17,5f.8-12.14a.23)
führt die Figur Hušais als zweiten Ratgeber in die Szenerie ein. Er
schleicht sich als Agent in Davids Auftrag bei Ahitofel ein (15,32f.34*.
37a), um Davids Verfolgung durch einen falschen Rat zu verzögern. Mit
seiner Eloquenz betört Hušai das Kollegium um Absalom, so daß die
unmittelbare Gefahr für David gebannt ist (17,5f.8-12.14a). Ahitofel aber
erhängt sich wegen seines Scheiterns (17,23). Der Eingriff von *R3*
(16,16.17a.18f) vermerkt ausdrücklich, daß Hušai dem Auftrag Davids,

---

abmildert. Damit spricht die relative Chronologie, wie gesehen, frühestens für eine
Datierung um die Wende vom fünften zum vierten Jahrhundert v. Chr.

73 Vgl. etwa die Beobachtungen und Ergebnisse zu II Sam 15,31; 16,23; 17,7.14b,
   dazu o. 5.5 und 5.9.

74 „R" steht für „Ratgeber". Vgl. insgesamt o. 5.9.

75 Ohne die Glosse ועתה מאז ואני „und ich: seit früher, doch nun".

sich bei Ahitofel einzuschleichen (vgl. 15,32f.34*), nachgekommen ist, und gleichzeitig liefert er ein eindrückliches Beispiel seines taktischen Geschicks. Weil die Ratgeber-Bearbeitung auf die David-Biographie-Schicht folgt, empfiehlt sich eine Datierung ins vierte Jahrhundert v. Chr.[76] Ebenfalls nur im Absalomaufstand greifbar ist die *Nachrichtendienst-Bearbeitung*, die in den Schüben N1 und N2 gewirkt hat und in einigen Punkten dem Vorgehen und der Tendenz der Ratgeber-Bearbeitung vergleichbar ist. Da sie jedoch ganz klar bereits auf die Theodizee-Bearbeitung T1 reagiert, z.T. auch Terminologie und theologisches Gedankengut von T1 aufnimmt,[77] gilt der Blick zunächst der Theodizee-Bearbeitung.

Die untersuchten Texte erhalten ihr entscheidendes theologisches Profil durch die *Theodizee-Bearbeitung*, die in drei redaktionellen Schüben, nämlich T1, T2 und T3 vorgenommen wurde.[78] Diese sind zwar im Zuge der literarkritischen Analyse in den Texten als unterschiedliche Hände zu identifizieren, aber sie liegen terminologisch, theologisch und von ihrer Tendenz her so dicht beieinander, daß sicherlich ein und derselbe Verfasserkreis anzunehmen ist. Was die Benennung der Schicht betrifft, ist der Begriff „Theodizee" im ursprünglichen Wortsinne als „Rechtfertigung Gottes" oder besser „Gerechtigkeit Gottes" zu verstehen. Der Theodizee-Bearbeitung geht es nämlich darum, Jahwes Gerechtigkeitswirken in allen einzelnen Verläufen des berichteten Geschehens und in den Biographien der zentralen Handlungsträger nachzuweisen. Sie macht darüber hinaus die Verhaltensweisen der unterschiedlichen, ja einander entgegengesetzten Charaktere für ihre Leser nachvollziehbar. Dadurch kommt sie zu einer sehr differenzierten und nuancenreichen Bewertung von Menschen und Taten.

Prägend ist das vergeltungstheologische Interesse der Theodizee-Bearbeitung. Denn unter Voraussetzung von Jahwes gerechtem Wirken in der Welt muß die angemessene Vergeltung von guten und bösen Taten erfahrbar sein. Darum liegt ihr daran, festzuschreiben, daß Lebensläufe wie derjenige Joabs oder Šimis nach dem Tat-Ergehen-Zusammenhang ausgeglichen werden. Als ihr Grundsatz könnte dabei I Sam 26,23a gelten: „Jahwe aber gibt einem jeden seine Gerechtigkeit und seine Wahrhaftig-

---

76 Zu Fragen der relativen Chronologie und zu allen Texten der Ratgeber-Bearbeitung vgl. o. 5.9 und 6.1.
77 Vgl. o. 7.3 und 7.1.
78 Dabei steht „T" für „Theodizee".

keit zurück." Der Theodizee-Bearbeitung ist an einer hochreflektierten und subtilen Anwendung dieses Tat-Ergehen-Zusammenhanges gelegen.

Außerdem zeichnet die Theodizee-Bearbeitung ein Davidbild mit deutlich kultischen Konturen. Der König kümmert sich etwa speziell um die Lade (II Sam 15,25f); an ihm haftet eine Art *character indelebilis*, der es ihm unmöglich macht, in eine Schlacht mitzuziehen (II Sam 18,2b-4). Kennzeichnend für die Theodizee-Bearbeitung ist zudem die Verarbeitung von weisheitlicher Motivik und weisheitlichem Gedankengut,[79] so etwa von Prov 13,24; 23,13f in I Reg 1,6a oder dem Motiv des sterbenden Königs, der seinem Sohn und Nachfolger ein politisches Testament hinterläßt. So erinnert Davids Auftrag zur Hinrichtung Joabs und Šimis in I Reg 2,5f*.8f an die ägyptische Weisheitslehre des Amenemhet I. (1991-1962 v. Chr., Mittleres Reich),[80] besonders aber an die ägyptische Lehre für Merikare (ca. 2070-2041 v. Chr.),[81] die an ihrem Anfang auch Anweisungen für den Umgang mit Rebellen enthält. Entsprechend wird in I Reg 2,6.9 Salomos Weisheit apostrophiert. Auffällig ist auch die große Ähnlichkeit bei der Beschreibung von Barsillais Altersbeschwerden in II Sam 19,36 zur Einleitung der ägyptischen Weisheitslehre des Ptahhotep, die entweder noch vom Ende des Alten Reiches (6. Dynastie, ab 2290 v. Chr.) oder aus dem frühen Mittleren Reich (ca. 1991 v. Chr.) stammt.[82] Die Verarbeitung von Weisheitsmotivik liegt am Thema, denn die Theodizeefrage ist eine weisheitliche Frage.[83]

Die Theodizee-Bearbeitung ist durch weitere stilistische und motivliche Kennzeichen charakterisiert, wie etwa die Rede vom Übel (הרעה), vgl. II Sam 15,14; 16,8; 17,14b; 19,8*bis*;[84] I Reg 1,52; 2,44. Sehr auffällig ist ferner, daß nach ihr in Umkehrung historischer Verhältnisse Untertanen Befehle oder Aufforderungen an ihren König richten, denen dieser auch

---

79 Zum folgenden vgl. o. 3.2, 4.6, 5.4, 5.8, 7.6.1 und *passim*.

80 A.a.O., 88f, 96. Text in Hallo, Context I, 66–68 (Übersetzung von M. Lichtheim), vgl. auch ANET, 418f.

81 Text in Hallo, Context I, 61–66 (Übersetzung von M. Lichtheim) und Quack, Studien, 14ff, vgl. auch ANET, 414–418.

82 Vgl. TUAT III, 196f. Text a.a.O., 195–221 (Übersetzung von Günter Burkard), ferner Koh 12,3f, auch Sinuhe B 168-170 (TGI, 6). Zum Thema vgl. auch Perdue, Testament, 83ff.

83 S. im folgenden.

84 In II Sam 19,8 1° als Verb oder Adjektiv.

nachkommt. So zeigt etwa II Sam 18,1b.2b-4 (T2), wie er sich regelrecht umstimmen läßt.[85]

Wegen der Haupttendenz der Theodizee-Bearbeitung, die Idee der Gerechtigkeit Gottes in den Texten durchzuführen, scheint mir eine Datierung in die Zeit plausibel, in der die Theodizee-Frage eine herausgehobene Rolle spielt. Mit dieser theologischen Problematik bewegt man sich im geistigen Milieu der Krise der Weisheit.

Weiterhin sind die systematische Durchführung des Tat-Ergehen-Zusammenhanges bei einzelnen Biographien[86] und das kultisch konturierte Davidbild den entsprechenden Konzeptionen der Chronikbücher sehr ähnlich.[87] Wie eng sich Theodizee-Bearbeitung und Chronikbücher in ihrer Tendenz berühren, zeigt *Japhets* Aussage zu Chr: „Der Chronist sieht seine Aufgabe nicht nur darin, die Ereignisse zu beschreiben, sondern auch darin, sie zu erklären, und entfaltet aus dem Prinzip der göttlichen Vorsehung und Gerechtigkeit eine umfassende Geschichtsphilos[ophie]. Er zeichnet die Gesch[ichte] Israels als ständige Umsetzung der Prinzipien der vollkommenen Entsprechung von „Tun" und „Ergehen" ... Menschliches Handeln, ob gut oder böse, wird immer ... vergolten, und Gottes Vergeltung entspricht genau dem menschlichen Verhalten."[88] Das Zitat charakterisiert genauso gut die Intention der Theodizee-Bearbeitung. Diese bewegt sich also im geistigen und zeitlichen Vorfeld der Chronik. Ich schlage für ihre Datierung deshalb frühestens das fortgeschrittene vierte, eher aber das dritte Jahrhundert v. Chr. vor. Diese Erwägung wird durch die relative Chronologie der Schichten im hier untersuchten Textbereich erheblich gestützt. Denn wie etwa der Befund zu II Sam 11; 16,1-4.5-13; I Reg 1,11-53; 2,13-25; 2,28-35 klar zeigt, datiert die Theodizee-Bearbei-

---

85 Zu weiteren Beispielen vgl. im folgenden. Außerdem bevorzugt die Theodizee-Bearbeitung in II Sam 15,2.18; 18,4 die präpositionale Verbindung על יד bzw. אל יד „neben". In 15,26; 19,28.38, vgl. 18,4 nimmt sie die gebräuchliche Wendung vom Guten in jemandes Augen auf usw.

86 Vgl. hierzu etwa die Erklärung von Usias Aussatz durch ein kultisches Vergehen nach II Chr 26,16–21 (vgl. aber I Reg 15,5) oder Manasses langer Regierungszeit durch eine Bekehrung nach II Chr 33,11-20 (vgl. aber II Reg 21,1-18). Eine ausführliche Diskussion dieser und zahlreicher weiterer Stellen findet sich in Wellhausen, Prolegomena, 198–205.

87 Vgl. a.a.O., 176f: „Was hat die Chronik aus David gemacht! Der Gründer des Reichs ist zum Gründer des Tempels und des Gottesdienstes geworden, der König und Held an der Spitze seiner Waffengenossen zum Kantor und Liturgen an der Spitze eines Schwarmes von Priestern und Leviten, seine so scharf gezeichnete Figur zu einem matten Heiligenbilde, umnebelt von einer Wolke von Weihrauch."

88 Japhet, Art. Chronikbücher, 347.

tung nach der dynastiekritischen Redaktion.[89] Die Untersuchung von II
Sam 15,1-15; I Reg 1,1-4; 1,11ff; 2,1-4.5-9 machte zudem deutlich, daß sie
auch nach der David-Biographie-Schicht anzusetzen ist,[90] und II Sam
15,31; 16,23; 17,7.14b legen auch eine klare Datierung nach der Ratgeber-
Bearbeitung nahe.[91] Nur bei der Nachrichtendienst-Bearbeitung ist ersichtlich, daß sie bereits auf die Theodizee-Bearbeitung T1 reagiert.[92]

Auf das Konto der Theodizee-Bearbeitung in ihren drei Schüben T1,
T2 und T3 geht eine recht große Zahl von Eingriffen in den Text. Die Art
ihrer Nachträge zeigt, wie weitreichend und differenziert ihre theologische
Reflexion ist. Ich rechne daher mit einem über mehrere Jahrzehnte laufenden Redaktionsprozeß.

Im einzelnen ist der Bearbeitungsvorgang im Zeichen der Gerechtigkeit Gottes wie folgt verlaufen. Das *Gros* der Bearbeitungen geht deutlich
auf T1 zurück, T2 verlagert in einigen Verläufen etwas die theologischen
Akzente, und von T3 stammen nur einzelne korrigierende Zusätze. Was T1
betrifft, meldet er sich in allen hier untersuchten Textbereichen mit großen
Textanteilen zu Wort. Er arbeitet so, daß er einerseits prägnant mit kurzen
Nachträgen in bestehende Texte eingreift, und andererseits seine Hauptan-
liegen unterbringt, indem er umfangreichere Textblöcke vor und hinter
vorliegendes Material einschaltet.

Was II Sam 11f angeht, liegen zunächst in c.11 einige Eingriffe vor
(V.7.9a.10b-12.21a.23f.25a.b*).[93] Denn der Umgang Davids mit Uria und
die Bewertung von dessen Tod haben Erklärungsbedarf hervorgerufen.
Dabei ist die stilistische Zusammengehörigkeit von V.7.9a.10b-12 wegen
ihrer Dreierstrukturen (Trikola im Sinn der Stilform) deutlich. Nach
V.10b-12 bemüht sich David ernstlich, die Sache zu regeln, ohne daß Uria
sterben muß. Uria bleibt als loyaler Untertan zwar noch einen Tag länger,
als David geboten hat (V.12b); seine Loyalität gegen Truppe, Heerführer
und Lade aber ist größer. Damit ist er anders als David hier ein Vorbild der
Gerechtigkeit.[94]

---

89 Vgl. o. 2.1, 2.3, 2.4; 5.7, 5.8; 3.3, 3.4, 3.6 sowie 4.1 und 4.2.

90 Dazu o. 6.1; 3.2, 4.1 (Ende); 3.3, 3.4 sowie 4.5 und 4.6.

91 Vgl. o. 5.5 und 5.9.

92 Dazu o. 7.1, 7.2 und u. 360f zu weiteren Einzelheiten.

93 Vgl. o. 2.1 und 2.4. In V.25b ist das letzte Wort וחזקהו „und ermutige ihn [*sc.* Joab]"
    ein Nachtrag, der durch plötzlichen Subjekt-, Objekt- und Adressatenwechsel
    absticht. Das Zitat von Davids Rede an Joab ist beendet, und der Befehl richtet sich
    nun direkt an den Boten.

94 Vgl. o. 2.4.

Mit dem Zitat von Abimeleks Tod[95] in V.21a ordnet die Theodizee-Bearbeitung Urias Tod in ihr Konzept von Jahwes Gerechtigkeitswirken ein. So wie Abimeleks Ende im Kontext von Jdc 9 seine Richtigkeit hatte und Jahwes Willen entsprach, so wird es auch mit dem Ende Urias sein. Dieser Zuversicht gibt auch Davids Antwort in V.25a.b*(ohne וחזקהו) Ausdruck. In V.23f.25a.b* wird zudem festgehalten, daß die Verteidiger der Stadt den Angreifern wirklich überlegen waren: auch in diesem Zusammenhang ist Urias Tod zu verstehen. Wenn David zum Schluß die Vernichtung der Stadt befiehlt, wird damit ein vergeltungstheologischer Akzent gesetzt.[96]

Mit der Nathangeschichte und der Erzählung vom Tod des ersten Kindes in II Sam 12,1-15a*.15b-24abα1(nur ותלד בן) schafft die Theodizee-Bearbeitung in verschiedenen Arbeitsgängen einen paradigmatischen Erzählzusammenhang mit dem Thema „Schuld und Vergebung". Beide Abschnitte sind ihrerseits geschichtet; ihr Nachtragscharakter ist weitgehend anerkannt.[97] Zunächst wurden V.1-15a* eingefügt, deren Grundbestand in V.1-5.7a.13 vorliegt. Nathan trägt David die berühmte Parabel vor; auf sein Schuldbekenntnis hin erfährt David Vergebung. Verschiedene Nachträge in V.7b-10.11f stimmen Nathans Rede, besonders seine Schuldaufweise und Unheilsankündigungen, mit dem weiteren Kontext der Davidgeschichten ab.[98] Die darauf folgende Episode vom Tod des Kindes, das für Davids Verfehlung stirbt (V.15b-24abα1[ותלד בן]), setzt eine längere Reflexion über Jahwes Strafhandeln und die Entwicklung einer Umkehrtheologie voraus. Wie in II Sam 11,25* drückt sich in 12,23 die Überzeugung aus, daß der Tod (hier des Kindes) im Einklang mit Jahwes Gerechtigkeit steht.[99]

---

95 Vgl. die Wendung עד-פתח השער „bis zur Toröffnung" in V.23b, die nur noch in Jdc 9,40 begegnet.

96 Vgl. insgesamt o. 2.1.

97 Vgl. o. 2.3 (55–60) sowie in 5.9 den Exkurs „Die Haremsfrauen".

98 Der mit אפס כי „nur daß" eingeleitete V.14 dient der redaktionellen Verknüpfung mit 12,15b-24abα1; vgl. etwa Schulte, Entstehung, 157f; Hentschel, Verhalten, 209f u.a.

99 Nach Werner, Plan, 217–261 stammen 12,9a.10.14.15-25 von einer Redaktion, die chronistischer Vergeltungstheologie nahesteht. Ferner könnten im Bericht von der Eroberung Rabbas II Sam 12,27abα.28 auf das Konto der Theodizee-Bearbeitung gehen. Denn sie nivellieren den dynastiekritischen 12,26, nach dem Joab die Stadt einnahm und harmonisieren damit die Spannung zwischen 12,26 und 12,29, wo David der Eroberer ist. Daß die in II Sam 10,1-5*.6–14.15-19 greifbaren Erweite-

Sehr breit ist die Theodizee-Bearbeitung auch im Absalomaufstand und I Reg 1f vertreten. In beiden Textblöcken ist nicht nur das Interesse greifbar, die zentralen Handlungsabläufe zu motivieren und verständlich zu machen. Sondern gerade hier geht es darum, die Biographien von herausgehobenen Handlungsträgern im Sinne des Tat-Ergehen-Zusammenhangs zu gestalten und zu ihrem Ende zu führen.[100]

Am Beginn des Aufstandes wird deutlich gemacht, wie es Absalom gelingt, Anhänger zu gewinnen, vgl. T1 mit II Sam 15,2abα1(bis למשפט). 3.6b und T2 mit V.2bα2(ab ויקרא)β.4. Absalom kümmert sich um die Belange der Rechtssuchenden. Die Illoyalität des Volkes gegenüber David erscheint dann nicht böswillig, wenn sie zur Annahme Grund haben, der König vernachlässige seine Pflicht als „oberster Rechtsherr". Im Anschluß hält T3 (V.5.6a) fest, daß es die schmeichelnde Behandlung durch den Königssohn war, die ihm Anhänger gebracht hat.[101] Mit V.13f erklärt aber T1, daß David aus Jerusalem geflohen ist, um es vor dem Untergang durch Absaloms Schwert zu schützen. Als König hätte er seine Stadt eigentlich nicht im Stich lassen dürfen.

Bei Davids Auszug aus Jerusalem kommt es zu einer Begegnung mit dem Gathiter Ittai, dessen Person von T1 (II Sam 15,18aα.19abα.20-22) eingeführt wird.[102] Betont wird hier die grenzenlose, vorbildliche Loyalität des Ausländers Ittai gegen David; beide fügen sich in das Schicksal, das ihnen von Jahwe her zukommt, vgl. V.20.21b. Ittai wird aber auch eingeführt, um seine Aufgabe in der Schlacht gegen Absalom vorzubereiten.[103]

Eine weitere Szene berichtet von Davids Treffen mit dem Priester Zadoq. Ihr Grundbestand geht ebenfalls auf T1 zurück: II Sam

---

rungen im Eroberungsbericht auf verschiedene Redaktoren der Theodizee-Bearbeitung zurückgehen, ist ebenfalls plausibel; denn sie entlasten allesamt David. Nicht er war der Aggressor, sondern wurde provoziert, ja angegriffen. Vgl. 1.2 und o. Anm. 24.

100 Diese Biographien werden daher im folgenden jeweils im Zusammenhang besprochen.

101 V.11 (T1) stellt zudem klar: Wenn Leute aus Jerusalem am Absalomaufstand teilgenommen haben, dann waren sie ahnungslos und sind als geladene Gäste (קראים) in ihn hereingeraten. T2 wird diese Aussage vorab mit V.2bα2(ab ויקרא)β.4 durch die Angabe korrigieren, daß Absalom seine Anhänger nicht aus Jerusalem rekrutiert hat.

102 „Ittai is, no doubt, a literary figure devised by the author to play a particular role in the narrative ..." (Na'aman, Ittai, 22). V.18aβb und V.19bβ ferner sind Glossen, vgl. insgesamt o. 5.2.

103 Dazu o. 6.3.

15,24aαβ.25f.29a*(ohne ואביתר).[104] In ihr äußert David deutlich, daß er sich vollkommen in den Willen Jahwes fügt; in V.25f wird der zentrale Gedanke festgehalten, daß Jahwe jedem Menschen das ihm gemäße Geschick zukommen läßt.[105] Außerdem sorgt der König dafür, daß die Lade an ihrem Platz in Jerusalem bleibt, was dem kultisch orientierten Davidbild der Theodizee-Bearbeitung entspricht.[106]

T1 zeigt mit einem System von kurzen Notizen in 15,31; 16,23; 17,7 und 17,14bα auf, daß es Jahwe ist, der hinter dem Untergang des Ratgebers Ahitofel steht. Ursprünglich Ratgeber Davids, war er von Absalom in seinen Verschwörerkreis gezogen worden (15,12a; 16,15, R1). Doch auch wenn sein Rat dem דבר האלהים „Wort Gottes" vergleichbar ist (16,23), mußte er nach Jahwes Befehl scheitern (17,14bα), wie David gebetet (15,31) und Hušai gesagt hatte (17,7). Damit ist Ahitofels, des Überläufers, Biographie im Sinne des Tat-Ergehen-Zusammenhanges beendet.[107]

Erläuterungsbedürftig schien außerdem das Ende Absaloms. Im Bericht von der Absalomschlacht sind T1 mit II Sam 18,2a.5.9a.10-14.15aβ und T2 mit 18,1b.2b-4 vertreten. Nach T1 (18,2a.5.9a) befiehlt der König Joab, Abišai und Ittai vor den Ohren des Volkes, Absalom zu schonen; David wird so dargestellt, daß er jedes Blutvergießen vermeidet.[108] Obwohl der Sieg sein klares Ziel ist, ordnet er an, den Kopf der Verschwörung am Leben zu lassen. Dabei geht es um mehr als Vatergefühle, sondern des Königs צדקה wird betont. Durch die Anordnung, mit Absalom milde zu verfahren, stellt David seine Sache ganz Jahwe anheim: Wenn Absalom siegte, wäre es recht. Denn der, der im Recht und auf dessen Seite folglich Jahwe ist, wird siegen. Daß letztlich David den Sieg davongetragen hat, beweist, daß *er* der rechtmäßige König von Jahwes Willen ist.

Das militärisch und politisch Notwendige tut nach 18,10-14.15aβ (T1) Joab, indem er Absalom tötet. In der alten Quelle ist Absalom durch einen

---

104 Vgl. o. 5.4.

105 Vgl. auch die auf T1 zurückgehenden 15,20.21b in der Ittai-Szene.

106 Weil Abjathar in V.27f (N2) genannt wird, wird er später mit V.24aγ.b, V.29a*(nur ואביתר) und V.29b in der Begegnung Davids mit Zadoq nachgetragen.

107 Sein Selbstmord nach 17,23 (R2) bestätigt dies. Vgl. insgesamt o. 5.5 und 5.9; II Sam 17,14bβ ist eine zusätzliche Klarstellung von T2.

108 An den Händen des Königs, der die Lade nach Jerusalem gebracht hat, darf kein Blut kleben, vgl. I Chr 22,8; 28,3. Dieses Bild Davids arbeitet auf die Davidfiktion der Chronik hin, die ihn als „Gründer des Tempels und des Gottesdienstes" (Wellhausen, Prolegomena, 176) darstellt.

Unfall umgekommen; weil dieser Unfall in der Schlacht gegen David
geschah, ist letztlich David für Absaloms Tod verantwortlich. T1 entlastet
nicht nur den Vater von der Schuld an des Sohnes Tod, sondern nimmt
diesem auch jeglichen Unfall-Charakter, indem ihn Joab verursachte. Zwar
steht Joabs Tat im Einklang mit Jahwes Gerechtigkeit. Denn er bestraft
den, der sich zu Unrecht gegen den Messias Jahwes erhoben hat: Absalom
mußte sterben, damit David, der König nach Jahwes Willen, siegen konnte.
Andererseits handelt Joab gegen Davids Befehl[109] und tötet damit immerhin einen Königssohn. Ein unbekannter Mann dagegen lebt vor, wie sich
ein צדיק in einer solchen Situation verhalten hätte, vgl. 18,10-14.

T2 legt mit 18,1b.2b-4 am Beginn der Schlacht noch nach. Der König
äußert den eindringlichen Wunsch, mit in den Kampf zu ziehen und wird
dadurch vom potentiellen Vorwurf entlastet, er habe sein Heer nicht selber
geführt. Doch das Volk hält ihn ab, und der König bekundet dem Volk
seine Loyalität, anstatt zu befehlen (V.4a)! Ähnlich gibt der König auch
Ittai nach, vgl. 15,22 (T1). Als gerechter König hat David nach 18,2b-4
eine andere Aufgabe, als in den Krieg zu ziehen;[110] sein Leben darf keiner
Gefahr ausgesetzt werden, und er darf kein Blut vergossen haben. In
18,1b.2a.2b-4.5 genügen T1 und T2 mit zwei unterschiedlichen Gliederungssystemen von Davids Kontingent der Fiktion eine Riesenheeres.[111]
Nach T1 (V.2a.5) wird nämlich das Heer in Drittel und nach T2 (V.1b.2b-
4) in Tausend- und Hundertschaften aufgeteilt.

Die weitere Arbeit von T1 im Absalomaufstand bezieht sich auf die
Abwicklung von einzelnen Biographien. In die vorliegenden Notizen des
Itinerars 18,17b; 19,16bα arbeitet T1 mit 19,10f.15b.16a eine kurze Episo-
de ein. Nachdem durch den Ausgang der Schlacht klargeworden ist, daß
David der König von Jahwes Willen ist, Absalom aber nicht, erkennt das
Volk in allen Stämmen Israels, wie sehr es sich in Absalom getäuscht hat,
und sendet dem König entgegen: „Kehr zurück!" (V.15b). Wieder richten
Untertanen einen Befehl an den König, dem dieser auch nachkommt
(V.16a), vgl. 18,3f.[112]

In II Sam 19 folgen drei Begegnungen, die bei Davids Rückkehr, aber
noch vor seinem Jordanübertritt stattfinden. David trifft die Benjaminiter

---

109 Vgl. I Sam 24,7.11; 26,9.11.23; II Sam 1,14.
110 Vgl. auch II Sam 21,17b sowie 15,24aαβ.25f.29a*(ohne ואביתר).
111 Diese Fiktion wird auch durch die nicht näher zu bestimmenden Notizen 17,22b*(an
    עד־אחד).24bβ; 18,7bβ*(nur „20 000").8 hergestellt.
112 Vgl. o. 7.3. Zugunsten Davids wird auch noch in Anschlag gebracht, daß er Israel
    aus der Hand der Feinde, insbesondere der Philister gerettet hat (V.10).

Šimi und Meribbaal sowie den Gileaditer Barsillai. Die Begegnungen mit den beiden Benjaminitern haben Pendants bei Davids Flucht ins Ostjordanland. Während Barsillai (wie Ittai) von T1 neu eingeführt wird, greift man im Falle Meribbaals und Šimis auf vorliegendes Material der dynastiekritischen Bearbeitung zurück.

Šimi hatte David bei seiner Flucht aus Jerusalem verflucht und mit Steinen beworfen, so der dynastiekritische Grundbestand II Sam 16,5.6aα. T1 (V.7-9.11f.13a.13b*[ohne Inf. abs. הלוך bis zweites לעמתו]) und T2 (V.10) ordnen diese Szene in den Horizont einer Theologie von Jahwes Gerechtigkeit ein. In seiner Fluchrede V.7f erklärt Šimi Davids derzeitige Niederlage – er muß vor Absalom fliehen – vergeltungstheologisch damit, daß Jahwe das Blut des Hauses Sauls über ihn gebracht habe. David aber wehrt Abišais Ansinnen, den Bejaminiter zu töten (V.9), ab, indem er sein Geschick wiederum Jahwe anheim stellt (V.11f), vgl. 15,20.25f (je T1).[113] Der von T2 stammende V.10 präzisiert V.11f erheblich.[114]

In II Sam 19,17-24, das fast ganz zu T1 zu rechnen ist,[115] bekennt Šimi seine Schuld und bittet David um Vergebung. Obwohl Šimi dem Messias Jahwes geflucht hat (V.22), muß er nicht sterben (V.24), auch wenn es Abišai wieder anmahnt.[116] Der, der frei und reumütig bekennt, kann auch Vergebung erfahren.[117]

Auch die Ziba-Szene in II Sam 16,1-4 und die Meribbaal-Szene in 19,25-31 hängen zusammen. Im dynastiekritischen Grundbestand 16,1a.3f übereignet David dem Knecht des Saulhauses Ziba despotisch den ganzen Besitz der Sauliden, weil der Saul-Nachkomme Meribbaal auf das „Königtum meines Vaters" (16,3) spekuliert. T1 korrigiert diese Aktion mit V.1b.2 dahingehend, daß es Zibas große Loyalität, nämlich die Versorgung Davids und seines Kontingentes, war, die diese Belohnung berechtigt erscheinen läßt.[118] In II Sam 19,25-31, wo der Grundtext von T1 stammt, wird Davids Entscheidung zur Hälfte revidiert. Meribbaal kommt dem König entgegen, um zu erklären, daß er deswegen nicht mit ihm in die

---

113 Mit der Rede von Davids עון (16,12a) wird ferner reflektiert, ob vielleicht eine Verschuldung von Seiten Davids mit zum Absalomaufstand führen konnte.

114 Dazu o. 5.8.

115 Mit V.18a(ab „und Ziba") und V.19a liegen spätere Ergänzungen vor.

116 Obwohl David dem Šimi schwört, wird damit den Verfügungen Salomos (I Reg 2,36–46*) nicht vorgegriffen, dazu o. 4.4.

117 Dazu insgesamt o. 7.4.

118 Vgl. o. 5.7.

Schlacht ziehen konnte, weil sein Knecht (Ziba)[119] ihn betrogen und beim König verleumdet hat. Doch Meribbaal war regelrecht von David abgefallen (16,3), der doch nach II Sam 9,2ff*für ihn gesorgt hatte. Der Loyalitätskonflikt Meribbaals wird in T1 (19,25.27abα.28.30f) so gelöst, daß er sich mit Ziba den saulidischen Landbesitz teilen soll. Mit den Nachträgen V.26.27bβ.29 bringt T2 Präzisierungen wie die Lähmung Meribbaals an, um den Sauliden weiter zu entlasten.[120]

T1 führt schließlich in 19,32.33a.34-37a.38f.40b.41a die Figur Barsillais ein, um aufzuzeigen, daß der König von einem Manne Unterstützung erfährt, der die Würde und Weisheit des Alters hat.[121] Aufgrund seiner ostjordanischen Herkunft ist Barsillai zudem halb ein Ausländer. Die Szene bildet das Pendant zu 15,18-22* (T1), wo die Loyalität des Gathiters, also Ausländers, Ittai dargestellt worden war.[122] Zu Beginn und zum Schluß des Absalomaufstandes erfährt David damit außergewöhnliche Loyalität. Der König bietet Barsillai allein für sein Geleit die Versorgung in Jerusalem an; weil der Anlaß für eine solche Maßnahme zu gering erschien, wurde später II Sam 17,27-29 vorgeschaltet.[123] Dabei hat II Sam 17,27-29 nicht nur den Zweck, die Belohnung Barsillais durch den König zu motivieren, sondern verfolgt auch das Ziel, die Loylität Makirs und des Ammoniterprinzen Šobi zu zeigen.[124] Da Barsillai zu alt ist, um mitzuziehen, schickt er Kimham (19,38). Seine Eigeninitiative ist wiederum typisch für die Vorstellungen der Theodizee-Bearbeitung.[125]

Im Absalomaufstand geht eine kleine Szene in II Sam 19,1-9 auf T2 (V.1b.2-4.5aββb.6abα.7abα.8.9abαβ) zurück.[126] Als der König um seinen Sohn Absalom weint, hält T2 fest, daß diese Trauer dort ihre Grenze hat, wo dem Kriegsvolk, das für den König sein Leben eingesetzt hat, nicht der

---

119 Ziba wird durch V.18a(ab „und Ziba") in der ganzen Szenerie untergebracht. Er tritt nicht in 19,25-31 mit Meribbaal auf, weil die beiden zerstritten haben. Meribbaal spricht in V.27f.30 *über* ihn.

120 Dazu o. 7.5. Entsprechend dieser Lähmung verlegt T2 das Treffen nach Jerusalem.

121 19,40a (Itinerar) liegt T1 schon vor. In V.33b und V.37b finden sich zwei Nachträge. Zur Angabe von 80 Jahren vgl. auch Ex 7,7; Ps 90,10.

122 Beide Figuren führt T1 selber ein.

123 Vgl. auch den sekundären 19,33b.

124 Vgl. o. 7.6.2 und 6.2.

125 Vgl. auch 19,28. T2 wird mit I Reg 2,7 die positive Vergeltung für das Haus Barsillais in Davids Testament verankern, vgl. o. 4.6 sowie 6.2 und 7.4.

126 Von T3 stammt V.7bβγ. Nicht näher zu bestimmen sind V.5aα und V.6bβγδ. Anders dient V.9bγδ zur Verklammerung der Abschnitte 18,18-19,1a und 19,1b-9* nach 18,17, vgl. o. 7.2.

gebührende Dank zukommt. Daß dabei ein Untertan (Joab) den König zurechtweist und dieser dem Drängen Joabs nachgibt, sich dem Volk zu zeigen, ist für die Theodizee-Bearbeitung ganz charakteristisch.

Bei Salomos Erhebung auf den Thron betont T1 mit I Reg 1,9f.12 (ohne ועתה לכי).13aα*(nur לכי „geh").21.41-45.49 die reale Gefahr, die von Adonia für die Partei Salomos ausgeht. Insbesondere wird das Fest Adonias, das Nathan in der David-Biographie-Schicht *nur behauptet* hat (V.19f.25f*), von T1 erzählerisch *wirklich durchgeführt*. So wird dringender Handlungsbedarf betont.[127] Auch die Rückverweise in Davids Eid (V.30aα.b), den er nach der David-Biographie-Schicht (V.30aβγ) erstmals schwört, stammen von T1, so daß in der Sicht der Theodizee-Bearbeitung hier tatsächlich nur ein bereits früher geleisteter Schwur bestätigt wird. Nathan und Bathseba hätten also nicht gelogen. Und auch andere Ereignisse will T1 durch Erläuterungen entschärfen. So liegt nach V.6a Adonias anmaßendes Verhalten zu einem guten Teil daran, daß der König versäumt hatte, ihn zu tadeln.[128] Und in der Abišag-Episode wird durch zwei Klarstellungen (I Reg 1,2bα.4bβ) deutlich betont, daß es zwischen David und der Šunemiterin nicht zum Verkehr gekommen ist. So wird der Szene jede mögliche Anstößigkeit genommen; David wie Abišag sind rein geblieben.[129]

Anschließend rechtfertigt T1 die verschiedenen Maßnahmen Salomos zu Beginn seiner Herrschaft. Dabei reagiert sie in den Berichten über die Tötung Adonias und Joabs auf vorliegende Texte der dynastiekritischen Redaktion. Bei den Fällen Abjathars und Šimis stammt zwar der Grundbestand in I Reg 2 von T1, die ersten Informationen über Abjathar finden sich aber in der alten Quelle (vgl. I Reg 1,5.7.8aαb) und über Šimi im dynastiekritischen II Sam 16,5.6aα.

Über die Hinrichtung Adonias berichtete der dynastiekritische I Reg 1,50.51a.53; 2,25. T1 nivelliert mit seinen Eingriffen 1,51b.52; 2,13-22.23abβγδ[130] den schweren Vorwurf, daß Salomo seinen (Halb-)Bruder hat hinrichten lassen. Dazu macht 1,51b.52 aus dem perfiden Akt, daß Salomo den Adonia zunächst nach Hause schickt, also in Sicherheit wiegt, um ihn umzubringen, eine Verschonung unter Bedingungen. Wenn er stirbt, dann weil ein Übel an ihm gefunden wurde. Und in 2,13-22.23abβγδ

---

127 Vgl. o. 3.2, 3.3, 3.4 und 3.6.
128 S.o. 3.2.
129 S.o. 4.1 (Ende) und 4.5.
130 V.23bα.24 sind spätere Fortschreibungen.

schafft T1 dann selber die Voraussetzungen für Adonias Hinrichtung. Dieser bittet nämlich Salomo über Bathseba, Abišag von Šunem zur Frau zu bekommen.[131] Damit greift er auf den Bereich des Königs über. So wird Salomo entlastet, und Adonia bekennt sogar, daß Salomo von Jahwes Willen König ist (V.15). Ferner wird nochmals die Gefahr betont, die für Salomo von der Partei seines älteren Bruders ausgeht (V.22).[132]

Zu dieser Partei Adonias gehört Joab (vgl. die Quelle in 1,7), und auch Joab wird hingerichtet. Hat die dynastiekritische Redaktion mit I Reg 2,28aαb.29.30aα1(bis יהוה).34aβb.35a herausgestellt, daß seine Abschlachtung an den Hörnern des Altars ein schweres Sakrileg darstellt, so ist T1 (I Reg 2,28aβγ.30aα2[ab ויאמר]β.b.31.34aα) daran gelegen, diese Anklage durch die verschiedensten Erläuterungen erheblich zu entschärfen. Zunächst wird mit I Reg 2,5a*(bis צרויה).b.6 in Davids politischem Testament an Salomo der Befehl zur Hinrichtung Joabs untergebracht. Der auf die David-Biographie-Schicht zurückgehende Grundbestand dieses Testamentes 2,1f.3b entsprach der Gattung „Amtseinsetzung". Die Theodizee-Bearbeitung aber schaltet darin in Analogie zur Weisheitslehre für Merikare (ca. 2070-2041 v. Chr.)[133] Anweisungen für den Umgang mit Rebellen ein, vgl. auch I Reg 2,8f (T2).[134] Entsprechend dieser Aufnahme weisheitlichen Gedankengutes fordert David in I Reg 2,6 (T1) und V.9 (T2) den Salomo explizit dazu auf, durch die Hinrichtungen Joabs und Šimis seine Weisheit zu demonstrieren.

Doch T1 begründet nicht nur Joabs Hinrichtung, sondern auch die Tatsache, daß er *am Altar* hingerichtet wurde: Er hat schuldloses Blut vergossen (V.31b), seinen Gürtel und seine Sandalen mit Kriegsblut benetzt (V.5b),[135] das von David und seinem Haus entfernt werden muß. Außerdem entlastet T1 Salomo und Benaja dadurch, daß sie ihnen einen

---

131 Voraussetzung für diesen Wunsch ist die Jungfräulichkeit Abišags, die T1 selber mit 1,2bα.4bβ unterstreicht. Zum Ausgleich von Bathsebas Biographie durch diese Szene vgl. o. 4.1 (Ende).

132 Vgl. o. 4.1. Zum diesem Motiv vgl. auch I Reg 1,9f.12(ohne ועתה לכי).13aα*(nur לכי „geh").21.41-45.49, jeweils T1.

133 Text in Hallo, Context I, 61–66 (Übersetzung von M. Lichtheim) und Quack, Studien, 14ff, vgl. auch ANET, 414–418. Die Lehre für Merikare versteht sich als königliches Testament des scheidenden Pharao an seinen Sohn.

134 Zu Einzelheiten vgl. o. 4.6 (Ende), dort auch zu weiteren Parallelen.

135 Diese Aussage in V.5b spielt auf die Tötung Absaloms durch Joab an; nur dies kann er David persönlich getan haben, vgl. V.5a*(bis צרויה). Namentlich wird Absalom jedoch nicht erwähnt, denn immerhin hatte er gegen David rebelliert und mußte deshalb besiegt werden.

Versuch zuschreibt, Joab zum Verlassen der Asylstätte zu bewegen.[136] T2
(V.32) und T3 (V.5a*[ab אשר 2°]) verengen die etwas diffuse Anklage
Joabs durch T1 explizit auf die Tötungen Abners und Amasas.[137]

Eine weitere Maßnahme Salomos, von der T1 (I Reg 2,26abα1[bis
כי].bβ*[nur התענית].bγ) berichtet, bezieht sich auf den Priester Abjathar.
Dieser ist eigentlich ein „Mann des Todes", wird aber nur *verbannt*, weil er
zusammen mit David denselben Bedrängnissen standgehalten hat. Die
Begründung seiner Verschonung mit seinem Dienst an der Lade (V.26bα2
ab נשאת bis וכי in V.26bβ) geht auf T2 zurück.[138]

Zuletzt wird noch der Fall Šimi abgehandelt. T1 schafft mit I Reg
2,36–41.46a ein Szenario, das seine Hinrichtung möglich macht. Er wird
unter Androhung der Todesstrafe unter Hausarrest gestellt. Als er, wenn
auch aus nachvollziehbaren Gründen, diese Anordnung übertritt, wird er
von Benaja hingerichtet. T2 (V.42f) begründet diese Exekution zusätzlich
mit einem Schwur bei Jahwe, den Šimi gebrochen habe; und T3
(V.44a*[ohne אשר ידע לבבך]) führt seine Verschuldungen gegenüber
David ins Feld.[139] Alle drei Theodizee-Bearbeitungen machen deutlich, daß
Šimi sein Leben durch eigenes Verschulden verwirkt hat. Die Šimi-Episode in I Reg 2,36–46* reagiert einerseits auf Šimis Fluch nach dem dynastiekritischen II Sam 16,5.6aα[140] und andererseits darauf, daß David dem
Sauliden auf dessen Schuldbekenntnis hin Verschonung geschworen hatte
(vgl. II Sam 19,24 „Du sollst nicht sterben", T1). Die Chance, die Šimi
nach I Reg 2,36–41.46a hatte, hat er selber verspielt. T2, der mit 2,8f den
Befehl zur Hinrichtung Šimis dem sterbenden David in den Mund legt,[141]
korrigiert den Eid von II Sam 19,24 dahin, daß er sich nur auf eine Bestrafung durch David bezieht. Damit ist der Weg für Salomos Handeln frei,
wie V.9 betont.[142]

---

136 Ferner wird Salomo sogar die Sorge um Joabs Begräbnis in den Mund gelegt.
Außerdem weiß T1, Joabs Persönlichkeitsbild auszugleichen: Im Absalomaufstand
hat er auf der richtigen Seite, nämlich der Seite Davids, gestanden (V.28aβγ).

137 V.33 ist ein noch späterer Zusatz. Vgl. insgesamt o. 4.2 und 4.6 sowie 6.3.

138 V.27 ist ein Zusatz, vgl. insgesamt o. 4.3.

139 V.45.46b sind königstheologische Zusätze, und weitere Nachträge liegen im Relativsatz אשר ידע לבבך (in V.44aα*) und V.44b vor; vgl. insgesamt o. 4.4.

140 Vgl. o. 5.8.

141 Mit I Reg 2,7 verankert T2 zudem die positive Vergeltung für Barsillais Familie in
Davids Testament und schafft dadurch in V.5-9 ein Triptychon von Strafe, Lohn und
Strafe, s.o. 4.6 sowie 6.2 und 7.4.

142 Ferner muß wohl die Aussage von 19,23 (T1) so gedeutet werden, daß sich Davids
Zusage nur auf den Tag des Schwures bezieht.

Wie die Ratgeber-Bearbeitung erklärt die nach T1 erfolgte *Nachrichtendienst-Bearbeitung* den Sieg Davids über Absalom durch das Aufgehen einer menschlichen Taktik. In diesem Falle ist es das Einsetzen von Informanten, die David von den Entwicklungen um Absalom, insbesondere seinen strategischen Beschlüssen, rechtzeitig auf die Höhe bringen. Diese Bearbeitung setzt nicht wie R2 darauf, daß Hušai den Kreis um Absalom durch seine Eloquenz zu einer falschen Entscheidung überredet, sondern darauf, daß Absalom verraten und David rechtzeitig informiert wird, vgl. die Mahnungen zur Eile in II Sam 17,15f und 17,17a.21b.[143] In der Nachrichtendienst-Bearbeitung ist das Wirken zweier Hände festzustellen, nämlich N1, der die beiden Priester Zadoq und Abjathar einführt, und N2, der zusätzlich deren Söhne Jonathan und Ahimaaz als Übermittler vorsieht. Dabei greift zuerst N1 mit II Sam 15,35b; 17,15f; 19,12a.15a in den Text ein. Er setzt bei der Rolle Hušais an, der vom falschen Ratgeber zum Spion umdefiniert wird. Er soll David unter Vermittlung von Zadoq und Abjathar über die aktuellen Geschehnisse in Jerusalem informieren. Nach dem Aufstand organisiert David seine Rückkehr selber, indem er die beiden Priester entsprechend instruiert. Dadurch wird ihm die Passivität genommen, die er nach 19,10f.15b.16a (T1) hatte. N2 (15,27f.36; 17,17a.21b; 18,19-32; 19,1a) ist darüber hinaus daran gelegen, einen plausiblen Ablauf des Informationsflusses darzustellen. Dazu bringt er die beiden Priestersöhne ins Geschehen ein,[144] die David noch vor seinem Jordanübertritt über Ahitofels Plan informieren. Außerdem ist N2 sehr an der Frage interessiert, wie David die Nachricht einerseits vom Sieg und andererseits vom Tod seines Sohnes Absalom übermittelt wird (18,19-32; 19,1a).[145] Zum einen bereichert dieser Text den Ablauf durch zahlreiche Spannungselemente; zum anderen erweist er sich gerade dadurch als theologisch reflektiert, daß er Terminologie und Gedankengut von T1 aufnimmt.[146] Dieser Einfluß ist besonders in den Botenreden deutlich, die Davids Sieg und Absaloms Tod als Erfolg der gerechten Sache darstellen.[147] Dagegen gehört 17,17b-21a nicht zur Nachrichtendienst-Be-

---

143 Zur Frage, warum hier nur auf den Rat Ahitofels verwiesen wird, s.o. 5.10.

144 Nach 17,15f (N1) senden Zadoq und Abjathar dagegen über Unbekannte zu David.

145 In diesem großen Textblock ist lediglich את־עבד המלך in V.29bα „den Knecht des Königs" als Glosse auszuscheiden.

146 Wie der sekundäre Anschluß von 19,1b (T2) an V.1a (N2) deutlich macht, datiert N2 noch vor T2, vgl. o. 7.2.

147 Vgl. etwa 19,31f; dazu ausführlich o. 7.1. Möglicherweise wird die Idee der Priestersöhne als Boten aus der Rolle Jonathans in I Reg 1,41-45.49 (T1) abgeleitet.

arbeitung, obwohl hier die beiden Priestersöhne eine Rolle spielen. Denn die Hand, auf die dieser Text zurückgeht, wollte *allein* die Spannung der Geschichte steigern; ein Einfluß der Theodizee-Bearbeitung ist nicht festzustellen.[148] Die ganze Nachrichtendienstbearbeitung datiert nach T1.[149] Wegen ihres großen Umfangs und ihres gedanklichen Gehalts ist für das Wirken der Theodizee-Bearbeitung, wie gesehen, sicherlich ein Zeitraum über mehrere Jahrzehnte zu veranschlagen. Dagegen war die Wirkungszeit der Nachrichtendienst-Bearbeitung eher kurz, wobei auch N1 und N2 zeitlich nicht zu weit auseinander liegen. Von der relativen Chronologie her sind sie Anfang des dritten Jahrhunderts v. Chr. anzusetzen.[150]

Zwischen T1 und T2 ist auch die Überlieferung vom Šeba-Aufstand (II Sam 20) eingearbeitet worden. Die Ablösung Joabs durch Amasa als Feldhauptmann, die in den Nachträgen II Sam 17,25a; 19,14 vorbereitet wird, ist in 20,4f.8-13 vorausgesetzt.[151]

Verschiedene Zusätze können keiner bestimmten Schicht zugeordnet werden. Neben zahlreichen kleinen Nachträgen, deren Sinn zwar zu erklären, deren Herkunft aber nicht deutlich ist,[152] finden sich im Bericht vom Absalom-Aufstand etwa einige Ergänzungen, denen daran liegt, den Kampf gegen Absalom zu einem riesigen Schlachtgeschehen zu machen. Diese liegen in II Sam 15,18aβb; 16,6aβb; 17,22b*(ab עד־אחד).24β und 18,7bβ*(nur „20 000").8 vor.[153]

In I Reg 1f läßt sich mit I Reg 1,35b.36f und 46.47.48; 2,12.33.45.46b ein kleines Netzwerk königstheologischer Nachträge abheben, das sukzessive entstanden ist und klar die Theodizee-Bearbeitung voraussetzt.[154] Weitere theologische Bewertungen finden sich in II Sam 11,27b; 12,24bβ.25.[155]

---

148 Vgl. auch o. 5.10.

149 Denn wie II Sam 19,10f.12 sowie 19,15a.b zeigen, ist N1 nach T1 anzusetzen; dazu o. 7.3. Und aus II Sam 15,27f; 19,1a.b ist zu ersehen, daß T2 sekundär an N2 anschließt. Daß N1 nach R2 datiert, zeigt etwa der Befund in 15,32-34.35*, dazu o. 5.5.

150 Vgl. insgesamt o. 5.9 und 5.10.

151 Vgl. o. 6.2, 7.3 und den Exkurs zu II Sam 20 in 7.3.

152 Solche Nachträge sind z.B. II Sam 10,2a.5b (1.2), 11,8bβ (2.4), 11,15 (2.1) oder die in 12,30.31a angewachsenen Zusätze (1.3). Auch II Sam 15,8.15 (6.1), 15,35a.37b (5.5), 16,17b (5.9), 17,3b.13 (5.9), 17,25a.b (6.2), 18,16b.18 (6.3), 19,5aα.6bβγδ (7.2), 19,13.14.12b (in dieser Reihenfolge, 7.3), 19,16bβ (7.3), 19,18a*(ab ויצבא) (7.4), 19,19a (7.4), 19,33b (7.6.2) und 19,37b (7.6.2) gehören etwa dazu. Am Anfang des Reg-Buches sind es z.B. I Reg 1,6bα.bβ.8aβ.15aβb (3.2), 1,35a (3.6), 1,40aβ (3.1), 2,23bα.24 (4.1), 2,27 (4.3.), 2,33.35b (4.2) und 2,44b (4.4).

153 Dazu o. 5.2, 5.8, 6.2 und 6.3. Vgl. aber auch II Sam 15,10 (David-Biographie-Schicht); 17,1-3a.4 (T1) und 18,1b.2b-4 (T2).

154 Dazu o. 3.6, 4.1, 4.2 und 4.4.

155 Vgl. o. 2.2 (Ende) und 2.3.

Das „Haremsfrauen-Geflecht" II Sam 12,11f; 15,16b.17a; 16,21f; 20,3*, das von
unterschiedlichen Händen stammt, knüpft an die Theologie von Schuld und Sühne der
Theodizee-Bearbeitung an und zeigt, daß David tatsächlich Vergebung erlangt hat.[156]
    II Sam 19,41b-44* dient der Überleitung zum Šeba-Aufstand und bereitet die
Reichstrennung I Reg 12 vor. Der Abschnitt ist frühestens nach T1 zu datieren.[157]
    In II Sam 21-24 begegnen zudem späte Anhänge, die bereits die Büchertrennung in
Sam und Reg voraussetzen.[158] Sie unterbrechen den Zusammenhang von II Sam 10ff und
I Reg 1f und vereinigen sehr disparates Material, das nur wenig mit seinem unmittelba-
ren Kontext zu tun hat.[159]

Die untersuchten Texte II Sam 10-12; 15-19; I Reg 1f sind demnach in
einem sehr bewegten literarischen Prozeß gewachsen. Am Anfang ihrer
Entstehungsgeschichte standen kurze zeitgenössische Quellentexte mit
prodynastischer Ausrichtung, die wahrscheinlich noch unter Salomos
Herrschaft miteinander verzahnt und zu einer Art Gründungsdokument der
beginnenden Dynastie redigiert wurden. Nach der Aufnahme des kleinen
Textkorpus ins deuteronomistische Geschichtswerk fanden mehrere umfassende Nachbearbeitungen statt, die von der frühen nachexilischen Zeit bis
ins dritte Jahrhundert v. Chr. andauerten. Diese Nachbearbeitungen reflektieren intensive theologische Debatten. Zum einen sind Auseinandersetzungen um den Rang der davidischen Dynastie festzustellen, deren Pole
die extreme Kritik der dynastiekritischen Bearbeitung (fünftes Jahrhundert) und die prodynastische David-Biographie-Schicht (spätes fünftes
Jahrhundert/Wende zum vierten Jahrhundert) darstellen. Zum anderen
dient im Bericht vom Absalomaufstand eine Redaktion dazu, Exilserfahrungen zu bewältigen: es handelt sich um das Itinerar (fortgeschrittenes
sechstes Jahrhundert/Wende zum fünften Jahrhundert). Spätere Eingriffe,
nämlich die Ratgeber- (viertes Jahrhundert) und die Nachrichtendienst-
Bearbeitung (drittes Jahrhundert) erklären, wie David der Sieg gelingen
konnte, und machen aus den Ereignissen eine spannende Geschichte.
Schließlich haben alle Texte durch die Theodizee-Bearbeitung (ausgehen-
des viertes, eher drittes Jahrhundert) eine prägende Redaktion im Zeichen

---

156 Vgl. den ausführlichen Exkurs „Die Haremsfrauen" in 5.9, ferner 5.1.
157 Vgl. o. 7.7. Nachträge liegen in V.41bβ.42bβ sowie in ‎מָמֶּךָ אֲנִי וְגַם־בְּדוֹד‎ in V.44aα
    vor. Hängen 19,13.16bβ (7.3) mit dem primären Abschnitt 19,41b-44* zusammen?
158 Vgl. Noth, Überlieferungsgeschichtliche Studien, 62, Anm. 3.
159 Vgl. o. am Anfang von 5.1. Ferner zeigt Brueggemann, 2 Samuel 21-24, 383ff, daß
    die Tendenzen der dort zusammengestellten Texte denen der hier sondierten
    Theodizee-Bearbeitung nahe kommen. Das beweist etwa die klare sühnetheolgische
    Thematik von 21,1-14; 24,1ff oder das Bild Davids als eines sakralen Königs.

von Gottes Gerechtigkeit in der Welt erfahren. Diese Theodizee-Bearbeitung verleiht II Sam 9 – I Reg 1 f ihr wesentliches theologisches Profil. Sie gestaltet etwa die Biographien der zentralen Figuren im Sinne des Tat-Ergehen-Zusammenhanges aus. Nach ihr ist mit Salomo schließlich derjenige auf *Davids Thron* gekommen, dem es von Jahwes Gerechtigkeit her zustand.

9. Textpräparationen

Vorbemerkung: Unterstreichungen in derselben Schrifttype deuten Zusammengehörigkeit an. Unterstrichenes ist gegenüber nicht Unterstrichenem derselben Schrifttype sekundär, doppelt Unterstrichenes derselben Schrifttype tertiär. Eckige Klammern [] zeigen Glossen oder Zusätze an, sofern in den Klammern keine mit „*sc.*" eingeleitete Erklärung steht. Ein Schrägstrich mit Spatien / markiert als Trenner verschiedene Wachstumsstufen.

In diesen Textpräparationen erscheinen nur einige wesentliche Angaben zur *Textkritik*, meist in Form von hochgestellten Abkürzungen: hier gelten hauptsächlich die Apparat-Abkürzungen der BHS. Abweichend werden folgende Kürzel verwendet: Qm = 4Q Samᵃ, LXX = Septuaginta, LXX/L = lukianische Rezension der Septuaginta, Sym = Symmachus. Wo eine ausführliche textkritische Diskussion nötig ist, wird sie im Anmerkungsteil der Einzelanalysen vorgenommen.

9.1 Die Eroberung von Rabba (II Sam 10,1-5; 11,1; 12,26–31)

Grundbestand/Quellenstücke
frühe Redaktion der Quellenstücke
<u>Dynastiekritische Bearbeitung</u>
entschärfende Harmonisierung
Sekundäre Motivierung von Davids Angriff
Nachträge, Glossen

II Sam 10,1-5

1 Und es geschah danach, da starb der König der Ammoniter, und sein Sohn Hanun wurde König an seiner Statt. 2 Da sprach David: Ich will Loyalität an Hanun, dem Sohne Nahašs erweisen, wie sein Vater an mir Loyalität erwiesen hat. Und David sandte, um ihn zu trösten durch seine Knechte über seinen Vater. Und die Knechte Davids kamen ins Land der Ammoniter. 3 Da sprachen die Notablen der Ammoniter zu ihrem Herrn Hanun: Will David (wirklich) deinen Vater in deinen Augen ehren, daß er dir Tröster gesandt hätte? Ist es nicht so: Um die Stadt auszukundschaften und sie auszuspionieren und sie zu zerstören, hat David seine Knechte zu dir gesandt? 4 Da nahm Hanun

die Knechte Davids und schor die Hälfte[1] ihres Bartes und schnitt ihr Gewand zur Hälfte bis zu ihrem Gesäß ab und schickte sie fort. 5 Und man teilte es David mit, und er sandte ihnen entgegen, denn die Männer waren sehr beschämt. Und der König sprach: Bleibt in Jericho, bis euer Bart sproßt und (dann) kehrt zurück! ...

II Sam 11,1f

Und es geschah *zur Wiederkehr des Jahres*, zur Zeit, da die Könige[2] ausziehen, da sandte David Joab und seine Knechte mit ihm, [und ganz Israel,] und sie vernichteten die Ammoniter und sie belagerten Rabba – *David aber blieb in Jerusalem.*

(2 Und es geschah zur Zeit des Abends, da stand David von seinem Lager auf und erging sich auf dem Dach des Königspalastes. Und er sah eine Frau, die sich wusch, vom Dache aus, und die Frau war sehr schön von Ansehen. ...)[3]

II Sam 12,26 Und Joab kämpfte gegen Rabbat der Ammoniter und nahm die Königsstadt ein.

27 *Und Joab sandte Boten zu David und sprach: Ich habe gegen Rabba gekämpft;* und[mlt Mss, S, T/Mss] auch habe ich die Wasserstadt eingenommen. 28 *Und nun, sammle den Rest des Kriegsvolkes und belagere die Stadt und nimm sie ein, damit nicht ich die Stadt einnehme und mein Name über ihr ausgerufen wird.* 29 Und David sammelte das ganze Kriegsvolk und ging nach Rabba, kämpfte gegen es und nahm es ein. 30 Und er nahm die Krone ihres Königs[4] von dessen Kopf, / und ihr Gewicht betrug ein Talent Gold [und Edelstein,] / und sie kam auf den Kopf Davids. / Und die Beute der Stadt führte er heraus: sehr viel. / 31 Und das (Kriegs-)Volk, das in ihr war, führte er heraus und stellte es an die (Stein-)Säge und an die Eisenpicken und an die Eisenschneider [und führte sie

---

1 Fehlt in einem Ms; LXX hat nur τοὺς πώγωνας „ihre Bärte“.

2 So mit vielen Mss, dem Qere sehr vieler Mss und den Versionen (Peschitta sing.); vgl. auch I Chr 20,1.

3 Mit II Sam 11,2 beginnt ein neues selbständiges Quellenstück, vgl. 2.1 bis 2.5 und 9.2.

4 LXX (ohne hexaplarische und lukanische Rezension): „ihres Königs Milkom“; vgl. das Kleingedruckte o. 33.

durch die Ziegelform⁵]. / Und so tat er allen Städten der
Ammoniter. Und David und das ganze Kriegsvolk kehrte(n) nach Jerusalem zurück.

9.2 David und die Frau (II Sam 11; 12,24f)

Grundbestand/Quellenstücke
<u>Dynastiekritische Bearbeitung („Bathseba-Schicht")</u>
Der Botenauftrag
Theodizee-Bearbeitung(en) (T1, <u>T2</u>, <u>T3</u>)
Nachträge, Glossen

II Sam 11
2 Und es geschah zur Zeit des Abends, da stand David von seinem Lager
auf und erging sich auf dem Dach des Königspalastes. Und er sah eine
Frau, die sich wusch, vom Dache aus,ᶠᵉʰˡᵗ ⁱⁿ ˢ und die Frau war sehr schön
von Ansehen. <u>3 Und David sandte und erkundigte sich nach der Frau und
fragte: Ist diese nicht Bathseba, die Tochter Eliams, die Frau des Hethiters
Uria?</u> 4 Und David sandte Boten und nahm sie, und sie kam zu ihm, und er
schlief mit ihr. <u>Und sie heiligte sich von ihrer Unreinheit</u> und sie kehrte in
ihr Haus zurück. 5 Und die Frau wurde schwanger und sandte und teilte
David mit: Ich bin schwanger.

     <u>6 Und David sandte zu Joab: Sende zu mir den Hethiter Uria! Da
sandte Joab den Uria zu David.</u> 7 Und Uria kam zu ihm, und David fragte
nach dem Wohl Joabs und nach dem Wohl des Volkes und nach dem Wohl der
Schlacht. <u>8 Und David sagte zu Uria: Geh in dein Haus hinab und wasch
dir deine Füße! Da ging Uria aus dem Königspalast hinaus</u> und hinter
ihm ging das Geschenk des Königs hinaus. 9 Und Uria schlief am
Eingang des Königspalastes mit allen Knechten seines Herrn, <u>aber er ging
nicht in sein Haus hinab. 10 Da teilten sie David folgendermaßen mit: Uria
ist nicht in sein Haus hinabgegangen.</u> Da sagte David zu Uria: Kommst du
nicht von einer Reise? Warum bist du nicht in dein Haus hinabgegangen? 11
Da sagte Uria zu David: Die Lade und Israel und Juda wohnen in den Hütten,
und mein Herr Joab und die Knechte meines Herrn lagern auf dem Felde – da
soll ich in mein Haus (hinein)gehen, um zu essen und zu trinken und mit
meiner Frau zu schlafen? Bei deinem Leben und beim Leben deiner Seele:

---

5   So mit vielen Mss und Qere; vgl. LXX und Vulgata.

Diese Sache tue ich nicht! 12 Da sagte David zu Uria: Bleib heute noch hier, morgen aber werde ich dich senden. Da blieb Uria in Jerusalem an jenem Tage und am Folgetag. 13 Und David lud ihn ein, und er [*sc.* Uria] aß vor ihm und trank, und er [*sc.* David] machte ihn betrunken. Und er ging am Abend hinaus, um auf seinem Lager zu schlafen mit den Knechten seines Herrn, zu seinem Haus aber ging er nicht hinab. 14 Und es geschah am Morgen, da schrieb David einen Brief an Joab und sandte (ihn) über Uria. 15 Und er schrieb in dem Brief folgendermaßen: Bringt Uria an die vorderste Front der heftigen Schlacht und zieht euch hinter ihm zurück, damit er erschlagen wird und stirbt. 16 Und es geschah, als Joab über die Stadt wachte, da setzte er Uria an dem Ort ein, von dem er wußte, daß da tapfere Männer waren. 17 Und die Männer der Stadt zogen hinaus und kämpften gegen Joab, und es fielen (welche) vom Volk, von den Knechten Davids. Und auch der Hethiter Uria starb. 18 Und Joab sandte und teilte David alle Ereignisse der Schlacht mit.

19 Und er befahl dem Boten folgendermaßen: Wenn du mit allen Ereignissen der Schlacht fertig bist, (sie) dem König zu sagen, 20 und (es soll sein) wenn der Zorn des Königs aufsteigt, und er dich fragt: Warum habt ihr euch der Stadt genähert, um zu kämpfen? Wißt ihr nicht, daß sie von der Mauer schießen? 21 Wer hat den Abimelek, den Sohn des Jerubbešet (Jerubbaal)[LXX, S], erschlagen? Hat nicht eine Frau auf ihn einen Mühlstein von der Mauer geworfen, und er starb in Tebez? Warum habt ihr euch der Mauer genähert?, dann sollst du sagen: Auch dein Knecht, der Hethiter Uria ist tot. 22 Und der Bote ging. Und er kam und teilte David alles mit, worin ihn Joab gesandt hatte.[6]

23 Und der Bote sagte zu David: Fürwahr, die Männer waren uns überlegen und sie zogen zu uns aufs Feld hinaus, und wir setzten ihnen nach bis zur Toröffnung. 24 Da schossen die Schützen auf deine Knechte[Q, permlt Mss] von der Mauer. Und es starben (welche) von den Knechten des Königs. Und auch dein Knecht, der Hethiter Uria, ist tot. 25 Und David sagte zum Boten: So sollst du zu Joab sagen: Diese Angelegenheit sei in deinen Augen nicht schlecht, denn bald so, bald so frißt das Schwert. Mache deinen Kampf gegen die Stadt stark und verwüste sie! Und ermutige ihn [*sc.* Joab]!

26 Und die Frau Urias hörte, daß ihr Mann Uria tot war. Da hielt sie Totenklage über ihren Ehemann. 27 Und die Trauer ging vorüber. Da sandte David und nahm sie in sein Haus auf. Und sie wurde ihm zur Frau

---

6   Zum Plus der LXX nach V.22 vgl. o. 44 mit Anm. 35.

und gebar ihm einen Sohn. Aber die Sache, die David getan hatte, war schlecht in den Augen Jahwes. / ... [7]
12,24 Und David tröstete Bathseba, seine Frau. Und er ging zu ihr ein und schlief mit ihr. Und sie gebar einen Sohn und er[K] [*sc*. David][8] nannte seinen Namen Salomo. / Und Jahwe liebte ihn. / 25 Und er [*sc*. David? Jahwe?] sandte ihn in die Obhut des Propheten Nathan (sandte durch Vermittlung des Propheten Nathan). Und er nannte seinen Namen Jedidja um Jahwes willen.

9.3 Der Absalomaufstand (II Sam 15-19)

Grundbestand/Quellenstücke
frühe Redaktion der Quellenstücke
DAS „ITINERAR"
Dynastiekritische Bearbeitung
David-Biographie-Schicht
Ratgeber-Bearbeitung(en): Ahitofel (R1) und Hušai (R2, R3)
Theodizee-Bearbeitung(en) (T1, T2, T3)
Nachrichtendienst-Bearbeitung(en) (N1, N2)
Nachträge, Glossen

II Sam 15
1 *Und es geschah danach*, und Absalom machte sich einen Streitwagen und Rosse und fünfzig Mann, die vor ihm her liefen. 2 Und Absalom stand früh auf und stellte sich neben den Weg zum Tor, und es geschah: Jeder Mann, der eine Rechtssache hatte, um zum Rechtsentscheid zum König hineinzugehen, dem rief Absalom zu und fragte: Aus welcher Stadt bist du? Und (wenn) er sagte: Aus einem der Stämme Israels ist dein Knecht, 3 zu dem sagte Absalom: Sieh, deine Angelegenheiten sind gut und recht, aber einen, der hört, hast du nicht vom König aus. 4 Und Absalom sagte: Wer setzt mich zum Richter im Lande ein? Dann soll zu mir jeder Mann kommen, der eine Rechtssache hat, und ich werde ihm Recht verschaffen. 5 Und es geschah: Wenn sich ein Mann näherte, um sich ihm niederzuwerfen, da

---

7 Zum folgenden Auftritt Nathans (II Sam 12,1-15a*) und zur Geschichte vom Tod des Kindes (II Sam 12,15b-24abα1[nur בן וחלד]) vgl. o. 55–60 sowie 351.

8 Qere, einige Mss, Peschitta und Targum lesen „sie".

streckte er seine Hand aus, ergriff ihn^{mlt Mss, T} und küßte ihn. 6 Und Absalom handelte entsprechend dieser Sache an ganz Israel, das zum Rechtsentscheid zum König hineinging. Und Absalom stahl das Herz der Männer Israels.

7 Und es geschah nach Ablauf von vierzig^(LXX/L, S, V: vier) Jahren, da sagte Absalom zum König: Ich will gehen und mein Gelübde einlösen, das ich Jahwe in Hebron gelobt habe. 8 Denn ein Gelübde hat dein Knecht gelobt, als ich in Gešur in Aram wohnte, folgendermaßen: Wenn mich Jahwe tatsächlich^{Q, mlt Mss, LXX/Mss, S, T} nach Jerusalem zurückbringt, dann will ich Jahwe dienen. *9 Und der König sagte zu ihm: Geh in Frieden! Da machte er sich auf und ging nach Hebron. 10 Und Absalom sandte Kundschafter in alle Stämme Israels mit folgenden Worten: Wenn ihr den Schall des Horns hört, dann sollt ihr sagen: Absalom ist König geworden zu Hebron. 11 Und mit Absalom gingen 200 Mann aus Jerusalem, die eingeladen waren, und sie gingen in ihrer Vollständigkeit/Unschuld; und sie wußten keine Sache. 12 Und Absalom sandte den Giloniter Ahitofel, den Ratgeber Davids, aus seiner Stadt, aus Gilo, als er die Schlachtopfer schlachtete. Und die Verschwörung wurde stark, und das Volk ging zahlreich mit Absalom. 13 Und der Bote kam zu David mit folgenden Worten: Das Herz des Mannes Israels ist hinter Absalom her geworden. 14 Da sagte David zu all seinen Knechten, die mit ihm in Jerusalem waren: Auf, laßt uns fliehen, denn es wird für uns keine Rettung vor Absalom geben. Geht eilends, damit er uns nicht eilends erreicht und über uns das Unglück bringt und die Stadt mit der Schärfe des Schwertes schlägt.* 15 Da sagten die Knechte des Königs zum König: Entsprechend allem, was mein Herr, der König, wählen wird, siehe, (wir sind) deine Knechte.

16 UND DER KÖNIG ZOG AUS UND SEIN GANZES HAUS AUF SEINEN FÜSSEN, und der König ließ zehn Nebenfrauen zurück, um das Haus (den Palast) zu bewachen. 17 Und der König zog aus und das ganze Volk auf seinen Füßen UND SIE BLIEBEN AM HAUS DER FERNE STEHEN.

18 Und all seine Knechte zogen an seiner Seite vorüber, und all die Kreter und all die Pleter und all die Gathiter, 600 Mann, die auf seinen Füßen^{mlt Mss, LXX} aus Gath gekommen waren, zogen am König vorüber. *19 Und der König sagte zum Gathiter Ittai: Warum gehst auch du mit uns? Kehre um und bleibe mit dem König, denn du bist fremd,* und auch bist du in Bezug auf deinen Ort im Exil. *20 Gestern war dein Kommen, da soll ich dich heute mit uns zu gehen unstet* machen^{Q, mlt Mss, Vrs}? Ich aber gehe, wohin ich gehe. Kehr um und bring deine Brüder mit dir zurück, in Huld und Treue. ⁹ 21 Da antwortete Ittai dem König und sagte: So wahr Jahwe lebt, und beim Leben meines Herrn, des Königs, sondern an dem Ort, wo mein Herr, der König, sein wird, sei es zum Tode, sei es zum Leben, dort wird dein Knecht sein. 22 Da sagte David zu Ittai: Geh und zieh vorüber! Da zog der Gathiter Ittai vorüber und all seine Mannen und all die Kinder, die mit ihm waren. 23 UND DAS GANZE LAND WEINTE MIT LAUTER STIMME, / UND DAS GANZE VOLK ZOG VORÜBER, UND DER KÖNIG ZOG DURCH DEN BACH KIDRON, / UND DAS GANZE VOLK ZOG VORÜBER AUF DEM WÜSTENWEG^{MLT MSS}.

24 Und da war auch Zadoq, und alle Leviten mit ihm trugen die Lade des Bundes Gottes und stellten^{LXX, S, T} die Lade Gottes hin. Und Abjathar stieg^{Vrs}/führte herauf (opferte?), bis das ganze Volk vollständig aus der Stadt gezogen war. 25 Und der König sagte zu Zadoq: Bring die Lade Gottes in die Stadt zurück! Wenn ich Gnade in den Augen Jahwes finde, dann bringt er mich zurück und läßt mich sie/ihn^{10} und seinen Weideplatz sehen. 26 Wenn er aber so spricht: Ich habe an dir keinen Gefallen, hier bin ich, dann wird er mir tun, wie es gut in seinen Augen ist.

27 Und der König sagte zum Priester Zadoq: Siehst du? Kehre in Frieden in die Stadt zurück! Und Ahimaaz, dein Sohn, und Jonathan, der Sohn Abjathars, eure zwei Söhne seien mit euch! 28 Seht, ich säume bei den Steppenfurten,^{11} bis ein Wort von euch kommt, mir mitzuteilen. 29 Da brachte(n) Zadoq und Abjathar die Lade Gottes nach Jerusalem zurück und sie blieben dort.

30 UND DAVID STIEG HERAUF AUF DEM ÖLBAUMSTEIG, STEIGEND UND WEINEND, UND SEIN HAUPT WAR IHM VERHÜLLT, UND ER GING BARFUSS, / UND DAS GANZE VOLK, DAS MIT IHM WAR, HATTEN EIN JEDER SEIN HAUPT VERHÜLLT UND WAREN FORTWÄHREND WEINEND HERAUFGESTIEGEN. 31 Und David^{2Mss, Qm, Vrs} hatte man folgendermaßen mitgeteilt: Ahitofel ist unter den Verschwörern bei Absalom. Da sagte David: Vereitle doch den Rat Ahitofels, Jahwe!

32 Und es geschah, als David auf den Gipfel kam/gekommen war, wo man sich Gott niederzuwerfen pflegte, da kam ihm der Arkiter Hušai entgegen, mit seinem Leibrock zerrissen, und Erde war auf seinem Haupt. 33 Und David sagte zu ihm: Wenn du mit mir ziehst, dann wirst du (auf) mir zu einer Last werden. 34

---

9   Zu den Doppelübersetzungen der LXX in V.18 und V.20 s.o. 183, Anm. 36.
10   Das Suffix könnte sich sowohl auf die Lade als auch auf Jahwe beziehen.
11   So mit K; zum Text vgl. o. 189f, Anm. 64.

Aber wenn du in die Stadt zurückkehrst und zu Absalom sagst: „Dein Knecht bin ich, o König. Ich war (lange) der Knecht deines Vaters und ich: seit früher, doch nun und ich bin dein Knecht.", dann wirst du mir den Rat Ahitofels vernichten.[12] 35 Und sind dort mit dir nicht die Priester Zadoq und Abjathar? Und es soll sein: Jedes Wort, das du aus dem Hause des Königs hörst, sollst du den Priestern Zadoq und Abjathar mitteilen. 36 Siehe, dort sind mit ihnen ihre zwei Söhne, Ahimaaz von Zadoq und Jonathan von Abjathar. Und ihr sollt durch ihre Vermittlung zu mir schicken jedes Wort, das ihr hört. 37 Und Hušai, der Vertraute Davids, kam in die Stadt, und Absalom kam nach Jerusalem.

16,1 Und David war ein wenig vom Gipfel gezogen, und siehe, da kam Ziba, der Knecht Meribbaals, ihm entgegen, und ein Gespann von gesattelten Eseln. Und auf ihnen waren 200 Brote und 100 Rosinenkuchen und 100 (Stück) Sommerobst und ein Schlauch Wein. 2 Da sagte der König zu Ziba: Was hast du mit diesen (Dingen) vor? Da sagte Ziba: Die Esel sind für das Haus des Königs, um zu reiten, und das Brot[Q, mlt Mss, Vrs] und das Obst, damit die Knechte essen, und der Wein, damit der Müde in der Wüste (ihn) trinkt. 3 Da sagte der König: Und wo ist der Sohn deines Herrn? Da sagte Ziba zum König: Siehe, er sitzt in Jerusalem, denn er sagt/denkt: Heute gibt mir das Haus Israel das Königtum meines Vaters zurück. 4 Da sagte der König zu Ziba: Siehe, dir gehöre alles, was Meribbaal gehört. Da sagte Ziba: Ich werfe mich nieder, ich finde Gnade in deinen Augen, mein Herr König.

5 Und der König David kam bis Bahurim. Und siehe, von dort zog ein Mann heraus aus der Sippe des Hauses Saul, und sein Name war Šimi, der Sohn des Gera. Er zog heraus und fluchte dabei fortwährend. 6 Und er bewarf David mit Steinen und alle Knechte des Königs David und das ganze Volk und alle Helden zu seiner Rechten und seiner Linken. 7 Und so sprach Šimi in seinem Fluchen: Geh weg, geh weg, Blutmensch, Nichtsnutz, 8 Jahwe hat auf dich alles Blut des Hauses Sauls zurückgebracht, an dessen Stelle[Q, mlt Mss] du König geworden bist. Und Jahwe gab das Königtum in die Hand Absaloms, deines Sohnes, und siehe, du bist in deiner Bosheit, denn ein Blutmensch bist du. 9 Da sagte Abišai, der Sohn der Zerujah, zum König: Warum verflucht dieser tote Hund meinen Herrn, den König? Ich will hinübergehen und sein Haupt abhauen. 10 Da sagte der König: Was ist mir und euch, Söhne der Zerujah? Ja, er verflucht. Und wenn Jahwe ihm gesagt hat: Verfluche David, wer soll dann sagen: Warum hast du so getan? 11 Da sagte David zu Abišai und zu all seinen Knechten: Siehe, mein

---

12 Zur Doppellesart der LXX in V.34 s.o. 195, Anm. 96.

Sohn, der aus meinem Leib herausgekommen ist, trachtet mir nach dem Leben, wieviel mehr nun der Benjaminiter. Laßt ihn, und er soll fluchen! Denn Jahwe hat es ihm gesagt. 12 Vielleicht sieht Jahwe (mitleidig) meine Schuld[13] und bringt Jahwe mir Gutes statt seines Fluches zurück am heutigen Tage. 13 Und David ging und seine Männer auf dem Wege, und Šimi ging (zugleich) auf der Seite des Berges neben ihm und fluchte dabei fortwährend. Und er warf mit Steinen neben ihm und bewarf (ihn) mit Erde. 14 UND DER KÖNIG KAM UND ALLES VOLK, DAS MIT IHM WAR, ERSCHÖPFT, (/) UND ER ATMETE DORT AUF.

15 Und Absalom und das ganze Volk, der Mann Israels, waren nach Jerusalem gekommen, und Ahitofel war bei ihm. 16 Und es geschah: Als der Arkiter Hušai, der Vertraute Davids, zu Absalom gekommen war, da sagte Hušai zu Absalom: Es lebe der König, es lebe der König! 17 Da sagte Absalom zu Hušai: Dies ist (wohl) deine Loyalität zu deinem Freund! Warum bist du nicht mit deinem Freund gegangen? 18 Da sagte Hušai zu Absalom: Nein, sondern den Jahwe und dieses Volk und jeder Mann Israels erwählt hat, dem[Q, nonn Mss, Vrs] will ich gehören und bei dem will ich bleiben. 19 Und zum zweiten: Wem soll ich dienen? Nicht vor seinem Sohn? Wie ich vor deinem Vater gedient habe, so will ich vor dir sein.

20 Und Absalom sagte zu Ahitofel: Gebt (für euch) Rat! Was sollen wir tun? 21 Da sagte Ahitofel zu Absalom: Geh hinein zu den Nebenfrauen deines Vaters, die er zurückgelassen hat, um das Haus (den Palast) zu bewachen. Dann wird ganz Israel hören, daß du dich bei deinem Vater verhaßt gemacht hast, und werden die Hände aller, die bei dir sind, stark werden. 22 Und sie schlugen dem Absalom das Zelt auf dem Dache auf, und Absalom ging zu den Nebenfrauen seines Vaters hinein vor den Augen von ganz Israel. 23 Und der Rat Ahitofels, den er in jenen Tagen riet, war, wie wenn man[14] um das Wort Gottes fragte, so war aller Rat Ahitofels, sowohl für David als auch für Absalom.

17,1 Da sagte Ahitofel zu Absalom: Ich will 12 000 Mann auswählen und will aufstehen und hinter David herjagen in der Nacht. 2 Und ich will über ihn kommen, und er wird müde und schlaff an Händen sein. Und ich werde ihn erbeben machen. Und das ganze Volk, das bei ihm ist, wird fliehen, und ich werde den König alleine töten. 3 Und ich will (so) das ganze Volk zu dir zurückbringen. So

---

13   So mit K; zum Text s.o. 209, Anm.173.
14   Zum Text vgl. o. 219, Anm. 224.

wie das Ganze zurückkehrt, ist der Mann, den du suchst. Und[pc Mss, Vrs] das ganze Volk wird wohlbehalten sein. 4 Und die Sache war recht in den Augen Absaloms und in den Augen aller Ältesten Israels. 5 Und Absalom sagte: Ruft[LXX, S, V] doch auch den Arkiter Hušai, damit wir hören, was in seinem Munde ist. Auch er. 6 Und Hušai kam zu Absalom, und Absalom sagte zu ihm folgendermaßen: Wie diese Sache (soundso) hat Ahitofel geredet. Sollen wir seinen Vorschlag ausführen? Wenn nicht, rede du! 7 Da sagte Hušai zu Absalom: Dieses Mal ist der Rat, den Ahitofel geraten hat, nicht gut. 8 Da sagte Hušai: Du kennst deinen Vater und seine Männer: ja, sie sind Helden und sie sind verbittert wie eine Bärin, die auf dem Felde ihrer Jungen beraubt ist. Und dein Vater ist ein Kriegsmann und er wird dem Volk keine Nacht- ruhe gönnen. 9 Siehe, jetzt verbirgt er sich in einer der Schluchten oder an einem der Orte. Und es wird sein: Wenn am Anfang unter ihnen welche fallen, dann wird der Hörende hören und sagen: Im Volk, das hinter Absalom steht, ist eine Niederlage geschehen. 10 Und auch ein Sohn der Tapferkeit, dessen Herz wie das Herz des Löwen ist, wird schwach werden, denn ganz Israel weiß, daß dein Vater ein Held ist, und die mit ihm sind, Söhne der Tapferkeit. 11 Deshalb rate ich: Versammeln, ja versammeln soll sich zu dir ganz Israel von Dan bis Beer Šeba, wie der Sand, der am Meere liegt, an Menge, und dein Angesicht [sc. du in eigener Person] gehe zum Kampf[MT!]. 12 Und wir werden zu ihm kommen an einem[Q, nonn Mss] der Orte, wo man ihn findet. Und wir werden über ihm sein, wie der Tau auf die Erde fällt. Und bei ihm und bei all den Männern, die bei ihm sind, wird auch nicht einer übrigbleiben. 13 Und wenn er sich in einer Stadt versammelt, dann wird ganz Israel zu jener Stadt Strik- ke bringen, und wir werden ihn/sie[Ms, Vrs] bis zum Bach fort- schleppen, bis dort auch nicht mehr ein Stein übrig bleibt. 14 Da sagte Absalom und jeder Mann Israels: Der Rat des Arkiters Hušai ist besser als der Rat Ahitofels. Und Jahwe hatte befohlen, den guten Rat Ahito- fels zu vernichten, damit Jahwe das Unheil zu Absalom bringe.

15 Und Hušai sagte zu den Priestern Zadoq und Abjathar: Soundso hat Ahitofel dem Absalom und den Ältesten Israels geraten, und soundso habe ich geraten. 16 Und nun, schickt eilends und teilt David folgendermaßen mit: Übernachte heute Nacht nicht in den Wüstentriften, sondern überschreite lieber, damit der König und das ganze Volk, das mit ihm ist, nicht (im Untergang) verschlungen werde.

17 Und Jonathan und Ahimaaz standen an der Quelle Rogel, da kam die Magd und machte ihnen Mitteilung, und sie gingen und machten dem König David Mitteilung, denn sie konn- ten sich nicht sehen lassen, in die Stadt zu gehen. 18 Da sah sie ein Knecht und teilte es Absalom mit. Und die zwei gingen eilends und kamen zum Haus eines Mannes in Bahurim,

und der hatte einen Brunnen in seinem Vorhof, dorthin stiegen sie hinab. 19 Und die Frau nahm und spannte die Decke über den Brunnen und breitete auf ihm die Gerstengrütze aus, und (so) war nichts bekannt. 20 Da kamen die Knechte Absaloms zu der Frau ins Haus und fragten: Wo sind Ahimaaz und Jonathan? Und die Frau sagte zu ihnen: Sie sind am/zum Wasserbehälter vorübergezogen. Da suchten sie und fanden (sie) nicht und kehrten nach Jerusalem zurück. 21 Und es geschah, nachdem sie gegangen waren, da stiegen sie aus dem Brunnen herauf und gingen und machten dem König David Mitteilung **und sie sagten zu David: Macht euch auf und überschreitet eilends das Wasser, denn so hat Ahitofel über euch geraten.**

22 Da machte sich David auf und das ganze Volk, das bei ihm war, und sie überschritten den Jordan bis zum Licht des Morgens, bis keiner vermißt wurde, der nicht den Jordan überschritten hätte.

23 Ahitofel aber hatte gesehen, daß sein Rat nicht ausgeführt wurde, da sattelte er den Esel und machte sich auf und ging zu seinem Haus, zu seiner Stadt und befahl über sein Haus und erhängte sich und starb. Und er wurde im Grabe seines Vaters begraben. 24 UND DAVID WAR NACH MAHANAIM GEKOMMEN, UND ABSALOM HATTE DEN JORDAN ÜBERSCHRITTEN, er und jeder Mann Israels mit ihm. / 25 Und den Amasa setzte Absalom an Joabs Stelle über das Heer ein. / Und Amasa war der Sohn eines Mannes, und sein Name war Jitra, der Israelit, der zu Abigal, der Tochter Nahašs, der Schwester der Zerujah, Mutter Joabs, eingegangen war. 26 UND ES LAGERTE ISRAEL UND ABSALOM IM LANDE GILEAD.

27 (Episode nach T1 und vor T2:) Und es geschah, als David nach Mahanaim gekommen war, da (waren da) Šobi, der Sohn Nahašs, aus Rabbat der Ammoniter und Makir, der Sohn Ammiels aus Lo-Debar und der Gileaditer Barsillai aus Roglim. 28 Lagerstatt und Schalen und Töpfergerät und Weizen und Gerste und Mehl und Röstkorn und Dickbohne und Linsen und Röstkorn 29 und Honig und Fett und Kleinvieh und Kuhkäse brachten sie David und dem Volk, das bei ihm war, zum Essen, denn sie sagten: Das Volk ist hungrig und erschöpft und durstig in der Wüste.

18,1 Und David musterte das Volk, das bei ihm war, <u>und er setzte über sie ein Oberste über Tausend und Oberste über Hundert.</u> 2 Und David sandte das Volk: das (eine) Drittel in der Hand Joabs, das (andere) Drittel in der Hand Abišais, des Sohnes der Zerujah, des Bruders Joabs, und das (letzte) Drittel in der Hand des Gathiters Ittai. <u>Und der König sagte zum Volk: Auch ich will gewiß mit euch ziehen! 3 Da sagte das Volk: Du sollst nicht ziehen! Denn wenn wir etwa fliehen, achtet man nicht auf uns, und wenn die Hälfte von uns stirbt, achtet man nicht auf uns. Denn du</u>[2 Mss, LXX*, Sym, V] bist wie zehntausend von uns. <u>Und nun ist es gut/besser, daß du uns von der Stadt aus (da) bist, um zu helfen</u>[Q, mlt Mss]. 4 Da sagte der König zu ihnen: Das, was in euren Augen gut ist, will ich tun. <u>Und der König stellte sich an die Seite des Tores, und das ganze Volk zog aus zu Hundertschaften und zu Tausendschaften.</u> 5 Und der König befahl Joab und Abišai und Ittai folgendermaßen: Zur Sanftheit mir für den Knaben, für Absalom! Und das ganze Volk hörte, wie der König allen Obersten befahl über die Sache Absaloms. 6 Und das Volk zog ins Feld aus, Israel entgegen, und es kam zum Kampf im Walde Ephraims. 7 UND DAS VOLK ISRAELS WURDE DORT VON DEN KNECHTEN DAVIDS GESCHLAGEN, UND DIE NIEDERLAGE WAR DORT GROSS AN JENEM TAGE: 20 000. 8 Und die Schlacht war dort über das ganze Land zerstreut, und der Wald fraß mehr im Volk, als daß das Schwert fraß an jenem Tage. 9 Und Absalom wurde gerufen von den Knechten Davids. Und Absalom ritt auf dem Maultier, und das Maultier kam unter das Geäst der großen Terebinthe, und sein Haupt blieb hängen in der Terebinthe, und er wurde zwischen den Himmel und die Erde gegeben, aber das Maultier, das unter ihm war, war weitergezogen. 10 Und ein Mann sah (es) und machte Joab Mitteilung. Und er sagte: Siehe, ich habe Absalom aufgehängt in der Terebinthe gesehen. 11 Da sagte Joab zu dem Mann, der ihm Mitteilung machte: Siehe, du hast (es) gesehen, warum hast du ihn dort nicht zu Boden geschlagen? Dann wäre es auf mir gewesen, dir zehn Silberstücke und einen Gürtel zu geben. 12 Da sagte der Mann zu Joab: Und wenn[Q, mlt Mss, T/Mss] ich auf meinen Handflächen tausend Silberstücke wägte, werde ich meine Hand nicht zum Sohn des Königs ausstrecken! Denn vor unseren Ohren hat der König dir und Abišai und Ittai folgendermaßen befohlen: Wer auch immer (es sei)[15] – behütet den Knaben, den Absalom! 13 Oder hätte ich um den Preis meines[Q, mlt Mss, LXX/L, S, T, V] Lebens einen Treubruch getan? Und nichts ist dem König verborgen. Und du stellst dich (dann) gegenüber hin. 14 Da sagte Joab: Ich kann so nicht vor dir warten! Und er nahm drei Stäbe in

---

15 Zu מי als Indefinitpronomen vgl. Ges/K § 137c; zum Text s.o. 270, Anm. 208.

seine Hand und stieß sie ins Herz Absaloms, als er noch lebend im Herzen der Terebinthe war. 15 Und zehn Knechte, die Waffenträger Joabs, wandten sich um und erschlugen Absalom und töteten ihn. 16 Und Joab stieß ins Horn, und das Volk kehrte davon zurück, hinter Israel herzujagen, denn Joab hielt das Volk zurück. 17 Und sie nahmen Absalom und warfen ihn im Wald in die große Grube und sie richteten auf ihm einen sehr großen Steinhaufen auf. UND GANZ ISRAEL WAR GEFLOHEN, EIN JEDER ZU SEINEM ZELT[K]. 18 Und Absalom hatte genommen und hatte sich zu seinen Lebzeiten[Q, mlt Mss] einen Malstein aufgerichtet, der im Talgrund des Königs ist. Denn er hatte gesagt: Ich habe keinen Sohn, um meinen Namen in Erinnerung zu bringen. Und er nannte den Malstein nach seinem Namen, und er wurde „Denkmal Absaloms" genannt bis zum heutigen Tage.

19 Und Ahimaaz, der Sohn Zadoqs, sagte: Ich will bitte laufen und dem König Botschaft bringen, denn Jahwe hat ihm aus der Gewalt seiner Feinde (heraus) Recht verschafft. 20 Da sagte Joab zu ihm: Du bist nicht ein Mann der Freudenbotschaft am heutigen Tage. Bringe an einem anderen Tage Botschaft, am heutigen Tage aber sollst du nicht Botschaft bringen, deshalb[Q, nonn Mss, LXX*]: der Sohn des Königs ist tot. 21 Und Joab sagte zu dem Kušiten: Geh, teile dem König mit, was du gesehen hast. Da warf sich (der) Kušit vor Joab nieder und lief. 22 Und Ahimaaz, der Sohn Zadoqs, sagte noch einmal zu Joab: Und es sei, was auch immer, auch ich will gerne laufen, hinter dem Kušiten her. Da sagte Joab: Warum nur läufst du, mein Sohn, wenn von dir keine (gute) Botschaft herausgeführt wird[K!]? 23 (Und er sagte:)[LXX, S, V] Und es sei, was auch immer, ich werde laufen. Da sagte er zu ihm: Lauf! Da lief Ahimaaz in Richtung des *Kikkār* und lief am Kušiten vorüber.

24 Und David saß zwischen den zwei Toren. Da ging der Späher auf das Dach des Tores zur Mauer hin. Und er erhob seine Augen und er sah, und da lief ein Mann für sich alleine. 25 Und der Späher rief und teilte (es) dem König mit, und der König sagte: Wenn er alleine ist, ist eine gute Botschaft in seinem Munde. Und er näherte sich fortwährend beim Laufen. 26 Da sah der Späher einen anderen Mann laufen und der Späher rief zum Torhüter (Tor[K, LXX]) und er sagte: Da läuft ein Mann für sich alleine. Da sagte der König: Auch dieser ist ein guter Bote. 27 Da sagte der Späher: Ich sehe den Lauf des ersten wie den Lauf des Ahimaaz, des Sohnes Zadoqs. Da sagte der König: Dies ist ein guter Mann und zu einer guten Botschaft wird er kommen. 28 Und Ahimaaz rief und sprach zum König: Heil! Und er warf sich dem König nieder, mit seinem Angesicht zur Erde. Und er sagte: Gepriesen sei Jahwe, dein Gott, der die Männer ausgeliefert hat, die ihre Hand gegen meinen Herrn, den König, erhoben haben. 29 Und der König sagte: Geht es dem Knaben, dem Absalom, gut? Da sagte Ahimaaz: Ich habe das große Getümmel gesehen, als den Knecht des Königs Joab deinen Knecht[nonn Mss, LXX/Mss, T, V] schickte, aber ich weiß nicht, was (das war). 30 Da sagte der König: Wende dich, stell dich hierhin. Da wandte er sich und blieb stehen. 31 Und siehe, der Kušit kam. Und der Kušit sagte: Es sei die (gute) Botschaft ausgerichtet, mein Herr

König, daß Jahwe dir heute Recht verschafft hat aus der Gewalt aller heraus, die sich gegen dich erhoben hatten. 32 Da sagte der König zum Kušiten: Geht es dem Knaben, dem Absalom, gut? Da sagte der Kušit: Wie der Knabe seien die Feinde meines Herrn, des Königs, und alle, die sich gegen dich erhoben haben zum Unheil.

19,1 Da erbebte der König und stieg zum Obergemach des Tores hinauf und weinte. Und so sprach er, als er ging: Mein Sohn, Absalom, mein Sohn, mein Sohn, Absalom. Wäre ich doch tot, ich an deiner Stelle, Absalom, mein Sohn, mein Sohn. 2 Und Joab wurde mitgeteilt: Siehe, der König weint und trägt Trauer um Absalom. 3 Und die Rettung wurde an jenem Tage zu einer Trauer für das ganze Volk, denn das Volk hörte an jenem Tage folgendermaßen: Der König grämt sich über seinen Sohn. 4 Und das Volk stahl sich an jenem Tage davon, um in die Stadt hineinzugehen, wie das Volk sich davonstiehlt, das sich schämt, im Kampfe geflohen zu sein. 5 Und der König verhüllte sein Angesicht. Und der König schrie mit lauter Stimme: Mein Sohn, Absalom, Absalom, mein Sohn, mein Sohn. 6 Und Joab ging zum König nach innen hinein, und er sagte: Du hast heute das Angesicht all deiner Knechte beschämt, die dein Leben heute gerettet haben und das Leben deiner Söhne und deiner Töchter und das Leben deiner Frauen und das Leben deiner Nebenfrauen, 7 zu lieben, die dich hassen, und zu hassen, die dich lieben. Denn du hast heute kundgetan, daß es für dich nicht Oberste und Knechte gibt. Denn ich weiß heute, daß, wäre$^{Q, \text{mlt Mss}, Qm}$ Absalom am Leben und wir alle heute tot, ja dann wäre es recht in deinen Augen. 8 Und nun, steh auf, geh hinaus und sprich in das Herz deiner Knechte! Denn bei Jahwe schwöre ich (hiermit): Wenn du nicht hinausgehst, dann soll kein Mensch mit dir in dieser Nacht übernachten! Und dies wird für dich übler sein als alles Übel, das über dich gekommen ist von deiner Jugendzeit an bis jetzt. 9 Da stand der König auf und setzte sich ins Tor. Und dem ganzen Volk teilte man folgendermaßen mit: Siehe, der König sitzt im Tor. Da kam das ganze Volk vor den König, und Israel war geflohen, ein jeder zu seinen Zelten.

10 Und es geschah, das ganze Volk haderte unter allen Stämmen Israels folgendermaßen: Es ist der König, der uns aus der Hand unserer Feinde entrissen hat, und er ist es, der uns aus der Hand der Philister gerettet hat. Und nun ist er aus dem Lande vor Absalom geflohen. 11 Aber Absalom, den wir über uns gesalbt haben, ist im Kampf gestorben. Und nun: Warum seid ihr untätig, den König zurückzubringen? 12 Und der König David hatte zu Zadoq und zu Abjathar, den Priestern, gesandt folgendermaßen: Redet zu den Ältesten Judas folgendermaßen: Warum seid ihr (so) spät, den König zu seinem Haus zurückzubringen? Und das Wort

<u>ganz Israels war zum König, zu seinem Haus gekommen.</u> / 13
Meine Brüder seid ihr, mein Gebein und mein Fleisch seid
ihr. Und^{MT} warum seid ihr spät, den König zurückzubringen? /
<u>14 Und zu Amasa sollt ihr sagen: Bist du nicht mein Gebein
und mein Fleisch? So tue mir Gott und so füge er zu, wenn du
nicht Heeresoberster vor mir sein sollst all die Tage an
Joabs Stelle.</u> 15 Und er beugte das Herz jedes Mannes Judas wie ein Mann. Da sand-
ten sie zum König (folgendermaßen)^{pc Mss, LXX*, S, V}: Kehr zurück! Du und all deine
Knechte! 16 Da kehrte der König zurück und kam zum Jordan. UND JUDA
WAR NACH GILGAL GEKOMMEN, UM DEM KÖNIG ENTGEGEN ZU GEHEN, um
den König den Jordan überschreiten zu lassen.

17 Da beeilte sich Šimi, der Sohn Geras, der Benjaminiter, der aus
Bahurim war, und er stieg mit dem Mann Judas hinab, dem König David
entgegen. 18 Und tausend Mann waren mit ihm aus Benjamin. Und Ziba,
der Knecht des Hauses Sauls, und seine 15 Söhne und seine 20
Knechte mit ihm. Und sie durchschritten den Jordan vor dem König. 19
Und sie^{T, V, vgl. LXX, S} durchschritten die Furt, um das Haus des
Königs überschreiten zu lassen und das Gute in seinen
Augen^{Q, mlt Mss, LXX, S, T} zu tun. Und Šimi, der Sohn Geras, fiel vor dem
König nieder, als er den Jordan überschritt. 20 Und er sagte zum König:
Mein Herr rechne es mir nicht als Schuld an, und gedenke nicht daran, womit
sich dein Knecht vergangen hat an dem Tage, an dem mein Herr, der König,
aus Jerusalem ausgezogen ist, daß der König (es) sich zu seinem Herzen
nimmt. 21 Denn dein Knecht weiß, daß ich gesündigt habe. Und siehe, ich bin
heute als Erster vom ganzen Hause Josef gekommen, um hinabzusteigen,
meinem Herrn, dem König entgegen. 22 Da antwortete Abišai, der Sohn der
Zerujah und sagte: Sollte Šimi nicht deshalb getötet werden, daß er den
Messias Jahwes verflucht hat? 23 Da sagte David: Was ist mit mir und euch,
Söhne der Zerujah? Denn heute gereicht ihr mir zum Widersacher. Heute
soll niemand^{LXX, S, V} in Israel getötet werden! Denn weiß ich nicht, daß ich
heute König über Israel bin? 24 Und der König sagte zu Šimi: Du sollst nicht
sterben! Und der König schwor (es) ihm.

25 Und Meribbaal, der Sohn Sauls, stieg hinab, dem König entgegen.
Und er hatte seine Füße nicht gepflegt und er hatte seinen Lippenbart nicht
gepflegt und seine Kleider hatte er nicht gewaschen von dem Tage an, da der
König gegangen war, bis zum Tage, da er wohlbehalten (zurück) kam. <u>26 Und
es geschah, als er nach Jerusalem dem König entgegen gekommen war, da
sagte der König zu ihm: Warum bist du nicht mit mir gegangen, Meribbaal?</u>
27 Und er sagte: Mein Herr König, *mein Knecht* hat mich betrogen. Denn

dein Knecht hat gesagt/gedacht: Ich will[16] mir den Esel satteln und auf ihm
reiten und mit dem König gehen. <u>Denn lahm ist dein Knecht.</u> 28 Da verleum-
dete er deinen Knecht bei meinem Herrn, dem König. Und mein Herr, der
König, ist wie der Engel Gottes; und tue das in deinen Augen Gute! <u>29 Denn
das ganze Haus meines Vaters ist nichts als Männer des Todes für meinen
Herrn, den König. Und (trotzdem:) du setztest deinen Knecht unter diejenigen, die an deinem Tisch essen – was gibt es da für mich noch Gerechtigkeit,
und noch zum König Zetergeschrei zu erheben?</u> 30 Da sagte der König zu
ihm: Warum redest du noch deine Worte? Ich sage (hiermit): Du und Ziba
sollt das Feld teilen! 31 Da sagte Meribbaal zum König: Auch das Ganze soll
er nehmen, nachdem mein Herr, der König, wohlbehalten zu seinem Haus
(zurück) kommt!

32 Und der Gileaditer Barsillai stieg von Roglim hinab und überschritt
mit dem König den Jordan, um ihn beim[pc Mss] Jordan zu entsenden. 33 Und
Barsillai war sehr alt, 80 Jahre. Und er hatte den König versorgt,
als er in Mahanaim saß[nonn Mss, Vrs], denn er war ein sehr mächtiger Mann. 34 Und der König sagte zu Barsillai: Ziehe du mit mir, dann will
ich dich bei mir in Jerusalem versorgen. 35 Da sagte Barsillai zum König:
Wie sind die Tage (= ist die Zahl) meiner Lebensjahre, daß ich mit dem König
nach Jerusalem hinaufzöge? 36 Ich bin heute 80 Jahre alt – kann ich (da
noch) zwischen Gut und Böse unterscheiden oder schmeckt dein Knecht, was
ich esse und was ich trinke, oder höre ich noch auf die Stimme der Sänger
und Sängerinnen? Und warum soll dein Knecht meinem Herrn, dem König,
noch zu einer Last werden? 37 Ein kleines Stück/kurz wird dein Knecht mit
dem König den Jordan überschreiten, und warum sollte mir der König
diese Vergeltung erweisen? 38 Dein Knecht möchte doch umkehren,
damit ich in meiner Stadt sterbe beim Grabe meines Vaters und meiner
Mutter. Und siehe, dein Knecht Kimham soll mit meinem Herrn, dem König,
ziehen, und tue ihm, was in deinen Augen gut ist. 39 Da sagte der König: Mit
mir ziehe Kimham, und ich werde ihm das in deinen Augen Gute tun. Und
alles, was du mir obliegend erwählst, werde ich dir tun. 40 DA ÜBERSCHRITT
DAS GANZE VOLK DEN JORDAN, UND DER KÖNIG ÜBERSCHRITT. Und der
König küßte Barsillai und segnete ihn, da kehrte er an seinen Ort zurück. 41
Und der König zog nach Gilgal, und Kimham war mit ihm gezogen.
Und das ganze Volk Judas hatte[plur.] den König überschrei-
ten lassen[Q, mlt Mss, LXX/L, T, V] [, und auch die Hälfte des Volkes
Israels]. 42 Und siehe, jeder Mann Israels kam[plur.] zum König.

---

16 So mit MT; zum Text s.o. 312, Anm. 157.

Und sie sagten zum König: Warum haben dich unsere Brüder, der Mann Judas, gestohlen und haben den König und sein Haus den Jordan überschreiten lassen [, und alle Männer Davids mit ihm]? 43 Da antwortete jeder Mann Judas gegen den Mann Israels: Fürwahr, nahe ist mir der König, (und) warum nur wirst du zornig über diese Sache? Haben wir etwa vom König gegessen, oder ist durch uns ein Stück^{Vrs} (von ihm) abgetragen worden? 44 Da antwortete der Mann Israels dem Mann Judas und sagte: Zehn Anteile habe ich am König[17] [, und auch an David bin ich mehr als du]. Und warum behandelst du mich verächtlich? Und war es nicht meine Sache, als erste für mich, den König zurückzubringen? Und das Wort des Mannes Judas wog schwerer als das Wort des Mannes Israels.

9.4 Salomo wird König (I Reg 1)

Grundbestand/Quellenstücke
Dynastiekritische Bearbeitung
David-Biographie-Schicht
Theodizee-Bearbeitung(en) (T1, T2, T3)
Nachträge, Glossen

I Reg 1
1 Und der König David war alt und in die Jahre gekommen, und man bedeckte ihn mit Kleidern, aber ihm wurde nicht warm. 2 Da sagten seine Knechte zu ihm: Man soll meinem Herrn, dem König, ein Mädchen, eine Jungfrau suchen, und sie soll vor dem König stehen und sie sei ihm eine Pflegerin, *und* sie soll in deinem Schoß liegen, *dann wird meinem Herrn, dem König, warm sein. 3 Da suchte man ein schönes Mädchen im ganzen Gebiet Israels und man fand die Šunemiterin Abišag und brachte sie zum König. 4 Und das Mädchen war sehr schön und sie wurde dem König eine* Pflegerin und sie diente ihm, *aber der König erkannte sie nicht.*

5 Und Adonia, der Sohn der Haggit, erhob sich mit folgenden Worten: Ich will König sein! Und er machte sich einen Streitwagen und Pferdegespanne und fünfzig Mann, die vor ihm her liefen. 6 Aber sein Vater hatte ihn seit seinen Tagen nicht getadelt: Warum machst du so etwas? Und

---

17 Zur Doppellesart der LXX an dieser Stelle s.o. 328, Anm. 244.

auch er war sehr schön von Erscheinung. / Und ihn hatte sie
nach Absalom geboren. 7 Und seine Sache war mit Joab, dem Sohn der
Zerujah und mit dem Priester Abjathar, und sie hielten zu Adonia. 8 Aber
der Priester Zadoq und Benaja, der Sohn Jehojadas, und der Prophet Nathan und Šimi und Reï und die Helden, die David hatte, waren
nicht mit Adonia. 9 Und Adonia opferte Kleinvieh und Rinder und Mastvieh
beim Stein Sohelet, der neben der Quelle Rogel ist. Und er lud alle seine
Brüder, die Königssöhne, ein und alle Männer Judas, die Knechte des Königs.
10 Aber den Propheten Nathan und Benaja und die Helden und seinen Bruder
Salomo lud er nicht ein.

11 Da sagte Nathan zu Bathseba, der Mutter Salomos, folgendermaßen: Hast du nicht gehört, daß Adonia, der Sohn der Haggit, König geworden ist, und unser Herr David weiß es nicht? 12 Und nun, geh, einen Rat
möchte ich dir raten, damit du dein Leben und das Leben deines Sohnes
Salomo rettest. 13 Geh und tritt ein zum König David und sage zu ihm:
Mein Herr König, hast du nicht deiner Magd folgendermaßen geschworen:
Fürwahr, dein Sohn Salomo soll nach mir König werden und er soll auf
meinem Thron sitzen? Und warum ist Adonia König geworden? 14 Siehe,
so du dort noch mit dem König sprichst, da werde ich nach dir kommen
und deine Worte vervollständigen.

15 Und Bathseba ging zum König in die Kammer herein, und der
König war sehr alt, und die Šunemiterin Abišag diente dem
König. 16 Und Bathseba neigte sich und warf sich dem König nieder, und
der König fragte: Was ist dir? 17 Und sie antwortete ihm: Mein Herr, du
(selbst) hast bei Jahwe, deinem Gott, deiner Magd geschworen: Fürwahr,
dein Sohn Salomo soll nach mir König werden und er soll auf meinem
Thron sitzen. 18 Und nun siehe, Adonia ist König geworden, und du[250 Mss,
Vrs], mein Herr König, weißt es nicht. 19 Und er hat Stier(e) und Mastvieh
und Kleinvieh in Menge geopfert und er hat alle Königssöhne eingeladen
und den Priester Abjathar und den Heeresobersten Joab, aber deinen
Knecht Salomo hat er nicht eingeladen. 20 Und du, mein Herr König, die
Augen von ganz Israel sind auf dich gerichtet, daß du ihnen mitteilst, wer
auf dem Thron meines Herrn, des Königs, nach ihm sitzen soll. 21 Und es
wird sein, wenn sich mein Herr, der König, zu seinen Vätern gelegt hat, dann
werden ich und mein Sohn Salomo Sünder.

22 Und siehe, noch redete sie mit dem König. Da kam der Prophet
Nathan. 23 Und man teilte dem König folgendermaßen mit: Siehe, der
Prophet Nathan. Und er kam vor den König und warf sich dem König
nieder auf sein Angesicht zur Erde. 24 Und Nathan sprach: Mein Herr

König, du (selbst) hast gesagt: Adonia soll nach mir König werden und er soll auf meinem Thron sitzen. 25 Denn er ist heute hinabgestiegen und hat Stier(e) und Mastvieh und Kleinvieh in Menge geopfert und er hat alle Königssöhne eingeladen und die Heeresobersten und den Priester Abjathar und siehe, sie essen und trinken vor ihm und sie sagten: Es lebe der König Adonia! 26 Aber mich – ich bin dein Knecht – *und den Priester Zadoq und Benaja, den Sohn Jehojadas, und deinen Knecht Salomo hat er nicht eingeladen. 27 Wenn diese Sache von meinem Herrn, dem König, ausgegangen ist, dann hast du deine Knechte*^viele Mss, Vrs *nicht wissen lassen, wer auf dem Thron meines Herrn, des Königs, nach ihm sitzen soll.*

28 Da antwortete der König David und sprach: Ruft mir Bathseba! Und sie kam vor den König und sie stand vor dem König. *29 Und der König schwor und sprach: Sowahr Jahwe lebt, der mein Leben aus aller Not erlöst hat, 30* fürwahr, wie ich dir geschworen habe bei Jahwe, dem Gott Israels, folgendermaßen: *fürwahr, dein Sohn Salomo soll nach mir König sein und er soll auf meinem Thron an meiner Statt sitzen,* fürwahr, so tue ich am heutigen Tage. *31 Da neigte sich Bathseba mit dem Angesicht zur Erde und warf sich dem König nieder und sprach: Es lebe mein Herr König David für immer!*

<u>32 Da sprach der König David: Ruft mir den Priester Zadoq und den Propheten Nathan und Benaja, den Sohn Jehojadas! Und sie kamen vor den König. 33 Da sprach der König zu ihnen: Nehmt mit euch die Knechte eures Herrn und laßt meinen Sohn Salomo das Maultier besteigen, das mir gehört, und bringt ihn zum Gihon hinab. 34 Und es soll ihn dort salben der Priester Zadoq und der Prophet Nathan zum König über Israel und ihr sollt ins Horn stoßen und sagen: Es lebe der König Salomo!</u> 35 Und ihr sollt hinter ihm her hinaufsteigen, und er soll kommen und er soll sich auf meinen Thron setzen und er soll König sein an meiner Statt, / und ihm habe ich befohlen, Fürst über Israel und Juda zu sein. / 36 Da antwortete Benaja, der Sohn Jehojadas, dem König und sprach: Gewiß! So soll Jahwe, der Gott meines Herrn, des Königs, sprechen! 37 Wie Jahwe mit meinem Herrn, dem König, gewesen ist, so soll er mit Salomo sein. Und er soll seinen Thron größer machen als den Thron meines Herrn, des Königs David.

38 Da stieg hinab der Priester Zadoq und der Prophet Nathan und Benaja, der Sohn Jehojadas, und die Kreter und Pleter und sie ließen Salomo das Maultier des Königs David besteigen und brachten ihn zum Gihon.

39 Und der Priester Zadoq nahm das Ölhorn aus dem Zelt und salbte Salomo. Und sie stießen ins Horn, und das ganze Volk sagte: Es lebe der König Salomo! 40 Und das ganze Volk stieg hinter ihm her hinauf, und das Volk blies auf Flöten, und sie freuten sich mit großer Freude, und die Erde spaltete sich von ihrem Lärm.

41 Und Adonia hörte es und alle Geladenen, die bei ihm waren. Gerade hörten sie auf zu essen, da hörte Joab den Schall des Horns und fragte: Warum lärmt das Geräusch der Stadt? 42 So er noch redete, siehe, da kam Jonathan, der Sohn des Priesters Abjathar. Und Adonia sagte: Komm, denn du bist ein tüchtiger Mann und bringst gute Botschaft. 43 Da antwortete Jonathan und sagte zu Adonia: Ach, unser Herr, der König David, hat Salomo zum König gemacht. 44 Und der König hat mit ihm gesandt den Priester Zadoq und den Propheten Nathan und Benaja, den Sohn Jehojadas, und die Kreter und Pleter, und sie haben ihn das Maultier des Königs besteigen lassen. 45 Und es haben ihn gesalbt der Priester Zadoq und der Prophet Nathan zum König in Gihon. Und sie sind von dort in Freude hinaufgestiegen, und die Stadt lärmte; das ist der Lärm, den ihr hört. 46 Und auch hat sich Salomo auf den Thron der Königsherrschaft gesetzt. / 47 Und auch sind die Knechte des Königs gekommen, um unseren Herrn, den König David, zu preisen mit folgenden Worten: Dein Gott mache den Namen Salomos besser als deinen Namen und er mache seinen Thron größer als deinen Thron. Und der König hat sich auf dem Lager verneigt. / 48 Und auch so hat der König gesagt: Gepriesen sei Jahwe, der Gott Israels, der heute einen eingesetzt hat, der auf meinem Thron sitzt, und meine Augen sehen (es noch). 49 Da erbebten und standen auf alle Geladenen Adonias und ein jeder ging seines Weges.

50 Und Adonia fürchtete sich vor Salomo und er stand auf und ging und hielt die Hörner des Altars fest. 51 Und Salomo wurde folgendermaßen mitgeteilt: Siehe, Adonia fürchtet den König Salomo, und siehe, er hat die Hörner des Altars ergriffen, mit folgenden Worten: Der König Salomo soll mir erst schwören, er werde seinen Knecht nicht mit dem Schwerte töten. 52 Da sprach Salomo: Wenn er zu einem Sohn der Tapferkeit wird, dann soll von seinem Haar nicht zur Erde fallen. Wenn aber ein Übel an ihm gefunden wird, dann soll er sterben. 53 Und der König Salomo sandte, und man holte ihn vom Altar herab, und er kam und warf sich dem König Salomo nieder, und Salomo sprach zu ihm: Geh in dein Haus!

9.5 Salomos erste Maßnahmen (I Reg 2)

Grundbestand/Quellenstücke
DtrH
<u>Dynastiekritische Bearbeitung</u>
David-Biographie-Schicht
nachdtr Ergänzungen
Theodizee-Bearbeitung(en) (T1, <u>T2</u>, <u>T3</u>)
weitere Nachträge, Glossen

I Reg 2

1 Und Davids Tage zu sterben näherten sich, und er befahl seinem Sohn Salomo folgendermaßen: 2 Ich gehe auf dem Weg der ganzen Erde, und du sei stark und werde zum Manne! 3 Und halte den Dienst ein an Jahwe, deinem Gott, zu wandeln in seinen Wegen und[mlt Mss, S] einzuhalten seine Satzungen, seine Gebote, seine Rechtssätze und seine Gesetze, wie es geschrieben ist in der Weisung Moses, *damit du Erfolg hast in allem, was du tust, und in allem, wohin du dich wendest.[18]* 4 Damit Jahwe sein Wort aufrichtet, das er über mich gesprochen hat folgendermaßen: *[Wenn deine Söhne ihren Weg einhalten, vor mir in Wahrhaftigkeit zu wandeln mit ihrem ganzen Herzen und ihrer ganzen Seele, folgendermaßen:]* Dir soll es nicht an einem Mann auf dem Thron Israels fehlen.

5 Und auch weißt du, was mir Joab, der Sohn der Zerujah, getan hat, <u>was er getan hat den zwei Feldhauptmännern[19] Israels, dem Abner, Sohn des Ner, und dem Amasa, Sohn des Jeter, und er fiel über sie her und er legte (= vergoß) Kriegsblut im Frieden</u> und er gab Kriegsblut auf seinen Gürtel, der an seinen Hüften ist, und auf seine Sandalen (koll. sing.), die an seinen Füßen sind. 6 Und du handle entsprechend deiner Weisheit und laß sein graues Haar nicht in Frieden in die Scheol hinabfahren.

<u>7 Aber den Söhnen des Gileaditers Barsillai sollst du Loyalität erweisen, und sie sollen unter denen sein, die an deinem Tisch essen, denn so haben sie sich mir genähert, als ich vor deinem Bruder Absalom floh.</u>

<u>8 Und siehe, mit dir ist Šimi, der Sohn des Gera, der Benjaminiter aus Bahurim und *er* hat mich verflucht mit einem boshaften Fluch am Tage, als</u>

---

18 Zum Text vgl. o. 157, Anm. 274.
19 Wörtlich: „Obersten der Heere".

ich nach Mahanaim ging, und *er* ist mir entgegen zum Jordan hinabgestiegen, und ich schwor ihm bei Jahwe folgendermaßen: Wenn ich dich mit dem Schwerte töte! 9 Und nun, lasse ihn nicht ungestraft, denn du bist ein weiser Mann, und wisse, was du ihm tun wirst/sollst, und laß sein graues Haar mit Bluttat in die Scheol hinabfahren.

10 Und David legte sich zu seinen Vätern und wurde in der Davidsstadt begraben. 11 Und die Tage, die David über Israel als König geherrscht hat, betrugen vierzig Jahre. In Hebron hat er sieben Jahre als König geherrscht, und in Jerusalem hat er 33 Jahre als König geherrscht. 12 Und Salomo setzte sich auf den Thron seines Vaters David, und seine Königsherrschaft war sehr fest gegründet.

13 Und Adonia, der Sohn der Haggit, kam zu Bathseba, der Mutter Salomos, und sie fragte: Bedeutet dein Kommen Frieden? Und er sagte: Frieden. 14 Und er sagte: Ich habe eine Sache dich betreffend, da sagte sie: Rede! 15 Da sagte er: Du weißt, daß mir das Königtum zugestanden hätte, und auf mich ganz Israel sein Angesicht gerichtet hatte, König zu sein. Aber das Königtum wandte sich und wurde meinem Bruder, denn von Jahwe wurde es ihm. 16 Und nun: (nur) eine Bitte bitte ich von dir, weise mein Angesicht nicht ab. Da sagte sie zu ihm: Rede! 17 Und er sagte: Sprich doch mit dem König Salomo, daß er dein Angesicht nicht abweise und mir die Šunemiterin Abišag zur Frau gebe. 18 Da sagte Bathseba: Gut, ich will über dich mit dem König reden.

19 Und Bathseba kam zum König Salomo, um mit ihm über Adonia zu reden. Und der König stand auf, ihr entgegen, verneigte sich vor ihr, setzte sich auf seinen Thron und stellte einen Thron für die Mutter des Königs hin.[20] Da setzte sie sich zu seiner Rechten. 20 Und sie sagte: Eine kleine Bitte erbitte ich von dir, weise mein Angesicht nicht zurück! Da sagte der König zu ihr: Bitte, meine Mutter, denn ich werde dein Angesicht nicht abweisen. 21 Und sie sagte: Die Šunemiterin Abišag soll deinem Bruder Adonia zur Frau gegeben werden. 22 Da antwortete der König Salomo und sagte zu seiner Mutter: Und warum erbittest du (nur) die Šunemiterin Abišag für Adonia? Erbitte ihm doch das Königtum! Denn er ist mein Bruder, der größer ist als ich, und für ihn sind der[Vrs] Priester Abjathar und[Vrs] Joab, der Sohn der Zerujah.

23 Und der König Salomo schwor bei Jahwe folgendermaßen: So tue mir Gott und so füge er mir hinzu, fürwahr, um den Preis seines

---

20 Zur LXX-Fassung von V.19 s.o. 115, Anm. 59.

Lebens hat Adonia diese Sache gesagt. 24 Und nun: Sowahr Jahwe
lebt, der mich gegründet hat und mich auf dem Thron meines
Vaters David sitzen ließ und der mir ein Haus gemacht hat,
wie er geredet hat, fürwahr heute soll Adonia getötet werden! 25 Und der König Salomo sandte (mittels) Benaja, den Sohn Jehojadas, und er fiel über ihn her, und er starb.

26 Und zum Priester Abjathar sagte der König: Nach Anathot geh, auf
dein Feld,[21] denn du bist ein Mann des Todes. Aber am heutigen Tage werde
ich dich nicht töten, weil du die Lade des Herrn Jahwe getragen hast vor
meinem Vater David. Und weil du in allem bedrängt worden bist, in dem mein
Vater bedrängt wurde. 27 Und Salomo vertrieb den Abjathar, daß
er nicht mehr Priester für Jahwe sei, um zu erfüllen das
Wort Jahwes, das er über das Haus Elis in Silo gesagt hatte.

28 Und die Kunde kam zu Joab, denn Joab hatte sich Adonia zugewandt, aber Absalom hatte er sich nicht zugewandt. Da floh Joab zum Zelt
Jahwes und ergriff die Hörner des Altars. 29 Und dem König Salomo
wurde mitgeteilt, daß Joab zum Zelt Jahwes geflohen war, und siehe, er
war neben dem Altar. Und Salomo sandte Benaja, den Sohn Jehojadas, mit
folgenden Worten: Geh, falle über ihn her![22] 30 Und Benaja ging in das
Zelt Jahwes hinein und sagte zu ihm: So spricht der König: Geh hinaus! Da
antwortete er: Nein, denn hier will ich sterben. Und Benaja antwortete dem
König folgendermaßen: So sprach Joab, und so hat er mir geantwortet. 31 Da
sagte ihm der König: Tu, wie er gesagt hat, und falle über ihn her und begrabe ihn. Und entferne das schuldlose Blut, das Joab vergossen hat, von mir
und vom Haus meines Vaters. 32 Und Jahwe wird sein Blut[23] auf seinen Kopf
zurückbringen, weil er über zwei Männer hergefallen ist, die gerechter und
besser sind als er, und sie mit dem Schwerte erschlug – mein Vater David
aber wußte es nicht – den Abner, Sohn des Ner, Feldhauptmann Israels, und
den Amasa, Sohn des Jeter, Feldhauptmann Judas. 33 Und ihr Blut
(plur.) soll auf den Kopf Joabs zurückkehren, und auf den
Kopf seiner Nachkommenschaft für immer. Aber David, seiner
Nachkommenschaft, seinem Haus und seinem Thron sei Heil für
immer von Jahwe. 34 Und Benaja, der Sohn Jehojadas, stieg hinauf, fiel
über ihn her und tötete ihn; und er wurde in seinem Haus in der Wüste

---

21 Etymologisch geschriebener sing., vgl. Ges/K, § 93 ss und Joüon, Grammar, § 96
    Ce, vgl. mlt Mss und Vrs.
22 Zur LXX-Fassung von V.29 vgl. o. 121, Anm. 99 und 122, Anm. 102.
23 Zum Text s.o. 128, Anm. 119.

begraben. <u>35 Und der König setzte Benaja, den Sohn Jehojadas, an seiner Stelle über das Heer ein.</u> Und den Priester Zadoq setzte der König anstelle Abjathars ein.[24]

36 Und der König sandte und rief nach Šimi. Und er sagte zu ihm: Bau dir ein Haus in Jerusalem und wohne dort und zieh von dort nicht aus hierhin oder dorthin. 37 Und es wird sein: Am Tage, da du ausziehst und den Bach Kidron überschreitest, dann weißt du genau, daß du des Todes sterben wirst. Dein Blut sei auf deinem Kopfe.[25] 38 Und Šimi sagte zum König: Die Sache ist gut; wie mein Herr, der König, geredet hat, so wird dein Knecht tun. Und Šimi blieb in Jerusalem viele Tage. 39 Und es geschah nach Ablauf von drei Jahren, da flohen zwei Knechte Šimis zu Akiš, dem Sohn Maakas, dem König von Gath. Und man teilte Šimi folgendermaßen mit: Siehe, deine Knechte sind in Gath. 40 Da machte sich Šimi auf, sattelte seinen Esel und ging nach Gath zu Akiš, um seine Knechte zu suchen. Und Šimi ging und brachte seine Knechte aus Gath (zurück). 41 Und Salomo wurde mitgeteilt, daß Šimi aus Jerusalem nach Gath gegangen war und wieder zurückkehrte.[26] <u>42 Und der König sandte und rief nach Šimi und sagte zu ihm: Habe ich dich nicht bei Jahwe schwören lassen und warnte ich dich nicht folgendermaßen: Am Tage, da du ausziehst und hierhin oder dorthin gehst, dann weißt du genau, daß du des Todes sterben wirst. Und du sagtest zu mir: Die Sache ist gut, ich hab's gehört.[27] 43 Aber warum hast du (dann) den Schwur bei Jahwe nicht gehalten und das Gebot, das ich über dich geboten habe? 44 Und der König sagte zu Šimi: Du weißt all das Böse,</u> das dein Herz weiß, <u>das du meinem Vater David getan hast.</u> Und Jahwe wird dein Böses auf deinen Kopf zurückbringen. / 45 Und der König Salomo sei gesegnet, und der Thron Davids sei fest gegründet vor Jahwe für immer. 46 Und der König beauftragte Benaja, den Sohn des Jehojada, und er zog hinaus und fiel über ihn her, und er starb. Und das Königtum war fest gegründet in der Hand Salomos.[28]

---

24 Zur LXX-Fassung von V.35 (Plus) s.o. 130f.
25 Zum Plus der LXX hinter V.37 s.o. 138.
26 Zum Text der LXX s.o. 139, Anm. 187.
27 Der ganze V.42b fehlt in LXX*.
28 Zum Plus der LXX hinter V.46a und zur LXX-Fassung von V.46b vgl. o. 130f und 145.

Literaturverzeichnis

Die in diesem Literaturverzeichnis aufgeführten Publikationen werden in den Fußnoten in der Regel durch die Angabe des Autorennachnamens und eines Titelstichwortes oder Reihenkürzels zitiert. Sollte dieser Kurztitel nicht bereits durch den bibliographischen Eintrag ersichtlich sein, so weist gegebenenfalls eine in runde Klammern gesetzte Abkürzung am Schluß des Eintrags auf die entsprechende Zitationsweise. Mehrere Bände einer Publikation mit durchgehender Seitennumerierung haben ein identisches Titelstichwort.

Im wesentlichen werden die Abkürzungen von S. Schwertner, TRE. Abkürzungsverzeichnis, 2., überarb. u. erw. Aufl., Berlin/New York 1994 verwandt.

Weitere Abkürzungen

App.	Apparat
BE	Biblische Enzyklopädie
Cstr.	Constructus
Diss.	Dissertation
fem.	feminin(um)
Ges/K	Gesenius/Kautzsch, Hebräische Grammatik (*op. cit.*)
HAE	Renz/Röllig, Handbuch der althebräischen Epigraphik (*op. cit.*)
HAL	Köhler/Baumgartner u.a., Hebräisches und aramäisches Lexikon zum Alten Testament, 3. Aufl. (*op. cit.*)
Inf.	Infinitiv(us)
IOSOT	International Organization for the Study of the Old Testament
KAgr	Kuntillet Aǧrud
KTU	Dietrich/Loretz/Sanmartín, The Cuneiform Alphabetic Texts from Ugarit (*op. cit.*)
masc.	masculin(um)
RS	Ras Šamra (Ausgrabungsnummer der Texte)
WBC	Word Biblical Commentary
פ׳י	פלני = N.N.

Quellen und Hilfsmittel

Aistleitner, J., Wörterbuch der ugaritischen Sprache, hg. v. O. Eißfeldt, BVSAW.PH 106/3, Berlin 1963.
Avigad, N., Bullae and Seals form a Post-Exilic Judean Archive, Qedem 4, Jerusalem 1976.

Beyerlin, W. (Hg.), Religionsgeschichtliches Textbuch zum Alten Testament, GAT 1, 2., durchg. Aufl., Göttingen 1985. (= RTAT)
de Boer, P.A.H. (Hg.), Vetus Testamentum Syriace iuxta Simplicem Syrorum Versionem, Bd. 2/2: Liber Judicum – Liber Samuelis, Leiden 1978.
Borger, R., Babylonisch-Assyrische Lesestücke, Bd. 1: Die Texte in Umschrift, AnOr 54/1, Bd. 2: Elemente der Grammatik und der Schrift, Glossar, die Texte in Keilschrift, AnOr 54/2, 2., neubearb. Aufl., Nachdr. Rom 1994.
–, Die Inschriften Assarhaddons, Königs von Assyrien, AfO. Beih. 9, Neudr. der Ausg. Graz 1956, Osnabrück 1967.
Borobio, A.M., Targum Jonatan de los Profetas Primeros en Tradicion Babilonica, Bd. 2: I-II Samuel, TECC 38 Madrid 1987.
Brockelmann, C., Arabische Grammatik, 24. Aufl., Leipzig/Berlin/München 1992.
–, Hebräische Syntax, Neukirchen 1956.
–, Lexicon Syriacum, 2., verm. u. erw. Ausg. Halle 1928, reprographischer Nachdr. Hildesheim 1966.
Brooke, A.E./McLean, N./Thackeray, H.J., The Old Testament in Greek, Bd. 2/1: I and II Samuel, Cambridge 1927, Bd. 2/2: I and II Kings, Cambridge 1930, Bd. 2/3: I and II Chronicles, Cambridge 1932.

Cowley, A., Aramaic Papyri of the Fifth Century B.C. With Translation and Notes, Oxford 1923, Nachdr. Osnabrück 1967.
Cross, F.M. u.a., 1-2 Samuel. Qumran Cave 4/XII, DJD XVII, Oxford 2005.

Dalmann, G.H., Aramäisch-neuhebräisches Handwörterbuch zu Targum, Talmud und Midrasch, mit Lexikon der Abbreviaturen von G.H. Händler und einem Verzeichnis der Mischna-Abschnitte, Göttingen 1938, reprographischer Nachdr. Hildesheim 1967.

–, Grammatik des jüdisch-palästinischen Aramäisch nach den Idiomen des palästinischen Talmud, des Onkelostargum und Prophetentargum und der Jerusalemischen Targume, 2., verm. u. vielfach umgearb. Aufl., Leipzig 1905, Aramäische Dialektproben, 2., erw. Aufl., Leipzig 1927, photomech. Nachdr. in einem Bd., Darmstadt 1960.

Dietrich, M./Loretz, O./Sanmartín, J., The Cuneiform Alphabetic Texts from Ugarit, Ras Ibn Hani and Other Places (KTU). ALASP 8, 2., erw. Aufl., Münster 1995.

Elliger, K./Rudolph, W. (Hg.), Biblia Hebraica Stuttgartensia, Stuttgart 1967/1977, verkleinerte Ausg. 1984, 4., verb. Aufl. 1990. (= BHS)

Galling, K. (Hg.), Textbuch zur Geschichte Israels, 3., durchges. Aufl., Tübingen 1979. (= TGI)

Gesenius, W./Buhl., F., Hebräisches und aramäisches Handwörterbuch über das Alte Testament, unv. Neudr. der 1915 ersch. 17. Aufl., Berlin/Göttingen/Heidelberg 1962.

Gesenius, W./Kautzsch, E., Hebräische Grammatik, 28., vielfach verb u. verm. Aufl., Leipzig 1909, 7. Nachdruckaufl. Darmstadt 1995. (= Ges/K)

Gottlieb, H./Hammershaimb, E. (Hg.), Vetus Testamentum Syriace iuxta Simplicem Syrorum Versionem, Bd. 2/4: Liber Regum, Leiden 1976.

Hallo, W.W./Younger, K.L. (Hg.), The Context of Scripture, Bd.1: Canonical Compositions from the Biblical World, Leiden/New York/Köln 1997, Bd.2: Monumental Inscriptions from the Biblical World, Leiden/Boston/Köln 2000, Bd.3: Archival Documents from the Biblical World, Leiden/Boston/Köln 2002.

Hatch, E./Redpath, H.A. u.a., A Concordance to the Septuagint and the Other Greek Versions of the Old Testament (Including the Apokryphal Books), Bd. 1: A-I, Bd. 2: K-Ω, Oxford 1897, unv. photomech. Nachdr. Graz 1954.

Jenni, E., Lehrbuch der hebräischen Sprache des Alten Testaments, 3. Aufl., Basel 2003, unv. Nachdr. der 2., durchges. Aufl., Basel/Frankfurt a.M. 1981.

Joüon, P./Muraoka, T., A Grammar of Biblical Hebrew, Bd. 1: Orthography and Phonetics. Morphology, SubBi 14/1, Bd.2: Syntax. Paradigms and Indices, SubBi 14/2, Rom 1996.

Kaiser, O. u.a. (Hg.), Texte aus der Umwelt des Alten Testaments, Bd. 1: Rechts- und Wirtschaftsurkunden: Historisch-chronologische Texte, Gütersloh 1982-1985, Bd. 2: Orakel, Rituale. Bau- und Votivinschriften. Lieder und Gebete, 1986-1991, Bd. 3: Weisheitstexte, Mythen und Epen, 1990-1997, Ergänzungslieferung 2001. (= TUAT I bzw. II bzw. III bzw. Erg.)

Kittel, R. u.a. (Hg.), Biblia Hebraica, 10., verb. Aufl., Nachdr. der 7. Aufl., 1951, Stuttgart o.J. (= BHK)

Koehler, L./Baumgartner, W. u.a., Hebräisches und aramäisches Lexikon zum Alten Testament, 3., neu bearb. Aufl., Leiden u.a., Lfg. 1: א-חבֶמ 1967, Lfg. 2: חבָּט-טבנ 1974, Lfg. 3: טבנ-האר 1983, Lfg. 4: האר-עשת 1990, Lfg. 5: Aramäisches Lexikon 1995, Lfg. 6: Supplementband 1996. (= HAL)

Liddell, H.G./Scott, R./Jones, H.S., A Greek English Lexicon, Bd. 1: ακώψ, Bd. 2: λ- ώώδης, 9. Aufl., Oxford 1940, Nachdr. mit Suppl. v. E.A. Barber, Oxford 1968.

Lust, J./Eynikel, E./Hauspie, K. (Hg.), A Greek-English Lexicon of the Septuagint. Teil 1: A-I, Stuttgart 1992, Teil 2: K-Ω, Stuttgart 1996.

Mandelkern, S., Veteris Testamenti Concordantiae Hebraicae atque Chaldaicae, Teil 1: א-ס, Teil 2: ת-ע, 2., erw. u. verb. Aufl., Leipzig 1937, unv. Nachdr. Graz 1975.

Meyer, R., Hebräische Grammatik. Mit einem bibliographischen Nachwort von U. Rüterswörden, de-Gruyter-Studienbuch, unv. photomech. Nachdruck Berlin/New York 1992. (= Meyer)

de Moor, J.C./Spronk, K., A Cuneiform Anthology of Religious Texts from Ugarit, SSS 6, Leiden u.a. 1987.

Muraoka, T., Classical Syriac. A Basic Grammar with a Chrestomathy. With a Select Bibliography Compiled by S.P. Brock, PLO NS. 19, 2., verb. Aufl., Wiesbaden 2005.

Nöldeke, T., Kurzgefaßte syrische Grammatik, mit einem Anhang von A. Schall, 2., verb. Aufl., Leipzig 1998, reprographischer Nachdr. Darmstadt 1977.

Pritchard, J.B. (Hg.), Ancient Near Eastern Texts Relating to the Old Testament. With Supplement, 3. Aufl., Princeton, 1969. (= ANET)

Rahlfs, A. (Hg.), Septuaginta id est Vetus Testamentum graece iuxta LXX interpretes, Editio minor, Stuttgart 1979.

Renz, J./Röllig, W., Handbuch der althebräischen Epigraphik, Bd. 1: Renz, J., Die althebräischen Inschriften, Teil 1: Text und Kommentar, Darmstadt 1995, Bd. 2/1: Renz, J., Die althebräischen Inschriften, Teil 2: Zusammenfassende Erörterungen, Paläographie und Glossar, Darmstadt 1995, Bd. 2/2: Renz, J., Materialien zur althebräischen Morphologie und Röllig, W., Siegel und Gewichte, Darmstadt 2003, Bd.3: Renz., J., Texte und Tafeln, Darmstadt 1995.

Rosenthal, F., A Grammar of Biblical Aramaic, PLO NS. 5, Wiesbaden 1961.

Segert, S., Altaramäische Grammatik, mit Bibliographie, Chrestomathie und Glossar, 2., unv. Aufl., Leipzig 1983.

von Soden, W., Akkadisches Handwörterbuch, Bd. 1: A-L, Wiesbaden 1965, Bd. 2: M-S, Wiesbaden 1972, Bd. 3: S-Z. Berichtigungen, Wiesbaden 1981.

van Soldt, W.H., Studies in the Akkadian of Ugarit: Dating and Grammar, AOAT 40, Kevelaer/Neukirchen-Vluyn 1991.

Sperber, A., The Bible in Aramaic Based on Old Manuscripts and Printed Texts, Bd. 2: The Former Prophets According to Targum Jonathan, Leiden 1959.

Tov, E., The Dead Sea Scrolls on Microfiche. A Comprehensive Facsimile Edition of the Texts from the Judean Desert, Leiden 1993, Companion Volume von: –/Pfann, S.J., Leiden/New York/Köln 1993, Inventory List of Photographs von: Reed, S.A./Lundberg, M.J., Leiden/New York/Köln 1993.

Tropper, J., Ugaritische Grammatik, AOAT 273, Münster 2000.

Ungnad, A., Syrische Grammatik. Mit Übungsbuch, CLS 7, 2., verb. Aufl., München 1932.

Wagner, M., Die lexikalischen und grammatikalischen Aramaismen im alttestamentlichen Hebräisch, BZAW 96, Berlin, 1966.

Waltke, B.K./O'Connor, M., An Introduction to Biblical Hebrew Syntax, Winona Lake 1990.

Weber, R. u.a. (Hg.), Biblia Sacra iuxta Vulgatam Versionem, Bd. 1: Genesis – Psalmi, Bd. 2: Proverbia – Apocalypsis. Appendix, 2., verb. Aufl., Stuttgart 1975.
Wehr, G., Arabisches Wörterbuch für die Schriftsprache der Gegenwart, 3., unv. Aufl., Wiesbaden 1958.

Sekundärliteratur

Aboud, J., Die Rolle des Königs und seiner Familie nach den Texten von Ugarit, FARG 27, Münster 1994.
Ackerman, J.S., Knowing Good and Evil: A Literary Analysis of the Court History in 2 Samuel 9-20 and 1 Kings 1-2, in: JBL 109 (1990), 41-64.
Ackroyd, P.R., The Second Book of Samuel, CNEB, Cambridge 1977.
–, The Succession Narrative (so-called), in: Interp. 35 (1981), 383-396.
Ahlström, G.W., Der Prophet Nathan und der Tempelbau, in: VT 11 (1961), 113-127.
Albertz, R., An End to the Confusion? Why the Old Testament cannot be a Hellenistic Book, in: Grabbe, L.L. (Hg.), Did Moses speak Attic? Jewish Historiography and Scripture in the Hellenistic Period, JSOT.S 317, Sheffied 2001, 30-46.
–, Die Exilszeit. 6. Jahrhundert v. Chr., BE 7, Stuttgart/Berlin/Köln, 2001.
–, Die Intentionen und die Träger des Deuteronomistischen Geschichtswerks, in: ders./Golka, F.W./Kegler, J. (Hg.), Schöpfung und Befreiung, FS C. Westermann, Stuttgart 1989, 37-53.
–, Religionsgeschichte Israels in alttestamentlicher Zeit, Bd. 1: Von den Anfängen bis zum Ende der Königszeit, GAT 8/1, 2., durchges. Aufl., Göttingen 1996, Teil 2: Vom Exil bis zu den Makkabäern, GAT 8/2, 2., durchges. Aufl., Göttingen 1997.
–, Die verhinderte Restauration, in: Blum, E. (Hg.), FS R. Rendtorff, Mincha, Neukirchen-Vluyn 2000, 1-12, wiederabgedr. in: ders., Geschichte und Theologie, Studien zur Exegese des Alten Testaments und zur Religionsgeschichte Israels, hg. v. I. Kottsieper u. J. Wöhrle, BZAW 326, Berlin/New York 2003, 321-333.
–, Wer waren die Deuteronomisten? Das historische Rätsel einer literarischen Hypothese, in: EvTh 57 (1997), 319-338.
Alonso Schökel, L., David y la mujer de Tecua: 2 Sm 14 como modelo hermenéutico, in: Bib 57 (1976), 192-205.

Alster, B., A Note on the Uriah Letter in the Sumerian Sargon Legend, in: ZA 77 (1987), 169-173.

Alt, A., Das Großreich Davids (1950), in: KS II, 66-75, wiederabgedr. in: ders., Grundfragen der Geschichte des Volkes Israel. Eine Auswahl aus den „Kleinen Schriften", hg. v. S. Herrmann, Studienausg. München 1970, 338-347.

–, Jerusalems Aufstieg (1925), in: KS III, 243-257, wiederabgedr. in: ders., Grundfragen der Geschichte des Volkes Israel. Eine Auswahl aus den „Kleinen Schriften", hg. v. S. Herrmann, Studienausg. München 1970, 323-337.

–, Die Staatenbildung der Israeliten in Palästina (1930), in: KS II, 1-65, wiederabgedr. in: ders., Grundfragen der Geschichte des Volkes Israel. Eine Auswahl aus den „Kleinen Schriften", hg. v. S. Herrmann, Studienausg. München 1970, 258-322.

–, Tiglathpilesers III. erster Feldzug nach Palästina, in: ders., KS II, München 1953, 150-162.

Althann, R., The Meaning of שנה ערבעים in 2 Sam 15,7, in: Bib 73 (1992), 248-252.

Anbar, M., Un „mot en vedette" et une „reprise" introduisant une promesse conditionelle de l'éternité de la dynastie davidique, in: VT 44 (1994), 1-9.

–, La „Reprise", in: VT 38 (1988), 385-398.

Anderson, A.A., 2 Samuel, WBC 11, Dallas/Texas 1989.

Anderson, R.W., „And He Grasp Away Our Eye": A Note on II Sam 20,6, in: ZAW 102 (1990), 392-396.

Anreasen, N.-E., The Role of the Queen Mother in Israelite Society, in: CBQ 45 (1983), 179-194.

Aptowitzer, V., Das Schriftwort in der rabbinischen Literatur, SAAW.PH CLIII, Wien 1906, Nachdr. mit einem Vorw. v. S. Loewinger, LBS, New York 1970.

Arneth, M., „Sonne der Gerechtigkeit". Studien zur Solarisierung der Jahwe-Religion im Lichte von Psalm 72, BZAR 1, Wiesbaden 2000.

Arnold, B.T., What has Nebuchadnezzar to do with David? On the Neo-Babylonian Period and Early Israel, in: M.W. Chavalas/K.L. Younger (Hg.), Mesopotamia and the Bible. Comparative Explorations, JSOT.S 341, Sheffield 2002, 330-355.

Auerbach, E., Wüste und Gelobtes Land. Bd. 1: Geschichte Israels von den Anfängen bis zum Tode Salomos, Berlin 1932, Bd. 2: Geschichte Israels vom Tode Salomos bis Ezra und Nehemia, Berlin 1936.

Augustin, M., Die Inbesitznahme der schönen Frau aus der unterschiedlichen Sicht der Schwachen und der Mächtigen. Ein kritischer Vergleich von Gen 12,10-20 und 2 Sam 11,2-27a*, in: BZ 29 (1983), 145-154.

Auld, A.G., Bearing the Burden of David's Guilt, in: C. Bultmann/W. Dietrich/C. Levin (Hg.), Vergegenwärtigung des Alten Testaments. Beiträge zur biblischen Hermeneutik, FS R. Smend, Göttingen 2002, 69-81.

–, Kings without Privilege: David and Moses in the Story of the Bible's Kings, Edinburgh 1994.

–, Re-Reading Samuel (historically): ‚Etwas mehr Nichtwissen', in: V. Fritz/P.R. Davies (Hg.), The Origins of the Ancient Israelite States, JSOT.S 228, Sheffield 1996, 160-169.

–, Samuel and Genesis: Some Questions of John Van Seters's „Yahwist", in: S.L. McKenzie/T. Römer/H.H. Schmid (Hg.), Rethinking the Foundations. Historiography in the Ancient World and the Bible, FS J. van Seters, BZAW 294, Berlin/New York 2000, 23-32.

–, What if the Chronicler Did Use the Deuteronomistic History, in: Biblical Interpretation 8 (2000), 137-150.

Aurelius, E., Davids Unschuld. Die Hofgeschichte und Psalm 7, in: Witte, M. (Hg.), Gott und Mensch im Dialog, FS O. Kaiser, BZAW 345/I, Berlin/New York 2004, 391-412.

Bailey, R.C., David in Love and War. The Pursuit of Power in 2 Samuel 10-12, JSOT.S 75, Sheffield 1990.

Ball, E., The Co-Regency of David and Solomon (1 Kings I), in: VT 27 (1977), 268-279.

Bar-Efrat, S., Some Observations on the Analysis of Structure in Biblical Narrative, in: VT 30 (1980), 154-173.

Bardtke, H., Der Aufstand des Scheba (2 Samuelis 20), in: F. Paschke u.a. (Hg.), Überlieferungsgeschichtliche Untersuchungen, TU 125, Berlin 1981, 15-27.

–, Erwägungen zur Rolle Judas im Aufstand des Absalom, in: H. Gese/H.P. Rüger (Hg.), Wort und Geschichte, FS K. Elliger, AOAT 18, Neukirchen-Vluyn 1973, 1-8.

Barrick, W.B., Genealogical Notes on the ‚House of David' and the ‚House of Zadok', in: JSOT 96 (2001), 29-58.

Baumgartner, W., Israelitisch-griechische Sagenbeziehungen, in: ders., Zum Alten Testament und seiner Umwelt. Ausgewählte Aufsätze, Leiden 1959, 147-178.

Becker, U., Die Reichsteilung nach I Reg 12, in: ZAW 112 (2000), 210-229.

Bellafontaine, E., Customary Law and Chieftainship: Judicial Aspects of 2 Samuel 14,4-21, in: JSOT 38 (1987), 47-72.

Ben-Barak, Z., Meribaal and the System of Land Grants in Ancient Israel, in: Bib 62 (1981), 73-91.

–, The Status and Right of the GĚBÎRÂ, in: JBL 110 (1991), 23-34.

Benzinger, I., Die Bücher der Chronik, KHC XX, Tübingen/Leipzig 1901.

–, Die Bücher der Könige, KHC IX, Freiburg/Leipzig/Tübingen 1899.

Bickert, R., Die List Joabs und der Sinneswandel Davids. Eine dtr bearbeitete Einschaltung in die Thronfolgeerzählung: 2 Sam 14,2-22, in: J.A. Emerton (Hg.), Studies in the Historical Books of the Old Testament, VT.S 30, Leiden 1979, 30-51.

Bietenhard, S.K., Des Königs General. Die Heerführertraditionen in der vorstaatlichen und frühen staatlichen Zeit und die Joabgestalt in 2 Sam 2-20; 1 Kön 1-2, OBO 163, Freiburg, Schweiz/Göttingen 1998.

Blenkinsopp, J., Theme and Motif in the Succession History (2 Sam 11,2ff) and the Yahwist Corpus, in: Volume du congrès, Genève 1965, VT.S 15, Leiden 1966, 44-57.

Blum, E., Ein Anfang der Geschichtsschreibung? Anmerkungen zur sog. Thronfolgegeschichte und zum Umgang mit Geschichte im alten Israel, in: A. de Pury/T. Römer (Hg.), Die sogenannte Thronfolgegeschichte Davids. Neue Einsichten und Anfragen, OBO 176, Freiburg, Schweiz/ Göttingen 2000, 4-37.

Bodenheimer, A., Gottes Erwählter. Davids Herrschaftslegitimation und Dynastiegründung – Eine Reflexion, ausgehend von Stefan Heyms Roman „Der König David Bericht", in: Kirche und Israel 17 (2002), 20-30.

Bodner, K., Nathan: Prophet, Politician and Novelist?, in: JSOT 95 (2001), 43-54.

Boecker, H.J., Recht und Gesetz im Alten Testament und im Alten Orient, Neukirchener Studienbücher 10, Neukirchen-Vluyn 1976.

–, Redeformen des Rechtslebens im Alten Testament, WMANT 14, 2., erw. Aufl., Neukirchen-Vluyn 1970.

Borger, R., König Sanheribs Eheglück, in: Annual Review of the Royal Inscriptions of Mesopotamia Project 6 (1988), 5-11.

van den Born, A., Samuel uit de grondtekst vertaald en uitgelegd, BOT IV/1, Roermond/Maaseik 1956.

–, Koningen uit de grondtekst vertaald en uitgelegd, BOT IV/2, Roermond/Maaseik 1958.

Bowen, N.R., The Quest for the Historical *Gĕbîrâ*, in: CBQ 64 (2001), 597-618.

Brongers, H.A., Bemerkungen zum Gebrauch des adverbialen *Wᵉ 'ATTĀH* im Alten Testament. Ein lexikologischer Beitrag, in: VT 15 (1965), 289-299.

–, I Koningen, POT 10, Nijkerk 1979.

Brown, J.P., Peace Symbolism in Ancient Military Vocabulary, in: VT 21 (1971), 1-23.

Brueggemann, David's Truth in Israel's Imagination and Memory, 2. Aufl., Minneapolis 2002.

–, First and Second Samuel, Interpretation. A Bible Commentary for Teaching and Preaching, Louisville 1990.

–, On Coping with Curse: A Study of 2 Sam 16:5-14, in: CBQ 36 (1974), 175-192.

–, On Trust and Freedom. A Study of Faith in the Succession Narrative, in: Interp. 26 (1972), 3-19.

–, 2 Samuel 21-24: An Appendix of Deconstruction?, in: CBQ 50 (1988), 383-397.

Buccellati, G., Cities and Nations of Ancient Syria. An Essay on Political Institutions with Special Reference to the Israelite Kingdoms, SS 26, Rom 1967.

Budde, K., The Books of Samuel. Critical Edition of the Hebrew Text, SBOT 8, Leipzig/Baltimore/London 1894.

–, Die Bücher Richter und Samuel, ihre Quellen und ihr Aufbau, Gießen 1890. (= Budde, Bücher)

–, Die Bücher Samuel, KHC 8, Tübingen/Leipzig 1902. (= Budde, KHC 8)

Budde, K./Bertholet, A., Geschichte der althebräischen Literatur. Apokryphen und Pseudepigraphen, Die Litteraturen des Ostens in Einzeldarstellungen 7/1, 2. Aufl., Leipzig 1909.

Burdajewicz, M./Segal, A., Art. Rabbath-Ammon, in: E. Stern/A. Lewinson-Gilboa/J. Aviram (Hg.), The New Encyclopedia of Archaeological Excavations in the Holy Land, Bd. 4, Jerusalem 1993, 1243-1252.

Burney, C.F., Notes on the Hebrew Text of the Books of Kings: With an Introduction and Appendix, Oxford 1903.

Camp, C.V., The Wise Women of 2 Samuel: A Role Model for Women in Early Israel?, in: CBQ 43 (1981), 14-29.

Campbell, A.F., Of Prophets and Kings: A Late Nine-Century Document (1 Samuel 1 – 2 Kings 10), CBQ.M 17, Washington 1986.

Campbell, A.F./O'Brien, M.A., Unfolding the Deuteronomistic History: Origins, Upgrades, Present Text, Minneapolis 2000.

Caquot, A., Un point difficile du discours de la Téqoïte (II Samuel 14,13-15), in: D. Garrone/F. Israel, Soria e tradizioni di Israele, FS J.A. Soggin, Brixen 1991, 15-30.

Caquot, A./de Robert, P., Samuel, Les Livres de Samuel, CAT 6, Genf 1994.

Carlson, R.A., David, the Chosen King: A Traditio-Historical Approach to the Second Book of Samuel, Stockholm/Göteborg/Uppsala 1964.

Carreira, J.N., Charisma und Institution. Zur Verfassung des Königtums in Israel und Juda, in: R. Liwak/S. Wagner (Hg.), Prophetie und geschichtliche Wirklichkeit im alten Israel, FS S. Herrmann, Stuttgart/Berlin/Köln 1991, 39-51.

Carter, C.E., The Emergence of Yehud in the Persian Period: A Social and Demographic Study, JSOT.S 294, Sheffield 1999.

Caspari, W., Die Samuelbücher, mit Sacherklärungen versehen und nach bearbeitetem Wortlaut übersetzt, KAT 7, Leipzig 1926.

Cazeaux, J., Saül, David, Salomon: La Royauté et le destin d'Israël, LeDiv, Paris 2003.

Ceresko, A.R., The Identity of „the Blind and the Lame" (^{c}iww$\bar{e}$r $\hat{u}$piss$\bar{e}$a$\d{h}$) in 2 Samuel 5:8b, in: CBQ 63 (2001), 23-30.

Chavel, S., Compositry and Creativity in 2 Samuel 21:1-14, in: JBL 122 (2003), 23-52.

Chinitz, J., Two Sinners, in: JBQ 25 (1997), 108-113.

Coats, G.W., Parable, Fable, and Anecdote: Storytelling in the Succession Narrative, in: Interp. 35 (1981), 368-382.

Cody, A., Sin and its Sequel in the Story of David and Bathseba, in: D. Durken (Hg.), Sin, Salvation and the Spirit. Commemorating the Fiftieth Year of the Liturgical Press, Collegeville, Minnesota 1979, 115-126.

Cogan, M., 1 Kings. A New Translation with Introduction and Commentary, AncB 10, New York u.a. 2000.

Cohen, M., II Sam 24 ou l'histoire d'un décret royal avorté, in: ZAW 113 (2001), 17-40.

Conrad, J., Der Gegenstand und die Intention der Geschichte von der Thronfolge Davids, in: ThLZ 108 (1983), 161-176.

–, Zum geschichtlichen Hintergrund der Darstellung von Davids Aufstieg, in: ThLZ 97 (1972), 321-332.

Conroy, C., Absalom Absalom! Narrative and Language in 2 Sam 13-20, AnBib 81, Rom 1978.

–, A Literary Analysis of 1 Kings I 41-53, with Methodological Reflections, in: J.A. Emerton (Hg.), Congress Volume, Salamanca 1983, VT.S 36, Leiden 1985, 54-66.

Cook, S.A., Notes on the Composition of 2 Samuel, in: 16 (1899/90), 145-177.

Coppens, J., La prophétie de Nathan. Sa portée dynastique, in: W.C. Delsman u.a. (Hg.), Von Kanaan bis Kerala, FS J.P.M. van der Ploeg, AOAT 211, Neukirchen-Vluyn 1982, 91-100.

Cornill, C.H., Einleitung in die kanonischen Bücher des Alten Testaments, GThW 2/1, 6., neubearb. Aufl., Tübingen 1908.

Crenshaw, J.L., Method in Determining Wisdom Influence upon „Historical" Literature, in: JBL 88 (1969), 129-142.

Cross, F.M, The Ammonite Oppression of the Tribes of Gad and Reuben: Missing Verses from 1 Samuel 11 Found in 4QSamuel^a, in: H. Tadmor/M. Weinfeld, History, Historiography and Interpretation. Studies in Biblical and Cuneiform Literatures, Jerusalem 1983, 148-158.

–, A New Qumran Biblical Fragment Related to the Original Hebrew Underlying the Septuagint, in: BASOR 132 (1953), 15-26.

–, The Oldest Manuscripts from Qumran, in: JBL 74 (1955), 147-172.

Crüsemann, Aporiendarstellung. Ein Beitrag von Jehugeschichte und Thronfolgeerzählung zur biblischen Sicht von Gott und Geschichte, in: WuD 25 (1999), 61-76 = ders., Kanon und Sozialgeschichte. Beiträge zum Alten Testament, Gütersloh 2003, 91-104.

–, Der Widerstand gegen das Königtum. Die antiköniglichen Texte des Alten Testamentes und der Kampf um den frühen israelitischen Staat, WMANT 49, Neukirchen-Vluyn 1978.

Cryer, F.H., David's Rise to Power and the Death of Abner, in: VT 35 (1985), 385-394.

Daube, D., Absalom and the Ideal King, in: VT 48 (1998), 315-325.

Delekat, L., Asylie und Schutzorakel am Zionheiligtum. Eine Untersuchung zu den privaten Feindpsalmen, Leiden 1967.

–,   Tendenz und Theologie der David-Salomo-Erzählung, in: F. Maaß (Hg.), Das ferne und das nahe Wort, FS L. Rost, BZAW 105, Berlin 1967, 26-36.

Diepold, P., Israels Land, BWANT 95, Stuttgart u.a. 1972.

Dietrich, W., Art. David I.1. Altes Testament, in: RGG, Bd. 2, 4., völlig neu bearb. Aufl., Tübingen 1999, 593-596.

–,   Art. Deuteronomistisches Geschichtswerk, in: RGG, Bd. 2, 4., völlig neu bearb. Aufl., Tübingen 1999, 688-692.

–,   Art. Nathan, in: TRE, Bd. 24, Berlin/New York 1994, 18-21.

–,   Art. Salomo I. Bibel, in: RGG, Bd. 7, 4., völlig neu bearb. Aufl., Tübingen 2004, 801-803.

–,   Art. Samuel- und Königsbücher, in: TRE, Bd. 30, Berlin/New York 1999, 5-20.

–,   Arten der Geschichtsdarstellung in den Samuelbüchern, in: ders., Von David zu den Deuteronomisten. Studien zu den Geschichtsüberlieferungen des Alten Testaments, BWANT 156, Stuttgart/Berlin/Köln 2002, 134-145.

–,   Das biblische Bild der Herrschaft Davids, in: ders., Von David zu den Deuteronomisten. Studien zu den Geschichtsüberlieferungen des Alten Testaments, BWANT 156, Stuttgart/Berlin/Köln 2002, 9-31.

–,   David, Saul und die Propheten. Das Verhältnis von Religion und Politik nach den prophetischen Überlieferungen vom frühesten Königtum in Israel, BWANT 122, 2., verb. u. erw. Aufl., Stuttgart/Berlin/ Köln 1992.

–,   David in Überlieferung und Geschichte, in VuF 22 (1977), 44-64.

–,   Das Ende der Thronfolgegeschichte, in: A. de Pury/T. Römer (Hg.), Die sogenannte Thronfolgegeschichte Davids. Neue Einsichten und Anfragen, OBO 176, Freiburg, Schweiz/Göttingen 2000, 38-69.

–,   Die frühe Königszeit.10. Jahrhundert v.Chr., BE 3, Stuttgart/Berlin/ Köln 1997.

–,   Gott als König. Zur Frage nach der theologischen und politischen Legitimität religiöser Begriffsbildung, in: ZThK 77 (1980), 251-268.

–,   Der historische David – Sein oder Schein, in: Bib 84 (2003), 108-117.

–,   Prophetie und Geschichte. Eine redaktionsgeschichtliche Untersuchung zum deuteronomistischen Geschichtswerk, FRLANT 108, Göttingen 1972.

–,   Samuel, Lfg.1, BK VIII/1/1, Neukirchen-Vluyn 2003.

–,   Rez. S. Seiler, Die Geschichte von der Thronfolge Davids (*op. cit.*), in: ThLZ 125 (2000), 609-611.

Dietrich, W./Naumann, T., Die Samuelbücher, EdF 287, Darmstadt 1995.

Dietsch, H.R./Kallenberg, H. (Hg.), Herodoti Historiarum Libri IX, 2., verb. Aufl., Bd.1, BT, Leipzig 1937.

Donner, H., Art und Herkunft des Amtes der Königinmutter im Alten Testament, in: ders., Aufsätze zum Alten Testament aus vier Jahrzehnten, BZAW 224, Berlin/New York 1994, 1-24.

–, Geschichte des Volkes Israel und seiner Nachbarn in Grundzügen. Teil 1: Von den Anfängen bis zur Staatenbildungszeit, GAT 4/1, Göttingen 1984, Teil 2: Von der Königszeit bis zu Alexander dem Großen. Mit einem Ausblick auf die Geschichte des Judentums bis Bar Kochba, GAT 4/2, Göttingen 1986.

–, „Hier sind deine Götter, Israel!", in: H. Gese/H.P. Rüger (Hg.), Wort und Geschichte, FS K. Elliger, AOAT 18, Neukirchen-Vluyn 1973, 45-50 (= ders., Aufsätze zum Alten Testament aus vier Jahrzehnten, BZAW 224, Berlin/New York 1994, 67-75).

Driver, G.R., Plurima Mortis Imago, in: Ben-Horin, M./Weinryb, B.D./ Zeiltlin, S., Studies and Essays in Honour of A.A. Neumann, Leiden 1962, 128-143.

Driver, S.R., Notes on the Hebrew Text and the Topography of the Books of Samuel with an Introduction on Hebrew Paleography and the Ancient Versions and Facsimiles of Inscriptions and Maps, 2., erw. Aufl., Oxford 1966.

Duhm, B., Das Buch Jeremia, KHC 11, Tübingen/Leipzig 1901.

Edelman, D., The Deuteronomist's David and the Chronicler's David: Competing or Contrasting Ideologies?, in: T. Römer (Hg.), The Future of the Deuteronomistic History, BEThL 147, Leuven 2000, 67-83.

–, Did Saulide-Davidic Rivalry Resurface in Early Persian Yehud?, in: J.A. Dearman/M.P. Graham, The Land that I Will Show You, Essays on the History and Archaeology of the Ancient Near East, FS J.M. Miller, JSOT.S 343, Sheffield 2001, 69-91.

Edzard, D.O., Geschichte Mesopotamiens. Von den Sumerern bis zu Alexander dem Großen, Beck's Historische Bibliothek, München 2004.

Ehrlich, A., Randglossen zur Hebräischen Bibel. Textkritisches, Sprachliches und Sachliches, Bd. 3: Josua, Richter, I. u. II. Samuelis, Leipzig 1910, reprographischer Nachdr. Hildesheim 1968, Bd. 7: Hohes Lied, Ruth, Klagelieder, Koheleth, Esther, Daniel, Esra, Nehemia, Könige, Chronik, Nachträge und Gesamtregister, Leipzig 1914, reprographischer Nachdr. Hildesheim 1968.

Eißfeldt, O., Einleitung in das Alte Testament unter Einschluß der Apokry-
    phen und Pseudepigraphen sowie der apokryphen- und pseudepigra-
    phenartigen Qumrān-Schriften. Entstehungsgeschichte des Alten
    Testaments, NTG, 4. Aufl., unv. Nachdr. der 3., neubearb. Aufl.,
    Tübingen 1976.

–,   Die Komposition der Samuelisbücher, Leipzig 1931.

–,   Text-, Stil- und Literarkritik in den Samuelbüchern, in: OLZ 30
    (1927), 657-664.

–,   Noch einmal: Text-, Stil- und Literarkritik in den Samuelisbüchern,
    in: OLZ 31 (1928), 801-812.

Eising, H., Art. חַיִל ḥajil, in: ThWAT 2, Stuttgart u.a. 1977, 902-911.

Eslinger, L., House of God or House of David: The Rhetoric of 2 Samuel
    7, JSOT.S 164, Sheffield 1994.

ten Eyck Olmstead, A., Western Asia in the Days of Sargon of Assyria,
    Lancaster 1908.

Fensham, F.C., The Battle Between the Men of Joab and Abner as a Possi-
    ble Ordeal by Battle, in: VT 20 (1970), 356f.

Finkelstein, I./Silberman, N.A, The Bible Unearthed. Archaeology's New
    Vision of Ancient Israel and the Origin of Its Sacred Texts, New York
    u.a. 2001.

Fischer, A.A., Beutezug und Segensgabe. Zur Redaktionsgeschichte der
    Liste in I Sam 30,26-31, in: VT 53 (2003), 48-64.

–,   David und Batseba. Ein literarkritischer und motivgeschichtlicher
    Beitrag zu II Sam 11, in: ZAW 101 (1989), 50-59.

–,   Flucht und Heimkehr Davids als integraler Rahmen der Abschalom-
    erzählung, in: Lux, R., Ideales Königtum. Studien zu David und Salo-
    mo, Arbeiten zur Bibel und ihrer Geschichte 16, Leipzig 2005, 43-69.

–,   Von Hebron nach Jerusalem. Eine redaktionsgeschichtliche Studie zur
    Erzählung von König David in II Samuel 1-5, BZAW 335, Berlin/New
    York 2004.

Flanagan, James W., Court History or Succession Document? A Study of
    2 Samuel 9-20 and 1 Kings 1-2, in: JBL 91 (1972),172-181.

–,   Social Transformation and Ritual in 2 Sam 6, in: C.L. Meyers/M.
    O'Connor, The Word of the Lord Shall Go Forth, FS D.N. Freedman,
    ASOR, Winona Lake 1983, 361-372.

–,   David's Social Drama: A Hologram of Israel's Early Iron Age,
    JSOT.S 73, Sheffield 1988.

Fohrer, G., Erzähler und Propheten im Alten Testament. Geschichte der israelitischen und frühjüdischen Literatur, UTB 1547, Heidelberg/ Wiesbaden 1989.

Fokkelman, J.P., Narrative Art and Poetry in the Books of Samuel: a Full Interpretation Based on Stylistic and Structural Analyses, Bd. 1: King David (II Sam. 9-20 & I Kings 1-2), SSN 20, Assen 1981, Bd. 3: Throne and City (II Sam. 2-8 & 21-24), SSN 27, Assen/Masstricht 1990.

Fritz, V., Das Buch Josua, HAT I/7, Tübingen 1994.

–, Das erste Buch der Könige, ZBK.AT 10/1, Zürich 1996.

Frolov, S., Succession Narrative: A „Document" or a Phantom?, in: JBL 121 (2002), 81-104.

Galling, K., Der Prediger, in: E. Würthwein/K. Galling/O. Plöger, Die Fünf Megilloth, HAT I/18, 2., völlig neu bearb. Aufl., Tübingen 1969, 73-125.

Garsiel, M., David and Bathseba, in: Dor le Dor 5 (1976/77), 24-28, 85-90 und 134-137.

–, Puns upon Names as a Literary Device in 1 Kings 1-2, in: Bib 72 (1991), 379-386.

–, The Story of David and Bathseba: A Different Approach, in: CBQ 55 (1993), 244-262.

van Gelderen, C., De boeken der koningen, Bd. 1: I Koningen 1-11, KV 10/1, Kampen 1951.

George, M.K., Fluid Stability in Second Samuel 7, in: CBQ 64 (2002), 17-36.

Gerleman, G., Art. דָּם *dām* Blut, in: THAT 1, 4., durchges. Aufl., München/Zürich, 1984, 448-451.

–, Schuld und Sühne. Erwägungen zu 2. Samuel 12, in: H. Donner/R. Hanhart/R. Smend (Hg.), Beiträge zur Alttestamentlichen Theologie, FS W. Zimmerli, Göttingen 1977, 132-139.

–, Die Wurzel *šlm*, in: ZAW 85 (1973), 1-14.

Gese, H., Der Davidsbund und die Zionserwählung, in: ZThK 61 (1964), 10-26 = ders., Vom Sinai zum Zion. Alttestamentliche Beiträge zur biblischen Theologie, BevTh 64, 3., durchges. Aufl., München 1990, 113-129.

Görg, M., Art. Ammon, in: NBL, Bd. 1, Zürich 1991, 88f.

–, Art. Hadad-Eser, in: NBL, Bd. 2, Zürich/Düsseldorf 1995, 6f.

–, Art. Natan, in: NBL, Bd.2, Zürich/Düsseldorf 1995, 902f.

–, Ittai aus Gat, in: BN 60 (1991), 20-23.

–, Salomo, in: NBL, Bd. 3, Zürich/Düsseldorf 2001, 426f.

–, Gott-König-Reden in Israel und Ägypten, BWANT 105, Stuttgart u.a. 1975.

Gordon, R.P., In Search of David: The Davidic Tradition in Recent Study, in: A.R. Millard/J.K. Hoffmeier/D.W. Baker u.a. (Hg.), Faith, Tradition, and History: Old Testament Historiography in Its Near Eastern Context, Winona Lake 1994, 285-298.

Goslinga, C.J., Het eerste boek Samuel, COT 8, Kampen 1968.

–, Het tweede boek Samuel, COT 9, Kampen 1962.

Gosse, B., Le Livre de Ruth et siens liens avec II Samuel 21,1-14, in: ZAW 108 (1996), 430-433.

Gray, J., I & II Kings. A Commentary, OTL, 2., vollst. überarb. Aufl. London 1970.

Gray, M., Amnon: A Chip of the Old Block? Rhetorical Strategy in 2 Samuel 13,7-15: The Rape of Tamar and the Humiliation of the Poor, in: JSOT 77 (1998), 39-54.

Greßmann, H., Die älteste Geschichtsschreibung und Prophetie Israels (von Samuel bis Amos und Hosea), SAT 2/1, 2., stark umgearb. Aufl., Göttingen 1921.

–, Rez. L. Rost, Die Überlieferung von der Thronnachfolge Davids (op. cit.) in: ZAW 44 (1926), 309f.

Grønbæk, J.H., Die Geschichte vom Aufstieg Davids (1. Sam. 15 – 2. Sam 5). Tradition und Komposition, AThD 10, Kopenhagen 1971.

Gunkel, H., Art. Nathan, in: RGG, Bd. 4, 2., völlig neubearb. Aufl., Tübingen 1930, 419.

–, Das Märchen im Alten Testament, RV II/23-26, Tübingen 1921.

Gunn, D.M., Entertainment, Ideology, and the Reception of „History": „David's Jerusalem" as a Question of Space, in: S.M. Olyan/R.C. Culley (Hg.), „A Wise and Discerning Mind", FS B.O. Long, BJS 325, Providence 2000, 153-161.

–, From Jerusalem to the Jordan and Back: Symmetry in 2 Samuel XV-XX, in: VT 30 (1980), 109-130.

–, The Story of King David. Genre and Interpretation, JSOT.S 6, Sheffield 1978.

–, Traditional Composition in the „Succession Narrative", in: VT 26 (1976), 214-229.

Gunneweg, A.H.J., Geschichte Israels. Von den Anfängen bis Bar Kochba und von Theodor Herzl bis zur Gegenwart, ThW 2, 6., durchg. u. erw. Aufl., Stuttgart/Berlin/Köln 1989.

Gutmann, J., The History of the Ark, in: ZAW 83 (1971), 22-30.

Haag, H. Gad und Nathan, in: A. Kuschke/E. Kutsch (Hg.), Archäologie und Altes Testament, FS K. Galling, Tübingen 1970, 135-143.

Hagan, H., Deception as Motif and Theme in 2 Sm 9-10; 1 Kgs 1-2, in: Bib 60 (1979), 301-326.

Hänl, J., Die Zusätze der Septuaginta in I Reg 2,35a-o und 46a-l, in: ZAW 47 (1929), 76-79.

Häusl, M., Abischag und Batscheba. Frauen am Königshof und die Thronfolge Davids im Zeugnis der Texte 1 Kön 1 und 2, ATSAT 41, St. Ottilien 1993.

Halpern, B., The Construction of the Davidic State: An Exercise in Historiography, in: V. Fritz/P.R. Davies (Hg.), The Origins of the Ancient Israelite States, JSOT.S 228, Sheffield 1996, 44-75.

–, David's Secret Demons: Messiah, Murderer, Traditor, King, Grand Rapids/Cambrigde, 2001.

Hasel, G.F., Art., נָגִיד nāgîd in: ThWAT 5, Stuttgart u.a. 1986, 203-219.

Hays, J.D., Has the Narrator Come to Praise Solomon or to Bury Him? Narrative Subtlety in 1 Kings 1-11, in: JSOT 28 (2003), 149-174.

Hentschel, G., Art. Könige (Bücher der), in: NBL, Bd. 2, Zürich/Düsseldorf 1995, 505-508.

–, Der Auftritt des Natan (2 Sam 12,1-15a), in: J. Zmijewski (Hg.), Die alttestamentliche Botschaft als Wegweisung, FS H. Reinelt, Stuttgart 1990, 117-133.

–, Davids ungewöhnliches Verhalten (2 Sam 12,15b-25), in: W. Ernst/K. Feiereis, Denkender Glaube in Geschichte und Gegenwart, FS Gründung der Universität Erfurt, EThS 63, Leipzig 1992, 203-215.

–, Gott, König und Tempel. Beobachtungen zu 2 Sam 7,1-17, EThSt 22, Leipzig 1992.

–, 1 Könige, NEB 10, Würzburg 1984.

–, Die Kriege des friedfertigen Königs David (2 Sam 10,1-11,1; 12,26-31), in: H. Obst (Hg.), Überlieferung und Geschichte, FS G. Wallis, Halle 1990.

–, 1 Samuel, NEB 33, Würzburg 1994 (mit Scharbert, J., Rut).

–, 2 Samuel, NEB 34, Würzburg 1994.

–, War Natan der Wortführer der Jebusiter?, in: F. Diedrich/B. Willmes (Hg.), Ich bewirke das Heil und erschaffe das Unheil (Jesaja 45,7). Studien zur Botschaft der Propheten, FS L. Ruppert, fzb 88, Würzburg 1998, 181-208.

Hermisson, H.-J., Weisheit und Geschichte, in: H.W. Wolff (Hg.), Probleme biblischer Theologie, FS G. v. Rad, München 1971, 136-154.

Herner, S., Athalja. Ein Beitrag zur Frage nach dem Alter des Jahvisten und des Elohisten, in: K. Budde (Hg.), Vom Alten Testament, FS K. Marti, BZAW 41, Gießen 1925, 137-141.

Herrmann, S., Die Königsnovelle in Ägypten und Israel. Ein Beitrag zur Gattungsgeschichte in den Geschichtsbüchern des Alten Testaments, in: WZ(L). GS 3 (1953/54), 51-62, zitiert nach ders., Gesammelte Studien zur Geschichte und Theologie des Alten Testaments, ThB 75, München 1986, 120-144.

Hertzberg, H.W., Die Samuelbücher, ATD 10, 2., neudurchges. Aufl., Göttingen 1960 (= ⁶1982).

Ho, C.Y.S., The Stories of the Family Troubles of Judah and David: A Study of their Literary Links, in: VT 49 (1999), 514-531.

Hobbs, T.R., Reflections on Honor Shame and Covenant Relations, in: JBL 116 (1997), 501-503.

Hoftijzer, J., Absalom and Tamar, in: o. Hg., Schrift en uitleg, A Case of Fratriarchy, in: FS W.H. Gispen, Kampen 1970, 54-61.

Holloway, S.W., Use of Assyriology in Chronological Apologetics in *David's Secret Demons*, in: SJOT 17 (2003), 245-267.

de Hoop, R., Short Note. The Testament of David: A Response to W.T. Koopmans, in: VT 45 (1995), 270-279.

Hornung, E., Einführung in die Ägyptologie. Stand, Methoden, Aufgaben, 4., verb. Aufl., Darmstadt 1993.

–, Grundzüge der ägyptischen Geschichte, Grundzüge 3, Darmstadt 1965.

Howard, D.M., Art. Nathan, in: AncB Dictionary 4, New York u.a. 1992, 1029f.

Hübner, U., Art. Hanun, in: NBL, Bd. 2, Zürich/Düsseldorf 1995, 43f.

–, Die Ammoniter. Untersuchungen zur Geschichte, Kultur und Religion eines transjordanischen Volkes im 1. Jahrtausend v. Chr., ADPV 16, Wiesbaden 1992.

Ihromi, Die Königinmutter und der ᶜamm ha ᶜarez im Reich Juda, in: VT 24 (1974), 421-429.

Ishida, T., Adonijah the Son of Haggith and his Supporters: An Inquiry into Problems about History and Historiography, in: R.E. Friedman/H.G.M. Williamson (Hg.), The Future of Biblical Studies. The Hebrew Scriptures, Atlanta 1987, 164-187.

–, The Episode of Solomon's Birth, in: ders., History and Historical Writing in Ancient Israel. Studies in Biblical Historiography, Studies in the History and Culture of the Ancient Near East 16, Leiden/Boston/Köln 1999, 151-157.

–, The Royal Dynasties in Ancient Israel: A Study on the Formation and Development of Royal-Dynastic Ideology, BZAW 142, Berlin/New York 1977.

–, „Solomon who is Greater than David": Solomon's Succession in 1 Kings I-II in the Light of the Inscription of Kilamuwa, King of Y'DY-ŠAM'AL, in: J.A. Emerton (Hg.), Congress Volume, Salamanca 1983, VT.S 36, Leiden 1985, 145-153.

–, Solomon's Succession to the Throne of David – A Political Analysis, in: ders. (Hg.), Studies in the Period of David and Solomon and Other Essays, Papers Read at the International Symposium for Biblical Studies, Tokyo, 5-7 December, 1979, Winona Lake 1982, 175-187.

–, The Succession Narrative and Esarhaddon's Apology: A Comparison, in: M. Cogan/I. Eph'al, Ah, Assyria ...: Studies in Assyrian History and Ancient Near Eastern Historiography, FS H. Tadmor, ScrHie 33, Jerusalem 1991, 166-173.

Isser, S., The Sword of Goliath: David in Heroic Literature, SBL – Studies in Biblical Literature 6, Atlanta 2003.

Jackson, J.J., David's Throne: Patterns in the Succession Story, in: CJT 11 (1965), 183-195.

Jahnow, H., Das hebräische Leichenlied im Rahmen der Völkerdichtung, BZAW 36, Gießen 1923.

Japhet, S., Art. Chronikbücher, in: RGG, Bd. 2, 4., völlig neu bearb. Aufl., Tübingen 1999, 344-347.

–, I & II Chronicles: A Commentary, London 1993.

–, The Ideology of the Book of Chronicles and its Place in Biblical Thought, BEAT 9, 2., verb. Aufl., Frankfurt a.M u.a. 1997.

Jepsen, A., Die Quellen des Königsbuches, 2., um e. Nachtr. erg. Aufl. Halle 1956.

Jones, G.H., The Nathan Narratives, JSOT.S 80, Sheffield 1990.

Jongeling, K., Joab and the Tekoite Woman, in: JEOL 30 (1987/88), 116-122.

Kaiser, O., Die alttestamentlichen Apokryphen. Eine Einleitung in Grundzügen, Gütersloh 2000.

–, Beobachtungen zur sogenannten Thronnachfolgeerzählung Davids, in: EThL 64 (1988), 5-20, hier zitiert nach: ders., Studien zur Literaturgeschichte des Alten Testaments, fzb 90, Würzburg 2000, 165-182.

–, Einleitung in das Alte Testament. Eine Einführung in ihre Ergebnisse und Probleme, 5., grundlegend neubearb. Aufl., Gütersloh 1984.

–, Der Gott des Alten Testaments. Wesen und Wirken. Theologie des Alten Testaments, Teil 1: Grundlegung, UTB 1747, Göttingen 1993, Teil 2: Jahwe, der Gott Israels, Schöpfer der Welt und des Menschen, UTB 2024, Göttingen 1998, Teil 3: Jahwes Gerechtigkeit, UTB 2392, Göttingen 2003.

–, Grundriß der Einleitung in die kanonischen und deuterokanonischen Schriften des Alten Testaments, Bd. 1: Die erzählenden Werke, Gütersloh 1992, Bd. 2: Die prophetischen Werke. Mit einem Beitrag von K.-F. Pohlmann, Gütersloh 1994, Bd. 3: Die poetischen und weisheitlichen Werke, Gütersloh 1994.

–, Das Verhältnis der Erzählung vom König David zum sogenannten Deuteronomistischen Geschichtswerk. Am Beispiel von 1. Kön 1 und 2 untersucht. Ein Gespräch mit John Van Seters, in: A. de Pury/T. Römer (Hg.), Die sogenannte Thronfolgegeschichte Davids. Neue Einsichten und Anfragen, OBO 176, Freiburg, Schweiz/Göttingen 2000, 94-122 (= ders., Studien zur Literaturgeschichte des Alten Testaments, fzb 90, Würzburg 2000, 134-164).

Kang, J.J., The Persuasive Portrayal of Solomon in 1 Kings 1-11, EHS.T 760, Bern u.a. 2003.

Kapelrud, A.S., The Ugaritic Text RS 24.252 and King David, in: JNWSL 2 (1972), 35-39.

Kedar-Kopfstein, B., Art. דָּם dām, in: ThWAT 2, Stuttgart u.a. 1977, 248-266.

Keefe, A., Rapes of Women/Wars of Men, in: Semeia 61 (1993), 79-97.

Keel, O., Die Welt der altorientalischen Bildsymbolik und das Alte Testament. Am Beispiel der Psalmen, 5. Aufl., Göttingen 1996.

Kegler, J., Politisches Geschehen und theologisches Verstehen. Zum Geschichtsverständnis in der frühen israelitischen Königszeit, CthM.BW 8, Stuttgart 1977.

Kenyon, K.M., Archäologie im Heiligen Land, 2. Aufl., Neukirchen-Vluyn 1976.

Kessler, Sexuality and Politics. The Motif of the Displaced Husband in the Books of Samuel, in: CBQ 62 (2000), 409-423.

van Keulen, P.S.F., Two Versions of the Solomon Narrative: An Inquiry into the Relationship between MT 1 Kgs. 2-11 and LXX 3 Reg. 2-11, VT.S 104, Leiden 2005.

Keys, G., The Wages of Sin: A Reappraisal of the „Succession Narrative", JSOT.S 221, Sheffield 1996.

Kittel, R., Die Bücher der Könige, HKAT I/5, Göttingen 1900.

Klein, J., David versus Saul. Ein Beitrag zum Erzählsystem der Samuelbücher, BWANT 158, Stuttgart 2002.

Klement, H.H., II Samuel 21-24. Context, Structure and Meaning in the Samuel Conclusion, EHS.T 682, Frankfurt a.M. u.a. 2000.

Klostermann, A., Die Bücher Samuelis und der Könige, KK 3, Nördlingen 1887.

Knoppers, G.N., The Vanishing of Solomon: The Disappearance of the United Monarchy from Recent Histories of Ancient Israel, in: JBL 116 (1997), 19-44.

Koch, K., Der Spruch „Sein Blut bleibe auf seinem Haupt" und die israelitische Auffassung vom vergossenen Blut, in: VT 12 (1962), 396-416, hier zitiert nach: ders. (Hg.), Um das Prinzip der Vergeltung in Religion und Recht des Alten Testaments, WdF 125, Darmstadt 1972, 432-456.

Koopmans, W.T., The Testament of David in 1 Kings 2,1-10, in: VT 41 (1991), 429-449.

Koster, M., The Historicity of the Bible: Its Relevance and its Limitations in the Light of Near Eastern Archaeology – From Catalyst to Catalysm, in: J.C. de Moor/H. van Rooy (Hg.), Past, Present, Future: The Deuteronomistic History and the Prophets, Oudtestamentische Studiën 44, Leiden 2000, 120-149.

Kratz, R.G., Die Komposition der erzählenden Bücher des Alten Testaments. Grundwissen der Bibelkritik, UTB 2157, Göttingen 2000.

–, Kyros im Deuterojesaja-Buch. Redaktionsgeschichtliche Untersuchungen zu Entstehung und Theologie von Jes 40-55, FAT 1, Tübingen 1991.

Krause, M., II Sam 11,4 und das Konzeptionsoptimum, in: ZAW 95 (1983), 434-436.

Kreuzer, S., „... und der Herr half David in allem, was er unternahm". Die Davidgeschichte in ihrem inneren Zusammenhang und im Licht der westsemitischen Königsinschriften, in: A. Graupner u.a. (Hg.), Verbindungslinien, FS W.H. Schmidt, Neukirchen-Vluyn 2000, 187-205.

–, Art. Thronfolgegeschichte, in: NBL, Bd. 3, Düsseldorf/Zürich 2001, 844f.

Kronholm, T., Art. עֵת ᶜeṯ, in: ThWAT 6, Stuttgart u.a. 1989, 463-482.

Krueger, P.A., „Liminality" in 2 Samuel 19:1-9: A Short Note, in: JNSL 24 (1998), 195-199.

Kühlewein, J., Art. בֵּן bēn Sohn, in: THAT 1, 4., durchges. Aufl., München/Zürich, 1984, 316-325.

Kuenen, A., Historisch-critisch onderzoek naar het ontstaan en de verzameling van de Boeken des Ouden Verbonds, Bd.1: De Thora en de Historische Boeken des Ouden Verbonds, 2., völlig neubearb. Aufl., Amsterdam 1887.

Kuhl, C., Die „Wiederaufnahme" – ein literarkritisches Prinzip?, in: ZAW 64 (1952), 1-11.

Kunz, A., Die Frauen und der König David. Studien zur Figuration von Frauen in den Daviderzählungen, Arbeiten zur Bibel und ihrer Geschichte 8, Leipzig 2004.

–, Zum rechtlichen Hintergrund der ammonitisch-aramäischen Militärkoalition in 2 Sam 10,1-19, in: ZAR 6 (2000), 127-154.

–, II Samuel 11f. und die frühdemotisch-ägyptische Merirêerzählung des Papyrus Vandier, in: ThZ 59 (2003), 300-311.

Kutsch, E., Salbung als Rechtsakt im Alten Testament und im Alten Orient, BZAW 87, Berlin 1963.

Laato, A. Second Samuel 7 and Ancient Near Eastern Royal Ideology, in: CBQ 59 (1997), 244-269.

Lande, I., Formelhafte Wendungen der Umgangssprache im Alten Testament, Diss. Zürich, Leiden 1947.

Langlamet, F., Absalom et les concubines de son père. Recherches sur II Sam XVI, 21-22, in: RB 84 (1977), 161-209.

–, Affinités sacerdotales, deutéronomiques, élohistes dans l'Historie de la succession (2 S 9-20; 1 R 1-2), in: A. Caquot/M. Delcor, Mélanges bibliques et orientaux, FS H. Cazelles, AOAT 212, Neukirchen/Kevelaer 1981, 233-246.

–, Ahitofel et Houshai. Rédaction prosalomonienne en 2 Sam 15-17?, in: Y. Avishur/J. Blau (Hg.), Studies in Bible and the Ancient Near East, FS S.E. Loewenstamm, Jerusalem 1978, 57-90.

–, in: David et Barzillaï. 2 Samuel 19:32-41a: le récit primitif et sa „forme", in: A. Rofé/Y. Zakovitch (Hg.), Isac Leo Seeligman Volume. Essays on the Bible and the Ancient World, Bd.3: Non-Hebrew Section, Jerusalem 1983, 149-169.

–, David, fils de Jessé. Une édition prédeutéronomiste de l' „Histoire de la Succession", in: RB 89 (1982), 5-47.

–, De „David, fils de Jessé" au „Livre de Jonathan". Deux éditions divergentes de l' „Ascension de David" en 1 Sam 16 – 2 Sam 1?, in: RB 100 (1993), 321-357.

–, David et la maison de Saül. Les épisodes „benjaminites" de II Sam, IX; XVI, 1-14; XIX, 17-31; I Rois, II, 36-46, in: RB 86 (1979), 195-213, 384-436 und 481-513; in: RB 87 (1980), 161-210 und in: RB 88 (1981), 321-332.

–, Les divisions massorétiques du livre de Samuel. A propos de la publication de Codes du Caire, in: RB 91 (1984), 481-519.

–, Pour ou contre Salomon? La rédaction prosalomonienne de I Rois, I-II, in: RB 83 (1976), 321-279 und 481-528.

–, Rez. R.C. Bailey, David in Love and War (op. cit.), in: RB 99 (1992), 729-750.

–, Rez. E. Würthwein, Die Erzählung von der Thronfolge Davids (op. cit.) u. T. Veijola, Die ewige Dynastie (op. cit.), in: RB 83 (1976), 114-137.

Lasine, S., Judicial narratives and the Ethics of Reading: The Reader as Judge of the Dispute between Mephibosheth and Ziba, in: Hebrew Studies 30 (1989), 49-69.

Leimbach, K.A., Die Bücher Samuel, HSAT III/1, Bonn 1936.

Lemaire, A., Das Achämenidische Juda und seine Nachbarn im Lichte der Epigraphie, in: R.G. Kratz (Hg.), Religion und Religionskontakte im Zeitalter der Achämeniden, Veröffentlichungen der Wissenschaftlichen Gesellschaft für Theologie 22, Gütersloh 2002, 210-230.

Lemche, N.P., David's Rise, in: JSOT 10 (1978), 2-25.

Levin, C., Gerechtigkeit Gottes in der Genesis, in: A: Wénin (Hg.), Studies in the Book of Genesis. Literature, Redaction and History, BEThL 155, Leuven 2001, 347-357 (= ders., Fortschreibungen. Gesammelte Studien zum Alten Testament, BZAW 316, Berlin/New York 2003, 40-48).

–, Der Jahwist, FRLANT 157, Göttingen 1993.

–, Der Sturz der Königin Atalja. Ein Kapitel zur Geschichte Judas im 9. Jahrhundert v. Chr., SBS 105, Stuttgart 1982.

–, Das System der zwölf Stämme Israels, in: J.A. Emerton (Hg.), Congress Volume, Paris 1992, VT.S 61, Leiden 1995, 163-178, hier zitiert nach ders., Fortschreibungen. Gesammelte Studien zum Alten Testament, BZAW 316, Berlin/New York 2003, 111-123.

–, Die Verheißung des neuen Bundes in ihrem theologiegeschichtlichen Zusammenhang ausgelegt, FRLANT 137, Göttingen 1985.

Linville, Rethinking the „Exilic" Book of Kings, in: JSOT 75 (1997), 21-42.

Lipiński, E., Art. Aramäer, in: NBL, Bd. 1, Zürich 1991, 146-148.

–, *Nāgīd*, der Kronprinz, in: VT 24 (1974), 497-499.

Liver, J., The Book of the Acts of Solomon, Bib 48 (1967), 75-101.

von Loewenclau, I., Der Prophet Nathan im Zwielicht von theologischer Deutung und Historie, in: R. Albertz u.a. (Hg.), Werden und Wirken des Alten Testaments, FS C. Westermann, Göttingen/Neukirchen-Vluyn 1980, 202-215.

Lohfink, N., Art. חָרַם *ḥāram*, in: ThWAT 3, Stuttgart u.a. 1982, 192-213.

–, Die deuteronomistische Darstellung des Übergangs der Führung Israels von Moses auf Josue, in: Scholastik 31 (1962), 32-44.

Long, B.O., A Darkness between Brothers: Solomon and Adoniah, in: JSOT 19 (1981), 79-94.

–, I Kings. With an Introduction to Historical Literature, FOTL 9, Grand Rapids 1984.

Luther, B, Die Novelle von Juda und Tamar und andere israelitische Novellen, in: E. Meyer, Die Israeliten und ihre Nachbarstämme. Alttestamentliche Untersuchungen. Mit Beiträgen von B. Luther, unveränd. reprograf. Nachdr. der 1. Aufl., Halle 1906, Darmstadt 1967, 175-206.

Lyke, L.L., King David with the Wise Woman of Tekoa: The Resonance of Tradition in Parabolic Narrative, JSOT.S 255, Sheffield 1997.

Maaß, F., Zu den Qumrān-Varianten der Bücher Samuel, in: ThLZ 81 (1956), 338f.

Machholz, G.C., Zur Geschichte der Justizorganisation in Juda, in: ZAW 84 (1972), 314-340.

–, NAGID – der Statthalter, „praefectus", in: K. Rupprecht (Hg.), ספר רנדטורף (Sefer Rendtorff), FS R. Rendtorff, DBAT.B 1, Dielheim 1975, 59-72.

–, Die Stellung des Königs in der israelitischen Gerichtsverfassung, in: ZAW 84 (1972), 157-182.

Maier, J., Die Qumran-Essener: Die Texte vom Toten Meer, Bd. 1: Die Texte der Höhlen 1-3 und 5-11, UTB 1862, Basel 1995, Bd. 2: Die Texte der Höhle 4, UTB 1863, Basel 1994, Bd. 3: Einführung, Zeitrechnung, Register und Bibliographie, UTB 1916, Basel 1996.

Malamat, A., Aspects of the Foreign Policies of David and Solomon, in: JNES 22 (1963), 1-17.

–, A Mari Prophecy and Nathan's Dynastic Oracle, in: J.A. Emerton (Hg.), Prophecy, FS G. Fohrer, BZAW 150, Berlin/New York 1980, 68-82.

Mansoor, M., The Massoretic Text in the Light of Qumran, in: G.W. Anderson u.a. (Hg.), Congress Volume, Bonn 1962, VT.S 9, Leiden 1963, 305-321.

Mayer, W., Politik und Kriegskunst der Assyrer, ALASPM 9, Münster 1995.

Mazar, A., Archaeology of the Land of the Bible. 10,000-586 B.C.E., The Anchor Bible Reference Library, New York u.a. 1992.

Mazar, A./Shiloh, Y./Avigad, N./Geva, H., Art. Jerusalem, in: E. Stern/A. Lewinson-Gilboa/J. Aviram (Hg.), The New Encyclopedia of Archaeological Excavations in the Holy Land, Bd. 2, Jerusalem 1993, 698-716.

Mazar, B., Geshur and Maacah, in: JBL 80 (1961), 16-28.

McCarter, P.K., The Apology of David, in: JBL 99 (1980), 489-504.

–, The Historical David, in: Interp. 40 (1986), 117-129.

–, „Plots, True or False": The Succession Narrative as Court Apologetic, in: Interp. 35 (1981), 355-367.

–, I Samuel. A New Translation with Introduction, Notes and Commentary, AncB 8, New York u.a. 1980.

–, II Samuel. A New Translation with Introduction, Notes and Commentary, AncB 9, New York u.a. 1984.

McCarthy, D.J., An Installation Genre?, in: JBL 90 (1971), 31-41.

–, II Samuel 7 and the Structure of the Deuteronomic History, in: JBL 84 (1965), 131-138.

McDonough, S.M., „And David was old, advanced in years": 2 Samuel xxiv 18-25, 1 Kings 1, and Genesis xxiii-xxiv, in: VT 49 (1999), 128-131.

McKenzie, S.L., König David. Eine Biographie, Berlin/New York 2002.

–,   The So-Called Succession Narrative in the Deuteronomistic History, in: A. de Pury/T. Römer (Hg.), Die sogenannte Thronfolgegeschichte Davids. Neue Einsichten und Anfragen, OBO 176, Freiburg, Schweiz/ Göttingen 2000, 123-135.

–,   The Typology of the Davidic Covenant, in: J.A. Dearman/M.P. Graham, The Land that I Will Show You, Essays on the History and Archaeology of the Ancient Near East, FS J.M. Miller, JSOT.S 343, Sheffield 2001, 152-178.

Mettinger, T.N.D., King and Messiah: The Civil and Sacral Legitimation of the Israelite Kings, Gleerup 1976.

Meyer, E., Geschichte des Altertums, Bd. 2/1: Die Zeit der ägyptischen Großmacht, reprograph. Nachdr. der 2., völlig neubearb. Aufl., Stuttgart/Berlin 1928, 4. Aufl. Darmstadt 1965.

Meyer, R., Bemerkungen zur syntaktischen Funktion der sogenannten Nota accusativi, in: H. Gese/H.P. Rüger (Hg.), Wort und Geschichte, FS K. Elliger, AOAT 18, Neukirchen-Vluyn 1973, 137-142.

Meyers, C.L./Meyers, E.M., Haggai, Zechariah 1-8. A New Translation with Introduction and Commentary, AncB 25B, New York u.a. 1987.

Mildenberger, F., Die vordeuteronomistische Saul-Davidüberlieferung, Diss. Tübingen 1962.

Minokami, Y., Die Revolution des Jehu, GTA 38, Göttingen 1989.

Mommer, P., Art. Samuel, in: TRE, Bd. 30, Berlin/New York 1999, 1-5.

Montgomery, J.A./Gehman, H.S., A Critical and Exegetical Commentary on the Books of Kings, ICC 9, Edinburgh 1967.

Müller, A.R., Art. David, in: NBL, Bd.1, Zürich 1991, 390-396.

Müller, H.-P., Drei Deutungen des Todes: Genesis 3, der Mythos von Adapa und die Sage von Gilgamesch, in: JBTh 4 (1991), 117-134.

Müller, R., Königtum und Gottesherrschaft. Untersuchungen zur alttestamentlichen Monarchiekritik, FAT II/3, Tübingen 2004.

Müllner, I., Gewalt im Hause Davids. Die Erzählung von Tamar und Amnon (2 Sam 13,1-22), HBS 13, Freiburg u.a. 1997.

Mulder, M.J., Koningen, Deel I: I Koningen 1-7, COT 10, Kampen 1987.

–,   Versuch zur Deutung von Sokēnēt in 1. Kön 1,2.4, in: VT 22 (1972), 43-54.

Murray, A.T., Homer, The Iliad: With an English Translation, Bd.1, LCL 170, London/Cambridge, Massachusetts 1971.

Murray, D.F., Divine Prerogative and Royal Pretention: Pragmatics, Poetics and Polemics in a Narrative Sequence about David (2 Samuel 5.17-7.29), JSOT.S 264, Sheffield 1998.

Naʻaman, N., Ittai the Gittite, in: BN 94 (1998), 22-25.

–, Sources and Composition in the History of David, in: V. Fritz/P.R. Davies (Hg.), The Origins of the Ancient Israelite States, JSOT.S 228, Sheffield 1996, 170-186.

Naumann, T., Art. Samuelbücher, in: NBL, Bd.3, Zürich/Düsseldorf 2001, 436-441.

–, David als exemplarischer König. Der Fall Urijas (2 Sam 11) vor dem Hintergrund altorientalischer Erzähltraditionen, in: A. de Pury/T. Römer (Hg.), Die sogenannte Thronfolgegeschichte Davids. Neue Einsichten und Anfragen, OBO 176, Freiburg, Schweiz/Göttingen 2000, 136-167.

–, David als Spiegel und Gleichnis. Ein Versuch zu den Wirkweisen alttestamentlicher Geschichtserzählungen am Beispiel von 2Sam 11f., in: R. Lux (Hg.), Erzählte Geschichte. Beiträge zur narrativen Kultur im alten Israel, BThS 40, Neukirchen-Vluyn 2000, 29-51.

–, D. Die Thronfolgegeschichte – Das Gesamtwerk, E. Die Thronfolgegeschichte – Einzelne Textbereiche, in: Dietrich, W./Naumann, T., Die Samuelbücher, EdF 287, Darmstadt 1995, 169-295.

Nentel, J., Trägerschaft und Intentionen des deuteronomistischen Geschichtswerks. Untersuchungen zu den Reflexionsreden Jos 1; 23; 24; 1 Sam 12 und 1 Kön 8, BZAW 297, Berlin/New York 2000.

Nicol, G.G., The Alleged Rape of Bathseba: Some Observations on Ambiguity in Biblical Narrative, in: JSOT 73 (1997), 43-54.

–, Bathseba, a Clever Woman?, in: ET 99 (1987/88), 360-363.

–, The Death of Joab and the Accession of Solomon. Some Observations on the Narrative of 1 Kings 1-2*, in: SJOT 7 (1993), 134-151.

–, David, Abigail and Bathsheba, Nabal und Uriah. Transformations within a Triangle, in: SJOT 12 (1998), 130-145.

Niehr, H., Herrschen und Richten. Die Wurzel špṭ im Alten Orient und im Alten Testament, fzb 54, Würzburg 1986.

–, Religionen in Israels Umwelt. Einführung in die nordwestsemitischen Religionen Syrien-Palästinas, NEB, Ergänzungsbd. zum Alten Testament 5, Würzburg 1998.

Noth, M., Geschichte Israels, 7. Aufl., Göttingen 1969.

–, Die israelitischen Personennamen im Rahmen der gemeinsemitischen Namengebung, BWANT III/10, Stuttgart 1928, reprograph. Nachdr. Hildesheim 1966.

–, Josua, HAT I/7, Tübingen 1938.

–, Könige, BK IX/1, Neukirchen-Vluyn 1968.

–, Das System der zwölf Stämme Israels, unveränd. reprograph. Nachdr. d. Ausg. Stuttgart 1930, Darmstadt 1980.

–, Überlieferungsgeschichte des Pentateuch, 2., unv. Aufl., Darmstadt 1960.

–, Überlieferungsgeschichtliche Studien. Die sammelnden und bearbeitenden Geschichtswerke im Alten Testament, 2., unv. Aufl., Darmstadt 1957 (= 3. Aufl. 1967, SKG.G 18/2).

Nowack, W., Die Bücher Samuelis, HKAT I/4/2, Göttingen 1902.

Nübel, H.-U., Davids Aufstieg in der Frühe israelitischer Geschichtsschreibung, Diss. Bonn 1959.

Nutkowicz, H., Propos autour de la mort d'un enfant. 2 Samuel 11,2-12,24, in: VT 44 (2004), 104-118.

Ockinga, B.G., A Note on 2 Samuel 18.18, in: BN 31 (1986), 31-34.

Oeming, M./Pregla, A.-R., New Literary Criticism, in: ThR 66 (2001), 1-23.

Ofer, A., Art. Hebron, in: E. Stern/A. Lewinson-Gilboa/J. Aviram (Hg.), The New Encyclopedia of Archaeological Excavations in the Holy Land, Bd. 2, Jerusalem 1993, 606-609.

O'Kane, M., The Biblical King David and His Artistic and Literary Afterlives, in: Biblical Interpretation 6 (1998), 313-347.

Oldfather, C.H., Diodorus of Sicily in Twelve Volumes: With an English Translation, Bd.4: Books IX-XII,40, LCL 375, London/Cambridge, Massachusetts 1970.

Olyan, S.M., Honor, Shame and Covenant Relations in Ancient Israel and its Environment, in: JBL 115 (1996), 201-218.

van Oorschot, J., Von Babel zum Zion. Eine literarkritische und redaktionsgeschichtliche Untersuchung, BZAW 206, Berlin/New York 1993.

Otto, E., Das Deuteronomium. Politische Theologie und Rechtsreform in Juda und Assyrien, BZAW 284, Berlin/New York 1999. (= Otto, Deuteronomium)

–, Das Deuteronomium im Pentateuch und Hexateuch. Studien zur Literaturgeschichte von Pentateuch und Hexateuch im Lichte des Deuteronomiumrahmens, FAT 30, Tübingen 2000. (= Otto, Deuteronomium im Pentateuch)

–, Die „synthetische Lebensauffassung" in der frühköniglichen Novellistik Israels. Ein Beitrag zur alttestamentlichen Anthropologie, in: ZThK 74 (1977), 371-400.

–, Theologische Ethik des Alten Testaments, ThW 3/2, Stuttgart/Berlin/ Köln 1994.

Quack, J.F., Studien zur Lehre für Merikare, GOF.Ä 23, Wiesbaden 1992.

Peckham, B., The Deuteronomistic History of Saul and David, in: ZAW 97 (1985), 190-209.

Perdue, L.G., Is There Anyone Left of the House of Saul ...?' Ambiguity and the Characterization of David in the Succession Narrative, in: JSOT 30 (1984), 67-84.

–, The Testament of David and Egyptian Royal Instructions, in: W.L. Hallo/J.C. Moyer/L.G. Perdue (Hg.), Scripture in Context II: More Essays on the Comparative Method, Winona Lake 1983, 79-96.

Person, R.F., The Deuteronomic School: History, Social Setting, and Literature, SBL, Studies in Biblical Literature 2, Atlanta 2002.

Petter, D., Foregrounding of the Designation *'Ēšet 'Ûriyyâ Haḥittî* in II Samuel 11-12, in: VT 54 (2004), 403-406.

Philipps, A., David's Linen Ephod, in: VT 19 (1969), 485-487.

–, The Interpretation of 2 Samuel xii, 5-6, in: VT 16 (1996), 242-244.

Pietsch, M., „Dieser ist der Sproß Davids ...". Studien zur Rezeptionsgeschichte der Nathanverheißung im alttestamentlichen, zwischentestamentlichen und neutestamentlichen Schrifttum, WMANT 100, Neukirchen-Vluyn 2003.

Pisano, S., Additions or Omissions in the Books of Samuel. The Significant Pluses and Minuses in the Massoretic, LXX and Qumran Texts, OBO 57, Freiburg, Schweiz/Göttingen 1984.

–, 2 Samuel 5-8 et le Deutéronomiste: Critique textuelle ou critique littéraire?, in: A. de Pury/T. Römer/J.-D. Macchi (Hg.), Israël construit son histoire. L'historiographie deutéronomiste à la lumière des recherches récentes, MoBi 34, Genf 1996, 237-263.

Pohlmann, K.-F., Das Buch des Propheten Hesekiel (Ezechiel) Kapitel 1-19, ATD 22/1, Göttingen 1996.

–, Das Buch des Propheten Hesekiel (Ezechiel) Kapitel 20-48. Mit einem Beitrag von T.A. Rudnig, ATD 22/2, Göttingen 2001.

–, Erwägungen zum Schlußkapitel des deuteronomistischen Geschichtswerkes. Oder: Warum wird der Prophet Jeremia in 2.Kön 22-25 nicht erwähnt?, in: A.H.J. Gunneweg/O. Kaiser (Hg.), Textgemäß. Aufsätze und Beiträge zur Hermeneutik des Alten Testaments, FS E. Würthwein, Göttingen 1979, 94-109.

–, Ezechielstudien. Zur Redaktionsgeschichte des Buches und zur Frage nach den ältesten Texten, BZAW 202, Berlin/New York 1992.

–, Die Ferne Gottes – Studien zum Jeremiabuch. Beiträge zu den „Konfessionen" im Jeremiabuch und ein Versuch zur Frage nach den Anfängen der Jeremiatradition, BZAW 179, Berlin/New York 1989.

–, Religion in der Krise – Krise einer Religion. Die Zerstörung des Jerusalemer Tempels 587 v. Chr., in: J. Hahn/C. Ronning (Hg.), Zerstörungen des Jerusalemer Tempels. Geschehen – Wahrnehmung – Bewältigung, WUNT 147, Tübingen 2002, 40-60.

–, Studien zum Jeremiabuch. Ein Beitrag zur Frage nach der Entstehung des Jeremiabuches, FRLANT 118, Göttingen 1978.

Polak, F.H., David's Kingship – A Precarious Equilibrium, in: H. Graf Reventlow/Y. Hoffman/B. Uffenheimer (Hg.), Politics and Theopolitics in the Bible and Postbiblical Literature, JSOT.S 171, Sheffield 1994, 119-147.

Polzin, R., Curses and Kings: A Reading of 2 Samuel 15-16, in: J.C. Exum/D.J.A. Clines, The New Literary Criticism and the Hebrew Bible, JSOT.S 143, Sheffield 1993, 201-226.

–, David and the Deuteronomist: A Literary Study of the Deuteronomistic History, Teil 3: 2 Samuel, Indiana Studies in Biblical Literature, Bloomington/Indianapolis1993.

Propp, W.H., Kinship in 2 Samuel 13, in: CBQ 55 (1993), 39-53.

Provan, I.W., On „Seeing" the Trees while Missing the Forest: The Wisdom of Characters and Readers in 2 Samuel and 1 Kings, in: E. Ball (Hg.), In Search of True Wisdom, FS R.E. Clements, JSOT.S 300, Sheffield 1999, 153-173.

Pyper, H.S., The Enticement to Re-Read: Repetition as Parody in 2 Samuel, in: Biblical Interpretation 1 (1993), 153-166.

–, Reading David's Mind: Inference, Emotion and the Limits of Language, in: A.G. Hunter/P.R. Davies (Hg.), Sense and Sensitivity: Essays on Reading the Bible in Memory of Robert Carroll, JSOT.S 348, Sheffield 2002, 73-86.

von Rad, G., Der Anfang der Geschichtsschreibung im alten Israel, in: AKuG 32 (1944), 1-42, hier zitiert nach: ders., Gesammelte Studien zum Alten Testament, ThB 8, 4. Aufl., München 1971, 148-188.

–, Weisheit in Israel, 3. Aufl., Neukirchen-Vluyn 1983.

Rand, H., David and Ahab: A Study of Crime and Punishment, in: JBQ 24 (1996), 90-97.

Rehm, M., Das erste Buch der Könige. Ein Kommentar, Würzburg 1979.

Renaud, B., La prophétie de Natan: Théologies en conflit, in: RB 101 (1994), 5-61.

Rendsburg, G.A., David and his Circle in Genesis XXXVIII, in: VT 36 (1986), 438-446.

Graf Reventlow, H., „Sein Blut komme über sein Haupt", in: VT 10 (1960), 311-327, hier zitiert nach: K. Koch (Hg.), Um das Prinzip der Vergeltung in Religion und Recht des Alten Testaments, WdF 125, Darmstadt 1972, 412-431.

Ringgren, H./Illman, K.-J./Fabry, H.-J., Art. מוּת *mûṯ*, in: ThWAT 4, Stuttgart u.a. 1984, 763-787.

Robinson, J., The First Book of the Kings, CBC, Cambridge 1972.

Rösel, H.N., Israel. Gedanken zu seinen Anfängen, in: BN 25 (1984), 76-91.

Rofé, A., The Battle of David and Goliath: Folklore, Theology, Eschatology, in: J. Neusner/B.A. Levine/E.S. Frerichs (Hg.), Judaic Perspectives on Ancient Israel, Philadelphia 1987, 117-151.

−, The Reliability of the Sources About David's Reign: An Outlook from Political Theory, in: E. Blum (Hg.), Mincha, FS R: Rendtorff, Neukirchen-Vluyn 2000, 217-227.

Rogers, J.S., Narrative Stock and Deuteronomistic Elaboration in 1 Kings 2, in: CBQ 50 (1988), 398-413.

Rose, M., Rez. J. Vermeylen, La loi du plus fort (*op. cit.*), in: ThLZ 127 (2002), 629-631.

Rosenberg, J., Amnon and Tamar, in: ders., King and Kin: Political Allegory in the Hebrew Bible, Bloomington/Indianapolis 1986, 140-148.

Rost, L., Die Überlieferung von der Thronnachfolge Davids, BWANT 42, Stuttgart 1926.

Roth, W. Art. Deuteronomium/Deuteronomistisches Geschichtswerk/ Deuteronomistische Schule II. Deuteronomistisches Geschichtswerk/ Deuteronomistische Schule, in: TRE, Bd. 8, Berlin/New York 1981, 543-552.

−, You Are the Man! Structural Interaction in 2 Samuel 10-12, in: Semeia 8 (1977), 1-13.

Rudman, D., The Commissioning Stories of Saul and David as Theological Allegory, in: VT 50 (2000), 519-530.

−, The Patriarchal Narratives in the Books of Samuel, in: VT 54 (2004), 239-249.

Rudnig, T.A., Art. Nathan, in: RGG, Bd. 6, 4., völlig neu bearb. Aufl., Tübingen 2003, 59f.

–,	Ezechiel 40-48. Die Vision vom neuen Tempel und der neuen Ordnung im Land, in: K.-F. Pohlmann, Das Buch des Propheten Hesekiel (Ezechiel). Kapitel 20-48, ATD 22/2, Göttingen 2001, 527-631.

–,	Heilig und Profan. Redaktionskritische Studien zu Ez 40-48, BZAW 287, Berlin/New York 2000.

Rupprecht, K., Der Tempel von Jerusalem. Gründung Salomos oder jebusitisches Erbe?, BZAW 144, Berlin/New York 1977.

Rüterswörden, U., Die Beamten der israelitischen Königszeit. Eine Studie zu śr und vergleichbaren Begriffen, BWANT 117, Stuttgart u.a. 1985.

Sacon, K.K., A Study of the Literary Structure of „The Succession Narrative", in: T. Ishida (Hg.), Studies in the Period of David and Solomon and Other Essays, Papers Read at the International Symposium for Biblical Studies, Tokyo, 5-7 December, 1979, Winona Lake 1982, 27-54.

Sæbø, M., Grenzbeschreibung und Landideal im Alten Testament. Mit besonderer Berücksichtigung der min-'ad-Formel, in: ZDPV 90 (1974), 14-37.

Särkiö, P., Art. Salomo/Salomoschriften I. Altes Testament, in: TRE, Bd. 29, Berlin/New York 1998, 724-727.

Sasson, J.M., Absalom's Daughter: An Essay in Vestige Historiography, in: J.A. Dearman/M.P. Graham, The Land that I Will Show You, Essays on the History and Archaeology of the Ancient Near East, FS J.M. Miller, JSOT.S 343, Sheffield 2001, 179-196.

Schaack, T., Die Ungeduld des Papiers. Studien zum alttestamentlichen Verständnis des Schreibens anhand des Verbums *katab* im Kontext administrativer Vorgänge, BZAW 262, Berlin/New York 1998.

Schäfer-Lichtenberger, C., Beobachtungen zur Ladegeschichte und zur Komposition der Samuelbücher, in: C. Hardmeier/R. Kessler/A. Ruwe (Hg.), Freiheit und Recht, FS F. Crüsemann, Gütersloh 2003, 323-338.

–,	Josua und Salomo. Eine Studie zu Autorität und Legitimität des Nachfolgers im Alten Testament, VT.S 58, Leiden/New York/Köln 1995.

–,	Überlegungen zum Aufbau und zur Entstehung der Samuelbücher, in: Augustin, M./Niemann, H.M. (Hg.), „Basel und Bibel", Collected Communications to the XVIIth Congress of the IOSOT, Basel 2001, BEATAJ 51, Frankfurt a.M. u.a. 2004, 103-116.

Šanda, A., Die Bücher der Könige, Halbbd. 1: Das erste Buch der Könige, EHAT 9/1, Münster 1911.

–, Salomo und seine Zeit, BZfr VI/1 u. 2, 2. Aufl., Münster 1913.

Schipper, J., „Why Do You Still Speak of Your Affairs?“: Polyphony in Mephibosheth's Exchanges with David in 2 Samuel, in: VT 54 (2004), 345-351.

Schmid, K., Buchgestalten des Jeremiabuches. Untersuchungen zur Redaktions- und Rezeptionsgeschichte von Jer 30-33 im Kontext des Buches, WMANT 72, Neukirchen-Vluyn 1996.

Schmidt, L., Menschlicher Erfolg und Jahwes Initiative. Studien zu Tradition, Interpretation und Historie in Überlieferungen von Gideon, Saul und David, WMANT 38, Neukirchen-Vluyn 1970.

Schmidt, W.H., Alttestamentlicher Glaube, 8., vollständig überarb. u. erw. Aufl., Neukirchen-Vluyn 1996.

Schmitt, R., Bildhafte Herrschaftsrepräsentation im eisenzeitlichen Israel, AOAT 283, Münster 2001.

–, Der König sitzt im Tor: Überlegungen zum Stadttor als Ort herrschaftlicher Repräsentation im Alten Testament, in: UF 32 (2000), 475-485.

Schnabl, H., Die „Thronfolgeerzählung David's“. Untersuchungen zur literarischen Eigenständigkeit, literarkritischen Abgrenzung u[nd] Intention von 2Sam 21,1-14; 9-20; 1Kön 1-2, Theorie und Forschung 55/Theologie und Philosophie 4, Regensburg 1988.

Schorch, S., Baal oder Boschet? Ein umstrittenes theophores Element zwischen Religions- und Textgeschichte, in: ZAW 112 (2000), 598-611.

Schroer, S., Die Samuelbücher, NSKAT 7, Stuttgart 1992.

–, Weise Frauen und Ratgeberinnen in Israel – Literarische und historische Vorbilder der personifizierten Chokmah, in: BN 51 (1990), 41-60.

Schulte, H., Die Entstehung der Geschichtsschreibung im Alten Israel, BZAW 128, Berlin/New York 1972.

Schulz, A., Die Bücher Samuel, Bd. 2: Das zweite Buch Samuel. Mit einem Anhang: Die Samuelbücher, EHAT 8/2, Münster 1920.

Schwally, F., Zur Quellenkritik der historischen Bücher, in ZAW 12 (1892), 153-161.

Schwartz, R.M., Adultery in the House of David: The Metanarrative of Biblical Scholarship and the Narratives of the Bible, in: Semeia 54 (1991), 35-55.

–, The Histories of David: Biblical Scholarship and Biblical Stories, in: J.P. Rosenblatt/J.C. Sitterson, „Not in Heaven": Coherence and Complexity in Biblical Narrative, IStBL, Bloomington/Indianapolis 1991, 192-210.

Seebass, H., David, Saul und das Wesen des biblischen Glaubens, Neukirchen-Vluyn 1980.

–, Nathan und David in II Sam 12, in: ZAW 86 (1974), 203-211.

Segal, The Composition of the Books of Samuel, in: ders., The Pentateuch: Its Composition and its Authorship and Other Biblical Studies, Jerusalem 1967, 173-220.

Seiler, S., Die Geschichte von der Thronfolge Davids (2 Sam 9-20; 1 Kön 1-2). Untersuchungen zur Literarkritik und Tendenz, BZAW 267, Berlin/New York 1998.

van Seters, J., The Court History and DtrH: Conflicting Perspectives on the House of David, in: A. de Pury/T. Römer (Hg.), Die sogenannte Thronfolgegeschichte Davids. Neue Einsichten und Anfragen, OBO 176, Freiburg, Schweiz/Göttingen 2000, 70-93.

–, Oral Patterns or Literary Conventions in Biblical Narrative, in: R.C. Culley, Oral Tradition and Old Testament Studies, Semeia 5 (1976), 139-154.

–, Problems in the Literary Analysis of the Court History of David, in: JSOT 1 (1976), 22-29.

–, In Search of History. Historiography in the Ancient World and the Origins of Biblical History, New Haven/London 1983.

Simon, U., The Poor Man's Ewe-Lamb: An Example of a Juridical Parable, in: Bib 48 (1967), 207-242.

Sinclair, L.A., Art. David I. Altes Testament, in: TRE, Bd. 8, Berlin/New York 1981, 378-384.

Skehan, P.W., The Biblical Scrolls from Qumran and the Text of the Old Testament, in: BA 28 (1965), 87-100.

Smend, R., Die Entstehung des Alten Testaments, ThW 1, 4., durchg. u. durch einen Literaturnachtr. erg. Aufl., Stuttgart/Berlin/Köln 1989.

–, Das Gesetz und die Völker. Ein Beitrag zur deuteronomistischen Redaktionsgeschichte, in: H.W. Wolff (Hg.), Probleme biblischer Theologie, FS G. von Rad, München 1971, 494-509, hier zitiert nach: ders., Die Mitte des Alten Testaments. Exegetische Aufsätze, Tübingen 2002, 148-161.

Smith, C.F., Thucydides in Four Volumes: With an English Translation, Bd.1: History of the Peloponnesian War, Books I and II, LCL 108, London/Cambridge, Massachusetts 1969.

Smith, H.P., A Critical and Exegetical Commentary on the Books of Samuel, ICC, 4. Aufl. Edinburgh 1951/61.

Soggin, J.A., Einführung in die Geschichte Israels und Judas. Von den Ursprüngen bis zum Aufstand Bar Kochbas, Darmstadt 1991.

–, Judges. A Commentary, OTL, London 1981.

Spieckermann, H., Heilsgegenwart. Eine Theologie der Psalmen, FRLANT 148, Göttingen 1989.

Stade, B., Eine Kleinigkeit, in: ZAW 3 (1883), 186f.

Stade, B./Schwally, F., The Books of Kings: Critical Edition of the Hebrew Text, SBOT 9, Leipzig 1904.

Stamm, J.J., Der Name des Königs Salomo, in: FS W. Eichrodt, ThZ 16 (1960), 285-297 (= ders., Beiträge zur hebräischen und altorientalischen Namenkunde, OBO 30, Freiburg, Schweiz/Göttingen 1980, 45-57).

Stansell, G., Honor and Shame in the David Narratives, in: Semeia 68 (1994), 55-79.

Stein, P., „Und man berichtete Saul ...". Text- und literarkritische Untersuchungen zu 1. Samuelis 24 und 26, in: BN 90 (1997), 46-66.

Stern, E., Archaeology of the Land of the Bible, Bd. 2: The Assyrian, Babylonian and Persian Periods 732-332 BCE, The Anchor Bible Reference Library, New York u.a. 2001.

–, Material Culture of the Land of the Bible in the Persian Period 538-332 B.C., Warminster/Jerusalem 1982.

Stiebert, J., The Construction of Shame in the Hebrew Bible. The Prophetic Contribution, JSOT.S 346, Sheffield 2002.

Stoebe, H.J., Das erste Buch Samuelis, KAT VIII/1, Gütersloh 1973.

–, Das zweite Buch Samuelis. Mit einer Zeittafel von A. Jepsen, KAT VIII/2, Gütersloh 1994.

–, David und der Ammoniterkrieg, in: ZDPV 93 (1977), 236-246 (= ders., Geschichte, Schicksal, Schuld und Glaube, BBB 72, Frankfurt a.M. 1989, 134-144).

–, David und Uria. Überlegungen zur Überlieferung von 2 Sam 11, in: Bib 67 (1986), 388-396.

–, Gedanken zur Heldensage in den Samuelbüchern, in: F. Maaß (Hg.), Das ferne und das nahe Wort, FS L. Rost, BZAW 105, Berlin 1967,

208-218 (= ders., Geschichte, Schicksal, Schuld und Glaube, BBB 72, Frankfurt a.M. 1989, 123-133).

–, Geprägte Form und geschichtlich individuelle Erfahrung im Alten Testament, in: Congress Volume, Rome 1968, VT.S 17, Leiden 1969, 212-219.

–, Die Thronnachfolge Salomos. Überlegungen und Fragen, in: J.A. Loader/H.V. Kieweler (Hg.), Vielseitigkeit des Alten Testaments, FS G. Sauer, Wiener Alttestamentliche Studien 1, Frankfurt 1999, 63-78.

–, Überlegungen zum Aufbau von I Kön 1-12, in: ThZ 58 (2002), 97-108.

–, Überlegungen zur Exegese historischer Texte – dargestellt an den Samuelisbüchern, in: ThZ 45 (1989), 290-314.

Stolz, F., Das erste und zweite Buch Samuel, ZBK.AT 9, Zürich 1981.

Strobel, A., Art. Maße und Gewichte, in: BHH 2, Göttingen 1964, Studienausg. A-Z, 1994, 1159-1169.

Tadmor, H., Autobiographical Apology in the Royal Assyrian Literature, in: ders./M. Weinfeld, History, Historiography and Interpretation: Studies in Biblical and Cuneiform Literatures, Jerusalem 1983, 36-57.

–, Traditional Institutions and the Monarchy: Social ans Political Tensions in the Time of David and Salomon, in: T. Ishida (Hg.), Studies in the Period of David and Solomon and Other Essays. Papers Read at the International Symposium for Biblical Studies, Tokyo, 5-7 December 1979, Winona Lake 1982, 239-257.

Tertel, H.J., Text and Transmission. An Empirical Model for the Literary Development of Old Testament Narratives, BZAW 221, Berlin/New York 1994.

Thenius, O., Die Bücher der Könige, KEH 9, 2. Aufl., Leipzig 1873.

–, Die Bücher Samuelis, KEH 4, 3., völlig neugearb. Aufl., besorgt v. M. Löhr, Leipzig 1898. (= Thenius/Löhr, KEH 4)

Thiel, W., Die deuteronomistische Redaktion von Jeremia 1-25, WMANT 41, Neukirchen-Vluyn 1973.

–, Die deuteronomistische Redaktion von Jeremia 26-45. Mit einer Gesamtbeurteilung der deuteronomistischen Redaktion des Buches Jeremia, WMANT 53, Neukirchen-Vluyn 1981.

Thornton, T.C.G., Salomonic Apologetic in Samuel and Kings, in: CQR 169 (1968), 159-166.

Tov, E., Die biblischen Handschriften aus der Wüste Juda – Eine neue Synthese, in: U. Dahmen/A. Lange/H. Lichtenberger (Hg.), Die Textfunde vom Toten Meer und der Text der Hebräischen Bibel, Neukirchen-Vluyn 2000, 1-34.

–, Der Text der Hebräischen Bibel. Handbuch der Textkritik, Stuttgart/Berlin/Köln 1997.

–, The Text-critical Use of the Septuagint in Biblical Research, JBS 3, Jerusalem 1981.

Trebolle, J., Testamento y Muerte de David. Estudio de Historia de la Recensión y Redacción de I Rey., II, in: RB 87 (1980), 87-103.

Ulrich, E.C., 4QSam^c: A Fragmentary Manuscript of 2 Samuel 14-15 from the Scribe of the Serek Hay-yaḥad (1QS) in: BASOR 235 (1979), 1-25.

Vanderkam, J.C., Davidic Complicity in the Deaths of Abner and Eshbaal: A Historical and Redactional Study, in: JBL 99 (1980), 521-539.

de Vaux, R., Das Alte Testament und seine Lebensordnungen, Bd. 1: Fortleben des Nomadentums, Gestalt des Familienlebens, Einrichtungen und Gesetze des Volkes, Freiburg/Basel/Wien 1960, Bd. 2: Heer und Kriegswesen, Die religiösen Lebensordnungen, Freiburg/Basel/Wien 1962.

Veenhof, K.R., Geschichte des Alten Orients bis zur Zeit Alexanders des Großen, GAT 11, Göttingen 2001.

Veijola, T., David und Meribbaal, in: RB 85 (1978), 338-361.

–, Deuteronomismusforschung zwischen Tradition und Innovation, Teil 1 in: ThR 67 (2002), 273-327, Teil 2 in: a.a.O., 391-424, Teil 3 in: ThR 68 (2003), 1-44.

–, Die Deuteronomisten als Vorgänger der Schriftgelehrten. Ein Beitrag zur Entstehung des Judentums, in: ders., Moses Erben. Studien zum Dekalog, zum Deuteronomismus und zum Schriftgelehrtentum, BWANT 149, Stuttgart/Berlin/Köln 2000, 192-240.

–, Die ewige Dynastie. David und die Entstehung seiner Dynastie nach der deuteronomistischen Darstellung, AASF/B 193, Helsinki 1975.

–, Das Königtum in der Beurteilung der deuteronomistischen Historiographie. Eine redaktionsgeschichtliche Untersuchung, AASF/B 198, Helsinki 1977.

–, Salomo – Der Erstgeborene Bathsebas, in: J.A. Emerton (Hg.), Studies in the Historical Books of the Old Testament, VT.S 30, Leiden 1979, 230-250.

–, Rez. D.M. Gunn, The Story of King David, in: VT 29 (1979), 369-371.

Vermeylen, J., David a-t-il été assassiné?, in RB 107 (2000), 481-494.

–, La loi du plus fort. Histoire de la rédaction des récrits davidiques de 1 Samuel 8 à 1 Rois 2, BEThL 154, Leuven 2000.

Vorster, W.S., Reader-Response, Redescription and Reference: „You Are the Man" (2 Sam 12:7), in: B.C. Lategan/W.S. Vorster, Text and Reality: Aspects of Reference in Biblical Texts, Semeia Studies, Atlanta 1985, 95-112.

–, Readings, Readers and the Succession Narrative: An Essay on Reception, in: ZAW 98 (1986), 351-362.

de Vries, S.J., 1 Kings, WBC 12, Waco 1985.

Wansbrough, H., The Finale of the Davidic Succession Narrative?, in: McCarthy, C./Healey, J.F. (Hg.), Biblical and Near Eastern Essays, FS K.J. Cathcart, JSOT.S 375, London/New York 2004, 37-56.

Waschke, E.-J., Der Gesalbte. Studien zur alttestamentlichen Theologie, BZAW 306, Berlin/New York 2001.

–, Das Verhältnis alttestamentlicher Überlieferungen im Schnittpunkt der Dynastiezusage und die Dynastiezusage im Spiegel alttestamentlicher Überlieferungen, in: ZAW 99 (1987), 157-179.

Weinfeld, Deuteronomy and the Deuteronomic school, Oxford 1972.

Weingreen, J., The Rebellion of Absalom, in: VT 19 (1969), 263-266.

Weippert, H., Das deuteronomistische Geschichtswerk. Sein Ziel und Ende in der neueren Forschung, in: ThR.NF 50 (1985), 213-249.

–, Palästina in vorhellenistischer Zeit, mit einem Beitr. v. L. Mildenberg, Handbuch der Archäologie, Vorderasien 2, Bd. 1, München 1988.

Weippert, M., „Heiliger Krieg" in Israel und Assyrien. Kritische Anmerkungen zu Gerhard von Rads Konzept des „Heiligen Krieges im alten Israel", in: ZAW 84 (1972), 460-493.

Weiser, A., Die Legitimation des Königs David. Zur Eigenart und Entstehung der sogen. Geschichte von Davids Aufstieg, in: VT 16 (1966), 325-354.

Wellhausen, J., Die Composition des Hexateuchs und der historischen Bücher des Alten Testaments, 4., unv. Aufl., Berlin 1963.

–, Israelitische und jüdische Geschichte, de-Gruyter-Studienbuch, 10. Aufl., unv. photomech. Nachdr. der 9. Aufl., Berlin 1958, mit e. Nachw. v. R. Smend und e. Stellenregister, Berlin/New York 2004.

–, Prolegomena zur Geschichte Israels, de-Gruyter-Studienbuch, unv. photomech. Nachdr. der 6. Aufl., Berlin 1927, mit einem Stellenregister, Berlin/New York 2001.

–, Der Text der Bücher Samuelis, Göttingen 1871.

Werlitz, J., Die Bücher der Könige, NSKAT 8, Stuttgart 2002.

Werner, W., Studien zur alttestamentlichen Vorstellung vom Plan Jahwes, BZAW 173, Berlin/New York 1988.

Wesselius, J.W., Joab's Death and the Central Theme of the Succession Narrative (2 Samuel 9 – 1 Kings 2), in: VT 40 (1990), 336-351.

Westermann, C., Zum Geschichtsverständnis des Alten Testaments, in: H.W. Wolff (Hg.), Probleme biblischer Theologie, FS G. von Rad, München 1971, 611-619.

Wharton, J.A., A Plausible Tale: Story and Theology in II Samuel 9-20, I Kings 1-2, in: Interp. 35 (1981), 341-354.

Whitelam, K.W., The Defence of David, in: JSOT 29 (1984), 61-87.

Wiggins, S.A., Between Heaven and Earth: Absalom's Dilemma, in: JNSL 23 (1997), 73-81.

Williamson, H.G.M., The Accession of Solomon in the Books of Chronicles, in: VT 26 (1976), 351-361.

Willi-Plein, I., Frauen um David. Beobachtungen zur Davidshausgeschichte, in: M. Weippert/S. Timm (Hg.), Meilenstein, FS H. Donner, ÄAT 30, Wiesbaden 1995, 349-361.

Winckler, H., Geschichte Israels in Einzeldarstellungen, Völker und Staaten des Alten Orients 2 u. 3, Bd.1: Leipzig 1895, Bd.2: Die Legende, Leipzig 1900.

Wolde, E. van, In Words and Pictures: The Sun in 2 Samuel 12,7-12, in: Biblical Interpretation 11 (2003), 259-278.

Wolf, W., Das alte Ägypten, dtv Monographien zur Weltgeschichte, München 1971.

Wonnenberger, R., Redaktion. Studien zur Textfortschreibung im Alten Testament, entwickelt am Beispiel der Samuel-Überlieferung, FRLANT 156, Göttingen 1992.

van der Woude, A., Art. שֵׁם šēm Name, in: THAT 2, 3., durchges. Aufl., München/Zürich 1984, 935-963.

Wright, D.P., David Autem Remansit in Hierusalem: Felix Coniunctio!, in: ders./D.N. Freedman/A. Hurvitz (Hg.), Pomegranates and Golden Bells: Studies in Biblical, Jewish, and Near Eastern Ritual, Law, and Literature, FS J. Milgrom, Winona Lake 1995, 215-230.

Würthwein, E., Das Erste Buch der Könige. Kapitel 1-16, ATD 11/1, 2., durchg. u. überarb, Aufl., Göttingen 1985 ([1]1977).

–, Die Bücher der Könige. 1. Kön 17 - 2. Kön 25, ATD 11/2, Göttingen 1984.

–, Erwägungen zum sog. deuteronomistischen Geschichtswerk. Eine Skizze, in: ders., Studien zum Deuteronomistischen Geschichtswerk, BZAW 227, Berlin/New York 1994, 1-11.

–, Die Erzählung von der Thronfolge Davids – theologische oder politische Geschichtsschreibung?, ThSt(B) 115, Zürich 1974 (= ders., Studien zum Deuteronomistischen Geschichtswerk, BZAW 227, Berlin/New York 1994, 29-79).

Wyatt, N., Echoes of the King and His Ka: An Ideological Motif in the Story of Solomon's Birth, in: UF 19 (1987), 399-404.

–, ‚Jedidiah‘ and Cognate Forms as a Title of Royal Legitimation, in: Bib 66 (1985), 112-125.

Yee, G.A., „Fraught with Background“: Literary Ambiguity in II Samuel 11, in: Interp. 42 (1988), 240-253.

Zenger, Einleitung in das Alte Testament, Kohlhammer Studienbücher Theologie 1/1, 5., gründlich überarb. u. erw. Aufl., Stuttgart 2004.

Zobel, H.-J., Art. חֶסֶד ḥæsæd, in: ThWAT 3, Stuttgart u.a. 1982, 48-71.

–, Art. שֵׁבֶט šebæṭ in: ThWAT 7, Stuttgart/Berlin/Köln 1993.

Stellenregister

Aufgenommen wurde nur eine Auswahl von Stellen. Das „A" hinter einer Seitenangabe zeigt an, daß die Stelle im Anmerkungsteil der jeweiligen Seite vorkommt, das eingeklammerte „(A)", daß sie sowohl im Haupttext als auch im Anmerkungsteil vorkommt. Kursivdruck wurde gewählt, wenn längere Ausführungen zu der Stelle erfolgen.

24,7.11	270, 307, 354A	3,6b	15
24,16	*285(A)*	3,7	219A
24,19	*285*	3,17	224
25,18	201	3,22-39	110
25,21	209A	3,22-27	126, 162
25,26b	284	3,26ff.37ff	127A
25,29	223A	3,27b	128A
25,31	125A	3,28ff	208
25,39	128A	3,28f	129A
26	286	3,39	307
26,8	*285f*	4	208
26,9.11	270, 307, 354A	4,4	*203*, 312A
26,16	133(A)	4,6f*	128A
26,23	270, 307, 354A	4,9ff	208
26,23a	271, *286*, 347	5,1-3	92, 244, 299
27,1ff	139	5,1	294, 299(A)
29,9	313	5,3	224, 258A, 334, 336
30,7	134	5,4f	104(A), 336
31,3	43	5,4	241, 242A
31,4ff	267	5,6-10*	334
31,10	275A	6f*	189
		6	16
	II Samuelis	6,16.20ff	15
1-5	9	6,17	73A
1	271	7	*16f*, 56, 61A, 343A
1,2	195A	7,1-17	159A
1,14	270f, 354A	7,1-7	16
1,16	271	7,7	237A
1,16a	129A	7,8-17	16
2	1	7,11b	116
2,1	235A	7,12ff	61
2,1-4(*)	92, 244, 298, 334, 336	7,12b	106A
2,4	78A	7,16	145, 158
2,4a	241	7,26	145
2,7	107	8	16
2,8-4,12	1A	8,1	235A
2,8f	127, *250*	8,3-8	8
2,9a	250(A)	9-20	1-14, 15, 330-363
2,9b	250A	9	2A, 6, 200, *202f*, 208, 253, 310(A), 343A
2,10a.11	336		
2,18ff	127	9,1-13	8
2,26-28	325A	9,2	203, 305
2,23	128A	9,3b	*203*
2,32	123	9,4f	253
3	208	9,7	314
3,1	15	9,7a	*203A*
3,3	244	9,9	*202f*
3,2-5	*15f*, 178A	9,11	203A
3,4	76	9,12a	*203*

12,6	221A
12,7a.13	220
12,7a	56
12,7b-12	220
12,7b-10	56, 69A, 220, 351
12,7b	57
12,8	118, 223
12,9a	56
12,9b	19, 47A, 56
12,10	222
12,11f	56, 69A, *220-223*, 351, 362
12,11	*220, 222*
12,12	*220f*
12,13	56, 210, *221f*, 306
12,14	56A, 58, 69A, 222A
12,14bβ	*228*
12,15b-24*	*56-60*, 61f, 69, 210, 351
12,15b-23	52A
12,15b	59
12,16f	59
12,16	59
12,20	59
12,21f	59
12,22f	*59*
12,22b	210
12,23	*59f*, 351
12,24f	*368*
12,24	18, 27, 48, 55, 68
12,24a	60
12,24bα*	55, 60f
12,24bβ.25	*60-62*, 70, 361
12,25-31	8
12,26-31	*28-36, 365f*
12,26ff	8, 10, 60
12,26-29	28
12,26-28	28f, 32
12,26	*28-32*, 36, 341, 351A
12,27abα.28	32, 36, 341A, 351A
12,27	28, *30(A)*
12,27bβ	30, 32
12,28	*30f*
12,28a	31
12,28b	31
12,29.31b	35, 37, 330, 335
12,29	*28-32*, 341A, 351A
12,30.31a	28, 36
12,30	21(A), *32-34*
12,30a	32f

12,30b	33f
12,31aα*	34(A)
12,31aβγ	34
12,31b	28, 34
13-20	4f, 8, 10
13f	6, 8, 177f, *236*, 331A, 336A
13	1, 12A
13,1	178, 235A, 236
13,29	265A
13,30	120A
13,32f	299A
13,34ff	283A
13,37f	243
14	269A
14,2-22	300, 313A
14,11	107A
14,17	313
14,20	313
14,24	256A
14,24-27	299A
14,25-28	256A, 265, *276f*
14,25-27	*276f*
14,25	76
14,29	256A
14,33	241
15-20	6, 8
15-19	5, *177-180*, 194, 280, *368-380*
15-17	*177-233*
15	1, 2A, *368-371*
15,1-15	*234-247*
15,1	15A, 71A, 76, *234-236*, 239-241, 330
15,1aα	235, 335f
15,1aβγb.12b	246, 248, 259, 278, 330
15,1aβγb	235
15,2-6	*240f*
15,2-5	234
15,2	*236f*, 294
15,2*.3.6b.11.13f	247
15,2*.3.6b	239, 352
15,2a	*236(A)*
15,2f*	*237f*
15,2b*.4	239, 247, 352
15,2b	*236(A)*
15,3	*237*
15,4	*238*

19,10-16	282, *294-303*, 324
19,10f.	
15b.16a	296, 300, 324, 354, 360
19,10f	*295-297*, 324, 361A
19,10	*296f*, 299
19,11	*296f*, 301
19,12	*297-299*, 361A
19,12a.15a	*301*, 302, 324, 360
19,12a	*297-299*
19,12b	*297-299*, 303
19,13	*299*, 302
19,14	251, 299A, *300f*, 303
19,15a	296, *298*, 361A
19,15b	301, 361A
19,16a	298, *300f*
19,16aβ	276
19,16b	302
19,16bα	255, 257, 295, *302*, 303,
	315-317, 321, *324f*, 337,
	354
19,16bβ	*302*, *325*, 327
19,17-41a	200
19,17-31	2A, 6, 144
19,17-24(*)	165A, 168, *303-309*, 355
19,17-19	322
19,17	303, *304*
19,18	*304-306*
19,18a*	303, *304f*, 309, 355A,
	356A
19,18b	*305f*
19,19	189A
19,19a	303, *305f*, 309, 355A
19,19b	*306*
19,20f	*306*
19,20	*306*
19,21	*306*
19,22f	*307f*
19,22	*307*, 355
19,23	166A, 210A, *307f*, 359A
19,24f	310
19,24	136, 144, *165f*, 175, 303,
	306, 355, 359
19,25-31(*)	204, 305, *309-314*, 355f
19,25	*310f*, 312
19,26	*310f*, 314, 356
19,27f	305
19,27	*310-312*
18,27a	311
19,27bβ	203, *311*, 314, 356
19,28f	310
19,28	*312-314*, 321
19,29	133(A), *313f*, 356
19,30	305, 310f, *314*
19,31	314
19,32-41a(*)	164, *166f*, 314f, *317-*
	322, 356
19,32-40	*167*, *253-255*
19,32	*318(A)*, 322
19,32a	314
19,33a	*318*
19,33b	*254*, 315, *318f*, 320, 322,
	356A
19,34	167, 254, *318f*
19,35-38	*319-321*
19,35	*319*
19,36	*319f*, 348
19,37a	*320*
19,37b	315, *320*, 322, 356A
19,38f	189A
19,38	254, *320f*, 356
19,39	254, 315, *321*
19,40a	167, 255, 257, 295, 302,
	305, *315-317*, 318, 321-
	323, 337
19,40b	315, 318, *321*
19,41	254, *327(A)*
19,41a	*321*
19,41b-44(*)	256, 299, *322-329*, 362
19,41b	*322f*, 327A
19,41bβ	*327*
19,42-44	298, 327
19,42	*323*, 325, *327f*
19,42bβ	*327f*
19,43	*328(A)*
19,44	326, *328f*
19,44a	*325f*
19,44aα*	*328f*
20	2A, 16, *177f*, 221, 256,
	299, *300f*, 322, 326
20,1-22	*300f*
20,1f	221
20,1	326
20,1b	177A, 300A, *326*
20,2	300
20,3(*)	177A, *220-223*, 281,
	300, 312, 362
20,3aα*	*221*, 282
20,4ff	221, 251

41,17	254A			
44,12	113		5,7	207
44,29	286		15,1	73A
49,1.3	33		26,9	207
			27,5.6	73A
	Ezechiel		32,2	306
8,3	265A		51,2	48A
12,3-6	186		55,24	207
22,4	155A		59,3	207
29,13	241A		90,10	318, 356
33,21-29	316A, 337A		118,23	113
40,1f	317A		132	16
40,4	190A		139,19	207
40-48	206, 316A, 337A, 339f			
45,8b.9	339, 343A			*Hiob*
46,16-18	339, 343A		7,21	56A
47,13-23	281, 316, 337		14,7-22	59A
47,15b-20	316A			
48,1-29	281, 316, 337			*Proverbien*
			7,13	239A
	Joel		13,24	76, 348
2,14	59		16,18	76A, 209A
			17,13	209A
	Amos		18,12	189, 209A
5,15	60A		23,13f	76, 348
7,8	190A		29,10	207
8,2	190A			
				Canticum
	Jona		5,2	84A
3,9	59			
				Threni
	Micha		3,29b	60A
7,5	118A, 230A			
				Qohelet
	Zephania		3,19-21	59A
1,3	33		8,2	140A
2,3	60A		9,1-6	59A
			12,3f	320, 348A
	Haggai			
2,21-23	338			*Ester*
			2,1ff	147
	Sacharja		2,21	270
3,4	56A		6,2	270
4,2	190A		6,12	186
4,6-10	338		6,14	97A
5,2	190A			
5,9	265A			*Daniel*
9,7	125A		9,11.13	158
10,6	306A		11,17	113